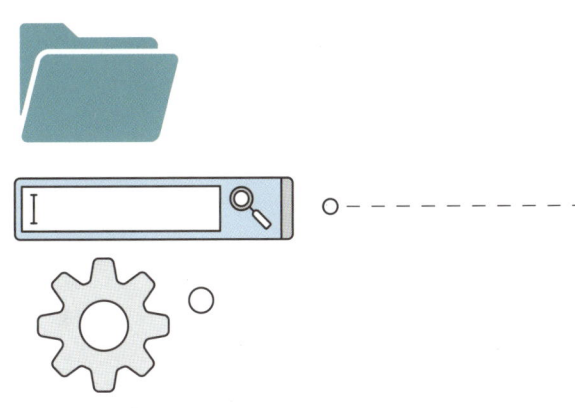

BIG DATA
빅데이터분석
기사 필기

단기완성

박영식 편저

PROFILE
저자약력

박영식

- **학력** Education
    - Hansung University, Ph.D. Candidate in Management Information Systems
    - Business School Lausanne (BSL), Switzerland, AI BigData MBA
    - Seoul School of Integrated Sciences & Technologies (aSSIST), AI BigData MBA

- **경력** Career
    - 現 지이큐 대표
    - 現 서일대학교 생명화학공학과 빅데이터 외래교수
    - 現 서울사이버평생교육원 경영학과 교수
    - 現 ㈜토마토패스 AI/데이터 분석 전문교수
    - 現 ㈜뉴스토마토 AI/데이터 분석 전문교수
    - 現 ㈜케이브레인컴퍼니 AI/데이터 분석 자문위원
    - 現 ㈜SR 잠재수요예측 프로젝트 자문교수
    - 現 법무부 외국인 빅데이터팀 AI/데이터 분석 및 기술평가 자문위원
    - 現 환경부 상수관로 예측 및 등급 평가 프로젝트 자문위원
    - 現 한국남부발전 AI 교육과정설계 및 AI 컨설팅
    - 現 중소기업기술정보진흥원 AI/데이터 분석 및 기술평가 자문위원
    - 現 ADsP/빅분기 전문교수(서울대, 서일대, 상명대, 한국교육정보화재단, 한국생산성본부 등)
    - 現 NCS강사(정보기술개발, 정보기술전략)
    - 前 한국데이터사이언티스트협회 이사
    - 前 행정안전부 데이터 분석 전문인재 양성과정 메인 교수
    - 前 NIA 데이터기반 행정팀 AI/데이터 분석 및 기술평가 자문위원
    - 前 ㈜RTMC AI 예측분석 전략기획실장
    - 前 ㈜W컴퍼니 수석연구원
    - 前 K-문고 CRM 군집세분화 전략 데이터 분석 컨설팅
    - 前 L-백화점 CRM Alert 전략 데이터 분석 컨설팅

PREFACE
머리말

　디지털 시대의 흐름 속에서 빅데이터와 AI 활용능력은 더 이상 선택이 아닌 필수가 되었습니다. 매일 쏟아지는 엄청난 양의 데이터는 우리에게 새로운 기회이자 도전이 되고 있습니다. 이러한 시대적 요구에 발맞추어 탄생한 빅데이터분석기사 자격증은, 데이터 시대를 이끌어갈 전문가를 양성하는 중요한 이정표가 되고 있습니다.

　본 책은 빅데이터분석기사를 준비하시는 분들의 든든한 길잡이가 되고자 합니다. 저자로서 현장의 실무 경험과 교육 경험을 바탕으로, 이론과 실무를 아우르는 균형 잡힌 내용을 담아내고자 노력했습니다. 특히 실제 시험에서 마주할 수 있는 다양한 문제 상황들을 상세히 다루어, 수험생 여러분이 시험에 대한 자신감을 가질 수 있도록 구성했습니다.

　이 책은 단순한 시험 준비서를 넘어, 실무에서도 즉시 활용할 수 있는 실질적인 지식을 담고 있습니다. 빅데이터 분석의 기초부터 심화 내용까지, 체계적이고 단계적인 학습이 가능하도록 구성했으며, 현업에서 자주 마주치는 사례들을 풍부하게 수록했습니다.

감사의 글

　이 책이 세상에 나오기까지 많은 분들의 도움이 있었습니다. 먼저, 늘 저를 믿고 지지해 주시는 부모님께 깊은 감사를 드립니다. 아버지의 지혜와 어머니의 따뜻한 사랑과 희생이 있었기에 이 책을 완성할 수 있었습니다. 또한 제가 힘들어할 때마다 늘 든든한 버팀목이 되어주고 저를 응원해 준 여동생 예영이에게도 고마운 마음을 전합니다.

　또한 이 책의 완성도를 높이는 데 도움을 주신 많은 분들께 감사드립니다. 귀중한 조언과 학문적 방향을 잡아주신 이형용 지도교수님, 그리고 세심한 검토와 편집을 도맡아 피드백을 해주신 예문사의 차인태 부장님과 신수경 사원님, 또한 이러한 책의 탈고에 대한 일정을 챙겨주신 토마토패스의 고승완 대표님과 박미진 매니저님께 특별한 감사의 말씀을 전합니다.

　특별히 이 책을 집필하는 동안 한결같은 이해와 사랑으로 응원을 보내준 제가 사랑하는 양혜리 팀장님께도 말로 표현할 수 없는 감사를 전합니다. 늘 저를 자랑으로 생각하는 저희 가족과 감사한 분들 덕분에 이 책이 부족하나마, 세상에 나올 수 있었습니다.

　마지막으로, 이 책을 통해 빅데이터 분석과 AI 분석의 꿈을 키워나갈 모든 독자 여러분의 앞날에 무한한 발전과 행복이 함께하기를 진심으로 기원합니다.

2025년 1월
저자 박영식 드림

GUIDE
시험 가이드

개요

- 빅데이터분석기사란 빅데이터 이해를 기반으로 빅데이터 분석 기획, 빅데이터 수집·저장·처리, 빅데이터 분석 및 시각화를 수행하는 실무자를 말한다.
- 직무 : 대용량의 데이터 집합으로부터 유용한 정보를 찾고 결과를 예측하기 위해 목적에 따라 분석기술과 방법론을 기반으로 정형·비정형 대용량 데이터를 구축, 탐색, 분석하고 시각화를 수행하는 업무를 수행한다.

시험과목

필기 과목명	문제수	주요 항목
빅데이터 분석기획	20	빅데이터의 이해
		데이터 분석 계획
		데이터 수집 및 저장 계획
빅데이터 탐색	20	데이터 전처리
		데이터 탐색
		통계기법 이해
빅데이터 모델링	20	분석모형 설계
		분석기법 적용
빅데이터 결과 해석	20	분석모형 평가 및 개선
		분석결과 해석 및 활용

시험일정(2025년)

회차	구분	원서접수	시험일	합격(예정)자 발표
제10회	필기	2025.03.04~2025.03.10	2025.04.05(토)	2025.04.25
	실기	2025.05.19~2025.05.23	2025.06.21(토)	2025.07.11
제11회	필기	2025.08.04~2025.08.08	2025.09.06(토)	2025.09.26
	실기	2025.10.27~2025.10.31	2025.11.29(토)	2025.12.19

응시자격 및 검정방법

- 응시자격 : 대학졸업자 등 또는 졸업예정자(전공 무관) 등
  ※ 그 외 응시자격은 시행처의 응시 자격 참고
- 검정방법

검정방법	문항 수	시험시간	합격기준
객관식	80문제 (과목별 20문제)	120분	과목당 100점을 만점으로 • 전 과목 40점 이상 • 전 과목 평균 60점 이상

※ 시험 관련 사항은 변동이 있을 수 있으니 자세한 시험일정은 반드시 데이터자격검정센터(www.dataq.or.kr) 홈페이지를 확인 하시기 바랍니다.

GUIDE
이 책의 구성

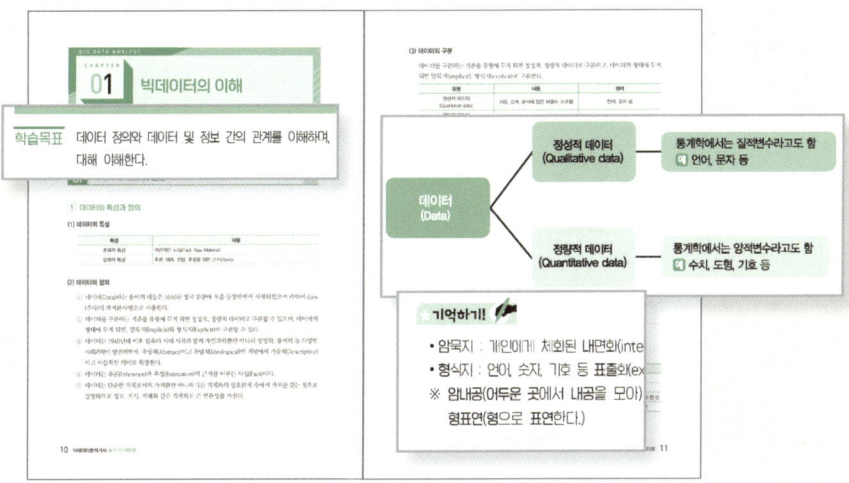

단 한 권으로 준비하는 빅데이터분석기사

- 데이터 전문 저자의 노하우가 반영된 학습목표 및 과목별 핵심이론 수록
- 효율적 이론 학습을 위한 다양한 도표 및 참고박스로 학습 효율 극대화

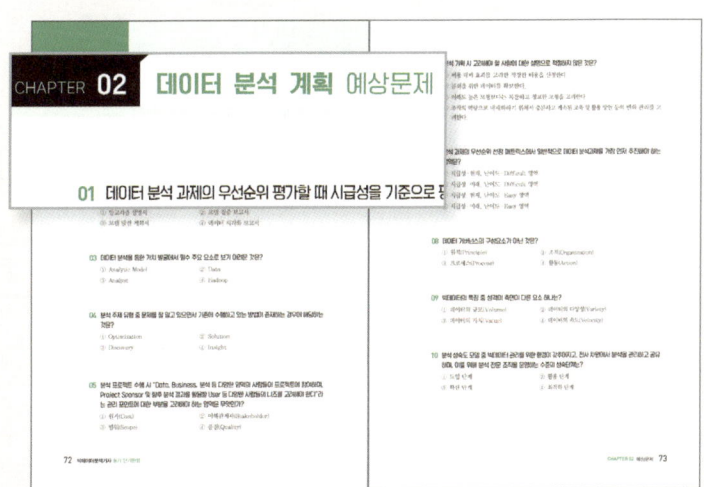

최신 출제 유형을 완벽 반영한 챕터별 연습문제

- 이론 학습 직후 연습문제를 통한 효율적인 이론 복습 가능
- 빠른 개념 정리와 실전 대비 가능

GUIDE
이 책의 구성

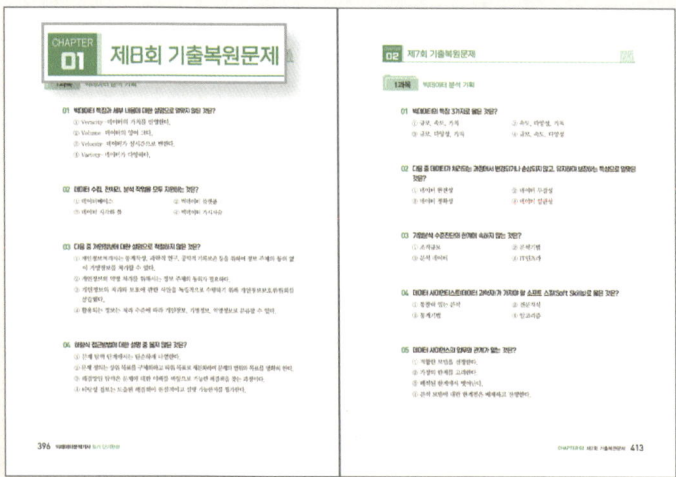

실전 대비를 위한 최신 기출복원문제 6회분 전격 수록

- 제3회~제8회 최신 기출복원문제를 완벽 복원하여 실전 대비 가능
- 기출복원문제를 미리 풀어봄으로써 실제 시험 문제의 유형과 난이도를 확인하여 실전 감각 키우기

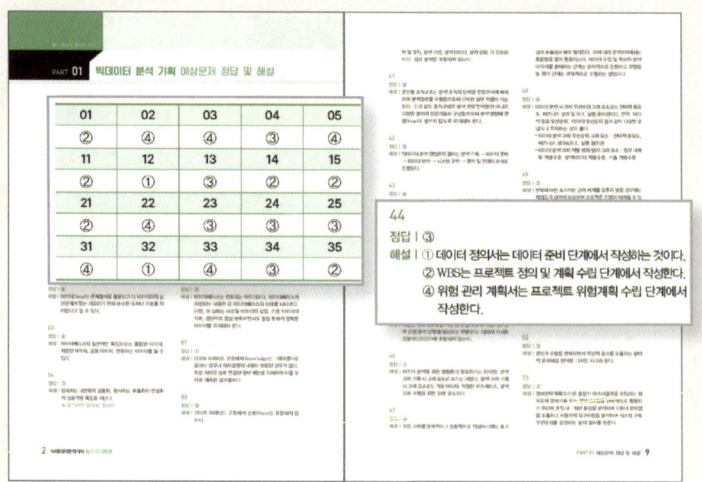

단기 합격을 위한 저자만의 꼼꼼한 해설 수록

- 한눈에 확인하는 전체 정답표를 통한 빠른 문제풀이 가능
- 정답해설 뿐만 아니라 오답해설까지 수록한 양질의 해설

CONTENTS 목차

PART 01 빅데이터 분석 기획

CHAPTER 01	빅데이터의 이해	10
CHAPTER 02	데이터 분석 계획	38
CHAPTER 03	데이터 수집 및 저장 계획	84

PART 02 빅데이터 탐색

CHAPTER 01	데이터 전처리	114
CHAPTER 02	데이터 탐색	126
CHAPTER 03	통계기법의 이해	146

PART 03 빅데이터 모델링

CHAPTER 01	통계 분석 기법	186
CHAPTER 02	정형 데이터 분석 기법	238
CHAPTER 03	딥러닝	281
CHAPTER 04	비정형 데이터 분석 기법	301

PART 04 빅데이터 결과 해석

| CHAPTER 01 | 분석모형 평가 및 개선 | 316 |
| CHAPTER 02 | 분석결과 해석 및 활용 | 349 |

CONTENTS
목차

PART 05 기출복원문제

CHAPTER 01	제8회 빅데이터 분석기사 기출복원문제	396
CHAPTER 02	제7회 빅데이터 분석기사 기출복원문제	413
CHAPTER 03	제6회 빅데이터 분석기사 기출복원문제	430
CHAPTER 04	제5회 빅데이터 분석기사 기출복원문제	448
CHAPTER 05	제4회 빅데이터 분석기사 기출복원문제	466
CHAPTER 06	제3회 빅데이터 분석기사 기출복원문제	483

APPENDIX 정답 및 해설

PART 01	빅데이터 탐색 예상문제 정답 및 해설	3
PART 02	빅데이터 분석 기획 예상문제 정답 및 해설	15
PART 03	빅데이터 모델링 예상문제 정답 및 해설	25
PART 04	빅데이터 결과 해석 예상문제 정답 및 해설	39
PART 05	기출복원문제 정답 및 해설	49

빅데이터 분석 기획

CHAPTER 01 빅데이터의 이해

학습목표 데이터 정의와 데이터 및 정보 간의 관계를 이해하며, 데이터베이스의 정의와 특징을 파악하고, 이를 활용하는 방법에 대해 이해한다.

SECTION 01 빅데이터 개요 및 활용

1 데이터의 특성과 정의

(1) 데이터의 특성

특성	내용
존재적 특성	객관적인 사실(Fact, Raw Material)
당위적 특성	추론, 예측, 전망, 추정을 위한 근거(Basis)

(2) 데이터의 정의

① 데이터(Data)라는 용어의 태동은 1646년 영국 문헌에 처음 등장하면서 시작되었으며 라틴어 dare(주다)의 과거분사형으로 사용된다.
② 데이터를 구분하는 기준을 유형에 두게 되면 정성적, 정량적 데이터로 구분할 수 있으며, 데이터의 형태에 두게 되면, 암묵지(Implicit)와 형식지(Explicit)로 구분할 수 있다.
③ 데이터는 1940년대 이후 컴퓨터 시대 시작과 함께 자연과학뿐만 아니라 경영학, 통계학 등 다양한 사회과학이 발전하면서, 추상적(Abstract)이고 관념적(Ideological)인 개념에서 기술적(Descriptive)이고 사실적인 의미로 확장된다.
④ 데이터는 추론(Inference)과 추정(Estimation)의 근거를 이루는 사실(Fact)이다.
⑤ 데이터는 단순한 객체로서의 가치뿐만 아니라 다른 객체와의 상호관계 속에서 가치를 갖는 것으로 설명되므로 정보, 지식, 지혜와 같은 객체와도 큰 연관성을 가진다.

(3) 데이터의 구분

데이터를 구분하는 기준을 유형에 두게 되면 정성적, 정량적 데이터로 구분하고, 데이터의 형태에 두게 되면 암묵지(implicit), 형식지(explicit)로 구분한다.

유형	내용	형태
정성적 데이터 (Qualitative data)	저장, 검색, 분석에 많은 비용이 소모됨	언어, 문자 등
정량적 데이터 (Quantitative data)	정형화가 된 데이터로 비용 소모가 적음	수치, 도형, 기호 등

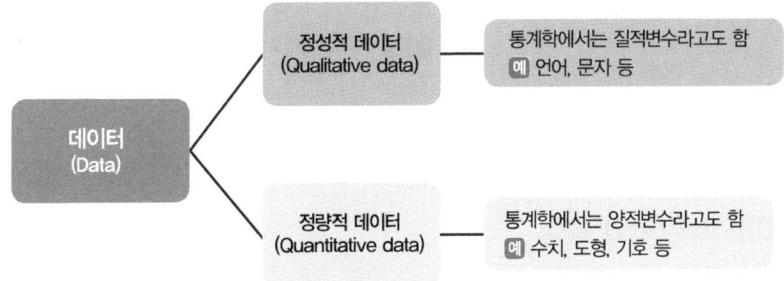

(4) 지식경영과 지식창조 프로세스

① 지식창조이론의 최초 제시자는 '노나카 이꾸지로'이며 1990년대 초 무렵 제언하였다.
② Polanyi는 1966년에 데이터의 지식경영 핵심이슈가 암묵지(implicit knowledge)와 형식지(explicit knowledge)의 상호작용에 있어 중요한 역할을 한다고 주장하였다.

> **참고**
> - 암묵지 : 개인에게 체화된 **내**면화(internalization)된 지식 → 집단 지식으로 **공**통화(socialization)
> - 형식지 : 언어, 숫자, 기호 등 **표**출화(externalization)된 지식 → 개인 지식으로 **연**결화(combination)
> ※ **암내공**(어두운 곳에서 **내공**을 모아)
>   **형표연**(형으로 **표연**한다.)

(5) 데이터와 정보의 관계

① DIKW : DIKW는 Data, Information, Knowledge, Wisdom의 약자이다.

요소	정의
데이터(Data)	객관적인 사실로써 다른 형태의 자료들과 연관되어야 중요성이 높아지는 것
정보(Information)	데이터를 처리, 가공하여 데이터 간의 관계 속에서 의미가 도출이 가능한 것
지식(Knowledge)	개인경험을 결합하여 고유의 지식으로 내재화한 것으로써 데이터를 통해 구조화된 유의미한 정보를 토대로 한 것
지혜(Wisdom)	지식의 축적 및 아이디어가 결합된 창의적인 산물로써 근본적인 원리를 이해하고 이를 근거로 한 것

(6) DIKW 피라미드

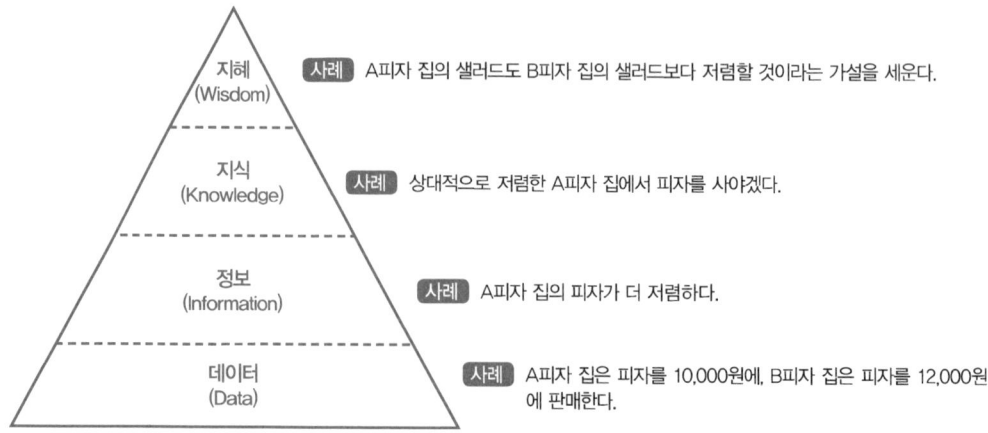

2 데이터베이스의 정의와 특징

(1) 데이터베이스(Database)의 정의

사용자들이 사용하는 데이터들을 다 같이 공유하며 사용할 수 있도록 하는 '데이터의 모음' 즉, 여러 사용자가 데이터를 공유하고 전체 데이터를 사용함으로써 편의성을 향상시키는 것이라 할 수 있다.

(2) 데이터베이스의 일반적 특징

① 데이터베이스의 특징은 일반적 특징과 다양한 측면에서의 특징이 존재한다.
② 데이터베이스의 일반적 특징은 4가지로 아래와 같다.

특징	내용
통합된 데이터 (Integrated data)	동일한 데이터가 중복, 중첩되지 않게 통합된 데이터
저장된 데이터 (Stored Data)	데이터를 컴퓨터의 저장매체에 저장할 수 있음
공용 데이터 (Shared Data)	나만이 아닌 서로 다른 사용자가 데이터를 함께 공동으로 이용할 수 있음
변화하는 데이터 (Renewable Data)	데이터베이스에 존재하는 내용은 늘 현시점을 나타내지만 CRUD(Create-생성, Read-읽기, Update-갱신, Delete-삭제)로 인해 변화가 가능함

(3) 데이터베이스의 다양한 측면에서의 특징

① 정보의 축적 및 전달 측면
  ㉠ 기계가독성 : 일정한 형식에 따라 컴퓨터 등의 정보처리기기가 읽고 쓸 수 있다.
  ㉡ 검색가독성 : 다양한 방법으로 필요한 정보를 검색한다.

ⓒ 원격조작성 : 정보통신망을 통하여 원거리에서도 즉시 온라인을 이용한다.
② 정보 이용 측면
ⓐ 사용자 정보 요구에 따른 다양한 정보를 신속 정확하게 획득할 수 있다.
ⓑ 원하는 정보를 정확하고 경제적으로 찾아낼 수 있다.
③ 정보 관리 측면 : 정보를 구조와 주제 일정한 법칙에 따라 정리, 저장, 검색, 관리가 가능하도록 하여 체계성 제고를 통해 새로운 내용의 추가, 갱신 삭제의 용이성을 높인다.
④ 정보 기술 발전 측면 : 데이터베이스는 정보처리, 검색, 관리 소프트웨어 및 하드웨어 정보 전송을 위한 다양한 네트워크 기술의 발전을 리딩하고 그에 크게 기여할 수 있다.

(4) 기업 내부에서의 데이터베이스 활용

국내의 경우 정보통신망 구축이 가속화되면서 90년대에는 기업 내부 데이터베이스(이하 인하우스 DB)가 기업 경영 전반에 관한 자료를 연계하여 경영활동의 기반이 되는 전사적 시스템으로 확대되었다.

① 1990년대 중반 이전의 기업 내부 데이터베이스
ⓐ 정보의 '수집' 및 이를 내부에서 활용하기 위한 경영정보시스템(MIS, 이하 MIS)과 기업활동의 영역별로 구축되던 시스템들이 데이터 마이닝 등의 기술로 생산자동화, 통합자동화의 형태로 등장했다.
ⓑ 단순 자동화에 치우친 시스템을 OLTP(Online Transaction Processing)라 하며, 단순한 정보의 '수집'에서 탈피, '분석'이 중심이 되는 시스템 구축을 OLAP시스템이라 정의할 수 있다.

> **참고**
>
> **OLTP와 OLAP의 비교**
> - **OLTP(On-Line Transaction Processing)** : **트랜잭션 지향 애플리케이션**을 손쉽게 관리할 수 있도록 도와주는 **정보 시스템의 한 계열**로서, 일반적으로 데이터 기입 및 트랜잭션 처리를 위해 존재한다. 이 용어는 모호할 수도 있는데, **컴퓨터 환경에서 트랜잭션을 데이터베이스 트랜잭션**으로 해석할 수도 있고 **비즈니스 분야**에서 **금융 거래로 정의**할 수도 있기 때문이다. 즉, 데이터베이스의 데이터를 수시로 갱신하는 프로세싱을 의미한다. 주문입력시스템, 재고관리시스템 등 현업의 거의 모든 업무는 이와 같은 성격을 띠고 있다.
>
> <참조 : ko.위키피디아.org>
>
> - **OLAP(On-Line Analytical Processing)** : 최종 사용자가 다차원 정보에 직접 접근하여 대화식으로 정보를 분석하고 의사결정에 활용하는 과정에서 등장하였다. 사용자는 **온라인상에서 직접 데이터에 접근**하며, **대화식으로 정보를 분석**하므로 사용자가 기업의 전반적인 상황을 이해할 수 있게 하고 의사결정을 지원하는 데 그 목적이 있다고 할 수 있다. OLTP에서 처리된 트랜잭션 데이터를 분석해 제품의 판매 추이, 구매 성향 파악, 재무 회계 분석 등을 프로세싱하는 것을 의미한다. **OLTP가 데이터 갱신 위주라면, OLAP는 데이터 조회 위주**라 할 수 있다.
>
> <참조 : 경영정보 시스템 원론, 395p. 법영사. 2005년>

구분	OLAP	OLTP
데이터 구조	단순	복잡
데이터 갱신	정적이며 주기적	동적이며 순간적
데이터 범위	수년 이상 오랜 기간 저장된 데이터	수십일 전후 저장된 데이터
데이터 크기	테라 바이트(TB)단위	기가 바이트(GB)단위
데이터 내용	요약된 데이터	현재 데이터
데이터 성격	비정규성이며 읽기 전용의 데이터	정규적이며 조작 가능한 데이터
데이터 특성	주제 중심	트랜잭션 중심
데이터 접근 빈도	보통	높음

<참조 : 소설처럼 읽는 DB 모델링 이야기, 영진닷컴, 2006년>

② 2000년대 기업 내부 데이터베이스
  ㉠ 2000년대에 들어서면서 기업들의 DB 구축의 화두는 CRM(Consumer Relationship Management, 고객관계관리)과 SCM(Supply Chain Management, 공급망관리)으로 쏠린다.
  ㉡ CRM은 고객관계관리의 준 말로써 고객별 구매이력 DB를 분석하여 고객에 대한 이해도를 제고시키고 이를 바탕으로 마케팅 전략을 수립, 제언하는 것을 뜻한다.
  ㉢ SCM은 기업이 외부 공급업체 또는 제휴업체와 통합된 정보시스템으로 연계하여 시간과 비용을 최적화시키기 위한 것이다. 특히 유통·판매 및 고객 데이터가 CRM과 연동되기 때문에 CRM과 SCM은 상호 밀접한 관련을 갖는다.
  ㉣ 이와 같은 연혁별로 인하우스 DB의 발전 과정에서 나타난 산업 부문별 변화된 모습은 다음과 같이 정리가 가능하다.

③ 각 분야별 인하우스 DB 2000년대 기업 내부 데이터베이스

분야	내용
제조부문	• 2000년대를 분기점으로 기존에는 재고관리 및 부품 관련 테이블 등의 영역에서만 적용되었던 DB 적용이 2000년대 이후에는 제조 및 유통 전 공정을 포함하는 범위로 확대됨 • 클라이언트/서버 기반의 내부 정보 시스템을 웹환경으로 전환하거나 ERP(Enterprise Resource Planning) 이후에 SCM으로 기능을 확장하는 등의 동향이 대기업에서 이루어짐 • 중소기업과의 균형 투자가 이뤄지기 위해 RTE(Real-Time Enterprise)를 통해 대기업-중소기업 협업관계를 이루어 나감 • 최근에는 제조부문의 ERP 시스템 도입과 함께 DW, CRM, BI(Business Intelligence) 등의 진보된 정보기술을 적용한 기업 내부 인하우스 DB 구축이 주류가 되고 있음
금융부문	• 1998년 IMF이후, 금융부문은 업무 프로세스 효율화나 e비즈니스 활성화, 금융권 통합 시스템 구축으로 확산됨 • 2000년대 초반에는 EAI(Enterprise Application Integration), ERP, e-CRM 등과 같이 DB 간의 정보 공유 및 통합이나 고객 정보의 전략적 활용이 주된 이슈 • 2000년대 중반에는 DW(Data Warehouse, 이하 DW)를 적극 도입하여 DB활용 마케팅을 강화하였고, DW를 위한 최적화 및 BI기반의 시스템 구축이 가속화됨 • 최근 금융부문은 차세대 프로젝트, 다운사이징, 그리고 바젤II와 같은 대형 프로젝트를 마무리하면서 향후 EDW(Enterprise Data Warehouse)의 확장이 DB시장 확장에 큰 기여를 하리라고 예상됨
유통부문	• 2000년 이후, IT 환경 변화에 따라 유통부문 또한 CRM과 SCM 구축이 활발히 진행 중 • 상거래를 위한 인프라와 KMS를 위한 백업시스템 구축도 함께 진행됨 • BSC, KPI와 DB를 연계함과 동시에 RFID의 등장으로 유비쿼터스 시대를 준비 중

④ 사회기반구조로서의 데이터베이스
  ㉠ 1990년대 사회 각 부문의 정보화가 본격화되면서 DB구축이 활발히 추진되었다.
  ㉡ 정부를 중심으로 사회간접자본(SOC) 차원에서 EDI(Electronic Data Interchange, 전자문서교환)를 활용, 부가가치통신망(VAN ; Value Added Network)을 통한 정보망 구축이 시작되었다.
  ㉢ 1990년대 후반부터 정보기술이 고도로 발전하면서 EDI, CALS(Commerce At Light Speed) 등에서 벗어나 국가적으로 필요한 기반시설인 지리, 교통부문에서의 DB구축이 시작되었다.
  ㉣ 2000년대 초부터 지리, 교통부문의 DB는 보다 고도화되어 현재의 수준에 이르렀고, 의료·교육·행정 등 사회 각 부문으로 공공 DB의 구축·이용이 확대되었다. 그리고 인터넷의 발달과 상용화로 인해 일반 국민들도 손쉽게 필요 정보를 습득할 수 있게 되었다.

분야	기술
물류부문	• CVO(Commercial Vehicle Operation System) • PORT-MIS • KROIS(Korean Railroad Operating Information System)
지리/교통 부문	• GIS(Geographic Information System) • RS(Remote Sensing) • GPS(Global Positioning System) • ITS(Intelligent Transport System) • LBS(Location Based Service) • SIM(Spatial Information Management)
의료부문	• PACS(Picture Archiving and Communications System) • U-Health(Ubiquitous-Health)

<참조 : 데이터 분석 전문가이드. 한국데이터진흥원. 2018년>

3 빅데이터의 이해

(1) 빅데이터의 정의

빅데이터는 '데이터의 양(Volume)', '데이터의 다양성(Variety)', '데이터의 수집 및 처리 속도(Velocity)'가 급격히 증가하며 발생한 현상이라 정의할 수 있다. 최근에는 5V(Veracity, Value 추가), 7V(Validity, Volatility 추가)로 확장되고 있다(가트너 2011).

특성	정의
규모 (Volume)	빅데이터 분석 규모에 관련된 특징
다양성 (Variety)	표 형식(Tabular)의 정형 데이터뿐만 아니라 이미지·소리·텍스트 등의 비정형 데이터를 비롯한 데이터 유형에 관련된 특징
속도 (Velocity)	• 빅데이터의 수집·분석·활용 속도에 관련된 특징 • 센서, 모니터링(사물정보), 스트리밍 실시간 정보 등의 생성 속도 증가에 따른 데이터 처리 속도 가속화가 요구됨
신뢰성 (Veracity)	• 수집된 빅데이터의 신뢰성이나 수집 대상 데이터가 가지는 신뢰성에 관련된 특성 • 방대한 빅데이터에서 노이즈 및 결측값 처리 등을 통한 데이터 전처리를 통해 데이터의 품질과 신뢰성 제고가 요구됨

가치 (Value)	• 빅데이터 수집을 통해 얻을 수 있는 가치 • 비즈니스나 연구에 활용되어 가치를 창출할 수 있는 가로 정의	
정확성 (Validity)	• 수집대상 데이터의 유효성 및 정확성을 의미 • 아무리 많은 방대한 빅데이터라 할지라도 분석 정확성이 낮은 경우 큰 의미를 부여하기 어려움	
휘발성 (Volatility)	• 수집된 데이터의 유효기간을 의미 • 데이터가 얼마나 오래 저장될 수 있고 타당한지에 대한 사항임	

(2) 빅데이터의 출현 배경

① 빅데이터가 출현하게 된 것은 전혀 없었던 것이 새로 등장한 것이 아니라 기존의 데이터, 처리방식, 다루는 사람과 조직 차원에서 일어나는 변화가 복합적으로 일어난 것이다.

각 분야별 환경변화	출현 배경	내용 및 예시
산업계	고객 데이터 축적	기업들의 보유 데이터가 거대한 가치 창출이 가능할 만큼 충분한 규모에 도달
학계	거대 데이터 활용, 과학 확산	데이터를 다루는 아키텍쳐, 통계, 알고리즘의 발달
기술발전	관련 기술들의 발전	인터넷 발전 및 로그 정보, 모바일 정보, 클라우드 컴퓨팅 등의 활용 가능성 확대

② ICT의 발전 및 빅데이터의 출현

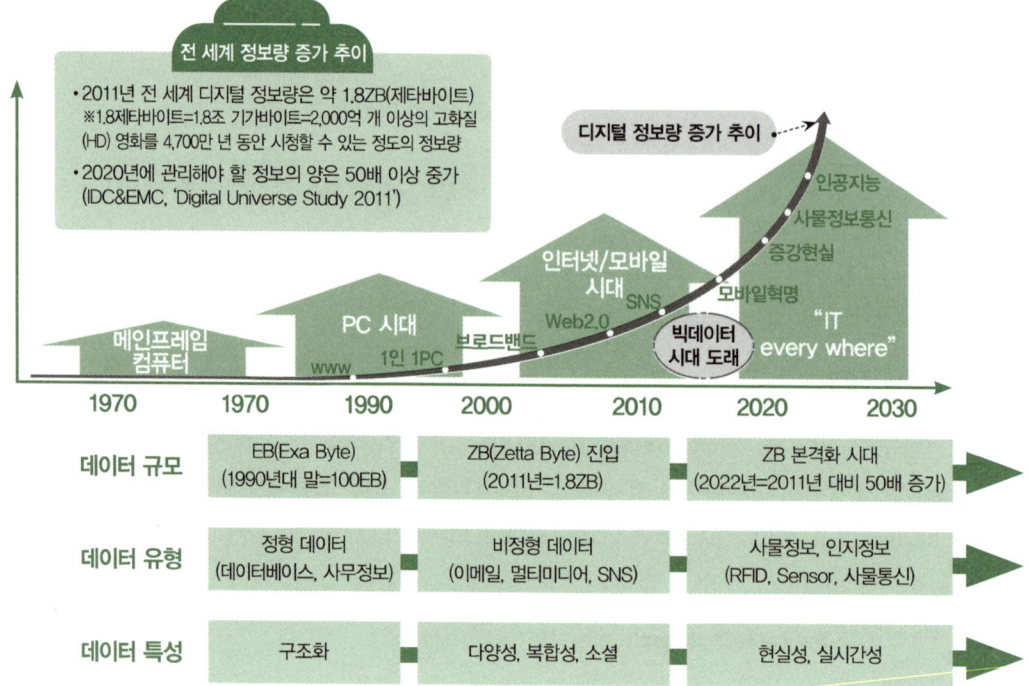

(3) 빅데이터가 만들어내는 본질적인 변화

통계학	→	빅데이터
사전처리		사후처리
표본조사		전수조사
데이터의 질		데이터의 양
인과관계		상관관계

① 사전처리 → 사후처리 : 필요 정보와 변수만을 선택적으로 수집하고 그 외 정보를 버렸던 과거에서 가능한 한 많은 데이터를 모으고 그 데이터를 다양한 방식으로 조합해서 숨은 정보를 찾아낸다.

② 표본조사 → 전수조사
  ㉠ 데이터 수집 비용의 감소와 클라우드 컴퓨팅 기술의 발전으로 데이터 처리비용이 감소하게 되었다.
  ㉡ 이는 표본을 조사하는 기존의 탐구방법론에서 전수조사를 통해 표본조사의 한계였던 패턴이나 정보를 발견 및 통찰할 수 있는 방식으로 데이터 활용법이 향상되었다.

③ 데이터의 질 중시 → 데이터의 양 중시 : 과거에는 데이터를 표본조사하다 보니 질을 중요시하는 경향이 있었다면, 빅데이터 시대가 되어 전수조사가 가능해진 형태가 되어 데이터의 양을 중요시하게 되었다.

④ 인과관계 중심의 분석 → 상관관계 중심의 분석
  ㉠ 과거의 회귀분석에 따른 원인과 결과를 규명하는 형식의 분석방법도 중요하다.
  ㉡ 하지만 빅데이터 시대에는 상관관계를 통해 특정 현상의 발생 가능성이 포착되고, 그에 상응하는 행동을 하도록 추천되는 일이 점점 늘어나고 있다.

(4) 빅데이터의 가치 산정이 어려운 이유

여러 가지 변수로 인해 빅데이터 시대에서의 가치 산정이 어려운데, 그것을 유형화하자면 아래와 같이 3가지로 요약하여 산정을 시도해 볼 수 있다.

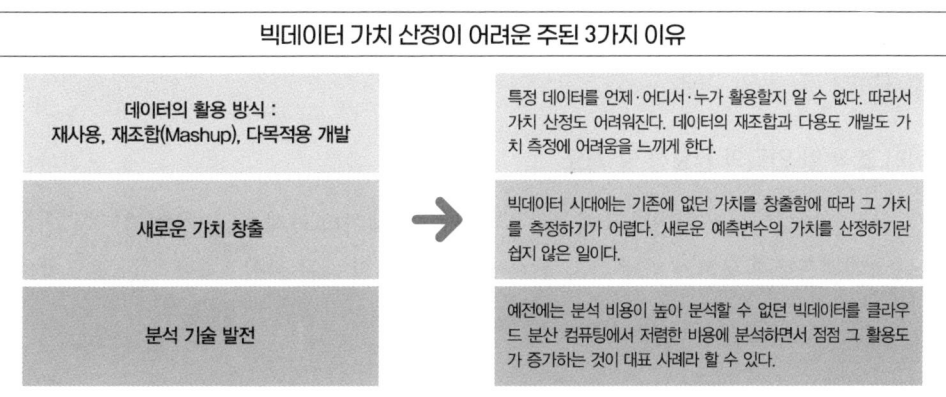

(5) 빅데이터의 위기요인

종류	정의 및 예시
사생활 침해	본격적으로 M2M시대에 들어서면서 우리 주변에서의 정보 수집 센서의 증가로 인해 우리의 개인정보가 본래 목적 외 2차·3차적 목적으로 **활용될 가능성**이 증가한다는 점에서 더 큰 우려를 내포함 예) 여행 사실을 트윗한 사람의 집을 강도가 노린 사례
민주주의 사회 책임원칙 훼손	• 빅데이터 기반의 분석과 예측 기술의 발전으로 높은 정확도를 보이는 만큼 범죄를 저지르기 전에 예상 범죄자를 체포하게 될 가능성이 존재함 • 이는 민주주의 국가의 형사처벌은 잠재적 위협이 아닌 명확하게 행동한 결과에 대해 책임을 묻고 있기에 이에 충돌될 가능성 있음 예) 영화 '마이너리티 리포트'처럼 저지르지 않은 범죄를 저지르기 전에 체포
데이터 오용	데이터 사용자가 데이터를 과신하거나 잘못된 지표를 사용하는 경우 빅데이터의 폐해가 될 수 있음 예) 베트남 전쟁 때 적군 사망자 수를 지표로 활용하여 과장된 숫자로 데이터가 보고됨

(6) 위기 요인별 통제 방안

① **사생활침해**에 따른 통제 방안
　㉠ 데이터 처리 방법을 '동의제에서 책임제'로 바꾸자는 것이다.
　㉡ 본래 목적 외 2차·3차적 목적으로 활용될 가능성이 증가한다는 특징을 지닌 개인정보를 '개인의 정보동의'가 아닌 '정보사용자의 책임'으로 해결하자는 것이다.

② **책임원칙 훼손** 위기 요인에 대한 통제 방안
　㉠ 기존의 책임 원칙을 좀 더 보강할 수 있는 '결과 기반 책임 원칙 고수'를 통해 해결하자는 것이다.
　㉡ 지금까지 민주주의 사회에서는 특정인을 '성향'에 따라 처벌이 아닌 '행동 결과'를 보고 처벌했으므로 결과 기반의 책임원칙을 고수해야 한다는 것이다.

③ **데이터 오용**으로 인한 위기 요인에 대한 통제 방안
　㉠ '알고리즘에 대한 접근권 제공'이 중요한 이슈로 부상한다. '알고리즘에 대한 접근권'이 주어진다 해도 아무나 그 내용을 해석할 수 있는 것은 아니다. 이에 따라 '알고리즈미스트(algorithmist)'라는 직업이 부상하고 있다.
　㉡ 알고리즈미스트(algorithmist)는 데이터 오용 혹은 알고리즘의 부당함을 반증하여 알고리즘으로 인한 피해를 구제해주는 것을 업으로 삼는 사람을 일컫는다.

4 빅데이터 조직 및 인력

(1) 데이터 조직 및 인력의 필요성 및 개요

① 기업들은 빅데이터로 차별화된 경쟁력을 확보하며, 데이터 과제 발굴, 기술 검토 등과 같이 데이터를 효과적으로 활용하기 위해 기획 및 운영 관리를 위한 전문 분석조직에 대한 필요성을 강조하고 있다.

② 데이터 분석 조직은 기업 경쟁력 확보를 위해 데이터 분석에 따른 부가가치 창출과 이를 비즈니스 목표 설정에 기여해야 한다.
  ㉠ 이를 위해서는 전사적인 차원에서 다양한 분석 과제를 정의하고 데이터 분석을 통해 데이터에 근거한 전략 수행에 일조해야 한다.
  ㉡ 구성원으로는 다양한 분야의 지식과 경험을 가진 도메인 전문가와 업무 담당자 등으로 구성된 전사 또는 팀으로 구성할 수 있다.

조직 목표	기업의 경쟁력 확보를 위하여 비즈니스 질문(Question)과 이에 부합하는 가치(Value)를 찾고 비즈니스를 최적화(Optimization)하는 것
조직 역할	전사 및 부서의 분석 업무를 발굴하고 전문적 기법과 분석 도구를 활용하여 기업 내 존재하는 빅데이터 속에서 Insight를 찾아 전파하고 이를 Action화 하는 것
조직 구성	기초통계학 및 분석 방법에 대한 지식과 분석 경험을 가지고 있는 인력으로 전사 또는 부서 내 조직으로 구성하여 운영

(2) 데이터 조직 및 인력 구성 시 고려사항

구분	주요 고려사항
조직 구조	• 비즈니스 질문을 선제적으로 찾아낼 수 있는 구조인가? • 분석 전담조직과 타부서 간 유기적인 협조와 지원이 원활한 구조인가? • 효율적인 분석 업무를 수행하기 위한 분석 조직의 내부 조직구조는? • 전사 및 단위부서가 필요시 접촉하며 지원할 수 있는 구조인가? • 어떤 형태의 조직(중앙집중형, 분산형)으로 구성하는 것이 효율적인가?
인력 구성	• 비즈니스 및 IT 전문가의 조합으로 구성되어 있는가? • 어떤 경험과 어떤 스킬을 갖춘 사람으로 구성해야 하는가? • 통계적 기법 및 분석 모델링 전문 인력을 별도로 구성해야 하는가? • 전사 비즈니스를 커버하는 인력이 없다면? • 전사 분석 업무에 적합한 인력 규모는 어느 정도인가?

(3) 데이터 조직 및 인력 구성 시 3가지 유형

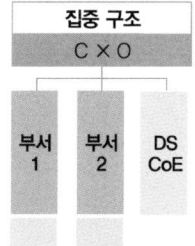

- 전사 분석업무를 별도의 분석 전담 조직에서 담당
- 전략적 중요도에 따라 분석 조직이 우선순위를 정해서 진행 가능
- 현업 업무 부서의 분석 업무와 이중화·이원화의 가능성이 높음

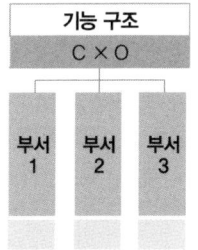

- 일반적인 분석 수행 구조
- 별도 분석 조직이 없고 해당 업무 부서에서 분석 수행
- 전사적 핵심 분석이 어려우며, 부서 현황 및 실적 통계 등 과거 실적에 국한된 분석 수행 가능성이 높음

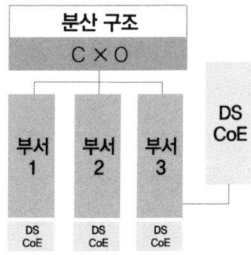

- 분석 조직 인력들을 현업 부서로 직접 배치하여 분석 업무 수행
- 전사 차원의 우선순위 수행
- 분석 결과에 따른 신속한 Action 가능
- 베스트 프랙티스 공유 가능
- 부서 분석 업무와 역할 분담을 명확히 해야 함(→ 업무 과다 이원화 가능성)

(4) 분석조직의 인력구성

분석조직의 경쟁력을 극대화하기 위하여 전문 역량을 갖춘 각 분야의 인재들을 모아 조직을 구성한다.

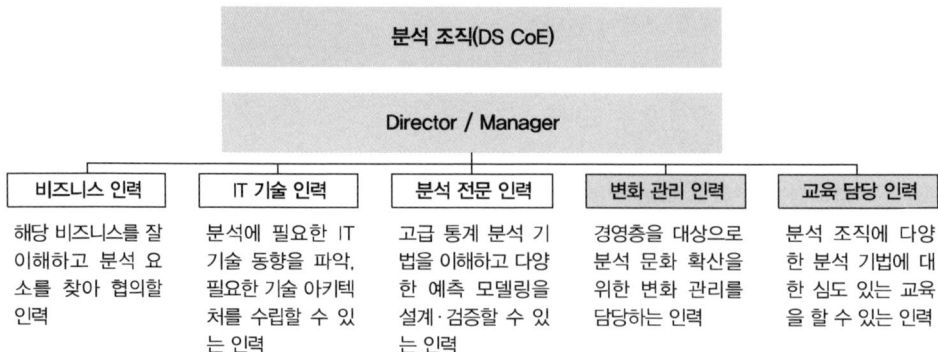

(5) 빅데이터 전문 인력

① 빅데이터와 관련해 데이터 사이언티스트(Data-Scientist)와 알고리즈미스트(Algorithmist)의 역할이 매우 중요해질 것으로 예상된다.

> **참고**
> - 데이터 사이언티스트 : 빅데이터에 대한 이론적 지식과 분석 숙련도를 바탕으로 **통찰력·전달력·협업 능력**을 두루 갖춘 전문인력으로서 빅데이터의 다각적 분석을 통해 인사이트를 도출하고 이를 조직의 전략 방향 제시에 활용할 줄 아는 전문가
> - 데이터 알고리즈미스트 : 데이터 사이언티스트가 만든 알고리즘과 데이터 사이언티스트가 한 일로 인해 부당한 피해가 발생하는 것을 예방 또는 구제하는 역할을 하며 알고리즘의 코딩해석을 위해 컴퓨터, 수학, 통계학뿐 아니라 비즈니스 전반에 대한 이해를 요하는 전문가

② 데이터 사이언티스트 요구역량
    ㉠ 하드 스킬(Hard Skill)
        • 빅데이터에 대한 이론적 지식 : 관련 기법에 대한 이해와 방법론 습득
        • 분석기술에 대한 숙련도 : 최적의 분석 설계 및 노하우 축적
    ㉡ 소프트 스킬(Soft Skill)
        • 통찰력 있는 분석 : 창의적 사고, 호기심, 논리적 비판
        • 설득력 있는 전달 : 스토리텔링, 시각화(Visualization)
        • 다분야 간 협력 : 커뮤니케이션(Communication)

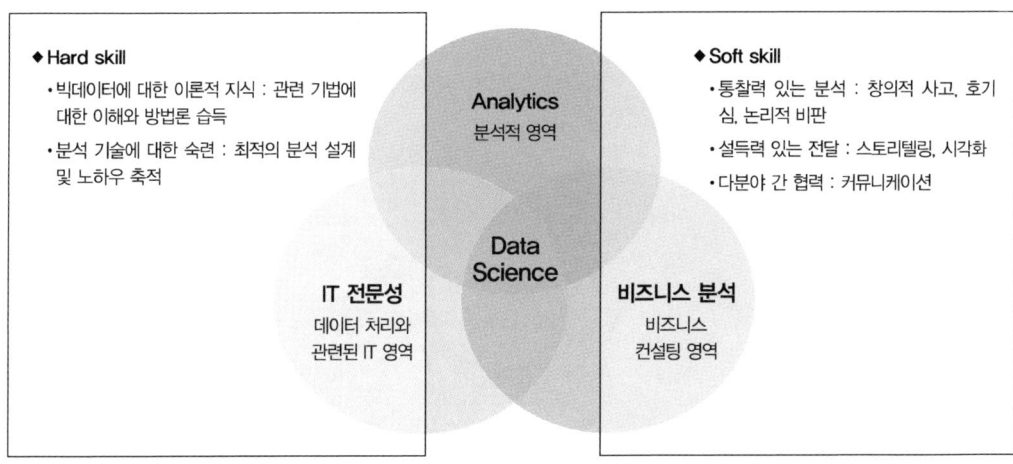

(6) 성공적 조직 운영-애드호크라시(Adhocracy)

① 애드호크라시는 태스크포스(TF)팀과 같은 '특별 임시조직'으로써 다양한 분야의 전문가들이 빠르고 혁신적인 기능을 활용하여 집중적으로 과제를 수행하는 고도의 유기체적 조직구조 유형이고, 매트릭스 구조, TF, 위원회 조직 등의 유형이 존재한다.

② 빅데이터 프로젝트는 소규모 '특별 임시조직(애드호크라시)'에서 신기술 도입 전 검증(Proof of Concept, 이하 POC) 과정을 먼저 수행하고 그 후 프로토타입 테스트 및 파일럿(Pilot)을 진행하게 된다. 파일럿의 경우 다양한 변수(데이터 유효기간, 사업비용, 소요기간, 기대효과 등)를 고려하여 사업의 향후 개선안을 찾는 단계로 확장하게 된다.

③ 애드호크라시의 장점으로는 빠른 의사결정, 문제 해결능력 그리고 창의적이고 순발력 있고 기민한 대응이 가능하다는 점들이 강력한 강점이라고 할 수 있다.

④ 단점으로는 전문가들의 권한 또는 책임의 한계를 정의내릴 수 없고, 내부 갈등이 시작되면 고조될 가능성이 있으며, 자율성이 매우 강하기에 효율적인 업무 협의를 이루기가 어렵다는 것이다.

5 데이터 산업의 이해

(1) 데이터 산업의 발전의 개요

① 4차 산업혁명 시대가 도래하면서, 초연결 지능사회로 빠르게 변모해감에 따라 핵심적 인프라로 데이터 연결 인공지능(Data-Network-AI, 이하 DNA)이 강조되고 있다.

② 데이터 산업은 시간 순으로 데이터 처리, 데이터 통합, 데이터 분석, 데이터 연결, 데이터 권리 시대 순으로 진화해오고 있으며, 최근에는 데이터 분석, 데이터 연결, 데이터 권리 등이 함께 발전해가고 있다.

③ 데이터 분석 수준이 향상되면서, 데이터 분석 시대에 접어들게 되면서 비로소 데이터가 자원으로 활용되게 되었다.

(2) 데이터 산업의 발전 과정

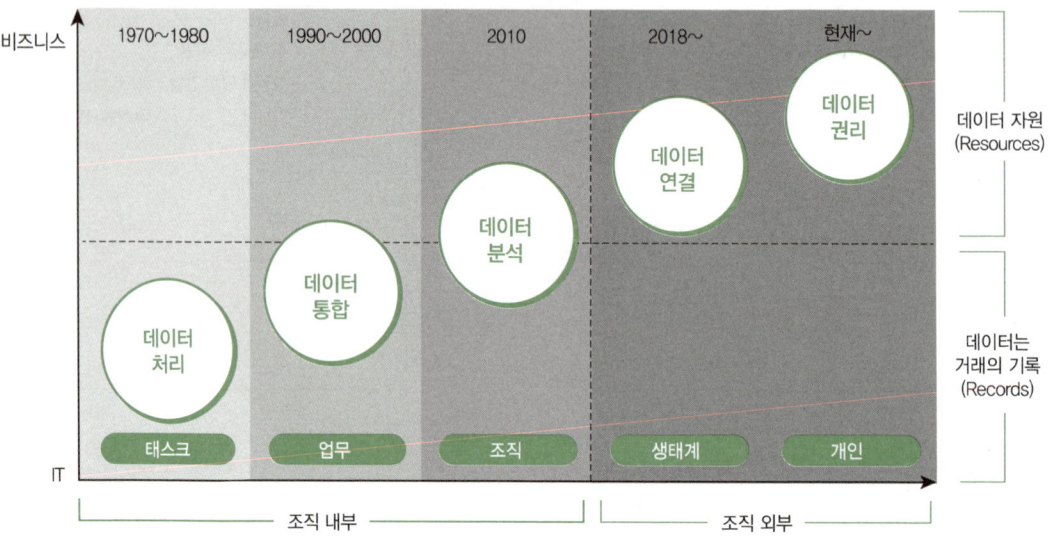

<출처 : 2019 데이터산업백서, 재구성>

① 데이터 처리의 시대 : C, C++, JAVA 등의 컴퓨터 언어를 활용한 정확하고 바른 대규모의 데이터 처리가 진행되었다. 이 시기에는 데이터를 업무처리 대상으로만 여겼다.
② 데이터 통합의 시대 : 적재된 데이터들의 일관성과 무결성(Integrity)을 확보 및 유지하기 위해 관계형 데이터 사고와 시스템적 사고를 통해 DBMS(Database Management System) 등을 적용하였다.
③ 데이터 분석의 시대 : 데이터가 급증함에 따라 대규모 빅데이터의 보관 및 관리를 위한 하둡, 스파크 등의 빅데이터 처리 기술이 등장하고, 복잡한 문제를 효과적이고 정확하며 빠르게 해결하여 의사결정을 수행하는 데 일조하는 기계학습(머신러닝)과 인공지능(A.I) 기술이 활용되었다.
④ 데이터 연결의 시대 : 데이터 연결의 시대는 사물인터넷(IOT)과 같이 모든 것이 사람을 통하지 않고도 연결(Link)되는 초연결 사회의 특성을 지니며, 데이터화(Datafication)도 실시간으로 수행되는 시대이다.
⑤ 데이터 권리의 시대 : 데이터 권리의 시대는 데이터 권리를 원래 주인인 개인에게 돌려주어야 한다는 '데이터 주권'에 따른 '마이데이터(My Data)'가 중요한 이슈로 대두되었다. 이를 통해 개인의 마이데이터를 관리할 서비스와 판매할 서비스가 출현하게 되었으며, 개인이 마이데이터를 기반으로 하는 비즈니스 모델(Business Model, 이하 BM)도 생성 가능해졌다.

SECTION 02 빅데이터 기술 및 제도

1 빅데이터 플랫폼

(1) 빅데이터 플랫폼의 정의

① 플랫폼이란 단순 분석 응용프로그램을 넘어서서 '분석 서비스를 위한 응용프로그램이 실행될 수 있는 기초를 이루는 컴퓨터 시스템'을 의미한다.
② 플랫폼은 데이터 분석에 필요한 프로그래밍 환경과 실행 및 서비스 환경을 제공하는 역할을 수행한다.

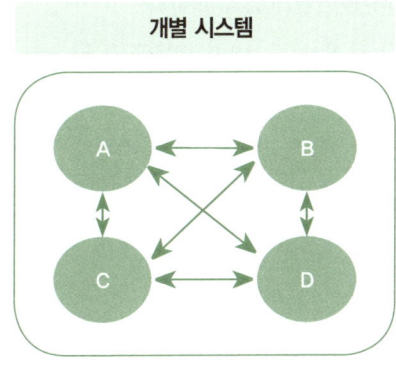
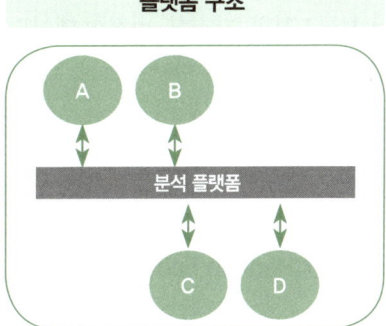

개별 시스템	플랫폼 구조
시스템 간 자체적인 데이터 교환	분석 플랫폼을 활용한 공동기능 활용
시스템별 독립적인 데이터 관리	중앙집중적 데이터 관리
확장 시 시스템 간 인터페이스 폭증	시스템 간 인터페이스 최소화

광의의 분석 플랫폼	분석 서비스 제공 엔진
	분석 어플리케이션
	분석 서비스 제공 API
협의의 분석 플랫폼	데이터 처리 Framework
	분석 엔진 / 분석 라이브러리
	운영체제(OS)
	하드웨어

(2) 빅데이터 플랫폼의 계층 구조

빅데이터 플랫폼은 소프트웨어 계층, 플랫폼 계층, 인프라스트럭처 계층 구조로 구성된다.

플랫폼 계층	층 구성
소프트웨어 계층 (Software Layer)	데이터 처리 엔진, 데이터 분석 엔진, 데이터 수집 모듈, 데이터 정제 모듈, 서비스 관리 모듈, 사용자 관리 모듈, 모니터링 모듈, 보안 모듈
플랫폼 계층 (Platform Layer)	작업 스케줄링 모듈, 데이터 자원 모듈, 데이터 할당 모듈, 프로파일링 모듈, 데이터 관리 모듈, 서비스 관리 모듈, 사용자 관리 모듈, 모니터링 모듈, 보안 모듈
인프라스트럭처 계층 (Infrastructure Layer)	자원 배치 모듈, 노드 관리 모듈, 데이터 관리 모듈, 자원 관리 모듈, 서비스 관리 모듈, 사용자 관리 모듈, 모니터링 모듈, 보안 모듈

(3) 빅데이터 플랫폼의 구성요소

① 데이터 수집 : 소스 데이터에서 정형, 반정형, 비정형 형태로 수집한다.
② 데이터 저장 : 정형, 반정형, 비정형 데이터 저장 시 NoSQL, 병렬DBMS, HDFS, 클라우드 파일 저장 시스템, 네트워크 구성 저장 시스템 등이 필요하다.
③ 데이터 분석 : 이미지, 텍스트 분석, 데이터 마이닝, 통계, 머신러닝, 딥러닝 등 방법론에 적용한다.
④ 데이터 활용 : BI 툴(Power BI, Tableau 등)을 활용한 데이터 시각화이다.

(4) 하둡 에코시스템(Hadoop Ecosystem)

① 하둡 프레임워크를 이루는 다양한 서브 프로젝트들의 모임을 하둡 에코시스템이라 한다.
② 하둡 에코시스템은 수집, 저장, 처리 기술과 분석, 실시간 SQL 질의 기술로 구분된다.

종류	구분	기술	정의
데이터 수집	비정형 데이터 수집	척와 (Chukwa)	분산된 각 서버에서 에이전트를 실행하고, 컬렉터(Collector)가 에이전트(Agent)로부터 데이터를 받아 HDFS에 저장하는 기술
		플럼 (Flume)	많은 양의 로그 데이터를 효율적으로 수집, 집계, 이동하기 위해 이벤트(Event)와 에이전트를 활용하는 기술
		스크라이브 (Scribe)	• 다수의 서버로부터 실시간으로 스트리밍되는 로그 데이터를 수집하여 분산 시스템에 데이터를 저장하는 대용량 실시간 로그 수집 기술 • 최종 데이터는 HDFS 외에 다양한 저장소를 활용할 수 있음
	정형 데이터 수집	스쿱 (Sqoop ; SQL_to_ Hadoop)	• 대용량 데이터 전송 솔루션 커넥터(Connector)를 사용하여 관계형 데이터베이스 시스템(RDBMS)에서 하둡 파일 시스템(HDFS)으로 데이터를 수집하거나, 하둡 파일 시스템에서 관계형 데이터베이스로 데이터를 보내는 기술 • Oracle, MS-SQL, DB2와 같은 상용 RDBMS와 MYSQL과 같은 오픈소스 RDBMS 지원
		히호 (Hiho)	• 스쿱(Sqoop)과 같은 대용량 데이터 전송 솔루션 • 하둡에서 SQL기능이 가능하며 JDBC 인터페이스 지원, 현재에는 oracle, MySQL의 데이터만 전송 지원
데이터 저장	분산 데이터 저장	HDFS (Hadoop Distributed File System)	• 대용량 파일을 분산된 서버에 저장하고, 그 저장된 데이터를 빠르게 처리할 수 있게 하는 하둡 분산 파일 시스템 • 범용 하드웨어 기반, 클러스터에서 실행되고 데이터 접근 패턴을 스트리밍 방식으로 지원 • 다중 복제, 대량 파일 저장, 온라인 변경, 범용서버 기반, 자동복구 특징이 있음

종류	구분	기술	정의

데이터 처리			• 노드 구성요소
			   – 네임 노드 : HDFS상의 모든 메타데이터를 관리하며 마스터/슬레이브 구조에서 마스터 역할 수행
			   – 보조네임 노드 : HDFS 상태 모니터링을 보조하며 주기적으로 네임 노드의 파일 시스템 이미지를 스냅샷으로 생성
			   – 데이터 노드 : HDFS의 슬레이브 노드로, 데이터 입출력 요청을 처리하며 데이터 손실 방지를 위한 3중 블록으로 복제하여 저장

	분산 DB	HBase	• HDFS를 기반으로 구현된 컬럼 기반의 분산 데이터베이스 • 실시간 랜덤 조회 및 업데이트를 할 수 있으며 각각의 개인의 데이터를 비동기적으로 업데이트할 수 있음
	분산 데이터 처리	맵리듀스 (Map Reduce)	• 대용량 데이터 세트를 분산 병렬 컴퓨팅에서 처리하거나 생성하기 위한 목적으로 만들어진 소프트웨어 프레임워크 • 모든 데이터를 키-값(Key-Value) 쌍으로 구성 • 맵(Map)-셔플(Shuffle)-리듀스(Reduce) 순서대로 데이터 처리
	리소스 관리	얀 (YARN)	• 하둡의 맵리듀스 처리 부분을 새롭게 만든 자원 관리 플랫폼 • 리소스 매니저(Master)와 노드 매니저(Slave)로 구성
	인메모리	아파치 스파크 (Apache Spark)	• 하둡 기반 대규모 데이터 분산처리시스템 • 스트리밍 데이터, 온라인 머신러닝 등 실시간 데이터 처리 • 스칼라, 자바, 파이썬, R 등에 사용 가능 • 인메모리 기반의 실시간 데이터 처리와 관련된 오픈소스 프로젝트
	데이터 전처리	피그 (Pig)	• 대용량 데이터 집합을 분석하기 위한 플랫폼 • 하둡을 이용하여 맵리듀스를 사용하기 위한 스크립트 언어인 피그 라틴이라는 자체 언어 제공 • 맵리듀스 API를 단순화시켜서, SQL과 유사한 형태로 설계
		하이브 (Hive)	• 하둡 기반의 DW 솔루션 • HiveQL이라는 SQL과 매우 유사한 쿼리 제공
데이터 분석	데이터 마이닝	머하웃 (Mahout)	• 하둡 기반으로 데이터 마이닝 알고리즘을 구현한 오픈 소스 • 분류 : 클러스터링, 추천 및 협업 필터링, 패턴 마이닝, 회귀분석, 진화 알고리즘 등 주요 알고리즘 지원
	실시간 SQL 질의	임팔라 (Impala)	• 하둡 기반의 실시간 SQL 질의 시스템 • HiveQL을 인터페이스로 데이터 조회 가능 및 HBase와 연동 가능
		타조(Tajo)	하둡 기반의 ETL 기술을 활용하여 DW에 적재하는 시스템

2 개인 정보 활용

(1) 개인 정보의 가명처리

① 가명처리의 필요성
  ㉠ 4차 산업혁명 시대에서 데이터 주권에 대한 관심이 많아지는 가운데, 개인정보를 처리 및 활용하는 과정에서 개인의 사생활 침해 등의 다양한 문제가 발생할 수 있다.
  ㉡ 개인정보를 안전하게 데이터 분석에 활용하기 위해서는 특정 개인이 지칭되지 않도록 가명처리를 수행할 필요가 있다.
  ㉢ 즉, 개인의 신원 및 정보들이 그대로 노출되지 않도록 특정 개인을 지칭하는 정보들을 삭제하거나 대체하는 등의 방법으로 처리한 후 사용해야 한다.

ㄹ 가명처리의 목적 및 대상으로는 통계작성, 과학적 연구, 공익적 기록보존 등이 존재한다.

(2) 가명처리의 개요

① 가명처리는 '개인정보의 일부나 전부를 삭제 또는 대체하는 등의 방법으로 추가 정보를 획득하지 않고서는 특정 개인을 알아볼 수 없게 하는 것'을 의미한다.
② 가명처리 시 가명정보 자체만으로 특정 개인을 지칭할 수 있는지의 여부와 추가정보와의 결합 가능성을 고려해 볼 필요가 있다.
③ 만약, 가명정보처리자가 보유한 다른 정보들의 결합으로 인해 개인 식별이 가능한 경우에는 가명처리가 잘못 이루어진 것이라 할 수 있다.

(3) 가명처리의 절차

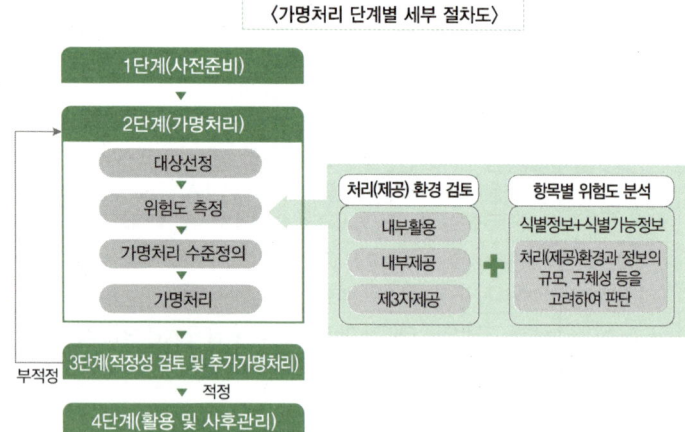

<출처 : 가명처리 가이드라인, 개인정보보호위원회, 2020>

① 1단계 : 사전준비
  ㉠ 가명처리 대상 및 처리수준을 정의하기 위해 처리 목적의 명확화, 적합성 검토, 필요서류 작성 및 준비 등을 수행한다.
  ㉡ 가명정보처리자는 가명정보를 제3자에게 제공할 경우 이용목적 및 방법, 재식별 위험관리 등 가명정보 안전성과 신뢰성 확보를 위한 필요조치를 계약에 포함하여 체결할 수 있다.
② 2단계 : 가명처리
  ㉠ 가명처리 작업을 수행할 때 개인정보의 최소처리원칙 준수와 가명처리 방법 선정 시 처리목적, 처리환경, 정보의 성격 등을 종합적으로 고려하여야 한다.
  ㉡ 구체화된 목적에 부합한 최소한의 항목만을 가명처리 대상으로 선정한 후 가명처리 대상 정보와 분리하여야 한다.
  ㉢ 가명처리 대상 정보의 '항목별 위험도 측정'은 가명정보처리자가 갖고 있는 데이터의 특성과 내부 활용 가능 정보와 3자 제공시 고려해야하는 사항에 따라 달라질 가능성이 있다.

ㄹ) 가명처리 단계는 세부적으로 대상선정, 위험도 측정, 가명처리 수준정의, 가명처리의 4단계로 구성된다. 2단계의 위험도 측정과 4단계의 가명처리는 '가명처리 검토 결과보고서'를 기반으로 정보의 활용 목적 달성에 필요한 수준을 고려하여 가명처리 수준을 정의한다.

③ 3단계 : 적정성 검토 및 추가 가명처리
  ㄱ) 목적 달성을 위해 적절 수준의 가명처리가 이루어졌는지, 재식별 가능성의 여부 등에 대한 최종 판단절차를 수행한다.
  ㄴ) 가명처리 결과가 가명정보 활용 목적 달성에 부합하지 않을 경우, 2단계를 반복하거나 부분적으로 추가 가명처리를 할 수 있다.

④ 4단계 : 사후관리
  ㄱ) 검토결과 적정으로 판단된 가명정보에 대해 관련 법령에 따라 기술적·관리적·물리적 안전조치를 이행하도록 한다.
  ㄴ) 가명정보취급자에게 유의사항, 금지행위 등을 안내하여 가명처리를 안전히 처리하도록 한다.

⑤ 5단계 : 내부결합 절차
  ㄱ) 내부결합은 개인정보처리자가 보유한 개인정보를 가명처리하여 생성된 가명정보 간의 결합을 의미한다.
  ㄴ) 사전준비 단계에서 결합대상 정보 간 결합키(Key)는 활용될 공통 컬럼(혹은 공통속성)과 결합 알고리즘을 선정한다.
  ㄷ) 결합키를 제외한 정보에 대해 각 가명처리 절차 '1단계~3단계'를 이행한 후 결합을 진행한다.
  ㄹ) 결합이 완료된 정보에 대해 가명정보처리자의 판단에 따라 가명처리 절차 3단계를 수행할 수 있으며 필요시 추가처리 작업도 검토한다.

참고

• 데이터양의 단위

단위	데이터량(이진수)	데이터량(십진수)
바이트(B)	1Byte, 2^0B	1Byte, 10^0B
킬로바이트(KB)	1024B, 2^{10}B	10^3Bytes
메가바이트(MB)	1024KB, 2^{20}B	10^3KB=10^6Bytes
기가바이트(GB)	1024MB, 2^{30}B	10^3MB=10^9Bytes
테라바이트(TB)	1024GB, 2^{40}B	10^3GB=10^{12}Bytes
페타바이트(PB)	1024TB, 2^{50}B	10^3TB=10^{15}Bytes
엑사바이트(EB)	1024EB, 2^{60}B	10^3PB=10^{18}Bytes
제타바이트(ZB)	1024ZB, 2^{70}B	10^3EB=10^{21}Bytes
요타바이트(YB)	1024YB, 2^{80}B	10^3ZB=10^{24}Bytes

• 데이터의 유형

유형	내용	예시	난이도
정형 데이터	• 내부 시스템인 경우가 대부분이라 수집이 쉬움. 파일 형태의 스프레드시트라도 내부에 형식을 가지고 있어 처리가 쉬운 편임 • CRUD가 일어나는 일반적인 아키텍처 구조로 이루어져 있음 • 형태(고정된 행과 열)이 있고, 연산이 가능하며, 관계형 DB에 저장됨	Table, CSV, Excel, 관계형 DB 등	下

유형	내용	예시	난이도
반정형 데이터	• 보통 API 형태로 제공되기 때문에 데이터 처리 기술(파싱)이 요구됨 • 형태(스키마, 메타 데이터)가 존재하며, 주로 파일로 저장됨 • 데이터의 제공자가 선별해 제공하는 데이터이기에 잠재적 가치는 정형 데이터보다 높으며, 연산이 불가능함	XML, HTML, JSON, 로그 및 센서 데이터	中
비정형 데이터	• 형태가 없고, 연산이 불가능하며 주로 NoSQL에 저장됨 • 데이터 수집 난이도가 가장 높으며, 텍스트나 파일을 파싱해 메타구조를 갖는 데이터의 셋 형태로 바꾸고 정형 데이터 형태의 구조로 바꾸는 처리를 해야 하므로 데이터 처리 또한 어려움 • 수집 주체에 의한 분석이 선행되었으므로 수집이 가능하면 가장 높은 잠재적 가치를 제공함	Text, Image, 음성, 영상 데이터 등	上

• 데이터베이스와 데이터 웨어하우스 간의 비교

매개 변수	데이터베이스	데이터 웨어하우스
용처	데이터 기록	데이터 분석
처리 방법	OLTP	OLAP
동시 사용자 수	수천 명	제한적
사용 사례	소규모 트랜잭션	복잡한 분석
다운타임	항시 사용 가능	일부 예정된 다운타임
최적화	CRUD 작업 기준	복잡한 분석 기준
데이터 유형	실시간 상세 데이터	요약형 기록 데이터

출처 : https://www.integrate.io/

• 데이터베이스의 특징 : 통합된 데이터, 저장된 데이터, 공용 데이터, 변화하는 데이터
• 데이터 웨어하우스의 특징 : 주제지향적(Subject Oriented), 통합적(Integrated), 시계열적(Time variant), 비소멸성(Non volatile)

(3) 데이터 비식별 기술의 개요

① 최근 마이데이터(MyData)사업 등의 형태로 개인정보의 필요성과 가치가 증대됨에 따라 개인정보 보안에 대한 중요성이 커지고 있다.
② 비식별 기술이란 데이터셋(Dataset)에서 개인을 식별할 수 있는 요소의 일부 또는 전부를 삭제하거나 다른 값으로 대치(Imputation)하는 등의 기술을 지칭한다.

비식별 기술	내용	적용 예시
데이터 범주화	• 데이터의 값을 범주의 값으로 변환하여 값을 숨김 • 통계학에서 비율척도를 도수분포표 등간으로 변화시킬 때 볼 수 있음	홍길동, 키 168.9cm → 홍씨, 키 165~175 사이
가명 처리	• 개인정보 주체의 이름 및 신상 정보를 다른 이름으로 변경하는 것 • 다른 이름으로 변경할 때 규칙성이 드러나지 않도록 익명성, 다양성, 근접성을 고려하여 데이터를 가명처리 해야 함	홍길동, 29세, 서울, 한국대 → 일지매, 20대, 서울, 세계대
데이터 마스킹	데이터의 길이와 속성, 형식을 같은 형태로 유지한 채 데이터를 가리는 기술	홍길동, 29세, 서울, 한국대 → 홍**, 2*세, 서울, **대
총계 처리	• 데이터의 총합 및 합계 등의 값으로 표현함으로써 개별 관측데이터를 노출시키지 않는 것 • 다만, 한계점으로 속성 정보를 공개하는 것이 개인정보를 공개하는 것과 비슷한 결과를 도출할 수 있음에 유의해야 함	홍길동160cm, 일지매170cm, 임꺽정180cm, 순이150cm → 영웅들키의 총합 : 660cm, 영웅들 평균키 : 165cm
해당 데이터 삭제	데이터 공유, 개방 목적에 따라 데이터셋에 구성된 값 중 개인식별에 주요한 역할을 하는 식별자(예 주민등록번호, ID, 이름 등)와 개인과 관련된 날짜 관련된 날짜 정보(자격취득일, 합격일 등)를 삭제 혹은 연단위로 처리함	일지매, 29세, 서울, 한국대 → 29세, 서울거주하는 학생 주민번호 991231-1221125 → 90년대생, 남성

CHAPTER 01 빅데이터의 이해 예상문제

01 데이터에 대한 설명으로 가장 적절하지 않은 것은?
① 데이터를 단순한 객체로서의 가치뿐만 아니라 다른 객체와의 상호관계 속에서 가치를 갖는 것으로도 설명할 수 있다.
② 데이터는 그 형태에 따라 언어·문자 등으로 기술되는 정량적 데이터와 수치·기호·도형으로 표시되는 정성적 데이터로 구분된다.
③ 설문조사와 주관식 응답, 트위터나 페이스북, 블로그 등에 올린 글 등과 같은 정성 데이터의 경우 그 형태와 형식이 정해져 있지 않아 비정형 데이터라고도 한다.
④ 지역별 온도·풍속·강수량과 같이 수치로 명확하게 표현되는 데이터를 정량 데이터라고 한다.

02 DIKW 피라미드(Data, Information, Knowledge, Wisdom hierarchy)에 대한 설명으로 가장 적절한 것은?
① 지식(Knowledge)은 근본 원리에 대한 깊은 이해를 바탕으로 도출되는 창의적 아이디어로 설명할 수 있다.
② 정보(Information)는 상호 연결된 정보 패턴을 이해하고 이를 토대로 예측한 결과물이라 할 수 있다.
③ 지혜(Wisdom)는 데이터의 가공 및 상관관계 간 이해를 통해 패턴을 인식하고 그 의미를 부여한 데이터라 할 수 있다.
④ 데이터(Data)는 존재형식을 불문하고 타 데이터와의 상관관계가 없는 가공하기 전의 순수한 수치나 기호를 의미한다고 할 수 있다.

03 데이터베이스의 일반적 특징에 관한 설명으로 가장 적절하지 않은 것은?
① 데이터베이스는 통합된 데이터(Integrated data)이다.
② 데이터베이스는 저장된 데이터(Stored data)이다.
③ 데이터베이스는 공용 데이터(Shared data)이다.
④ 데이터베이스는 변화되지 않는 데이터(Unchanged data)이다.

04 다음 중 암묵지와 형식지의 상호작용과 가장 관련이 없는 것은?
① 공통화
② 표출화
③ 외부화
④ 연결화

05 다음 중 개인정보 비식별화 기법에 대한 설명으로 가장 적절하지 않은 것은?
① 총계처리-데이터의 총합 값을 보임으로써 각각의 관측치들의 정보를 알 수 없게 한다.
② 범주화-데이터의 개별 값들을 동일한 구간의 데이터로 표현하고 범주의 값으로 변환하여 정보를 감춘다.
③ 데이터 마스킹-데이터의 길이와 속성, 형식을 같은 형태로 유지한 채 데이터를 가리는 기술이다.
④ 가명처리-개인정보 주체의 이름 및 신상 정보를 다른 이름으로 변경하며 일부를 삭제하는 것이다.

06 다음 중 데이터베이스의 특성에 관한 설명으로 옳지 않은 것은?
① 데이터베이스는 동일한 내용의 데이터가 중복되어 있지 않다는 것을 의미하는 통합된 데이터이며 데이터 중복은 관리상의 복잡한 부작용을 초래할 수 있다.
② 데이터베이스는 새로운 데이터의 삽입, 기존 데이터의 삭제, 갱신으로 항상 변화하면서도 항상 현재의 정확한 데이터를 유지해야 하므로 고정된 데이터이다.
③ 데이터베이스는 여러 사용자가 서로 다른 목적으로 데이터를 공동으로 이용하므로 공용 데이터이며 대용량화되고 구조가 복잡한 것이 보통이다.
④ 데이터베이스는 자기 디스크나 자기 테이프 등과 같이 컴퓨터가 접근할 수 있는 저장 매체에 저장되는 것을 의미하므로 저장된 데이터이며, 기본적으로 컴퓨터 기술을 바탕을 한 것이다.

07 다음 중 지식(Knowledge)에 대한 예시로 가장 적절한 것은?
① B사이트보다 가격이 상대적으로 저렴한 A사이트에서 USB를 사야겠다.
② A사이트보다 B사이트가 다른 물건도 비싸게 팔 것이다.
③ A사이트는 10,000원에, B사이트는 15,000원에 USB를 팔고 있다.
④ B사이트의 USB 판매가격이 A사이트보다 더 비싸다.

08 다음 중 그 자체로는 의미가 중요하지 않은 객관적인 사실인 데이터를 가공, 처리하여 얻기 어려운 것은?

① 지혜(Wisdom)
② 정보(Information)
③ 신호(Sign)
④ 지식(Knowledge)

09 다음 중 빅데이터가 기업에게 주는 가치가 아닌 것은?

① 혁신 수단 제공
② 경쟁력 강화
③ 생산성 제고
④ 환경 탐색

10 다음 중 빅데이터가 만들어내는 변화가 아닌 것은?

① 데이터의 질보다 양에 비중을 둠
② 데이터의 사전 처리보다 사후 처리에 비중을 둠
③ 새로운 것에 대한 발견법으로 상관관계보다 인과관계에 비중을 둠
④ 조사 방법으로서 표본조사보다 전수조사에 비중을 둠

11 빅데이터 출현 배경 중 거대한 규모의 데이터 분석 비용 문제를 해결해 준 것은?

① 디지털 기술
② 클라우드 컴퓨팅 기술
③ 하드 드라이브 가격의 하락
④ SNS 확산

12 다음 중 빅데이터 분석에 대한 설명으로 적절한 것은?

① 빅데이터 과제의 주된 걸림돌은 비용이 아니라 분석적 방법에 대한 이해 부족이다.
② 분석을 다방면에 많이 사용하는 것이 경쟁우위를 가져다 주는 첫 번째 요소이다.
③ 빅데이터 분석에서 가치 창출은 데이터의 크기에 의해 좌우된다.
④ 성과가 높은 기업들은 대부분 폭넓은 가치 분석적 통찰력을 갖추고 있다.

13 전략적 가치기반 분석을 위해 고려해야 할 요소가 아닌 것은?
① 사업에 영향을 미치는 트렌드에 대해 큰 그림을 그려야 한다.
② 사업 성과를 견인하는 핵심 요소에 집중해야 한다.
③ 기존 성과를 유지하기 위해 필요한 것이 무엇인지에 주의해야 한다.
④ 경쟁의 본질에 영향을 미치는 단계까지 나아가야 한다.

14 다음 설명 중 틀린 것은?
① 강력한 호기심은 데이터 사이언티스트의 중요한 특징이다.
② 과학적 분석 과정에는 가정과 인간의 해석이 개입하지 않는다.
③ 분석은 미세한 관점에서 접근할 때 큰 효과를 보기 어렵다.
④ 뛰어난 분석적 리더들은 의사결정에서 과학과 직관을 혼합한다.

15 다음 중 데이터에 관한 구조화된 데이터로써 다른 데이터를 설명해주는 데이터는?
① 데이터 모델
② 메타 데이터
③ 백업 데이터
④ 데이터 마트

16 다음 중 기업 내부 데이터베이스인 고객관계관리(CRM)에 대한 설명으로 적절한 것은?
① 부품의 설계, 제조, 유통 등의 공정을 포함한다.
② 외부 공급업체와의 정보시스템 통합으로 시간과 비용을 최적화한다.
③ 기업의 내부 고객들만을 대상으로 한 정보시스템이다.
④ 단순한 정보의 수집에서 탈피, 분석 중심의 시스템 구축을 지향한다.

17 다음 중 기업 내부 데이터베이스 솔루션이 아닌 것은?
① ITS
② CRM
③ KMS
④ SCM

18 다음 중 가트너 그룹의 더그래니가 정리한 빅데이터 3가지 측면 중 다른 하나는?

① 양(Volume)　　　　　　　② 다양성(Variety)
③ 속도(Velocity)　　　　　　④ 유효성(Valid)

19 다음 중 빅데이터의 수집, 구축, 분석의 최종 목적으로 가장 적절한 것은?

① 새로운 통찰과 가치를 창출
② 데이터 중심 조직 구성
③ 초고속 데이터 처리 기술 개발
④ 데이터 관리 비용 절감

20 빅데이터의 기능 중 "공동 활용의 목적으로 구축된 유·무형의 구조물 역할을 수행한다"라는 것에 해당하는 내용은 무엇인가?

① 산업혁명 시대의 석탄, 철　　② 21세기의 원유
③ 렌즈　　　　　　　　　　　④ 플랫폼

21 "특정 그룹의 편중된 의견으로 인해 왜곡된 결과를 초래하는 문제가 빅데이터의 도입으로 해결되고 있다"와 관련 있는 변화는 무엇인가?

① 사후처리로의 변화　　　　② 전수조사로의 변화
③ 인과관계로의 변화　　　　④ 상관관계로의 변화

22 다음 중 데이터 산업이 진화된 순서로 가장 적절한 것은?

① 데이터 처리 → 데이터 통합 → 데이터 연결 → 데이터 분석 → 데이터 권리
② 데이터 처리 → 데이터 연결 → 데이터 분석 → 데이터 통합 → 데이터 권리
③ 데이터 처리 → 데이터 연결 → 데이터 통합 → 데이터 분석 → 데이터 권리
④ 데이터 처리 → 데이터 통합 → 데이터 분석 → 데이터 연결 → 데이터 권리

23 다음 중 감성 분석(Sentiment Analysis)에 대한 설명으로 가장 적절하지 않은 것은?
① 특정 주제에 대한 사용자의 긍정 또는 부정의 의견을 분석한다.
② 주로 네이버 스토어나 오픈 마켓에서의 사용자 상품평에 대한 의견분석이 대표적인 사례이다.
③ 특정인과 다른 사람이 몇 촌 정도의 관계인가를 파악하고자 할 때 활용한다.
④ 사용자가 사용한 문장이나 단어 단위의 분석도 포함한다.

24 다음 중 빅데이터 관련 전문인력에 대한 설명으로 옳지 않은 것은?
① 알고리즈미스트는 데이터 사이언티스트가 한 일로 인해 부당한 피해가 발생하는 것을 막는 역할을 한다.
② 데이터 사이언티스트는 데이터의 다각적 분석을 통해 인사이트를 도출하고 조직의 전략 방향을 제시하는 기획자이다.
③ 알고리즈미스트는 데이터 책임원칙 훼손에 대한 대응 방안으로 생기게 된 전문인력이다.
④ 인포그래픽스 아티스트는 데이터를 분석한 후 인프그래픽스라는 형태로 시각화하는 전문인력이다.

25 사람들 간의 관계의 밀접도와 촌수는 어떻게 되는 지를 파악할 때 사용하는 기법은?
① 연관 규칙 학습
② 유전 알고리즘
③ 사회관계망 분석
④ 기계 학습

26 개인정보 수집 동의와 관련된 설명으로 옳지 않은 것은?
① 개인정보 수집 시 개인정보의 수집/이용 목적의 동의를 받아야 한다.
② 동의를 거부할 권리가 있다는 사실 및 동의 거부에 따른 불이익이 있을 경우 불이익에 대한 내용 또한 동의를 받아야 한다.
③ 수집하려는 개인정보의 항목에 동의를 받아야 한다.
④ 개인정보의 안전성 확보 조치에 대한 사항을 동의받아야 한다.

27 다음 중 데이터 사이언티스트의 소프트 역량(Soft Skill)으로 옳지 않은 것은?
① 통찰력 있는 분석
② 이론적 지식
③ 설득력 있는 전달
④ 다분야 간 협력

28 다음 중 데이터 사이언티스트의 소프트 스킬(Soft Skill)이 아닌 것은?
    ① 커뮤니케이션　　　　② 비주얼리제이션
    ③ 스토리텔링　　　　　④ 이론적 지식

29 데이터베이스가 지닌 다양한 측면 중 정보의 축적 및 전달 측면에서 성격이 다른 하나는?
    ① 기계 가독성　　　　② 검색 근접성
    ③ 검색 가독성　　　　④ 원격 조작성

30 다음 중 데이터화(Datafication) 현상에 큰 영향을 미치는 기술로 적절한 것은?
    ① 3D프린팅(3D-Printing)
    ② 인공지능(Artificial Intelligence)
    ③ 사물인터넷(Internet Of Things)
    ④ 가상현실(Virtual Reality)

31 다음 중 빅데이터에 대한 정의를 설명한 것으로 가장 적절하지 않은 것은?
    ① 대규모 데이터에서 저비용으로 가치를 추출, 초고속으로 수집 및 분석하기 위한 아키텍쳐이다.
    ② 데이터의 양, 수집, 처리 속도가 급격히 증가하면서 나타난 현상이다.
    ③ 일반적인 데이터 베이스 소프트웨어로 저장, 분석할 수 있는 범위를 초과하는 규모를 빅데이터라 정의한다.
    ④ 용량이 방대하나, 구조는 단순한 형태의 데이터 세트들을 집합화한 것이다.

32 다음 중 빅데이터 시대에 발생할 수 있는 위기 요인으로 가장 적절하지 않은 것은?
    ① 재산권 침해　　　　② 책임원칙 훼손
    ③ 사생활 침해　　　　④ 데이터 오용

33 다음 중 빅데이터와 데이터 사이언스에 대한 설명으로 가장 적절하지 않은 것은?
① 기업에서의 빅데이터 분석은 기업의 분석 문화에 결정적으로 영향을 받는다.
② 데이터 사이언스에서 시각화와 효과적 커뮤니케이션은 매우 중요한 요소이다.
③ 미래 가치 패러다임과 변화에서 빅데이터 분석 활용 능력은 핵심적인 역할을 할 것이다.
④ 데이터 사이언스는 정형화된 실험데이터를 분석 대상으로 한다.

34 빅데이터 시대에 발생할 수 있는 위기 요인 중 데이터 오용의 문제를 해결하기 위한 방법으로 적절한 것은?
① 현재 개인정보의 활용 동의를 통한 가공, 유통됨에 따른 사생활 침해에 대비해 개인정보 사용자의 책임제로 변환하여 사용자의 적극적인 보호를 유도한다.
② 데이터를 통한 결과가 모든 것을 예측할 수 없다는 사실을 인정하고 그에 따른 데이터 분석을 하지 않고 사용자의 판단에 따르는 것이 옳다.
③ 피해를 본 사람을 구제하기 위해 알고리즈미스트를 통해 알고리즘에 대한 접근권과 어떤 식으로 계산되는지 알고리즘을 소개하여 명시함으로써 문제가 발생한 피해자를 구제하고자 한다.
④ 사전적인 예측을 통해 판단보다는 해동 결과를 보고 판단하는 원칙을 고수함으로써 기업들이 담합할 확률이 높다고 먼저 처벌하지 말고, 사용자의 신용등급이 낮다고 불이익을 당할 가능성을 최소화하고자 한다.

35 가명처리 세부절차는 4단계(사전준비, 가명처리, 적정성 검토 및 추가처리, 활용 및 사후관리)로 구성된다. 가명처리 대상 정보에 대한 위험도 측정은 어느 단계에서 실시되는 것이 가장 적절한가?
① 1단계 : 사전준비
② 2단계 : 가명처리
③ 3단계 : 적정성 검토 및 추가처리
④ 4단계 : 활용 및 사후관리

36 다음 빈칸에 들어갈 적절한 용어를 고르면?

> 데이터 사이언티스트가 갖춰야 할 역량은 빅데이터의 처리 및 분석에 필요한 이론적 지식과 기술적 숙련에 관련된 능력인 (A) Skill과 데이터 속에 숨겨진 가치를 발견하고 새로운 발전 기회를 만들어 내기 위한 능력인 (B) Skill로 나누어진다.

① (A) : 하드, (B) : 소프트
② (A) : 소프트, (B) : 하드
③ (A) : 수학, (B) : IT
④ (A) : Domain, (B) : 통계

37 다음 중 가명처리 절차에서 단계 간 반복이 가장 많이 발생할 수 있는 단계는?

① 사전준비 → 가명처리
② 가명처리 → 사후관리
③ 가명처리 → 적정성 검토 및 추가처리
④ 적정성 검토 및 추가처리 → 사후관리

38 다음 중 가명처리의 각 단계에 대한 설명으로 옳은 것은?

① 검토 및 추가처리 단계에서는 가명처리 수준 정의표를 수립하여야 한다.
② 가명처리가 완료된 정보가 다른 정보와의 결합이 되어 정보주체가 누구인지 파악할 수 있더라도 가명 처리한 정보는 사용 가능하다.
③ 가명처리 대상선정 시 목적 달성에 필요한 많은 정보를 처리한다.
④ 가명정보 데이터의 물리적 분리가 어려우면 논리적으로 분리한 별도의 DB에 보관하여 관리할 수 있다.

39 가명처리 절차에 대한 설명 중 가장 적절하지 않은 것은?

① 가명처리 시 구체화된 목적에 필요한 최소한의 항목만을 가명처리 대상으로 선정하고 가명처리 대상으로 선정하고 가명처리 대상 정보와 분리하여야 한다.
② 가명처리는 사전준비, 가명처리, 적정성 검토 및 추가처리, 사후관리 순으로 이루어지며 적정성 검토결과가 부적합한 경우 사후관리 단계에서 처리한다.
③ 적정성 검토 및 추가처리 단계에서는 데이터의 분포, 내용을 고려하여 특이정보가 있다고 판단한 경우 해당 데이터에 대한 적절한 조치를 취한다.
④ 가명처리 대상 정보의 항목별 위험도 측정은 가명정보처리자가 보유한 정보를 기준으로 판단하므로 내부 활용과 제3자 제공 시 고려사항이 달라질 수 있다.

40 데이터 산업의 진화에 관한 설명으로 적절하지 않은 것은?

① 데이터 처리 시대는 축적되기 시작한 데이터들의 일관성을 확보하고 무결성을 유지하기 위해 데이터 모델링 및 DBMS 등을 이용하였다.
② 데이터 분석 시대는 데이터가 폭발적으로 증가함으로써 대규모 데이터 보관 및 관리를 위한 빅데이터 기술이 등장하였다.
③ 데이터 관리 시대는 데이터 권리를 원래 주인인 개인에게 돌려주어야 한다는 마이데이터가 중요한 이슈로 대두되었다.
④ 데이터 연결 시대는 오픈 API를 통해 많은 기업 및 정부/공공기관들이 서비스와 데이터를 개방하고 있다.

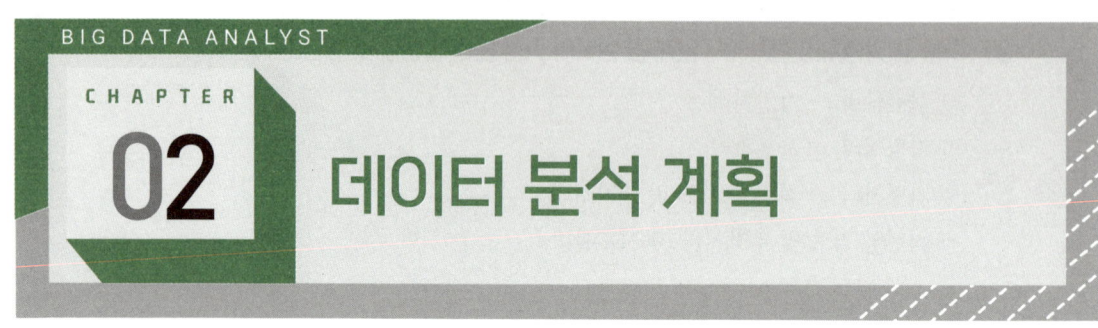

CHAPTER 02 데이터 분석 계획

학습목표 데이터 분석 계획이란 조직의 문제 해결 및 올바른 의사결정을 위해 데이터 분석의 목표와 방법을 정의하고 분석과정에 필요한 제반 자원확보 계획을 수립하는 것이다. 본 챕터의 학습을 통해 데이터 분석 계획의 의미를 이해할 수 있다.

SECTION 01 분석 방안 수립

1 데이터 분석 기획의 방향

① **분석 기획** : 실제 분석을 수행하기에 앞서 분석을 수행하기에 앞서 분석을 수행할 과제의 정의 및 의도했던 결과를 도출할 수 있도록 이를 적절하게 관리할 수 있는 방안을 사전에 계획하는 일련의 작업이다.

② **분석의 특징** : 수학/통계학적 지식 및 해킹 기술(IT 기술 등)을 비롯하여 해당 비즈니스에 대한 이해와 전문성을 포함하여 3가지 영역에 대한 고른 역량과 시각이 요구된다.

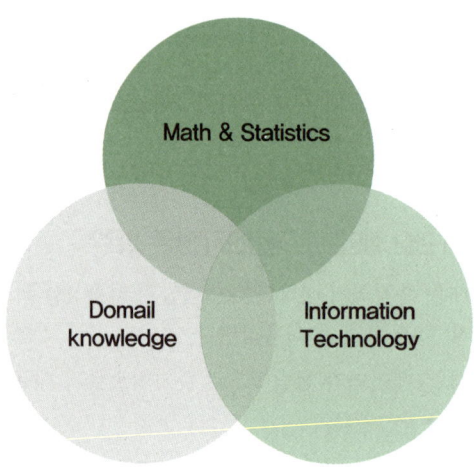

2 분석 대상과 방법

① 분석의 유형은 분석의 대상(What)과 분석의 방법(How)에 따라 4사분면으로 나뉜다.

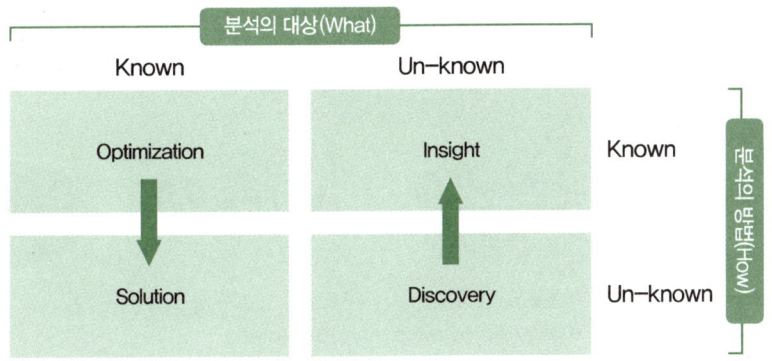

② 특정한 분석 주제를 대상으로 진행할 경우 위의 2×2 Matrix의 유형을 통해 분석을 수행하고 결과를 도출할 수 있다.
③ 분석 방식의 구분
    ㉠ Top-down(하향식 접근 방식) : 최적화에서 솔루션으로 내려오는 형태로 분석하는 방식이다.
    ㉡ Bottom-up(상향식 접근 방식) : 발견에서 통찰로 올라오는 형태로 분석하는 방식이다.

3 목표 시점별 당면과제 해결방안

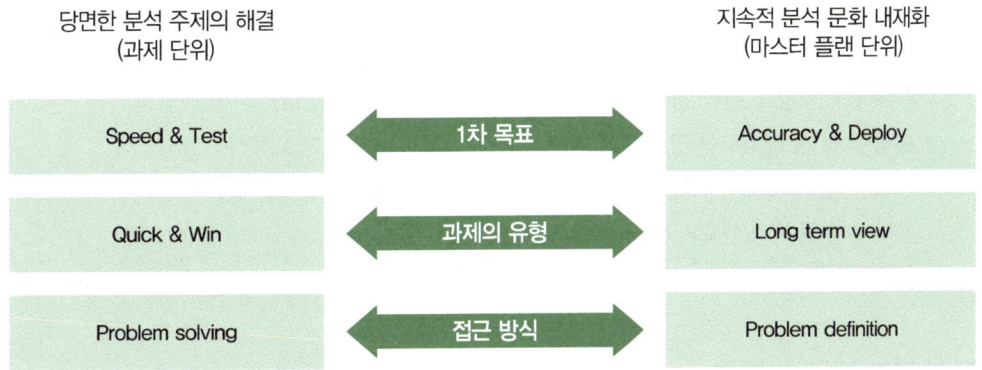

① 분석기획에서는 문제해결(Problem Solving)을 위한 단기적인 접근방식과 분석과제 정의(Problem Definition)를 위한 중장기적인 마스터 플랜 접근방식을 융합하여 적용하는 것이 중요하다.
② 단기적인 접근방식을 목표시점별로 살펴볼 수 있는 '과제 중심적인 접근 방식'과 분석과제 정의를 위한 방식인 '장기적인 마스터 플랜 방식'으로 나눌 수 있다.

4 분석 기획 시 고려사항

① **분석 기획** : 실제 분석을 수행하기 앞서 어떤 목표(What)를 달성하기 위하여(Why) 어떤 데이터를 가지고 어떻게(How) 수행할지에 대한 일련의 계획 수립 과정이다.
② 분석 기획 시 고려 사항은 크게 3가지 가용 데이터, 적절한 유스케이스, 분석과제 수행을 위한 장애요소로 나뉘게 된다.

```
[Available data]  →  [Proper business use case]  →  [Low barrier of Execution]  →  (성공적 분석)

• Transaction data          • Customer analytics         • Cost
• Humans-generated data     • Social media analytics     • Simplicity
• Mobile data               • Plant and facility mgmt    • Performance
• Machine and sensor data   • Pipeline optimization      • Culture etc.
  etc.                      • Fraud detection etc.
```

㉠ 가용데이터(Available Data)
  • 가용데이터에 대한 고려는 그대로 분석이 가능한 데이터가 있는지의 여부이다.
  • 분석을 위한 데이터의 확보가 우선적이며, 데이터의 유형에 따라 적용 가능한 솔루션 및 분석 방법이 다르기에 유형에 대한 분석이 선행적으로 이루어져야 한다.
㉡ 적절한 유스케이스(Proper business use case)
  • 분석을 통한 가치창출을 위해 적절한 유스케이스(Proper Business Use Case) 탐색이 필요하다.
  • 기존에 잘 구현되어 활용되고 있는 비슷한 케이스 및 솔루션을 최대한 활용하려 하는 것이 매우 중요하다.
    예 '바퀴를 재발명 하지 마라'는 IT의 격언을 기억
㉢ 분석과제 수행을 위한 장애 요소(Low Barrier Of Execution)
  • 분석 수행 시 발생하는 장애 요소들에 대한 사전계획 수립이 필요하다.
  • 일회성 분석으로 그치지 않고 조직의 역량으로 내재화하기 위해서는 충분하고 계속적인 교육 및 활용방안 등의 변화 관리(Change Mgmt)가 고려되어야 한다.

5 분석 과제 발굴 방법론

(1) 분석 과제 발굴 방법론의 개요

① 분석 과제는 다양한 사회적 문제들이 데이터 분석 문제로 변환된 후 관계자들이 이해하고 프로젝트로 수행할 수 있는 과제 정의서 형태로 도출되는 것이다.

② 분석 과제 도출 방식

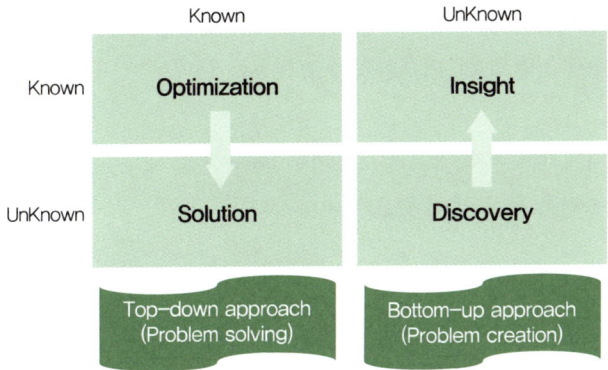

㉠ 하향식 접근 방식 : 문제가 주어지고 이에 대한 해법을 찾기 위하여 각 과정이 체계적으로 단계화되어 수행하는 방식이다.

㉡ 상향식 접근 방법 : 문제의 정의 자체가 어려운 경우 데이터를 기반으로 문제의 재정의 및 해결방안을 탐색하고 이를 지속적으로 개선하는 방식이다.

③ 최근 다양한 데이터의 생성, 빠르게 변화하는 기업 환경 등에서는 전통적 방식의 분석 과제 발굴방식의 적용이 어려워지고 있다.

④ 최적의 의사결정은 두 가지 접근 방식이 상호보완적 관계에 있을 때 일어날 수 있다. 최적의 의사결정을 위한 방법으로 디자인 사고(Design Thinking)가 존재한다.

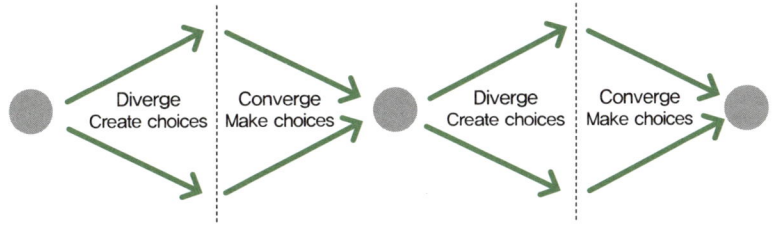

(2) 하향식 접근법(Top-Down Approach)

① 개요 : 하향식 분석 접근법은 현황 분석을 통해 인식된 문제점 혹은 전략으로부터 기회나 문제를 탐색(Problem Discovery)하고, 해당 문제를 정의(Problem Definition)한 후 해결방안 탐색(Solution Search), 그리고 데이터 분석의 타당성 평가(Feasibility Study)를 거쳐 분석 과제를 도출하는 과정으로 이루어진다.

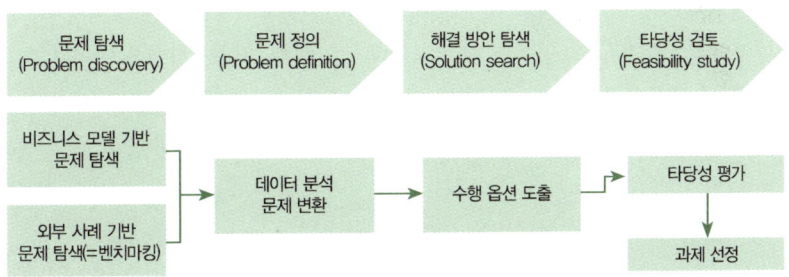

② STEP 1 : 문제 탐색(Problem Discovery)단계
  ㉠ 문제를 단순 정리하는 것보다 전사관점에서 모델을 활용해 문제점을 도출 및 식별해야 한다.
  ㉡ 전사적 관점에서 기업의 내·외부환경을 고려하는 모델로는 비즈니스 모델과 외부참조 모델이 존재한다.
  ㉢ 과제 발굴 단계에서는 현재 데이터 소유여부, 솔루션 및 세부 구현 방안보다는 문제해결에 따른 발생 가치에 중점을 두는 것이 중요하다.
  ㉣ 세부 활동
    • 비즈니스 모델 기반 문제 탐색
      - 비즈니스 모델 관점에서는 해당 기업의 사업모델을 도식화하여 나타낸 비즈니스 모델 캔버스※ 9가지 블록을 단순화하여 업무(Operation), 제품(Product), 고객(Customer) 단위로 문제를 발굴하고, 이를 관리하는 두 가지의 영역인 규제와 감사(Regulation&Audit)영역과 IT지원 인프라(IT&Human Resource)영역에 대한 기회를 추가로 도출하는 작업을 수행한다.
      ※ 비즈니스 모델 캔버스 : 핵심활동, 가치제안, 고객관계, 고객 세그먼트, 수익원, 채널, 핵심 자원, 비용 구조, 핵심 파트너십 9가지 블록으로 사업 모델이 도식화된 것을 뜻한다.

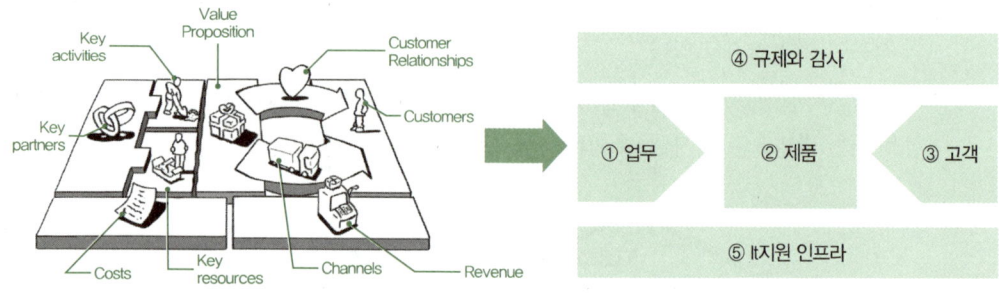

① 업무(Operation) : 제품 및 서비스를 생산하기 위해서 운영하는 내부 프로세스 및 주요 자원(Resource) 관련 주제 도출
   예 생산공정 최적화, 재고량 최소화 등
② 제품(Product) : 생산 및 제공하는 제품·서비스를 개선하기 위한 관련 주제 도출
   예 제품의 주요 기능 개선, 서비스 모니터링 지표 도출 등
③ 고객(Customer) : 제품 및 서비스를 제공받는 사용자 및 고객, 이를 제공하는 채널의 관점에서 관련 주제 도출
   예 고객 Call 대기 시간 최소화, 영업점 위치 최적화 등
④ 규제와 감사(Regulation&Audit) : 제품 생산 및 전달 과정 프로세스 중에서 발생하는 규제 및 보안의 관점에서 주제 도출
   예 제공 서비스 품질의 이상 징후 관리, 새로운 환경 규제 시 예상되는 제품 추출 등
⑤ 지원 인프라(IT& Human Resource) : 분석을 수행하는 시스템 영역 및 이를 운영·관리하는 인력의 관점에서 주제 도출
   예 EDW 최적화, 적정 운영 인력 도출 등

      - 새로운 문제의 발굴 및 장기적 접근을 위해서는 현재 기업이 사업을 영위하고 있는 환경, 보유 역량, 현재 시장 등을 넘어서 거시적 관점의 요인, 경쟁자 동향, 시장의 니즈 변화, 역량의 재해석 등 새로운 관점의 접근을 통해 '새로운 유형의 분석 기회 및 주제 발굴'을 수행해야 한다.

- 분석 기회 발굴의 범위 확장

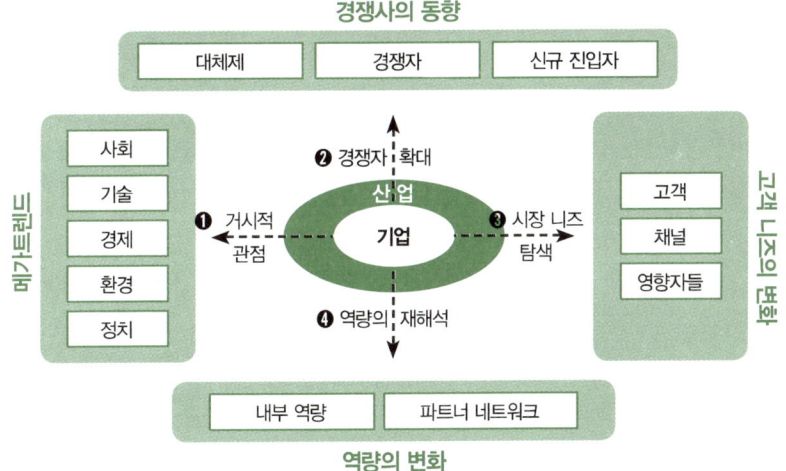

- 거시적 관점의 메가트렌드 : 현재 조직 및 해당 산업에 폭넓게 영향을 미치는 사회·경제적 요인을 STEEP로 요약되는 Social(사회), Technological(기술), Economic(경제), Environmental(환경), Political(정치) 영역으로 나누어 폭넓게 기회 탐색을 수행한다.

거시적 영역	내용	예
Social (사회)	BM의 고객(Customer)영역에 존재하는 현 고객을 확장하여 전체 시장을 대상으로 사회적, 문화적, 구조적 트렌드 변화에 기반한 분석 기회 도출	노령화, MZ세대의 등장, 저출산에 따른 모델 변화
Technological (기술)	과학, 기술, 의학 등 최신 기술의 등장 및 변화에 따른 역량 내재화와 제품·서비스 개발에 대한 분석기회 도출	나노 기술, IT 융합 기술, 로봇 기술의 고도화에 따른 기존 제품의 SMART화 등
Economic (경제)	산업과 금융 전반의 변동성 및 경제 구조 변화 동향에 따른 시장의 흐름을 파악하고 이에 대한 분석 기회 도출	원자재 가격, 환율, 금리 변동에 따른 구매전략의 변화 등
Environmental (환경)	환경과 관련된 정부, 사회단체, 시민사회의 관심과 규제 동향을 파악하고 이에 대한 분석 기회 도출	탄소 배출 규제 및 거래 시장 등장에 따른 원가 절감 및 정보 가시화 등
Political (정치)	주요 정책방향, 정세, 지정학적 동향 등의 거시적인 흐름을 토대로 한 분석 기회 도출	대북 관계 동향에 다른 원자재 구매 거래선의 다변화 등

- 경쟁자 확대 관점 : 현재 수행하고 있는 사업 영역의 직접 경쟁사 및 제품·서비스뿐만 아니라 대체재와 신규 진입자 등으로 관점을 확대하여 위협이 될 수 있는 상황에 대한 분석 기회 발굴의 폭을 넓혀서 탐색한다.

경쟁자 확대 영역	내용	예
Substitute (대체재)	융합적인 경쟁 환경에서 현재 생산을 수행하고 있는 제품·서비스의 대체재를 파악하고 이를 고려한 분석 기회 도출	현재 생산하고 있는 제품·서비스의 대체재를 파악하고 이를 고려한 분석 기회 도출
Competitor (경쟁자)	과학, 기술, 의학 등 최신 기술의 등장 및 변화에 따른 역량 내재화와 제품·서비스 개발에 대한 분석기회 도출	식별된 경쟁사의 제품·서비스 카탈로그 및 전략을 분석하고 이에 대한 잠재적 위험 파악
New Entrant (신규 진입자)	산업과 금융 전반의 변동성 및 경제 구조 변화 동향에 따른 시장의 흐름을 파악하고 이에 대한 분석 기회 도출	NIKE경쟁자는 Nintendo라는 잠재위협 파악

- 시장의 니즈 탐색 관점 : 현재 수행하고 있는 사업 영역에서의 직접 고객뿐만 아니라 고객과 접촉하는 역할을 수행하는 채널(Channel) 및 고객의 구매와 의사결정에 영향을 미치는 영향자들(Influencer)에 대한 폭넓은 관점을 바탕으로 분석 기회를 탐색한다.

시장 니즈 탐색 영역	내용	예
Customer (고객)	고객의 구매 동향 및 고객의 맥락을 더욱 깊게 이해하여 제품·서비스의 개선 필요에 대한 분석 기회 도출	건자재 기업의 경우 건설사와 원자재 가격의 동향 등을 파악하고 분석기회 도출
Channel (채널)	영업 사원, 직판 대리점, 홈페이지 등의 자체적으로 운영하는 채널뿐 아니라 최종 고객에게 상품 및 제품을 전달하는 유통, 경로 채널을 파악하여 각 경로와 채널별로 분석 기회 탐색	상품 판매업자의 경우 오프라인 채널 외에 온라인 채널로의 확장 및 분석 기회를 모색
Influencer (영향자들)	기업 의사결정에 영향을 미치는 내·외부 이해관계자(주주, 투자자, 종업원 등)의 주요 관심사항에 대해 파악하고 분석 기회를 탐색	M&A에 따른 회사의 수직적, 수평적 결합의 기회 탐색

- 역량의 재해석 관점 : 현 기업 및 내외부 조직의 보유 역량과 해당 기업의 사업영역에 영향을 끼치는 파트너 네트워크를 포함한 활용 가능한 역량을 토대로 폭넓은 분석 기회를 탐색한다.

역량의 재해석 영역	내용	예
Internal Competency (내부역량)	자사의 분석 역량 및 유무형자산(지적 재산권, 기술력 등)과 같은 기본적인 것 뿐만 아니라 중요하면서도 자칫 간과하기 쉬운 지식, 기술, 스킬 등의 노하우와 인프라적인 유형 자산에 대해서 폭넓게 재해석, 분석 기회를 탐색	자사의 기계장치를 활용한 제품 생산 및 부가가치 창출 기회 발굴
Partner&Network (파트너와 네트워크)	자사와 밀접한 관계인 관계사와 공급사 등의 역량을 활용해 수행가능 역량을 파악하고 그에 대한 분석 기회를 추가로 도출	도레이 첨단 소재와 보잉사와의 항공기 부품 및 소재 공동개발, 사업 기회 탐색

- 외부참조 모델 기반 문제 탐색
  - 새로운 문제를 발굴하기 위해서는 유사·동종의 환경에서 기존에 수행한 분석 과제를 살펴보는 것도 주요 시사점을 도출해준다. 유사·동종 사례의 벤치마킹을 통한 분석기회 발굴은 제공되는 산업별, 업무 서비스별 분석 테마 후보 그룹(Pool)들을 통해서 'Quick&Easy' 방식으로 필요한 분석 기회가 무엇인지에 대한 아이디어를 얻고 기업에 적용할 분석 테마 후보 목록을 '브레인스토밍(Brain Storming)'을 통해 빠르게 도출하는 방법이다.
  - 특히 현재 기업경영환경에서는 데이터가 활용되지 않는 업종이 거의 없다시피 하므로 데이터 분석을 통해 통찰(Insight)을 도출하고 업무에 활용하는 사례들을 발굴하여 자사의 업종 및 업무 서비스에 적용이 가능하다.

| | 교통 | 보건 | 복지 | 국방 | 금융 | 기상 | 도시 | 산업자원 | 세무 | 안전 | 기타 |

교통	교통사고 예방 활동을 위한 고속도로 사고 기록 데이터 분석	대중교통 서비스 개선을 위한 택시 이동 및 정차 시간 실시간 분석	빅데이터를 이용한 교통 및 범죄정보 관리	디지털 지도 서비스 제공을 위한 빅데이터 분석(GPS를 통해 수집한 교통 및 네비게이션 관련 데이터)
	서울시 심야버스 노선 확정을 위한 빅데이터 분석	서울 시민의 대중교통 이용 실태분석을 위한 KCB 융합데이터 분석	지능형 교통서비스 제공을 위한 교통상황 예측 분석	신속한 도로 유지보수, 차량 파손 최소화 및 사고 방지를 위한 'Street bump' 앱 기반 빅데이터 분석
	지능형 교통안내 시스템을 위한 센서 데이터 분석	최적 경로 제시 및 연료 절감을 위한 개인 위치 데이터 분석	포트홀 사고 방지를 위한 스마트폰의 GPS 정보 분석	

보건	공중보건 감시 및 대응을 위한 빅데이터 분석	국민건강주의예보 서비스 제공을 위한 빅데이터 분석	맞춤형 의료 서비스 제공을 위한 유전자 데이터 분석	맞춤형 의료 서비스 제공을 위한 전자의료기록 분석
	스마트폰 소음지도 작성을 위한 데이터 분석	의약품 안전성 조기경보 서비스를 위한 빅데이터 분석	질병치료체계 마련을 위한 유전자 데이터 분석	효율적인 의료복지 재원 사용을 위한 만성질환 데이터 분석

복지	고용정책 수립 지원을 위한 일자리 현황 분석	맞춤형 복지 서비스 제공을 위한 복지 수요·공급 매칭 분석	맞춤형 복지사회 구현을 위한 주민위원회 센터 네트워크 정보 분석	사업 기회 발굴(노인 평생 교육 프로그램)을 위한 '인구센서스' 통계 분석
	정책의 환류 시스템 마련을 위한 민원 데이터 분석			

| | 건설 | 교육 | 농업 | 보안 | 금융 | 항공 | 물류운송 | 에너지 | 엔터테인먼트 | 유통 | 의료 | 통신 | 제조 |

건설	건축물 건전성 파악을 위한 센서 데이터 분석		교육	일별 물가 상승률 예측을 위한 상품 가격 분석
농업	귤 재배 생산성 향상을 위한 센서/환경 데이터 분석		보안	보안 능력 개선을 위한 하둡 기반 실시간 보안 데이터 분석

[보험]

금융	고객 위치에 따른 보험정보 제공을 위한 고객 위치 분석	보험사기 방지를 위한 보험사고 데이터 분석	자동차 보험료 산정 및 손실률 축소를 위한 자동차센서정보(운행기록장치) 분석	콜센터 직원 배분을 위한 고객 데이터 분석

[은행]

	고객의 금융 습관 개선을 위한 고객 행동 패턴 분석	금융사기 관리를 위한 빅데이터 분석	기업 이미지 관리를 위한 평판 분석	빅데이터에 의한 경기 지표 산출을 통한 경기 현황 분석
		상품가치 평가를 위한 고객 니즈 분석	신채널 도입 효율성 파악을 위한 채널 효과 분석	신규 금융상품 개발을 위한 고객 성향 분석
	신규 금융서비스 기회 발전을 위한 고객정보 분석	신용 위험도 파악을 위한 고객 생활 패턴 분석	신용평가 모델 수립을 위한 대출 신청자 행동패턴 분석	최적의 투자 상품 추천을 위한 고객 경험 분석

- **분석 유즈 케이스(Analytics Use Case)** : 분석 유즈 케이스는 풀어야 할 문제에 대한 상세한 설명 및 해당 문제를 해결했을 때 발생하는 효과를 명시하고, 데이터 분석문제로의 전환 및 적합성 평가에 활용할 수 있다. 위와 같은 활용을 위해 빠짐없이 도출한 분석 기회들을 분석 유즈 케이스로 표기하는 것이 필요하다.

업무	분석 유즈 케이스	설명	효과
재무	자금 시재 예측	일별로 예정된 자금 지출과 입금을 추정	자금 과부족 현상 예방, 자금 운용 효율화
	구매 최적화	구매 유형과 구매자별로 과거 실적과 구매 조건을 비교·분석하여 구매 방안 도출	구매 비용 절감

업무	분석 유즈 케이스	설명	효과
고객	서비스 수준 유지	서비스별로 달성 수준을 측정하고 평가한 뒤 목표 수준을 벗어났으면 경보 발행	품질수준 제고, 고객만족 제고
	고객 만족 달성	고객 세그먼트별로 만족 수준을 측정하고 이상이 있으면 원인을 분석하여 대책 강구	고객만족 제고, 고객유지 향상
판매	파이프라인 최적화	파이프라인 단계별로 고객 상태를 파악하고 수주 규모를 예상하고 필요한 고객 기회를 추정하여 영업 촉진	목표 매출 달성, 고객반응률 향상
	영업성과 분석	영업 직원별 사용 원가(급여 포함)와 실적을 분석하고 부진한 영업 직원 세그먼트를 식별하여 영업 정책에 반영	영업 수율 향상, 영업 직원 생산성 제고

③ STEP 2 : 문제 정의(Problem Definition) 단계
  ㉠ 식별된 비즈니스 문제를 데이터의 문제로 변환하여 정의하는 단계이다.
  ㉡ 본 단계에서는 앞서 수행했던 무엇을(What) 왜(Why)라는 관점과는 달리 필요 데이터 및 기법(How)를 정의하기 위한 데이터 분석의 문제로의 변환을 수행한다.
   예 '고객 이탈의 증대'라는 비즈니스 문제는 '고객 이탈에 영향을 미치는 요인 식별' 후 '이탈 가능성 예측'하는 데이터 분석 문제로 변환이 가능하다.
  ㉢ 데이터 분석 문제의 정의 및 요구사항은 분석을 수행하는 당사자뿐만 아니라 해당 문제가 해결되었을 때 효용을 얻을 수 있는 최종 사용자(End User)관점에서 이루어져야 한다.
  ㉣ '필요한 데이터의 정의 및 기법 발굴의 용이성 제고'를 위해서 데이터 분석 문제를 재정의할 필요가 있다.

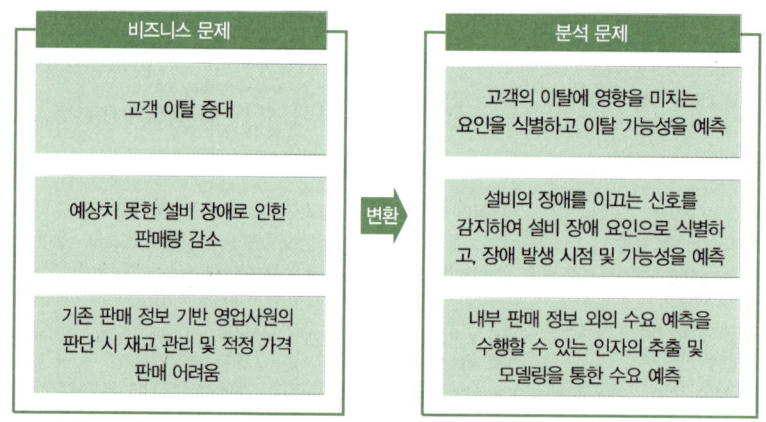

④ STEP 3 : 해결방안 탐색(Solution Search) 단계
  ㉠ 동일한 데이터 분석 문제더라도 어떤 데이터 또는 분석도구를 사용할 것인지에 따라 '소요예산' 및 '활용가능도구(Tool)'가 다르기에 다각도 고려가 필요하다.
    • 기존 시스템의 단순한 보완으로 분석이 가능한지 고려해야 한다.
    • 하둡 등 분산병렬처리를 활용한 빅데이터 분석도구를 통한 체계성과 심도를 함께 고려한 방안을 적용이 가능한지 고려해야 한다.

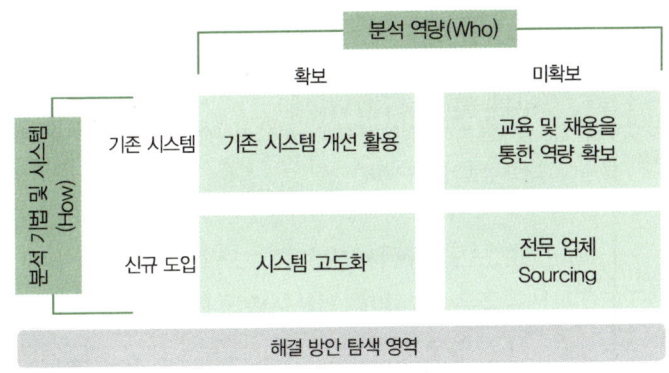

  ⓒ 위의 <해결 방안 탐색 영역>을 통해 '분석역량(Who)'과 '분석 기법 및 시스템(How)'의 확보 여부를 파악하며 '과제를 해결하는 방안'에 대해 '사전 검토'를 수행할 수 있다.
⑤ STEP 4 : 타당성 검토(Feasibility Study) 단계
  ㉠ 도출된 문제나 가설에 대한 대안을 과제화 및 구체화하기 위해서는 아래와 같은 다각적인 타당성 분석이 수행되어야 한다.
  ㉡ 경제적 타당성 : 비용 대비 경제적 효익을 비교하는 관점의 접근이 필요한데, 비용 항목은 데이터, 시스템, 인력, 유지보수 등과 같은 분석 비용으로 구성된다. 경제적 효익으로는 분석 결과로 인해 파생되는 실질적 비용 절감, 추가적 매출과 수익 등과 같은 경제적 가치로 구성된다.
  ㉢ 데이터 및 기술적 타당성 : 데이터 분석에는 데이터 존재 여부, 분석 시스템 환경, 그리고 분석 역량이 필요하다. 특히, 분석 역량의 경우 '데이터 통찰력 가진 인력 부족'으로 인해 프로젝트 수행 시 걸림돌이 되는 경우가 많기 때문에 기술적 타당성을 분석하며 역량 확보 방안을 사전에 미리 수립해야 한다.
  ㉣ 효과적 평가를 위해서 비즈니스 지식과 기술적 지식이 요구되기에 비즈니스 분석가, 데이터 분석가, 시스템 엔지니어 등과의 협업이 수반되어야 한다.

(3) 상향식 접근법(Bottom-up Approach)

① 개요 : 절차가 규정된 전통적인 하향식 문제해결 방식이 아닌 다양한 데이터로부터의 분석을 통하여 통찰력과 지식을 얻는 '상향식 접근방식'이 새로운 분석 패러다임이라 할 수 있다.
② 기존 하향식 접근법의 한계를 극복하기 위한 분석 방법론
  ㉠ 기존의 문제 구조와 달리 현 데이터 분석 문제는 복잡하고 다양한 환경에서 발생하기에 전통적인 논리적인 단계별 접근법의 적용이 어려울 수 있다. 따라서 이를 해결하기 위해 스탠포드 대학의 d.school(Institute of Design at Stanford)은 디자인 사고(Design Thinking) 접근법을 통해서 전통적인 분석적 사고를 극복하려 한다.
  ㉡ 객관적으로 존재하는 데이터 그 자체를 관찰하고 실제적으로 행동에 옮김으로써 대상을 좀 더 잘 이해하는 방식으로의 접근을 수행한다. 이와 같은 점을 고려하여 d.school에서는 첫 단계로 감정이입(Empathize)을 특히 강조하고 있다.

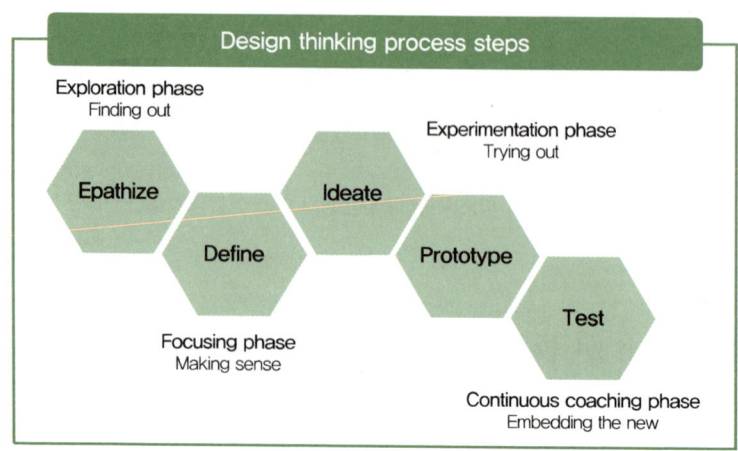

③ 지도학습(Supervised Learning)
　㉠ 정답(종속변수, y변수)이 존재하는 상황하에서 데이터 분석을 실시하는 것을 의미한다.
　㉡ 지도학습에는 크게 2가지 '분류'와 '회귀' 문제로 귀결되며 사용자의 주도하에 분석을 실시하고 지식을 도출하는 것이 목적이다.

④ 비지도학습(Unsupervised Learning)
　㉠ 일반적으로 상향식 문제 접근방식이다.
　㉡ 비지도학습은 정답(종속변수, y변수)이 존재하지 않는 상황, 즉 데이터의 분석 목적이 불명확한 상태에서 수행하는 것을 의미한다.
　㉢ 그러므로 데이터 자체의 결합, 연관성, 유사성 등을 중심을 데이터의 상태를 표현하는 것을 말한다. 예 차원축소, 군집분석, 연관규칙 분석, 기술통계학 등

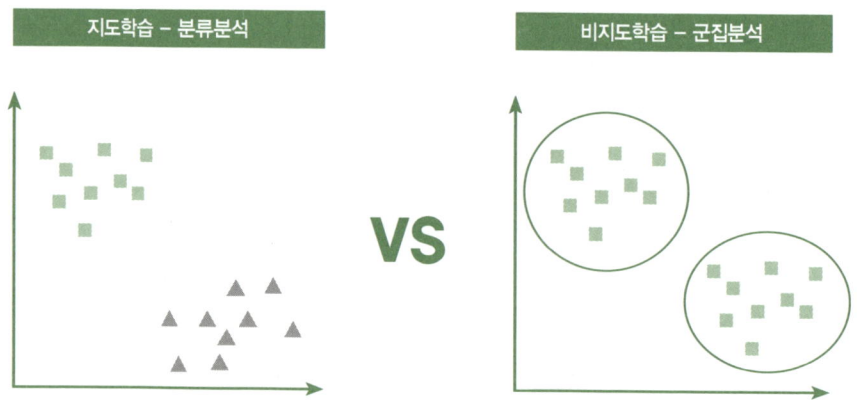

⑤ 통계적 분석 vs 빅데이터 환경
　㉠ 과거의 통계학 분석에서는 표본추출과 인과관계 분석을 통해 가설을 설정하고 이를 검정하면서 문제를 해결해왔다.

ⓛ 그러나 빅데이터의 분석 환경에서는 인과관계보다는 상관관계와 연관규칙을 활용하여 다양한 문제해결에 도움을 받을 수 있다. 즉 빅데이터 환경 분석은 상향식 접근법도 포함하며 더 폭넓은 분석접근법이라 할 수 있다.

⑥ 시행착오를 통한 문제해결
   ㉠ 시행착오를 통한 문제를 해결하는 방법 중 대표적인 방법으로 '프로토타이핑(Prototyping) 접근법'을 예로 들 수 있다. 보통 프로토타이핑 접근법은 고객의 요구사항 정의가 모호하고 데이터 소스 결과도 명확히 파악하기 어려운 상황에서 '분석'을 먼저 '시도'해보고 그 결과를 보면서 반복적으로 개선해나가는 방법을 뜻한다.

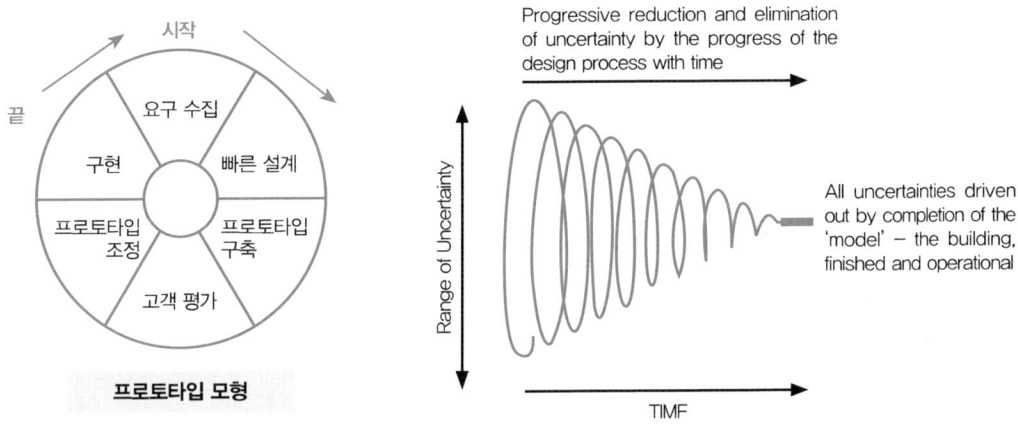

   ㉡ 과거 방식인 하향식 접근방식에 비해 '프로토타이핑 접근법'은 신속한 모형 제시, 과정 속에서 문제를 좀 더 명확히 인식, 필요 데이터를 식별, 구체화하기에 유용하다는 장점을 가진 상향식 접근법이다.
   ㉢ 프로토타이핑 접근법의 단계는 요구사항 수집, 빠른 설계, 프로토타입 구축, 고객의 평가 및 피드백, 프로토타입 조정, 구현의 6단계로 구성된다.

⑦ 빅데이터 분석 환경에서 프로토타이핑의 필요성
   ㉠ 문제에 대한 인식 수준 : 정보시스템 개발 환경에서와 마찬가지로 문제정의가 불명확하거나, 이전에 접해보지 못한 새로운 문제일 경우, 사용자는 프로토타입을 이용하여 문제를 구체화하는 데 도움을 받을 수 있다.
   ㉡ 필요 데이터 존재 여부의 불확실성 : 문제해결을 위해 필요한 데이터의 집합이 모두 존재하지 않을 경우, 그 데이터의 수집을 어떻게 할 것인지 또는 그 데이터 대신에 다른 데이터로 대체할 것인지 등에 대한 빅데이터 사용자와 분석가 간의 반복적이고 순환적인 협의 과정이 필요하다.
   ㉢ 데이터의 사용 목적의 가변성 : 데이터의 가치는 사전에 정해진 수집목적에 따라 확정되는 것이 아니고, 그 효용이 지속적으로 변화할 수 있다. 오히려 빅데이터 환경에서는 데이터의 가치가 본질적인 사용목적으로부터가 아닌, 부수적인 사용목적에 의해서 달성된다는 것이다.

(4) 분석과제 정의(Definite Assignment Analysis)

분석과제 정의서를 통해 분석별로 필요한 원천 데이터(Raw Data), 분석방법, 데이터 수집방법 및 분석의 난이도, 분석의 수행주기, 분석결과에 대한 검증, 상세한 분석 프로세스, 분석 과정 등을 정의한다.

Job task analysis form

Job task analysis							
Job identification							
Job title :							
Job purpose :	1						
Job context							
In which department is this job performed?							
What is the function of that department?	2						
To which department performance indicator(PI) is this job related?							
Tasks and Sub-tasks							
#	Task	Frequency	Importance	Knowledge	Skills	Attitudes	Related standard
	Task						
1.	(Task 1) 3	▫ Daily ▫ Weekly ▫ Monthly	▫ Limited ▫ Important ▫ Essential				5
	Sub-tasks						
1.1	(Sub-task 1.1)	▫ Daily ▫ Weekly ▫ Monthly	▫ Limited ▫ Important ▫ Essential				
1.2	4 (Sub-task 1.2)	▫ Daily ▫ Weekly ▫ Monthly	▫ Limited ▫ Important ▫ Essential				

6 분석 방법론

(1) 분석 방법론의 개요

① 데이터 분석을 효과적으로 기업 내에 정착시키기 위해서는 이를 체계화한 절차와 방법이 정리된 데이터 분석 방법론의 수립이 필수적이다.
② 프로젝트는 일정한 수준의 품질을 갖춘 산출물과 프로젝트의 성공 가능성을 확보하고 제시할 수 있어야 하되 한 개인의 역량이나 우연한 성공에 기인해서는 안 된다.
③ 기업성공을 위한 합리적인 의사결정을 가로막는 장애요소로는 다양한 요소들이 존재하지만, 대표적인 3가지 고정관념(Stereotype), 편향된 생각(Bias), 프레이밍 효과(Framing Effect)※가 있다.
    ※ 프레이밍 효과 : 문제의 표현 방식에 따라 동일한 사건이나 상황임에도 불구하고 개인의 판단이나 선택이 달라질 수 있는 현상이다.
④ 따라서 방법론은 상세한 절차(Procedures), 방법(Methods), 도구와 기법(Tools&Techniques), 템플릿과 산출물(Templates&Outputs)로 구성되어 어느 정도의 지식만 있으면 활용이 가능해져야 한다.

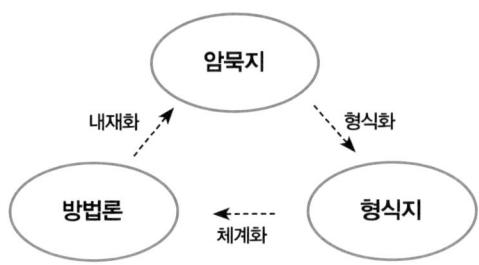

⑤ 방법론 생성과정은 위 그림과 같이 개인의 '암묵지'가 조직의 '형식지'로 발전하는 형식화과정을 거치고, 이를 체계화하여 문서화한 형식지로 전개되면서 방법론이 생성된다.

구분	내용	특징	상호작용
암묵지 (Implicit)	학습과 경험을 통한 개인의 관심사나 체계화된 지식으로써 형식화, 체계화하기 어려운 지식	중요하지만 공유와 형식화하기 어려움	공통화, 내면화
형식지 (Explicit)	공식문서, 재무제표 등과 같이 정형화된 지식	전달 및 공유하기가 용이	표출화, 연결화

(2) 전통적인 IT업무 특성에 따른 방법론

① 폭포수 모델(Waterfall Model)
  ㉠ 단계를 순차적으로 진행하는 방법이자, 가장 오래된 모형으로 많은 적용 사례가 있는 방법이다.
  ㉡ 각 단계의 결과가 완료되어야 다음 단계로 넘어가는 방법을 취하는 모델이다.
  ㉢ 하향식(Top Down)의 대표적인 방식이다.

② 프로토타입 모델(Prototype Model)
  ㉠ 단계를 거스르기 어려운 폭포수 모델의 단점을 개선시키기 위해 최종 결과물이 만들어 지기 전에 점진적으로 시스템을 개발해 나가는 접근방식이다.
  ㉡ 고객의 요구를 완전하게 이해하고 있지 못하거나 완벽한 요구 분석의 어려움을 해결하기 위해 일부분을 우선 개발하여 사용자에게 제공한다.
  ㉢ 시험 사용 후 사용자의 요구를 분석하거나 요구 정당성을 점검하고, 성능을 평가하여 그 결과를 통한 개선 작업을 시행하는 모델이다.

③ 나선형 모델(Spiral Model) : 반복을 통해 점증적으로 개발하는 방법으로, 처음 시도하는 프로젝트에 적용이 용이하나 관리체계를 효과적으로 갖추지 못한 경우 복잡도가 상승하여 프로젝트 진행이 어렵다.

(3) KDD 분석 방법론

① KDD(Knowledge Discovery in Databases)는 1996년 Fayyad가 체계적으로 정리한 데이터 마이닝 프로세스로써 데이터베이스에서 의미 있는 지식을 탐색하는 데이터 마이닝부터, 기계학습, 인공지능, 패턴인식, 데이터 시각화 등에서 응용될 수 있는 구조를 갖고 있다.

② KDD는 데이터에서 패턴을 찾는 과정을 다음과 같은 9개의 프로세스로 제시하고 있다.
    ㉠ 분석 대상 비즈니스 도메인의 이해
    ㉡ 분석 대상 데이터셋 선택과 생성
    ㉢ 데이터에 포함되어 있는 노이즈(Noise)와 이상값(Outlier) 등을 제거하는 정제작업이나 선처리
    ㉣ 분석 목적에 맞는 변수를 찾고 필요시 데이터의 차원을 축소하는 데이터 변경
    ㉤ 분석 목적에 맞는 데이터 마이닝 기법 선택
    ㉥ 분석 목적에 맞는 데이터 마이닝 알고리즘 선택
    ㉦ 데이터 마이닝 시행
    ㉧ 데이터 마이닝 결과에 대한 해석
    ㉨ 데이터 마이닝에서 발견된 지식 활용

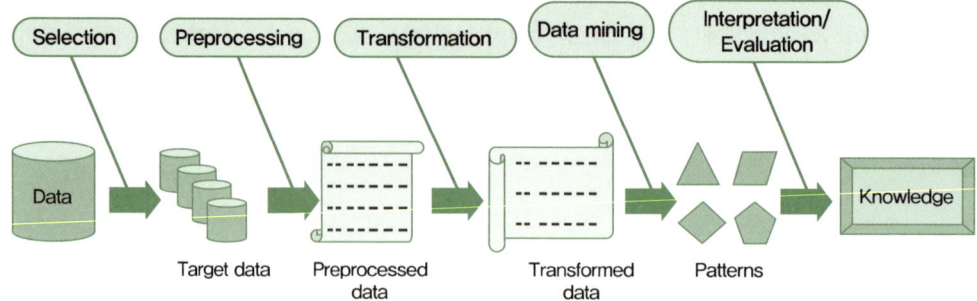

③ 데이터셋 선택(Selection)
  ㉠ 분석 대상의 비즈니스 도메인에 대한 명확한 이해와 프로젝트의 목표를 정확히 설정하고 DB 또는 원시 데이터(Raw Data)에서 분석에 필요한 데이터를 선택할 수 있다.
  ㉡ 데이터셋 선택 프로세스를 통하여 데이터 마이닝에 필요한 목표 데이터(Target Data)를 구성하고 다음 단계에서 전처리(Preprocessing)를 통해 데이터셋 추가가 요구되는 경우 이 단계를 반복할 수 있다.

④ 데이터 전처리(Preprocessing)
  ㉠ 앞의 단계인 데이터셋 선택 프로세스에서 추출된 분석 대상용 데이터셋에 포함된 잡음(Noise)과 이상치(Outlier), 결측치(Missing Value)를 식별하고 필요시 제거하거나 의미 있는 데이터로 대치(Imputation)하여 데이터셋을 정제(Cleansing)한다.
  ㉡ 전처리(Preprocessing)를 통해 데이터셋 추가가 요구되는 경우 데이터셋 선택 단계를 반복할 수 있다.

⑤ 데이터 변환(Transformation)
  ㉠ 데이터 마이닝 프로세스를 진행하기 위해 학습용 데이터(Train data)와 평가 데이터(Test data)를 분리하는 단계에 속한다.
  ㉡ 데이터 전처리 과정을 통해 정제된 데이터가 분석용 데이터셋이 편성되면 분석 목적에 맞는 변수를 선택하거나 '데이터의 차원 축소'하여 데이터 마이닝을 효율적으로 적용될 수 있도록 데이터셋을 변경하는 프로세스를 수행한다.

⑥ 데이터 마이닝(Data Mining)
  ㉠ 데이터 변환 프로세스를 통해 만들어진 분석용 데이터셋(Train data, Test data)을 활용하여 목적에 부합하는 '데이터 마이닝 기법'과 '알고리즘을 선택'하여 데이터를 분석(분류 또는 예측)한다.
  ㉡ 데이터 마이닝 프로세스를 수행하면서 필요시 데이터 전처리, 데이터 변환 프로세스를 병행하여 최적의 결과를 산출한다.

⑦ 데이터 마이닝 결과 평가(Interpretation/Evaluation)
  ㉠ 데이터 마이닝 '결과에 대한 해석과 평가', 그리고 '분석 목적과의 일치성'을 확인한다.
  ㉡ 데이터 마이닝을 통해 발견된 지식을 업무에 활용하기 위한 방안을 찾고 필요에 따라 데이터 선택에서부터 데이터 마이닝 분석까지의 프로세스를 반복 수행한다.

(4) CRISP-DM 분석 방법론

① CRISP-DM(Cross Industry Standard Process for Data Mining)은 1996년 EU의 ESPRIT에서 있었던 프로젝트에서 시작되었고 주요 업체(DaimlerChryrler, SPSS, NCR) 등이 참여하여 1999년 첫 버전을 발표하였다.

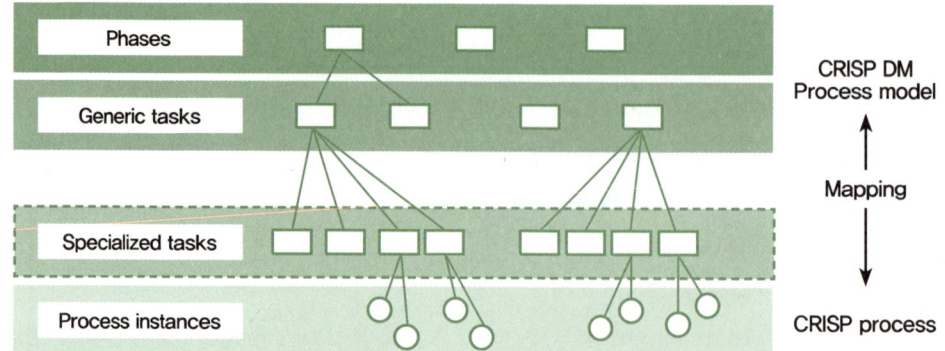

② 위의 그림에서 CRISP-DM을 4개 레벨로 구성되어 있음을 확인할 수 있다. 가장 위에 존재하는 레벨은 여러 개의 단계(Phases)로 구성되고 각 여러 개의 단계(Phases)는 일반적인 업무(Generic Tasks)를 포함한다.

③ 일반적인 업무(Generic Tasks, 이하 일반화 태스크)는 데이터 마이닝에서의 단일 프로세스를 완전하게 수행할 수 있는 단위를 뜻한다. 일반화 태스크는 또 구체적으로 수행되기 위해서 그 하위에 레벨을 지니는데 이것이 바로 세분화 태스크(Specialized Tasks)이다.

예 일반화 태스크[데이터 정제(Data Cleansing)] → 세분화 태스크(범주형 데이터 정제와 연속형 데이터 정제)

④ 마지막 레벨인 프로세스 실행(Process Instance)의 경우 데이터 마이닝을 위한 구체적인 실행을 포함한다.

단계	내용
업무 이해 (Business Understanding)	• 비즈니스 관점에서 '**프로젝트의 목적**'과 '**요구사항**'을 이해하기 위한 단계 • **도메인 지식**을 데이터 분석을 위한 문제 정의로 변경하고 초기 프로젝트 계획을 수립하는 단계 ※ 수행업무 : 업무목적 파악, 상황 파악, 데이터 마이닝 목표 설정, 프로젝트 계획 수립
데이터 이해 (Data Understanding)	• 데이터 이해는 분석을 위한 데이터를 수집하고 데이터 속성을 이해하기 위한 과정 • 데이터 품질에 대한 문제점을 식별하고 숨겨져 있는 인사이트를 발견하는 단계 ※ 수행업무 : 초기 데이터 수집, 데이터 기술 분석, 데이터 탐색, 데이터 품질 확인
데이터 준비 (Data Preparation)	• 분석을 위해 수집된 데이터에서 분석 기법에 적합한 데이터셋을 편성하는 단계 • '데이터셋'을 편성하는데 많은 시간이 소요될 수 있음 ※ 수행업무 : 분석용 데이터셋 선택, 데이터 정제, 분석용 데이터셋 편성, 데이터 통합&포맷팅
모델링 (Modeling)	• 사용되는 파라미터를 최적화해 나가는 단계 • 이 과정에서 데이터셋이 추가로 필요할 때 데이터 준비 단계를 반복수행가능 • 모델링을 통해 생성된 모델은 테스트용 데이터와 프로세스로 평가 • 이 과정에서 모델 과적합(Overfitting) 등의 문제를 발견 및 대응 방안을 마련 ※ 수행업무 : 모델링 기법 선택, 모델 테스트 계획 설계, 모델 작성, 모델 평가
평가 (Evaluation)	• 생성된 모델이 프로젝트의 목적에 부합하는지를 평가 • 이 단계에서는 데이터 마이닝 결과를 수용할 것인지 최종적으로 판단하는 과정 ※ 수행업무 : 분석결과 평가, 모델링 과정 평가, 모델 적용성 평가
전개 (Deployment)	• 완성된 모델을 실 업무에 적용하기 위한 계획을 수립 • 모니터링과 모델의 유지보수계획을 마련 • 비즈니스 도메인 특성, 데이터 품질, 평가 기준 등에 따라 상세한 전개 계획 필요 • 종료 관련 프로세스를 수행하여 프로젝트를 완료함 ※ 수행업무 : 전개계획 수립, 모니터링&유지보수 계획 수립, 종료보고서 작성, 프로젝트 리뷰

(5) 각 방법론별 비교

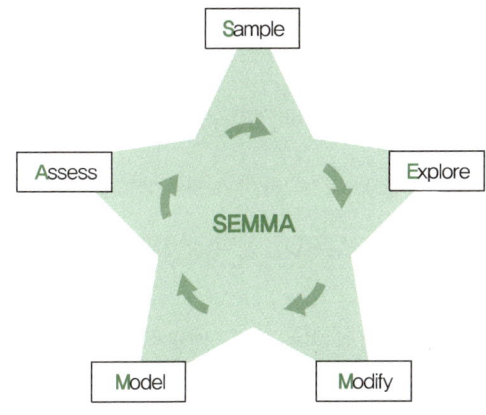

KDD 방법론	CRISP-DM 방법론
분석대상 비즈니스 이해	Business Understanding
Select	Data Understanding
Preprocess	
Transform	Data Preparation
Data Mining	Modeling
Interpret / Evaluate	Evaluation
데이터 마이닝 활용	Deployment

SECTION 02 분석 작업 계획

1 분석 마스터 플랜 수립 프레임워크

(1) 분석 마스터 플랜 수립의 개요

① 적용우선순위를 설정하기 위해 전략적 중요도, 비즈니스 성과 및 ROI, 분석 과제의 실행 용이성 등 다양한 기준을 고려하고 데이터 기반 구축을 준비한다.

② 데이터 분석 구현 로드맵은 업무내재화 적용 수준, 분석 데이터 적용 수준, 기술적용 수준 등 분석 적용 범위 및 방식이 종합적으로 고려되어 수립되어야 한다.

㉠ 우선순위 고려요소

적용 우선 순위 설정	① 전략적 중요도
	② 비즈니스 성과/ROI
	③ 실행 용이성

㉡ 적용범위/방식 고려요소

Analytics 구현 로드맵 수립	① 업무 내재화 적용 수준
	② 분석 데이터 적용 수준
	③ 기술 적용 수준

> **참고**
>
> 기업 및 공공기관에서 활용되는 정보전략계획 ISP
> - 시스템 중장기 로드맵 정의를 위해 **정보전략계획(Information Strategy Planning)**을 수행한다.
> - **ISP** : 정보기술 또는 정보시스템을 전략적으로 활용하기 위하여 조직 내·외부 환경을 분석하여 기회나 문제점을 도출하고 사용자의 요구사항을 분석하여 '**시스템 구축 우선순위를 결정**'하는 등 중장기 마스터 플랜을 수립하는 절차이다.
> - **분석 마스터 플랜** : 일반적인 ISP **방법론을 활용**하되 데이터 분석 기획의 특성을 고려하여 수행하고 기업에서 필요한 데이터 분석 과제를 빠짐없이 도출한 후 과제의 우선순위를 결정하고 단기 및 **중·장기**로 나누어 계획을 수립한다.

(2) 수행 과제 도출 및 우선순위 평가

① 우선순위 평가 방법 및 절차 : 우선순위 평가의 경우 정의된 데이터 과제에 대한 실행 순서를 정하는 것이다. 업무별로 도출된 분석과제를 우선순위 평가 기준에 따라 평가한 뒤, 과제 수행의 선·후행 관계를 고려하여 적용 순위를 조정하여 최종 확정한다.

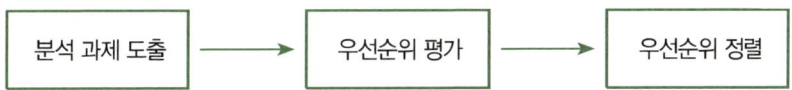

② 우선순위 고려 요소(전략적 중요도, 실행용이성) : 정보전략계획(ISP)과 같은 일반적인 IT프로젝트 과제의 우선순위 평가를 위해 전략적 중요도, 실행 용이성 등 기업에서 고려하는 중요 가치 기준에 따라 다양한 관점에서의 우선순위 기준을 수립하여 평가한다.

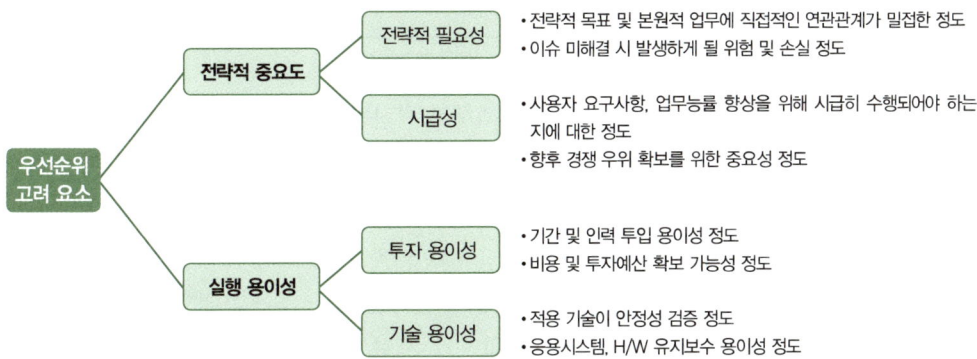

③ ROI 관점에서 빅데이터의 핵심 특징

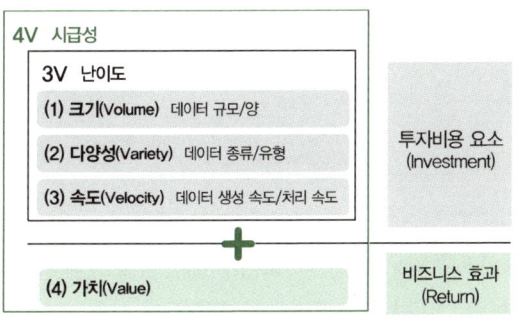

투자비용 (Investment) 요소	• 크기(Volume) : 데이터 규모 및 양을 의미, 대용량 데이터를 저장·처리하고 관리하기 위한 투자가 필요 • 다양성(Variety) : 다양한 종류와 형태를 가진 데이터를 입수하는데 있어 투자가 필요 • 속도(Velocity) : 데이터의 생성 속도 및 처리속도를 빠르게 가공·분석하는 기술이 요구됨
비즈니스 효과(Return) 요소	가치(Value) : 분석 결과를 활용하거나 실질적인 실행을 통해 얻게 되는 비즈니스 효과 측면의 요소

④ 데이터 분석과제 추진 시 고려해야 할 우선순위 평가 기준
  ㉠ 시급성 : 전략적 중요도와 목표가치에 부합하는지에 따른 시급성이 가장 중요한 기준이다. 시급성의 판단기준은 전략적 중요도가 우선이며, 이는 현재 관점으로 전략적 가치를 고려할 것인지, 미래 관점에서 전략적 가치를 고려할 것인지를 분석 과제의 목표가치(KPI)와 함께 고려해야 한다.
  ㉡ 난이도 : 난이도는 현 시점에서 과제를 추진하는 것이 범위와 비용측면에서 바로 적용가능한 것인지를 판단기준으로 하여 데이터 분석의 적합성 여부를 확인한다.

⑤ 포트폴리오 4사분면을 통한 과제 우선순위 선정

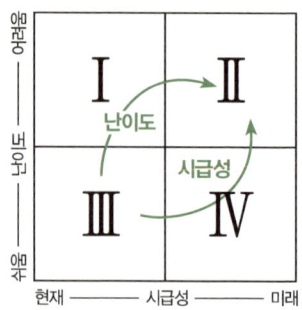

㉠ 4사분면 영역에서 가장 우선적인 분석 과제로 선정될 수 있는 분면은 3사분면이다.
㉡ 시급성과 난이도를 고려했을 때 현재는 상대적으로 시급성과 난이도가 낮은 편이지만 중장기적으로 경영에 미칠 영향이 높고, 분석과제로의 바로 적용의 난이도가 높아 우선순위가 낮은 영역은 2사분면이다.
㉢ 분석과제의 적용 우선순위 기준을 '시급성'에 둔다면 'Ⅲ→Ⅳ→Ⅱ 영역'순이며, 우선순위 기준을 '난이도'에 둔다면 'Ⅲ → Ⅰ → Ⅱ 영역' 순으로 의사결정을 할 수 있다.
㉣ 예를 들어 분석에 필요한 데이터양이 수 TB규모라면, 분석 대상이 되는 소스 데이터를 내부 데이터 관점에서 우선 분석할 수 있도록 데이터의 양을 줄여 난이도를 낮출 수 있다. 이를 통해 궁극적으로는 1사분면(Ⅰ영역)에서 3사분면(Ⅲ영역)으로 분석 적용의 우선순위를 조정하여 추진할 수 있다.

(3) 이행계획 수립

① 로드맵 수립
㉠ 분석과제에 대한 포트폴리오 사분면(Quadrant)분석을 통해 과제의 1차적 우선순위를 결정한다.
㉡ 분석과제별 적용범위 및 방식을 고려하여 최종적인 실행 우선순위를 결정한 후 단계적 로드맵을 수립한다.
㉢ 단계별로 추진하고자 하는 목표를 정의한다.
㉣ 추진과제별 선·후행 관계를 고려하여 단계별 추진 내용을 정렬한다.

추진 단계	데이터 분석체계 도입	데이터 분석 유효성 검증	데이터 분석 확산 및 고도화
단계별 추진 목표	빅데이터의 성공적인 도입을 위해 비즈니스 Pain point가 무엇인지 식별하고, 이를 해결해 나가는 관점에서 분석 기회를 발굴하여 분석 과제로 정의하고 마스터 플랜을 수립함	• 분석 과제에 대한 Pilot을 수행하여 비즈니스적인 유효성과 타당성을 검증하고 기술적인 실현 가능성을 검증함 • Pilot 수행에 필요한 분석 알고리즘 및 아키텍처를 설계함	• Pilot을 통해 검증된 분석 과제를 업무 프로세스에 내재화하기 위한 PI와 변화 관리 실시 • Pilot 검증 결과를 전사에 확산하는 관점에서 빅데이터 분석·활용 시스템을 구축하고 유관 시스템을 고도화함
추진 과제	추진 과제 0 분석 기회 발굴 및 마스터 플랜 분석 과제 정의 수립	추진 과제 1 분석 알고리즘 및 분석 과제 아키텍처 설계 Pilot 수행	추진 과제 2 업무 프로세스 내재화를 변화시키기 위한 Process innovation 관리 추진 과제 3 빅데이터 분석 – 유관 시스템 활용 시스템 구축 고도화

② 세부 이행계획 수립
  ㉠ 데이터 분석 체계에서는 고전적인 폭포수(Water-Fall) 모델보다 반복적인 정련과정을 통하여 프로젝트의 완성도를 제고시켜 나가는 방식을 주로 사용한다.
   ※ 폭포수 모델(Water-Fall) : 순차적 SW 개발 프로세스로 개발의 흐름이 마치 폭포수처럼 지속적으로 전진한다는 것에서 유래한 방법이다. SW 요구사항 기술, SW설계, SW구현, 통합 시험, SW 유지보수 단계로 프로세스가 이루어진다.
  ㉡ 반복적인 분석 체계는 모든 단계를 반복하기보다 데이터 수집 및 확보와 분석 데이터를 준비하는 단계를 순차적으로 진행하고, 모델링 단계는 반복적으로 수행하는 혼합형을 많이 적용하며, 이러한 특성을 고려해서 세부 일정계획도 수립해야 한다.

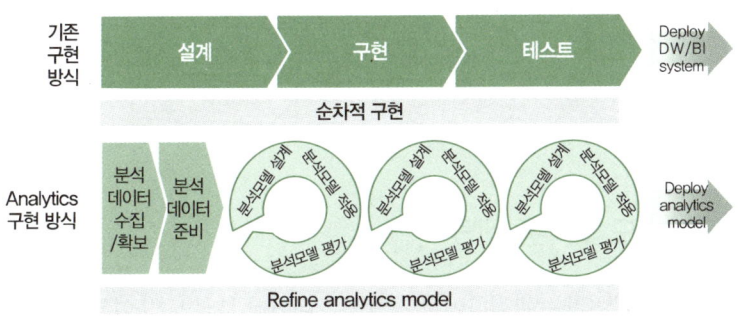

2 거버넌스 체계

① 사내에서 데이터를 활용한 의사결정이 강조될수록 데이터의 체계적인 관리 중요성은 증가해가고 있다. 이는 단순히 데이터의 수집&축적에 목적을 두는 것이 아닌 어떤 목적으로 데이터를 수집해서 어떻게 활용할 것인지가 매우 중요하기 때문이다. 또한 데이터 분석을 기업 문화로 정착하고 데이터 분석 업무를 지속적으로 고도화하기 위해서 조직 내 관리체계를 수립해야 한다.

② 마스터 플랜 수립시점에서의 거버넌스 체계는 분석기획 및 관리를 수행하는 조직(Organization), 과제 기획 및 운영 프로세스(Process), 분석 관련 시스템(System), 데이터(Data), 분석 관련 교육 및 마인드 육성 체계(Human Resource)로 구성된다.

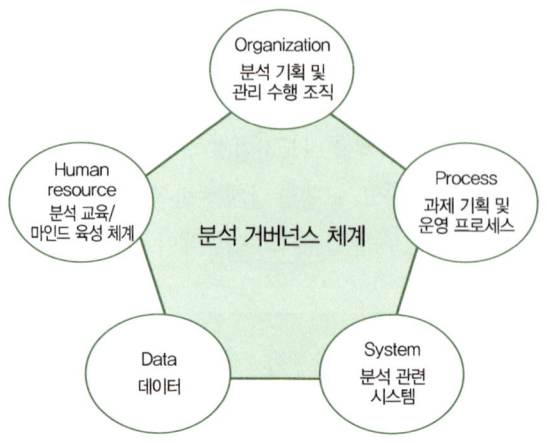

3 데이터 분석 성숙도 및 수준 진단

① 빅데이터가 핵심역량이라는 관점하에서 기업들은 데이터 분석 도입 여부 및 활용에 대한 분석 수준을 점검할 필요가 있다.
② 데이터 분석의 수준 진단을 통해 데이터 분석 기반을 구현하기 위해 무엇을 준비하고 보완해야 하는지 등 분석의 유형 및 분석의 방향성을 결정 가능하다.
③ 데이터 분석의 수준 진단을 위한 프레임 워크는 6개 영역의 **분석 준비도(Readiness)**와 3개 영역의 **분석 성숙도(Maturity)**를 함께 평가함으로써 수행될 수 있다.

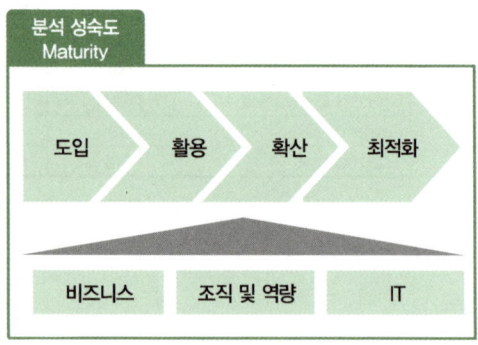

④ 기업의 현재 분석 수준을 명확히 이해하고, 수준진단 결과를 토대로 미래 목표수준을 정의한다.
⑤ 데이터 분석을 위한 인프라가 타경쟁사와 비교하여 어느 정도 수준이고, 데이터를 활용한 '분석 경쟁력 확보를 위한 영역 선택' 및 집중을 결정하는 등의 개선 방안을 도출한다.

4 분석 준비도 및 성숙도 정의

(1) 분석 준비도

① 기업의 데이터 분석 도입의 수준을 파악하기 위한 진단방법을 목표로, 총 6가지(분석 업무 파악, 인력 및 조직, 분석 기법, 분석 데이터, 분석 문화, IT 인프라)로 구성된다.

② 분석 준비도를 진단하는 과정의 순서는 영역별로 세부 항목에 대한 수준 파악, 진단결과 전체 요건 중 일정 수준 이상 충족되면 분석 업무 도입, 충족하지 못할 시에는 분석 환경 조성하는 순서로 진행된다.

분석 업무 파악	인력 및 조직	분석 기법
• 발생한 사실 분석 업무 • 예측 분석 업무 • 시뮬레이션 분석 업무 • 최적화 분석 업무 • 분석 업무 정기적 개선	• 분석 전문가 직무 존재 • 분석 전문가 교육 훈련 프로그램 • 관리자들의 기본적 분석 능력 • 전사 분석 업무 총괄 조직 존재 • 경영진의 분석 업무 이해 능력	• 업무별 적합한 분석 기법 사용 • 분석 업무 도입 방법론 • 분석 기법 라이브러리 • 분석 기법 효과성 평가 • 분석 기법 정기적 개선
분석 데이터	**분석 문화**	**IT 인프라**
• 분석 업무를 위한 데이터 충분성 • 분석 업무를 위한 데이터 신뢰성 • 분석 업무를 위한 데이터 적시성 • 비구조적 데이터 관리 • 외부 데이터 활용 체계 • 기준 데이터 관리(MDM)	• 사실에 근거한 의사결정 • 관리자의 데이터 중시 정도 • 회의 등에서 데이터 활용 상황 • 경영진의 직관vs데이터 기반의 의사 결정 • 데이터 공유 및 협업 문화	• 운영 시스템 데이터 통합 • EAI, ETL 등 데이터유통체계 • 분석 전용 서버 및 스토리지 • 빅데이터 분석 환경 • 통계 분석 환경 • 비쥬얼 분석 환경

(2) 분석 성숙도

① 조직의 성숙도 평가 도구로는 CMMI(Capability Maturity Model Integration)모델, 즉 능력 성숙도 통합모델을 활용하고, 성숙도 수준별로는 도입단계, 활용단계, 확산단계, 최적화 단계로 나눌 수 있다. 마지막으로 분석 성숙도 진단 분류 부문으로는 비즈니스 부문, 조직·역량 부문, IT부문으로 나누어진다.

② 성숙도 수준과 진단에 따른 표

단계	도입단계	활용단계	확산단계	최적화단계
비즈니스 부문	• 실적분석 및 통계 • 정기보고 수행 • 운영 데이터 기반	• 미래 결과 예측 • 시뮬레이션 • 운영 데이터 기반	• 성과 실시간 분석 • 프로세스 혁신 3.0 • 분석규칙 관리 • 이벤트 관리	• 외부환경 분석 활용 • 최적화 업무 적용 • 실시간 분석 • 비즈니스모델 진화
조직역량 부문	• 일부 부서에서 수행 • 담당자 역량에 의존	• 담당부서에서 수행 • 분석 기법 도입 • 관리자가 분석 수행	• 전사 모든 부서 수행 • 분석 COE조직 운영 • 데이터 사이언티스트 확보	• 데이터 사이언스 그룹 • 경영진 분석 활용 • 전략 연계
IT부문	• 데이터 웨어하우스 • 데이터 마트 • ETL/EAI • OLAP	• 실시간 대시보드 • 통계분석환경	• 빅데이터 관리환경 • 시뮬레이션·최적화 • 비주얼 분석 • 분석 전용 서버	• 분석 협업환경 • 분석 Sandbox • 프로세스 내재화 • 빅데이터 분석

(3) 분석 수준 진단 결과-사분면 분석을 중심으로

① 자사기준 : 현재 분석 수준을 객관적으로 파악한다.
② 타사기준 : 타사와 비교하여 분석 경쟁력 확보 및 강화를 위한 목표 기준 설정이 가능하다.
③ 분석관점에서의 사분면 분석으로는 분석 수준 진단결과를 구분 및 데이터 분석 수준에 대한 목표 방향을 정의, 유형별 특성에 따른 개선 방안을 수립할 수 있다.

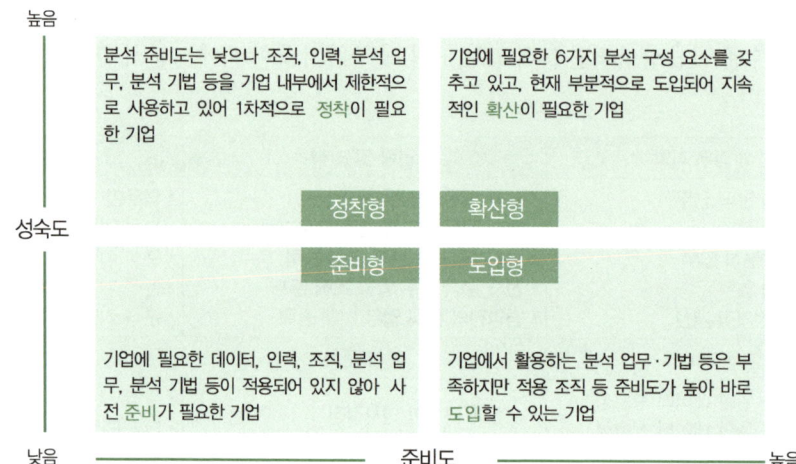

5 데이터 거버넌스 체계 수립

(1) 데이터 거버넌스의 필요성 및 개요

① 실시간으로 쌓이는 데이터와 비정형·반정형 데이터는 조직, 프로젝트 단위보다 더 큰 전사단위에서의 체계적인 데이터 거버넌스(Data Governance)의 필요성을 부각시키고 있다.
② 데이터 거버넌스란 전사차원의 모든 데이터에 대한 정책 및 지침, 표준화, 운영조직 및 책임 등의 표준화된 관리 체계를 수립하고 운영을 위한 프레임워크(Framework) 및 저장소(Repository)를 구축하는 것을 말한다.
③ 데이터 거버넌스의 중요 관리 대상은 마스터 데이터(Master Data), 메타 데이터(Meta Data), 데이터 사전(Data Dictionary)이다.

(2) 데이터 거버넌스 구축을 통한 장점

① 기업은 데이터 거버넌스 체계를 구축함으로써 '데이터의 가용성', '유용성', '통합성', '보안성', '안전성'을 확보가능하다.
② 데이터 거버넌스는 독자적으로 수행되거나, 전사 차원의 IT 거버넌스나 EA(Enterprise Architecture)의 구성요소로써 구축되는 경우도 존재한다.
③ 빅데이터 거버넌스는 빅데이터의 효율적인 관리, 다양한 데이터의 관리 체계, 데이터 최적화, 정보 보호, 데이터 생명주기 관리, 데이터 카테고리별 관리 책임자(Data Steward) 지정 등을 포함한다.

(3) 데이터 거버넌스 구성요소

구성요소인 원칙(Principle), 조직(Organization), 프로세스(Process)는 유기적 조합을 통하여 데이터를 비즈니스 목적에 부합하고 최적의 정보 서비스를 제공하기 위해 효율적으로 관리한다.

① 원칙(Principle)
- ㉠ 데이터를 유지·관리하기 위한 지침과 가이드
- ㉡ 보안, 품질 기준, 변경관리

② 조직(Organization)
- ㉠ 데이터를 관리할 조직의 역할과 책임
- ㉡ 데이터 관리자, 데이터베이스 관리자, 데이터 아키텍트(Data Architect)

③ 프로세스(Process)
- ㉠ 데이터 관리를 위한 활동과 체계
- ㉡ 작업 절차, 모니터링 활동, 측정 활동

(4) 데이터 거버넌스 체계

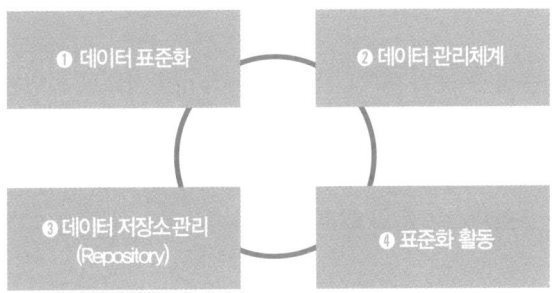

① 데이터 표준화
- ㉠ 데이터 표준화는 데이터 표준 용어 설정, 명명 규칙(Name Rule) 수립, 메타 데이터(Meta Data) 구축, 데이터 사전(Data Dictionary) 구축 등의 업무로 구성된다.
- ㉡ 데이터 표준 용어는 표준 단어 사전, 표준 도메인 사전, 표준 코드 등으로 구성되며 사전 간 교차 검증을 위한 점검 프로세스를 포함하여야 한다.
- ㉢ 메타 데이터와 데이터 사전은 데이터의 데이터 구조 체계를 형성하는 것으로써 데이터 활용을 원활하게 하기 위한 데이터 구조 체계(Data Structure Architecture)나 메타 엔터티 관계 다이어그램(Meta Entity Relationship Diagram)을 제공한다.

② 데이터 관리 체계
- ㉠ 데이터 정합성(Data Integrity) 및 활용의 효율성을 위하여 표준 데이터를 포함한 메타 데이터와 데이터 사전의 관리 원칙을 수립한다.
- ㉡ 빅데이터의 경우 수집되는 데이터양의 급증으로 데이터 생명 주기 관리방안(Data Life Management)을 수립하지 않으면 데이터 가용성 한계 및 관리비용 증대 문제에 직면하게 될 수 있다.

ⓒ 위와 같은 문제를 예방하기 위해 수립된 원칙에 근거하여 항목별 상세한 프로세스를 만들고 관리와 운영을 위한 담당자 및 조직별 역할과 책임을 명확하고 상세히 준비한다.

③ 데이터 저장소 관리

ⓐ 전사 차원의 저장소는 메타 데이터 및 표준 데이터를 관리하기 위한 요소로 구성한다.
ⓑ 데이터 구조 변경에 따른 사전 영향 평가도 수행되어야 효율적인 활용이 가능하다.
ⓒ 데이터 저장소는 데이터 관리 체계 지원을 위한 워크플로우(Workflow) 및 관리용 응용 소프트웨어를 지원하고 관리 대상 시스템 통제가 이뤄져야 한다.

④ 표준화 활동

ⓐ 데이터 거버넌스 체계 구축 후 표준 준수 여부(Compliance)를 주기적으로 점검한다.
ⓑ 거버넌스의 안정적 정착을 위한 계속적인 변화 관리 및 주기적 교육을 진행한다.
ⓒ 지속적인 데이터 표준화 개선 활동으로 실용성도 제고시켜야 한다.

6 분석 과제 관리 프로세스 수립

(1) 개요

① 분석 마스터 플랜의 수립 후 초기 데이터 분석 과제가 성공적으로 수행될 때는 지속적인 분석 니즈 및 기회가 분석 과제 형태로 도출이 가능하다.
② 이 과정에서 분석 조직이 수행할 주요 역할 중 하나가 분석 과제의 기획 및 운영이므로 이를 체계적으로 관리하기 위한 프로세스를 수립해야 한다.

(2) 과제 관리 프로세스

① 과제 발굴 : 개별 조직이나 개인이 도출한 분석 아이디어를 발굴하고 이를 과제화하여 분석 과제 풀(Pool)로 관리하면서 분석 프로젝트를 선정하는 작업을 수행한다.
② 과제 수행
ⓐ 분석을 수행할 팀을 구성하고 분석 과제 실행 시 지속적인 모니터링과 과제 결과를 공유하고 개선하는 절차를 수행한다.

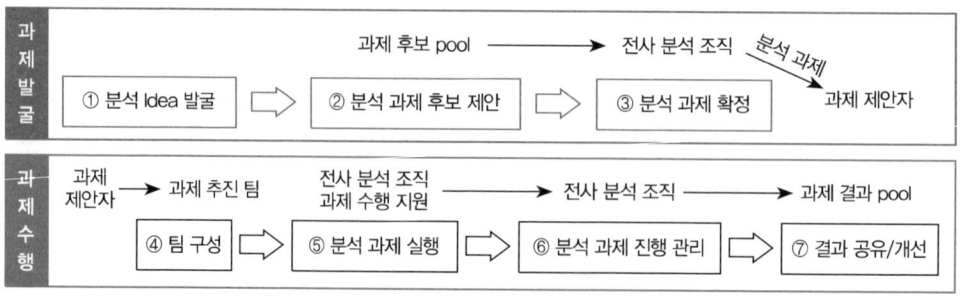

ⓛ 해당 과제를 진행하면서 만들어진 시사점(Lesson Learned)을 포함한 결과물은 풀(Pool)에 잘 축적하고 관리함으로써 향후 유사한 분석과제 수행 시 시행착오를 최소화하고 효율적인 프로젝트 진행이 가능하다.

7 분석 절차 및 작업 계획

(1) 빅데이터 분석 방법론 참조 모델

분석 기획	데이터 준비	데이터 분석	시스템 구현	평가 및 전개
비즈니스 이해 및 범위 설정	필요 데이터 정의	분석용 데이터 준비	설계 및 구현	모델 발전 계획 수립
프로젝트 정의 및 계획 수립	데이터 스토어 설계	텍스트 분석	시스템 테스트 및 운영	프로젝트 평가 및 보고
프로젝트 위험 계획 수립	데이터 수집 및 정합성 점검	탐색적 분석		
		모델링		
		모델 평가 및 검증		
		모델 적용 및 운영 방안 수립		

단계	내용
분석 기획 (Planning)	• 비즈니스 관점에서 '프로젝트의 목적'과 '요구사항'을 이해하기 위한 단계 • 도메인 지식을 데이터 분석을 위한 문제정의로 변경하고 초기 프로젝트 계획을 수립하는 단계 ※ 수행업무 : 업무목적 파악, 상황파악, 데이터마이닝 목표 설정, 프로젝트 계획 수립
데이터 준비 (Preparing)	• 데이터 이해는 분석을 위한 데이터를 수집하고 데이터 속성을 이해하기 위한 과정 • 데이터 품질에 대한 문제점을 식별하고 숨겨져 있는 인사이트를 발견하는 단계 ※ 수행업무 : 초기 데이터 수집, 데이터 기술 분석, 데이터 탐색, 데이터 품질 확인
데이터 분석(Analyzing)	• 분석을 위해 수집된 데이터에서 분석 기법에 적합한 데이터셋을 편성하는 단계 • '데이터셋'을 편성하는데 많은 시간이 소요될 수 있음 ※ 수행업무 : 분석용 데이터셋 선택, 데이터정제, 분석용 데이터셋 편성, 데이터 통합&포맷팅
시스템 구현 (Developing)	• 사용되는 파라미터를 최적화해 나가는 단계 • 이 과정에서 데이터셋이 추가로 필요할 때 데이터 준비 단계를 반복수행가능 • 모델링을 통해 생성된 모델은 테스트용 데이터와 프로세스로 평가 • 이 과정에서 모델 과적합(Overfitting) 등의 문제를 발견 및 대응 방안을 마련 ※ 수행업무 : 모델링 기법 선택, 모델 테스트 계획 설계, 모델 작성, 모델 평가
평가 및 전개 (Deploying)	• 생성된 모델이 프로젝트의 목적에 부합하는지를 평가 • 이 단계에서는 데이터 마이닝 결과를 수용할 것인지 최종적으로 판단하는 과정 ※ 수행업무 : 분석결과 평가, 모델링 과정 평가, 모델 적용성 평가

① 분석기획(Planning)

분석 기획	데이터 준비	데이터 분석	시스템 구현	평가 및 전개
비즈니스 이해 및 범위 설정	필요 데이터 정의	분석용 데이터 준비	설계 및 구현	모델 발전 계획 수립
프로젝트 정의 및 계획 수립	데이터 스토어 설계	텍스트 분석	시스템 테스트 및 운영	프로젝트 평가 및 보고
프로젝트 위험 계획 수립	데이터 수집 및 정합성 점검	탐색적 분석		
		모델링		
		모델 평가 및 검증		
		모델 적용 및 운영 방안 수립		

㉠ 비즈니스 이해 및 범위 설정

비즈니스 이해	내부 업무 매뉴얼과 관련 자료, 외부의 관련 비즈니스 자료를 조사하고 향후 프로젝트 진행을 위한 방향을 설정함 • 입력자료 : 업무 매뉴얼, 업무전문가의 지식, 빅데이터 분석 대상 도메인에 대한 관련 자료 • 프로세스 및 도구 : 자료 수집 및 비즈니스 이해 • 출력자료 : 비즈니스 이해 및 도메인 문제점
프로젝트 범위 설정	빅데이터 분석 프로젝트의 대상인 비즈니스에 대한 이해와 프로젝트 목적에 부합되는 범위(Scope)를 명확하게 설정하고 프로젝트에 참여하는 모든 관계자들(Project Stakeholders)의 이해를 일치시키기 위하여 구조화된 프로젝트 범위 정의서인 SOW(Statement Of Work)를 작성함 • 입력자료 : 중장기 계획서, 빅데이터 분석 프로젝트 지시서, 비즈니스 이해 및 도메인 문제점 • 프로세스 및 도구 : 자료 수집 및 비즈니스 이해, 프로젝트 범위 정의서 작성 절차 • 출력자료 : 프로젝트 범위 정의서(SOW)

㉡ 프로젝트 정의 및 계획수립

데이터 분석 프로젝트 정의	프로젝트의 목표 및 KPI, 목표 수준 등을 구체화하여 상세 프로젝트 정의서를 작성하고 프로젝트 목표를 명확화하기 위한 모델 운영 이미지 및 평가 기준을 설정함 • 입력자료 : 프로젝트 범위 정의서(SOW), 빅데이터 분석 프로젝트 지시서 • 프로세스 및 도구 : 프로젝트 목표 구체화, 모델 운영 이미지 설계 • 출력자료 : 프로젝트 정의서, 모델 운영 이미지 설계서, 모델 평가 기준
프로젝트 수행 계획수립	프로젝트 목적&배경, 기대효과, 수행방법, 일정&추진조직, 프로젝트 관리방안을 작성. WBS는 프로젝트 산출물 위주로 작성되어 프로젝트의 범위를 명확히 함 • 입력자료 : 프로젝트 정의서(SOW), 모델 운영 이미지 설계서, 모델 평가 기준 • 프로세스 및 도구 : 프로젝트 정의서(SOW), WBS 작성 도구 • 출력자료 : 프로젝트 수행 계획서, WBS

㉢ 프로젝트 위험 계획 수립

데이터 분석 위험 식별	선행된 프로젝트 산출물과 정리자료(Lesson Learned)를 참조하고 전문가의 판단을 활용하여 빅데이터 분석 프로젝트를 진행하면서 발생 가능한 위험을 식별함. 식별된 위험은 위험 영향도와 빈도, 발생가능성 등을 평가하여 위험의 우선순위를 설정함 • 입력자료 : 프로젝트 정의서(SOW), 프로젝트 수행 계획서, 선행 프로젝트 산출물 및 정리자료 • 프로세스 및 도구 : 위험 식별 절차, 위험 영향도 및 발생가능성 분석. 위험 우선순위 판단 • 출력자료 : 식별된 위험 목록
위험 대응 계획 수립	식별된 위험은 상세할 정량적·정성적 분석을 통하여 위험 대응방안을 수립함. 예상되는 위험에 대한 대응은 회피(Avoid), 전이(Transfer), 완화(Mitigate), 수용(Accept)으로 구분하여 위험관리 계획서를 작성함 • 입력자료 : 식별된 위험 목록, 프로젝트 정의서(SOW), 프로젝트 수행 계획서 • 프로세스 및 도구 : 위험 정량적 분석, 위험 정성적 분석 • 출력자료 : 위험관리 계획서

② 데이터 준비(Preparing)

분석 기획	데이터 준비	데이터 분석	시스템 구현	평가 및 전개
비즈니스 이해 및 범위 설정	필요 데이터 정의	분석용 데이터 준비	설계 및 구현	모델 발전 계획 수립
프로젝트 정의 및 계획 수립	데이터 스토어 설계	텍스트 분석	시스템 테스트 및 운영	프로젝트 평가 및 보고
프로젝트 위험 계획 수립	데이터 수집 및 정합성 점검	탐색적 분석		
		모델링		
		모델 평가 및 검증		
		모델 적용 및 운영 방안 수립		

㉠ 필요 데이터 정의

데이터 정의	시스템, 데이터베이스(DB), 파일, 문서 등 다양한 내·외부 원천 데이터 소스(Raw Data Source)로부터 분석에 필요한 데이터를 정의함 • 입력자료 : 프로젝트 수행 계획서, 시스템 설계서, ER다이어그램(ERD), 메타데이터 정의서, 문서자료 • 프로세스 및 도구 : 내·외부 데이터 정의, 정형·반정형·비정형 데이터 정의 • 출력자료 : 데이터 정의서
데이터 획득방안 수립	내·외부의 다양한 데이터 소스로부터 정형·반정형·비정형 데이터를 수집하기 위해 구체적 방안을 수립함 • 입력자료 : 프로젝트 수행 계획서, 시스템 설계서, ER다이어그램(ERD), 메타데이터 정의서, 문서자료, 데이터 구입 • 프로세스 및 도구 : 데이터 획득 방안 수립 • 출력자료 : 데이터 획득 계획서

㉡ 데이터 스토어 설계

정형 데이터 스토어 설계	정형 데이터는 일반적으로 관계형 데이터베이스, RDBMS를 사용하고 데이터 저장의 효율성, 활용도 제고를 위해 데이터스토어의 논리적, 물리적 설계를 구분해 설계함 • 입력자료 : 데이터 정의서, 데이터 획득 계획서 • 프로세스 및 도구 : 데이터베이스 논리설계, 데이터베이스 물리설계 데이터 매핑(Data Mapping) • 출력자료 : 정형 데이터 스토어 설계서, 데이터 매핑 정의서
비정형 데이터 스토어 설계	비정형 데이터는 하둡, NoSQL 등을 이용하여 비정형 또는 반정형 데이터를 저장하기 위한 논리적, 물리적 데이터 스토어를 설계함 • 입력자료 : 데이터 정의서, 데이터 획득 계획서 • 프로세스 및 도구 : 비정형·반정형 데이터 논리설계, 비정형·반정형 데이터 물리설계 • 출력자료 : 비정형 데이터 스토어 설계서, 데이터 매핑 정의서

㉢ 데이터 수집 및 정합성 점검

데이터 수집 및 저장	크롤링, 데이터 수집을 위한 ETL 등의 다양한 도구와 API, 스크립트(Script) 프로그램 등을 통해 데이터를 수집하고 설계된 데이터 스토어에 저장함 • 입력자료 : 데이터 정의서, 데이터 획득 계획서, 데이터 스토어 설계서 • 프로세스 및 도구 : 데이터 크롤링 도구, ETL 도구, 데이터 수집 스크립트 • 출력자료 : 수집된 분석용 데이터
데이터 정합성 점검	데이터 스토어의 품질 점검을 통하여 데이터의 정합성을 확보하고 데이터 품질개선이 필요한 부분에 대하여 보완 작업을 함 • 입력자료 : 수집된 분석용 데이터 • 프로세스 및 도구 : 데이터 품질 확인, 데이터 정합성 점검 리스트 • 출력자료 : 데이터 정합성 점검 보고서

③ 데이터 분석(Analyzing)

분석 기획	데이터 준비	데이터 분석	시스템 구현	평가 및 전개
비즈니스 이해 및 범위 설정	필요 데이터 정의	분석용 데이터 준비	설계 및 구현	모델 발전 계획 수립
프로젝트 정의 및 계획 수립	데이터 스토어 설계	텍스트 분석	시스템 테스트 및 운영	프로젝트 평가 및 보고
프로젝트 위험 계획 수립	데이터 수집 및 정합성 점검	탐색적 분석		
		모델링		
		모델 평가 및 검증		
		모델 적용 및 운영 방안 수립		

㉠ 분석용 데이터 준비

비즈니스 룰 확인	비즈니스 이해, 도메인 문제점 인식, 프로젝트 정의 등을 이용하여 프로젝트 목표를 정확히 인식하고 세부 비즈니스 룰을 파악, 분석에 필요한 데이터 범위를 확인함 • 입력자료 : 프로젝트 정의서, 프로젝트 수행 계획서, 데이터 정의서, 데이터 스토어 • 프로세스 및 도구 : 프로젝트 목표 확인, 비즈니스 룰 확인 • 출력자료 : 비즈니스 룰, 분석에 필요한 데이터 범위
분석용 데이터셋 준비	데이터 스토어에서 필요한 정형/비정형 데이터를 추출하고 적절한 가공을 통해 분석도구 입력 자료로 사용되도록 편성하며, 추출된 데이터를 DB나 구조화하여 구성함 • 입력자료 : 데이터 정의서, 데이터 스토어 • 프로세스 및 도구 : 데이터 선정, 데이터 변환, ETL 도구 • 출력자료 : 분석용 데이터셋

㉡ 텍스트 분석

텍스트 데이터 확인 및 추출	전사 차원의 데이터 스토어(Data Store)에서 확인하고 필요한 데이터를 추출함 • 입력자료 : 비정형 데이터 스토어 • 프로세스 및 도구 : 분석용 텍스트 데이터 확인, 텍스트 데이터 추출 • 출력자료 : 분석용 텍스트 데이터
텍스트 데이터 분석	분석을 위해 용어사전을 미리 확보 또는 업무 도메인에 맞춰 작성해야 함. 구조화된 모델은 텍스트 시각화 도구 활용으로 모델 의미 전달을 명확히 함 • 입력자료 : 분석용 텍스트 데이터, 용어사전(용어 유의어 사전, 불용어 사전 등) • 프로세스 및 도구 : 분류체계 설계, 형태소 분석, 키워드 도출, 토픽 분석, 감성분석, 의견분석, 네트워크 분석 • 출력자료 : 텍스트 분석 보고서

㉢ 탐색적 분석

탐색적 데이터 분석	다양한 관점 별로 기초 통계량을 산출하고 데이터의 분포와 변수 간 관계 등 데이터 자체와 데이터의 통계적 특성을 이해하고 모델링을 위한 기초자료로 활용함 • 입력자료 : 분석용 데이터셋 • 프로세스 및 도구 : EDA 도구, 통계 분석, 변수간 연관성 분석, 데이터 분포 확인 • 출력자료 : 데이터 탐색 보고서
데이터 시각화	EDA 도구로 활용되는 데이터 시각화는 모델의 시스템화를 위한 시각화를 목적으로 활용될 경우 시각화 기획, 설계, 구현 등의 별도 프로세스를 따라 진행함 • 입력자료 : 분석용 데이터셋 • 프로세스 및 도구 : 시각화 도구 및 패키지, 인포그래픽, 시각화 방법론 • 출력자료 : 데이터 시각화 보고서

ⓔ 모델링

데이터 분할	모델의 과적합과 일반화를 위하여 분석용 데이터셋을 모델 개발을 위한 학습 데이터와 평가 데이터로 분할함. 모델에 적용하는 기법에 따라 교차검증을 수행하거나 앙상블 기법을 적용할 경우 데이터 분할 또는 검증 횟수, 생성모델 수 등을 설정하여 데이터 분할 기법을 응용함 • 입력자료 : 분석용 데이터셋 • 처리 및 도구 : 데이터 분할 패키지 • 출력자료 : 훈련용 학습 데이터, 테스트용 데이터
데이터 모델링	머신러닝 등을 활용한 모델링은 분류(Classification), 예측(Prediction), 군집(Clustering) 등의 모델을 생성하여 기존 운영 시스템에 적용함. 또한 필요시 비정형 데이터 분석결과를 통합, 활용하여 프로젝트 목적 지향적인 모델링을 수행함 • 입력자료 : 분석용 데이터셋 • 처리 및 도구 : 통계 모델링 기법, 기계학습, 모델 테스트 • 출력자료 : 모델링 결과 보고서

ⓜ 모델평가 및 검증

모델 평가	프로젝트 정의서의 모델 평가 기준에 따른 기준으로 모델을 객관적 평가 및 품질 관리를 수행하고 모델평가 프로세스를 진행. 모델평가를 위해 모델 결과 보고서 내의 알고리즘 파악 후 필요시 테스트 데이터나 검증 데이터를 활용함 • 입력자료 : 모델링 결과 보고서, 평가용 데이터 • 프로세스 및 도구 : 모델 평가, 모델 품질관리, 모델 개선작업 • 출력자료 : 모델 평가 보고서
모델 검증	검증 데이터를 활용해 모델 검증 작업을 실시 후 모델링 검증 보고서를 작성. 검증 데이터는 모델 개발 및 평가에 활용된 학습 데이터나 평가 데이터가 아닌 실 운영용 데이터로써 모델의 품질을 최종 검증하도록 하는 것이 바람직함 • 입력자료 : 모델링 결과 보고서, 모델 평가 보고서, 검증용 데이터 • 프로세스 및 도구 : 모델 검증 • 출력자료 : 모델 검증 보고서

ⓑ 모델 적용 및 운영방안 : 모델 가동 중인 운영시스템에 적용하기 위해 상세한 알고리즘 설명서 작성이 필수적이며 필요시 의사코드(Pseudocode) 수준의 상세한 작성도 필요함. 또한 안정적 운영을 위한 모니터링 방안도 수립함
- 입력자료 : 모델링 결과 보고서
- 프로세스 및 도구 : 모니터링 방안 수립, 알고리즘 설명서 작성
- 출력자료 : 알고리즘 설명서, 모니터링 방안

④ 시스템 구현(Developing)

분석 기획	데이터 준비	데이터 분석	시스템 구현	평가 및 전개
비즈니스 이해 및 범위 설정	필요 데이터 정의	분석용 데이터 준비	설계 및 구현	모델 발전 계획 수립
프로젝트 정의 및 계획 수립	데이터 스토어 설계	텍스트 분석	시스템 테스트 및 운영	프로젝트 평가 및 보고
프로젝트 위험 계획 수립	데이터 수집 및 정합성 점검	탐색적 분석		
		모델링		
		모델 평가 및 검증		
		모델 적용 및 운영 방안 수립		

㉠ 설계 및 구현

시스템 분석 및 설계	가동 중인 시스템을 분석하고 알고리즘 설명서에 근거하여 응용시스템(Application) 구축 설계 프로세스를 진행하며, 시스템 분석과 설계는 현 진행중인 정보시스템 개발 방법론을 커스터마이징하여 적용 가능 • 입력자료 : 알고리즘 설명서, 운영중인 시스템 설계서 • 프로세스 및 도구 : 정보 시스템 개발방법론 • 출력자료 : 시스템 분석 및 설계서
시스템 구현	시스템 분석 및 설계서에 따라 BI 패키지 활용하거나 새로운 시스템 구축 또는 가동중인 운영시스템의 커스터마이징 등을 통해 설계된 모델 구현 • 입력자료 : 시스템 분석 및 설계서, 알고리즘 설명서 • 프로세스 및 도구 : 시스템 통합개발도구(IDE), 프로그램 언어, 패키지 • 출력자료 : 구현 시스템

㉡ 시스템 테스트 및 운영

시스템 테스트	구축된 시스템의 검증(Verification and Validation)을 위해 단위 테스트, 통합 테스트, 시스템 테스트 등을 실시함. 시스템 테스트는 품질관리 차원에서 진행함으로써 적용된 시스템의 객관성 및 완전성을 확보함 • 입력자료 : 구현 시스템, 시스템 테스트 계획서 • 프로세스 및 도구 : 품질관리 활동 • 출력자료 : 시스템 테스트 결과보고서
시스템 운영 계획	구현된 시스템을 지속적으로 활용하기 위해 시스템 운영자, 사용자를 대상으로 필요한 교육을 실시, 시스템 운영계획 수립 • 입력자료 : 시스템 분석 및 설계서, 구현 시스템 • 프로세스 및 도구 : 운영계획 수립, 운영자 및 사용자 교육 • 출력자료 : 운영자 매뉴얼, 사용자 매뉴얼, 시스템 운영 계획서

⑤ 평가 및 전개(Deploying)

분석 기획	데이터 준비	데이터 분석	시스템 구현	평가 및 전개
비즈니스 이해 및 범위 설정	필요 데이터 정의	분석용 데이터 준비	설계 및 구현	모델 발전 계획 수립
프로젝트 정의 및 계획 수립	데이터 스토어 설계	텍스트 분석	시스템 테스트 및 운영	프로젝트 평가 및 보고
프로젝트 위험 계획 수립	데이터 수집 및 정합성 점검	탐색적 분석		
		모델링		
		모델 평가 및 검증		
		모델 적용 및 운영 방안 수립		

㉠ 모델 발전 계획 수립

모델 발전 계획	개발된 모델의 지속적인 운영과 기능 향상을 위한 발전계획을 상세하게 수립하여 모델의 계속성을 확보함 • 입력자료 : 구현시스템, 프로젝트 산출물 • 프로세스 및 도구 : 모델 발전 계획 수립 • 출력자료 : 모델 발전 계획서

㉡ 프로젝트 평가 및 보고

프로젝트 성과 평가	프로젝트의 정량·정성 성과로 나누어 성과 평가서를 작성함 • 입력자료 : 프로젝트 산출물, 품질관리 산출물, 프로젝트 정의서, 프로젝트 수행 계획서 • 프로세스 및 도구 : 프로젝트 평가 기준, 프로젝트 정량적 평가, 프로젝트 정성적 평가 • 출력자료 : 프로젝트 성과 평가서
프로젝트 종료	프로젝트의 모든 산출물 및 프로세스를 지식자산화하고 최종 보고서를 작성하여 의사소통 절차에 따라 보고 후 프로젝트를 종료함 • 입력자료 : 프로젝트 산출물, 품질관리 산출물, 프로젝트 정의서, 프로젝트 수행 계획서, 프로젝트 성과 평가서 • 프로세스 및 도구 : 프로젝트 평가 기준, 프로젝트 정량적 평가, 프로젝트 정성적 평가 • 출력자료 : 프로젝트 성과 평가서

CHAPTER 02 데이터 분석 계획 예상문제

01 데이터 분석 과제의 우선순위 평가할 때 시급성을 기준으로 평가한다면 빅데이터의 특징 중 어떤 측면을 가장 크게 고려해야 하는가?

① Velocity ② Volume
③ Variety ④ Value

02 데이터 분석 단계 모델링 태스크 중 모델 적용 및 운영방안 스텝(단계)에서의 주요한 산출물은 무엇인가?

① 알고리즘 설명서 ② 모델 검증 보고서
③ 모델 발전 계획서 ④ 데이터 시각화 보고서

03 데이터 분석을 통한 가치 발굴에서 필수 주요 요소로 보기 어려운 것은?

① Analytic Model ② Data
③ Analyst ④ Hadoop

04 분석 주제 유형 중 문제를 잘 알고 있으면서 기존에 수행하고 있는 방법이 존재하는 경우에 해당하는 것은?

① Optimization ② Solution
③ Discovery ④ Insight

05 분석 프로젝트 수행 시 "Data, Business, 분석 등 다양한 영역의 사람들이 프로젝트에 참여하며, Project Sponsor 및 향후 분석 결과를 활용할 User 등 다양한 사람들의 니즈를 고려해야 한다"라는 관리 포인트에 대한 부분을 고려해야 하는 영역은 무엇인가?

① 원가(Cost) ② 이해관계자(Stakeholder)
③ 범위(Scope) ④ 품질(Quality)

06 분석 기획 시 고려해야 할 사항에 대한 설명으로 적절하지 않은 것은?

① 비용 대비 효과를 고려한 적정한 비용을 산정한다.
② 분석을 위한 데이터를 확보한다.
③ 이해도 높은 모형보다는 복잡하고 정교한 모형을 고려한다.
④ 조직의 역량으로 내재화하기 위해서 충분하고 계속된 교육 및 활용 방안 등의 변화 관리를 고려한다.

07 분석 과제의 우선순위 선정 매트릭스에서 일반적으로 데이터 분석과제를 가장 먼저 추진해야 하는 영역은?

① 시급성-현재, 난이도-Difficult 영역
② 시급성-미래, 난이도-Difficult 영역
③ 시급성-현재, 난이도-Easy 영역
④ 시급성-미래, 난이도-Easy 영역

08 데이터 거버넌스의 구성요소가 아닌 것은?

① 원칙(Principle) ② 조직(Organization)
③ 프로세스(Process) ④ 활동(Action)

09 빅데이터의 특징 중 성격이 측면이 다른 요소 하나는?

① 데이터의 규모(Volume) ② 데이터의 다양성(Variety)
③ 데이터의 가치(Value)   ④ 데이터의 속도(Velocity)

10 분석 성숙도 모델 중 빅데이터 관리를 위한 환경이 갖추어지고, 전사 차원에서 분석을 관리하고 공유하며, 이를 위해 분석 전문 조직을 운영하는 수준의 성숙단계는?

① 도입 단계   ② 활용 단계
③ 확산 단계   ④ 최적화 단계

11 다음 빈칸에 들어갈 분석 주제 유형으로 가장 적절한 것은?

> 데이터 분석의 대상(What)은 무엇인지 인지하고 있고 데이터 분석방법과 다양한 분석도구의 활용은 모르는 상황에서는 (   ) 접근법을 활용할 수 있다.

① 통찰(Insight)　　　　　② 솔루션(Solution)
③ 최적화(Optimization)　　④ 발견(Discovery)

12 순차적으로 진행되면서 이전 단계가 완료된 후 다음 단계로 진행하는 하향식(Top-Down)의 특징을 지니는 모델은 다음 중 무엇인가?

① 프로토타입(Prototype) 모델　　② 폭포수(Waterfall) 모델
③ 나선형(Spiral) 모델　　　　　　④ 애자일(Agile) 모델

13 다음 중 성공적인 분석을 위해서 고려해야 할 요소로 옳지 않은 것은?

① 원점에서의 솔루션 탐색　　② 관련 데이터의 파악
③ 이행 저해 요소 관리　　　　④ 비즈니스 케이스 확보

14 다음 중 기업에서 데이터에 기반한 의사결정을 방해하는 요소들로 구성된 것은?

① 바이어스, 비편향적 사고　　② 프레이밍 효과, 직관력
③ 프레이밍 효과, 고정관념　　④ 직관력, 비편향적 사고

15 분석 방법론 중 CRISP-DM 분석 과정으로 분석할 시 올바른 순서는 무엇인가?

① 업무 이해 → 데이터 이해 → 데이터 준비 → 모델링 → 평가 → 전개
② 데이터 이해 → 데이터 준비 → 평가 → 업무 이해 → 전개 → 모델링
③ 업무 이해 → 데이터 이해 → 데이터 준비 → 모델링 → 전개 → 평가
④ 업무 이해 → 데이터 준비 → 데이터 이해 → 모델링 → 평가 → 전개

16 다음 중 CRISP-DM 방법론의 모델링 단계에서 수행하는 태스크(Task)로 적절하지 않은 것은?

① 모델 테스트 계획 설계　　② 모델 평가
③ 모델 적용성 평가　　　　　④ 모델링 기법 선택

17 다음 중 분석 주제 유형을 분류할 때 데이터 분석 방법과 다양한 분석 구조의 활용은 충분히 이해하고 있으나, 조직 내 분석대상이 무엇인지 인지하지 못 하는 유형은?

① 최적화
② 솔루션
③ 발견
④ 통찰

18 다음 중 비즈니스 모델 캔버스의 채널(Channels)에 대한 기능으로 가장 적절하지 않은 것은?

① 해당 고객에게 접근하는 유통 채널을 공급한다.
② 고객에게 밸류 프로포지션*을 전달한다.
③ 기업이 제공하는 상품이나 서비스에 대한 고객의 이해도를 제고시켜 준다.
④ 구매 고객에 대한 애프터서비스(A/S)를 제공한다.

※ 밸류 프로포지션(Value Proposition) : 비즈니스 캔버스 내에서 가치제안을 의미하며, 자신의 주장을 간략히 요약해 놓은 진술서와 같은 의미를 지닌다.

19 분석과제 발굴 방식 중 하향식 접근 방식의 단계에서 타당성 평가에 대한 설명으로 옳지 않은 것은?

① 데이터 타당성 확보를 위하여 문제발생 포인트에 대한 데이터 확보가 중요하다.
② 경제적 타당성은 비용대비 효익(benefit)의 관점에서 평가한다.
③ 기술적 타당성을 고려할 때에는 적용 가능한 요소 기술 확보 방안에 대한 사전 고려가 필요하다.
④ 도출된 분석 문제에 대한 대안을 과제화하기 위해서는 다각적 타당성 검토가 필요하다.

20 다음 중 도출된 분석 문제나 가설의 대안들에 대한 타당성을 고려하여 분석 과제화를 할 때 주요 속성으로 가장 적절하지 않은 것은?

① 경제적 타당성
② 점차적 타당성
③ 기술적 타당성
④ 데이터 타당성

21 다음 중 분석 성숙도 모델 중 기업에서 활용하는 분석 업무 및 분석 기법 등은 부족한 상태이나, 조직 및 인력 등 준비도가 높은 유형으로 데이터 분석을 바로 도입할 수 있는 수준의 성숙단계는?

① 도입형
② 준비형
③ 확산형
④ 정착형

22 다음 중 데이터 분석과제에서 프로젝트 관리에 대한 설명으로 가장 적절하지 않은 것은?

① 분석 과제는 분석 전문가의 상상력을 요구하므로 일정을 제한하는 일정계획은 적절하지 못하다.
② 분석 과제는 적용되는 알고리즘에 따라 범위가 변할 수 있어 범위관리가 중요하다.
③ 분석 과제에서 다양한 데이터를 확보하는 경우가 있어 조달관리 또한 중요하다.
④ 분석 과제에는 많은 위험이 있어 사전에 위험을 식별하고 대응방안을 수립해야 한다.

23 다음 중 '분석과제 정의서'에 대한 설명으로 가장 적절한 것은?

① '분석과제 정의서'는 프로젝트를 수행하는 이해관계자가 프로젝트의 방향을 설정하고 성공여부를 판별할 수 없는 자료이다.
② '분석과제 정의서'에는 소스 데이터, 데이터 입수 및 분석 난이도, 분석 방법 등에 대한 항목이 포함되어야 한다.
③ '분석과제 정의서'는 프로젝트 계획서를 작성하기 위한 중간 결과로써 구성 항목(Configuration Item)으로 도출할 필요는 없다.
④ '분석과제 정의서'에는 분석모델에 적용될 알고리즘과 분석모델의 기반이 되는 Feature가 포함되어야 한다.

24 다음 중 '분석 준비도'의 분석 데이터의 진단 항목으로 가장 적절하지 않은 것은?

① 분석 업무를 위한 데이터의 충실성, 신뢰성, 적시성
② 기준데이터 관리(MDM)
③ 비구조적 데이터 관리
④ 내부 데이터 집중 활용 체계

25 다음 중 분석 마스터플랜의 세부 이행계획 수립 시 고려해야 할 데이터 분석체계(분석 방법론)에 대한 설명으로 가장 적절한 것은?

① 데이터 분석 체계는 이해도가 높은 폭포수 모델이 가장 적정하다.
② 반복적 정련 방식은 데이터 수집 및 확보 단계를 반복적으로 수행한다.
③ 프로토타입(Prototype) 모델은 데이터 분석 체계로는 적절하지 못하다.
④ 프로젝트의 세부 일정계획도 데이터 분석체계를 고려하여 작성한다.

26 기업의 데이터 분석과제 수행을 위한 수준을 평가하기 위하여 분석 준비도(Readiness)를 파악해야 한다. 다음 중 데이터 분석 준비도 프레임워크에서 분석 업무 파악 영역으로 가장 적절하지 않은 것은?

① 최적의 분석 업무
② 업무별 적합한 분석 기법
③ 예측 분석 업무
④ 발생한 사실 분석 업무

27 다음 내용이 설명하는 빅데이터 분석 조직 구조의 유형은?

- 분석 조직 인력들을 현업 부서로 직접 배치해 분석 업무를 수행
- 전사 차원에서의 분석의 우선순위를 선정 및 수행하고 신속한 업무에 적합한 구조
- 분석 결과에 따른 신속한 피드백이 나오고 베스트 프랙티스 공유가 가능한 구조

① 집중형 구조
② 기능형 구조
③ 분산형 구조
④ 복합형 구조

28 다음 설명은 데이터 거버넌스 체계 중 어느 것인가?

- 데이터 표준용어 및 명명 규칙 설정
- 데이터 사전(Data Dictionary) 구축
- 메타 데이터(Meta Data) 구축 등의 업무로 구성되어 있는 체계

① 데이터 표준화
② 표준화 활동
③ 데이터 저장 관리
④ 데이터 관리 체계

29 다음 중 데이터 거버넌스의 구성요소가 아닌 것은?

① 방법론(Methodology)
② 조직(Organization)
③ 원칙(Principle)
④ 절차(Process)

30 다음 중 사분면 영역에 대한 설명으로 적절하지 않은 것은?

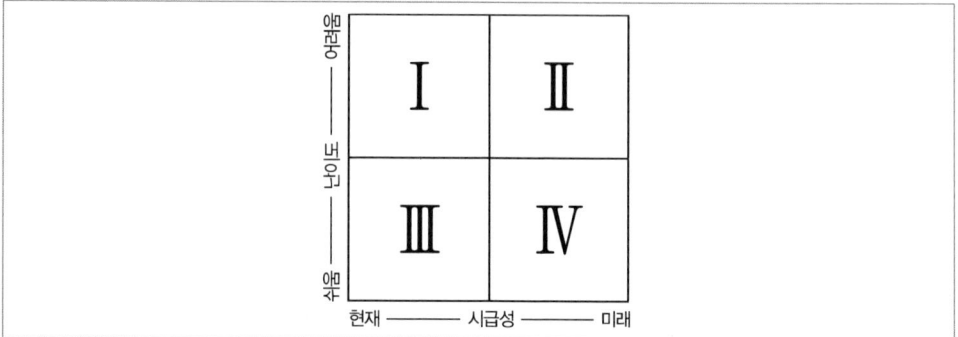

① 분석과제를 바로 적용하기 어려워서 우선순위가 낮은 영역은 Ⅱ사분면이다.
② 우선순위 기준을 시급성에 둔다면, Ⅲ → Ⅳ → Ⅱ사분면 순이다.
③ 가장 우선순위 분석과제 적용이 필요한 영역은 Ⅰ사분면이다.
④ 우선순위 기준을 난이도에 둔다면, Ⅲ → Ⅰ → Ⅱ사분면 순이다.

31 CRISP-DM 분석 방법론의 단계 중 데이터 준비 단계의 Task가 아닌 것은?
① 데이터 정제
② 데이터 탐색
③ 데이터 포맷팅
④ 분석용 데이터 세트 선택

32 빅데이터 분석 방법론에서 단계 간 피드백이 반복적으로 많이 발생하는 단계는 다음 중 어느 구간인가?
① 데이터 준비~데이터 분석
② 데이터 분석~시스템 구현
③ 분석 기획~데이터 준비
④ 시스템 구현~평가 및 전개

33 다음 중 프로젝트 위험 대응 계획을 수립할 때 예상되는 위험에 대한 대응 방법으로 가장 적절하지 않은 것은?
① 회피(Avoid)
② 완화(Mitigate)
③ 실행(Execution)
④ 수용(Accept)

34 다음 중 목표 시점별로 당면한 과제를 빠르게 해결하는 '과제 중심적인 접근 방식'의 특징이 아닌 것은?

① Quick&Win
② Speed&Test
③ Problem Solving
④ Accuracy&Deploy

35 빅데이터 분석은 분석 주제 유형의 구분 기준에 따라 4가지로 나눌 수 있다. 이때 분석 주제 유형의 구분 기준은?

① Where, What
② How, Why
③ What, How
④ What, Why

36 KDD 분석 방법론의 절차 중 데이터 세트에 포함된 잡음, 이상치, 결측치 등을 식별하고 필요시 제거하거나 의미있는 데이터로 처리하는 단계는?

① 데이터 세트 선택
② 데이터 전처리
③ 데이터 변환
④ 데이터 마이닝

37 다음 중 데이터 분석 조직구조 중 집중형 구조의 특징으로 가장 옳지 않은 것은?

① 현업 업무부서의 분석 업무와 이중화 또는 이원화될 가능성이 높다.
② 분석 결과에 대한 신속한 실행이 가능하다.
③ 전담 분석 업무를 별도 독립된 분석 전담 조직에서 담당한다.
④ 전략적 중요도에 따라 분석 조직이 우선순위를 정해서 진행 가능하다.

38 다음 중 분석 과제 관리 프로세스 수립에 대한 설명으로 가장 적절하지 않은 것은?

① 분석 과제 관리 프로세스는 과제 발굴과 과제수행 및 모니터링으로 나눈다.
② 과제 수행 단계에서는 분석을 수행할 팀을 구성하고 분석 과제를 실행한다.
③ 분석관리 프로세스를 수행하여 조직 내 분석 문화를 내재화하고 경쟁력을 확보할 수 있다.
④ 개발 조직이나 개인이 도출한 분석 아이디어에서 확정된 것은 모두 분석 과제 풀(Pool)로 관리한다.

39 분석 준비도(Readiness)는 기업의 데이터 분석 도입의 수준을 파악하기 위한 진단 방법으로 총 6가지 영역을 대상으로 현 수준을 파악한다. 다음 설명은 분석 준비도의 어떠한 영역인가?

- 업무별 적합한 분석 기법 사용
- 분석 기법 라이브러리
- 분석 기법 효과성 평가
- 분석 기법 정기적 개선
- 분석 업무 도입 방법론

① 분석 문화　　　　　　② 인력 및 조직
③ 분석 업무 파악　　　　④ 분석 기법

40 다음 중 분석 준비도 프레임워크(Readiness Framework)의 영역이 아닌 것은?
① 분석 문화　　　　　　② 인력 및 조직
③ 성과 분석　　　　　　④ 분석 데이터

41 다음 중 데이터 분석 조직구조에 대한 설명으로 가장 적절하지 않은 것은?
① 분석 조직은 구성 시 분석 전문인력뿐만 아니라 비즈니스 전문가, IT 전문가, 분석 전문인력, 변화관리 및 교육 담당 인력 등을 다양하게 구성함으로써 분석 조직의 경쟁력을 극대화할 수 있다.
② 분산 조직구조는 분석 조직의 인력을 현업부서에 배치하여 분석 업무를 수행함으로써 신속한 실무 적용이 어렵다는 단점이 있다.
③ 기능 중심의 조직구조는 별도의 분석 전담 조직을 구성하지 않고 해당 부서에서 직접 분석을 수행함으로써 특정 부서에 국한된 분석을 수행할 가능성이 크다.
④ 집중형 조직구조는 조직 내 별도의 분석 전담 조직을 구성하는 것으로써 분석 업무의 중복 및 이원화 가능성이 크다.

42 다음 중 빅데이터 분석 방법론의 절차로 가장 적절한 것은?
① 데이터 전처리 → 데이터 변환 → 데이터 마이닝 → 데이터 마이닝 결과 평가 → 분석 기획
② 분석 기획 → 데이터 준비 → 데이터 분석 → 시스템 구현 → 평가 및 전개
③ 데이터 전처리 → 데이터 준비 → 데이터 마이닝 → 시스템 구현 → 결과 평가
④ 업무 이해 → 데이터 이해 → 데이터 준비 → 모델링 → 평가 및 전개

43 다음 중 빅데이터 거버넌스에 대한 설명으로 옳은 것은?

> 가. 고품질의 데이터 확보가 필요하므로 빅데이터는 데이터 생명주기 관리보다는 데이터 품질 관리가 중요하다.
> 나. 다양한 데이터를 활용하기 위하여 회사 내 모든 데이터를 활용해야 한다.
> 다. 빅데이터 거버넌스는 산업 분야별, 데이터 유형별, 정보 거버넌스 요소별로 구분하여 작성한다.
> 라. 운영 중인 데이터베이스와 일치하기 위하여 ERD는 철저히 변경관리를 하여야 한다.

① 가, 나 ② 가, 다
③ 나, 라 ④ 다, 라

44 '빅데이터 분석 방법론'의 분석 기획 단계 중 '비즈니스 이해 및 범위 설정'에서 프로젝트에 참여하는 관계자들의 이해를 일치시키기 위해 작성하는 것은?

① 데이터 정의서
② WBS(Work Breakdown Structure)
③ SOW(Statement of Work)
④ 위험관리계획서

45 다음 중 분석 기회 발굴의 범위 확장에서 '거시적 관점' 영역으로 보기 어려운 것은?

① 사회 ② 환경
③ 기술 ④ 채널

46 다음 중 분석 과제 기획 시 고려 요소가 아닌 것은?

① 데이터 분석을 위해서는 데이터 정형화가 필수적이다.
② 분석을 수행할 때 발생하는 장애 요소들에 대한 사전 계획 수립이 필요하다.
③ 기존에 잘 구현되어 활용되고 있는 유사 분석 시나리오 및 솔루션을 최대한 활용한다.
④ 분석 과제가 조직의 역량으로 내재화하기 위해서 충분하고 계속된 교육이 필요하다.

47 다음 중 분석 마스터플랜에 관한 설명으로 적절하지 않은 것은?

① 중장기적 마스터플랜 수립을 위해 분석 과제를 대상으로 다양한 기준을 고려해 적용할 우선순위를 설정할 필요가 있다.
② 분석 과제 수행 프로세스는 전체 과제를 반복적이고 순환적으로 작성한다.
③ 일반적인 IT 프로젝트의 우선순위로는 전략적 중요도와 실행 용이성이 있다.
④ 분석 과제의 적용 범위 및 방식에 대해서도 종합적으로 고려하여 결정한다.

48 다음 중 분석 마스터플랜 수립 시 분석과제 우선순위를 결정하는 고려사항이 아닌 것은?

① 전략적 중요도　　② 비즈니스 성과 및 ROI
③ 실행 용이성　　　④ 데이터 필요 우선순위

49 다음은 어떤 분석 모델 방법론에 대한 설명인가?

> 반복을 통해 점진적으로 개발해나가는 방법으로 처음 시도하는 프로젝트에는 적용이 용이하지만, 반복에 대한 효과적인 관리 체계를 갖추지 못할 경우에는 복잡도가 급격히 상승하여 프로젝트 진행이 어려울 수 있다는 특징을 지니고 있다.

① 폭포수 모델　　② 나선형 모델
③ 상향식 모델　　④ 프로토타입 모델

50 다음의 빈칸에 들어갈 알맞은 용어는?

> 비즈니스 모델 관점에서는 해당 기업의 사업 모델을 도식화한 비즈니스 모델 캔버스의 9가지 블록을 단순화하여 (가), (나), 고객 단위로 문제를 발굴하고, 이를 관리하는 두 가지의 영역인 규제와 감사 영역과 지원인프라 영역에 대한 기회를 추가로 도출하는 작업을 수행한다.

① (가) : 업무, (나) : 제품　　② (가) : 비즈니스, (나) : IT
③ (가) : B2B, (나) : IT　　　④ (가) : 채널, (나) : 환경

51 KDD의 데이터 전처리(Preprocessing) 단계에서는 분석 대상용 데이터셋에 포함된 잡음(Noise), 이상값(Outlier), 결측치(Missing Value)를 식별하고 필요시 제거하거나 의미있는 데이터로 처리하는 데이터셋 정제작업을 수행한다. CRISP-DM 분석 방법론에서 이와 유사한 프로세스 단계는?

① 업무 이해 단계 ② 데이터 준비 단계
③ 모델링 단계   ④ 평가 단계

52 인간에 대한 관찰과 공감을 바탕으로 다양한 대안을 탐색하는 확산적 사고와 주어진 상황에 대한 제일 나은 방법을 찾는 수렴적 사고의 반복을 통해 혁신적 결과를 도출하는 창의적 문제를 해결하는 상향식 접근 방법론은?

① 폭포수 모델   ② KDD 방법론
③ 디자인 사고   ④ CRISP-DM 방법론

53 다음의 빈칸에 들어갈 알맞은 용어는?

> 기업 및 공공기관에서는 시스템의 중장기 로드맵을 정의하기 위한 (   )을/를 수행한다. (   )은/는 정보기술 또는 정보시스템을 전략적으로 활용하기 위하여 조직 내·외부 환경을 분석하여 기회나 문제점을 도출하고 사용자의 요구사항을 분석하여 시스템 구축 우선순위를 결정하는 등 중장기 마스터플랜을 수립하는 절차이다.

① 문제 정의(Problem Definition) ② 정보전략계획(ISP)
③ 사전영향평가   ④ 시나리오 작성

CHAPTER 03 데이터 수집 및 저장 계획

학습목표 'Garbage In Garbage Out, Gold In Gold Out'이라는 말처럼 빅데이터 분석을 통해 정확도 높은 결과를 얻기 위해서는 분석에 적합한 빅데이터를 확보하는 작업이 선행되어야만 한다. 빅데이터는 양(Volume), 다양성(Variety), 생성속도(Velocity)등이 매우 다양하고, 여러 원천으로부터 수집되므로 데이터를 적합하게 수집 및 저장할 계획을 수립하는 것이 필요하다.

SECTION 01 데이터 수집 및 전환

1 데이터 수집

① 수집할 데이터 대상은 데이터의 존재 위치에 따라 내부 데이터와 외부 데이터로 구분할 수 있다.

데이터 원천	설명	분야	예시
내부 데이터	• 조직 내부에 데이터가 위치하며 데이터 담당자와 수집 기간 및 방법을 논의 후 데이터 수집 • RDBMS, 센서 등에 접근 권한 획득 후 수집	서비스	SCM, ERP, CRM, 포털, 원장정보 시스템, 인증 시스템, 거래 시스템 등
		네트워크	방화벽, 스위치, 침입 방지 시스템, 침입 탐지 시스템 등
		마케팅	VOC, 고객 리뷰, 고객 포털 시스템 등
외부 데이터	• 조직 외부에 데이터가 위치하며 관련기관의 데이터 담당자 협의 또는 데이터 전문업체 의뢰를 통해 수집 • 공공 데이터의 경우 Open API 또는 직접 크롤링, 웹 스크래핑을 통한 데이터 수집, 그 외 데이터 구매 등	소셜	SNS, 커뮤니티 사이트, 배너, 게시판 등
		네트워크	센서 데이터, 장비 간 발생 로그(M2M)
		공공	정부 공개 데이터 활용, 헬스 케어 및 의료, 교통 및 이동성, 환경, 공공서비스, 경제 및 비즈니스, 공간정보 및 지리적 데이터, 문화 및 관광 등

② 수집 데이터는 데이터의 구조적 관점에 따라 정형, 반정형, 비정형 데이터로 나눌 수 있다. 데이터 수집 기술을 정형, 반정형, 비정형 데이터 수집 기술로 구분할 때, 각 기술이 주로 처리하는 데이터 유형을 기반으로 분류하면 다음과 같이 나타날 수 있다.

③ 단, 많은 기술들이 다양한 데이터 유형을 처리할 수 있지만, 여기서는 가장 주로 다루거나 효율적으로 처리할 수 있는 데이터 유형을 기준으로 분류한다.

2 데이터별 수집기법

(1) 정형 데이터 수집기법

정형 데이터 수집의 대표적인 기법에는 ETL, FTP, 스쿱(Sqoop), CDC, ODS 등이 있다.

유형	설명
ETL (Extract Transform Load)	데이터 웨어하우스에 저장하기 위해 정형 데이터를 추출, 변환, 로드하는 과정
FTP (File Transfer Protocol)	• TCP/IP 프로토콜을 통해 원거리 서버와 클라이언트 간 파일 전송을 위한 프로토콜을 FTP라 함 • 파일 전송 프로토콜로, 주로 정형화된 파일 데이터를 전송하는 데 사용 • 클라이언트(Client)가 데이터를 수신받을 포트를 먼저 알려주는 Active FTP와 서버가 임의로 지정한 포트에 클라이언트가 접근하는 Passive FTP가 존재
스쿱 (Sqoop)	• SQL to Hadoop의 약어 • 관계형 데이터베이스 시스템(RDBMS)에서 하둡 분산 파일 시스템(Hadoop Distributed File System, 이하 HDFS)으로 데이터를 수집하거나, 데이터들을 가져와서 그 데이터들을 하둡 맵 리듀스(Hadoop Map Reduce)로 변환하고, 변환된 데이터들을 다시 하둡 파일 시스템에서 관계형 데이터베이스로 데이터를 보내는 기술 • 장애 허용 능력 및 병렬 처리 가능 • 정형 데이터에 효율적임
CDC (Change Data Capture)	• 데이터베이스의 변경사항을 식별하고 캡처하여 데이터 웨어하우스나 데이터 레이크로 전송 • 실시간 백업과 데이터 통합이 가능하여 24시간 운영해야 하는 업무 시스템에 활용 • 주로 정형 데이터 소스에서 사용
ODS (Operational Data Store)	• 실시간 데이터 분석과 보고를 위해 최신의 정형 데이터를 저장하는 시스템 • ODS 내 데이터는 비즈니스 지원을 위해 타 시스템으로 이관되거나, 보고서 생성을 위해 DW로 이관 • 주로 정형 데이터 소스에서 사용

(2) 반정형 데이터 수집기법

반정형 데이터의 대표적인 수집기법에는 아파치 카프카, 플럼, 스크라이브, RSS 등이 있다.

유형	설명
아파치 카프카 (Apache Kafka)	• 대용량의 실시간 데이터 스트림 처리를 위한 분산 스트리밍 플랫폼 • 실시간 데이터 피드를 관리하기 위해 높은 처리량, 낮은 지연시간을 지닌 플랫폼을 제공 • 반정형 및 비정형 데이터 모두 처리 가능하나, 주로 메시지 형태의 데이터 수집에 주로 사용됨

플럼
(Flume)
	• 분산 환경에서 로그 빅데이터를 효과적으로 수집하고 집계한 후 효율적으로 전송하기 위해 이벤트(Event)와 에이전트(Agent)를 활용하는 기술
	• 클러스터 환경에서 장애에 쉽게 대처 가능하고 로그 유실에 대한 신뢰 수준을 유연하게 변경 가능함으로써 신뢰성이 있는 데이터 수집이 가능
	• 다양한 장비에서 수집되는 로그 파일 데이터를 중앙저장소에 저장하는 로깅 시스템 구축 시 적합
	• 간단하고 안정적인 확장성을 제공하는 데이터 모델 사용
	• 핵심 목표는 신뢰성 · 확장성 · 운영가능성 · 가용성
	• 플럼의 구성요소는 Source, Channel, Sink로 구성되어 있음
	  – Source : 데이터 수집 역할
	  – Channel : 수집 데이터를 임시로 저장하는 큐(Queue) 역할
	  – Sink : 수집된 데이터를 목적지에 전송하는 역할

척와 (Chuckwa)	• 척와는 아파치 하둡(Apache Hadoop)의 하위 프로젝트이며, 수집된 로그를 HDFS(Hadoop Distributed File System)에 저장하여 분석 및 관리할 수 있도록 도와주는 대규모 분산 시스템의 로그 수집 및 분석 오픈 소스 소프트웨어

	• 주요 수집 로그는 모니터링 로그(Monitoring Log), 하둡 로그(Hadoop Log), 응용프로그램 로그(Application Log) 등이며, 테라바이트(TB) 단위 이상의 로그 데이터를 실시간으로 모니터링 가능
	• 척와의 주요 기능
	  – 다양한 로그 수집 : 척와는 시스템 로그, 응용 프로그램 로그, 하둡 로그 등 다양한 유형의 로그를 수집 가능
	  – 확장성 : 척와는 수백, 수천 개의 노드로 구성된 대규모 분산 시스템에서도 효율적으로 작동
	  – 안정성 : 척와는 수집된 로그를 안전하고 중복 없이 HDFS에 저장
	  – 분석 가능성 : 척와는 수집된 로그를 다양한 분석 도구를 사용하여 분석 지원
	• 척와의 단점
	  – 설정 및 관리의 복잡도 증가 가능성
	  – 하둡에 대한 사전지식 필요

스크라이브 (Scribe)	• 로그 데이터를 효율적으로 수집하기 위한 시스템 • 반정형 로그 데이터 처리에 적합 • 실시간 스트리밍되는 로그 데이터 수집 가능 • 아파치 기반 스크라이브 API 활용을 통한 확장 가능성 • 클라이언트 서버 타입에 무관한 로그 수집 가능으로 인한 데이터 수집 다양성 • 목표의 핵심성은 네트워크와 시스템 장애 해결을 위해 개발되었으므로 확장성과 신뢰성이 있음
RSS (Rich Site Summary)	• 웹 사이트의 업데이트를 실시간으로 추적할 수 있게 해주는 포맷 • 뉴스, 블로그 글 등의 반정형 데이터 수집에 활용 • XML기반의 콘텐츠 배급 프로토콜

(3) 비정형 데이터 수집기법

비정형 데이터의 대표적인 수집기법에는 스크래파이, 크롤링, Open API, 스트리밍, API 게이트웨이 등이 있다.

유형	설명
스크래파이 (Scrapy)	• 파이썬으로 작성된 오픈소스 웹 크롤링 프레임 워크 • API를 활용하여 데이터를 추출하거나 혹은 범용 웹 크롤러로도 활용 가능 • 단순한 스크랩 과정을 통해 크롤링 수행 후 바로 데이터 처리 가능 • 비정형 데이터 수집에 적합
크롤링	• 웹 크롤러(또는 스파이더)를 사용하여 인터넷상의 정보를 자동으로 수집하는 기술 • 주로 소셜 네트워크 정보, 뉴스, 게시판 등의 웹문서 및 컨텐츠 수집 기술로써 비정형 데이터 대상
Open API	• 웹 서비스 제공자가 제공하는 API를 통해 데이터를 수집하는 방법 • 다양한 형태의 데이터를 수집할 수 있으나, 주로 비정형 데이터나 반정형 데이터 수집에 활용 • Open API를 통해 센서 데이터, 공공 데이터 등의 정보를 수집
스트리밍	• 실시간으로 데이터를 수집하고 처리하는 기술 • 비디오, 오디오 스트리밍과 같은 비정형 데이터 처리에 주로 사용
API 게이트웨이	• 마이크로서비스 아키텍처에서 사용되는 API의 집합을 관리 • 시스템의 전방(Front-End)에 위치하여 클라이언트로부터 다양한 서비스 처리 • 내부 시스템으로 전달하는 미들웨어 • 웹 서비스로부터 비정형 데이터나 반정형 데이터를 주로 수집

3 관점별 데이터 유형 및 속성 파악

데이터의 유형 및 속성 등을 관점에 따라 명확히 인지함으로써 기술적 사항을 고려한 데이터 처리 과정 설계가 가능하다.

(1) 관점별 데이터 유형

빅데이터에서 활용되는 데이터의 유형은 구조, 시간, 저장 형태 관점을 기준으로 데이터 유형 분류가 가능하다.

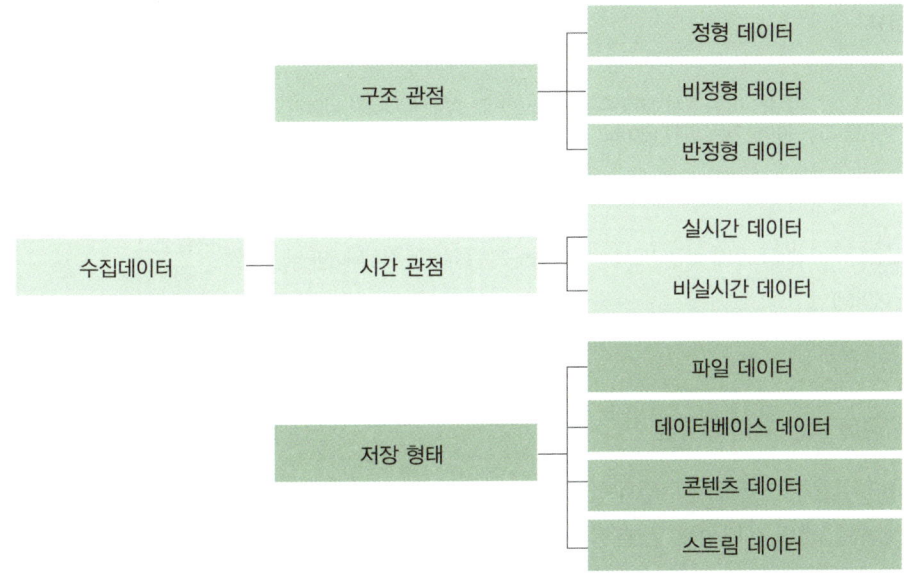

(2) 구조 관점에 따른 데이터 유형

데이터를 구조 관점에서 분류하면 정형 데이터, 반정형 데이터, 비정형 데이터로 유형화할 수 있다.

유형	특징	종류
정형 데이터	• 정형화된 스키마(Schema)를 가짐 • 고정된 필드에 저장되며 값과 형식에서 일관성을 갖는 데이터 • 행과 열의 구조를 가지며, 설계된 구조기반 목적에 맞는 정보를 저장 및 분석하는데 활용 • 수집기법 : ETL, FTP, 스쿱(Sqoop), CDC, ODS	• 관계형 데이터 베이스(RDB) • 스프레드시트
반정형 데이터	• 정형화된 스키마(Schema)를 가짐 • 값과 형식에서 일관성이 없음 • 메타데이터 포함 • 수집기법 : 아파치 카프카, 플럼, 스크라이브, RSS	• XML • HTML • 웹 로그 • 알람 • 시스템 로그 • JSON • RSS • 센서 데이터

비정형 데이터	• 스키마라는 구조를 갖지 않음
	• 고정된 열에 저장되지 않음
	
	   텍스트 : 문자/문자열 형태로 저장
	   이미지 : RGB 방식으로 저장
	   오디오 : 시간에 따른 운동형태로 저장
	   비디오 : 이미지 스트리밍으로 저장
	
	• 수집기법 : 스크래파이, 크롤링, Open API, 스트리밍, API 게이트웨이
		• SNS
		• 웹 게시판
		• 텍스트/이미지/오디오/비디오

(3) 시간 관점에 따른 데이터 유형

데이터를 시간 관점(활용 주기)에서 분류하면 실시간 데이터(Realtime data), 비실시간 데이터(Non-realtime data)또는 배치 데이터(Batch data)의 두 가지 유형으로 나눌 수 있다.

유형	특징	종류
실시간 데이터	생성된 이후 즉시 처리 혹은 수 초~수 분 이내에 처리가 되어야 가치와 의미가 있는 현재 데이터	• 센서 데이터 • 시스템 로그 • 네트워크 장비 로그 • 알람 • 보안 장비 로그
비실시간 데이터 (배치 데이터)	생성된 이후 일정 기간(수 시간 또는 수 주) 이후에 처리되어야 의미가 있는 과거 데이터	• 통계 • 웹 로그 • 구매 정보 • 서비스 로그 • 디지털 헬스케어 정보

(4) 저장 관점에 따른 데이터 유형

빅데이터 수집 시스템에서 수집대상인 데이터를 저장 형태 관점에서 분류하면 파일 데이터, 데이터베이스 데이터, 컨텐츠 데이터, 스트림 데이터 등으로 나눌 수 있다.

유형	특징	종류
파일 데이터 (File)	• 파일형식의 데이터 • 파일 크기가 대용량 파일 • 파일의 개수가 다수인 데이터	• 시스템 로그 • 서비스 로그 • 텍스트 • 스프레드시트
데이터베이스 데이터 (DB)	데이터의 종류나 성격에 따라 DB의 열 또는 테이블 등에 저장된 데이터	• 관계형 데이터베이스(RDB) • NoSQL • 인메모리 DB(in-memory DB)
컨텐츠 데이터 (Content)	개별적으로 데이터 객체로 구분이 가능한 미디어 데이터	• 텍스트 • 이미지 • 오디오 • 비디오
스트림 데이터 (Stream)	네트워트 기반의 실시간 전송되는 데이터	• 센서 데이터 • HTTP 트랜잭션 • 알람

4 데이터 변환 기술

일반적으로 데이터 변환은 추출(Extraction), 변환(Transformation), 적재(Load)의 연속적인 과정이다. 이를 앞 철자를 따 ETL이라 한다.

(1) 데이터 변환의 목적

① 데이터 모델링 작업을 효과적으로 수행하기 위해 데이터를 변환할 필요가 있다.

② 데이터 변환은 데이터 변환 기술을 통해 데이터를 바꾸는 것을 의미하며, 비정형 데이터나 반정형 데이터를 정형 데이터의 테이블(Table)과 같은 구조적인 형태로 전환하여 저장하는 것을 의미한다.

(2) 데이터 전·후처리 개념

① 데이터 전처리란 수집된 데이터를 저장소에 적재하기 위해 데이터 필터링, 유형 변환, 정제 등의 기술을 사용하여 데이터를 변환하는 단계를 뜻한다.
② 데이터 후처리란 저장된 데이터를 분석에 용이하도록 변환, 통합, 축소 등의 기술을 사용하여 가공하는 단계이다.
③ 실무적으로는 모델에 적용하기 전인 데이터 전처리라는 표현이 더 많이 쓰인다.

(3) 데이터 변환 기술

데이터 변환 기술은 평활화, 집계, 일반화, 정규화, 속성 생성 등의 방법이 존재한다.

기술	내용
평활화 (Smoothing)	• 데이터 노이즈 제거를 위해 데이터 추세에서 벗어나는 이상치를 변환 • 구간화(Binning), 군집화 방법을 적용
집계 (Aggregation)	• 다양한 차원의 방법으로 데이터를 요약 • 여러 개의 표본을 하나의 표본으로 요약하는 기법 • 함수를 활용하여 일괄적으로 변수 변환을 적용하여 새로운 변수로 값을 생성하는 기법 등
일반화 (Generalization)	• 특정 구간에 분포하는 값으로 스케일을 변화시킴 • 일부 특정 데이터가 아닌 범용적 데이터에 적합한 모델을 만드는 기법 • 일반화가 잘 되면 이상값이나 노이즈가 포함되어도 모델이 크게 흔들리지 않음(강건한 모형)
정규화 (Normalization)	• 데이터를 특정 구간으로 바꾸는 기법 • 일반적으로 최소-최대 정규화(Min-max scaling), z-스코어 정규화, 소수 스케일링 등이 존재
속성 생성 (Attribute Construction)	• 데이터 통합을 위한 새로운 속성이나 특징을 생성 • 주어진 여러 데이터 분포를 대표하는 대표성을 띤 속성·특징을 활용하는 기법 • 선택한 속성을 하나 이상의 새 속성으로 대체하여 데이터를 변경 처리함

5 데이터 비식별화

(1) 데이터 비식별화의 개요

① 데이터 비식별화는 특정 개인을 식별할 수 없도록 개인정보의 일부 또는 전부를 변환하는 일련의 방법이다.
② 데이터 활용의 안전성을 높이기 위해서는 수집된 데이터의 일부 또는 전부를 삭제·대체함으로써 다른 정보와의 결합하여도 특정 개인을 식별하기 어렵게 하는 데이터 비식별화 조치를 해야 한다.
③ 국내 데이터 활용을 위한 움직임은 국무조정실·행정안전부·방송통신위원회 등 다양한 관계부처가 합동으로 '개인정보 비식별 조치 가이드라인'을 2016년 6월부터 만들면서 구체화되기 시작하였다.

(2) 데이터 비식별화 적용 대상

비식별화는 개인을 식별할 수 있는 정보 그 자체와 다른 정보와 쉽게 결합하여 개인을 알아볼 수 있는 정보를 대상으로 한다.

구분	정보	사례
그 자체로 개인을 식별 가능하게 하는 정보 (식별자)	개인 식별이 용이한 정보	이름, 전화번호, 주소, 생년월일, 사진 등
	고유식별정보	주민등록번호, 운전면허번호, 여권번호, 의료보험번호 등
	기관, 단체 등의 이용자 계정	등록번호, 사업자번호, 이메일 주소 등
	생체정보	지문, 홍채, DNA 정보 등
타 정보와 함께 결합되어 개인을 식별 가능하게 하는 정보 (준식별자)	개인특성	성별, 생년, 생일, 나이, 국적, 고향, 거주지, 시군구명, 법정동 코드, 행정동 코드, 우편번호, 병역 여부, 결혼 여부, 종교, 음주 여부 등
	신체특성	혈액형, 키, 몸무게, 허리둘레, 혈압, 손목둘레, 머리둘레, 신체검사 결과, 장애 유형 및 등급, 상세 병명 등
	신용특성	세금 납부액, 신용등급, 기부금, 건강보험료, 소득분위, 의료 보험 가입 형태, 체납 여부, 체납 일자 등
	경력특징	학교명, 학과명, 학년, 성적, 학력, 학벌, 직업, 직종, (전·현)직장명, 부서명, 자격증명, 경력 등
	전자적 특성	PC 사양, 비밀번호, 비밀번호 문답, 쿠키 정보, 세션 정보, 로그 기록, 위치정보, HDD 시리얼 넘버, 네트워크 국가 코드 등
	가족 특성	배우자, 자녀, 부모, 형제 여부, 법정대리인, 후견인 정보 등
	위치 특성	GPS 데이터, RFID 데이터, WPS 데이터, 인터넷 접속, 센서 데이터 등

(3) 데이터 비식별화 기술

① 식별자 처리를 통한 식별방지

기술	내용	처리대상 식별정보	예시
가명처리 (Pseudonymisation)	• 개인 식별이 가능한 데이터에 대해 직접적으로 식별이 불가능한 대체값으로 대체하는 기법 • 그 자체로는 완전 비식별화가 가능하며 데이터의 변형, 변질 수준이 낮음	• 성명 • 기타 고유 특징(출신학교, 근무처 등)	박영식, 25세, 서울 거주, 대한대 재학 → 박승훈, 20대, 서울 거주, 민국대 재학
총계처리 (Aggregation)	• 개인정보에 대하여 통계값을 적용하여 특정 개인을 판단할 수 없도록 하는 기법 • 민감정보에 대한 비식별화 가능하며 다양한 통계분석용 데이터 세트 작성에 유리하나 정밀한 분석이 어려우며, 집계 수량이 적을 경우 데이터 결합 시 개인정보 추출 또는 예측이 가능	• 개인 관련 날짜(생일, 자격취득일 등) • 기타 고유 특징(수입지출정보, 진료기록, 병력정보, 개인민감정보 등)	민용주 180cm, 박영식 170cm, 안영이 160cm, 김영희 150cm → 데이터학과 학생 키 합, 660cm, 평균 키 165cm
데이터 삭제 (Data Reduction)	• 개인정보 식별이 가능한 특정 데이터 값을 삭제 • 민감한 개인 식별 정보에 대한 완전 삭제가 가능 • 단, 데이터 삭제로 인한 분석의 다양성과 분석 결과에 대한 유효성, 분석의 신뢰성을 떨어뜨릴 가능성 존재	• 개인 식별 용이 정보(이름, 전화번호, 주소, 생년월일 등) • 고유식별정보(주민번호, 운전면허정보 등) • 생체정보(지문, 홍채, DNA 정보 등) • 기관·단체 등 이용자 계정(등록번호, 계좌번호, 이메일 등)	주민등록번호 001113-3124897 → 00년대생, 남자

범주화 (Data Suppression)	• 단일 식별 정보를 해당 그룹의 대표값으로 변환(범주화)하거나 구간값으로 변환(범위화)하여 고유 정보 추적 및 식별 방지 • 범주나 범위는 통계 데이터 자료형이므로 다양한 분석 및 가공이 가능 • 범주, 범위로 표현됨에 따라 정확한 수치에 따른 분석, 특정 분석 결과 도출에 애로가 있으며, 데이터 구간이 매우 좁아질수록 추적 · 예측이 가능	• 개인 식별 용이 정보(이름, 전화번호, 주소, 생년월일 등) • 고유식별정보(주민번호, 운전면허정보 등) • 기관 · 단체 등 이용자 계정(등록번호, 계좌번호, 이메일 등)	박영식, 25세 → 박씨, 20~30세
데이터 마스킹 (Data Masking)	• 개인 식별 정보에 대하여 전체 또는 부분적으로 대체값(공백, '*', 노이즈 등)으로 변환 • 완전 비식별화가 가능하며 원시 데이터의 구조에 대한 변형 염려가 적음 • 과도하게 마스킹 기법을 적용 시 필요 정보로 활용하기 어려우며, 마스킹이 수준이 낮을 경우 특정 값의 추적 예측성이 높아짐	• 개인 식별 용이 정보(이름, 전화번호, 주소, 생년월일 등) • 고유식별정보(주민번호, 운전면허정보 등) • 기관 · 단체 등 이용자 계정(등록번호, 계좌번호, 이메일 등)	박영식, 25세, 서울 거주, 대한대 재학 → 박OO, 25세, 서울 거주, 대O대 재학

② 프라이버시 모델 기반 추론 방지 기술
  ㉠ 프라이버시 모델이란 다양한 추론 공격에 대해 개인정보 추론 위험 정도를 확률방법론을 활용하여 정량적으로 제한하는 방법론을 의미한다.
  ㉡ 프라이버시 보호를 위한 대표적인 기법으로는 k-익명성, l-다양성, t-근접성이 있다.

처리 기법	설명
k-익명성	특정인에 대한 추론 가능 여부를 검토하여 일정 확률 수준이상을 비식별화 처리함
l-다양성	k-익명성의 취약점을 보완한 것으로서, 특정인에 대한 추론이 불가하다고 판단되더라도 민감 정보의 다양성을 높임으로써 추론 가능성을 낮추는 기법
t-근접성	l-다양성을 포함하여 민감한 정보의 분포를 낮추어 추론 가능성을 더욱 낮추는 기법

- k-익명성(k-anonymity)
  - 공개된 데이터에 대한 연결 공격 등의 취약점을 방어하기 위해 제안된 기법으로써, 식별자를 제거하고 공개된다 하더라도 준식별자들의 조합을 통해 데이터의 개인정보가 추론되어 민감정보가 노출될 가능성이 있다.
  - 이를 연결 공격이라 한다. 이러한 연결 공격을 예방 및 대응하기 위해 주어진 데이터 집합에서 같은 값이 적어도 k개 이상 존재하도록 하여, 쉽게 타 정보와의 연결 및 결합이 이뤄지지 않도록 하는 기법을 'k-익명성' 모델이라 한다.

- l-다양성(l-diversity)
  - l-다양성은 k-익명성에 대한 동질성공격 및 배경지식에 의한 공격을 방어하기 위해 개발된 기법이다. 데이터가 k-익명성을 만족하더라도, 각 데이터 블록에서 하나의 민감정보를 가지고 있다면 개인의 민감 정보는 노출될 가능성이 있다.
  - l-다양성은 각 데이터 블록이 적어도 l개의 다양한 민감정보를 가지고 있어야 함을 의미한다. 여기서 지칭되는 데이터 블록은 데이터에서 민감하지 않은 속성값이 동일한 레코드 집합이다.

- t-근접성(t-closeness)
  - l-다양성을 만족하더라도 모집단 대비 민감정보의 분포 차이를 통해 개인 사생화 정보가 노출될

가능성이 있다. 즉, t-근접성은 쏠림 공격 및 유사성 공격에 대응을 하기 위한 기법이다.
- t-근접성은 데이터 집합에서 구별되지 않는 레코드들의 민감한 정보의 분포와 전체 데이터의 민감한 정보의 분포의 차이를 t 이하로 만들어 프라이버시를 보호하는 모델이다.

> **참고**
>
> - k-익명성에 활용될 예시 데이터셋
>
> | 식별자 | 준식별자 | | | 민감속성 |
> |---|---|---|---|---|
> | 성명 | 연령 | 성별 | 우편번호 | 질병 |
> | 부르마 | 28 | F | 51500 | 기관지염 |
> | 치치 | 29 | F | 53000 | 감기 |
> | 손오공 | 21 | M | 54000 | 장염 |
> | 손오반 | 23 | M | 56000 | 감기 |
> | 베지터 | 31 | M | 57000 | 기관지염 |
> | 트랭크스 | 37 | M | 58000 | 감기 |
> | 부라 | 38 | F | 60000 | 장염 |
> | 18호 | 35 | F | 61500 | 장염 |
>
> - 연결공격(Linking Attack) : 준식별자들의 조합을 통해 공개된 데이터의 개인이 추론으로 특정되어지는 상황
>
> | 식별자 | 준식별자 | | | 민감속성 |
> |---|---|---|---|---|
> | 성명 | 연령 | 성별 | 우편번호 | 질병 |
> | 1 | 28 | F | 51500 | 기관지염 |
> | 2 | 29 | F | 53000 | 감기 |
> | 3 | 21 | M | 54000 | 장염 |
> | 4 | 23 | M | 56000 | 감기 |
> | 5 | 31 | M | 57000 | 기관지염 |
> | 6 | 37 | M | 58000 | 감기 |
> | 7 | 38 | F | 60000 | 장염 |
> | 8 | 35 | F | 61500 | 장염 |
>
> [병원이 공개한 데이터]
>
> | 성명 | 연령 | 성별 | 우편번호 |
> |---|---|---|---|
> | 베지터 | 31 | M | 57000 |
> | 트랭크스 | 37 | M | 58000 |
> | 18호 | 35 | F | 61500 |
>
> [공개된 명단]
>
> 베지터는 기관지염을 앓고 있음
>
> - k-익명성 기준 : 적어도 k명 이상이 같은 속성값을 공유해야 하며, 그로 인한 개인을 특정하기 어렵도록 함
>
> | 성명 | 연령 | 성별 | 우편번호 |
> |---|---|---|---|
> | 베지터 | 31 | M | 57000 |
> | 트랭크스 | 37 | M | 58000 |
> | 18호 | 35 | F | 61500 |
>
> [공개된 명단]
>
> | | 준식별자 | | 민감속성 |
> |---|---|---|---|
> | | 연령 | 성별 | 질병 |
> | 1 | 28~29 | F | 기관지염 |
> | 2 | 28~29 | F | 감기 |
> | 3 | 21~23 | M | 장염 |
> | 4 | 21~23 | M | 감기 |
> | 5 | 31~37 | M | 기관지염 |
> | 6 | 31~37 | M | 감기 |
> | 7 | 35~38 | F | 장염 |
> | 8 | 35~38 | F | 장염 |
>
> [익명처리된 데이터]
>
> 베지터는 기관지염 혹은 감기에 걸렸음

> **참고**

- l-다양성 기준 : k-익명성 모델은 동질성 공격에 취약. 아래와 같은 경우 개인 정보 유출의 가능성 존재

식별자	준식별자			민감속성
성명	연령대	국적	우편번호	질병
1	<30	*	010**	기관지염
2	<30	*	010**	기관지염
3	<30	*	010**	감기
4	40≤	*	158**	감기
5	40≤	*	158**	위암
6	40≤	*	158**	기관지염
7	3*	*	010**	위암
8	3*	*	010**	위암

성명	연령	우편번호
헤비 D	59	57000
브라이언	37	58000
럭키 글로비	20	61500

익명처리된 의료 데이터   공개된 명단

'브라이언'은 위암에 걸렸음

- t-근접성 기준 : l-다양성을 만족하더라도 (모집단과 비교하여) 민감한 정보의 분포 차이로 개인 정보가 노출되는 문제가 발생 가능

	준식별자		민감정보	
	우편번호	연령	금액(만원)	질병
1	1234*	2*	300	위궤양
2	1234*	2*	400	급성위염
3	1234*	2*	500	만성위염
4	4790*	40≤	600	급성위염
5	4790*	40≤	1100	감기
6	4790*	40≤	800	기관지염
7	1230*	3*	700	기관지염
8	1230*	3*	900	폐렴
9	1230*	3*	1000	만성위염

위의 표에서 1, 2, 3에 해당하는 관측치(obs)는 금액이 '300~500만원'이며 '위 관련 질환'을 보유하고 있음이 노출됨

- t-근접성은 블록에서 구별되지 않는 관측치(obs)들의 민감한 정보 분포와 전체 데이터의 민감한 정보 간 분포의 차이를 t 이하로 만들어 프라이버시를 보호하는 기법

- t-근접성을 만족한 자료는 아래와 같이 표현이 가능

	준식별자		민감정보	
	우편번호	연령	금액(만원)	질병
1	123**	2*	300	위궤양
2	123**	2*	400	급성위염
3	123**	2*	500	만성위염
4	4790*	40≤	600	급성위염
5	4790*	40≤	1100	감기
6	4790*	40≤	800	기관지염
7	123**	3*	700	기관지염
8	123**	3*	900	폐렴
9	123**	3*	1000	만성위염

- 익명성 검증 조건 : m-유일성(m-uniqueness)
  - DB나 데이터 세트에는 개인들의 정보가 포함될 가능성이 있다. 이때 중요한 것은 이 정보를 사용하더라도, 개인을 특정할 수 없도록 하는 것이다. 어떤 병원의 환자 데이터를 연구나 통계 목적으로 사용하고자 할 때, 환자의 개인적인 식별 정보는 보호되어야 한다.
  - m-유일성 검증은 데이터 세트에서 개인이 특정되지 않도록 보호하는 방법 중 하나로, 데이터 내에서 어떤 정보가 'm'개 이상의 레코드에 공통적으로 존재하도록 하는 기법이다.
  - 즉, 데이터 세트를 보았을 때, 어떤 특정한 조합의 정보(예 나이, 직업, 거주지 등)가 단 하나의 레코드에만 있지 않고, 최소한 'm'개의 레코드에서 발견되어야 하는 법칙을 갖는다. 이로써, 데이터를 보고도 그 데이터가 실제로 누구에게 속하는지 추측하기 어렵게 만들어야 한다.
  - 간단한 예로, 데이터베이스에서 "30대 초반, 프로그래머, 서울 거주"라는 조합이 하나만 있으면, 이 정보는 특정 개인을 쉽게 식별할 수 있다. 그러나 이와 같은 조합이 데이터베이스 내에 여러 개 있다면, 이 정보만으로는 누군지 식별하기 어렵게 되는 원리이다.

- 재현 데이터
  - 재현 데이터는 실제로 측정된 원본 자료(Real Data)를 활용하여 통계적 방법론이나 머신러닝 방법 등을 이용하여 새롭게 생성한 모의 데이터(Simulated Data)이다.
  - 재현 데이터는 원본 자료와 다르더라도, 원본 자료와 동일 분포를 따르도록 통계적으로 생성한 자료이며, 모집단의 통계적 특성들을 유지하면서도 민감 정보를 외부에 직접 공개하지 않는다는 점에서 장점을 지닌다.

유형	설명
완전 재현 데이터 (Fully Synthetic Data)	• 원본 데이터 내의 라벨(Label)과 특징(Feature) 변수 모두를 재현 데이터로 생성 • 정보보호 측면에서 가장 보안이 강력하다 할 수 있음
부분 재현 데이터 (Partially Synthetic Data)	모든 데이터 변수들을 재현 데이터로 구성하기란 현실적으로 불가능하므로, 민감정보에 국한해서 재현 데이터를 생성한 데이터
복합 재현 데이터 (Hybrid Synthetic Data)	일부 변수들의 값을 재현 데이터로 생성한 후 생성된 재현 데이터와 실제 변수를 혼용하여 또 다른 일부 변수와 파생변수를 재도출하는 형태로 형성된 데이터

ⓒ 개인정보 익명 처리 기법 : 개인정보의 익명 처리는 가명, 일반화, 섭동, 치환 등을 포함한 다양한 방법으로 구현이 가능하다.

유형	내용	예시
가명처리 (Pseudonym)	개인 식별이 가능한 데이터에 대해 직접 식별 불가능 데이터로 대체하는 기법	박영식 → 홍길동으로 대체
일반화 (Generalization)	숫자의 경우 구간으로, 범주화된 속성을 계층적 구조로 대체하는 일반화 기법	키 170cm → 키 160cm~180cm 사이로 대체
섭동 (Perturbation)	원래 데이터를 동일한 확률적 정보를 갖는 값으로 대체	입원 일자와 퇴원 일자에 일률적으로 75일을 추가하여 변형하는 사례
치환 (Permutation)	특정 컬럼의 데이터를 무작위로 순서를 변경하는 기법	월수입 컬럼의 데이터를 무작위로 순서를 변경하는 사례

6 데이터 품질 검증

(1) 데이터 품질 관리의 정의

① 데이터 품질
- ㉠ 데이터 품질이란 조직의 목표 달성을 위해 관리되는 데이터가 조직 구성원, 고객 등 데이터 이용자의 만족을 충족시킬 수 있는 수준을 의미한다(한국데이터베이스진흥원).
- ㉡ 데이터가 그것이 사용될 특정 목적에 적합하고 측정하고자 하는 구조와 밀접한 관계를 가지고 있을 때 데이터 품질이 높다고 간주된다(CloudResearch).
- ㉢ 데이터 품질은 데이터 세트가 정확성, 일관성, 신뢰성, 완전성 및 시기적절성에 대한 확립된 표준을 얼마나 충족시키는지를 평가하는 것으로, 높은 데이터 품질은 정보가 신뢰할 수 있고 분석, 의사결정, 보고 또는 기타 데이터 중심의 활동에 적합함을 보장한다(Qlik).

② 데이터 품질 요소와 품질 전략

특성	전략
정확성 (Accuracy)	데이터 사용 목적에 따라 데이터 정확성의 기준이 다르게 적용 예 소비자의 접속 사이트와 이동 사이트를 분석할 때와 이상치 탐지 및 부정 탐지 모델에서의 데이터 품질 수준을 다름
일관성 (Consistency)	같은 데이터라 할지라도 사용 목적에 따라 달라지는 데이터 수집 기준 때문에 데이터 의미가 변화될 수 있음
완전성 (Completeness)	필요 데이터의 완전한 확보보다는 필요한 데이터를 식별하는 수준으로 적용이 가능
적시성 (Timeliness)	소멸성이 존재하는 데이터는 어느 정도의 품질 기준을 적용할 것인지에 대한 고려 예 웹 로그 데이터, 주가 데이터, 트윗 데이터, 비트코인 데이터 등은 분 단위, 시간 단위, 일 단위 동안 유의함

③ 데이터 품질 관리
- ㉠ 협의적 정의의 데이터 품질 관리(DQM)는 데이터의 정확성, 유용성 및 무결성을 보장하기 위해 데이터 수명 주기의 다양한 단계에서 적용되는 구체적인 방법을 뜻한다(Splunk).
- ㉡ 광의적 정의의 비즈니스 성과를 달성하기 위해 적절한 사람, 프로세스 및 기술을 통합하여 데이터 품질을 향상시키는 비즈니스 원칙을 의미한다(BMC Software).

(2) 데이터 품질 관리의 중요성

빅데이터의 품질관리의 중요성은 아래의 4가지로 정리가 가능하다.

중요성	설명
데이터 분석 결과 신뢰성 확보	데이터 품질에 따라 분석 과정 및 결과의 품질이 결정될 수 있음
일원화된 프로세스	데이터 분석 과정 및 업무 처리/데이터 관리의 효율성 향상이 가능함
데이터 활용도 향상	고품질의 데이터를 확보함으로써 데이터 활용도 향상이 가능함
양질의 데이터 확보	분석에 꼭 필요한 데이터를 수집하고 불필요 데이터를 제거함으로써 고품질 데이터 확보 비율이 향상될 수 있음

(3) 데이터의 품질 기준

① **정형 데이터의 품질 기준** : 다양한 데이터 품질 관련 문헌 및 데이터 품질관리 자료들을 살펴보면 정형 데이터에 대한 품질 기준은 다음과 같이 요약된다.

품질 기준	설명
정확성(Accuracy)	현실에 존재하는 객체의 표현 값이 정확히 반영되어야 함
완전성(Completeness)	필수 항목에 누락이 존재하지 않음
일관성(Consistency)	데이터의 구조, 값, 표현되는 형태가 일관되게 정의되어야 함
유일성(Uniqeness)	데이터 항목은 중복값이 존재하지 않으며 유일해야 함

② **비정형 데이터의 품질 기준** : 현실에서는 정형 데이터뿐만 아니라 비정형 데이터를 활용하여 분석하는 경우가 많다. 비정형 데이터의 품질 기준은 다음과 같이 요약된다.

품질 기준	설명
효율성(Efficiency)	설정된 조건 내에서 투입되는 자원 양 대비 요구된 성능이 적정해야 함
기능성(Functionality)	특정 조건에서 명시된 요구사항과 내재 요구사항을 만족시키는 기능을 제공해야 함
이식성(Portability)	다양한 상황에서 해당 데이터들이 실행될 수 있어야 함
신뢰성(Reliability)	설정된 조건 내에서 신뢰수준 유지 및 사용자의 오류를 방지할 수 있어야 함
사용성(Usability)	데이터를 사용 및 분석할 이용자가 충분히 이해 가능하고 선호될 수 있어야 함

(4) 데이터의 품질 진단 방법

정의된 데이터 품질 지표들을 어떻게 측정할 것인가에 대한 기준이 되는 진단 방법이 품질 진단 방법이다. 품질 진단 방법을 측정하는 방법은 다음과 같다.

품질 진단 방법		설명
프로파일링	값 진단(Value)	• 데이터값의 유효성, 정확성 등 데이터값 자체 오류를 분석 • 열분석, 날짜분석, 추세분석, 패턴분석 등을 통해 데이터값의 정확성을 진단
	구조 진단(Structure)	• 데이터 구조의 논리적 오류로 인한 일관성, 정합성 등을 확보하지 못하는 결함을 분석 및 진단하는 방법 • 표준화 수준, 테이블 구조, 정규화 수준, RDB의 관계 정의 오류 등 구조적 결함 측정
체크리스트(인터뷰·설문)		전반적인 데이터 품질관리 수준과 지표별 데이터 품질 수준을 체크리스트(설문 또는 인터뷰)를 통해 진단하는 방법
업무규칙 진단		법, 규정에 정의된 업무기준(산출식)에 근거하여 데이터가 관리되고 있는지를 진단하는 방법 업무규칙(BR ; Business Rule)을 준수하고 있는지에 관한 측정 스크립트를 실행하여 오류값을 추출
비정형 실측		• 문서, 음성, 이미지, 동영상 등 정형화되어 있지 않은 정보를 사람이 직접 확인(실측)하여 오류 여부를 진단하는 방법 • 별도의 도구 없이 직접 정보를 조회하거나 해당 문서를 수기로 확인

<출처: 공공데이터 품질관리 매뉴얼 v.2.0 품질 진단 방법, www.nia.or.kr>

SECTION 02 데이터 적재 및 저장

1 데이터 적재

(1) 데이터 적재의 정의

① 데이터 적재는 데이터를 원본 시스템에서 목표 시스템으로 이동시키는 과정으로, 주로 ETL(Extract, Transform, Load) 프로세스를 통해 이루어진다.

② 데이터 적재 과정은 데이터 추출(Extract), 데이터 변환(Transform), 데이터 로드(Load)의 세 단계로 나뉜다.

　㉠ 데이터 변환(Transform) : 추출된 데이터를 목표 시스템에 적합한 형태로 변환하는 단계로, 데이터 정제, 통합, 집계 등의 작업이 포함된다.

　㉡ 데이터 로드(Load) : 변환된 데이터를 목표 시스템에 적재하는 단계로, 데이터 웨어하우스, 데이터 레이크, 데이터베이스 등에 데이터를 저장한다.

　㉢ 데이터 적재는 실시간(Real Time) 데이터 적재와 배치(Batch) 데이터 적재로 구분된다.

항목	실시간 데이터 적재	배치 데이터 적재
정의	데이터를 실시간으로 추출, 변환, 적재하는 방식	일정 시간 간격으로 데이터를 일괄 추출, 변환, 적재하는 방식
주 용도	스트리밍 데이터 처리	대규모 데이터 처리
처리 속도	실시간 처리	일정 간격의 일괄 처리
데이터 업데이트 빈도	지속적인 데이터 업데이트	주기적인 데이터 업데이트
적합한 데이터 유형	실시간 데이터, 스트리밍 데이터	대규모 데이터, 일괄 처리 데이터
주요 도구	Apache Kafka, Apache Flink 등	Informatica PowerCenter, Talend, Pentaho 등
주요 적용 사례	실시간 분석, 실시간 모니터링 시스템	데이터 웨어하우스 구축, 주기적 보고서 생성
장점	즉각적인 데이터 반영 및 분석 가능	대규모 데이터 처리에 효율적, 시스템 부하 관리 용이
단점	높은 처리 성능 요구, 복잡한 아키텍처 필요	데이터 최신성 확보 어려움, 처리 주기 동안의 지연 발생

(2) 데이터 적재 도구

ETL 도구는 ETL 프로세스를 자동화하고 효율적으로 수행하기 위한 도구로써, 다양한 도구가 존재한다.

① 수집 데이터 저장 시스템

　㉠ 빅데이터 분석을 위한 저장 시스템에 적재한다.

　㉡ 사용되는 저장 시스템 : RDMBS, HDFS, NoSQL 등

② 데이터 수집 도구

　㉠ 플루언티드(Fluentd) : 다양한 소스에서 데이터를 수집하여 JSON 포맷으로 변환 후 다양한 형태로 출력하는 오픈 소스 소프트웨어이며 Ruby로 작성된다.

ⓒ 플럼(Flume) : 대량의 로그 데이터를 효과적으로 수집, 통합, 전송하는 분산형 소프트웨어이다.
　　예 로그 데이터, 네트워크 트래픽 데이터, 소셜 미디어 데이터, 이메일 메시지 등 다양한 이벤트 데이터 전송에 사용
ⓒ 스크라이브(Scribe) : 여러 서버에서 실시간 스트리밍되는 로그 데이터를 수집하는 서버이다.
ⓔ 로그스태쉬(Logstash) : 여러 소스에서 데이터를 수집, 변환하여 자주 사용하는 저장소로 전송한다.

③ NoSQL DBMS 적재 도구
　ⓐ 제공 도구 : 로그 수집기와 달리 많은 기능을 제공하지 않으며, 데이터 수집 주기 등 환경 설정 불가하다.
　ⓑ 적재 도구 : Mongimport와 같은 도구를 활용하여 데이터 적재한다. MongoDB와 함께 제공되며, CSV, JSON, TSV 형식의 데이터를 MongoDB에 적재한다.

④ RDBMS 데이터를 NoSQL DBMS에 적재
　ⓐ 기존 RDBMS 데이터 추출 : 로그 수집기와 달리 많은 기능을 제공하지 않으며, 데이터 수집 주기 등 환경 설정 불가하다.
　ⓑ 데이터를 NoSQL 데이터베이스로 추출 가능하다.
　　예 도구 사례 : SQLtoNoSQLimporter, Mongify 등의 도구 활용

(3) 데이터 전환 및 이전(Migration) ETL 설계

① 데이터를 데이터베이스나 시스템 간에 데이터를 옮기는 작업을 데이터 마이그레이션(Migration)이라고도 한다.
② 데이터 마이그레이션(Migration)을 효과적으로 수행하기 위해서는 추출과 변환 과정이 매우 중요한데, '소스 시스템 분석단계', '데이터 변환 규칙 설정단계', '타겟 시스템에 대한 적재단계', '신뢰성 확보단계'로 나눠서 살펴볼 수 있다.
　ⓐ 소스 시스템 분석단계 : 데이터 삭제 및 변경에 대한 관리와 데이터 변경 구간의 범위(Scope) 및 변경 날짜 등의 이력관리가 함께 이루어져야 한다.
　ⓑ 데이터 변환 규칙 설정 단계 : 데이터의 일관성과 정합성을 위한 표준화 작업을 위해 결측값 및 오류 데이터를 검출 및 처리하는 작업규칙의 구획점이 그어져야 한다. 이를 통해 표준화된 데이터들을 재선별하여 DB나 DW에 적재한다.
　ⓒ 타겟 시스템에 적재 단계 : 변환 데이터의 식별 가능 여부에 다른 삭제·삽입·갱신·병합 등의 방법들 중 가장 적절한 방법을 선택, 적용한다.
　ⓓ 신뢰성 확보 단계 : ETL과정에 대한 오류 발생 및 다양한 문제점을 파악해야 한다. 이 단계에서는 다양한 데이터 검증을 수행함으로써 필요 데이터만을 타겟 시스템에 적재할 수 있도록 한다.

2 데이터 저장

(1) 데이터 저장의 정의

① 대규모 정보를 저장하고 관리하는 기술은 데이터 베이스, 데이터 웨어하우스, 데이터 레이크가 존재한다.
② 데이터 베이스, 데이터 웨어하우스, 데이터 레이크는 모두 대규모 정보를 저장하고 관리하는 기술이라는 공통점을 지닌다. 이를 표로 도식화하면 다음과 같다.

특징	데이터베이스	데이터 웨어하우스	데이터 레이크
공통점	다수의 사용자와 시스템 접근 가능		
주 용도	실시간 처리용 구조화된 데이터 저장	분석 목적으로 구조화된 데이터 통합 저장	구조화되지 않은 데이터를 포함한 원시 데이터 저장
데이터 형태	구조화된 데이터	구조화된 데이터	구조화되지 않은 데이터도 포함
처리 방식	실시간 처리	비실시간 처리(분석용)	필요에 따라 데이터 형식 지정 후 처리 가능

③ 데이터 베이스는 주로 구조화된 데이터를 실시간 처리에 사용하며, 데이터 웨어하우스는 구조화된 데이터를 분석 목적으로 통합하여 저장한다. 반면, 데이터 레이크는 "구조화되지 않은 데이터"까지 포함하여 원시 형태로 저장, 후에 필요에 따라 형식을 지정한다.
④ 이로 인해 각각의 데이터 저장 구조와 처리 방식에서 차이가 발생하는데, 데이터 베이스와 데이터 웨어하우스는 주로 SQL을 사용하는 반면, 데이터 레이크는 Hadoop과 같은 빅데이터 기술을 사용한다.

㉠ 데이터 웨어하우스(Data Warehouse)

정의	• 데이터(Data)와 창고(Warehose)의 합성어로써 의사결정을 지원하기 위해 데이터를 분석 가능한 형태로 저장한 중앙저장소 • 데이터 웨어하우스의 목적은 기존 정보를 활용하여 더 나은 정보를 제공하고, 데이터의 품질을 향상시킴. 조직의 변화를 지원하고 비용과 자원관리의 효율성을 향상시키는 것이 목적
특징	• 주제지향성 : 기능 및 업무(예 재고관리, 시재관리 등) 중심이 아닌 주제(예 고객별, 상품별, 제품별, 공급자별, 외부환경별 등) 중심으로 구성되며, 엔드유저(최종 사용자)가 이해가능한 쉬운 형태를 가짐. • 비휘발성 : 데이터 웨어하우스에 저장되는 데이터는 기본설정(Default)이 삭제 또는 변경되지 않으며, 일단 적재가 완료될 경우 읽기 전용 형태의 스냅샷 데이터로 존재 • 시계열성 : 기존 운영 시스템은 최신 데이터의 현상만을 유지하는 것과 달리, 데이터 웨어하우스는 변경 이력 관리 데이터를 보유 • 통합성 : 데이터 웨어하우스는 데이터 속성의 이름, 단위 등의 일관성을 유지하면서, 다양한 데이터 소스로부터의 데이터를 모두 통합하여 관리

㉡ 데이터 레이크

정의	• 데이터 레이크는 대규모의 정형, 비정형 데이터를 원래의 형태로 저장하고 분석할 수 있는 중앙 저장소를 의미 • 즉, 데이터 레이크는 수많은 정보 속에서 의미있는 내용을 찾기 위해 방식에 상관없이 데이터를 저장하는 시스템으로써, 대용량의 정형 및 비정형 데이터를 저장하거나 접근 가능한 대규모 저장소
특징	• 유연성 : 데이터 레이크는 주제나 스키마에 구애받지 않고, 다양한 형태의 데이터를 저장할 수 있음. 이는 데이터가 처음 수집될 때 구조를 정의할 필요가 없기 때문에, 데이터를 유연하게 수집하고 보관할 수 있음 • 확장성 : 데이터 레이크는 대규모 데이터를 효율적으로 저장하고 처리할 수 있는 확장성을 가지고 있음. 이는 클라우드 기반 스토리지 및 분산 컴퓨팅 기술을 활용하여, 데이터 양이 증가해도 손쉽게 확장할 수 있게 함 • 다양성 : 데이터 레이크는 정형 데이터, 비정형 데이터, 반정형 데이터를 모두 수용할 수 있음. 이를 통해 텍스트, 이미지, 동영상, 로그 파일 등 다양한 형태의 데이터를 한 곳에서 관리하고 분석할 수 있음 • 가용성 : 데이터 레이크는 데이터의 실시간 접근성과 고가용성을 보장. 이는 데이터 분석, 머신 러닝, 실시간 스트리밍 등 다양한 데이터 활용 사례에서 중요한 역할을 함

(2) 빅데이터 저장기술

① 분산 파일 시스템
  ㉠ 네트워크를 통한 물리적으로 다른 위치의 여러 컴퓨터에다가 자료를 분산하여 저장한 후, 마치 로컬 컴퓨터(Local Computer)에서 활용하는 것처럼 동작하게 하는 시스템이다.
  ㉡ 빅데이터를 수집, 저장, 분석 시 두 대 이상의 컴퓨터를 놓고, 일부 작업에서 문제 발생 시 해당 부분만 재처리 혹은 교체 가능하다.
  ㉢ 일반적으로 실무에서는 3대 정도를 최소 컴퓨터 연결 단위로 활용한다.

• 하둡(Hadoop)

정의	하둡은 대규모 데이터를 분산 처리하기 위한 오픈 소스 프레임워크로, 주로 빅데이터 분석에 사용
특징	• 대용량 데이터를 효율적으로 저장하고 처리할 수 있음 • 분산 컴퓨팅을 통해 데이터를 여러 노드에 나누어 저장하고 병렬 처리 • 하둡 에코시스템에는 다양한 도구(Hive, Pig, HBase 등)가 포함되어 있어 데이터 처리와 분석을 지원함 • 고가용성과 내결함성을 제공하여 데이터 손실을 최소화 • 대규모 데이터를 비용 효율적으로 관리 가능

• 하둡 분산 파일 시스템(HDFS ; Hadoop Distributed File System)

정의	HDFS는 하둡의 핵심 구성 요소로, 대규모 데이터를 분산 저장하기 위한 파일 시스템
특징	• 데이터를 블록 단위로 나누어 여러 노드에 분산 저장 • 기본적으로 데이터의 복제본을 3개 유지하여 내결함성을 보장 • 대용량 파일을 효율적으로 저장하고 접근할 수 있는 설계를 가짐 • 스트리밍 데이터 접근 패턴에 최적화되어 있어 대규모 데이터 세트의 읽기 · 쓰기를 효율적으로 처리 • 네임노드(NameNode)와 데이터노드(DataNode) 아키텍처를 통해 중앙에서 메타데이터를 관리하고, 분산된 데이터 노드에서 실제 데이터를 저장

• 구글 파일 시스템(GFS ; Google File System)

정의	GFS는 구글에서 개발한 분산 파일 시스템으로, 대규모 데이터 처리를 위한 인프라스트럭처
특징	• 데이터를 큰 청크(Chunk) 단위로 나누어 분산 저장하고, 각 청크는 여러 복제본을 유지하여 내결함성을 제공 • 마스터서버와 청크서버 구조로, 마스터 서버는 메타데이터를 관리하고 청크서버는 실제 데이터를 저장 • 데이터 무결성과 일관성을 유지하기 위한 체크섬과 같은 메커니즘을 포함 • 대규모 데이터를 빠르게 읽고 쓸 수 있도록 최적화되어 있음 • 구글의 내부 애플리케이션에 맞게 설계되었으며, 빅데이터 처리에 필요한 확장성과 성능을 제공

② NoSQL
  ㉠ 카산드라(Cassandra)

정의	카산드라는 Apache Software Foundation에서 개발한 오픈 소스 분산형 NoSQL 데이터베이스로, 높은 가용성과 확장성을 제공
특징	• 확장성 : 수평적으로 쉽게 확장 가능하여 대규모 데이터 처리 가능 • 고가용성 : 여러 데이터 센터에 데이터를 복제하여 높은 가용성과 내결함성을 제공 • 스키마 유연성 : 스키마리스 설계를 통해 다양한 데이터 모델을 지원하며, 컬럼 패밀리 구조를 사용 • 빠른 쓰기 성능 : 쓰기 작업이 매우 빠르며, 실시간 데이터 처리에 적합 • 분산 아키텍처 : 마스터가 없는 분산 아키텍처로, 네트워크 파티션 및 노드 장애에 강한 특성을 보임

ⓒ HBase

정의	HBase는 Apache Hadoop 생태계의 일부로, HDFS 위에 구축된 오픈 소스 분산형 NoSQL 데이터베이스
특징	• 컬럼 지향 저장소 : 데이터를 컬럼 패밀리로 구성하여 저장하고, 대규모 데이터를 빠르게 읽고 쓸 수 있음 • 확장성 : 수평적으로 확장 가능하며, 노드를 추가하여 데이터 용량과 처리 능력을 쉽게 확장할 수 있음 • 실시간 읽기 · 쓰기 : 빠른 랜덤 읽기와 쓰기 성능을 제공하여, 실시간 애플리케이션에 적합 • Hadoop 통합 : Hadoop과의 강력한 통합을 통해 MapReduce와 같은 분산 처리 작업을 효율적으로 수행 가능 • 자동 복제 : 데이터를 자동으로 복제하여 데이터 손실 방지 및 높은 가용성을 제공

참고

• 카산드라와 HBase의 비교

항목	카산드라(Cassandra)	HBase
데이터 모델	테이블, 로우, 컬럼으로 구성된 유연한 스키마리스 모델	테이블, 로우, 컬럼 패밀리, 컬럼으로 구성된 모델
아키텍처	마스터가 없는 분산 아키텍처	마스터-슬레이브 구조(HMaster와 RegionServer)
쓰기 성능	매우 빠른 쓰기 성능	빠른 랜덤 읽기와 쓰기 성능
쿼리 언어	CQL(Cassandra Query Language)	Java API, REST, Thrift
데이터 복제	여러 데이터 센터에 걸쳐 복제 가능, 유연한 복제 정책	자동 복제, 데이터 손실 방지 및 높은 가용성 제공
통합성	독립형 사용, 다양한 도구와 통합 가능	Hadoop 생태계와 긴밀한 통합(MapReduce 등)
확장성	수평 확장 가능	수평 확장 가능
주요 사용 사례	실시간 데이터 처리, 지리적으로 분산된 시스템	대용량 데이터 저장, 실시간 분석
고가용성	데이터 센터 간 복제를 통한 높은 가용성 제공	자동 복제를 통한 높은 가용성 제공
데이터 모델링 유연성	높은 유연성	컬럼 패밀리 구조로 유연성 제공
내결함성	네트워크 파티션 및 노드 장애에 강함	자동 복제를 통한 내결함성 제공

• 기술별 특징 및 소프트웨어

기술	특징	소프트웨어(SW)
분산 파일 시스템	데이터를 여러 노드에 분산 저장하여, 확장성과 내결함성을 제공함	HDFS, GFS, Ceph
NoSQL	유연한 스키마, 높은 확장성 및 성능, 다양한 데이터 모델(키-값, 컬럼 패밀리, 문서, 그래프)	Cassandra, MongoDB, HBase, Redis
병렬 DBMS	다중 노드에 걸쳐 병렬로 데이터 처리를 수행하여 높은 처리 성능을 제공함	Greenplum, Amazon Redshift, Teradata
클라우드 파일 저장 시스템	클라우드 환경에서 파일을 저장, 관리, 공유할 수 있으며, 높은 확장성과 접근성을 제공함	Amazon S3, Google Cloud Storage, Azure Blob Storage
네트워크 구성 시스템	네트워크 상에서 데이터의 전송 및 통신을 관리하며, 효율적인 데이터 흐름과 보안을 제공함	Cisco ACI, Juniper Contrail, VMware NSX

(3) 빅데이터 저장 시 고려사항
  ① 확장성
    ㉠ 데이터양이 급증할 때 시스템이 확장 가능해야 한다.
    ㉡ 분산 파일 시스템이나 클라우드 파일 저장 시스템을 통해 노드를 추가하여 용량을 늘릴 수 있어야 한다.
  ② 고가용성 및 내결함성
    ㉠ 시스템 장애 시에도 데이터 접근이 가능해야 한다.
    ㉡ 분산 파일 시스템과 클라우드 파일 저장 시스템은 데이터를 복제하고 여러 위치에 저장하여 내결함성을 제공해야 한다.
  ③ 성능 및 처리 속도
    ㉠ 대량의 데이터를 빠르게 처리할 수 있어야 한다.
    ㉡ 병렬 DBMS와 NoSQL 시스템은 병렬 처리와 높은 쓰기·읽기 성능을 통해 요구 사항을 충족해야 한다.

CHAPTER 03 데이터 수집 및 저장 계획 예상문제

01 다음 중 빅데이터 수집 기법의 명칭과 특징이 올바르게 연결된 것은?

> 가. 스크래핑-인터넷 웹사이트에 노출되는 내용 중 특정 정보만을 추출하고, 추출과 관련된 모든 동작을 자동으로 수행하는 기술
> 나. RSS-관계형 데이터베이스에서 정형 데이터를 수집하여 HDFS나 NoSQL에 저장하는 오픈 소스 기술
> 다. Log Aggregator-웹 서버 로그, 웹로그, 트랜잭션 로그, DB 로그 등 각종 서비스 로그 수집 오픈 소스 기술
> 라. FTP-TCP/IP 프로토콜을 이용하여 인터넷 서버로부터 각종 파일들을 송수신

① 가, 나　　② 나, 다
③ 다, 라　　④ 가, 다, 라

02 로그데이터 수집 기법의 예로 가장 적절하지 않은 것은?

① Scribe　　② Flume
③ Web Crawler　　④ Chukwa

03 다음 중 여러 빅데이터 수집 기법 중 웹 문서를 수집하는 기법으로 올바른 것은?

① Log Aggregator　　② Streaming
③ RDB Aggregator　　④ 크롤링

04 다음 중 크롤링에 관한 설명으로 가장 적절하지 않은 것은?

① 크롤링은 인터넷상의 여러 웹페이지에서 html 형식의 데이터만 수집해서 분류하고 저장하는 방법이다.
② 크롤링의 주요 목적은 데이터가 어디에 저장되어 있는지 위치에 대한 분류작업이다.
③ 크롤링의 종류 중 하나인 웹 크롤러는 검색엔진에서 주로 사용하며 방문한 모든 페이지의 복사본을 생성하고 생성된 페이지에 대해 인덱싱을 수행하여 빠른 검색이 가능하다.
④ 크롤링의 종류 중 하나인 웹 로봇은 사람과의 상호작용 없이 연속된 웹 트랜잭션들을 자동으로 수행하는 소프트웨어 프로그램이다.

05 다음 중 빅데이터 수집과 관련된 설명으로 가장 적절하지 않은 것은?

① 데이터 소스의 위치에 따라 내부 데이터와 외부 데이터로 구분되며 해당 구분에 따라 상이한 방법으로 데이터를 수집할 수 있다.
② 내부 데이터는 정형 데이터로 구성되어 있고 외부 데이터는 비정형 데이터로 구성되어 있다.
③ 외부 데이터는 주로 크롤링 기법을 활용하여 데이터를 수집한다.
④ 대표적으로 내부 데이터는 ETL 방식으로 데이터를 수집한다.

06 다음 중 빅데이터 수집 시스템의 요건에 해당하지 않는 것은?

① 통합성 : 수집 데이터는 자동적으로 통합되어 저장되어야 한다.
② 유연성 : 다양한 데이터 원천의 여러 포맷에 적용할 수 있도록 변경이 용이해야 한다.
③ 실시간성 : 수집된 데이터는 실시간으로 반영되어야 한다.
④ 확장성 : 데이터 수집의 대상이 되는 서버는 충분한 확장이 가능해야 한다.

07 다음 데이터가 속하는 데이터의 유형으로 올바른 것은?

> <'Innovate Korea 2024' 포럼, AI 시대의 새로운 인류 조명>
> 2024년, 대전에서 개최된 Innovate Korea 포럼은 인공지능(AI)이 주도하는 새로운 인류의 모습을 탐구하며 주목받았습니다. 이 포럼은 정부 관계자, 기업 대표, K-pop 스타 지드래곤과 세계적인 소프라노 조수미가 함께한 자리로, 약 3,000명이 참석하여 AI 시대의 기술 발전과 인간 중심의 미래를 논의했습니다.

① 정형 데이터
② 비정형 데이터
③ 반정형 데이터
④ 정량적 데이터

08 다음 중 반정형 데이터의 종류로 올바르지 않은 것은?

① Sensor Data
② NoSQL
③ XML
④ JSON

09 다음 중 정성적 데이터에 관한 설명으로 올바르지 않은 것은?

> 가. 정형 데이터의 형태를 가진다.
> 나. 객체 하나의 함의된 정보를 가진다는 특징이 있다.
> 다. 주로 내부 시스템에 위치한다.
> 라. 파일, 웹 등의 형태로 저장된다.

① 가, 나
② 나, 다
③ 가, 다
④ 가, 나, 라

10 다음 중 구조 관점의 데이터 유형에 관한 설명으로 가장 적절하지 않은 것은?

① 정형 데이터는 미리 정해 놓은 형식과 구조에 따라 저장되도록 구성된 데이터이다.
② 반정형 데이터는 파일에 포함된 메타데이터를 바탕으로 테이블 형태의 데이터 스키마로 변환하고 데이터를 매핑하여 정형 데이터로 변환할 수 있다.
③ 반정형 데이터는 스키마가 없으며 값과 형식에서 일관성이 없다는 특징이 있다.
④ 비정형 데이터는 언어 분석이 가능한 텍스트 데이터나 이미지, 동영상 같은 멀티미디어 데이터 등이 있다.

11 다음 중 아래의 (가), (나)에 들어갈 말로 적절한 것은?

> 데이터의 형식을 결정하는 존재론적 특징을 기준으로 데이터를 구분하면 (가)와 (나)로 구분할 수 있다. (가)는 수치, 도형, 기호 등으로 이루어져 데이터베이스나 스프레드시트 형태로 저장되며, 속성이 모여 객체를 이룬다는 특징이 있다. (나)는 언어, 문자 등으로 이루어져 파일이나 웹 형태로 저장되며, 객체 하나에 함의된 정보를 가진다.

① (가) : 정성적 데이터, (나) : 정량적 데이터
② (가) : 정량적 데이터, (나) : 정성적 데이터
③ (가) : 실시간 데이터, (나) : 비실시간 데이터
④ (가) : 비실시간 데이터, (나) : 실시간 데이터

12 다음 중 비정형 데이터에 대한 설명으로 가장 적절하지 않은 것은?

① 비정형 데이터는 일반적으로 정의된 구조가 없이 정형화되지 않은 데이터이다.
② 텍스트 데이터는 전처리를 위해 자연어 처리 기법을 주로 사용한다.
③ 비정형 데이터의 수집 기술은 데이터 세트가 아니라 객체화되어 있는 하나의 데이터이다.
④ 웹에 존재하는 모든 데이터는 비정형 데이터이다.

13 다음 중 정형 데이터의 수집 기술로 가장 적절하지 않은 것은?
① Open API
② Crawling
③ ETL
④ FTP

14 다음 중 데이터 유형별 수집 및 잠재가치에 관한 설명 중 가장 적절하지 않은 것은?
① 정형 데이터는 내부 시스템인 경우가 대부분이며 내부 데이터 특성상 활용면에서 잠재적 가치는 상대적으로 낮다.
② 반정형 데이터는 보통 데이터 제공자가 선별하여 API 형태로 제공한다.
③ 반정형 데이터는 수집 주체에 의해 데이터 분석이 선행되었기 때문에 목적론적 데이터 특징이 가장 잘 나타나는 데이터이다.
④ 비정형 데이터는 텍스트 마이닝 혹은 파일일 경우 파일을 데이터 형태로 파싱해야 한다.

15 다음 중 ETL의 기능으로 가장 적절하지 않은 것은?
① 데이터의 크기 확대
② 도메인 검증
③ 데이터 키 값의 재구성
④ 불필요한 데이터 삭제 및 중복 데이터 삭제

16 ETL을 표현하는 핵심 단어에 대한 설명으로 가장 적절한 것은?
① 추출 : 변환된 데이터를 특정 목표 시스템에 적재
② 변환 : 데이터 클렌징, 표준화, 형식변환, 통합, 다수 애플리케이션에 내장된 비즈니스 룰 적용
③ 적재 : 하나 또는 그 이상의 데이터 원천으로부터 데이터 획득
④ 작업단위 : 획득한 데이터를 목표 시스템에 적재하는 하나의 작업

17 다음 중 데이터 유형과 그 종류를 연결한 것으로 가장 적절하지 않은 것은?
① 실시간 데이터-센서 데이터
② 실시간 데이터-보안 장비 로그
③ 비실시간 데이터-시스템 로그
④ 비실시간 데이터-웹 로그

18 다음 중 저장 형태 관점에서 데이터를 구분한 종류 중 가장 적절하지 않은 것은?

① 파일 데이터
② 데이터 베이스 데이터
③ 배치 데이터
④ 스트림 데이터

19 다음 중 ETL에 대한 설명으로 가장 적절한 것은?

> 가. 데이터의 이동 및 변환 절차와 관련된 업계 표준용어이다.
> 나. 구현을 위한 다양한 상용 소프트웨어가 있으며 일괄 ETL과 실시간 ETL로 구분된다.
> 다. 데이터 통합, 이동, 마스터 데이터 관리 등의 작업을 위해서도 활용된다.
> 라. 다양한 시스템들 간 대용량의 데이터 교환이 필요하거나 복잡한 비즈니스 룰이 적용되는 데이터 교환이 필요한 경우에 활용된다.

① 가, 나
② 가, 다
③ 가, 나, 다
④ 가, 나, 다, 라

20 다음 중 저장 형태 관점에 따른 데이터 유형에 대한 설명으로 가장 적절하지 않은 것은?

① 스트림 데이터는 개별적으로 데이터 객체로 구분될 수 있는 미디어 데이터를 의미한다.
② 스트림 데이터는 네트워크를 통해서 실시간으로 전송되는 특징이 있다.
③ 데이터베이스 데이터는 데이터베이스 컬럼 또는 테이블 등에 저장된 데이터를 의미한다.
④ 파일 데이터는 시스템 로그, 서비스 로그, 텍스트, 스프레드시트 등이 있다.

21 다음 중 데이터 전처리 난이도를 어려운 순서로 나열한 것은?

① 정형-반정형-비정형
② 비정형-반정형-정형
③ 반정형-비정형-정형
④ 비정형-정형-반정형

22 다음 중 저장 형태에 따라 데이터를 분류하였을 때, 컨텐츠 데이터의 종류에 해당하지 않는 것은?
① 센서
② 텍스트
③ 이미지
④ 오디오

23 다음 예시에 해당하는 데이터 비식별 처리 기법으로 올바른 것은?

> 일지매, 31세, 부산 거주, 한국대 재학 → 홍○○, 30대, 부산 거주, ○○대 재학

① 데이터 마스킹
② 데이터 범주화
③ 가명처리
④ 총계처리

24 다음 중 웹 페이지의 비정형 데이터를 정형 데이터로 변환하는 과정에 대한 설명으로 적절한 것은?
① 데이터 변환을 하려면 데이터 구조의 정의보다 먼저 데이터 수집 절차와 관련된 수행 코드를 정의하여야 한다.
② 수집한 데이터 중 비정형 데이터만 정형 데이터로 변환할 수 있기에 비정형 데이터만 추출하여 별도 저장한다.
③ 수집 및 추출 대상이 되는 정보의 위치 및 정보의 구조를 확인한 후 해당 데이터를 추출한다.
④ 태그로 둘러싸인 웹페이지 정보의 경우에는 태그를 제외한 대상 데이터를 모두 추출하여야 한다.

25 데이터는 개인정보 식별 측면에서 식별자와 준식별자로 구분된다. 다음 중 성격이 다른 것은?
① 지문
② 혈압
③ 허리둘레
④ 키

26 다음 예시에 해당하는 데이터 비식별 처리 기법으로 올바른 것은?

> 키 175cm → 키 175 이상~키 180 이하에 속함

① 데이터 삭제
② 데이터 마스킹
③ 데이터 범주화
④ 총계처리

27 다음 중 데이터 비식별화 방법에 대한 설명으로 가장 적절하지 않은 것은?

① 데이터 삭제–개인정보 식별이 가능한 특정 데이터값을 삭제
② 데이터 마스킹–개인 식별이 가능한 데이터에 대해 직접적으로 식별할 수 없는 다른 값으로 대체
③ 데이터 범주화–단일 식별정보를 해당 그룹의 대푯값으로 변환하거나 구간값으로 변환
④ 총계처리–개인정보에 대하여 통계값을 적용하여 특정 개인을 판단할 수 없도록 함

28 다음 중 데이터 비식별 처리 기법 중 하나인 총계처리 기법의 세부기술로 가장 적절하지 않은 것은?

① 총계처리
② 부분총계
③ 재배열
④ 데이터 삭제

29 다음 중 식별자 처리의 세부기술과 특징을 연결한 것으로 가장 적절한 것은?

> 가. 라운딩–집계 처리된 값에 대해 라운딩 기준을 적용해 최종 집계 처리하는 방법으로, 세세한 정보보다는 전체 통계 정보가 필요한 경우에 주로 사용함
> 나. 감추기–개인정보에 임의의 숫자 등 잡음을 추가하는 방법
> 다. 재배열–기존 정보값을 유지하면서 개인이 식별되지 않도록 데이터 재배열
> 라. 식별자 삭제–다른 정보와 뚜렷하게 구별되는 레코드 전체를 삭제하는 방법

① 가
② 다
③ 가, 다
④ 가, 다, 라

30 다음 중 프라이버시 모델의 대표적 기법에 해당하지 않는 것은?

① k-익명성
② l-다양성
③ t-근접성
④ s-민감성

31 다음 중 프라이버시 모델에 대한 설명으로 가장 적절하지 않은 것은?
① 프라이버시 모델이란 다양한 추론 공격에 대해 개인정보 추론 위험 정도를 확률적·정량적으로 제한하는 방법론을 의미한다.
② 준식별자는 비식별화 기법들에서 변형, 조작의 대상이 되지 않는다.
③ k-익명성을 통해 한 개인이 k명의 다른 사람들과 구별되지 않도록 민감하지 않은 속성을 수정할 수 있다.
④ l-다양성을 만족하더라도 모집단에 대비하여 민감정보의 분포 차이를 통해 개인 사생활정보가 노출되는 문제가 발생할 수 있다.

32 다음 중 여러 기관에서 정의한 데이터 품질에 대한 개념으로 가장 적절하지 않은 것은?
① 조직 목적 달성을 위해 관리되는 데이터가 데이터 이용자 만족을 충족시킬 수 있는 수준
② 특정 비즈니스 목적에 특정 사실이 부합하는지 여부를 결정하기 위해 사용되는 객관적인 기준
③ 데이터의 최신성, 정확성, 상호연계성을 확보하여 사용자에게 유용한 가치를 줄 수 있는 수준
④ 데이터가 관심 있는 집단에게 사용되기 위해 요구되는 품질 특성을 충족하도록 보장해주는 일련의 지식체계 및 절차

33 다음 중 데이터 품질 관리의 중요성으로 가장 적절하지 않은 것은?
① 데이터 분석결과의 신뢰성 확보
② 데이터 활용도 향상
③ 일원화된 프로세스
④ 데이터 분석의 용이성

34 다음 중 비정형 데이터의 품질 기준으로 적절하지 않은 것은?
① 신뢰성(Reliability)
② 효율성(Efficiency)
③ 유효성(Validity)
④ 이식성(Portability)

35 다음 중 정형 데이터의 품질 기준에 대한 설명으로 가장 적절하지 않은 것은?
① 데이터 항목은 유일해야 하며 중복되어서는 안 된다.
② 데이터 항목은 정해진 데이터 유효범위 및 도메인을 충족해야 한다.
③ 실세계에 존재하는 객체의 표현값이 정확하게 반영되지 않아도 된다.
④ 데이터가 지켜야 할 구조, 값, 표현되는 형태가 일관되게 정의되고 서로 일치해야 한다.

36 다음 중 품질 진단 방법에 대한 설명으로 적절한 것은?

> 가. 체크리스트–전반적인 데이터 품질 관리 수준과 지표별 데이터 품질 수준 진단 가능
> 나. 업무규칙 진단–법, 규정에 정의된 업무기준에 근거하여 데이터가 관리되고 있는지를 진단하는 방법
> 다. 비정형 실측 –문서, 이미지, 동영상 등의 정보를 사람이 직접 확인하여 오류 여부 진단하는 방법

① 가, 다
② 가, 나
③ 나, 다
④ 가, 나, 다

37 다음 중 분산 파일 시스템에 대한 설명 중 가장 적절하지 않은 것은?

① 빅데이터의 규모 및 크기로 인해 처리 시간과 비용이 늘어나는 단점을 해결하기 위해 분산 파일 시스템이 필요하다.
② 분산 컴퓨팅 시스템은 일부 작업에 문제가 생기는 경우 해당 부분만을 재처리할 수 없다.
③ 하둡은 간단한 프로그래밍 모델을 이용해서 분산된 다수의 컴퓨터 클러스터에서 대규모의 데이터 세트를 처리할 수 있게 한다.
④ 하둡은 분산 컴퓨팅 환경을 지원하는 가장 대표적인 도구이다.

PART 02

빅데이터 탐색

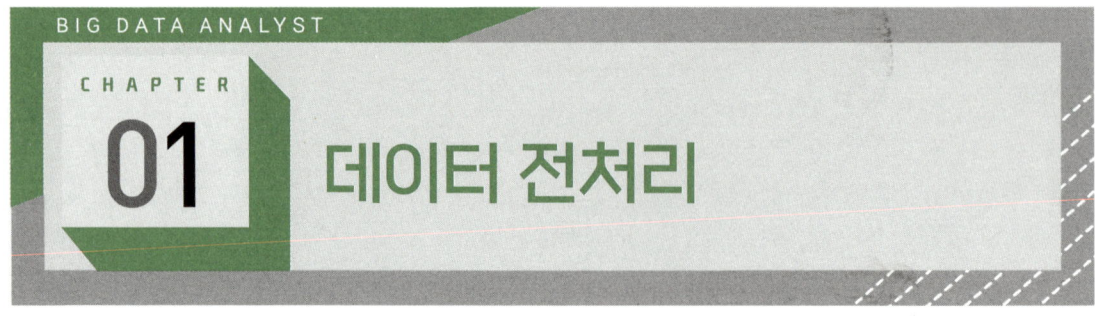

CHAPTER 01 데이터 전처리

학습목표 데이터 전처리는 분석 전 데이터의 품질이 불완전하거나 노이즈(잡음)이 있을 수 있는 상황에서 분석의 정확도와 모델링 전에 필수적으로 해야 하는 단계이다. 1차 데이터로 획득된 데이터 즉, 원시 데이터(Raw Data)는 정제, 데이터 통합, 데이터 변환 등을 통해 진행하고자 하는 분석에 최적화된 형태로 데이터를 변형하는 데이터 전처리(Data Preprocessing)를 필수적으로 수행해야 한다.

SECTION 01 데이터 전처리

1 데이터 처리

(1) 데이터 처리의 개요

데이터 분석은 전통적인 통계에 뿌리를 두고 있으나, 통계지식과 복잡한 가정이 상대적으로 적은 실용적 분야이다.

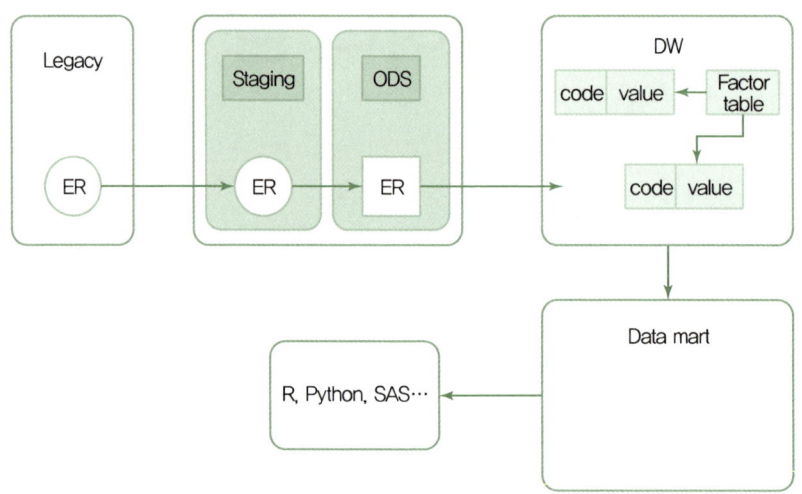

(2) 데이터 분석의 활용

① 빅데이터를 활용하는 큰 기업들의 경우에는 데이터 웨어하우스(DW)와 데이터 마트(DM)를 통해 분석 데이터를 가져와서 사용한다.

② DW에 포함되지 못한 신규 데이터의 경우 기존 운영시스템(Legacy)이나 스테이징 영역(Staging area)과 ODS(Operation Data Store)에서 데이터를 로딩하여 DW에서 가져온 내용과 결합하여 활용이 가능하다.
③ 스테이징 영역의 데이터는 운영시스템에서 임시로 저장된 데이터이므로, 가급적이면 ODS에서 데이터 전처리를 수행하여 DW나 DM과 결합하여 활용하는 것이 가장 이상적이다.

(3) 최종 데이터 구조로 가공

① 데이터 마이닝 분류 : 분류값과 독립변수들을 연관시켜 요약변수, 파생변수 등을 산출한다.
② 정형화 처리 : 비정형 데이터(텍스트, 소셜 데이터 등)는 정형화된 패턴으로 처리해야 한다.
  ㉠ 비정형 데이터 : DBMS에 저장되었다가 텍스트 마이닝을 통해 데이터 마트와 통합한다.
  ㉡ 관계형 데이터 : DBMS에 저장되었다가 사회신경망분석(SNA)을 거쳐 분석결과를 데이터 마트와 통합한다.

2 시각화

① 시각화는 가장 간단한 분석이지만 복잡한 분석보다 훨씬 직관적이다.
② 빅데이터 분석에서 데이터의 특성 확인을 위해 시각화는 필수적이다.
③ 효과적인 시각화는 EDA(탐색적 데이터 분석)에서 주요 역할을 한다.

3 탐색적 데이터 분석

(1) 탐색적 데이터 분석(EDA)의 정의

① 프린스턴대의 튜키교수가 소개한 EDA는 '주어진 자료만 가지고도 충분한 정보를 찾을 수 있도록 의미 있는 사실을 도출하고, 분석의 최종목적을 달성' 해나가는 방법론이다.
② EDA의 4가지 주제 : 저항성의 강조, 잔차 계산, 자료변수의 재표현, 그래프를 통한 현시성

(2) EDA의 사례

EDA는 데이터의 이해 단계(변수의 분포 및 이상치, 특성 파악)와 변수 생성 단계(주요한 요약 및 파생변수 생성) 그리고 변수 선택 단계에서 활용되고 있다.

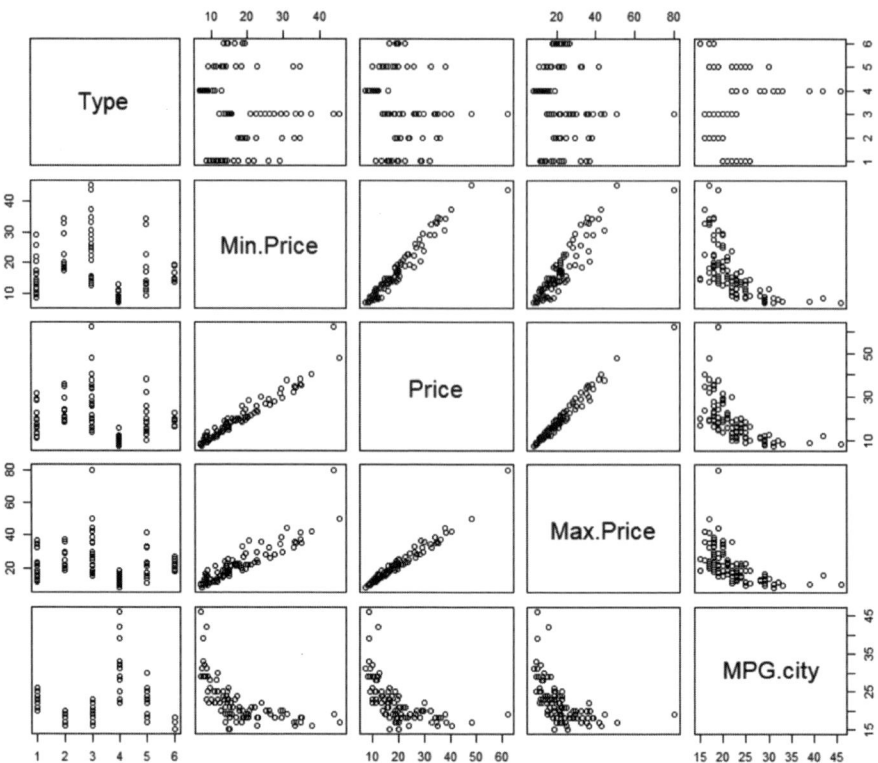

4 통계분석

① **통계** : 불확실한 상황하에서 현명한 의사결정을 하기 위한 과학적 이론과 방법의 체계를 뜻한다.
② **기술통계(Descriptive Statistics)** : 연구자가 관심이 있는 집단이나 추출된 일부 표본의 정보를 쉽게 파악하도록 데이터를 요약하여 하나의 특징적 숫자 또는 그래프로 나타내는 통계기법이다.
③ **추리통계(Inferential Statistics)** : 표본의 표본 통계량으로부터 모집단의 특성인 모수를 통계적으로 추정하는 통계기법이다.

5 데이터 마이닝

(1) 데이터 마이닝의 정의

고급 데이터 분석의 대표적인 방법으로써 '대용량 자료'로부터 정보를 '요약, 관계, 패턴, 규칙' 등을 탐색하고 이전에 알려지지 않은 '인사이트를 추출'하는 분석 방법이다.

(2) 데이터 마이닝 방법론

① **데이터베이스에서의 지식탐색** : DW에서 DM을 생성하면서 각 데이터들의 속성을 사전분석을 통해 지식을 얻는 방법이다.

② 기계학습(Machine Learning) : 인공지능(A.I.)의 한 분야로, 컴퓨터가 학습이 가능하도록 알고리즘을 개발하는 분야로 '의사결정나무, 랜덤포레스트, 인공신경망, 부스팅' 등이 있다.
③ 패턴인식(Pattern recognition) : 원자료(Raw Data)로 사전지식과 패턴에서 추출된 통계 정보를 토대로 자료를 분류하는 방법으로써 장바구니 분석, 연관규칙 분석 등이 있다.

 ## 데이터 변경 및 요약

1 데이터 마트

(1) 데이터 마트의 정의

① 데이터 마트는 데이터의 한 부분으로써 특정 유저의 관심이 있는 데이터들을 모아놓은 비교적 작은 규모의 데이터 웨어하우스라 할 수 있다.
② 데이터 마트는 데이터 웨어하우스와 사용자 사이의 중간층에 위치해있다.
③ 데이터 마트의 데이터들은 데이터 웨어하우스에서 대체로 복제되지만, 자체적으로 수집도 가능하며, RDBMS나 다차원 DB를 활용하여 구축이 가능하다.

(2) 데이터 저장소의 종류

데이터 저장소의 종류에는 데이터 마트(DM), 데이터 웨어하우스(DW), 데이터 레이크, 데이터 댐이 존재한다.

저장소 종류	설명
데이터 마트 (Data Mart)	전사적으로 구축된 데이터에서 특정 주제, 부서 중심으로 구축된 소규모의 데이터 웨어하우스
데이터 웨어하우스 (Data Warehouse)	사용자 의사결정에 도움을 주기 위하여 축적 데이터를 공통 형식으로 변환하여 관리하는 데이터 베이스
데이터 레이크 (Data Lake)	정형, 반정형, 비정형 데이터를 비롯해 가공되지 않은 다양한 종류의 원 데이터(Raw Data)를 저장할 수 있는 시스템 또는 중앙 집중식 데이터 저장소
데이터 댐 (Data Dam)	모든 산업의 데이터를 데이터 댐에 쌓는다는 의미로 어떤 값을 포함하고 있는 가공되지 않은 1차 자료를 모아 놓은 저장소

(3) 요약변수

① 수집된 데이터를 분석 목적에 맞게 종합한 변수이다.
② 통계학에서 요약 통계량의 개념과 유사하다.
  예) 총구매 금액, 금액, 횟수 등 데이터 분석을 위해 생성

③ 많은 모델에서 공통적으로 활용이 가능하므로 재활용성이 높다.
④ 요약변수의 단점은 기준값을 설정하거나 해석할 때 명확한 기준을 제시하기 어렵다는 것이다. 이러한 경우에는 연속형 변수를 등간척도로 만들어 활용하는 방법을 고려할 수 있다.

(4) 파생변수

① 사용자가 논리 타당성을 갖추어 주관적으로 생성한 변수를 의미한다.
② 파생변수는 요약변수와는 다르게 재활용성이 높지 않다.
③ 따라서 파생변수는 특정 상황에만 유의미하지 않도록 대표성을 나타내게 할 필요가 있다.

SECTION 03 분석 변수 처리

1 결측값

(1) 결측값의 정의

① 결측값은 입력이 누락된 값으로 NA, 9999999, Unknown, Not Answer 등으로 표현된다.
② 결측값 처리를 위해 너무 많은 시간을 활용하는 것은 비효율적이다.
③ 결측값에 대한 처리가 전체 작업속도에 영향을 준다.
④ 결측값 자체가 의미 있는 경우도 있는데, 신용사기, 이상치 탐지, 연봉정보 등의 경우이다.

2 결측값의 처리(Imputation)

(1) 단순대치법(Single Imputation)

① Completes Analysis : 결측값이 존재하는 레코드(행)를 삭제한다.
② 평균대치법(Mean Imputation)
  ㉠ 관측 또는 실험을 통해 얻어진 데이터의 평균으로 대치한다.
  ㉡ 비조건부 평균대치법은 관측데이터의 평균으로 대치하는 법
  ㉢ 조건부 평균대치법(Regression Imputation)은 회귀분석을 활용한 대치법
③ 단순확률대치법(Simple Random Imputation)
  ㉠ 평균대치법에서 관측된 자료를 토대로 추정된 통계량으로 결측치를 대치할 때 어떤 적절한 확률값을 부여한 후 대치하는 방법이다.
  ㉡ 평균대치법의 추정량 표준오차에 대한 과소 추정 문제를 보완하고자 고안된 방법이지만 간단한

경우를 제외한 대부분의 경우 추정량의 표준오차 계산 자체가 어렵다.
　　ⓒ Hot-Deck 방법, Nearest Neighbor 방법 등이 존재한다.

(2) 다중대치법(Multiple Imputation)

① 다중대치법은 단순대치법을 한 번만 하는 것이 아니라 m번 대치를 통해 m개의 가상의 완전한 자료를 만들어서 분석하는 방법이다.
② 다중대치법은 단순대치법의 추정량 표준오차에 대한 과소 추정 문제를 보완하고자 고안되었다.
③ 대치 순서는 대치 단계 → 분석 단계 → 결합 단계로 이루어진다.

대치 순서	대치 순서에 대한 설명
대치 단계 (Imputation Step)	다양한 대치 방법을 활용하여 가상의 완전한 자료를 m개 생성
분석 단계 (Analysis Step)	대치 단계에서 생성한 m개 자료 각각에 대해 통계분석을 통한 추정량을 계산
결합 단계 (Combination Step)	분석 단계에서 생성된 m개의 추정량과 분산의 결합을 통해 통계적 추론을 수행

3 이상값의 인식과 처리

(1) 이상값의 정의

① 이상값은 관측된 데이터의 정상 범위를 많이 벗어난 극단치들을 의미한다.
② 이상값은 꼭 제거해야 하는 것은 아니며, 분석 목적이나 종류에 따라 적절한 현업의 판단이 필요하다. 예를 들어 '이상치 탐지' 등과 같은 상황에서는 이상치는 제거 대상이 아니다.
③ 이상값이 생기는 경우
　　㉠ 의도되지 않게 잘못 입력한 경우(bad data)
　　㉡ 의도된 이상값(fraud 불량)인 경우

(2) 이상값의 검출

① 이상값은 통계적 기법의 ESD, 기하평균, 사분위수 등의 방법으로 검출할 수 있다.
② 평균과 표준편차를 활용한 ESD와 사분위수 방법이 가장 많이 활용된다.
　　㉠ ESD(Extreme Studentized Deviation)
　　　• ESD는 평균으로부터 표준편차(σ)의 k배보다 떨어진 값을 이상값으로 판별하는 방법이다.
　　　• 일반적으로 k는 3으로 한다(3-sigma 방법이다.).
　　　• ESD도 평균을 활용함으로써 이상값에 민감하다는 단점이 존재한다.

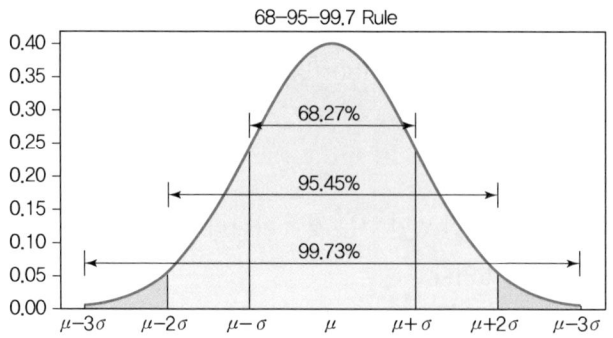

ⓒ 기하평균을 활용하는 방법 : 기하평균으로부터 표준편차의 2.5배보다 떨어져 있는 값을 이상값으로 판별한다.

> 기하평균 $-2.5*\sigma <$ data $<$ 기하평균 $+2.5*\sigma$

ⓒ 사분위수를 활용하는 방법
- Q1과 Q3를 기준으로 사분위범위(IQR: Q3-Q1)의 1.5배보다 떨어져 있는 값을 이상치로 판별한다.

> Q1-1.5*(Q3-Q1) $<$ data $<$ Q3+1.5*(Q3-Q1)

- 사분위수를 효과적으로 활용하기 위해서는 박스 플롯을 이용할 수 있다. 이는 중위수를 이용하므로 ESD와 달리 이상치에 민감하지 않다.

4 데이터 축소와 데이터 변환

(1) 데이터 축소

① 데이터 분석의 효과성 제고를 위해 중복 데이터 및 불필요 데이터를 축소하는 과정이다.
② 원시 데이터의 고유 특성이 손상되지 않도록 최대한 유지하며, 분석에 더욱 효과적일 수 있도록 변수를 선택 혹은 요약하는 기법이다.

(2) 데이터 변환 기법

① 데이터 형식 및 구조 변환
 ㉠ 데이터 분석 목적에 따라 wide 변환(행이 긴 형태) 혹은 long 변환(열이 긴 형태)으로 데이터의 구조를 변환한다.
 ㉡ 데이터의 형식을 json, csv, xml, pickle 등에서 가장 적합한 형태로 변환하여 사용하거나, 문자형 데이터를 숫자로 변환하여 사용하는 경우가 이에 해당한다.
② 데이터 스케일링
 ㉠ 데이터 스케일링(Data Scaling)은 데이터의 분석 범위가 같아지도록 속성(Feature=독립변수=X변수)별로 값을 조정하는 과정을 의미한다.

- ⓛ 다양한 종류의 스케일링 방법이 존재하지만, 표준화(Z-Scaling), 최소-최대 정규화(Min-max Scaling)가 많이 적용된다. 그 외에도 MaxAbs 스케일링, L2 정규화(벡터 정규화) 등이 존재한다.
- ⓒ 키가 160cm인데 95kg이 넘는 남성이 있다고 가정하자. 대한민국 남성의 평균 키가 175cm라 하고 평균 몸무게가 70kg라고 할 때, 키가 평균에서 얼마나 남성이 작고 얼마나 평균보다 몸무게가 더욱 많이 나가는지에 대해 비교하고자 할 때 스케일링을 통해 cm와 kg 간 단위의 차이를 조정할 수 있다.

③ 평활화
- ㉠ 평활화(Smoothing)는 데이터의 노이즈(Noise)를 줄이거나 변동성을 완화하여 데이터의 전반적인 패턴을 더욱 명확히 보기 위해 사용하는 기법이다. 특히 시계열 데이터나 연속 데이터에서 중요한데, 데이터의 작은 변동이나 잡음을 제거하여 전체적인 추세나 구조를 강조한다.
- ⓛ 평활화의 주요 목적
  - 노이즈 감소 : 원본 데이터에서 잡음(노이즈)을 제거해 주요 패턴을 더욱 잘 관찰 가능하게 된다.
  - 추세 강조 : 데이터의 변동성에 의해 가려진 기본 추세나 흐름을 쉽게 파악할 수 있도록 한다.
  - 모델링 준비 : 데이터의 복잡성을 줄여 모델이 더 효과적으로 학습할 수 있도록 단순화한다.
- ⓒ 평활화 기법의 종류
  - 이동 평균법(Moving Average) : 가장 간단한 평활화 방법 중 하나로, 일정 구간(윈도우)의 평균을 계산해 새로운 데이터 포인트로 대체하는 방식이다.
  - 지수 이동 평균(Exponential Moving Average, EMA) : 과거 데이터보다 최신 데이터에 더 큰 가중치를 부여하는 방식으로, 지수적으로 감소하는 가중치를 적용한다.
  - 그 외 방법으로는 구간화와 군집화를 통한 변환이 가능한데, 히스토그램의 경우 구간 너비를 작게 해서 구간화하는 경우가 있다.

④ 비정형 데이터 변화
- ㉠ 비정형 텍스트 데이터의 경우 단어들의 빈도분석 혹은 워드 임베딩 방식으로 정형 데이터로 최대한 변환하여 분석을 수행할 수 있다.
- ⓛ 이미지의 경우 그림의 픽셀값들을 숫자로 변환하여 이미지 분석을 수행할 수 있다.

5 변수 선택

① 분석모형에 투입할 가장 적절한 변수를 선택하는 과정을 변수 선택(Var Selection) 혹은 특성변수 선택(Feature Selection)이라 한다.
② 변수 선택 방법에는 필터 방법, 래퍼 방법, 임베디드 방법이 대표적이다.

구분	설명
필터 방법 (Filter Method)	• 특정 모델링 기법에 의존하지 않고 데이터에 대한 통계적 특징을 이용해 변수를 선택 • 변수 간 상관성 및 연관도 측정 예 상호정보량(Mutual information)이나 상관계수(Correlation Coefficient)로부터 변수를 선택하는 방법

래퍼 방법 (Wrapper Method)	• 변수의 일부만을 선택하는 피쳐 추출(Feature Extraction) 방법을 뜻함 • 가장 좋은 성능을 보인 피쳐들을 찾아내는 변수들의 조합을 찾아내는 방법 예) 전진선택법(Forward Selection), 후진소거법(Backward Elimination), 단계별 선택법(Stepwise Selection), 최적조합(Best Subset)이 존재
임베디드 방법 (Embedded Method)	• 모델링 기법 자체에 변수 선택이 포함되는 방법론 • 지표에 대한 가장 좋은 성능을 보이는 변수 집합을 찾아내는 방법 예) 라쏘 회귀(Lasso Regression), 엘라스틱넷(Elastic Net)

6 차원축소

(1) 차원축소

① 차원축소는 '차원의 저주'를 피하기 위해 수많은 변수들로 구성된 다차원 데이터셋에서 변수의 개수를 줄이거나 합하여 새로운 변수(혹은 새로운 차원)를 생성하는 것을 뜻한다.

② 차원의 저주
  ㉠ 데이터 분석에서 고차원 데이터일수록 모델 학습이 어려워지는 현상을 의미한다.
  ㉡ 차원이 증가하면 각 데이터 포인트 간의 거리가 멀어져 유사한 데이터끼리 그룹화가 어렵고, 과적합(Overfitting)의 위험이 커지게 된다.
  ㉢ 이를 해결하기 위해 '차원축소 기법'이나 '규제 기법'을 사용하여 문제를 완화할 수 있다.

③ '차원의 저주' 이슈 외에도 다중 공선성으로 인해 분석이 제대로 이루어지지 않을 수 있는데, 이러한 경우에도 차원축소 기법을 이용할 수 있다.

④ **차원축소 방법의 종류** : 다차원척도법(MDS), 주성분 분석(PCA), 선형 판별분석(LDA), 요인분석(Factor Analysis), T-SNE(T-distributed Stochastic Neighbor Embedding) 등

(2) 차원축소의 장점

① 차원축소를 수행하면, 시간 복잡도(Time Complexity)와 공간 복잡도(Space Complexity)가 줄어든다.
② 변수 간 상관성을 고려하여 '모수절약의 원칙'으로 학습모델의 간결성과 안정성을 확보할 수 있다.
③ 중요하지 않은 변수를 제거함으로써 노이즈를 제거하고 메모리를 절약할 수 있다.

(3) 차원축소의 활용

① 모델링 시 주요 설명변수 추출
② 탐색적 데이터 분석(EDA)
③ 다차원 공간의 정보를 저차원으로 변환 등

CHAPTER 01 데이터 전처리 예상문제

01 데이터 웨어하우스와 사용자의 중간층에 위치한 것으로, 하나의 주제 또는 하나의 부서 중심의 데이터 웨어하우스라고 할 수 있는 데이터베이스는?

① 데이터 마트
② 모델링
③ 관계형 데이터베이스
④ 빅데이터

02 많은 기업에서 평균 거래 주기를 3~4배 이상 초과하거나 다음 달에 거래가 없을 것으로 예상되는 고객을 (가)로 정의하고 있다. 다음 중 (가)에 가장 적절한 것은?

① 신규고객
② 우량고객
③ 가망고객
④ 휴면고객

03 이상치(Outlier)에 대한 설명으로 가장 적절하지 않은 것은?

① 통상 평균으로부터 표준편차의 3배가 되는 점을 기준으로 이상치를 정의한다.
② 데이터를 측정 과정이나 입력하는 과정에서 잘못 포함된 이상치는 삭제한 후 분석한다.
③ 군집분석을 이용하여 다른 데이터들과 거리상 멀리 떨어진 데이터를 이상치로 판정한다.
④ 설명변수의 관측치에 비해 종속변수의 값이 상이한 값을 이상치라 한다.

04 다음 중 이상값 검색을 활용한 응용시스템으로 가장 적절한 것은?

① 데이터 마트
② 장바구니 분석 시스템
③ 교차판매 시스템
④ 부정사용방지 시스템

05 박스플롯(Boxplot)을 이용한 이상값 탐지에 대한 설명으로 가장 적절하지 않은 것은?
① 평균에서 표준편차의 3배보다 떨어진 값을 이상값으로 판단한다.
② 이상값은 반드시 제거해야 하는 것은 아니며 이상값 처리는 분석 목적에 따른 적절한 판단에 기반해야 한다.
③ 중위수를 활용하기에 이상치에 민감하지는 않다.
④ Q1-1.5*(Q3-Q1)<data<Q3+1.5*(Q3-Q1)의 범위를 벗어나는 Data를 이상치라고 판단한다.

06 다음의 결측값(Missing Value) 처리에 대한 내용 중 가장 옳지 않은 것은?
① 단순 확률 대치법은 추정량의 과소 추정이나 계산의 난해성 문제를 보완하는 방식이다.
② 다중대치법은 단순대치법을 한 번만 하지 않고 m번 대치를 통해 m개의 가상의 완전한 자료를 만들어 분석하는 방법이다.
③ 평균대치법은 관측 또는 실험되어 얻어진 자료의 평균값으로 결측값을 대치하는 방법이다.
④ 완전 분석법은 불완전 자료는 모두 무시하고 완전하게 관측된 자료만 사용하여 분석하는 방법이다.

07 파생변수는 사용자가 특정 조건을 만족하거나 특정 함수에 의해 값을 만들어 의미를 부여한 변수이다. 다음 중 파생변수의 설명으로 적절한 것은?
① 파생변수는 재활용성이 높다.
② 파생변수는 많은 모델에서 공통적으로 많이 사용될 수 있다.
③ 파생변수는 다양한 모델을 개발해야 하는 경우, 효율적으로 사용할 수 있다.
④ 파생변수는 매우 주관적인 변수일 수 있으므로 논리적 타당성을 갖춰야 한다.

08 다음 중 데이터 전처리에 대한 설명으로 옳지 않은 것은?
① 데이터 정합성을 낮추는 데이터가 포함된 경우에는 더 많은 전처리 과정이 필요하다.
② 데이터 오류 원인 분석 후에 데이터를 정제 및 전처리한다.
③ 데이터 오류의 원인으로는 ESD(Extreme Studentized Deviation)가 있다.
④ 결측값을 채우거나 이상치를 제거하는 과정으로 데이터 신뢰도를 높이는 작업도 포함한다.

09 다음 중 데이터 전처리의 절차로 옳은 것은?

① 데이터 오류 원인 분석 → 데이터 정제 대상 선정 → 데이터 정제 방법 결정
② 데이터 오류 원인 분석 → 데이터 정제 방법 결정 → 데이터 정제 대상 선정
③ 데이터 정제 대상 선정 → 데이터 오류 원인 분석 → 데이터 정제 방법 결정
④ 데이터 정제 대상 선정 → 데이터 정제 방법 결정 → 데이터 오류 원인 분석

10 다음 중 데이터의 일관성을 유지하기 위한 방법론으로 옳지 않은 것은?

① 변환(Transfomation)
② 파싱(Parsing)
③ 일부분 결측치(Missing) 생성
④ 보강(Enhancement)

11 다음 중 데이터 결측치 처리 절차로 옳은 것은?

① 결측치 식별 → 결측치 부호화 → 결측값 대체
② 결측치 식별 → 결측치 대체 → 결측값 부호화
③ 결측치 부호화 → 결측치 식별 → 결측값 대체
④ 결측치 대체 → 결측치 부호화 → 결측값 식별

12 다음의 결과는 데이터의 기초통계량이다. 상자수염그림(Box Plot)을 그려서 이상치를 탐지하려 했을 때 이상치의 하한선과 상한선은?

min	1st QU.	Median	Mean	3rd QU.	Max
−1.000	3.000	5.000	8.333	9.000	37.000

① (−3, 15)
② (−6, 18)
③ (−9, 21)
④ (−12, 24)

CHAPTER 02 데이터 탐색

학습목표 수집된 데이터를 살펴볼 때 데이터의 분포 및 특징을 파악하는 것은 매우 중요하다. 데이터가 정규분포라면 모수통계학을 활용하고, 정규분포를 따르지 않는다면 비모수통계학을 활용하는 것처럼 그에 따른 분포파악을 통계적 방법이나 시각적 기법을 통해 자료를 직관적으로 바라보는 과정을 데이터 탐색이라 한다. 이와 같은 과정을 통해 데이터의 분포 및 값을 다각도로 검토함으로써 데이터에 대한 잠재적인 문제와 인사이트를 얻을 수 있다. 이렇게 데이터에 대해 미리 탐색하는 과정을 탐색적 데이터 분석(Exploratory Data Analysis ; EDA)이라고 하며 데이터 사이언티스트들에게 통과의례처럼 중요한 과정이 되어가고 있다.

SECTION 01 데이터 탐색 기초

1 탐색적 데이터 분석

(1) 탐색적 데이터 분석(EDA)의 정의

① 탐색적 데이터 분석은 Exploratory Data Analysis의 약자로 벨연구소의 존 튜키가 개발한 데이터 분석 방법론이다.
② 자료의 특성을 표, 그래프, 통계량 등을 활용하여 쉽게 파악할 수 있도록 기술통계 분석 방법을 활용한다.
③ 분석의 목적과 어떠한 변수들이 존재하는지를 확인한 후 데이터의 대략적인 통계 수치들을 계산해 봄으로써 데이터의 구조 파악하여 분석에 대한 인사이트를 얻기 위해 노력한다.
④ EDA의 주제는 크게 저항성(Resistance)의 강조, 잔차(Residual)의 해석, 데이터의 재표현(Re-expression), 데이터의 현시성(Graphic presentation) 4가지이다.

(2) 그래프를 활용한 자료 탐색

① 막대그래프 : 범주(Category, 명목형)형 데이터를 표현하며, 범주의 순서는 변화 가능하다.
② 히스토그램 : 히스토그램은 막대그래프와 달리 연속(Continuous, 등간, 비율)형 데이터를 표현하며, 순서 변경이 불가하다.

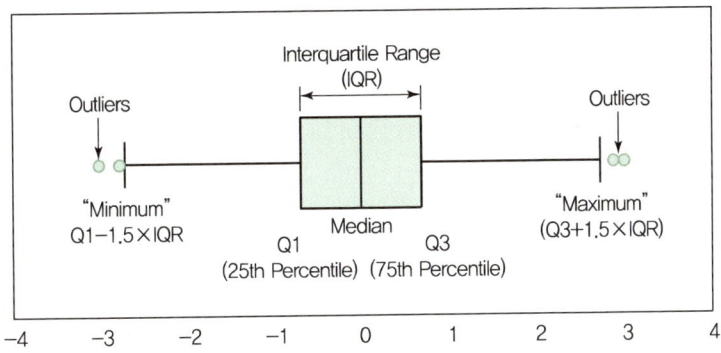

참고

상자수염그림 관련 용어 정리

백분위수	데이터를 백등분한 것
사분위수	데이터를 4등분한 것
중위수	데이터의 정 가운데 순위에 해당하는 값(관측치의 절반은 크거나 같고 나머지 절반은 작거나 같음)
제3사분위수(Q3)	중앙값 기준으로 상위 50% 중의 중앙값, 전체 데이터 중 상위 25%에 해당하는 값
제1사분위수(Q1)	중앙값 기준으로 하위 50% 중의 중앙값, 전체 데이터 중 하위 25%에 해당하는 값
사분위범위수(IQR)	데이터의 중간 50%(Q3-Q1)
안울타리	Q1-1.5*IQR 또는 Q3+1.5*IQR cf) 안울타리를 벗어나는 자료를 보통 이상치라고 함
밖울타리	Q1-3*IQR 또는 Q3+3*IQR cf) 밖울타리를 벗어나는 자료를 극단 이상치라고 함. ESD와 비슷

③ 줄기-잎 그림(Stem-Leaf Plot) : 통계적 자료를 표 형태와 그래프 형태의 혼합된 방법으로 나타내는 것을 말한다.

예시

- 몸무게가 아래와 같이 존재한다면?
  43, 65, 71, 76, 82, 83, 84, 95, 96, 98 (단위: kg)

Stem	Leaf
4	3
5	
6	5
7	1 6
8	2 3 4
9	5 6 8

- Stem '4' Leaf '3' means 43
- Stem '7' Leaf '6' means 76
- Stem '9' Leaf "6" means 96

stem	leaf
0	1, 1, 2, 2, 3, 4, 4, 4, 4, 5, 8
1	0, 0, 0, 1, 1, 3, 7, 9
2	5, 5, 7, 7, 8, 8, 9, 9
3	0, 1, 1, 1, 2, 2, 2, 4, 5
4	0, 4, 8, 9
5	2, 6, 7, 7, 8
6	3, 6

<줄기-잎 그림>

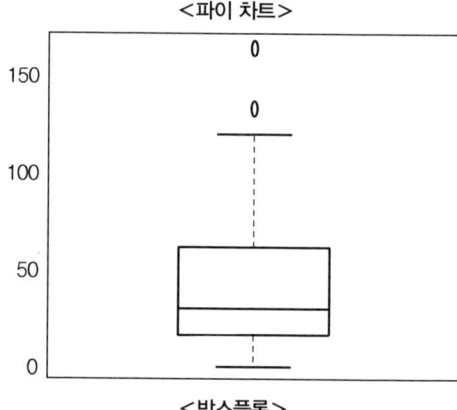

<파이 차트>

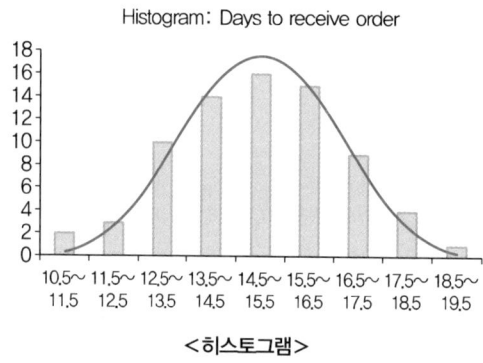

<히스토그램>

<박스플롯>

(3) 통계량에 의한 자료 탐색

① **집중화 경향** : 앞서 언급했던 집중화 경향(중심화 경향)인 평균, 중앙값, 최빈값을 살펴본다.

② **산포도로 이상치 탐지** : 대표적인 산포도 분산, 표준편차, 범위 및 사분위수로 이상치를 탐지할 수 있다.

  ㉠ 분산 : $S^2 = \dfrac{\Sigma(X_i - \overline{X})^2}{n-1}$

  ㉡ 표준편차 : $S = \sqrt{\dfrac{\Sigma(X_i - \overline{X})^2}{n-1}}$

  ㉢ 사분위범위수 및 사분위수
  - IQR = Q3-Q1
  - 제1사분위수(Q1) = 25%(25백분위수)
  - 제2사분위수(Q2) = 50%(50백분위수)
  - 제3사분위수(Q3) = 75%(75백분위수)

③ **백분위수(Percentile)** : $\dfrac{(n-1)p}{100+1}$ 번째 값을 뜻한다.

④ **변동계수(Coefficient of variation)**

  ㉠ 변동계수 또는 상대 표준편차(Relative Standard Deviation, RSD)는 표준편차를 표본평균이나 모평균 등 산술평균으로 나눈 것이다.

ⓒ 변동계수 계산식

$$V = \frac{S}{\overline{X}}$$

ⓒ 측정 단위가 다른 자료를 비교할 때 사용한다.

2 상관분석

(1) 상관분석(Correlation Analysis)의 정의

① 두 변수 간 선형관계의 강도, 즉 얼마나 밀접한 관련이 있는지를 확인하는 분석법이다.
② 두 변수 간 관계를 살펴보기 위해서 산포도를 그림으로써 대략적으로 확인해볼 수 있다.

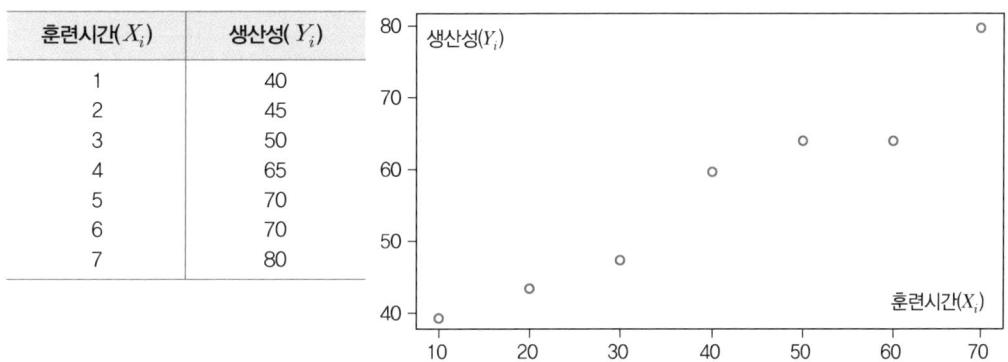

③ 하지만 정확한 두 변수 간의 관계 파악을 위해서 관련성의 정도를 상관계수(Correlation Coefficient)로 계산하여 알아볼 필요가 있다.

(2) 공분산의 정의

① 상관분석을 이해하기 위해서는 공분산(Covariance)에 대한 이해가 필요하다. 왜냐하면 상관분석이란 두 변수 간의 관계를 보는 것인데, 공분산 또한 두 변수의 변하는 정도를 확인하기 때문이다.

- X와 Y의 공분산
  - 모집단 $\sigma_{XY} = \dfrac{\Sigma(X_i - \mu_X)(Y_i - \mu_Y)}{n}$
  - 표본 $S_{XY} = \dfrac{\Sigma(X_i - \overline{X})(Y_i - \overline{Y})}{n-1}$

② 공분산에서 X변수가 증가할 때 Y변수가 증가하면, 즉 두 변수가 같은 방향으로 변화하면 공분산의 수치는 +가 된다. 만일 두 변수가 변화하는 방향이 서로 다르면 공분산은 -부호를 갖는다.
③ 공분산의 단점으로는 두 변수의 측정 단위에 따라 커다란 차이가 나는 문제점을 내포한다는 것이다.
④ 이 단점을 해결하기 위해 상관계수를 활용하는데 S_{xy}를 S_x와 S_y곱으로 나누어 표준화한다.

$$r_{xy} = \frac{\sum_{i=1}^{n}(x_i - \overline{x})(y_i - \overline{y})}{\sqrt{\sum_{i=1}^{n}(x_i - \overline{x})^2 \sum_{i=1}^{n}(y_i - \overline{y})^2}} \Rightarrow r_{xy} = \frac{\frac{1}{n}\sum_{i=1}^{n}(x_i - \overline{x})(y_i - \overline{y})}{\sqrt{\frac{1}{n}\sum_{i=1}^{n}(x_i - \overline{x})^2 \frac{1}{n}\sum_{i=1}^{n}(y_i - \overline{y})^2}} \Rightarrow r_{xy} = \frac{S_{xy}}{S_x S_y}$$

(3) 상관관계의 범위와 종류

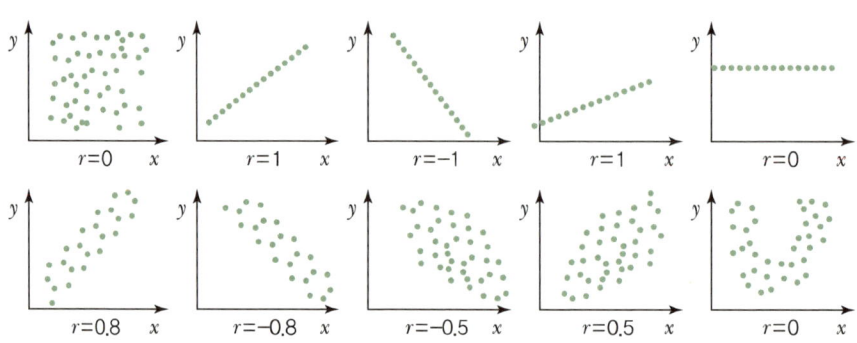

① 상관계수의 범위

상관계수 범위	계수에 따른 해석
$0.8 < r \leq 1$	매우 강한 양(+)의 상관관계가 존재
$0.6 < r \leq 0.8$	강한 양(+)의 상관관계가 존재
$0.4 < r \leq 0.6$	약한 양(+)의 상관관계가 존재
$0 < r \leq 0.4$	거의 상관관계가 있다고 하기 어려움
$r = 0$	선형 상관관계가 존재하지 않음
$-0.4 \leq r < 0$	거의 상관관계가 있다고 하기 어려움
$-0.4 \leq r < -0.6$	약한 음(−)의 상관관계가 존재
$-0.6 \leq r < -0.8$	강한 음(−)의 상관관계가 존재
$-0.8 \leq r < -1$	매우 강한 음(−)의 상관관계가 존재

② 상관분석의 종류

구분	피어슨 상관계수	스피어만 상관계수
방식	등간척도, 비율척도로 측정된 두 변수들의 상관관계 측정 방식	서열척도인 두 변수들의 상관관계를 측정하는 방식
특징	• 연속형 변수여야 함 • 정규성 가정을 충족시켜야 함 • 대부분 많은 곳에서 활용됨	• 서열변수 • 비모수적 방법이 적용 • 순위를 기준으로 상관관계를 측정
상관계수	적률상관계수(피어슨 r, 감마)	순위상관계수(ρ, 로우)

SECTION 02 고급 데이터 탐색

1 시공간 데이터(Spatio-Temporal Data) 탐색

(1) 시간 데이터 탐색

① 시간 데이터의 기본 개념
- ㉠ 시간 데이터는 특정 사건이나 현상이 발생한 시점을 기록한 데이터로, 이 데이터는 시간이 지남에 따라 변하는 연속적인 값을 포함한다.
- ㉡ 주로 시간의 흐름에 따른 패턴이나 추세를 분석할 때 사용되며, 이 데이터는 일, 월, 연도 등 다양한 단위로 표현될 수 있다.

② 시간 데이터의 형식과 표현
- ㉠ 시간 데이터는 주로 날짜와 시간의 형식으로 기록되며, 예를 들어 '2024-09-24'와 같은 날짜 형식과 '12:45:00'과 같은 시간 형식이 일반적이다.
- ㉡ 시간 데이터는 시계열 데이터의 중요한 요소로 사용되며, 연속적인 관측치 사이의 시간 간격을 기준으로 분석할 수 있다.

③ 시간 데이터의 활용
- ㉠ 시간 데이터는 다양한 분야에서 사용되며, 특히 금융, 기상, 물류, 의료 등의 산업에서 매우 중요하다.
- ㉡ 예를 들어 주식 시장에서의 거래 시간, 날씨 예측에서의 시간 변화, 환자의 건강 상태 변화를 모니터링하는 의료 데이터 등 시간 데이터는 모든 곳에서 중요한 역할을 한다.

④ 시간 데이터의 분석 기법
- ㉠ 시간 데이터는 통계분석, 시계열 분석, 예측 모델링 등의 다양한 분석 방법을 통해 패턴을 파악하거나 미래의 변화를 예측할 수 있다.
- ㉡ 대표적인 시계열 분석 기법으로는 ARIMA, SARIMA 등이 있으며, 이들은 과거의 데이터로부터 시간에 따른 변화를 모델링하고 예측하는 데 사용된다.

(2) 공간 데이터 탐색

① 공간 데이터의 기본 개념
- ㉠ 공간 데이터는 지리적 위치를 나타내는 데이터로, 좌표, 주소, 행정구역 등의 형태로 기록된다.
- ㉡ 이러한 데이터는 특정 위치나 지점을 중심으로 발생하는 현상이나 특성을 분석하는 데 사용되며, 지도나 공간분석 도구를 통해 시각화될 수 있다.

② 공간 데이터의 형식과 표현
- ㉠ 공간 데이터는 주로 위도(latitude), 경도(longitude)와 같은 좌표 형식으로 표현되며, GPS 데이터를 통해 실시간으로 수집될 수 있다.

   ⓒ 또한 공간 데이터를 시각화하기 위해 지리정보시스템(GIS)을 사용하여 지도상에 데이터를 표현하거나 분석할 수 있다.
  ③ 공간 데이터의 활용
   ㉠ 공간 데이터는 도시 계획, 환경 모니터링, 교통 관리, 재난 대비 등 다양한 분야에서 활용된다.
   ⓒ 예를 들어 특정 지역의 공기 오염도를 분석하거나, 자연재해가 발생할 가능성이 높은 지역을 파악하는 데 중요한 역할을 한다.
  ④ 데이터의 분석 기법
   ㉠ 공간 데이터 분석에는 클러스터링, 지리적 회귀분석, 공간 상관분석 등이 포함된다.
   ⓒ 공간적 상관관계를 파악하거나 특정 지역에서 발생하는 현상의 패턴을 찾기 위해 공간 데이터를 사용한다. 이를 통해 특정 지역의 특성을 예측하거나 문제를 해결하는 데 기여할 수 있다.

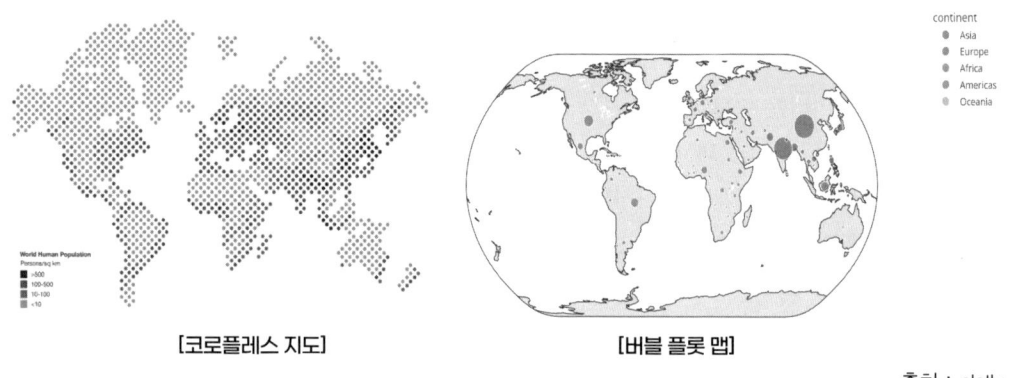

[코로플레스 지도]   [버블 플롯 맵]

출처 : plotly

2 다변량 데이터 탐색 및 분석

(1) 다변량 데이터(Multivariate Data) 탐색

 ① 다변량 데이터의 개념
  ㉠ 다변량 데이터는 여러 변수를 동시에 포함하는 데이터로, 각 관측치가 다수의 특성이나 속성에 의해 설명되는 데이터를 말한다.
  ⓒ 예를 들어 고객의 구매 데이터는 나이, 소득, 구매 빈도 등 여러 변수를 포함할 수 있다. 다변량 데이터는 복잡한 관계를 분석하기 위해 필수적인 데이터 유형이다.
 ② 다변량 데이터 탐색의 필요성
  ㉠ 다변량 데이터를 탐색하는 것은 데이터 간의 상관관계, 패턴, 이상값 등을 파악하는 데 매우 중요하다.
  ⓒ 이러한 탐색을 통해 변수 간의 관계를 이해하고, 데이터의 특성이나 구조를 발견하며, 예측 모델을 개발할 수 있다.
  ⓒ 탐색적 데이터 분석(EDA)에서 다변량 데이터는 복잡한 상호작용을 이해하는 중요한 단계이다.

③ 다변량 데이터 탐색 기법
  ㉠ 산점도 행렬 : 각 변수 간의 관계를 시각적으로 보여준다.
  ㉡ 상관행렬 : 변수 간의 상관관계를 숫자로 표현해준다.
  ㉢ 주성분 분석(PCA) : 고차원 데이터를 저차원으로 축소해 데이터의 주요 패턴을 탐색할 수 있도록 도와준다.

④ 다변량 데이터 탐색의 응용
  ㉠ 다변량 데이터 탐색은 금융, 마케팅, 의료 등 다양한 분야에서 활용된다.
  ㉡ 예를 들어 마케팅 분야에서는 고객 세분화를 위해 다변량 데이터를 탐색하여 고객의 행동 패턴을 파악할 수 있다. 또한 의료 분야에서는 환자의 여러 특성을 탐색하여 질병의 원인이나 위험 요인을 분석할 수 있다.

데이터 유형	정의	예시	분석 방법
일변량 데이터	• 하나의 변수만 포함하는 데이터 • 한 번에 하나의 변수를 분석하는 것에 중점을 둠	한 학급의 학생들의 키를 분석하는 경우	히스토그램, 상자그림, 요약통계(평균, 중앙값 등)
이변량 데이터	• 두 개의 변수를 포함하는 데이터 • 두 변수 간의 관계나 상호작용을 분석하는 것에 중점을 둠	학생들의 키와 몸무게 간의 관계를 연구하는 경우	산점도, 상관계수, 단순선형회귀
다변량 데이터	• 세 개 이상의 변수를 포함하는 데이터 • 여러 변수 간의 상호작용과 관계를 분석하는 것에 중점을 둠	학생들의 키, 몸무게, 나이 간의 관계를 연구하는 경우	산점도행렬, 주성분 분석(PCA), 다중회귀분석

⑤ 시각화 방법
  ㉠ 모자이크 플롯(Mosaic Plot)
    • 모자이크 플롯은 범주형 데이터의 관계를 시각화하는 데 유용하다.
    • 직사각형의 크기는 해당 범주의 빈도나 비율을 나타내며, 다중 변수 간의 분포를 직관적으로 비교할 때 효과적이다. 특히 범주형 데이터의 관계 분석에 사용한다.

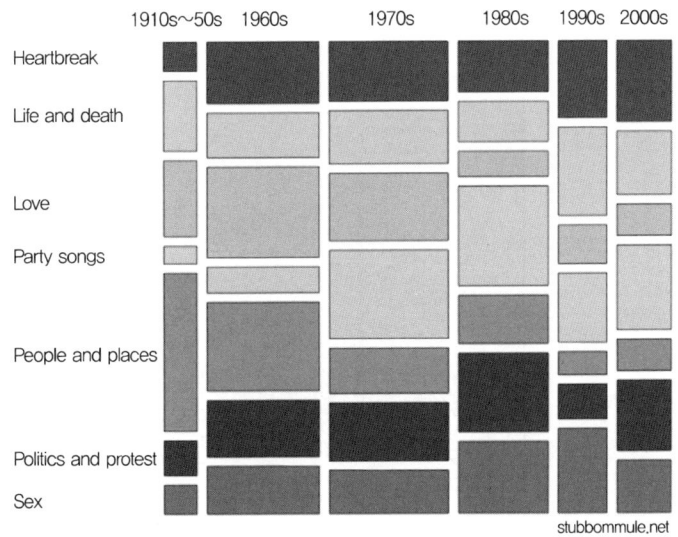

ⓒ 레이더 차트(Radar Chart)
- 여러 변수를 시각화하는 다각형 차트로, 각 축은 하나의 변수를 나타내며, 변량 간의 패턴이나 유사성을 파악하는 데 유용하다.
- 성과 비교나 다변량 데이터의 시각화에 적합하다.
- 중심에서 멀어질수록 해당 변수의 값이 커지고, 각 지점이 선으로 연결된다.

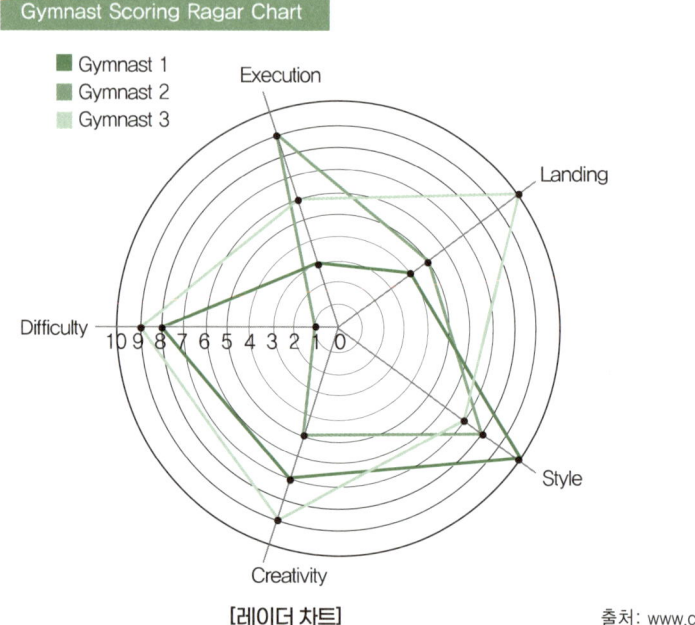

[레이더 차트] 출처: www.cs.middlebury.edu

ⓒ 평행좌표 그래프(Parallel Coordinates Plot)
- 다차원 데이터를 시각화하기 위한 도구로, 각 변수는 수직선으로 나타난다.
- 데이터를 선으로 연결하여 여러 변수를 동시에 비교 가능하다.
- 복잡한 데이터 패턴을 한눈에 파악하는 데 유리하다.
- 변수 간 상호작용이나 패턴을 파악하는 데 적합하다.

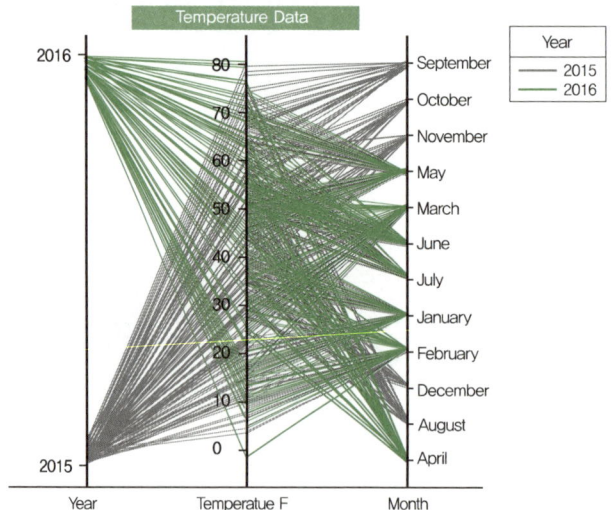

ⓔ 체르노프 얼굴(Chernoff Face)
- 다변량 데이터를 얼굴 모양으로 시각화하는 방법으로, 각 변수는 얼굴의 특정 부분(눈, 입, 코 등)에 대응되며, 얼굴 모양을 통해 변수 간 차이를 시각적으로 이해할 수 있다.
- 복잡한 데이터를 직관적으로 비교할 수 있다.
- 인간의 인지 능력을 활용한 독특한 시각화 기법이다.

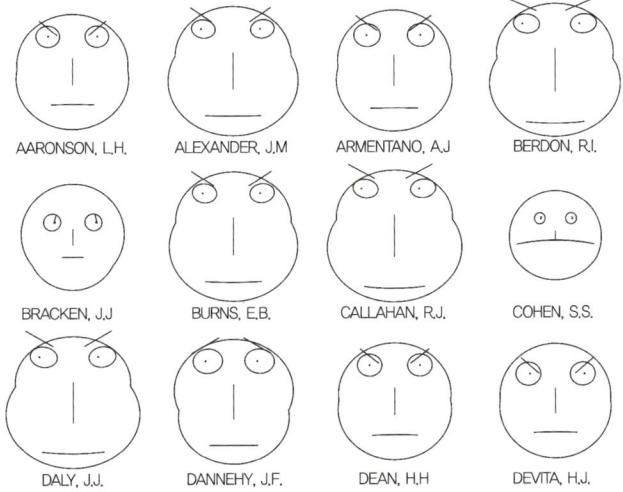

[체르노프 얼굴] 출처: wikipedia

ⓜ 선버스트 차트(Sunburst Chart)
- 계층적 데이터를 시각화하는 도구로, 원형으로 구성된 레벨들이 각 계층을 나타낸다.
- 중심에서 바깥으로 갈수록 더 세부적인 데이터를 표현한다.
- 트리 구조와 유사한 방식으로 데이터를 탐색 가능하다.
- 데이터의 분포를 한눈에 파악하는 데 유용하다.

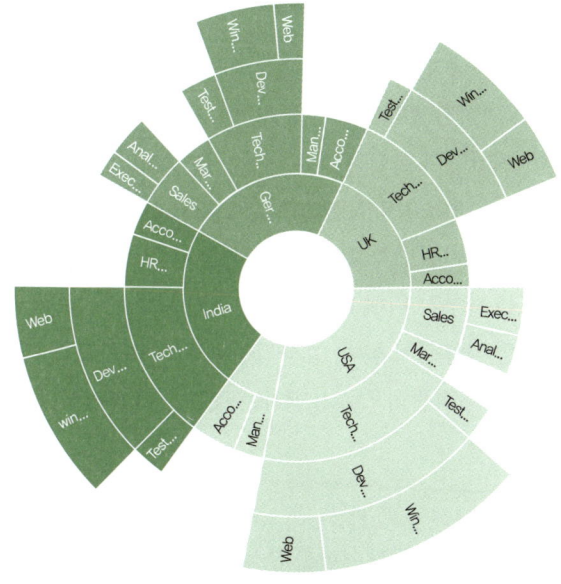

[선버스트 차트] 출처: syncfusion

ⓗ 트리맵(Treemap)
- 계층적 데이터를 사각형 형태로 시각화하는 방법으로, 각 사각형의 크기는 해당 범주의 값을 나타내며, 대용량 데이터를 시각화할 때 유용하다.
- 데이터를 압축적으로 시각화하고, 부분 간의 비율을 쉽게 비교 가능하며 각 계층의 비율 또한 쉽게 확인할 수 있다.

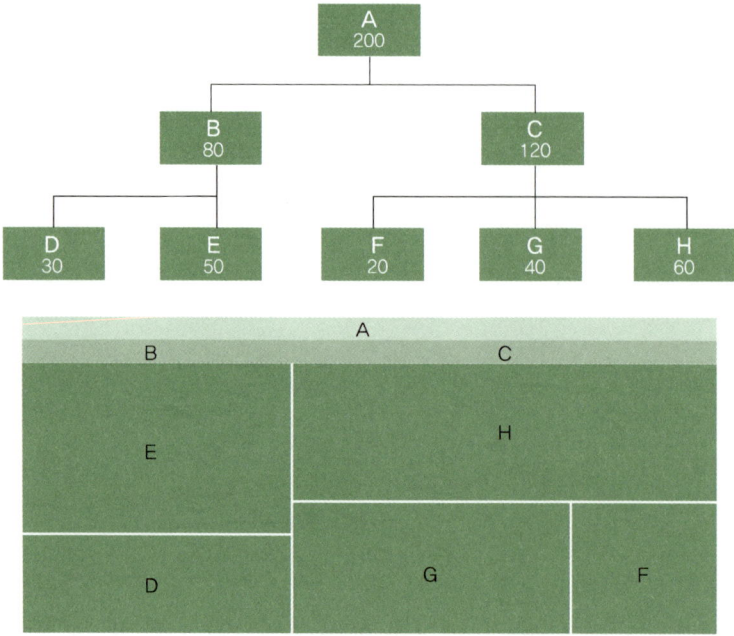

3 비정형 데이터 탐색

(1) 비정형 데이터(Unstructured Data)

① 비정형 데이터는 고정된 구조나 형식을 따르지 않는 데이터로, 텍스트, 이미지, 오디오, 동영상 등의 형태로 존재하며, 관계형 데이터베이스에 쉽게 저장하거나 처리하기 어렵다.
② 비정형 데이터 탐색은 이러한 구조화되지 않은 데이터를 분석하는 과정으로, 데이터를 이해하고 의미 있는 패턴을 찾기 위해 자연어 처리(NLP), 텍스트 마이닝, 이미지 분석 등의 기법을 활용한다.
③ 주로 텍스트 기반 데이터에서 키워드 추출, 감성 분석, 문서 분류 등의 작업이 이루어지며, 비정형 데이터의 다양성과 복잡성을 다루기 위해 머신러닝 및 딥러닝 기술이 자주 사용된다.
④ 비정형 데이터는 대규모일 가능성이 높아, 효율적인 데이터 처리와 분석 도구의 선택이 중요하며, 시각화 기술을 통해 데이터를 직관적으로 표현하는 것도 필요하다.

(2) 텍스트 데이터 탐색

① 텍스트 데이터 탐색은 비정형 텍스트 데이터를 분석하여 유의미한 정보를 추출하는 과정으로, 주요 기법으로는 텍스트 마이닝, 자연어 처리(NLP), 감성 분석 등이 있다.

② 주로 텍스트에서 키워드 추출, 주제 모델링, 문서 분류, 유사성 분석을 통해 데이터의 구조와 패턴을 파악한다.
③ 텍스트의 길이나 언어적 특징을 고려한 토큰화와 형태소 분석이 선행되며, 분석 결과를 시각화하기 위해 워드 클라우드, 빈도 분석이 자주 사용된다.
④ 대규모의 텍스트 데이터를 다룰 때는 머신러닝 및 딥러닝 기법을 적용하여 예측 모델을 만들거나, 문서 간의 관계성을 파악하는 작업도 수행한다.

(3) 웹 데이터 탐색

① 웹 데이터 탐색은 웹 크롤링이나 스크래핑을 통해 웹 페이지에서 데이터를 수집하고 분석하는 과정으로, 주로 텍스트, 이미지, 하이퍼링크, 메타데이터 등의 정보를 다룬다.
② 수집된 웹 데이터는 주로 HTML, JSON, XML 등의 형식으로 제공되며, 이를 구조화하여 분석에 활용한다.
③ 웹 데이터 탐색에서는 키워드 분석, 사용자 행동 분석, 트렌드 분석을 통해 온라인상의 패턴을 파악하며, 특히 SEO 분석과 소셜 네트워크 분석(SNA)이 주로 이루어진다.
④ 데이터 수집과 분석 과정에서 윤리적 이슈나 로봇 차단과 같은 기술적 문제를 해결하기 위한 기술적 대처가 필요하다.

(4) 이미지 데이터 탐색

① 이미지 데이터 탐색은 시각적 데이터를 분석하는 과정으로, 주요 기법으로는 컴퓨터 비전, 이미지 분류, 객체 검출 등이 있다.
② 이미지 데이터 탐색에서는 이미지의 색상, 형태, 패턴을 분석하며, 특히 CNN(Convolutional Neural Networks)을 활용한 딥러닝 기법이 일반적이다.
③ 이미지의 특성 추출을 통해 분류, 얼굴 인식, 장면 이해 등의 작업을 수행하며, 이미지에서 의미 있는 정보나 이상 패턴을 파악하는 데 주력한다.
④ 대용량 이미지 데이터의 경우 전처리 작업을 통해 해상도 조정, 노이즈 제거, 이미지 변환 등을 수행하여 분석 효율성을 높인다.

CHAPTER 02 데이터 탐색 예상문제

01 다음 중 EDA(Exploratory Data Analysis)에서 자료의 재표현(Re-expression) 변환 기법으로 가장 적절하지 않은 것은?
① 로그 변환
② 제곱근 변환
③ 역수 변환
④ 분산 변환

02 다음 중 EDA(Exploratory Data Analysis) 4가지 주제에 대한 설명으로 올바르지 않은 것은?
① 저항성(Resistance)은 자료의 일부가 파손되었을 때 영향을 적게 받는 성질로 데이터의 부분적 변동에 민감하게 반응한다.
② 잔차 해석(Residual)은 관측치들이 주 경향으로부터 벗어난 정도를 뜻한다.
③ 자료 재표현(Re-expression)은 데이터 분석과 해석을 단순화할 수 있도록 원래 변수를 로그 변환, 제곱근 변환, 역수변환과 같은 형태의 변환을 하는 것이다.
④ 현시성(Graphic representation)은 자료 안에 숨어있는 정보를 시각적으로 나타냄으로써 자료의 구조를 효율적으로 잘 파악하게 된다는 것이다.

03 데이터가 가지고 있는 특성을 파악하기 위해 해당 변수의 분포 등을 시각화하여 분석하는 것을 일컫는 말은?
① 전처리 분석
② 탐색적 자료분석(EDA)
③ 공간 분석
④ 확증적 자료분석(CDA)

04 탐색적 데이터 분석의 목적인 데이터를 이해하는 것에 대한 설명으로 가장 적절하지 않은 것은?
① 탐색적 데이터 분석 과정은 데이터에 포함된 변수의 유형을 확인하는 과정이다.
② 알고리즘의 적합여부는 데이터의 품질과 데이터에 담긴 정보량에 절대적으로 의존한다.
③ 데이터를 시각화하면 이상치(outlier)를 식별할 수가 없다.
④ 데이터에 대한 전반적인 이해를 통해 데이터의 분포 및 분석가능여부를 체크한다.

05 100개의 실수를 관측하여 평균과 표준편차를 구한 결과 15와 2가 나왔다. 모든 관측값들에 4를 더한 후 평균과 표준편차를 다시금 구하면 값의 변화는 어떻게 되는가?

① 평균은 11, 표준편차는 -2가 된다.
② 평균은 19, 표준편차는 6이 된다.
③ 평균은 19, 표준편차는 2가 된다.
④ 평균은 19, 표준편차는 4가 된다.

06 다음 중 집중화 경향값과 산포도에 대한 특징으로 가장 적절하지 않은 것은?

① 중위수는 대표적인 집중화 경향을 나타내는 값으로 이상값에 민감하다는 단점이 존재한다.
② 사분위수는 모든 데이터 값을 순서대로 배열하였을 때 4등분한 지점에 있는 값이다.
③ 표본평균은 데이터의 합을 총 개수로 나눈 값을 의미한다.
④ 최빈값은 관측된 데이터들 중에서 가장 빈번하게 나타난 값을 의미한다.

07 다음 중 아래의 설명과 가장 가까운 척도는?

> 측정 대상이 갖고 있는 속성의 양을 측정하는 것으로 측정 결과가 수사로 표현되나 해당 속성이 전혀 없는 상태인 절대적인 원점(혹은 영점)이 없다. 따라서 두 관측값 사이의 비율은 별 의미가 없게 되는 척도로서 대표적으로 온도, 지수 등이 그 예이다.

① 명목척도   ② 순서척도
③ 구간척도   ④ 비율척도

08 피어슨의 비대칭도가 양수(+)로 나왔다고 할 때, 분포의 최빈값, 중위값, 평균값의 크기 순서는?

① 중위값 < 최빈값 < 평균값   ② 최빈값 < 평균값 < 중위값
③ 최빈값 < 중위값 < 평균값   ④ 평균값 < 최빈값 < 중위값

09 다음 중에서 자료들의 중간 50%에 흩어진 정도를 나타내는 통계량은?

① 중위수   ② 사분위수 범위(IQR)
③ 평균   ④ 분산

10 만약 100명의 키를 cm로 측정한 데이터의 분산이 1230이었다면, 동일한 100명의 키를 m로 측정한다면 데이터의 분산은 얼마인가?

① 0.0123   ② 0.123
③ 1.23   ④ 12.3

11 다음 중 정규화 기법으로 옳지 않은 것은?

① 최소-최대 정규화(Min-max Scaling)
② 표준화(z-scoring)
③ 십진 스케일링
④ 비닝(binning)

12 다음 중 자료의 도표화에 대한 설명 중 적절하지 않은 것은?

① 최소-최대 정규화(Min-max Scaling)
② 표준화(z-scoring)
③ 십진 스케일링
④ 비닝(binning)

13 다음 중 아래 그래프에 대한 설명으로 가장 옳지 않은 것은?

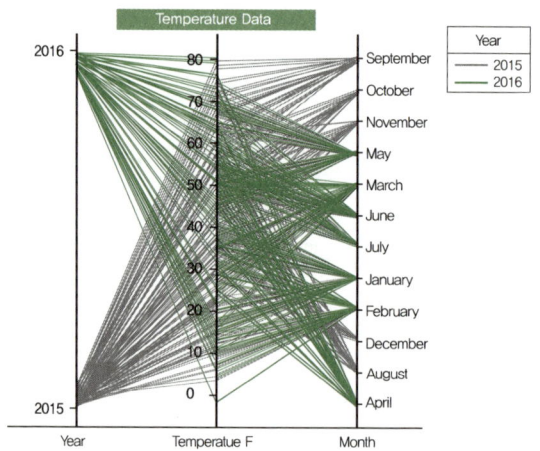

① 측정값이 여러 개이며, 단일 그룹인 경우에 사용한다.
② 측정대상이 많은 데이터에서 집단적인 경향성을 쉽게 알아볼 수 있게 해준다.
③ 각 데이터 요소들이 어떠한 방식으로 누적돼 있는지, 어 분포를 보이는지 확인하는 데 유용하다.
④ 데이터 테이블의 각 행을 선으로 연결하는 형태의 단변량 시각화이다.

14 다음 중 측정 대상이 어느 집단에 속하는지 분류할 때 사용되는 척도로 성별(남, 여), 종교(기독교, 불교, 가톨릭) 등을 구분할 때 사용되는 척도는?

① 명목척도
② 서열척도(순서척도)
③ 등간척도
④ 비율척도

15 다음 중 상관관계 분석에 대한 설명으로 가장 옳지 않은 것은?

① 단순상관 분석(Simple Correlation Analysis)은 단순히 두 개의 변수가 어느 정도 강한 관계에 있는가를 측정한다.
② 다중상관 분석(Multiple Correlation Analysis)은 2개 이상의 변수 간 관계 강도를 측정한다.
③ 두 변수 간 어떤 선형적 또는 비선형적 관계가 있는지를 분석하는 방법이다.
④ 한 변수가 증가할 때 다른 변수가 같은 방향으로 증가하는지, 반대 방향으로 감소하는지를 관찰하여 두 변수간의 관계를 규정하는 분석 기법이다.

16 chickwts 데이터 셋에 대한 요약통계량과 상자수염그림(Box-plot)에 대한 설명으로 가장 적절하지 않은 것은?

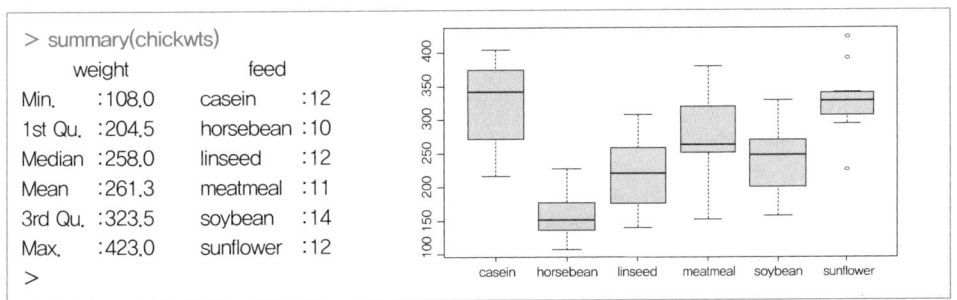

① weight의 중앙값은 horsebean 그룹이 가장 작다.
② meatmeal 그룹과 linseed 그룹의 weight 평균이 유의한(significant) 차이가 있는지는 알 수 없다.
③ horsebean 그룹에서 weight가 150보다 작은 개체가 약 50%가 된다.
④ 이상치는 존재하지 않는다.

17 다음 중 표본을 도표화함으로써 모집단의 분포의 개형을 파악하는 탐색적 데이터 분석에 대한 설명으로 가장 옳지 않은 것은?

① 히스토그램은 도수분포표를 이용하여 표본자료의 분포를 나타낸 그래프로, 수평축 위에 계급 구간을 표시하고 그 위로 각 계급의 상대도수에 비례하는 넓이의 직사각형을 그린 것이다.
② 산점도(Scatter plot)는 두 특성의 값이 연속형일 때 표본자료를 그래프로 나타내는 방법으로써 각 이차원 자료에 대한 좌표가(특성1, 특성2)인 점을 좌표평면 위에 나타낸 것이다.
③ 줄기잎그림(Stem-and-leaf plot)은 각 데이터의 점들을 구간단위로 요약하면서 많은 계산을 필요로 한다.
④ 파레토그림(Pareto diagram)은 명목형 자료에서 "중요한 소수"를 찾는데 유용한 방법이다.

18 다음 중 공분산과 상관계수에 대한 설명 중 가장 적절하지 않은 것은?

① 공분산은 측정 단위에 영향을 받지 않는다.
② 공분산이 0이라면 두 변수 간에는 아무런 선형 관계가 없고 서로 독립적인 관계에 있다.
③ 상관계수를 통하여 상관관계의 표준화된 크기를 측정할 수 있다.
④ 상관분석은 두 변수의 인과관계 성립 여부를 확인할 수 없다.

19 chickwts 데이터 셋에 대한 요약통계량과 상자수염그림(Box-plot)에 대한 설명으로 가장 적절하지 않은 것은?

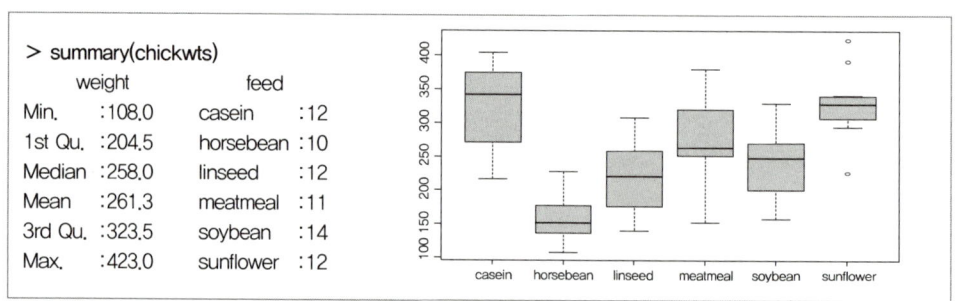

① 중앙값이 가장 낮은 그룹은 알 수 없다.
② meatmeal 그룹과 linseed 그룹의 weight의 평균이 유의한(significant)한 차이가 있는지는 알 수 없다.
③ horsebean 그룹에서 weight가 150보다 작은 개체가 약 50%가 된다.
④ 이상치는 sunflower에 존재한다.

20 다음 중 산점도에 대한 설명으로 틀린 것은?
① 산점도는 두 변수의 공통 변이를 나타내는 2차원 도표이다.
② 데이터가 적을 때 주로 많이 사용한다.
③ 자료가 얼마나 분포됐는지, 변수들이 얼마나 밀접한 관련이 있는지 식별 가능하다.
④ 상관관계를 시각적으로 판단할 수 있다.

21 다음 중 상자수염 그림에 대한 산점도에 대한 설명으로 틀린 것은?
① 최대값, 최소값, 사분위수(제1사분위수, 중앙값, 제3사분위수)의 5가지 순서 통계량을 활용하여 시각화한 그래프이다.
② 자료의 범위에 대한 분포 정도를 직관적으로 한 눈에 볼 수 있다.
③ 그래프는 순서대로 최소값, Q1, Q2, Q3, 최대값이 위치하며, 정확한 분포와 통계 유의 값도 확인할 수 있다.
④ 줄기 잎 그림이나 바이올린 차트와 함께 표현되는 경우도 있다.

22 다음은 상관분석에 대한 설명으로 가장 적절하지 않은 것은?
① 상관계수를 통해 두 변수의 선형관계를 알 수 있다.
② 상관계수는 두 변수간의 상관 정도를 나타내는 것이지 인과관계를 설명해주는 것은 아니다.
③ 상관계수의 값이 0에 가까운 것은 두 변수 사이에 아무 관계가 없음을 의미한다.
④ 상관계수의 값은 항상 -1과 1사이에 있으며 1에 가까울수록 더욱 좋은 지표임을 반증한다.

23 다음은 상관분석에 대한 설명으로 가장 적절하지 않은 것은?
① 스피어만 상관계수는 두 변수 간의 비선형적인 관계도 측정이 가능하다.
② 피어슨 상관계수는 두 변수 간의 비선형적인 관계도 측정이 가능하다.
③ 피어슨 상관계수는 두 변수 X, Y를 순위로 변환한 후 다시금 스피어만 상관계수로 정의한 상관계수이다.
④ 두 상관계수 모두 항상 -1과 1사이에 존재한다.

24 스피어만 상관계수를 계산할 때 대상이 되는 자료의 종류는?
① 서열척도   ② 명목척도
③ 비율척도   ④ 등간척도

25 attitude에 대해 아래의 상관행렬을 얻었을 때, 다음 설명 중 가장 적절하지 않은 것은?

```
> cor(attitude)
```

	rating	complaints	privileges	learning	raises	critical	advance
rating	1	0.825418	0.426117	0.623678	0.590139	0.156439	0.155086
complaints	0.825418	1	0.558288	0.596736	0.669198	0.187714	0.22458
privileges	0.426117	0.558288	1	0.493331	0.445478	0.147233	0.343293
learning	0.623678	0.596736	0.493331	1	0.640314	0.115965	0.53162
raises	0.590139	0.669198	0.445478	0.640314	1	0.376883	0.574186
critical	0.156439	0.187714	0.147233	0.115965	0.376883	1	0.283343

① 모든 변수들 사이에 양(+)의 상관관계가 존재한다.
② critical과 learning 사이의 상관계수가 가장 작다.
③ rating과 complaints 사이의 상관계수가 가장 크다.
④ 모든 변수의 분산이 1이다.

26 데이터셋 swiss에 대한 상관행렬을 얻었을 때, 다음 설명 중 가장 적절하지 않은 것은?

```
> round(cor(swiss), 2)
```

	Fertility	Agriculture	Examination	Education	Catholic	Infant.Mortality
Fertility	1	0.35	−0.65	−0.66	0.46	0.42
Agriculture	0.35	1	−0.69	−0.64	0.4	−0.06
Examination	−0.65	−0.69	1	0.7	−0.57	−0.11
Education	−0.66	−0.64	0.7	1	−0.15	−0.1
Catholic	0.46	0.4	−0.57	−0.15	1	0.18
Infant.Mortality	0.42	−0.06	−0.11	−0.1	0.18	1

① Agriculture와 Examination은 음의 상관관계를 갖고 있다.
② 서로 다른 두 개의 변수 간의 가장 큰 상관계수 값은 1이다.
③ 서로 다른 두 개의 변수 간의 양의 상관관계가 가장 강한 변수들은 Education과 Examination이다.
④ Fertility와 가장 높은 상관관계를 갖는 변수는 Education이다.

27 X, Y라는 두 개의 확률변수가 있을 때 공분산에 대한 설명 중 옳지 않은 것은?

① 공분산이 0이면 두 변수 간에는 아무런 선형관계가 없으며 두 변수는 서로 독립적이다.
② 공분산이 양수이면 X가 증가할 때 Y도 증가한다.
③ 공분산이 음수이면 X가 증가할 때 Y는 감소한다.
④ 공분산의 범위는 0~1이다.

28 다음 중 아래에서 설명하는 시각화 도구는?

> - 범주형 다변량 데이터를 표현
> - 2차원 또는 3차원 교차표의 시각화 기법
> - 직사각형의 상대적인 크기를 비교하여 여러 가지의 정보 파악

① 선버스트 차트(Sunburst Chart)
② 모자이크 플롯(Mosaic Plot)
③ 평행좌표(Parrllel Coordinate) 그래프
④ 체르노프 얼굴(Chernoff Face)

29 다음 중 상관분석에 대한 설명으로 옳지 않은 것은?

① 피어슨 상관계수는 두 변수간 선형 관계의 크기를 측정하는 공분산의 크기가 단위에 따라 영향을 받지 않도록 표준화된 공분산 값을 이용한 상관계수가 피어슨 상관계수이다.
② 두 변수의 상관관계가 존재하지 않을 경우 NA값이 호출된다.
③ 피어슨 상관계수는 서열척도, 등간척도, 비율척도에 다 활용될 수 있다.
④ 스피어만 상관계수는 서열척도 자료에 적용이 가능하다.

30 다음 중 다변량 데이터에 관한 그래프에 대한 설명 중 틀린 것은?

① 선버스트 차트는 비계층 구조로된 데이터를 표현할 경우 유용하게 활용할 수 있다.
② 피벗 테이블은 엑셀에서 사용 가능하며, 많은 양의 데이터를 요약할 수 있다.
③ 체르노프 얼굴은 다차원 통계데이터를 시각화하는 방법 중 하나이다.
④ 레이더 차트는 여러 측정 목표를 함께 겹쳐 놓아 비교하기에 편리하다.

CHAPTER 03 통계기법의 이해

학습목표 통계학이란, 제한된 자원에 대한 효율적이고 과학적인 의사결정을 뜻한다. 이러한 통계학은 그대로 특성을 파악하는 '기술통계'와 표본을 통해서 전체 모집단을 파악하는 '추론통계'로 나뉘게 된다. 이러한 통계는 빅데이터 시대인 현재까지 다방면에 큰 영향을 끼치고 있으며, 이에 우리는 본 챕터에서 통계량을 통해 모수를 추론하고 검정하는 방법에 대한 다양한 내용을 학습한다.

SECTION 01 기술통계(Descriptive Statistics)

1 통계학

(1) 통계학의 정의

① **통계학** : '불확실한 상황'에서 '현명한 의사결정'을 하기 위한 '이론'과 '방법'의 체계이며 자료의 '수집', '분류', '분석'과 '해석'의 체계를 갖는다.
② **통계학의 활용사례** : 다양한데 매일 발표되는 일기예보, 물가, 실업률, GNP 등과 같은 경제통계, 야구시합의 승률 예측 조사, 대학 진학 시 수능성적의 분포와 합격선, 복권의 당첨확률 계산, 새로운 치료제의 임상실험 결과 등 다양한 분야에서 활용되고 있다.

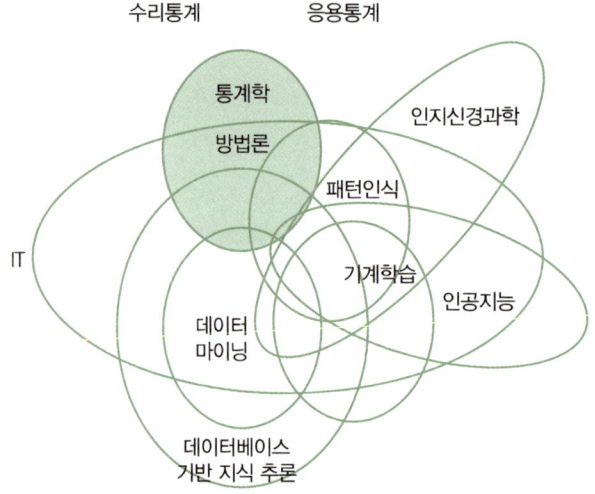

(2) 모집단과 표본

① **모집단** : 연구자의 관심이 되는 모든 개체의 집합으로 크기가 다를 수도 있다.
　　예 우리나라 남성 키가 연구 대상이라면 수천만명, 우리 가족이라면 매우 적은 수
② **표본집단** : 모집단에서 조사 대상으로 채택된 일부를 뜻한다.
　　예 우리나라 남성 키를 한 번에 조사하기엔 어렵기에, 나이대별 표본을 추출하여 연구
③ **모수** : '모집단의 특성을 수치로 나타낸 것'이다.
④ **통계량** : '표본집단의 특성을 수치로 나타낸 것'이다.

(3) 통계학의 종류

① **기술통계학**(Descriptive Statistic) : '집단의 특성을 파악'하는 통계학이다.
② **추리통계학**(Inferential Statistic) : '표본집단의 특성'으로 '모집단의 특성을 규명'하는 통계학이다.

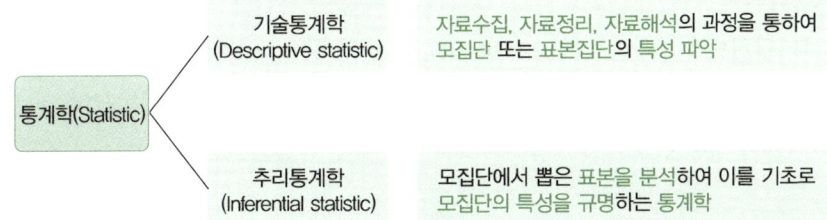

> 예시 1 우리 학급의 평균 시험 점수를 알기 위해 자료를 구하여 평균을 구하는 것은?
> 　　　A. 기술통계학
> 예시 2 몇백 명의 표본을 통해 그들의 점수를 바탕으로 전국 고교생들의 모의고사 성적을 추론하는 방법에 대한 통계학은?
> 　　　A. 추리통계학 또는 추측통계학

③ **추리통계학**(혹은 추론 통계학) : '모집단에 대한 가정'으로 추론하는 '모수통계학'과 모집단에 대한 가정이 선행되지 않는 '비모수통계학'으로 구분할 수 있다.

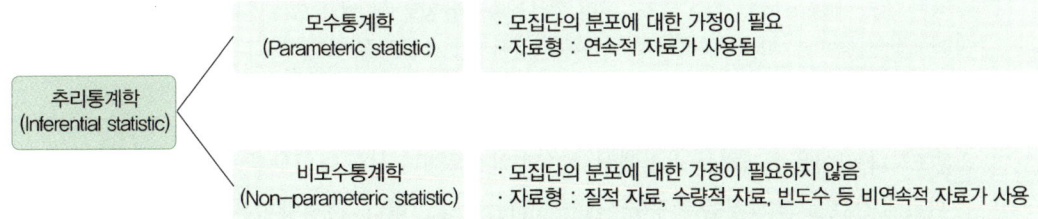

- 모수통계학에서는 **모집단의 분포모양이 정규분포**라는 가정과 활용될 자료가 **연속형**이어야 한다는 가정을 지닌다.
- 비모수통계학에서는 **모집단의 정규성 가정이 필요하지 않으며** 심지어 표본의 크기가 충분하지 않아도 활용 가능하며 질적 자료 및 비연속적 자료(빈도수 등)을 활용하여 사용한다.
  - 편리성 : 모수통계학＜비모수통계학
  - 신뢰성 : 모수통계학＞비모수통계학
  - 활용성 : 모수통계학＞비모수통계학
  ※ 향후 학습 방향 : 자료의 종류 → 모수통계학(추리통계학) → 비모수통계학(추리통계학)

> **참고**
>
> 비모수 검정의 종류
> - 부호검정(Sign test)
> - 윌콕슨의 순위합검정(Rank sum test)
> - 윌콕슨의 부호순위합검정(Wilcoxon signed rank test)
> - 만-위트니의 U검정
> - 런검정(Run test)
> - 스피어만의 순위상관계수 등

(4) 자료의 종류

① 통계학에서의 자료는 변수(variable 이하 var로 표기)로 표현되는데, 변수란 '측정결과와 조사대상에 따라 다른 값으로 나타날 수 있는 특성 혹은 속성'을 뜻한다.

② 변수는 비정형데이터를 다루는 질적 변수(Qualitative var)와 정형데이터를 다룰 수 있는 양적 변수(Quantitative var)로 구분이 가능하며, 양적 변수는 이산적 변수(Discrete var), 연속적 변수(Continuous var)로 구분이 가능하다.

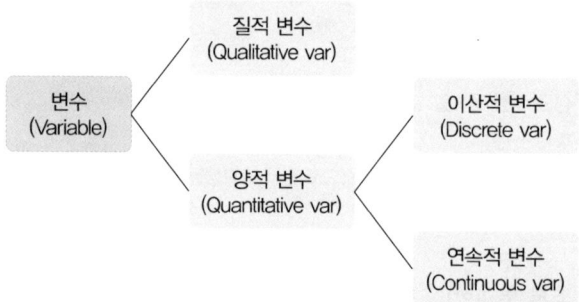

- 질적 변수(Qualitative var) : 종교, 성별, 직업 등 속성을 수치로 나타내기 어려운 변수
- 양적 변수(Quantitative var) : 점수, 통조림 용량, 기업 매출 등 수치로 나타낼 수 있는 변수
- 이산적 변수(Discrete var) : 세대 수, 학생 수, 휴대폰 판매 수 등과 같이 정수값인 변수
- 연속적 변수(Continuous var) : 길이, 키, 몸무게, 온도 등 연속적인 실수값인 변수

③ 표본조사나 실험을 실시하는 과정에서 추출된 원소들이나 실험 단위로부터 주어진 목적에 적합하도록 관측해 자료를 얻는 것을 측정(measurement)이라고 한다. 측정방법은 크게 명목척도(nominal scale), 서열척도(ordinal scale), 등간척도(혹은 구간척도 interval scale), 비율척도(ratio scale)로 구분이 가능하다.

　㉠ 명목척도(nominal) : 가장 낮은 수준의 변수, 단순한 구분 기호
　　　예 성별, 종교, 출생지, 자녀유무, 운동선수들 번호 등
　㉡ 서열척도(ordinal) : 측정 대상 간 순서를 매기기 위한 변수
　　　예 석차, 선호도 등

© 등간척도(interval) : 측정 대상의 순서, 순서 사이의 간격을 알 수 있는 변수
　　예 온도, 지능 지수, 대학 학년 등
② 비율척도(ratio) : 등간척도의 특성과 측정자료 간의 비율계산이 결합한 개념
　　예 연봉, 월급, 거리 등

2 분포의 특성

(1) 집중화 경향

① 집중화 경향은 관찰된 자료들이 어디에 집중되어 있는지를 나타낸 것으로, 대표적인 것으로는 '산술평균', '중앙값', '최빈값' 등을 들 수 있다.
　㉠ 최빈값의 정의 : 최빈값(mode)은 자료의 분포에서 빈도수가 어느 곳에 가장 많이 모여 있는가를 나타내며, 질적자료, 양적자료(이산형, 연속형)에서 모두 확인할 수 있다.
　㉡ 중앙값의 정의
　　• 중앙값(median)은 숫자로 표현되는 양적자료에만 사용되는 것으로써 수치 자료들을 순서대로 나열했을 때, 가장 가운데 위치하는 값을 의미한다.
　　• n개의 값이 있을 때 (n+1)/2번째로 큰 값을 찾는 것이 중앙값이다.
　　• (n+1)/2번째로 큰 값은 (n+1)/2번째로 작은 값과 동일하며 따라서, 중앙값 크기는 큰 순서대로 정렬해서 계산하든 작은 순서대로 정렬해서 계산하든 동일

> **예시**
>
> 문제 9명의 학생이 시험을 본 결과가 아래와 같을 때 중앙값을 구하시오.
>
> 7, 3, 6, 8, 2, 7, 9, 5, 4
>
> A. 중앙값을 구하기 위한 정렬 : 2, 3, 4, 5, 6, 7, 7, 8, 9
> ※ 공식 : (n+1)/2 → (9+1)/2 = 5번째의 값

　㉢ 산술평균의 정의
　　• 집중화경향에서 가장 많이 쓰이는 대푯값으로써, 간단하게 '평균'이라고 지칭되기도 한다.
　　• 양적자료에만 사용되며 기술통계학과 추론통계학에서도 매우 중요한 역할을 한다.

> **참고**
>
> 산술평균의 계산
> • N개로 구성된 모집단의 관찰값을 $X_1, X_2, \cdots, X_n$이라 할 때, 모집단의 평균 μ(뮤)는 다음과 같이 계산한다.
> • 모집단의 평균
>
> $$\mu = \frac{X_1 + X_2 + \cdots + X_n}{N} = \frac{\Sigma X_i}{N}$$

② 집중화 경향의 대표값들의 종류와 특징

대표값의 종류	사례
중앙값(Median)	• 극단적인 관찰값의 영향을 거의 받지 않음 • 15, 15, 17, 18, 21, 22, 23, 60(모집인원 사례)
산술평균(Mean)	• 중앙값, 최빈값 : 수학적 연산 불가 • 산술평균 : 수학적 연산이 가능하여 통계에 널리 사용됨
최빈값(Mode)	• 양적자료와 질적자료에 활용 가능 • 분포가 정규분포가 아닌 경우에 신뢰할 만한 대푯값이 아님 예 구두 또는 책상설계 시 : 최빈값의 키, 발의 크기, 몸무게 등을 사용

(2) 분산도

① 분산도(degree of dispersion)의 정의 : 관찰된 자료가 흩어져 있는 정도를 말하며, 분산도를 나타내는 방법으로는 범위, 평균편차, 표준편차 그리고 분산 등이 있다.

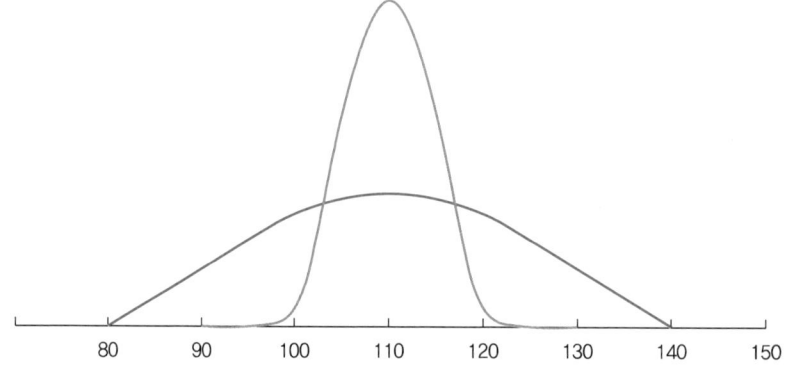

② 범위의 정의
  ㉠ 범위(range) : 관찰값들 중에서 가장 큰 수치와 가장 작은 수치의 차이다.
    예 한 강좌의 최고 매출이 100만원이고 최하 매출이 80만원이라면, 범위는 20이 됨
  ㉡ 범위의 한계점 : 극단적인 수치들 사이의 차이만 나타낼 뿐, 그 극단적인 수치들 사이에서의 분포양상은 전혀 설명하지 못한다.

③ 평균편차의 정의
  ㉠ 범위보다 과학적으로 분산도를 측정하기 위해 평균편차(Average Deviation)를 활용한다.
  ㉡ 평균편차는 관찰값과 산술평균과의 차이들의 평균을 의미한다.
  ㉢ 평균편차의 단점 : 미분이 되지 않는다는 점, 절대값 연산을 위해서는 연산이 복잡해진다는 점, 절대편차의 최소값은 평균이 아닌 중앙값이라는 점이다.

> **참고**
>
> 평균편차(average devitation)
> - 평균편차는 관찰값과 산술평균과의 차이들의 평균으로써 평균편차를 AD라고 하며 이를 구하기 위한 식은 다음과 같다.
> - 평균편차
>
> $$\frac{\Sigma |X_i - \overline{X}|}{n}$$

④ 분산과 표준편차의 정의

　㉠ 분산과 표준편차는 분포의 분산도를 나타내는 개념 중에서 가장 많이 쓰인다.
　㉡ 모집단의 분산과 표준편차는 σ^2, σ라고 표시한다.
　㉢ 표본을 대상으로 한 분산과 표준편차는 S^2, S로 표시한다.
　㉣ 산술평균과 마찬가지로 기술통계학에서는 그 구분을 엄격히 할 필요는 없다.

> **참고**
>
> 분산의 계산
> - 모집단의 분산 : $\sigma^2 = \dfrac{\Sigma(X_i - \mu)^2}{N}$
> - 모집단의 표준편차 : $\sigma = \sqrt{\sigma^2} = \dfrac{\sqrt{\Sigma(X_i - \mu)^2}}{N}$
> - 표본의 분산 : $S^2 = \dfrac{\Sigma(X_i - \overline{X})^2}{n-1}$
> - 표본의 표준편차 : $S = \dfrac{\sqrt{\Sigma(X_i - \overline{X})^2}}{n-1}$

(3) 분포의 형태에 대한 측도

① 왜도(비대칭도, Skewness) : 분포의 비대칭도는 아래의 공식으로 나타낼 수 있다.

$$m_3 = \left[\left(\frac{X - \mu}{\sigma}\right)^3 \right] = \frac{m_3}{\sigma^3}$$

> **참고**
>
> m_3의 크기에 따른 분포의 변화

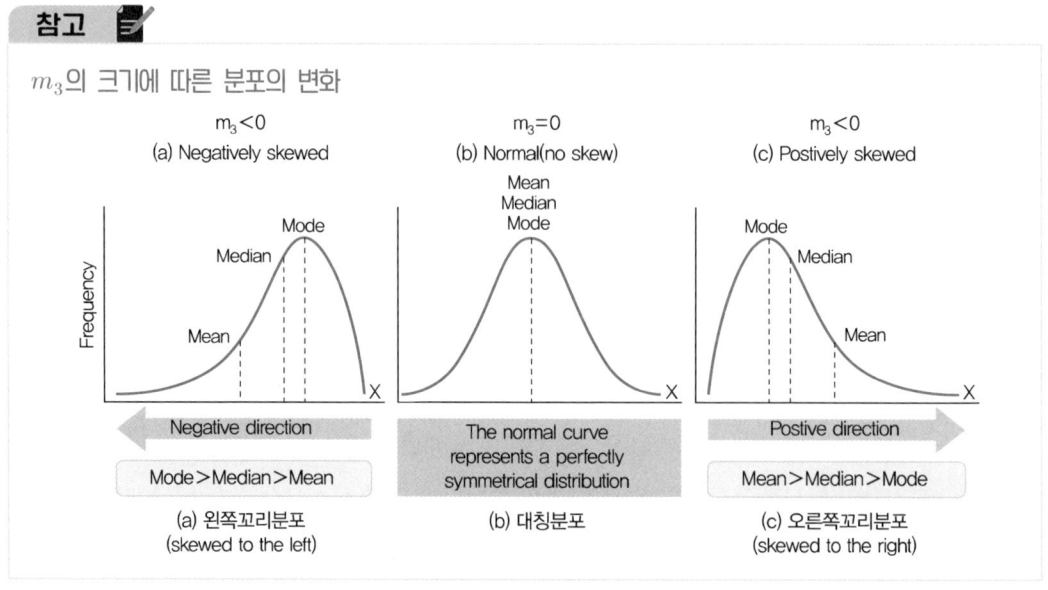

② 첨도(kurtosis) : 확률분포의 꼬리가 두꺼운 정도와 중앙부분의 뾰족함에 대한 정보를 나타내는 척도이다. 극단적인 편차 또는 이상치가 많을수록 큰 값을 나타낸다.

$$m_4 = \left[\left(\frac{X-\mu}{\sigma} \right)^4 \right] - 3 = \frac{m_4}{\sigma^4} - 3$$

> **참고**
>
> m_4의 크기에 따른 분포의 변화
> - $m_4 > 0$(양의 첨도) : 표준정규분포보다 더욱 뾰족하다.
> - $m_4 < 0$(음의 첨도) : 표준정규분포보다 덜 뾰족하다.
> - $m_4 = 0$(중첨) : 표준정규분포보다 유사하게 뾰족하다.

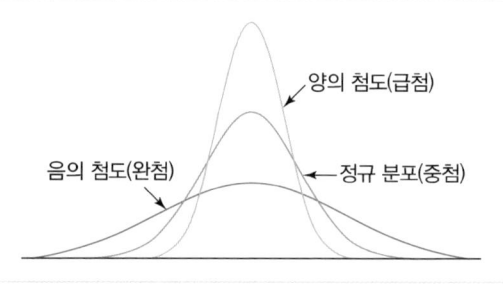

3 확률이론

(1) 확률

① 확률의 정의 : 어떠한 상황이 발생할 가능성, 어떠한 사건(event)이 발생할 가능성을 의미한다.
② 상대빈도의 정의 : 어떤 사건이 나타날 확률은 실험을 무한히 가깝게 지속적으로 시행했을 때 전체 시행횟수에서 그 사건이 나타나는 빈도수를 상대적으로 나타낸 것이다.
③ 동등발생의 정의 : 전체에서 어떤 특정사건이 차지하는 경우의 구성비율(proportion)의 의미로 나타낸 것이다.

> **참고**
>
> 확률의 정의
> - 상대빈도의 정의 : $P(A) = \lim\limits_{N \to \infty} \dfrac{n}{N}$
>   - $P(A)$: 사건 A가 발생할 확률
>   - N : 총시행횟수
>   - n : 사건 A가 발생한 횟수
> - 동등발생의 정의
>
> $P(A) = \dfrac{\text{사건 A에 속하는 경우의 수}}{\text{발생할 가능성이 동일한 전체 경우의 수}}$

(2) 집합이론과 확률이론

확률의 '덧셈법칙, 곱셈법칙, 조건부확률' 등에 대한 개념 설명을 설명한다.

(3) 조건부확률

① 비복원추출의 흰 공 2개와 빨간 공 3개가 존재한다고 하자.
② 흰 공을 처음 뽑았을 때 나오는 확률 2/5, 그러나 비복원추출로써 다음에 흰 공을 뽑을 확률은 1/4이다.
③ 앞서 발생한 사건으로 인하여 두 번째 실험의 표본공간이 변화하게 되는데, 이를 '조건부확률(conditional probability)'라 한다.

> **참고**
>
> 확률의 덧셈법칙&곱셈법칙
> - 확률의 덧셈법칙
> $P(A \cup B) = P(A) + (B) - P(A \cap B)$
> - 확률의 덧셈법칙 : 배타적 사건이라면?
> $P(A \cup B) = P(A) + (B)$
> - 확률의 곱셈법칙
> $P(A \cap B) = P(B) * P(A \mid B) = P(A) * P(B \mid A)$

(4) 독립사건과 종속사건의 정의

① 독립사건(Independent event) : 처음의 사건이 다음에 일어날 사건에 아무런 영향을 주지 않을 때 두 사건은 독립사건이라 할 수 있다.
   예) 동전을 던질 때 1번째 시행과 2번째 시행 모두 1/2이다.

② **종속사건(Dependent event)** : 조건부확률처럼 한 사건의 발생이 다음 발생할 사건에 영향을 주는 경우를 종속사건이라 한다.
  예 남녀 각각 50명씩 존재할 때, 비복원추출로 1번째 시행에 남학생이 뽑혔다면, 2번째 시행에 또 남학생이 뽑힐 확률이 달라지는 경우
③ **베이즈의 정리(Bayes' theorem)** : 실험의 결과로써 얻은 정보를 토대로 하여 어떤 사건의 알려져 있지 않은 확률을 구하려고 하는 법칙이다.

> **참고**
>
> 베이즈의 정리(Bayes' theorem)
>
> $$P(A_k \mid B) = \frac{P(A_k \cap B)}{\Sigma P(A_i \cap B)} \quad \Longrightarrow \quad P(A_k \mid B) = \frac{P(A_k) * P(B \mid A_k)}{\Sigma P(A_i) * P(B \mid A_i)}$$
>
> 그런데 곱셈법칙으로
> $P(A_i \cap B) = P(A_i) * P(B \mid A_i)$ 이므로
>
> 베이즈 정리의 예시
>
> **문제**
>
> 상자가 5개 있다고 가정할 때, 2개는 흰 상자, 3개는 검은 상자이다. 이때 흰 상자에는 빨간 펜 1개, 검은 펜 4개, 검은 상자에는 빨간 펜 2개, 검은 펜 1개가 들어 있다. 어떤 사람이 무작위로 1개의 펜을 뽑았을 때 검은 펜이 나왔다면, 이 사람이 흰 상자를 택했을 확률을 구하시오.
>
> **풀이**
>
> 해당 문제를 의사결정 나무(Decision tree)로 도식화하여 풀면 다음과 같다.
>
> A: 흰 상자를 선택하는 사건
> $\overline{A}$: 검은 상자를 선택하는 사건
> B: 검은 펜을 선택하는 사건
> $\overline{B}$: 빨간 펜을 선택하는 사건
>
>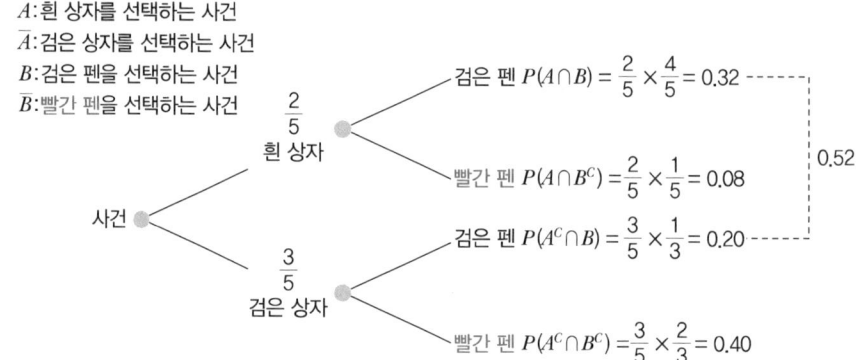

4 확률변수와 분포

(1) 확률변수와 분포의 정의

① **확률변수(Random Variable)** : 일정 확률을 가지고 발생하는 사건에 수치를 부여한 것으로 보통 X라 표시한다.

② **확률분포(Probability Distribution)** : 확률변수가 취하는 값에 대하여 합이 1인 확률이 어떻게 분포되어 있는지를 나타낸 것이다.
③ 정의역(domain)이 표본공간, 치역(range)이 실수값(0＜y＜1)인 함수이다.
④ y값의 형태에 따라 이산확률변수(discrete random variable)와 연속확률변수(continuous random variable)로 구분 가능하다.
⑤ 확률변수에 따른 확률분포

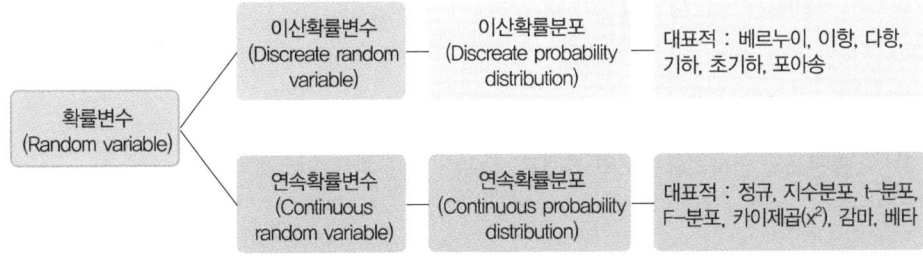

(2) **확률함수(이산형 변수&연속형 변수)의 정의**

① 확률함수(probability function) : 확률변수가 취할 수 있는 모든 값에 대해 그 값을 가질 확률이 얼마인지를 알려주는 함수를 의미한다.
② 확률함수(probability function)-이산확률함수
　㉠ 이산확률함수의 표기법
　　• 이산확률함수 $P(\ \cdot\ )$에서의 X_i의 확률값 : 확률변수 X가 X_i의 값을 가질 확률을 의미
　　　예 동전실험의 경우 : 앞면(H)가 나올 확률 $P(H)$가 1/2, 뒷면(T)이 나올 확률 $P(T)$ 역시 1/2
$$P(X_i) = \frac{1}{2}, X_i = \{H, T\}$$
　㉡ 이산확률변수의 확률분포를 나타내는 확률함수의 조건 2가지
　　• 이산확률분포에서 특정한 값 X_i가 발생할 확률은 $0 \leq P(X_i) \leq 1$
　　• $\Sigma P(X_i) = 1$
③ 확률함수(probability function)-연속확률함수
　• 연속확률변수가 일정한 범위 내에서 취할 수 있는 값은 무한히 많음
　• 이러한 논리로 $P(X_i) = 0$, 어떠한 값에만 국한된 확률을 말할 수 없음
　• 그러나 구간에 대한 확률은 계산이 가능하다.
　　예 박쌤의 키가 165 이상 170 미만에 있을 확률, 오늘 저녁의 기온이 0~5℃일 확률이 45%라고 한다면 $P(0 \leq (x) \leq 5) = 0.45$로 표현 가능

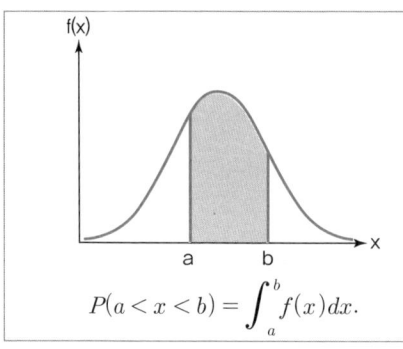

- 옆의 **연속확률변수**의 **높이**와 확률과는 직접적인 관계가 없음
  - 정해진 a와 b 사이에는 무수한 변수의 값들이 존재하므로 색칠된 범위의 넓이만 구할 수 있기 때문임
- 0도가 a이고 5도가 b라면, 그 사이의 확률은 계산이 가능해짐
- 곡선 아래의 범위가 1이라면, 파란색 범위의 넓이는 **0.45**임
- **확률밀도함수**(probability density function)는 $f(x)$라고 표현되는데 이는 단순히 그래프 모양을 나타내는 식에 불과함
  cf) 이산확률변수에서의 $P(X)$는 확률을 나타내고 있으나, 확률밀도함수에서의 $f(X)$는 모양만 나타냄

(3) 이산확률분포 vs 연속확률분포

① 이산확률분포와 연속확률분포의 그래프

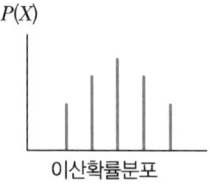
이산확률분포

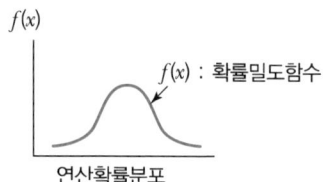
$f(x)$: 확률밀도함수
연산확률분포

② 연속확률분포의 특징
  ㉠ 연속확률분포에서 어느 한 특정값 X_i가 발생할 확률은 $P(X_i) = 0$이다.
  ㉡ 연속확률분포에서의 확률은 일정구간 사이의 값을 취할 확률로 계산된다. 즉, $P(a \leq (X) \leq b)$는 구간 $[a, b]$ 사이의 확률밀도함수 $f(x)$와 X축 사이의 면적
  ㉢ 확률밀도함수는 언제나 음의 값이 아닌 양의 값(비음의 값)을 갖는다. $0 \leq f(x)$
  ㉣ 확률밀도함수 아래에 있는 전체 면적은 언제나 1이다.

(4) 확률분포의 기댓값과 분산

① 확률분포의 성격은 '집중화경향(기댓값)'과 '분산도(분산과 표준편차)'로 분석한다.
② 기댓값(probability distribution)은 확률분포의 집중화경향은 평균값(average, weighted average)과 같은 개념이다.
③ 즉, 기댓값은 확률변수가 취할 수 있는 모든 값들의 평균의 의미이다.
④ 확률분포의 분산도는 역시 분산과 표준편차로 표현할 수 있다.
  ㉠ 기댓값
  • 기댓값은 $E(X) = \Sigma X_i * P(X_i)$로 계산된다.
  • 기댓값은 간단히 말해 평균값(average, weighted average)과 같은 개념이다.
  • 기댓값은 미래 발생확률이 가장 높은 것을 의미하는 것이 아님에 유의한다.
  예) 어느 주식의 주가가 1,000원이 될 확률은 50%이고, 500원이 될 확률도 50%라면 기댓값은 750원이 된다.
    → 이 의미는 실제 주가가 750원이 되지 않더라도, 상황이 계속 진행되다 보면 결국 해당 주가는 750원이 될 것이라는 의미이다.

ⓒ 기댓값의 특성은 확률변수 X의 기댓값 E(x)를 알고 있으면, 확률변수 X를 1차식으로 변환한 다른 확률변수의 기댓값도 이를 이용하여 쉽게 구할 수 있다.
ⓓ 기댓값의 특성
- 확률변수 X에 일정한 상수 a를 곱한 확률변수의 기댓값은 확률변수 X의 기댓값에 a를 곱한 것이다.
  $E(ax) = a*E(X)$
- 확률변수 X에 일정한 상수 b만큼을 가감한 확률변수의 기댓값은 확률변수 X의 기댓값에 b를 가감한 것과 같다.
  $E(x \pm b) = E(x) \pm b$
- 위의 두 가지를 결합하면 아래가 성립 가능하다.
  $E(ax \pm b) = a*E(x) \pm b$

ⓔ 분산(Variance)과 표준편차(Standard deviation)
- 분산의 계산

$$Var(x) = \Sigma[X_i - E(x)]^2 * P(X_i)$$
$$= E[[X - E(x)]^2]$$
$$= E(X^2) - [E(X)]^2$$

- 위의 식은 분산이라는 것이 기댓값 $E(X)$를 중심으로 확률변수들이 얼마나 흩어져 있는 가를 나타내는 것이다.
- 분산의 표시 : $Var(X)$ 또는 σ_x^2로 표시한다.
- 표준편차의 표시 : 분산의 제곱근, σ_x로 표시한다.
- 표준편차의 계산

$$\sigma_x = \sqrt{\Sigma[X_i - E(X)]^2 * P(X_i)}$$

예시

기댓값, 분산과 표준편차 계산
- 동전을 두 번 던지는 사례를 통해 분산과 표준편차를 구하는 방법

X_i	$P(X_i)$	$X_i*P(X_i)$	$X_i - E(X)$	$[X_i - E(X)]^2$	$[X_i - E(X)]^2*P(X_i)$
0	1/4	0	−1	1	1/4
1	1/2	1/2	0	0	0
2	1/4	2/4	+1	1	1/4
합계		1			1/2

- $E(X) = \Sigma X_i * P(X_i) = 1$
- $Var(X) = \Sigma[X_i - E(X)]^2 * P(X_i) = \dfrac{1}{2}$
- $\sigma_x = \sqrt{\dfrac{1}{2}} = 0.71$

ⓜ 분산과 표준편차의 특성

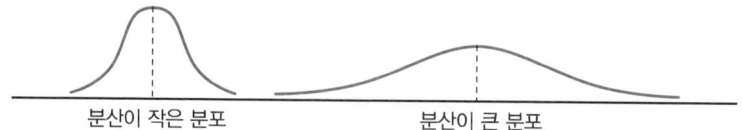

- 확률변수 X에 일정한 상수 b를 더한 확률변수의 분산은 본래의 확률변수의 분산과 같다. 확률변수에 상수를 더하는 것은 분포의 분산도에는 아무런 영향을 미치지 못한다.

$$Var(x+b) = Var(x)$$
$$\sigma(x+b) = \sigma(x)$$

- 확률변수 X에 일정한 상수 a를 곱한 확률변수의 분산은 본래의 확률변수의 분산에 a^2를 곱한 것과 같다.

$$Var(ax) = a^2 Var(x)$$
$$\sigma(ax) = a\sigma(x)$$

- 위의 두 가지를 결합하면 아래가 성립 가능하다.

$$Var(x+b) = a^2 Var(x)$$
$$\sigma(ax+b) = a\sigma(x)$$

5 이산확률분포

(1) 베르누이 확률분포(Bernoulli distribution)

① 결과가 2개만 나오는 경우에 따르는 분포(예 동전 던지기, 성공/실패, 시험의 합/부)

$P(X=x) = p^x * (1-p)^{1-x}$ (x = 1 or 0)

㉠ 기댓값 : $E(x) = p$

㉡ 분산 : $Var(x) = p*(1-p)$

> **참고**
>
> **베르누이 시행의 조건**
> - 각 시행의 결과는 상호배타적인 두 사건으로 구분 가능함. 즉, 한 사건은 "성공(S)", 다른 사건은 "실패(F)"로 나타냄
> - 각 시행에서 성공의 결과가 나타날 확률은 $p = P(S)$로 나타내며, 실패가 나타날 확률은 $q = P(F) = 1-p$로 나타냄. 그러므로 각 시행에서 성공이 나타날 확률과 실패가 나타날 확률의 합은 $p+q=1$이 됨
> - 각 시행은 서로 독립적. 한 시행의 결과는 다음 시행의 결과에 아무런 영향을 주지 못함
>   예 동전의 실험 : 앞면 아니면 뒷면
>   **주사위시험** : 원하는 숫자가 나오면 "Success", 그 외 숫자는 "Fail"
>   **코드색실험** : 원하는 색깔이 나오면 "성공", 그 외 색깔은 "Fail"
>   - 동전 던지기의 경우 앞면(H)을 목표로 한다면, 성공확률은 1/2이며, 실패확률은 1-(1/2)=1/2임. 또한 지금 시행에서 나온 결과가 다음 시행에는 영향을 주지 않음

(2) 이항분포(Binomial distribution)

① 한 번의 베르누이 시행을 통해 성공확률이나 실패확률을 알고 싶어 하기보다, 여러 번의 베르누이 시행 시 특정 횟수의 성공이 나타날 확률에 일반적으로 관심이 많다.

② 이항분포 : 베르누이 시행을 n번 반복했을 때 x번 성공할 확률을 확인하는 것이다.

㉠ 이항확률함수

$$P(X=x) = {}_nC_x p^x (1-p)^{n-x}$$

x : 성공횟수
n : 시행횟수
p : 성공확률
$1-p = q$: 실패확률

㉡ 이항분포의 모양

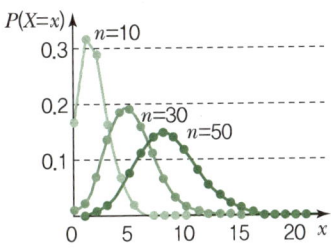

- $p = 0.5$일 때에는 이항실험횟수 n이 작더라도 확률분포는 언제나 대칭을 이룬다.
- $p = 0.5$가 아니라고 할지라도 이항실험횟수 n이 커짐에 따라 확률분포는 대칭에 가까워진다.

(3) 다항분포(Multi-nomial distribution)

① 실제 우리 사례의 경우 이항분포처럼 Binary적인 문제보다, 다항적인 Categorical issue가 더욱 많다.

② 다항확률함수

$$P(X = X_1, X_2, \cdots, X_k) = \frac{N!}{n_1! n_2! \cdots n_k!} p_1^{n_1} p_2^{n_2} \cdots p_k^{n_k}$$

③ 위 식에서 $k = 2$인 경우에는 $p_2 = 1 - p_1$이고 $n_2 = N - n_1$이 되며, 이항분포확률식과 같게 된다.

예시

- 한 상자에 색깔이 서로 다른 구슬이 있는데, 구슬들은 아래와 같이 분포되어 있음

구슬색깔	확률
빨강	0.40
파랑	0.30
노랑	0.20
주황	0.10

> **문제**
> 이 상자에서 복원추출방법으로 10개의 구슬을 추출할 때, 빨강 구슬이 3개, 파랑 구슬이 4개, 노랑 구슬이 3개, 주황 구슬은 하나도 뽑히지 않을 확률은 얼마일까? (단, $0! = 1$이고, $(0.10)^0 = 1$로 계산된다.)
>
> **풀이**
> P(빨강 3개, 파랑 4개, 노랑 3개, 주황 0개)$= \dfrac{10!}{3!4!3!0!} * (0.40)^3 * (0.30)^4 * (0.20)^3 * (0.10)^0 = 0.017$
> - 위와 같이 구슬들이 뽑힐 확률은 0.017이다.

(4) 기하분포(Geometric distribution)

성공확률이 p인 베르누이 시행에서 첫 번째 성공이 있기까지 x번 실패할 확률을 뜻한다.

(5) 초기하분포(Hyper geometric distribution)

① 매 시행이 독립적일 때는 이항분포와 다항분포를 적용한다.
② 매 시행이 종속적일 때는 초기하분포(Hyper geometric distribution)를 적용한다.
③ 즉, 베르누이 시행의 조건 중 성공확률이 일정하다(즉, 독립적)는 조건이 만족되지 않는다.
④ 초기하분포의 확률함수

$$P(N_1 \text{ 중 } x_1, N_2 \text{ 중 } x_2) = \dfrac{{}_{N_1}C_{x_1} * {}_{N_2}C_{x_2}}{{}_{(N_1+N_2)}C_{(x_1+x_2)}}$$

> **문제1** 어느 모임에 다섯 사람이 참석하였는데, 이 중 여성이 2명이었다. 임의 추출로 두 사람을 뽑는다고 할 때, 여자가 한 명 뽑힐 확률은 얼마인가?
>
> **풀이** X를 여자의 수로 두고, $N=5$, $N_1=2$, $N_2=3$인 초기하분포를 따르게 된다.
> $$P(X=1) = \dfrac{{}_2C_1 * {}_3C_1}{{}_5C_2} = 0.6$$
>
> **문제2** ys컴퍼니에서 생산하는 제품 20개 중에 5개의 불량품이 있다고 가정하자. 이 중 4개를 선택했을 때 2개가 불량품일 확률을 구하시오.
> $$P(X=2) = \dfrac{{}_5C_2 * {}_{15}C_2}{{}_{20}C_4} \approx 0.217$$

(6) 포아송분포(Poisson distribution)

① 단위시간 내에 어떤 사건이 몇 번 발생할 것인지를 표현하는 이산확률분포이다.
② λ = 정해진 시간 안에 어떤 사건이 일어날 횟수에 대한 기댓값, y = 사건이 일어난 횟수

$$p(x) = \dfrac{e^{-\lambda} \lambda^x}{x!}$$

6 연속확률분포

가능한 값이 실수의 어느 특정구간 전체에 해당하는 확률변수를 의미한다.

$$P(a < x < b) = \int_a^b f(x)dx$$

(1) 균일분포(Uniform distribution)

① 확률변수 X가 모두 균일한 확률을 가지는 확률분포를 의미한다.
② 확률변수가 취하는 모든 구간에서 각 사건의 발생확률이 일정한 것을 의미하며, 균일분포는 이산확률분포와 연속확률분포 모두에서 통용되는 말이다.
③ 균일분포의 확률밀도함수

$$f(X) = \frac{1}{b-a}, a \leq X \leq b$$

④ 균일분포는 이산확률분포와 연속확률분포 모두에서 통용되는 말이지만 이번 Chapter에서는 연속확률분포에서의 균일분포만 설명한다.

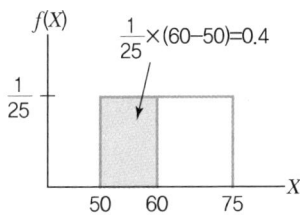

(2) 정규분포(Normal distribution)

① 정규분포는 '가우스분포(Gaussian distribution)'라고도 하며 연속확률분포 중 가장 널리 이용되는 중요한 분포, 표본을 통한 통계적 추정 및 가설검정이론의 기본이 된다.
② 평균이 μ이고, 표준편차가 σ인 x의 확률밀도함수
③ 정규분포의 확률밀도함수

$$f(X) = \frac{1}{\sqrt{2\pi\sigma^2}} * e^{-(x-\mu)^{2/2\sigma^2}}, -\infty \leq X \leq +\infty$$

π = 3.1416(원주율 : 상수)
e : 2.7183(자연대수 : 상수)
μ : 분포의 평균
σ : 분포의 표준편차

※ 정규분포의 모양과 위치는 분포의 표준편차와 평균 두 요인으로 결정

④ 정규분포의 특징

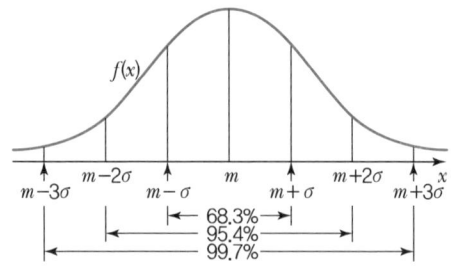

⑤ 정규분포의 확률밀도함수
  ㉠ 정규분포의 모양과 위치는 분포의 평균과 표준편차로 결정된다.
  ㉡ 정규분포의 확률밀도함수는 평균(μ)을 중심으로 종모양(bell shape)이다.
  ㉢ 정규곡선은 X축에 맞닿지 않으므로 확률변수 X가 취할 수 있는 값의 범위는 $-\infty \leq X \leq +\infty$ 이다.
  ㉣ 분포의 평균(μ)과 표준편차(σ)가 어떤 값을 갖더라도, 정규곡선과 X축 사이의 전체 면적은 1이다.
  ㉤ 정규분포에서 관찰값이 99.7%가 $\pm 3\sigma$ 안에 속해 있다.

(3) z분포

① 정규분포의 형태인 확률분포를 아래의 공식을 통해 평균이 0이고, 표준편차가 1인 형태로 변환된 분포를 의미한다.
② 위와 같이 변환하는 과정을 표준화(Standardization)라 하며, 표준화된 정규분포를 표준정규분포라 한다.

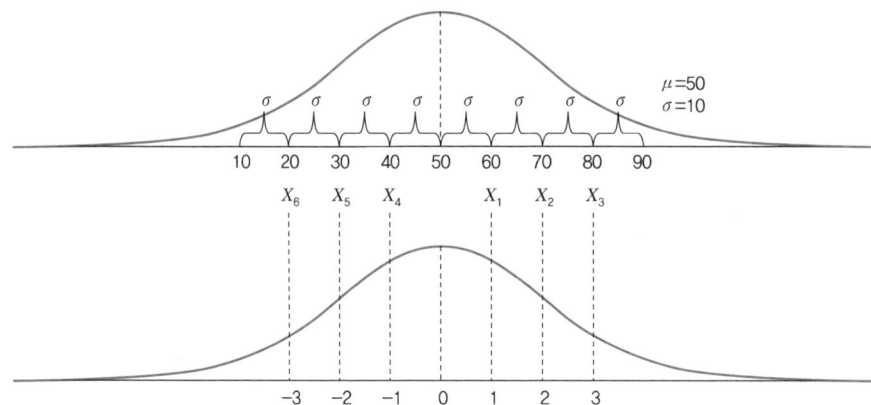

③ 표준정규분포
  ㉠ 모든 정규분포의 평균 $\mu = 0$이 되고, 표준편차 $\sigma = 1$이 된다.
  ㉡ 어떤 확률변수 X의 관찰값이 그 분포의 평균으로부터 표준편차의 몇 배 정도나 떨어져 있는가를 확률변수 Z로 나타내기에 표준정규분포를 Z-분포라고도 한다.

$$Z = \frac{X - \mu}{\sigma}$$

(4) t분포

① 표준정규분포와 유사하게, 평균 0을 중심으로 좌우대칭이다.
② 표준정규분포보다 평평하고 기다란 꼬리를 갖는다(양쪽 꼬리가 두터움). 즉, 표준정규분포(Z-분포)보다 분산이 크므로 보다 평평한 모양이다.
③ 자유도에 따라 다른 모양을 나타낸다(X^2분포도 유사).
　㉠ 자유도(표본의 수 : n-1)가 증가할수록 표준정규분포에 가까워진다.
　㉡ 중심극한정리 : 자유도가 30이 넘으면 표준정규분포(Z분포)와 모양이 비슷해진다.
　㉢ t-통계량 공식

$$t = \frac{\overline{X} - \mu_{\overline{X}}}{S_{\overline{X}}}$$

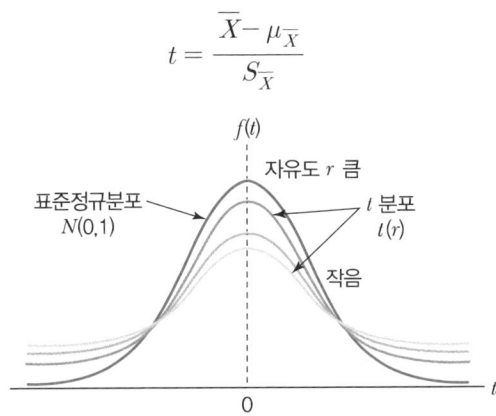

④ t분포를 활용하는 경우
　㉠ 모집단이 정규분포를 따르며, 모집단의 분산을 알고 있을 때는 Z-분포를 활용한다.
　㉡ 모집단이 정규분포를 따르며, 모집단의 분산을 모를 때는 t-분포를 활용한다.

모집단의 분산을 알고 있을 때	표본이 클 때	표본이 작을 때
모집단이 정규분포	Z-분포	Z-분포
모집단이 비정규분포		-
모집단의 분산을 모를 때	**표본이 클 때**	**표본이 작을 때**
모집단이 정규분포	Z-분포	t-분포
모집단이 비정규분포		-

(5) X^2 분포

① X^2라 쓰고 카이제곱이라 읽는다.
② 모평균과 모분산을 모르는 상황에서 모집단의 모분산에 대한 가설 검정에 활용된다.
③ 두 집단 간의 동질성 검정에 활용된다(범주형 자료에 대해 얻어진 관측값과 기댓값의 차이를 확인하는 적합도 검정에 활용됨).
④ 분산이 σ^2을 갖는 정규분포를 이루는 모집단으로부터 표본의 크기가 n인 선택가능한 모든 표본을

뽑을 때 각 표본의 분산을 S^2이라고 하면, X^2-분포는 다음과 같다.

$$X^{2}{}_{n-1} = \frac{(n-1)*s^2}{\sigma^2}$$

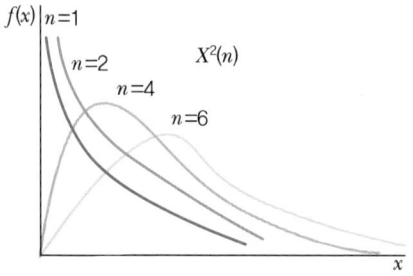

⑤ 이와 같은 분포를 X^2-분포(chi-square distribution)라고 한다. X^2-분포는 비대칭의 모양으로 오른쪽으로 긴 꼬리를 가지며, 항상 양수값만을 갖는 특징을 지닌다.

⑥ 자유도가 커질수록 X^2-분포는 정규분포에 가깝게 된다. X^2-분포의 모양은 자유도에 따라 달라지며 평균은 $(n-1)$이다.

(6) F분포

① F분포는 두 개 이상의 평균차를 검정하는 분산분석법이나 두 분산의 차이를 검정하는 경우에 적용되는 등 상당히 폭넓게 활용되는 분포이다.

② F분포는 각각의 자유도로 나누어진 두 개의 X^2 분포의 비율로 이루어지며, 아래와 같이 표현가능하다.

$$F(n_1-1, n_2-1) = \frac{x_1^2/(n_1-1)}{x_2^2/(n_2-1)} = \frac{S_1^2}{S_2^2}$$

③ F분포는 언제나 양의 값을 가지며, s_1^2와 s_2^2의 자유도에 따라 그 모양이 달라지며, s_1^2와 s_2^2가 비슷하면 F값은 1에 가까워진다.

④ 마지막으로 F분포는 두 개의 자유도에 의해 결정되므로 두 집단에서 뽑힌 표본의 크기에 따라 임계치(Critical Value)가 달라진다.

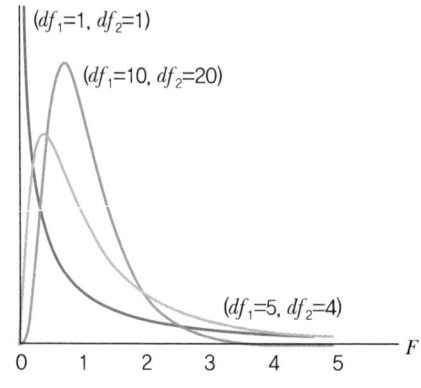

SECTION 02 추론통계(Inferential Statistics)

1 표본 및 표집분포

(1) 표본조사의 필요성

① 경제성 : 시간과 비용의 절약
② 시간의 제약 : Time Limit와 Due Date의 존재
③ 무한 모집단 : 모집단이 무한히 큰 경우
④ 조사가 불가능한 모집단 : 사망한 사람 또는 주소가 변경되어 추적이 불가한 사람
⑤ 정확성 : 적은 수의 표본을 관찰할 때의 좀 더 조심스럽고 세심한 접근
⑥ 그 밖의 이유 : 때때로 대상을 조사 행위가 분석 대상의 성격과 형질 변형을 야기

(2) 표본조사의 단점

① 표본조사에 의한 모집단의 이해는 필연적으로 오차를 수반한다.
② 오차 발생원인
　㉠ 편의(bias)에 의한 오차
　㉡ 우연성(Chance)에 의한 오차
③ 오차의 종류
　㉠ 표본추출오차
　㉡ 비표본추출오차
④ 오차를 감소시키는 방법
　㉠ 표본추출방법을 과학적으로 계획
　㉡ 표본의 크기를 증가

(3) 표본추출 방법-확률표본추출

① 개요 : 확률표본추출(probability sampling)이란 모집단에 속해 있는 각 구성원이 표본으로 선택될 가능성이 일정하게 되도록 하는 표본추출방법이다.
② 유형
　㉠ 단순무작위추출(Simple random sampling) : 난수표 활용 및 기타 방법 동원
　㉡ 층화표본추출(Stratified sampling) : 모집단의 성격에 따라 여러 집단 또는 여러 층으로 분류한 후 추출
　㉢ 군집표폰추출(Cluster sampling) : 직접 개별적인 구성원이 아닌 자연적 또는 인위적인 집단을 추출

ⓔ 계통적표본추출(Systematic sampling) : 모집단배열이 무작위일 때 체계적 수단을 동원하여 추출

(4) 표본추출 방법-비확률표본추출

① 개요 : 비확률표본추출(nonprobability sampling)은 확률표본추출(무작위추출)이 불가능하거나 비경제적일 때 연구자가 모집단과 비슷하다고 생각되는 표본을 임의추출해 내는 방법이다.

② 유형

㉠ 편의추출(Convenience sampling) : 연구자가 가장 손쉽게 구할 수 있는 표본을 선택하여 표본추출

㉡ 판단추출(Judgement sampling) : 전문성이 있는 연구자가 임의로 표본추출을 하는 방법

㉢ 할당추출(Quota sampling) : 모집단 특성에 따라 하위집단을 구성한 후 각 집단별로 표본의 수를 할당하여 임의로 표본을 추출하는 방법

㉣ 눈덩이추출(Snowball sampling) : 이미 참가하고 있는 사람들에게 지인을 소개받아 표본을 추출하는 방식

(5) 표본추출오차와 비표본추출오차

① 표본추출오차

㉠ 모집단을 대표할 수 있는 전형적인 구성요소를 표본으로 선택하지 못했기 때문에 발생하는 오류

㉡ 표본추출상 오류의 두 가지 발생 요인(Factor)
- 표본의 크기에 따른 우연적 오류
- 모집단을 대표할 수 없는 비전형적인 구성요소를 표본으로 뽑아 일어나는 오류

② 비표본추출오차

㉠ 표본의 특성 값을 측정하는 방법이 부정확하기 때문에 발생하는 오류(Measurement error)

㉡ 예시 : 한 사람에게 동일한 질문을 서로 다른 두 사람이 했을 때 다른 답변이 나오는 경우
- 단순히 표본의 수를 늘려도
- 모집단 전체를 연구 대상으로 하여도
- 혹은 표본추출계획을 면밀히 수립하여도 이러한 오류는 감소하지 않음

2 추정과 가설검정

(1) 확률표본(Random sample)

① 확률분포는 분포를 결정하는 평균, 분산 등의 모수(Parameter)를 포함하고 있다.

② 특정 확률분포로부터 독립적으로 반복해 표본을 추출하는 것이다.

③ 각 관찰값들은 서로 독립적이며 동일한 분포를 갖는다.

(2) 추정(Estimation)

① 표본으로부터 미지의 모수를 추정하는 것이다.

점추정(Point estimation)	모집단의 특성을 하나로 추정
구간추정(Interval estimation)	모집단의 특성을 적절한 구간으로 모수를 추정

② 점추정(Point estimation)
  ㉠ '모수가 특정한 값'일 것이라고 추정하는 것이다.
  ㉡ 표본의 평균, 중위값, 최빈값 등을 사용한다.
  ㉢ 평균 μ을 알기 위해 표본의 평균 통계량 $\overline{X}$를 이용하게 되는데, 이때 $\overline{X}$는 μ의 추정량이 되며, 표본평균의 구체적인 수치이다.
   예 $\overline{X} = 300$은 모집단의 평균을 추정하는 추정값이 된다.

> - 불편성(unbiasedness) : 추정량의 기대값이 추정할 모수의 실제값과 일치 혹은 그 값에 가까워야 함
> - 효율성(efficiency) : 한 표본에서 계산된 추정량은 되도록 모수에 접근하여야 함(즉, 분산이 작아야 함)
> - 일치성(consistency) : 표본크기가 무한히 증가하면 그 표본에서 얻은 추정량이 모수에 근접하게 됨
> - 충분성(sufficiency) : 추정량은 모수에 대한 모든 정보를 제공
> ※ 모든 조건을 충족시키지 못한다면, 첫째 조건인 불편성에 가장 큰 비중을 두어 적정 추정량을 선택해야 함

③ 구간추정(interval estimation)
  ㉠ 점추정의 정확성을 보완하기 위해 신뢰구간(즉, 확률로 표현된 믿음의 정도)하에서 구간추정량이 모수의 평균(μ)을 포함할 확률을 고려하여 선언하는 것이다.
  ㉡ 전제조건으로 추정량 분포에 대한 전제, 신뢰수준(90%, 95%, 99% 등)이 주어져야 한다.
  ㉢ 신뢰구간(confidence interval) : 구간으로 추정된 추정값이 실제 모집단의 모수를 포함하고 있을 가능성으로 추정된 구간이다.

참고

신뢰도에 따른 $Z_{\alpha/2}$값

신뢰도($1-\alpha$)	$Z=0$에서 $Z_{\alpha/2}$까지 면적	$Z_{\alpha/2}$
0.90	0.450	1.64
0.95	0.475	1.96
0.99	0.495	2.57

- Z값에 대한 95% 신뢰구간(모분산 σ이 알려져 있는 경우)

$$(\overline{X}-1.96*\frac{\sigma}{\sqrt{n}}, \overline{X}+1.96*\frac{\sigma}{\sqrt{n}})$$
$$P(-Z_{\alpha/2} \leq Z \leq Z_{\alpha/2}) = 1-\alpha$$

- t값에 대한 95% 신뢰구간(모분산 σ을 모르는 경우)

$$(\overline{X}-2.26*\frac{S}{\sqrt{n}}, \overline{X}+2.26*\frac{S}{\sqrt{n}})$$
$$P(-t_{\alpha/2} \leq t \leq t_{\alpha/2}) = 1-\alpha$$

(3) 가설검정(statistical hypothesis test)

① 모집단에 대한 가설을 설정한 후 표본 관찰값을 통해 그 가설의 채택여부로 분석하는 방법으로 '통계적 가설검정'이라 한다.

② 가설의 설정은 확신에 근거를 두고 이루어지는 것이 아니며, 단지 후에 경험적 또는 논리적으로 검정될 수 있는 조건, 원리 또는 명제(proposition)를 제시하는 것에 불과하다.

③ 가설설정 관련 용어 정리

귀무가설(null hypothesis, H_0)	직접 검정대상이 되는 가설
대립가설(alternative hypothesis, H_1)	귀무가설이 기각될 때 받아들여지는 가설
검정통계량(test-statistic)	관찰값(관찰된 표본에서 구한 통계량)으로 검정시 가설 채택여부를 판단하는 기준
유의수준(significance level, α)	귀무가설이 옳음에도 이를 기각할 확률로써 귀무가설을 기각할 수 있는 확률의 크기로도 표현 가능
임계치(critical value)	주어진 유의수준에서 귀무가설의 채택과 기각에 관련된 의사결정을 할 때, 그 기준이 되는 점

예시

가설설정 예시

[예시 1]
- H_0 : 그 학생은 6학년이다.
- H_1 : 그 학생은 5학년이다.

[예시 2]
- H_0 : 일 평균 전력 소비량이 60kw이다. 즉, $\mu=60kw$
- H_1 : 일 평균 전력 소비량이 60kw가 아니다. 즉, $\mu \neq 60kw$

예시 1의 경우에는 귀무가설과 대립가설이 바뀌어도 큰 문제가 없지만, 예시 2의 경우에는 귀무가설과 대립가설을 바꿔서 설정하기 어렵다. 그 이유는 **대립가설은 검정의 대상이 되지 않고 귀무가설이 거부될 때 자동적으로 받아들여지는 가설**이기에 검정하기 곤란한 가설을 귀무가설로 설정하는 것은 바람직하지 않기 때문이다.

(4) 양측검정(two-tailed test)

① 귀무가설(H_0)이 $\mu = q$로, 대립가설(H_1)은 $\mu \neq q$로 설정되어 있는 경우에는 '검정통계량'이 q보다 매우 크거나, q보다 현저히 작을 때 귀무가설을 채택할 수 없게 된다.

② 따라서, 귀무가설을 기각하는 영역은 확률분포의 양측에 위치하게 된다. 이처럼 가설검정에서 기각영역이 양측에 있는 것을 양측검정(two-tailed test)이라 한다.

(5) 단측검정(one-tailed test)

① 양측검정과 달리 귀무가설(H_0)을 $\mu \geq q$로, 대립가설(H_1)은 $\mu < q$로 설정되어 가설검정을 하는 경우에는 선택된 통계량이 '검정통계량'이 q보다 매우 작을 때 귀무가설을 기각하게 된다.

② 따라서, 위의 경우에는 α로 나타내는 기각영역은 분포의 왼쪽 극단에만 존재하게 된다.

③ 위의 경우와 반대로 귀무가설(H_0)을 $\mu \leq q$로, 대립가설(H_1)을 $\mu > q$로 설정하게 된다면, 가설검정을 하는 경우에는 선택된 통계량이 '검정통계량'이 q보다 현저히 클 때 귀무가설을 기각하게 되며, 이때 기각영역은 오른쪽에만 있게 된다.

④ 이와 같이, 기각영역이 어느 한쪽에만 존재하게 되는 경우를 '단측검정(one-tailed test)'이라 한다.

(6) 가설검정의 오류

① α-오류는 실제로는 귀무가설이 옳은데도 검정 결과 귀무가설을 기각하는 오류를 말한다. α-오류는 제1종 오류(type I error)라고도 한다.

② β-오류는 실제로는 귀무가설이 틀렸는데도 검정 결과 귀무가설이 옳은 것으로 받아들이는 오류를 말한다. β-오류는 제2종 오류(type II error)라고도 한다.

구분	H_0가 맞을 경우	H_0가 틀릴 경우
H_0 채택	1−α(옳은 결정)	β-오류
H_1 채택	α-오류	1−β(옳은 결정)

③ α와 β는 귀무가설과 대립가설의 관계이므로 동시에 α-오류와 β-오류를 줄이는 것은 현실적으로 불가능하며, 두 오류 중에서는 α-오류가 훨씬 중요하게 여겨진다.

> **참고**
>
> 가설설정 문제 살펴보기
>
> > 가설검정의 순서
> > ① 귀무가설과 대립가설의 설정
> > ② 유의수준의 결정
> > ③ 유의수준을 충족시키는 임계값의 결정
> > ④ 통계량의 계산과 임계값과의 비교
> > ⑤ 결과의 해석
>
> **[예시]** 국내 아이돌그룹 멤버들의 평균 키를 알기 위해 16명의 아이돌그룹 멤버의 키를 표본조사하였더니 평균 키가 175cm였다. 국내 아이돌그룹 전체의 평균 키에 대한 표준편차가 5cm라고 하면, 국내 아이돌그룹 멤버의 평균 키가 180cm 이상이라고 할 수 있는가? 유의수준(α)을 5%로 하여 검정하시오.
>
> > ① H_0 : $\mu \geq$ 180cm, 대립가설(H_1)은 $\mu < q$, H_1 : $\mu <$ 180cm
> > ② α = 5%
> > ③ 채택영역 : $Z \geq -1.64$, 기각영역 :: $Z < -1.64$
> > ④ 175cm에 대응하는 Z값 : $Z = \frac{X-\mu}{\sigma} = \frac{175-180}{5/\sqrt{16}} = -4$
> > ⑤ 결과의 해석 : Z = -4는 -1.64보다 더 작은 값이므로 기각영역(혹은 기각역)에 속하므로 H_0를 기각한다.
>
> 위의 결과해석을 토대로 국내 아이돌그룹 멤버들의 평균 키가 180cm 이상이라고 할 수 없다.

SECTION 03 분산분석

1 분산분석(ANOVA ; Analysis of Variance)

① 분산분석은 여러 집단 간 평균 차이를 분석하여, 집단 간 차이가 우연에 의한 것인지 아니면 통계적으로 유의미한지를 검정하는 기법이다.
② 집단 간 변동(집단 평균 간 차이)과 집단 내 변동(개별 데이터 간 차이)을 비교하여, 평균 차이의 유의성을 평가한다.
③ 분산분석은 주로 실험 연구나 관측 데이터를 기반으로, 여러 요인(factor)이 반응 변수에 미치는 영향을 분석하는 데 사용된다.
④ 일원배치 분산분석, 이원배치 분산분석, 반복측정 분산분석 등 다양한 유형의 분산분석 기법이 있으며, 분석 목적에 따라 선택된다.

2 일원배치 분산분석

(1) 일원배치 분산분석의 정의

① 일원배치 분산분석(One-way ANOVA)은 하나의 요인에 대한 여러 집단 간 평균 차이를 검정하는 기법이다.
② 예를 들어, 세 가지 교육 방법이 학생 성적에 미치는 영향을 비교할 때 사용할 수 있다.
③ 집단 간 변동(SSB)과 집단 내 변동(SSW)을 비교하여 집단 간 평균 차이가 통계적으로 유의미한지를 평가한다.

(2) 일원배치 분산분석의 가정

① 일원배치 분산분석이 정확하게 수행되기 위해 다음과 같은 가정들이 충족되어야 한다.
② 정규성 : 각 집단의 데이터는 정규분포를 따른다.
③ 등분산성 : 각 집단의 분산이 동일해야 한다.
④ 독립성 : 각 관측치는 독립적이어야 한다.

(3) 집단 간 제곱합, 집단 내 제곱합, 총 제곱합

용어	설명	
SSB (집단 간 제곱합)	각 집단의 평균이 전체 평균에서 얼마나 벗어나 있는지를 나타내는 제곱합으로, 집단 간 변동을 측정하는 데 사용	$SSB = \Sigma n_i (\overline{x_j} - \overline{x})^2$
SSW (집단 내 제곱합)	각 집단의 개별값들이 해당 집단의 평균에서 얼마나 벗어나 있는지를 나타내는 제곱합으로, 집단 내 변동을 측정하는 데 사용	$SSW = \Sigma\Sigma (x_{ij} - \overline{x_i})^2$
SST (총 제곱합)	SSB와 SSW를 합한 전체 변동을 나타내며, 데이터 전체에서의 변동을 설명하는 값	$SST = \Sigma\Sigma (x_{ij} - \overline{x})^2$

(4) 가설검정

① 귀무가설(H_0) : 집단 간 평균 차이가 없다.
② 대립가설(H_1) : 집단 간 평균 차이가 있다.
③ F-통계량을 계산하여, 이 값이 임계값을 초과하는 경우 귀무가설을 기각하고 대립가설을 채택한다.

(5) 사후검정

① 일원배치 분산분석에서 유의미한 차이가 있다고 판단되면, 추가적인 사후검정(Post-hoc test)을 통해 어느 집단 간에 차이가 있는지를 확인할 수 있다.
② 일반적인 사후검정 방법에는 Tukey, Duncan, Scheffe 검정 등이 있다.

3 이원배치 분산분석

(1) 이원배치 분산분석의 정의

① 이원배치 분산분석(One-way ANOVA)은 두개의 요인(factor)이 반응 변수에 미치는 영향을 동시에 분석하는 기법이다. 이 기법은 두 요인 간의 상호작용 효과까지도 고려할 수 있다.

② 예를 들어, 교육 방법과 학생 성별이 성적에 미치는 영향을 동시에 분석할 수 있다.

(2) 이원배치 분산분석의 가정

① 이원배치 분산분석이 정확하게 수행되기 위해서는 다음 가정이 충족되어야 한다.

② 정규성 : 각 집단의 데이터가 정규분포를 따라야 한다.

③ 등분산성 : 각 집단의 분산이 동일해야 한다.

④ 독립성 : 각 관측치는 독립적이어야 한다.

(3) 주효과와 교호작용 효과

① 주효과(Main Effect) : 각 요인이 반응 변수에 미치는 독립적인 영향을 의미한다.

② 교호작용 효과(Interaction Effect) : 두 요인이 결합하여 반응 변수에 미치는 상호작용 효과를 의미한다. 이원배치 분산분석은 이러한 교호작용을 분석할 수 있는 장점이 있다.

> **참고**
>
> **분산분석표**
> 다음은 이원배치 분산분석에서 사용되는 간략한 분산분석표이다.
>
> | 요인(Source) | 제곱합(SS) | 자유도(df) | 평균제곱합(MS) | 분산비(F) |
> |---|---|---|---|---|
> | Factor A | SSA | a-1 | MSA | MSA/MSE |
> | Factor B | SSB | b-1 | MSB | MSB/MSE |
> | Interaction(A*B) | SSAB | (a-1)(b-1) | MSAB | MSAB/MSE |
> | Within(Error) | SSE | N-ab | MSE | |
> | Total | SST | N-1 | | |

(4) 가설검정

① 귀무가설(H_0) : 두 요인 간의 주효과와 교호작용 효과가 없다.

② 대립가설(H_1) : 두 요인 간의 주효과와 교호작용 효과가 있다.

③ F-통계량을 계산하여, 이 값이 임계값을 초과하는 경우 귀무가설을 기각하고 대립가설을 채택한다.

(5) 사후검정

① 주효과(Main Effect)가 유의미한 경우
　㉠ 각 요인의 주효과가 유의미한 경우, 해당 요인에 대해 각 집단 간 평균을 비교하는 사후검정을 수행한다.
　㉡ 예를 들어, 요인 A가 유의미하다면 요인 A의 수준들 간 평균 차이를 분석한다.

② 교호작용 효과(Interaction Effect)가 유의미한 경우
　㉠ 교호작용 효과가 유의미한 경우, 요인 A와 요인 B의 조합에 따른 집단 간 평균 차이를 비교한다.
　㉡ 즉, 두 요인이 결합하여 특정 수준에서 유의미한 차이가 있는지를 확인한다.

③ 대표적인 사후검정 방법
　㉠ Tukey's HSD(Honestly Significant Difference) 검정 : 집단 간 모든 쌍을 비교하는 데 사용되며, 다중 비교에 대한 오류를 제어하기 위한 방법이다.
　㉡ Bonferroni 검정 : 다중 비교에서 발생할 수 있는 1종 오류(귀무가설을 잘못 기각하는 오류)를 줄이기 위해 p값을 조정하는 방법이다.
　㉢ Scheffe 검정 : 사후검정 중 가장 보수적인 방법으로, 모든 가능한 비교를 수행할 때 사용된다.

CHAPTER 03 통계기법의 이해 예상문제

01 자료의 측정수준에 따른 척도에 대한 설명으로 옳지 않은 것은?
① 명목척도는 단순히 측정 대상의 특성을 분류하거나 확인하기 위한 목적으로 숫자를 부여하며, 예시로 운동선수의 등 번호, 성별, 종교, 출생지 등이 있다.
② 순서척도는 대소 또는 높고 낮음 등의 순위만 제공할 뿐 양적인 비교는 할 수 없다. 대표적으로 선호도, 반 등수 등의 사례가 있다.
③ 등간척도는 순위를 부여하되 순위 간의 간격이 같으므로 양적인 비교가 가능하다. 예시로 아날로그 온도계, 아날로그 시계 등이 있다.
④ 비율척도는 측정값 간의 비율 계산이 가능하고, 사칙연산이 가능한 척도이며, 절대 영점이 존재하지 않는다. 예시로 주급, 연봉 등이 있다.

02 설문지 조사법에 의해 서비스에 대한 만족도 조사를 수행하려고 한다. 해당 문항을 제출할 때 올바른 척도는?
① 명목척도 ② 서열척도
③ 등간척도 ④ 비율척도

03 다음 중 비율척도에 대한 예시로 가장 적절한 것은?
① 무게, 나이 ② 선호도
③ 성별, 출생지 ④ 온도, 시계

04 피어슨의 비대칭도가 양수(+) 나왔다고 하자. 이 상황에서 분포의 최빈값, 중위값, 평균값의 크기 순서는?
① 중위값 < 최빈값 < 평균값 ② 최빈값 < 평균값 < 중위값
③ 최빈값 < 중위값 < 평균값 ④ 평균값 < 최빈값 < 중위값

05 다음 산포의 척도에 대한 설명 중 가장 적절하지 않은 것은?

① 평균 절대편차는 관측값에서 평균을 뺀 값에 대한 절댓값을 모두 더한 값이다.
② IQR은 Q3(3사분위수)-Q1(1사분위수)이다.
③ 사분위수는 데이터 표본을 4개의 동일한 부분으로 나눈 값이다.
④ 변동계수(CV)는 분포의 퍼짐 정도를 비교하게 해준다.

06 다음 중에서 자료들의 중간 50%에 흩어진 정도를 나타내는 통계량은?

① 중위수
② 사분위수 범위(IQR)
③ 평균
④ 분산

07 다음 중 연속형 확률분포가 아닌 것은 무엇인가?

① 정규분포(Normal distribution)
② 이항분포(Binomial distribution)
③ 카이제곱 분포(Chi-Squared distribution)
④ t-분포(t-distribution)

08 다음 중 아래의 설명과 가장 가까운 척도는?

> 측정 대상이 갖고 있는 속성의 양을 측정하는 것으로 측정 결과가 수사로 표현되나 해당 속성이 전혀 없는 상태인 절대적인 원점(혹은 영점)이 없다. 따라서 두 관측값 사이의 비율은 별 의미가 없게 되는 척도로서 대표적으로 온도, 지수 등이 그 예이다.

① 명목척도
② 순서척도
③ 구간척도
④ 비율척도

09 아래의 설명과 가장 가까운 척도는 다음 중 무엇인가?

> 번호를 부여한 샘플을 나열하여 k개씩 n개의 구간으로 나누고, 첫 구간(1, 2, 3, …, k)에서 하나를 임의로 선택한 후에 k개씩 띄어서 n개의 표본을 선택한다. 즉, 임의 위치에서 매 k번째 항목을 추출하는 방법이다.

① 계통추출법
② 집락추출법
③ 층화추출법
④ 단순무작위 추출법

10 다음 중 모집단에서 표본을 추출하는 방법이 다른 하나는?

① 계통추출법
② 집락추출법
③ 깁스추출법
④ 단순무작위 추출법

11 두 집단 A와 B가 독립일 때 항상 성립하지 않는 것은?

① $P(A|B) = P(A)$
② $P(B|A) = P(B)$
③ $P(A \cap B) = P(A) + P(B) - P(A)*P(B)$
④ $P(A \cap B) = 0$

12 다음 중 확률 및 확률분포에 대한 설명으로 가장 적합하지 않은 것은?

① 모든 사건의 확률값은 0과 1 사이에 있다.
② 확률변수 X가 구간 또는 구간들의 모임인 숫자 값을 갖는 확률분포함수를 이산형확률밀도 함수라 한다.
③ 두 사건 A, B가 독립일 때 사건 B의 확률은 A가 일어난다는 가정하에서의 B의 조건부 확률과 같다.
④ 서로 배반인 사건들의 합집합의 확률은 각 사건들의 확률의 합이다.

13 다음 중 이질적인 원소들로 구성된 모집단에서 각 계층을 고루 대표할 수 있도록 표본을 추출하는 표본추출방법은?

① 층화추출법   ② 집락추출법
③ 계통추출법   ④ 단순랜덤추출법

14 아래의 조건부 확률에서 사건 A가 일어났다는 가정하의 사건 B의 확률을 조건부 확률이라고 하며 아래의 식으로 표현할 수 있다. 아래의 빈칸에 들어갈 내용은?

$$P(B|A) = \frac{(가)}{P(A)}$$

① P(A∩B) ② P(A)
③ P(B)   ④ P(A∪B)

15 다음 중 제1종 오류에 대한 설명은?

① H_0가 사실일 때, H_0가 사실이라고 판정
② H_0가 사실일 때, H_0가 사실이 아니라고 판정
③ H_0가 사실이 아닐 때, H_0가 사실이라고 판정
④ H_0가 사실이 아닐 때, H_0가 사실이 아니라고 판정

16 다음 중 이산형 확률변수인 경우 그 기댓값으로 옳은 식은?

① $E(x) = E(x^2) - \mu^2$ ② $E(x) = E[(x-\mu)^2]$
③ $E(x) = \sum x f(x)$ ④ $E(x) = \int x f(x)$

17 자료의 정보를 이용해 집단에 관한 추리, 결론을 이끌어내는 과정인 통계적 추론에 대한 설명으로 가장 적절하지 않은 것은?

① 통계적 추론은 제한된 표본을 바탕으로 모집단에 대한 일반적인 결론을 유도하려는 시도이므로 본질적으로 불확실성을 수반한다.
② 구간추정은 모수의 참값이 포함되어 있다고 추정되는 구간을 결정하는 것이며, 실제 모집단의 모수는 신뢰구간에 포함되어야 한다.
③ 전수조사가 불가능하면 모집단에서 표본을 추출하고 표본을 근거로 확률론에 기반하여 모집단의 모수들에 대해 추리/추론하는 것을 추정이라 한다.
④ 점 추정은 표본의 정보로부터 모집단의 모수를 하나의 값으로 추정하는 것이다.

18 두 집단의 분산이 같은지 검정할 때 사용하는 검정통계량은?
① t-분포
② Z-분포
③ F-분포
④ 카이제곱 분포

19 귀무가설이 참이라는 전제하에 실제 표본에서 구한 표본 통계량의 값보다 더 극단적인 값이 나올 확률을 지칭하는 용어는?
① p-값(p-value)
② 유의수준
③ 검정통계량
④ 기각역

20 다음 중 아래의 표가 나타내는 확률질량함수를 가진 확률변수 x의 기댓값 E(x)로 가장 적절한 것은? (소수 둘째 자리에서 반올림하시오.)

x	1	2	3	4
f(x)	0.2	0.3	0.075	0.2

① 1
② 1.7
③ 1.8
④ 2.5

21 다음 중 아래의 표가 나타내는 확률질량함수를 가진 확률변수 x의 기댓값 E(x)로 가장 적절한 것은?

x	1	2	3
f(x)	3/6	2/6	1/6

① 5/6
② 4/6
③ 7/6
④ 10/6

22 다음 중 모분산의 추론에 대한 설명으로 가장 적절하지 않은 것은?
① 모집단의 변동성 또는 퍼짐의 정도에 관심이 있는 경우, 모분산이 추론의 대상이 된다.
② 모집단이 정규분포를 따르지 않더라도 중심극한정리를 통해 정규모집단으로부터의 모분산에 대한 검정을 유사하게 시행할 수 있다.
③ 이 표본에 의한 분산비 검정은 두 표본의 분산이 동일한지 비교하는 검정으로 검정통계량은 F분포를 따른다.
④ 정규모집단으로부터 n개를 단순임의 추출한 표본의 분산은 자유도가 n-1인 t 분포를 따른다.

23 다음 중 가설검정과 관련된 용어에 대한 설명으로 가장 적절하지 않은 것은?

① 귀무가설을 기각시키는 검정통계량들의 범위를 기각역이라 한다.
② 대립가설이 맞는데도 귀무가설이 맞다고 결론내리는 오류의 확률을 검정력이라고 한다.
③ 현재까지 주장되는 사실이나 평균이 0이거나 차이가 없다는 등의 가설을 귀무가설이라 한다.
④ 귀무가설이 맞다고 할 때, 표본 통계량보다 더욱 극단적인 결과가 실제로 관측될 확률을 유의확률(p-value)이라고 한다.

24 다음 중 비모수 검정 방법에 속하지 않는 것은?

① 부호검정(Sign Test)
② 런 검정(Runs Test)
③ 윌콕슨의 부호 순위합 검정(Wilcoxon Signed Rank Test)
④ 카이제곱 검정(x^2-분포)

25 산점도(Scatter plot)를 만들고 확인해 볼 점으로 옳지 않은 것은?

① 두 변수 사이에 선형관계가 성립여부
② 집단의 개수
③ 인과관계 유무
④ 영향을 주는 변수 존재 유무

26 모집단의 성격에 따라 몇 개의 집단 또는 층으로 나누고, 각 집단 내에 원하는 크기의 표본을 무작위로 추출하는 표본추출방법을 무엇이라 하는가?

① 단순무작위
② 층화표본추출
③ 군집표본추출
④ 계통적표본추출

27 베르누이시행에서 성공의 확률변수는 1이고, 실패의 확률변수가 0의 값을 갖는다 하자. 성공일 확률이 0.4로 주어진다면 기댓값은 얼마가 되겠는가?

① 0.23
② 0.36
③ 0.40
④ 0.45

28 이산형 확률분포 중 단위시간 또는 영역에서 어떤 사건의 발생 횟수를 나타내는 확률분포는?

① 이항분포 ② 다항분포
③ 포아송분포 ④ 초기하분포

29 아래는 College 데이터셋의 Grad.Rate 변수의 요약통계량의 결과이다. Grad.Rate변수의 몇 %가 78보다 큰 값을 지니는가?

```
> library(ISLR)
> summary(College$Grad.rate)
    Min.   1st Qu.   Median   Mean   3rd Qu.   Max.
   10.00   53.00    65.00    65.46   78.00    118.00
```

① 25% ② 50%
③ 75% ④ 78%

30 아래 (가)에 들어갈 단어로 적절한 것은?

통계적 추론에서 (가)검정은 자료와 추출된 모집단의 분포에 대해 아무 제약을 가하지 않고 검정을 실시하는 검정방법으로, 관측된 자료가 특정분포를 가정할 수 없는 경우에 적용된다.

① f-검정 ② 카이제곱 검정
③ t-검정 ④ 비모수검정

31 아래의 설명은 어떤 오류에 대한 설명인가?

귀무가설(H_0)이 옳은데도 귀무가설(H_0)을 받아들이지 않고 기각하게 되는 오류

① 1종 오류 ② 2종 오류
③ 3종 오류 ④ 감마 오류

32. 자료의 위치를 나타내는 척도의 하나로 관측치를 크기순으로 배열하였을 때 전체의 중앙에 위치한 수치이다. 평균에 비해 이상치에 의한 영향이 적기 때문에 자료의 분포가 심하게 비대칭인 경우 중심을 파악할 때 합리적인 방법은?

① 평균값 활용
② 중앙값 활용
③ 최빈값 활용
④ 재정의한 데이터 활용

33. 확률변수 X가 정규분포(10, 3)를 따른다고 가정할 때 3X+10의 분포는?

① N(40, 27)
② N(45, 27)
③ N(45, 45)
④ N(40, 30)

34. 확률변수 X가 정규분포를 N(70, 36)으로 따를 때, P(64 < X < 82)의 확률을 계산하면?

z	0.00	0.01	0.02	0.03	0.04	0.05	0.06	0.07	0.08	0.09
0.0	0.5000	0.5040	0.5080	0.5120	0.5160	0.5199	0.5239	0.5279	0.5319	0.5359
0.1	0.5398	0.5438	0.5478	0.5517	0.5557	0.5596	0.5636	0.5675	0.5714	0.5753
0.2	0.5793	0.5832	0.5871	0.5910	0.5948	0.5987	0.6026	0.6064	0.6103	0.6141
0.3	0.6179	0.6217	0.6255	0.6293	0.6331	0.6368	0.6406	0.6443	0.6480	0.6517
0.4	0.6554	0.6591	0.6628	0.6664	0.6700	0.6736	0.6772	0.6808	0.6844	0.6879
0.5	0.6915	0.6950	0.6985	0.7019	0.7054	0.7088	0.7123	0.7157	0.7190	0.7224
0.6	0.7257	0.7291	0.7324	0.7357	0.7389	0.7422	0.7454	0.7486	0.7517	0.7549
0.7	0.7580	0.7611	0.7642	0.7673	0.7704	0.7734	0.7764	0.7794	0.7823	0.7852
0.8	0.7881	0.7910	0.7939	0.7967	0.7995	0.8023	0.8051	0.8078	0.8106	0.8133
0.9	0.8157	0.8186	0.8212	0.8238	0.8264	0.8289	0.8315	0.8340	0.8365	0.8389
1.0	0.8413	0.8438	0.8461	0.8485	0.8508	0.8531	0.8554	0.8577	0.8599	0.8621
1.1	0.8643	0.8665	0.8686	0.8708	0.8729	0.8749	0.8770	0.8790	0.8810	0.8830
1.2	0.8849	0.8869	0.8888	0.8907	0.8925	0.8944	0.8962	0.8980	0.8997	0.9015
1.3	0.9032	0.9049	0.9066	0.9082	0.9099	0.9115	0.9131	0.9147	0.9162	0.9177
1.4	0.9192	0.9207	0.9222	0.9236	0.9251	0.9265	0.9279	0.9292	0.9306	0.9319
1.5	0.9332	0.9345	0.9357	0.9370	0.9382	0.9394	0.9406	0.9418	0.9429	0.9441
1.6	0.9452	0.9463	0.9474	0.9484	0.9495	0.9505	0.9515	0.9525	0.9535	0.9545
1.7	0.9554	0.9564	0.9573	0.9582	0.9591	0.9599	0.9608	0.9616	0.9625	0.9633
1.8	0.9641	0.9649	0.9656	0.9664	0.9671	0.9678	0.9686	0.9693	0.9699	0.9706
1.9	0.9713	0.9719	0.9726	0.9732	0.9738	0.9744	0.9750	0.9756	0.9761	0.9767
2.0	0.9772	0.9778	0.9783	0.9788	0.9793	0.9798	0.9803	0.9808	0.9812	0.9817
2.1	0.9821	0.9826	0.9830	0.9834	0.9838	0.9842	0.9846	0.9850	0.9854	0.9857
2.2	0.9861	0.9864	0.9868	0.9871	0.9875	0.9878	0.9881	0.9884	0.9887	0.9890
2.3	0.9893	0.9896	0.9898	0.9901	0.9904	0.9906	0.9909	0.9911	0.9913	0.9916
2.4	0.9918	0.9920	0.9922	0.9925	0.9927	0.9929	0.9931	0.9932	0.9934	0.9936
2.5	0.9938	0.9940	0.9941	0.9943	0.9945	0.9946	0.9948	0.9949	0.9951	0.9952
2.6	0.9953	0.9955	0.9956	0.9957	0.9959	0.9960	0.9961	0.9962	0.9963	0.9964
2.7	0.9965	0.9966	0.9967	0.9968	0.9969	0.9970	0.9971	0.9972	0.9973	0.9974
2.8	0.9974	0.9975	0.9976	0.9977	0.9977	0.9978	0.9979	0.9979	0.9980	0.9981
2.9	0.9981	0.9982	0.9982	0.9983	0.9984	0.9984	0.9985	0.9985	0.9986	0.9986

① 0.8185
② 0.8430
③ 0.9152
④ 0.9634

35 아래의 사례에서 설명하는 A 구단의 연봉의 대표값을 구하기 위한 적절한 통계량은?

> A 구단의 상위 2~3명이 구단 전체 연봉의 40% 이상을 차지하며 나머지 선수들의 연봉이 일반적인 범위 내에 존재하는 상황이다.

① 평균값
② 중앙값
③ 최빈값
④ 이상치

36 다음 표준정규분포 N(0, σ²)에 대해 표본 집합을 추출하여 $\frac{X-\mu}{s/\sqrt{n}}$ 분포를 만족할 때 자유도와 분포의 종류를 올바로 짝지은 것은?

① 자유도 n, x^2-분포
② 자유도 n, t-분포
③ 자유도 n-1, x^2-분포
④ 자유도 n-1, t-분포

37 초기하분포에 대한 설명으로 옳지 않은 것은?

① 초기하분포는 특정 그룹에서 뽑힌 표본의 수에 대한 확률분포이다.
② 초기하분포는 특정 그룹에서 뽑힌 표본의 수에 대한 확률분포이다.
③ 초기하분포의 시행은 독립적이다.
④ 초기하분포는 특정 그룹에서 뽑힌 표본의 수에 대한 확률분포이다.

38 다음 설명과 관련된 분포는?

> 주어진 시간 또는 영역에서 어떤 사건의 발생 횟수를 나타내는 확률분포

① 베르누이분포
② 이항분포
③ 포아송분포
④ 초기하분포

39 A 버스정류장에서 1분에 1명씩 승객이 온다. A 버스정류장에 2분동안 아무도 오지 않을 확률 식을 올바르게 표현한 것은? (단, 포아송분포를 활용하라.)

① e^{-2}
② e^{-1}
③ $\frac{2}{e^2}$
④ $\frac{2}{e}$

41 모표준편차 σ=8인 정규분포를 따르는 모집단에서 표본의 크기가 25인 표본을 추출하였을 때 표본평균($\overline{X}$)은 90이다. 모평균 μ에 대한 90% 신뢰구간을 구하면? (단, $Z_{0.05}$ = 1.645, $Z_{0.1}$ = 1.282이다.)

① $86.864 \leq \mu \leq 92.632$
② $86.864 \leq \mu \leq 93.136$
③ $87.368 \leq \mu \leq 92.632$
④ $87.368 \leq \mu \leq 93.136$

42 윌콕슨 부호 순위 검정, 윌콕슨 순위합 검정에 대한 설명으로 부적합한 것은?

① 윌콕슨 순위 합 검정은 이변수 검정 기법이다.
② 윌콕슨 부호 순위 검정은 단일 표본 검정 기법이다.
③ 윌콕슨 순위 합 검정은 자료의 분포에 대한 대칭성 가정이 필요하다.
④ 윌콕슨 순위 합 검정은 모수 분포를 가정한 방법이다.

PART 03

빅데이터 모델링

CHAPTER 01 통계 분석 기법

학습목표 전통적인 통계학은 작은 표본으로 가설이나 가정을 검증한다는데 큰 한계가 존재한다. 그렇기에 빅데이터에서 의미있는 패턴을 파악하고 예측하기 위해 AI알고리즘이 발명되었다. 그러나, 이러한 모델과 알고리즘 대부분은 통계적, 확률적 방법론에 근거를 두는 것이 사실이다. 따라서, 우리는 통계학에 대한 이해를 할 필요가 있는데, 본 챕터에서 빅데이터 분석 모델링의 근간인 통계 분석 기법들의 다양한 종류에 대해 학습해보도록 한다.

SECTION 01 회귀분석

1 회귀분석(Regression Analysis)

① 상관분석은 단순히 두 변수 간 선형관련성을 측정하는 데 의의가 있다.
② 하지만, 제품의 가격에 따라 수요의 변동, 금리가 상승하면 주가가 하락하는 등의 '한 변수가 다른 변수에 미치는 영향을 알아'보고자 하는 경우에는 회귀분석을 활용한다.
③ 회귀분석의 유형
  ㉠ 단순회귀분석(simple regression analysis) : 한 독립변수와 한 종속변수의 관계
  ㉡ 다중회귀분석(multiple regression analysis) : 여러 독립변수와 한 종속변수의 관계

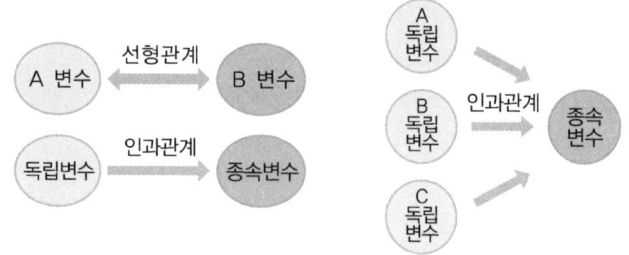

2 회귀분석의 변수 용어 정리

영향을 받는 변수(y)	반응변수(response var), 종속변수(dependent var), 결과변수(outcome var), 목표변수(target var), 레이블(label)
영향을 주는 변수(X)	설명변수(explanatory var), 독립변수(independent var), 예측변수(predictor var)

3 선형회귀분석의 가정(암기 : 선정독등비)

① 선형성
  ㉠ 영향을 주는 변수(x)와 영향을 받는 변수(y)와의 관계가 선형관계이다.
  ㉡ 선형회귀분석에서 가장 중요한 가정이다.
② 정상성(정규성)
  ㉠ 오차의 분포가 정규분포를 따른다는 가정이다.
  ㉡ Q-Q plot, Kolmogolov-Smirnov 검정, Shapiro-Wilks 검정 등을 활용하여 정규성을 확인한다.
  ㉢ 대표적으로 Q-Q plot이 직선으로 표현되어 잔차가 정규분포를 따른다는 것이다.
③ 독립성
  ㉠ 독립변수와 오차는 관련이 없다는 것이다.
  ㉡ 자기상관(독립성)을 알아보기 위해 더빈왓슨 통계량(Durbin-Watson)을 사용하며 주로 시계열 데이터에서 많이 활용된다.
  ㉢ 검정 수행결과 더빈 왓슨 통계량이 2에 가까울수록 오차항이 독립적이라 할 수 있다.
④ 등분산성
  ㉠ 오차의 분산이 독립변수와 무관하게 일정하다는 것이다.
  ㉡ 산점도(Scatter plot)를 활용하여 잔차와 독립변수 간 관련성이 없게 고루 분포되어야 등분산 가정을 만족할 수 있다.
⑤ 비상관성 : 오차들끼리 상관성이 없어야 한다.

4 그래프를 활용한 가정 검토

① 선형성 : 다음 그래프와 같이 선형회귀분석을 위해서는 독립변수(x)와 종속변수(y)가 선형적 관계에 있다는 가정이 충족되어야 한다.

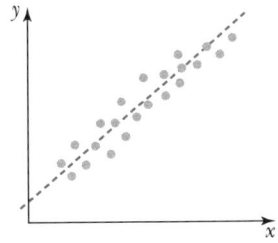

② 등분산성
  ㉠ 등분산성을 만족하는 그래프

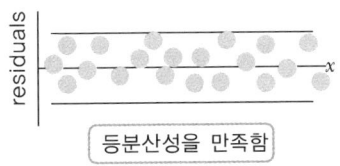

ⓒ 등분산성을 만족하지 못하는 그래프

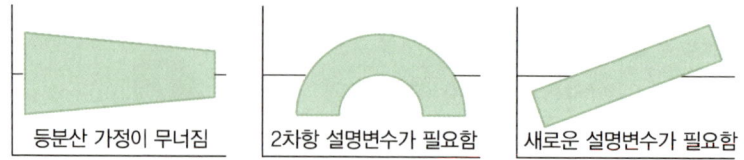

③ **정규성** : Q-Q plot을 출력했을 때, 아래와 같이 잔차가 대각선으로 직선의 형태를 띠게 되면 잔차는 정규분포를 따른다고 할 수 있다.

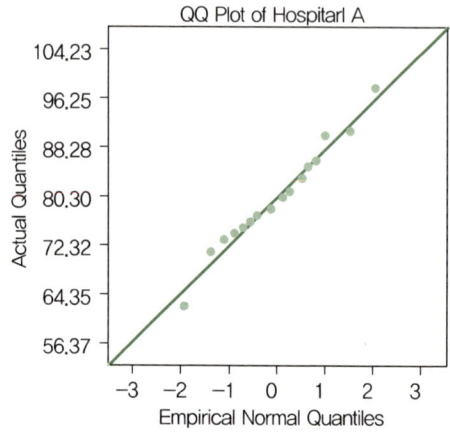

5 회귀분석의 장단점

① 장점
  ㉠ 가장 기본적인 분석으로 모형 결과가 선형 1차 방정식으로 매우 단순하다.
  ㉡ 의외로 1차 방정식이 잘 적용된다.
  ㉢ 독립변수의 회귀계수를 활용하여 각 변수들 간의 영향력을 쉽게 파악할 수 있다.
  ㉣ 적은 데이터로도 빅데이터로도 모델링이 가능하다.

② 단점
  ㉠ 하지만 선형적이지 않는 데이터에 적용이 힘들다.
  ㉡ 충족시켜야 하는 가정이 매우 많다.
  ㉢ 가정을 만족시키기 위한 변환 과정이 힘들다.

6 단순선형회귀분석

① 가장 좋은 표본회귀식은 전체적으로 예측오차, 즉 잔차를 가장 작게 해 주는 모형이 좋은 것이다.
  ㉠ 오차(error) : 모집단에서의 실제값과 회귀선을 비교할 때 나타나는 차이
  ㉡ 잔차(residual) : 표본에서 나온 관측값과 회귀선과 비교할 때 나타나는 차이

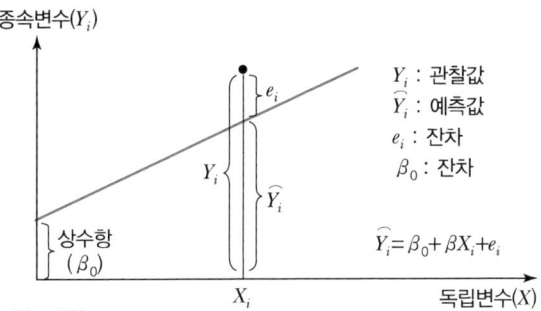

② 회귀분석 시 검토해야 할 사항
　㉠ 회귀계수들의 유의미성 확인
　　• 최소제곱법에 의해 가장 좋은 회귀모형을 생성했다면, 해당 계수들의 t-통계량을 확인하여 해당 회귀계수의 적절성을 확인한다.
　　• t-통계량이 p-값이 0.05(일반적으로 95% 신뢰수준)보다 작으면, 해당 회귀계수가 통계적으로 유의하다 할 수 있다.
　㉡ 회귀모형의 설명력 확인
　　• 회귀모형의 설명력이란 결정계수(R^2)를 확인함으로써 확인 가능하다.
　　• 결정계수의 범위는 0~1이며, 결정계수 값이 높을수록 회귀모형의 설명력은 높다고 할 수 있다.
　㉢ 모형과 데이터의 적합성(fit) 검정 : 잔차(residuals)를 그래프화한 후 회귀진단을 수행한다.

③ 최소제곱법에 의한 회귀계수의 추정

$$\min \sum e_i^2 = \min \Sigma (Y_i - \widehat{Y_i})^2$$

　㉠ 이 방법에 의하면 다른 방법에 의해 구한 회귀식보다 통계학적으로 그 성질이 우수한 α, β의 추정값을 얻을 수 있다.
　㉡ 최소제곱법에 의한 회귀식 도출

$$\widehat{Y_i} = a + bX_i$$

$$\min \sum e_i^2 = \min \Sigma (Y_i - a - bX_i)^2$$

　㉢ 최소제곱법에 의한 위의 식을 최소로 하는 a와 b에 대한 편미분을 하면 아래의 두 식을 구할 수 있다.

$$\Sigma Y_i = na + b\Sigma X_i$$

$$\Sigma X_i Y_i = a\Sigma X_i + b\Sigma X_i^2$$

　㉣ 표본의 회귀계수

$$b = \frac{n\Sigma X_i Y_i - \Sigma X_i Y_i}{n\Sigma X_i^2 - (\Sigma X_i)^2} = \frac{\Sigma X_i Y_i - n\overline{X}\overline{Y}}{\Sigma X_i^2 - n\overline{X}^2}$$

$$a = \overline{Y} - b\overline{X}$$

④ 회귀모형의 검정 및 예제

㉠ 회귀계수 B_1이 0이면 독립변수 x와 종속변수 y사이에 아무런 인과관계가 없다.

㉡ 회귀계수 B_1이 0이면 적합된 추정회귀모형은 의미가 없게 된다(귀무가설: $B_1=0$, 대립가설 : $B_1 \neq 0$).

㉢ R 단순회귀분석 예제

```
> library(ggplot2)  · 시각화 패키지 ggplot2를 위한 코드
> data(women)
> ggplot(women, aes(x=height, y=weight)) + geom_point()
> cor(women)
          height    weight
height  1.0000000 0.9954948
weight  0.9954948 1.0000000
>
> fit <- lm(weight ~ height, women)
> fit

Call:
lm(formula = weight ~ height, data = women)

Coefficients:
(Intercept)      height
    -87.52        3.45

>
> summary(lm(weight~height, women))

Call:
lm(formula = weight ~ height, data = women)

Residuals:
    Min      1Q  Median      3Q     Max
-1.7333 -1.1333 -0.3833  0.7417  3.1167

Coefficients:
             Estimate Std.  Error   t value   Pr(>|t|)
(Intercept) -87.51667  5.93694  -14.74  1.71e-09 ***
height        3.45000  0.09114   37.85  1.09e-14 ***
---
Signif. codes:
0  '***'  0.001  '**'  0.01  '*'  0.05  '.'  0.1  ' '  1

Residual standard error: 1.525 on 13 degrees of freedom
Multiple R-squared:  0.991,    Adjusted R-squared:  0.9903
F-statistic:  1433 on 1 and 13 DF,  p-value: 1.091e-14
```

- height의 회귀계수(coefficient)와 절편(intercept)의 t-통계량에 대한 p-값이 1.09e-14로 나타났으므로, 유의수준(α)인 0.05보다 매우 작다고 할 수 있다. 이는 계수 추정치들이 통계적으로 유의하다는 것을 의미한다.
- 결정계수(multiple R-squared)는 0.991로 매우 높게 나타나 이 회귀식은 데이터를 상당히 높게 설명하고 있다고 할 수 있다.
- 회귀분석의 결과를 해석하면 "weight=-87.51667+3.45*height"로 회귀식을 도출할 수 있다.

⑤ 회귀모형의 지표

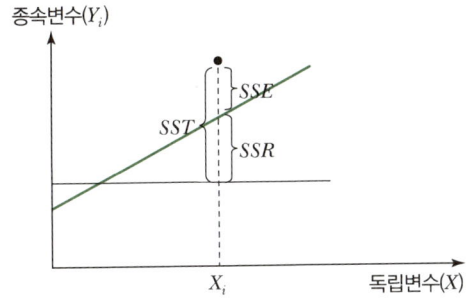

㉠ 전체제곱합(SST ; total sum of squares) : $SST = SSR + SSE = \sum_{i=1}^{n}(y_i - \overline{y_i})^2$

㉡ 회귀제곱합(SSR ; regression sum of squares) : $SSR = \sum_{i=1}^{n}(\hat{y_i} - \overline{y_i})^2$

㉢ 오차제곱합(SSE ; error sum of squares) : $SSE = \sum_{i=1}^{n}(y_i - \hat{y_i})^2$

㉣ 결정계수(R^2)는 SSR/SST로써 전체 제곱합에서 회귀제곱합의 비율을 기준으로 하는 지표이며, 범위는 $0 \leq R^2 \leq 1$이다. 1-(SSE/SST)로도 얻을 수 있다.

⑥ 결정계수의 특징

㉠ 결정계수(R^2)는 추정된 회귀식이 얼마나 데이터들을 잘 설명하는지 설명력을 나타낸다.

㉡ $0 \leq R^2 \leq 1$에서 1에 가까울수록 회귀모형 설명력이 높다고 할 수 있다.

㉢ 단순선형회귀분석에서의 결정계수는 상관계수 r의 제곱과 동일하다고 할 수 있다.

㉣ 독립변수(x)가 종속변수(y)의 몇 %를 설명하는지를 나타내는 지표이다.

㉤ 결정계수(R^2)의 단점
- 다중선형회귀분석 시 독립변수(x)가 회귀모형에 많이 포함됨에 따라 결정계수(R^2)가 높아진다.
- 종속변수(y)를 설명하는데 유의미한 독립변수(x)가 증가될 때에만 결정계수(R^2)가 증가하도록 식을 수정할 필요가 있다.

㉥ 수정된 결정계수(R_a^2 ; adjusted R^2)는 유의한 독립변수(x)가 많아질 때만 계수가 증가하므로 일반 결정계수보다 작은 값으로 산출되는 경향이 있다.

> **참고**
>
> **수정된 결정계수**
>
> $$R^2_a = 1 - \frac{(n-1)(1-R^2)}{n-p-1}$$
>
> $$= 1 - \frac{(n-1)\left(\frac{SSE}{SST}\right)}{n-p-1}$$
>
> $$= 1 - (n-1)\frac{MSE}{SST}$$

⑦ 벌점화를 통한 모형적합

ⓐ 최적회귀방정식을 만들기 위해 기준이 되는 지표로 R^2, R_a^2, cp통계량, AIC, BIC 등이 존재한다.

ⓑ AIC(Akaike Information Criterion), BIC(Bayesian Information Criterion)를 활용하는 방법은 모형의 복잡도(model complexity)가 지나치게 커지지 않도록 벌점을 주는 방법이다.

> **참고**
>
> AIC와 BIC 공식
> - $AIC = n\log\left(\dfrac{SSE}{n}\right) + 2p$
> - $BIC = n\log\left(\dfrac{SSE}{n}\right) + p\log(n)$

ⓒ 다중회귀분석모형 생성 시 모든 후보 모형들을 놓고 AIC 혹은 BIC를 계산하여 계산값에 따라 최소가 되는 모형을 최적의 모형으로 선택한다.

ⓓ 후보 모형들을 생성하는 방법에는 크게 전진선택법(forward selection), 후진소거(혹은 후진 제거법 backward elimination) 등이 존재한다.

ⓔ 벌점화 선택기준으로는 RIC(Risk Information Criterion), CIC(Covariance Information Criterion), DIC(Deviation Information Criterion) 등이 존재하지만 AIC를 주로 활용한다.

ⓕ AIC보다 BIC가 벌점화를 더 강하게 가하므로 좀 더 보수적인 방법이라 볼 수 있다.

7 다중선형회귀분석

① 다중선형회귀분석은 여러 독립변수(x)와 하나의 종속변수(y)와의 관계를 분석한 것이다.

② 다중회귀식

$$Y_i = \beta_0 + \beta_1 X_{1i} + \cdots + \beta_k X_{ki} + \varepsilon_i$$

$$i = 1, \cdots, n$$

※ 오차항 $\varepsilon_1, \varepsilon_2, \cdots, \varepsilon_n$, 가정 : $N(0, \sigma^2)$, 서로 독립

③ 회귀모형의 통계적 유의성

ⓐ 회귀분석에서의 가설설정

$$H_0 : B_1 = B_2 = \cdots = B_n$$
$$H_1 : B_1 \neq B_2 \neq \cdots \neq B_n$$

ⓑ 회귀계수의 통계적 유의성은 t분포로 확인하고, 회귀모형의 통계적 유의성은 F분포로 확인한다.

ⓒ 유의수준(α) 5%하에서 F통계량의 p-값이 0.05보다 작으면 추정된 회귀식은 통계적으로 유의하다고 볼 수 있다.

㉣ F통계량의 p-값이 0.05보다 작다면 H_1 가설이 채택되어, 회귀계수가 모두 같지 않다는 결론을 낼 수 있게 된다.

④ 회귀계수의 통계적 유의성
  ㉠ t통계량 p-값이 0.05보다 작다면 회귀계수는 유의하다 할 수 있다.
  ㉡ 만약 회귀계수의 유의성이 통계적으로 검증되지 않았다면 해당 변수는 활용할 수 없다.
⑤ 회귀모형의 설명력 : 결정계수(R^2)와 수정된 결정계수(R_a^2 ; adjusted R^2)를 같이 확인한다.
⑥ 모형의 적합성 : 모형의 적합도는 잔차와 종속변수의 산점도(Scatter plot)로 확인 가능하다.
⑦ 회귀분석의 가정 확인 : 선형성, 정규성, 독립성, 등분산성, 비상관성
⑧ 다중공선성(multi-collinearity) 유의
  ㉠ 다중회귀분석을 수행할 때 독립변수끼리의 상관성이 매우 높아 선형성이 존재한다면 회귀식을 추정하기에 어려워진다.
  ㉡ 다중회귀분석을 확인하는 대표적인 방법은 분산팽창요인(VIF)을 확인하는 것인데, 해당 지표가 4보다 크다면 다중공선성이 존재한다고 볼 수 있고, 10보다 크면 심각하다고 해석이 가능하다.
  ㉢ 다중공선성이 존재한다면, 문제가 존재하는 변수를 제거하거나, 주성분회귀, 릿지회귀모형을 적용하여 문제를 해결해야만 한다.
⑨ 회귀분석의 종류

종류	설명
단순회귀	독립변수가 1개이며 종속변수가 1개인 관계를 직선으로 표현한 모형
다중회귀	독립변수가 k개이며 종속변수는 1개인 관계를 직선으로 표현한 모형
다항회귀	독립변수와 종속변수와의 관계가 1차 함수 이상인 관계를 의미
로지스틱 회귀	종속변수가 범주형인 경우에 '**분류분석**'을 수행하는데, '**이진분류(Binary)**'인 경우에 단순 로지스틱 회귀, 다중, 다항 로지스틱 회귀로 모형을 확장하여 분석 가능

⑩ 변수선택법 및 다중회귀분석사례
  ㉠ 독립변수의 선택
    • 종속변수(y)에 영향을 미칠 수 있는 독립변수(x)들을 포함하는 것을 원칙으로 한다.
    • 모수절약의 원칙 : 비슷한 정확도를 나타내는 모형이라면 더 적은 독립변수로 구성된 회귀모형을 선택한다는 것이다. 독립변수들의 수가 많아지면 관리하는데 많은 노력이 요구된다.
  ㉡ 단계적 변수 선택(stepwise var selection)

전진선택법 (Forward selection)	절편(intercept)만 존재하는 회귀모형에서 시작하여 회귀지표를 좋게 향상시킬 수 있는 독립변수부터 차례대로 모형에 포함하는 변수 선택방법
후진제거법 (후진소거, Backward elimination)	독립변수 전부를 포함한 모형에서 시작하여 가장 기여도가 적은 변수부터 하나씩 제거하면서 더 이상 제거할 변수가 없을 때의 모형을 선택하는 변수 선택방법
단계적 선택법 (Stepwise method)	전진선택법에 의해 변수를 추가하다가 새로이 추가된 변수에 의해 AIC 혹은 BIC 지표가 증가하게 된다면, 해당 변수를 제거하는 등의 형태를 단계적으로 수행해 나가며 더 이상 AIC 혹은 BIC 지표가 개선되지 않을 때 중단하며 변수의 조합을 고려하는 변수 선택방법

ⓒ 활용데이터-State.x77

변수명	변수에 대한 설명
Population	인구수(population estimate as of July 1, 1975)
Income	소득(per capita income, 1974)
illiteracy	문맹률(1970, percent of population)
Life Exp	기대여명(life expectancy in years, 1969~1971)
Murder	살인율, 살인과 비범죄적 과실치사(murder and non-negligent manslaughter rate per 100,000 population, 1976)
HS Grad	고등학교 졸업비율(percent high-school graduates, 1970)
Frost	결빙일(number of days with minimum temperature below freezing(1931~1960) in capital or large city)
Area	지역(land area in square miles)

ⓓ R 프로그래밍

- R 프로그래밍(state.x77_전진선택법)-1
  - 각 변수 간의 관계를 보기 위해 산포도를 그리면 아래와 같이 나타낼 수 있다.

```
> data(state)
> state_df <- as.data.frame(state.x77)
> head(state_df)
           Population Income Illiteracy Life Exp Murder HS Grad Frost   Area
Alabama          3615   3624        2.1    69.05   15.1    41.3    20  50708
Alaska            365   6315        1.5    69.31   11.3    66.7   152 566432
Arizona          2212   4530        1.8    70.55    7.8    58.1    15 113417
Arkansas         2110   3378        1.9    70.66   10.1    39.9    65  51945
California      21198   5114        1.1    71.71   10.3    62.6    20 156361
Colorado         2541    884        0.7    82.06    6.8    63.9   166 103766
>
> colnames(state_df)[4] <- "Life_Exp"
> colnames(state_df)[6] <- "HS_Grad"
>
> · calculate density
> state_df$density <- state_df$Population * 1000 / state_df$Area
>
>plot(state_df)
```

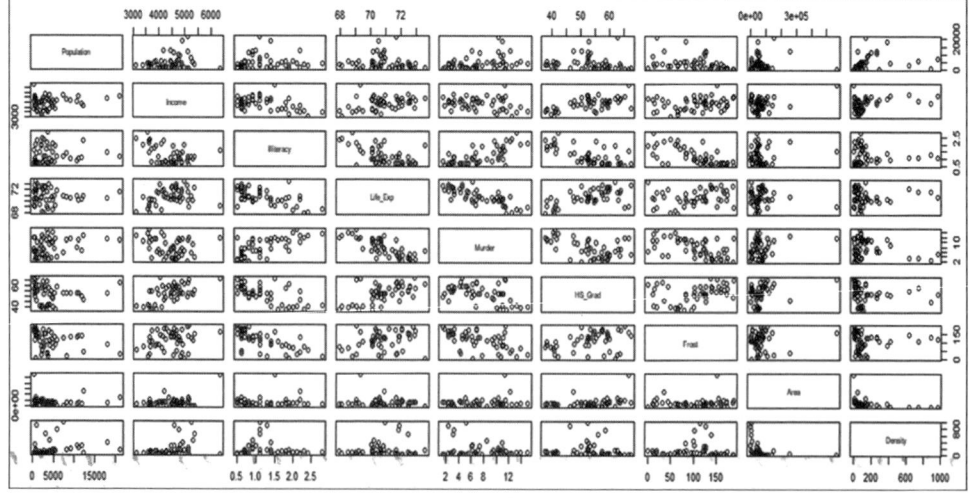

- R 프로그래밍 (state.x77_전진선택법)-2

```
>  · 전진선택법(forward selection)
> library(MASS)
> fit_full <- lm(Murder ~ ., state_df)
> fit <- lm(Murder ~ 1, state_df)
>
> stepAIC(fit, scope = formula(fit_full))
```

- R 프로그래밍 (state.x77_전진선택법)-3

```
Start: AIC = 131.59
Merder ~ 1
              Df   Sum of Sq    RSS       AIC
+ Life_Exp    1    407.14       260.61    86.550
+ Illiteracy  1    329.98       337.76    99.516
+ Frost       1    193.91       473.84    116.442
+ HS_Grad     1    159.00       508.75    119.996
+Population   1    78.85        588.89    127.311
+ Income      1    35.35        632.40    130.875
+ Area        1    34.83        632.91    130.916
<none>                          667.75    131.594
+ Density     1    22.86        644.88    131.582
```

```
Step: AIC = 86.55
Murder ~ Life_Exp
              Df   Sum of Sq    RSS       AIC
+ Frost       1    80.10        180.50    70.187
+ Illiteracy  1    60.55        200.06    75.329
+ Population  1    56.62        203.99    76.303
+ Area        1    14.12        246.49    85.764
<none>                          260.61    86.550
+ Density     1    8.74         251.87    86.844
+ HS_Grad     1    1.12         259.48    88.334
+ Income      1    0.96         259.65    88.366
- Life_Exp    1    407.14       667.75    131.594
```

```
Step: AIC = 70.19
Murder ~ Life_Exp + Frost
              Df   Sum of Sq    RSS       AIC
+ Population  1    23.710       156.79    65.146
+ Area        1    21.084       159.42    65.976
+ Density     1    9.974        170.53    69.611
<none>                          180.50    70.187
+ Illiteracy  1    6.066        174.44    70.477
+ Income      1    5.560        174.94    70.622
+ HS_Grad     1    2.068        178.44    71.610
- Frost       1    80.104       260.61    86.550
- Life_Exp    1    293.331      473.84    116.442
```

```
Step: AIC = 65.15
Murder ~ Life_Exp + Frost + Population
              Df   Sum of Sq    RSS       AIC
+ Density     1    21.056       135.74    59.935
+ Area        1    19.040       137.75    60.672
+ Illiteracy  1    11.826       144.97    63.225
<none>                          156.79    65.146
+ HS_Grad     1    1.821        154.97    66.561
+ Income      1    0.739        156.06    66.909
- Population  1    23.710       180.50    70.187
- Frost       1    47.198       203.99    76.303
- Life_Exp    1    296.694      453.49    116.247
```

- AIC를 기준으로 전진선택법을 실시한 결과 종속변수인 (Murder) 이후에 독립변수 후보들 중 (Life_Exp)를 선택하였고 그때의 AIC는 86.55이다.
- 계속해서 독립변수 Frost, Population 등을 포함해가면서 AIC가 낮아지는 방향으로 진행됨을 확인할 수 있다.

- R 프로그래밍 (state.x77_전진선택법)-4

```
Step: AIC = 59.94
Murder ~ Life_Exp + Frost + Population + Density
              Df   Sum of Sq    RSS       AIC
+ Illiteracy  1    17.025       118.71    55.234
+ Area        1    8.453        127.29    58.720
<none>                          135.74    59.935
+ Income      1    4.664        131.07    60.187
+ HS_Grad     1    0.253        135.49    61.842
- Density     1    21.056       156.76    65.146
- Population  1    34.792       170.53    69.344
- Frost       1    42.922       178.66    71.673
```

− Life_Exp	1	279.985	415.72	113.900

Step: AIC=55.23
Murder ~ Life_Exxp + Frost + Population + Density + Illiteracy

	Df	Sum of Sq	RSS	AIC
+ Income	1	12.439	106.27	51.700
+ HS_Grad	1	5.574	113.14	54.830
− Frost	1	3.910	122.62	54.854
+ Area	1	4.839	113.87	55.153
<none>			118.71	55.234
− Illiteracy	1	17.025	135.74	59.935
− Density	1	26.255	144.97	63.225
− Population	1	44.312	163.03	69.094
− Life_Exp	1	122.376	241.09	88.657

Step: AIC=51.7
Murder ~ Life_Exp + Frost + Population + Density + Illiteracy + Income

	Df	Sum of Sq	RSS	AIC
− Frost	1	3.681	109.95	51.402
<none>			106.27	51.700
+ HS_Grad	1	0.092	106.18	53.656
+ Area	1	0.061	106.21	53.671
− Income	1	12.439	118.71	55.234
− Illiteracy	1	24.801	131.07	60.187
− Population	1	34.016	140.29	63.584
− Density	1	35.643	141.92	64.161
− Life_Exp	1	127.817	234.09	89.184

Step: AIC=51.4
Murder ~ Life_Exp + Population + Density + Illiteracy + Income

	Df	Sum of Sq	RSS	AIC
<none>			109.95	51.402
+ Frost	1	30681	106.27	51.700
+ Area	1	0.674	109.28	53.095
+ HS_Grad	1	0.193	109.76	53.315
− Income	1	12.668	122.62	54.854
− Density	1	39.768	149.72	64.838
− Population	1	49.932	159.89	68.122
− Illiteracy	1	68.463	178.42	73.605
− Life_Exp	1	125.134	235.09	87.397

Call:
lm(formula = Murder ~ Life_Exp + Population + Density + Illiteracy + Indome, data = state_df)

Coefficients:
(Intercept)	Life_Exp	Population	Density	Illiteracy	Income
1.050e+02	−1.489e+00	2.407e−04	−4.465e−03	2.601e+00	1.018e−03

- 최종 AIC 값은 51.4이며, 추정회귀식은 Murder=105.0−1.489×Life_Exp+0.0002407×Population−0.004465×Density+2.601×Illiteracy+0.001018×Income이다.

- R 프로그래밍 (state.x77_후진소거법)-5

```
>  · 후진소거법(backward elimination)
> stepAIC(fit_full)
Start: AIC=55.6
Murder ~ Population + Income + Illiteracy + Life_Exp + HS_Grad + Frost + Area + Density

              Df   Sum of Sq     RSS       AIC
- Area         1      0.128    106.18    53.656
- HS_Grad      1      0.159    106.21    53.671
- Frost        1      2.756    108.81    54.879
<none>                         106.05    55.596
- Income       1      6.075    112.13    56.381
- Illiteracy   1     18.836    124.89    61.770
- Density      1     21.980    129.03    63.013
- Population   1     33.566    139.62    67.345
- Life_Exp     1    114.458    220.51    90.196

Start: AIC=53.66
Murder ~ Population + Income + Illiteracy + Life_Exp + HS_Grad + Frost + Density
- HS_Grad      1      0.092    106.27    51.700
- Frost        1      3.581    109.76    53.315
<none>                         106.18    53.656
- Income       1      6.958    113.14    54.830
- Illiteracy   1     23.548    129.73    61.671
- Density      1     29.366    135.55    63.865
- Population   1     33.591    139.77    65.400
- Life_Exp     1    115.805    221.99    88.530

Start: AIC=51.7
Murder ~ Population + Income + Illiteracy + Life_Exp + Frost + Density
- Frost        1      3.681    109.95    51.402
<none>                         106.27    51.700
- Income       1     12.439    118.71    55.234
- Illiteracy   1     24.801    131.07    60.187
- Population   1     34.016    140.29    63.584
- Density      1     35.643    141.92    64.161
- Life_Exp     1    127.817    234.09    89.184

Start: AIC=51.4
Murder ~ Population + Income + Illiteracy + Life_Exp + Density
<none>                         109.95    51.402
- Income       1     12.668    122.62    54.854
- Density      1     39.768    149.72    64.838
- Population   1     49.932    159.89    68.122
- Illiteracy   1     68.463    178.42    73.605
- Life_Exp     1    125.134    235.09    87.397

Call:
li(formula = Murder ~ Population + Income + Illiteracy + Life_Exp + Density, data = state_df)

Coefficients:
(Intercept)    Population     Income      Illiteracy    Life_Exp     Density
  1.050e+02     2.407e-04    1.018e-03    2.601e+00   -1.489e+00   -4.465e03
```

- 후진소거법으로 수행하여도 전진선택법과 같은 결과를 보이는 것을 알 수 있다.

8 규제선형회귀분석

① 규제선형회귀분석은 선형회귀계수가 과도하게 변화하여 모델의 복잡도(model complexity)가 과도해지는 현상(과대적합, Overfitting)을 방지하는 방법이다.

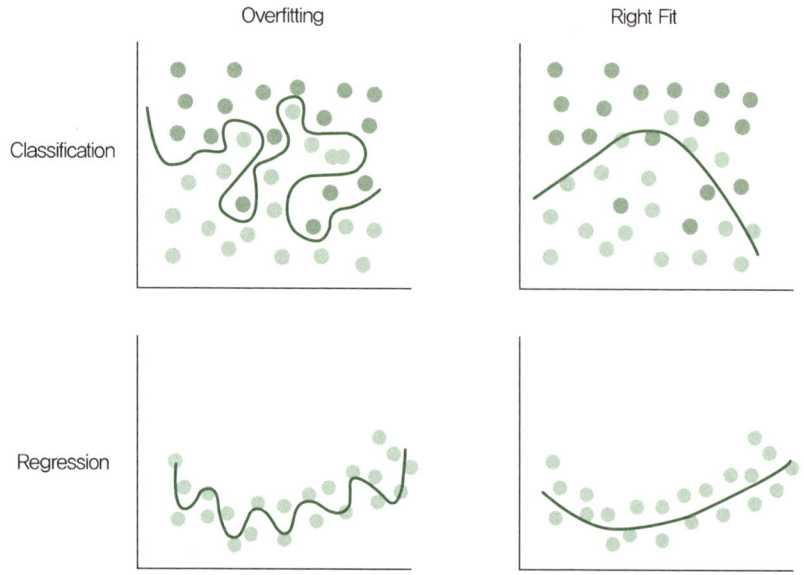

출처 : Mathworks

② 위의 그림에서 왼쪽의 Overfitting의 그래프는 모델이 학습 데이터를 과도하게 학습했음을 확인할 수 있다. 이러한 데이터의 경우 새로운 데이터(new data)가 투입될 때 회귀계수값이 과도해진 상태이므로, 예측에 대한 범위와 변동성 또한 과도하게 변할 가능성이 높다.

③ 이에 반해 Right Fit의 그래프는 회귀계수의 과도한 변화를 제어하여, 학습데이터에 대한 설명력은 조금 낮은 모델의 복잡도를 지니지만, 새로운 테스트 데이터(new test data)에 대해서는 상대적으로 안정된 결과를 낼 수 있게 된다.

④ 규제선형회귀 모델은 이러한 회귀계수의 과도한 변화로 인해 모델의 복잡도가 높아지는 현상을 제어하려 하는데, 이때 Ridge(L2)규제, Lasso(L1)규제, Elastic Net의 방법을 활용한 회귀분석을 고려해 볼 수 있다.

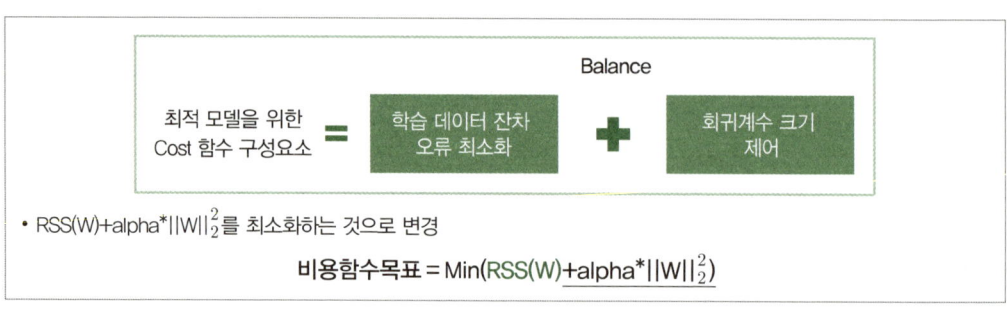

- $RSS(W) + alpha * ||W||_2^2$를 최소화하는 것으로 변경

비용함수목표 = $Min(RSS(W) + alpha * ||W||_2^2)$

㉠ alpha는 하이퍼파라미터(hyper-parameter, 모델 성능을 조정하는 설정값)를 의미한다. W는 Weight 가중치를 의미하고 이 가중치는 회귀분석에서의 회귀계수(coefficient)와 같은 의미이다.
㉡ 즉, 비용함수(Cost Function)의 목적은 RSS를 최소화의 목적과 계수값의 크기를 조절하는 데 있다.
㉢ L2규제
- L2규제로도 불리는 릿지회귀(Ridge)는 가중치 W의 값을 제곱으로 규제하는 것이다.
- 즉, L2규제=alpha*$\|w\|_2^2$와 같이 W의 제곱으로 페널티를 부과한다는 것이다.
- 여기서 규제(Regularization)는 비용함수에 alpha값으로 페널티(Penalty)를 부과해 회귀계수 값의 크기를 감소시켜 과적합에 빠지지 않도록 모델을 조절하는 방식을 뜻한다.
㉣ L1규제
- L1규제로도 불리는 라쏘회귀(Lasso)는 가중치 W의 값을 절대값으로 규제하는 것이다.
- 즉, L1규제=alpha*$\|w\|_1$와 같이 W의 절대값으로 페널티를 부과하는 것이다.
- 여기서 L1규제의 특징은 영향력이 크지 않은 회귀계수값을 0으로 변환한다는 것과 L2규제에 비해 계수값의 변화가 크다는 데에 있다.
- 이를 통해 라쏘회귀를 통한 변수 선택법(Feature Selection)도 가능한데, 이를 임베디드 방법(Embedded Method)이라 한다.
㉤ 엘라스틱넷(Elastic Net) 회귀
- L1규제와 L2규제를 한 번에 활용한 규제선형회귀가 '엘라스틱넷(Elastic Net) 회귀'이다.
- 엘라스틱넷 회귀의 비용함수의 목표는 RSS(w)+alpha*$\|w\|_2^2$+alpha*$\|w\|_1$ 식을 최소화하는 가중치 W를 찾는 것이다.
㉥ L1규제는 서로 상관관계가 높은 피쳐들의 경우 이들 중에서 주요 피쳐만을 선택한 후 다른 피쳐들은 모두 회귀계수를 0으로 만드는 성향이 강하다.
㉦ 이러한 모델의 특징은 alpha값에 다른 회귀계수의 값을 급격히 변동시키는 데 영향을 미친다는 데에 있다. 엘라스틱넷 회귀는 L2규제를 라쏘회귀(L1규제)에 추가함으로써 해당 단점을 보완한다.
㉧ 엘라스틱넷 회귀의 단점은 L1규제와 L2규제가 결합되었으므로, 수행시간이 오래 걸린다는 데 있다.

9 일반화 선형회귀(Generalized Linear Regression)

① 회귀분석은 변수들 간의 관계를 설명하거나 예측하기 위해 사용하는 통계적 방법이다.
② 일반화 선형회귀(GLM ; Generalized Linear Regression)는 종속변수가 반드시 정규분포를 따를 필요가 없도록 가정을 완화한 형태로, 다양한 분포 형태의 종속변수를 분석하는 데 활용된다.
③ 이를 통해 종속변수가 정규성을 만족하지 않는 경우에도 적절한 함수로 변환하여 독립변수와의 관계를 설명할 수 있다.

④ 일반화 선형회귀의 주요 구성요소

성분명	설명
랜덤 성분 (Random Component)	종속변수의 확률분포를 규정하는 성분이다. 다양한 확률분포(예 정규분포, 이항분포, 포아송 분포)를 따를 수 있음
체계적 성분 (Systematic Component)	독립변수들의 선형 결합을 통해 종속변수의 기대값을 정의하는 성분
연결 함수 (Link Function)	랜덤 성분과 체계적 성분을 연결하는 함수. 종속변수의 분포 형태에 따라 다양한 연결 함수가 사용됨

⑤ 연결 함수와 종속변수의 분포에 따라 적용되는 모델

랜덤 성분(분포)	연결함수	체계적 성분(설명변수)	모델(분석방법)
정규분포	항등(Identity)	연속형	회귀분석(Regression)
이항분포	로짓(Logit)	범주형	로지스틱 회귀(Logistic Regression)
푸아송 분포	로그(Log)	혼합(연속형+범주형)	로그-선형(Log-Linear)

⑥ 다양한 분포와 연결 함수를 통해 종속변수와 독립변수 간의 관계를 여러 방식으로 설명할 수 있다. 일반화 선형회귀는 이러한 유연성을 기반으로 다양한 분석 방법을 제공한다.

⑦ 회귀분석에서는 특정 관측값이 회귀모델에 미치는 영향을 평가하고, 모델의 안정성을 확보하는 것이 중요하다.

⑧ 회귀분석의 영향력 진단 방법에는 Cook's Distance (D), DFBETAS, DFFITS 등이 존재한다.

SECTION 02 범주형 자료 분석

1 범주형 자료 분석(Categorical Data Analysis)

① 범주형 자료는 설명변수나 반응변수가 서로 다른 범주로 나눠지는 경우에 사용하는 자료이다.
② 범주형 자료의 유형
  ㉠ 명목형 자료 : 순서가 없는 카테고리로 나뉘는 자료(예 성별, 혈액형)
  ㉡ 서열형 자료 : 순서가 있는 카테고리로 나뉘는 자료(예 만족도 조사 시 '좋음', '보통', '나쁨')

설명변수	반응변수	통계분석 방법
범주형	범주형	카이제곱 검정, 교차분석(분할표)
	연속형	T-검정, 분산분석(ANOVA)
연속형	범주형	로지스틱 회귀분석
	연속형	선형회귀분석

2 분할표(Contingency Table) 분석

① 분할표는 여러 개의 범주형 변수를 기준으로 각 범주에 해당하는 데이터의 빈도수를 나타내는 표이다.
② 데이터를 쉽게 시각화하고, 변수 간의 상관관계를 명확히 파악할 수 있다.

> **예시**
>
> 분할표 분석의 예시
> 1, 2, 3학년 학생들의 각 과목별 선호도를 표로 나타내면 아래와 같다.
>
> | 학년 | A 과목 | B 과목 | C 과목 |
> |---|---|---|---|
> | 1학년 | 3 | 10 | 7 |
> | 2학년 | 6 | 8 | 5 |
> | 3학년 | 5 | 2 | 11 |
>
> - 범주형 변수가 1개일 때는 1원 분할표, 2개일 때는 2원 분할표, 3개 이상일 때는 다원 분할표로 표시한다.
> - 위와 같은 표를 통해 각 학년이 어느 과목을 더 선호하는지, 선호도의 차이를 시각적으로 쉽게 확인 가능하다. 분할표는 변수들 간의 관계를 파악하고 빈도 분포를 분석하는 데 매우 유용하다.
> - 분할표의 행은 x변수, 열은 y변수를 입력한다면, 범주형 자료를 분석할 때 위의 분할표를 기반으로 여러 가지 검정을 수행할 수 있다.

3 상대위험도와 오즈비

상대위험도(RR ; Relative Risk)와 오즈비(OR ; Odds Ratio)는 범주형 자료를 분석할 때 두 집단 간의 위험도와 가능성을 비교하기 위해 사용된다.

(1) 상대위험도(Relative Risk)

① 상대위험도(RR)는 특정 사건이 발생할 확률을 두 집단 간에 비교하는 데 사용된다.
② 예를 들어, 질병에 노출된 집단과 그렇지 않은 집단 간의 질병 발생 확률을 비교할 때 사용된다.
③ 상대위험도의 계산 수식

$$상대적 위험도(RR) = \frac{\text{위험인자에 노출된 암환자의 비율}}{\text{위험인자에 노출되지 않은 암환자의 비율}} = \frac{a/(a+b)}{c/(c+d)}$$

※ a, b, c, d는 두 집단에서 사건 발생 여부에 따른 빈도수

(2) 오즈비(Odds Ratio)

① 오즈비(OR)는 사건이 발생할 가능성을 비교하는 값이다.
② 오즈비는 한 집단에서 사건이 발생할 확률과 발생하지 않을 확률의 비율을 계산하여 다른 집단과 비교한다.

③ 질병 발생과 특정 약물 사용 여부 예시

> **예시**
>
> 특정 약물 사용과 질병 발생의 오즈비 비교
>
> **문제** 어떤 연구에서 A 약물을 사용한 사람들과 사용하지 않은 사람들 간 질병 X의 발생 여부를 비교하고자 한다고 가정하고, 아래의 연구결과를 살펴보자.
>
> | 구분 | 질병 발생 | 질병 미발생 |
> | --- | --- | --- |
> | A 약물 사용 | 50 | 150 |
> | A 약물 미사용 | 10 | 90 |
>
> **풀이** 오즈비(OR ; Odds Ratio)는 아래와 같이 계산된다.
>
> - 오즈 계산
>   - A 약물 사용 그룹에서 코로나 질병이 발생할 오즈 :
>
> $$Odds(A약물\ 사용) = \frac{질병\ 발생}{질병\ 미발생} = \frac{50}{150} = 0.33$$
>
>   - A 약물 미사용 그룹에서 코로나 질병이 발생할 오즈 :
>
> $$Odds(A약물\ 미사용) = \frac{질병\ 발생}{질병\ 미발생} = \frac{10}{90} = 0.11$$
>
> - 오즈비 계산
>   - 오즈비는 두 집단의 오즈를 비교하여, 특정 조건(여기서는 약물 사용)이 질병발생에 미치는 영향을 평가한다.
>
> $$Odds\ Ratio = \frac{Odds(A약물\ 사용)}{Odds(A약물\ 미사용)} = \frac{0.33}{0.11} = 3$$
>
>   - 오즈비(OR ; Odds Ratio)를 구한 후의 해석 : 오즈비가 3이라는 것은 A 약물을 사용한 사람들에게서 질병이 발생할 가능성이 약물 미사용자에 비해 3배가 더 높다는 것을 의미한다.
>   - 오즈비의 결과 : A 약물이 질병 발생에 영향을 줄 가능성이 크다는 것을 나타내며, 이에 따라 추가적인 연구와 분석이 필요할 수 있다.

4 교차분석

(1) 교차분석(Cross Tabulation Analysis)

① 교차분석은 두 개 이상의 범주형 변수가 서로 관련이 있는지를 분석하는 방법이다.
② 변수 간의 독립성을 평가할 때 주로 사용된다. 이를 위해 카이제곱 검정 (χ^2 검정)을 사용한다.

(2) 카이제곱 검정(χ^2)

① 범주형 자료에서 두 변수 간의 관계를 알아보기 위해 실시하는 분석법이다.

② 적합성 검정, 독립성 검정, 동질성 검정에 사용되며, 카이제곱 검정(χ^2) 통계량을 활용한다.

③ 카이제곱 검정(χ^2) 통계량의 계산

$$x^2 = \sum \frac{(O-E)^2}{E}$$

O : 관측값(Observed value)
E : 기대값(Expected value)

④ 이 통계량을 통해 두 변수 간 독립성 여부를 평가하며, 통계량이 크다면 두 변수 간의 관계가 있다고 볼 수 있다.

5 적합성, 독립성, 동질성 검정

(1) 적합성 검정

① 적합성 검정은 관측된 데이터가 이론적으로 예상되는 값과 어느 정도 일치하는지를 평가하는 방법이다.

② 한 개의 범주형 변수에 대해 사용하며, 관측된 빈도와 기대되는 빈도 간의 차이를 분석해 특정 분포와의 적합성을 확인하는 데 목적이 있다.

③ 예를 들어, 주사위를 던질 때 각 면이 나올 확률이 동일한지를 검정할 때 적합성 검정을 활용할 수 있다.

예시

귀무가설(H_0) : 흡연 여부와 폐암 발생 여부는 독립적이다.
대립가설(H_1) : 흡연 여부와 폐암 발생 여부는 독립적이지 않다.

- 만약 계산된 카이제곱 검정(χ^2) 통계량이 임계값(critical value)보다 크다면 귀무가설을 기각하여 흡연 여부 변수와 폐암 발생 여부는 독립적이지 않다고 판단할 수 있다.

(2) 독립성 검정

① 독립성 검정은 두 개의 범주형 변수 간의 관계를 평가하며, 서로 독립적인지 여부를 판단하는 데 사용된다.

② 이 검정을 통해 한 변수의 변화가 다른 변수에 영향을 미치는지 여부를 분석한다.

③ 예를 들어, 흡연 여부와 폐암 발생 여부가 서로 연관되어 있는지를 확인할 때 독립성 검정을 적용할 수 있다.

> **예시**
>
> 귀무가설(H_0) : 흡연 여부와 폐암 발생 여부는 독립적이다.
> 대립가설(H_1) : 흡연 여부와 폐암 발생 여부는 독립적이지 않다.

- 만약 계산된 카이제곱 검정(χ^2) 통계량이 임계값(critical value)보다 크다면 귀무가설을 기각하여 흡연 여부 변수와 폐암 발생 여부는 독립적이지 않다고 판단할 수 있다.

(3) 동질성 검정

① 동질성 검정은 여러 모집단에서 특정 변수의 분포가 동일한지, 즉 모집단들 간의 분포가 같은지를 확인하기 위한 분석이다.
② 이 검정을 통해 각 모집단에서 동일한 범주형 변수가 유사한 형태로 나타나는지 평가한다.
③ 예를 들어, 여러 도시에서 특정 제품의 선호도가 동일한지를 확인하고자 할 때 동질성 검정을 적용할 수 있다.

> **예시**
>
> 귀무가설(H_0) : 각 도시에서의 제품 선호도는 동일하다.
> 대립가설(H_1) : 각 도시에서의 제품 선호도는 다르다.

- 계산된 카이제곱 검정(χ^2) 통계량의 결과값에 따라 모집단들 간 특정 변수의 분포가 동일한지 여부 평가가 가능하며, 귀무가설이 기각될 시 모집단 간 차이가 존재한다고 해석할 수 있다.

SECTION 03 다차원 척도법

1 다차원 척도법(Multidimensional Scaling)

(1) 다차원 척도법의 개요

① 다차원 척도법은 객체 간 근접성(Proximity)을 시각화하는 통계기법이다.
② 개체들을 2차원 또는 3차원 공간상에 점으로 표현하여 개체간 집단화를 시각적으로 표현하는 방법이다.
③ 객체간 유사성/비유사성을 측정하여 2차원 공간상에 개체들을 점으로 표현한다는 점에서 군집분석과 유사하다.

(2) 다차원 척도법의 목적

① 데이터 간의 잠재되어 있는 패턴(pattern)을 찾아낼 수 있다.
② 차원 축소(dimensionality reduction)의 목적으로도 다차원 척도법을 활용할 수 있다.
③ 다차원 척도법에 의해 얻은 결과에 현상 및 고유 구조로 의미부여 또한 가능하다.

(3) 다차원 척도법의 분석 방법

① 개체 간 거리 계산법으로는 다양한 방법들이 있지만, '유클리디안 거리 계산법'을 활용한다.

$$d_{ii} = \sqrt{(x_{i1} - x_{i1})^2 + \cdots + (x_{iR} - x_{iR})^2}$$

② 각 개체들을 공간상에 표현하기 위한 방법으로는 부적합도를 기준으로 STRESS나 S-STRESS를 활용한다. 최적 모형의 적합은 부적합도를 반복알고리즘을 활용하여 최소로 하는 알고리즘을 적합모형으로 제시한다.

$$S = \sqrt{\frac{\sum_{i=1, j=1}^{n}(d_{ij} - \widehat{d_{ij}})^2}{\sum_{i=1, j=1}^{n}(d_{ij})^2}}$$

d_{ij} : 관측대상 i부터 j까지 실제거리
$\widehat{d_{ij}}$: 프로그램에 의해 추정된 거리

참고

STRESS값에 따른 적합도 수준

STRESS	적합도 수준
0	완벽(Perfect)
0.05미만	매우 좋은(Excellent)
0.05~0.10	만족(Statisfactory)
0.10~0.15	보통(Acceptable, but doubt)
0.15이상	나쁨(Poor)

(4) 다차원 척도법의 종류

① 계량적 다차원 척도법(MDS)
  ㉠ 측정된 데이터가 등간척도 혹은 비율척도인 경우 활용한다.
  ㉡ N개의 케이스에 대해 p개의 변수(columns)들이 존재하는 경우, 각 개체들 간의 유클리디언 거리행렬을 계산한 후 개체들 간의 비유사성(S)을 공간상에 표현한다.
  ㉢ R 프로그래밍(eurodist_다차원 척도법)-1

```
> · MASS 패키지를 사용한다.
> library(MASS)
> · eurodist 데이터를 활용한다.
> · cmdscale 함수를 활용한다.
> loc <- cmdscale(eurodist)
> x <- loc[,1]  · 첫번째 컬럼
> y <- loc[,2]  · 두번째 컬럼
> plot(x,y,type='n', asp=1, main='Metric MDS')
> text(x,y, rownames(loc),cex=0.8)
> abline(v=0, h=0, lty=2, lwd=0.5)
```

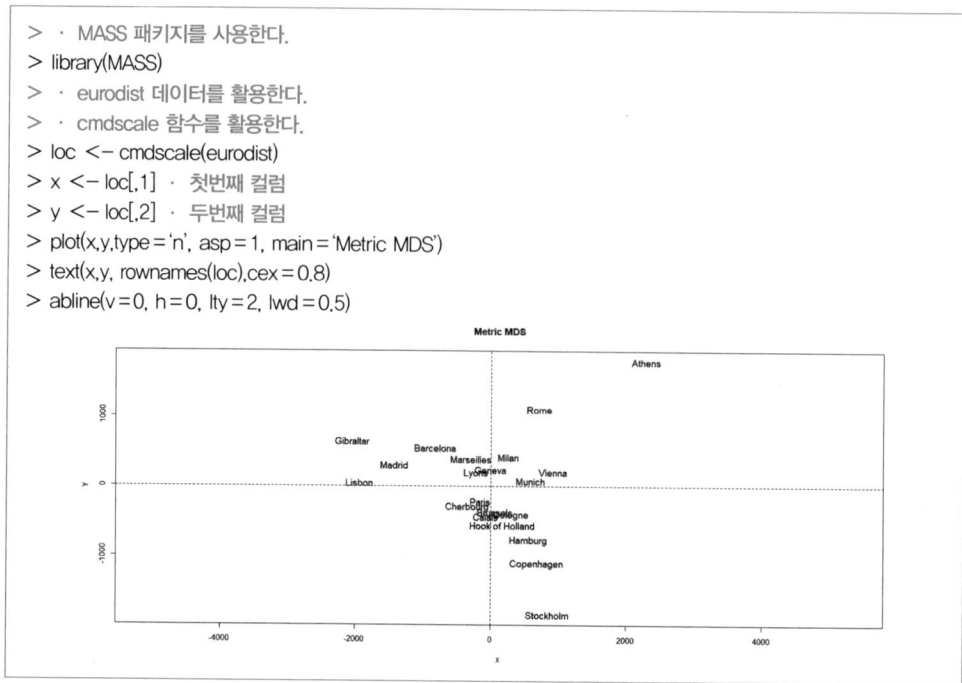

② 비계량적 다차원 척도법(MDS)

㉠ 데이터가 순서척도인 경우 '비계량적 다차원 척도법'을 활용한다.

㉡ 서열척도인 경우에는 서열척도의 속성과 같도록 변환하여 거리를 생성 후 활용한다.

㉢ R 프로그래밍(swiss_다차원 척도법)-2

```
> · MASS 패키지를 사용한다.
> library(MASS)
> · swiss 데이터를 활용한다.
> · matrix로 변경
> swiss_mat <- as.matrix(swiss[,-1])
> swiss_dist <- dist(swiss_mat)
> swiss_mds <- isoMDS(swiss_dist)
initial  value 2.979731
iter   5 value 2.431486
iter  10 value 2.343353
final  value 2.338839
converged

>
> plot(swiss_mds$points, type='n')
> text(swiss_mds$points, labels = as.character(1:nrow(swiss_mat)))
> abline(v=0, h=0, lty=2, lwd=0.5)
```

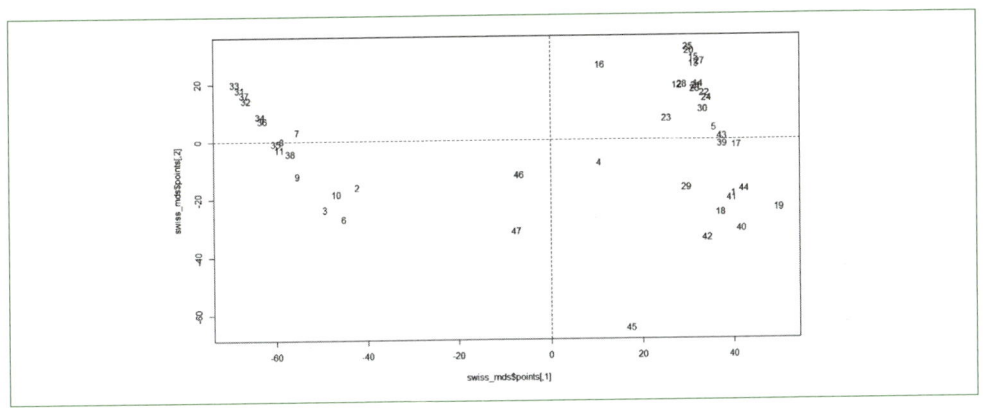

SECTION 04 다변량 분석

1 다변량 분석(Multivariate Analysis)

① 다변량 분석은 여러 변수들 간의 관계를 동시에 분석하는 통계 기법을 의미한다.
② 주로 데이터셋에서 두 개 이상의 y변수(종속변수)와 변수(독립변수)가 있을 때 그들 사이의 관계를 파악할 목적이 있다.
③ 대표적인 다변량 분석 기법으로는 주성분 분석(PCA), 요인분석(FA), 군집분석 및 판별분석 등이 있다.

2 주성분 분석

(1) 주성분 분석(PCA ; Principal Component Analysis)의 정의

① 주성분 분석은 상관관계가 있는 고차원 자료를 자료의 변동을 최대한 보존하는 저차원 자료로 변환하는 '차원 축소' 방법이다.
② 주성분 분석은 서로 상관성이 높은 변수들의 선형 결합으로 만들어 기존의 상관성이 높은 변수들을 요약, 축소하는 기법이다.
③ 주성분 분석은 변동 폭이 가장 큰 축을 첫 번째 주성분으로 선택하고 두 번째 주성분으로 첫 번째 성분과는 상관성이 낮되, 첫 번째 주성분이 설명하지 못하는 나머지 변동을 정보의 손실없이 가장 많이 설명할 수 있도록 선형조합을 만든다.
④ 차원 축소는 주성분 분석에서 변수의 중요도 기준이 되는 '고유값'을 정렬하여 높은 고유값을 가진 '고유벡터'만으로 데이터를 복원한다.

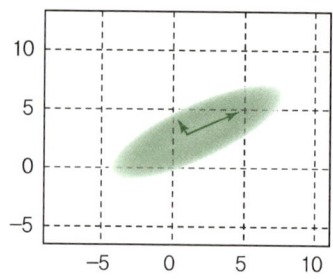

(2) 주성분의 선택법

① 주성분 분석의 결과에서 누적기여율(cumulative proportion)이 85% 이상이면 주성분의 수로 결정이 가능하다.

② 스크리 산점도(scree plot)를 활용하여 고유값(eigenvalue)이 수평을 유지하기 전단계로 주성분의 수를 선택할 수 있다.

(3) 주성분 분석 사례-state.x77 예제

① R 프로그래밍 (state.x77_주성분 분석)-1

```
> · 데이터 생성
> state_df <- as.data.frame(state.x77)
>
> · 컬럼명 변경
> colnames(state_df) <- c('pop', 'income', 'illiteracy', 'life_exp', 'murder', 'hs_grad', 'frost', 'area')
> state_df

> · 요약 통계량 확인
> summary(state_df)
      pop            income        illiteracy       life_exp        murder          hs_grad          frost            area
 Min.   :  365   Min.   :3098   Min.   :0.500   Min.   :67.96   Min.   : 1.400   Min.   :37.80   Min.   :  0.00   Min.   :  1049
 1st Qu.: 1080   1st Qu.:3993   1st Qu.:0.625   1st Qu.:70.12   1st Qu.: 4.350   1st Qu.:48.05   1st Qu.: 66.25   1st Qu.: 36985
 Median : 2838   Median :4519   Median :0.950   Median :70.67   Median : 6.850   Median :53.25   Median :114.50   Median : 54277
 Mean   : 4246   Mean   :4436   Mean   :1.170   Mean   :70.88   Mean   : 7.378   Mean   :53.11   Mean   :104.46   Mean   : 70736
 3rd Qu.: 4968   3rd Qu.:4814   3rd Qu.:1.575   3rd Qu.:71.89   3rd Qu.:10.675   3rd Qu.:59.15   3rd Qu.:139.75   3rd Qu.: 81163
 Max.   :21198   Max.   :6315   Max.   :2.800   Max.   :73.60   Max.   :15.100   Max.   :67.30   Max.   :188.00   Max.   :566432

>
> · 주성분 분석 수행
> summary(fit_state)
> fit_state <- princomp (state_df, cor=TRUE)
Importance of components:
                           Comp.1     Comp.2     Comp.3     Comp.4     Comp.5     Comp.6     Comp.7     Comp.8
Standard deviation      1.8970755  1.2774659  1.0544862  0.84113269 0.62019488 0.55449226 0.3800642  0.33643379
Proportion of Variance  0.4498619  0.2039899  0.1389926  0.08843803 0.04808021 0.03843271 0.0180561  0.01414846
Cumulative Proportion   0.4498619  0.6538519  0.7928445  0.88128252 0.92936273 0.96779544 0.9858515  1.00000000
```

㉠ 누적 분산비율은 제4성분까지 선택하면 대략 88.12%로 전체 데이터의 88.12%를 설명할 수 있다.

ⓒ 위의 누적 분산비율표를 스크리 산점도(scree plot)로 표현하면, 다음과 같이 표현될 수 있다.

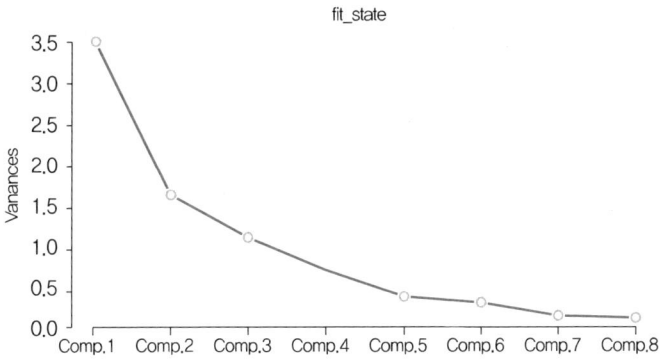

ⓒ 스크리 산점도는 주성분을 x축, 주성분의 고유값(주성분 분산값)을 y축으로 둔 그래프를 일컫는다.

ⓔ 위의 스크리 산점도에서 5번째 지점부터 고유값이 급격히 완만해지므로, 감소 추세가 완만해지기 직전의 주성분의 수는 4개이므로 주성분의 수를 4개로 선택하는 것이 바람직하다.

② R 프로그래밍 (state.x77_주성분 분석)-2

```
> loadings(fit_state)
Loadings:
            Comp.1  Comp.2  Comp.3  Comp.4  Comp.5  Comp.6  Comp.7  Comp.8
pop          0.126   0.411   0.656   0.409   0.406                   0.219
income      -0.299   0.519   0.100          -0.638  -0.462
illiteracy   0.468                  -0.353          -0.387   0.620   0.339
life_exp    -0.412           0.360  -0.443   0.327  -0.219   0.256  -0.527
murder       0.444   0.307  -0.108   0.166  -0.128   0.325   0.295  -0.678
hs_grad     -0.425   0.299          -0.232           0.645   0.393   0.307
frost       -0.357  -0.154  -0.387   0.619   0.217  -0.213   0.472
area                 0.588  -0.510  -0.201   0.499  -0.148  -0.286

            Comp.1  Comp.2  Comp.3  Comp.4  Comp.5  Comp.6  Comp.7  Comp.8
SS loadings  1.000   1.000   1.000   1.000   1.000   1.000   1.000   1.000
Proportion Var 0.125 0.125   0.125   0.125   0.125   0.125   0.125   0.125
Cumulative Var 0.125 0.250   0.375   0.500   0.625   0.750   0.875   1.000
```

㉠ 각 변수들이 주성분 Comp.1~Comp.8까지 기여하는 가중치가 제시된다.

㉡ 제1주성분에는 pop과 illiteracy, murder를 제외하고는 음(-)의 부호를 갖는 것을 확인할 수 있다. area변수는 기여도에서 제외되었다.

㉢ comp.1부터 comp.4까지의 성분을 식으로 나타내면 아래와 같이 표현이 가능하다.

- $Y_1 = 0.126 \times pop - 0.299 \times income + 0.468 \times illiteracy - 0.412 \times life\_exp + 0.444 \times murder - 0.425 \times hs\_grad - 0.357 \times frost$
- $Y_2 = 0.411 \times pop - 0.519 \times income + 0.307 \times murder + 0.299 \times hs\_grad - 0.154 \times frost + 0.588 \times area$
- $Y_3 = 0.656 \times pop - 0.100 \times income + 0.360 \times life\_exp - 0.108 \times murder - 0.387 \times frost - 0.510 \times area$
- $Y_4 = 0.409 \times pop - 0.353 \times illiteracy - 0.443 \times life\_exp + 0.166 \times murder - 0.232 \times hs\_grad - 0.154 \times frost + 0.588 \times area$

③ R 프로그래밍 (state.x77_주성분 분석)-3 : 각 주성분의 선형식을 통해 얻은 결과를 계산하면 아래와 같다.

```
> · Scores
> · 각 주성분의 선형식을 통해 얻은 결과를 계산한다.
> fit_state$scores
              Comp.1      Comp.2      Comp.3      Comp.4      Comp.5      Comp.6      Comp.7      Comp.8
Alabama     3.82836428  -0.23716257  -0.23164558  -0.387160137  -0.250063651   0.438510756  -0.057832639  -0.54034718
Alaska     -1.06382751   5.51156918  -4.28364318  -0.581518252   0.110240336  -1.011465126  -0.305242933   0.11968754
Arizona     0.87623537   0.75262575  -0.07805313  -1.736293836  -0.565437712   0.308075835  -0.132051563   0.52987749
Arkansas    2.40595872  -1.30142362  -0.22505473  -0.629534491   0.654049735  -0.261356010  -0.034254246  -0.49267468
California  0.24383210   3.54515336   2.83493329   0.071090007   0.978401574   0.657899938  -0.045779611   0.25999505
Colorado   -2.08311775   0.51079765  -0.51657601   0.111038575   0.002332019   0.268929207   0.650659162  -0.37882397
Connecticut -1.91871993  -0.24547359   0.66939807  -0.171453869  -0.797109166  -1.088880611   0.543902053   0.07421759
Delaware   -0.42909658  -0.51307618  -0.22094439   0.194608671  -1.319954683   0.158414297  -0.294488936   0.24194068
Florida     1.18402345   1.14626187   1.29485401  -0.493455278  -0.683343494   0.344606251  -0.415239336  -0.25989906
Georgia     3.32761584   0.11107318  -0.39099842   0.460212968  -0.481429968  -0.106024641  -0.036699798  -0.20243028
Hawaii     -0.49198599   0.12653389   1.39131861  -2.980183281  -1.078452827  -0.176986556   0.815924011  -0.26615349
Idaho      -1.43788059  -0.61734785  -0.43889922  -0.409728335   0.411942220   0.655164399  -0.134359179  -0.23478826
Illinois    0.12017203   1.29540733   0.81201670   1.599063843  -0.337541671  -0.045421036   0.136455638  -0.15203541
Indiana    -0.47598579  -0.24769029   0.30454473   0.663154499  -0.045714994   0.234086474  -0.222221601  -0.17429728

이하 중략
```

④ R 프로그래밍(state.x77_주성분 분석)-4

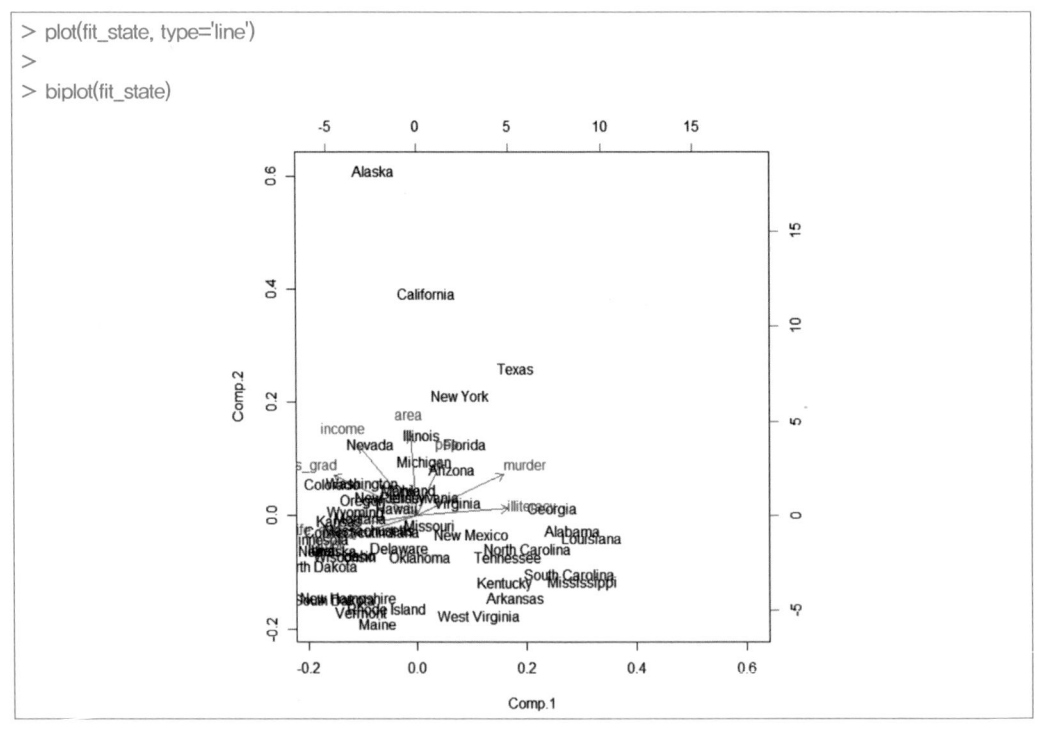

㉠ 조지아, 알라바마 등은 문맹률이 높은 지역이다.
㉡ 콜로라도, 네바다 주는 고교 졸업률과 소득이 높은 지역이다.

3 요인분석

(1) 요인분석의 정의

① 요인분석(Factor Analysis)은 다변량 데이터에서 여러 관측 변수를 몇 개의 공통된 잠재 요인(factors)으로 축소하여 설명하려는 통계기법이다.
② 여러 변수들이 단순히 독립적으로 존재하는 것이 아니라, 서로 관련된 숨겨진 요인들에 의해 영향을 받는다고 가정한다.
③ 이러한 잠재 요인들을 찾아내고 데이터의 구조를 단순화하는 것이 요인분석의 목적이다.

(2) 요인분석의 목적

① 요인분석은 관측 변수들 간의 공통된 패턴을 식별하고, 변수들이 몇 개의 잠재 요인에 의해 설명될 수 있는지를 분석한다.
② 예를 들어, 심리학 연구에서 여러 질문에 대한 응답이 몇 가지 기본적인 심리적 특성(예 외향성, 성실성)으로 설명될 수 있는지를 찾고자 할 때 요인분석을 활용할 수 있다.
③ 이를 통해 복잡한 데이터를 단순한 구조로 요약하고, 잠재 요인들이 변수들에 어떻게 영향을 미치는지 이해할 수 있다.

(3) 주성분 분석과의 비교

① 주성분 분석(PCA)과 요인분석(FA)은 모두 데이터를 축소하는 데 사용되지만, 접근 방식과 목적에 차이가 있다.
② 주성분 분석은 데이터를 더 잘 설명하기 위해 분산을 최대화하는 선형 결합(주성분)을 찾는 반면, 요인분석은 여러 관측 변수가 어떻게 공통된 잠재 요인에 의해 설명될 수 있는지를 찾는다.

구분	주성분 분석(PCA)	요인분석(FA)
목적	데이터의 분산을 최대한 설명	잠재 요인을 찾고 공통된 요인으로 설명
출력	주성분(선형 결합된 축)	공통 요인(잠재적 변수)
상관성	주성분 간 독립적(직교)	요인 간 상관 가능
데이터 변환 방식	변수를 선형 결합하여 새로운 축 생성	상관관계에 의해 공통 요인 추출
분석 대상	변수의 분산	변수의 상관 구조

(4) 요인분석의 활용사례

① 요인분석은 특히 심리학, 사회학, 마케팅 등 여러 분야에서 많이 사용된다.
   예 소비자 만족도 조사에서 여러 항목(서비스 품질, 가격 적절성, 상품 만족도)에 대한 응답이 어떻게 연결되어 있는지를 분석
② 요인분석을 통해 각 항목이 몇 가지 공통된 요인으로 설명될 수 있다면, '서비스 품질'과 '가격 적절성'이 하나의 '가치 인식'이라는 잠재 요인으로 묶일 수 있다.

③ 이를 통해 기업은 복잡한 피드백을 단순화하여 소비자들이 중요하게 생각하는 핵심 요소를 파악할 수 있다.

(5) 요인적재량과 해석

① 요인적재량(factor loadings)은 변수들이 특정 요인에 얼마나 강하게 관련되어 있는지를 나타내며, 각 요인에 대한 변수의 기여도를 설명한다. 요인 적재량이 클수록 해당 변수는 그 요인과 밀접한 관계가 있음을 의미한다.

변수	요인 1(서비스 품질)	요인 2(가격 인식)
대기 시간	0.78	0.1
직원 친절도	0.82	0.05
가격 적절성	0.12	0.85
할인 혜택	0.15	0.8

② 위의 표에서, '대기 시간'과 '직원 친절도'는 '서비스 품질 요인'과 높은 적재량을 가지며, 이는 해당 변수들이 '서비스 품질'과 밀접한 관계가 있음을 나타낸다.

③ 반면 '가격 적절성'과 '할인 혜택'은 '가격 인식 요인'과 높은 적재량을 가지므로, 이 두 변수는 '가격 인식'과 관련이 깊다고 볼 수 있다.

(6) 요인분석의 장단점

장점	• 데이터 복잡성을 줄이고 해석을 용이하게 함 • 여러 변수를 소수의 잠재 요인으로 요약이 가능해짐 • 변수 간 상관관계를 이해한 후 주요 요인을 도출
단점	• 분석자의 주관이 포함될 수 있음 • 요인 수의 선택이 분석 결과에 영향을 미침 • 결과 해석이 난해할 수 있으며 일관된 결과가 아닐 수 있음

SECTION 05 시계열 분석

1 시계열 분석(Time Series Analysis)

(1) 시계열 분석의 정의

① 시계열 분석은 연도별, 분기별, 월별 등 시간순으로 관측되는 자료를 분석하여 미래를 예측하기 위한 분석 기법이다.

② 시계열 분석은 미래를 예측할 뿐만 아니라 경향, 주기, 계절성 등을 파악하여 활용한다.

(2) 시계열 자료의 분석 순서

분석 단계	설명
시간 그래프 작성	관측값을 관측 시간에 따라 인접한 관측값을 직선으로 연결하여 그래프 작성
추세와 계절성 제거	시간 그래프(Time Plot)를 활용하여 시계열의 추세 및 계절성을 확인한 후, 차분(Difference)을 통해 이를 제거하여 비정상 시계열을 정상 시계열로 변환
잔차 예측	잔차(Residual)가 서로 비상관성이며, 잔차의 평균이 0인 특성인지를 확인
잔차에 대한 모델 적합	잔차에 근거하여 모델을 추정
미래 예측	앞 단계에서 제거했던 추세와 계절성을 다시 더하여 미래를 예측

(3) 시계열 자료의 종류

① x축에는 시간, y축에는 관측값으로 표현되기에 추세를 빠르게 분석가능하다.
② 시계열 데이터는 시간의 흐름에 따른 자료이므로 대체적으로 독립적이지 않다.
　㉠ 정상(stationary) 시계열 자료 : 비정상 시계열을 변환하여 다루기 쉬운 시계열 자료로 변환한 자료이다.
　㉡ 비정상(non-stationary) 시계열 자료 : 시계열 분석을 수행하기 어려운 자료로써 대부분의 시계열 자료가 비정상적인 자료이다.

2 정상성

(1) 정상성의 정의

① 정상성은 시점에 상관없이 시계열의 특성을 일정하게 지닌다는 뜻이다.
② 시계열 분석을 정확히 수행하려면 정상성 조건을 충족시켜야 한다.

(2) 정상성 조건

① 모든 시점에 대해 평균이 일정하다.
② 분산 또한 시점에 의존적이지 않고 일정해야 한다.
③ 공분산은 단지 시차에만 의존적이며, 실제 특정 시점, t, s에는 의존하지 않는다.

(3) 정상성 조건을 충족시키지 않는 경우

① 평균이 일정하지 않은 시계열은 차분(Difference)을 통해 정상화가 가능하다.
② 분산이 일정하지 않은 시계열은 변환(Transformation)을 통해 정상화가 가능하다.

(4) 정상 시계열 그래프

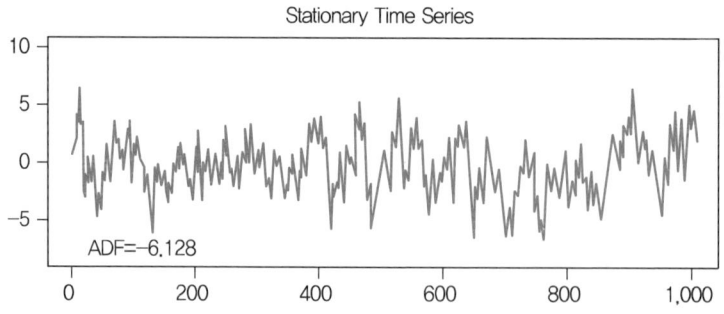

(5) 정상 시계열이 가지는 특징

① 정상 시계열은 항상 그 평균값으로 회귀하려는 특징을 지니며, 그 평균값 주변에서의 변동은 대체로 일정한 폭을 갖는다.
② 정상 시계열은 평균, 분산뿐만 아니라 특정 시차의 길이를 갖는 자기공분산도 동일한 값을 갖는다는 특징을 지닌다.
③ 정상 시계열이 아니라면, 특정 기간의 시계열 자료의 정보를 다른 시기로 일반화할 수 없으며, 차분과 변환을 통해 정상성을 확보하려 노력해야 한다.

(6) 차분

① 차분이란 현시점(t)에서 전 시점(t-1)의 시점을 빼는 것이다.
② 차분의 유형
  ㉠ 일반차분(regular difference) : 바로 전 시점의 자료를 빼는 차분이다.
  ㉡ 계절차분(seasonal difference) : 여러 시점 전의 자료를 빼는 방법, 주로 계절성을 갖는 의류 등의 자료들의 경우 이 같은 방법을 활용한다.

3 시계열 자료를 분석하는 방법

(1) 유형별 분석방법

회귀분석(계량경제)방법, Box-Jenkins 방법, 지수평활법, 시계열 분해법 등이 존재한다.

유형	설명
수학적 이론에 집중한 유형	계량경제학에서 활용되는 회귀분석(계량경제) 방법, ARMA(Box-Jenkins) 방법
직관성을 강조한 유형	• 지수평활법, 시계열 분해법 • 시간에 따른 변동이 급격하지 않거나 느린 데이터 분석에 적용
단기 예측을 위한 유형	Box-Jenkins 방법, 지수평활법, 시계열 분해법 활용
장기 예측을 위한 유형	회귀분석방법 활용

(2) 자료 형태에 따른 분석방법

① 일변량 시계열 분석
　㉠ 시간(t)을 독립변수로 하고 주식가격, 소매물가지수 등을 종속변수로 하는 경우의 시계열 분석이다.
　㉡ ARMA(Box-Jenkins), 지수 평활법, 시계열 분해법 등을 활용한다.

② 다중 시계열 분석
　㉠ 여러 개의 시간(t)에 따른 변수들을 활용하는 시계열 분석을 의미한다.
　㉡ 계량경제 모형, 전이함수 모형, 개입분석, 상태공간 분석, 다변량 ARIMA 등을 활용한다.

(3) 이동평균법

① 이동평균법의 정의
　㉠ 과거에서 현재까지의 시계열 자료를 일정기간으로 분리하여 이동평균을 계산하고, 이들의 추세를 파악하여 다음 기간을 예측하는 것이다.
　㉡ 추세와 계절성과 같은 불규칙변동을 제거하여 추세변동과 순환변동만 가진 시계열로 변환하기도 한다.

$$F_{n+1} = \frac{1}{m}(Z_n + Z_{n+1} + \cdots + Z_{n-m+1}) = \frac{1}{m}\sum_{t}^{n} Z_t$$
cf) $*t = n - m + 1$

　㉢ m은 이동평균한 특정 기간을 의미하며, Z_n은 가장 최근의 데이터를 의미한다.
　㉣ n개 시계열 데이터를 m기간으로 이동평균한다면 n-m+1개 이동평균 데이터가 생성된다.

② 이동평균법의 특징
　㉠ 간단하고 쉽게 값예측이 가능하며, 자료 수가 많고 안정된 패턴인 경우 예측품질이 높다
　㉡ 일반적으로 시계열 자료의 추세가 뚜렷하거나 불규칙변동이 심하지 않은 경우에는 m개의 수를 작게(짧은 기간) 설정하여 평균을 사용하고, 반대로 불규칙변동이 심할 경우에는 m개의 개수를 많게(긴 기간) 설정하여 평균을 사용한다.

(4) 지수평활법

① 지수평활법의 정의 : 일반 이동평균법과 달리 최근 시계열에 더 많은 가중치를 부여하여 미래를 예측하는 방법이다.

$$\begin{aligned} F_{n+1} &= aZ_n + (1-\alpha)F_n \\ &= aZ_n + (1-\alpha)[aZ_{n-1} + (1-\alpha)F_{n-1}] \\ &= aZ_n + \alpha(1-\alpha)Z_{n-1} + (1-\alpha)^2 F_{n-1} \\ &= aZ_n + \alpha(1-\alpha)Z_{n-1} + (1-\alpha)^2[\alpha Z_{n-2} + (1-\alpha)F_{n-2}] \end{aligned}$$

- F_{n+1} : n시점 다음의 예측값을 의미
- Z_n : n시점의 관측값
- α : 지수평활계수, 지수평활계수가 과거로 갈수록 지수형태로 감소하는 형태

② 지수평활법의 특징
　㉠ 단시간의 불규칙변동을 평활화하는 방법이다.
　㉡ 지수평활계수는 과거로 갈수록 지속적으로 감소한다.
　㉢ 자료 수가 많고 패턴이 안정될수록 예측 정확도(Quality)가 높다.
　㉣ 지수평활법에서 가중치(weight)는 지수평활계수(α)이며, 불규칙변동이 큰 경우에는 지수평활계수(α)를 작게 설정하고, 불규칙변동이 작은 경우, 지수평활계수(α)를 크게 설정한다(일반적인 α의 범위로는 0.05~0.3의 범위).
　㉤ 지수평활계수는 예측오차를 비교하여 예측오차가 가장 작은 값을 선택하는 것이 옳다고 할 수 있다(예측오차란, 실제값-예측값).
　㉥ 지수평활법은 불규칙변동의 영향을 제거하는 효과가 있으며, 중기예측 이상에 주로 사용되지만, 단순지수 평활법의 경우, 장기추세나 계절변동이 포함된 시계열 예측에는 부적합하다.

4 시계열 모형

(1) 개요

시계열 모형에는 자기회귀모형(AR), 이동평균모형(MA), 지수평활법, 자기회귀누적이동평균모형(ARIMA)이 존재한다.

(2) 자기회귀모형(AR 모형 ; Auto-Regressive Model)

① 자기회귀모형은 현시점의 자료가 p시점 전의 유한개의 과거 자료로 설명될 수 있는 모형이다.

$$Z_t = \Phi_1 Z_{t-1} + \Phi_2 Z_{t-2} + \cdots + \Phi_p Z_{t-p} + \alpha_t$$

- Z_t : 현재 시점의 시계열 자료
- $Z_{t-1}, Z_{t-2}, \cdots, Z_p$: 이전, 그 이전 시점 p의 시계열 자료
- Φ_p : p 시점이 현재에 어느 정도 영향을 주는지를 나타내주는 모수
- α_t : 백색잡음과정(White noise process), 시계열 분석에서의 오차항을 의미
- 평균이 0, 분산이 일정한 σ^2(시그마 제곱), 자기공분산이 0(시차가 0이 아닌 경우)인 경우를 의미하며, 시계열 간 확률적 독립일 경우 강(strictly) 백색잡음 과정이라 함
- 백색잡음 과정이 정규분포일 경우, 이는 가우시안(Gaussian) 백색잡음 과정이라 함

② AR(1) 모형은 $Z_t = \Phi_1 * Z_{t-1} + \alpha_t$, 직전 시점 데이터로만 분석한다.
③ AR(2) 모형은 $Z_t = \Phi_1 * Z_{t-1} + \Phi_2 * Z_{t-2} + \alpha_t$, 연속된 3시점 정도의 데이터로 분석한다.

(3) 이동평균 모형(MA 모형 ; Moving Average Model)

① 이동평균 모형은 백색잡음의 결합이 유한한 개수로 이루어지므로 언제나 정상성을 만족한다.
② MA1 모형인 1차 이동평균모형은 시계열이 같은 시점의 백색잡음과 바로 전 시점의 백색잡음의 결합으로 이뤄진 모형이다.

$$Z_t = \alpha_t - \theta_1 * \alpha_{t-1} - \theta_2 * \alpha_{t-2} - \cdots - \theta_p * \alpha_{t-p}$$

③ MA2 모형인 2차 이동평균모형은 바로 전 시점의 백색잡음 및 시차가 2인 백색잡음의 결합으로 이루어져 있다.

$$Z_t = \alpha_t - \theta_1 * \alpha_{t-1}$$

(4) 자기회귀누적이동평균 모형(ARIMA 모형 ; AutoRegressive Integrated Moving Average model)

① 자기회귀누적이동평균 모형은 비정상시계열 모형이다.
② 자기회귀누적이동평균 모형을 차분이나 변환을 활용하여 AR 모형이나, MA 모형 혹은 이 둘을 결합한 ARMA 모형으로 정상화시킬수 있다.
③ p는 AR 모형, q는 MA 모형과 관련이 있는 차수이다.
④ 시계열 $\{Z_t\}$의 d번 차분한 시계열이 ARMA(p, q) 모형이면, 시계열 $\{Z_t\}$는 차수가 p, d, q인 ARIMA 모형, 즉 ARIMA(p, d, q) 모형을 갖는다고 한다.
  ㉠ d=0인 경우, ARMA(p, q) 모형이라 부르고, 이 모형은 정상성을 만족한다[ARMA(0, 0)일 경우 정상화를 시킬 필요가 없다].
  ㉡ p=0인 경우, IMA(d, q) 모형이라 부르고, d번의 차분을 통해 MA(q) 모형을 따르게 한다.
  ㉢ q=0인 경우, ARI(p, d) 모형이라 부르고, d번의 차분을 통해 AR(p) 모형을 따르게 한다.

> **참고**
>
> ARIMA 모형
> • ARIMA(0, 1, 1) : 1 차분 후에 MA(1) 모형을 활용한다.
> • ARIMA(1, 1, 0) : 1 차분 후에 AR(1) 모형을 활용한다.
> • ARIMA(1, 1, 2) : 1 차분 후에 AR(1), MA(2), ARMA(1, 2) 모형을 선택하여 활용한다.
> ※ 선택 시 기준은 가장 심플한 모형 혹은, AIC나 BIC를 적용하여 가장 지표가 낮은 모형을 선택

(5) 분해 시계열

① 분해 시계열이란 시계열에 영향을 주는 일반적인 요인을 시계열에서 분리해 분석하는 방법을 의미하며 주로 회귀분석적인 방법을 활용한다.
② 시계열 구성요소

구성 요소	설명
추세요인	선형적 추세 혹은 이차식 형태, 지수 형태 등의 특정형태를 취할 때 추세요인(Trend factor)이 있다고 함
계절요인	요일마다 반복되거나 일년 중 각 월의 변화 등과 같이 고정된 주기에 따라 자료가 변화할 경우 계절요인(Seasonal factor)이 있다고 함
순환요인	명백한 이유 없이 알려지지 않은 주기를 통해서 자료가 변화할 때 순환요인(Cyclical factor)이 존재한다고 할 수 있음
불규칙요인	위의 세 가지 요인으로 설명할 수 없는 회귀분석에서 오차에 해당하는 요인을 불규칙요인(Irregular factor)이라 함

$$Z_t = f(T_t, S_t, C_t, I_t)$$

- Z_t : 시계열 자료값
- f : 미지의 함수
- T_t : 경향(추세) 요인
- S_t : 계절요인
- C_t : 순환요인_p시점이 현재에 어느 정도 영향을 주는지를 나타내주는 모수
- I_t : 불규칙요인

③ R 프로그래밍(시계열 분석)-1

```
>  · [예제1] 다음은 1871년도부터 1970년도까지 아스완 댐에서 측정한
>  · 나일강의 연간 유입량에 대한 내장 시계열 데이터이다.
> Nile
Time Series:
Start = 1871
End = 1970
Frequency = 1

 [1]  1120 1160  963 1210 1160 1160  813 1230 1370 1140  995  935 1110  994 1020
[16]   960 1180  799  958 1140 1100 1210 1150 1250 1260 1220 1030 1100  774  840
[31]   874  694  940  833  701  916  692 1020 1050  969  831  726  456  824  702
[46]  1120 1100  832  764  821  768  845  864  862  698  845  744  796 1040  759
[61]   781  865  845  944  984  897  822 1010  771  676  649  846  812  742  801
[76]  1040  860  874  848  890  744  749  838 1050  918  986  797  923  975  815
[91]  1020  906  901 1170  912  746  919  718  714  740
```

④ R 프로그래밍(시계열 분석)-2

```
>  · 1) EDA(탐색적 데이터 분석)
> plot(Nile)

>  · 나일강 연간 유입량 시계열 그림
```

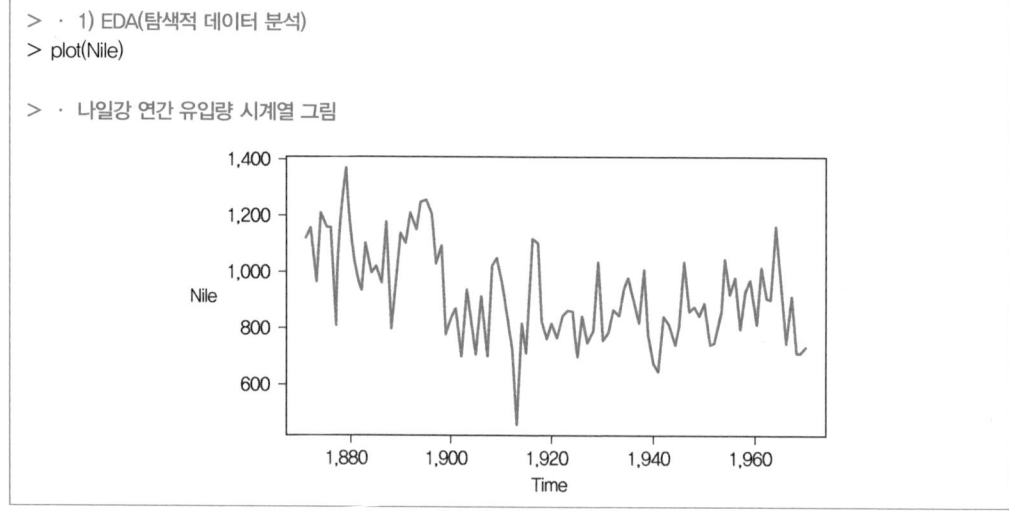

⑤ R 프로그래밍(시계열 분석)-3

```
>  · 2) ARIMA 모형
>  · (1) 차분
>  · 시간에 따라 평균이 일정하지 않은 비정상 시계열이므로 diff함수로 차분을 수행한다.
> Nile_diff1 <- diff(Nile, differences = 1)
> plot(Nile_diff1)
```

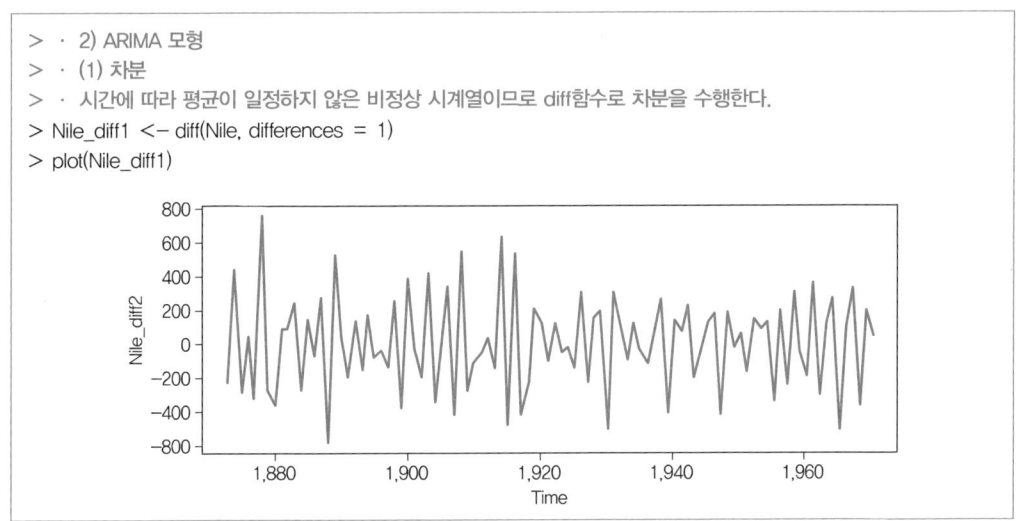

⑥ R 프로그래밍(시계열 분석)-4

㉠ 자기상관함수(acf)와 부분자기상관함수(pacf)를 활용하여 ARIMA 모형을 적합한 후에 최종 모형을 결정할 수 있다.

㉡ 자기상관함수를 살펴보기 위해 acf 함수를 사용하여 2차 차분을 한 나일강 연간 유입량 시계열 자료의 자기상관함수 그래프를 그려보면 아래와 같다.

```
>  · (2) 차분 - 1번 차분으로는 평균이 일정하지 않아
>  · 차분을 2번 수행한다.
> Nile_diff2 <- diff(Nile, differences = 2)
> plot(Nile_diff2)
```

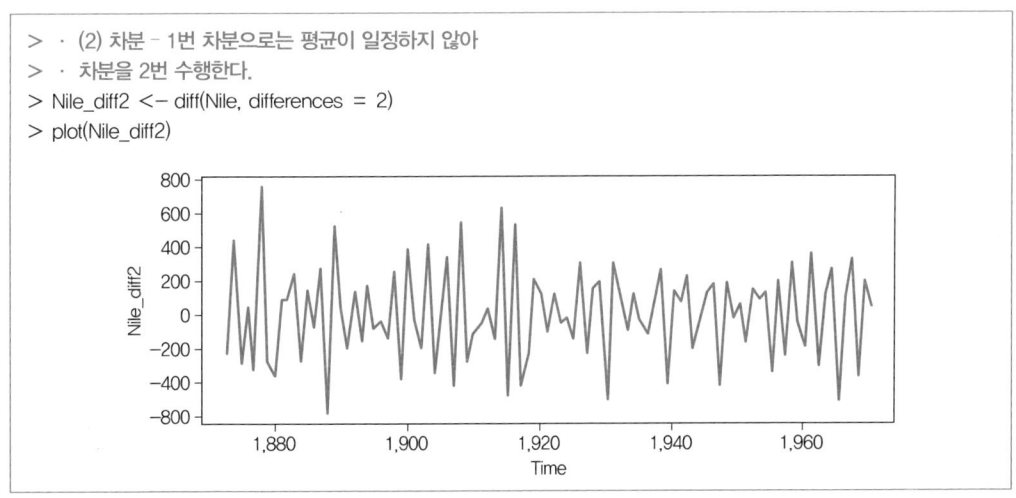

⑦ R 프로그래밍(시계열 분석)-5

```
>  · (3) ARIMA 모델 적합 및 결정 - 자기상관회귀
>  · 자기상관함수를 살펴보기 위해 2차 차분 후의 나일강 데이터를 통해 시계열 데이터를 그려본다.
> acf(Nile_diff2, lag.max = 20)
> acf(Nile_diff2, lag.max = 20, plot = FALSE)

Autocorrelations of series 'Nile_diff2', by lag

     0      1      2      3      4      5      6      7      8      9
 1.000 -0.626  0.100  0.067 -0.072  0.017  0.074 -0.192  0.245 -0.079
    10     11     12     13     14     15     16     17     18     19
-0.153  0.183 -0.106  0.062  0.010 -0.096  0.134 -0.134  0.091 -0.030
    20
 0.003
```

⑧ R 프로그래밍(시계열 분석)-6

```
>  · (3) ARIMA 모델 적합 및 결정 - 부분자기상관회귀
>  · 부분자기상관함수를 살펴보기 위해 2차 차분 후의 나일강 데이터를 통해 시계열 데이터를 그려본다.
> pacf(Nile_diff2, lag.max = 20)
> pacf(Nile_diff2, lag.max = 20, plot = FALSE)

Partial autocorrelations of series 'Nile_diff2', by lag

     1      2      3      4      5      6      7      8      9
-0.626 -0.481 -0.302 -0.265 -0.273 -0.112 -0.353 -0.213  0.038
    10     11     12     13     14     15     16     17     18
-0.120 -0.117 -0.197 -0.132 -0.055 -0.109  0.022 -0.184 -0.067
    19     20
-0.037 -0.024
```

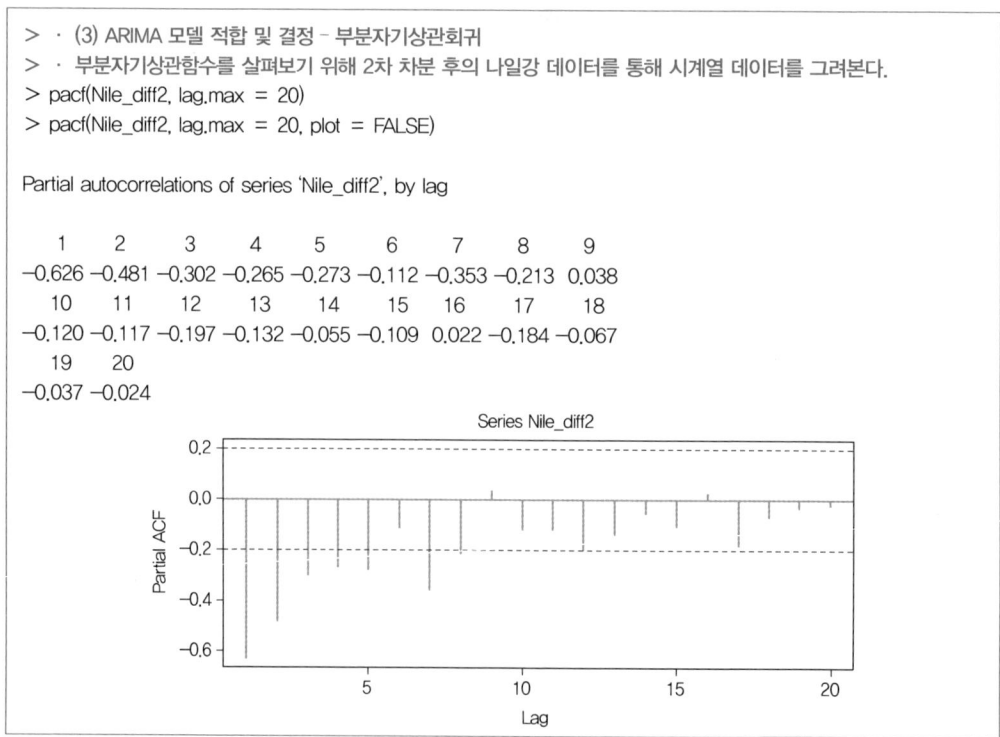

㉠ acf함수의 lag개수는 20개로 설정하였다. 자기상관함수가 lag = 1, 8일 때를 제외하고 모두 신뢰구간 안에 있는 것이 확인 가능하다.

㉡ pacf함수에서 lag = 1~8에서 신뢰구간을 넘어 음의 값을 가지고, lag = 9에서 절단된 것을 확인 가능하다. 따라서 acf와 pacf를 종합해서 확인해보면 아래와 같은 모형이 존재함을 알 수 있다.
- ARMA(8, 0) : 부분자기상관함수(pacf) lag = 9에서 절단되었다.
- ARMA(0, 1) : 자기상관함수(acf) lag = 2에서 절단되었다.
- ARMA(p, q) : AR 모형과 MA 모형을 혼합하여 모형을 식별하고 결정해야 한다.

⑨ R 프로그래밍(시계열 분석)-7

```
> · (4) 적절 ARIMA 모형을 결정
> · forecast 패키지하의 auto.arima함수를 활용하여 적절한 ARIMA 모형을 결정한다.
> forecast::auto.arima(Nile)
Series: Nile
ARIMA(1,1,1)

Coefficients:
         ar1      ma1
      0.2544  -0.8741
s.e.  0.1194   0.0605

sigma^2 = 20177:  log likelihood = -630.63
AIC = 1267.25   AICc = 1267.51   BIC = 1275.04
```

⑩ R 프로그래밍(시계열 분석)-8

```
> · (5) 결정된 ARIMA 모형을 기반으로 한 예측
> · ARIMA(1, 1, 1)로 결정됨
> Nile_arima <- arima(Nile, order = c(1, 1, 1))
> Nile_arima

Call:
arima(x = Nile, order = c(1, 1, 1))

Coefficients:
         ar1      ma1
      0.2544  -0.8741
s.e.  0.1194   0.0605

sigma^2 estimated as 19769:  log likelihood = -630.63,  aic = 1267.25
>
> Nile_forecast <- forecast::forecast(Nile_arima, h = 10)
> Nile_forecast
     Point Forecast    Lo 80     Hi 80    Lo 95     Hi 95
1971       816.1813 635.9909  996.3717 540.6039 1091.759
1972       835.5596 642.7830 1028.3363 540.7332 1130.386
1973       840.4889 643.5842 1037.3936 539.3492 1141.629
1974       841.7428 642.1115 1041.3741 536.4331 1147.053
```

Year					
1975	842.0617	640.0311	1044.0923	533.0826	1151.041
1976	842.1429	637.8116	1046.4741	529.6452	1154.641
1977	842.1635	635.5748	1048.7522	526.2134	1158.114
1978	842.1687	633.3514	1050.9861	522.8102	1161.527
1979	842.1701	631.1488	1053.1914	519.4408	1164.899
1980	842.1704	628.9682	1055.3727	516.1057	1168.235

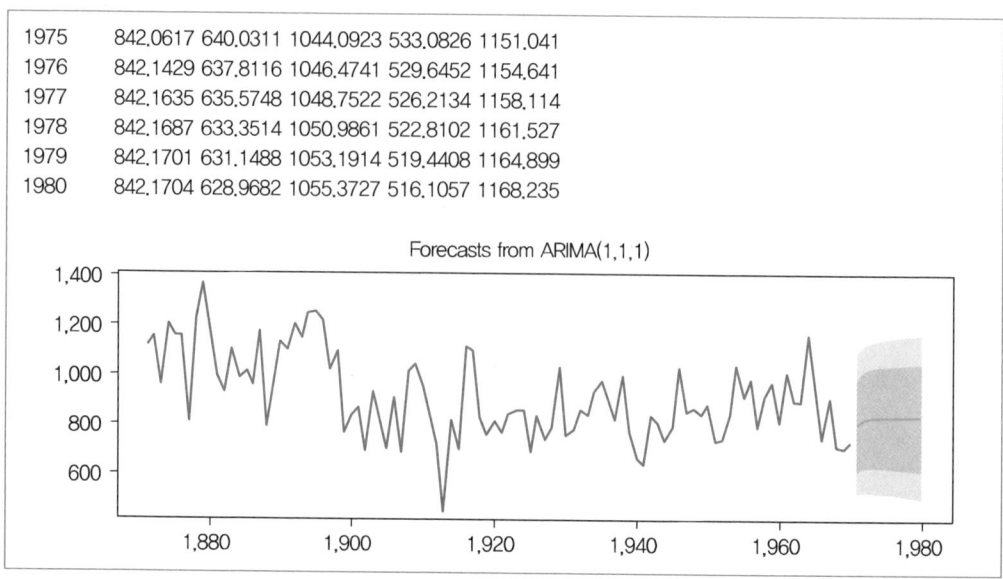

SECTION 05 비모수 통계

1 비모수 통계의 개요

① 비모수 통계(Non-parametric Statistics)는 데이터가 특정한 분포를 따르지 않는 경우에 사용할 수 있는 통계 기법이다. 데이터의 분포에 대한 가정 없이 데이터를 분석한다.

② 특히 데이터의 분포를 알 수 없거나 표본의 크기가 작아 정규성 가정을 충족할 수 없는 경우에 유용하다.

③ 비모수 통계는 모수적 방법에 비해 더 유연하고 일반적이며, 데이터의 순위나 비율 등 정보에만 의존하여 분석을 수행한다.

2 모수적 방법과 비모수적 방법

(1) 모수적 방법(Parametric Method)

① 데이터가 특정한 분포(주로 정규분포)를 따른다는 가정하에 사용된다.

② 평균, 분산 등 모수(parameter)를 기반으로 분석이 이루어지며, 데이터의 분포를 알고 있거나 가정할 수 있을 때 효과적이다.

③ 대표적인 모수적 검정에는 T-검정, ANOVA 등이 있다.

(2) 비모수적 방법(Non-parametric Method)

① 데이터가 특정한 분포를 따른다는 가정을 하지 않는다.

② 데이터의 순위나 범주형 변수 등에 의존하여 분석하므로, 분포에 대한 제약이 적다.

③ 비모수적 방법은 데이터의 중위수를 비교하거나 순위를 사용하는 방법으로, 데이터의 형태에 상관없이 사용할 수 있다.

④ 대표적인 비모수적 검정에는 Mann-Whitney U 검정, Wilcoxon 부호 순위 검정 등이 있다.

구분	모수적 검정	비모수 검정
분포 가정	특정 분포(정규분포 등)를 가정	분포에 대한 가정 없음
사용 데이터	연속형 데이터, 분포 가정 충족 시 사용	순위, 범주형 데이터, 분포 가정 충족이 어려운 경우 사용
표본 크기	표본 크기가 충분히 커야 효과적	표본 크기가 작아도 사용 가능
대표적인 검정	T-검정, ANOVA, 회귀분석	Mann-Whitney U, Wilcoxon 부호 순위 검정, 런 검정

3 비모수 검정의 종류

비모수 검정은 데이터의 변수의 수와 척도에 따라 여러 유형으로 나눌 수 있다. 대표적인 비모수 검정을 나타내면 다음과 같다.

변수의 수	자료의 수준(척도)	비모수 검정	목적
1개	등간/비율척도	Kolmogorov-Smirnov (단일표본검정)	관찰값들의 분포가 특정 확률분포를 따르는지 여부를 검정
2개	등간/비율척도	Mann-Whitney U 검정	두 집단의 분포가 동일한지를 검정
	서열척도	Wilcoxon 검정	대응되는 두 집단의 차이(순위)를 비교
2개 이상	서열척도	Kruskal-Wallis 검정	세 집단 이상의 분포가 동일한지를 검정
	서열척도	Friedman 검정	여러 평가 내용들 간의 일치성 검토

4 주요 비모수 검정 방법

(1) Kolmogorov-Smirnov 검정(단일 표본)

① 정의 : 관측값이 특정한 분포를 따르는지 검정하는 방법으로, 데이터가 정규분포 등 특정 분포를 따른다는 가정을 확인할 때 사용된다.

② 조건 : 데이터는 서열척도나 그보다 높은 등간/비율자료이어야 하며, 연속적 분포를 가정할 수 있어야 한다.

③ 가설
㉠ 귀무가설(H_0) : 주어진 자료의 분포는 가정된 분포(혹은 검정하고자 하는 분포)를 따른다.
㉡ 대립가설(H_1) : 주어진 자료의 분포는 가정된 분포(혹은 검정하고자 하는 분포)를 따르지 않는다.
㉢ 검정통계량(Z)이 클수록 귀무가설을 기각하고 대립가설을 지지하게 된다.

(2) Mann-Whitney U 검정(독립 두 표본)

① 정의
㉠ 두 집단의 분포가 동일한지 비교하는 비모수적 방법으로, 두 집단의 관측치를 통합하여 크기순으로 정렬한 뒤 순위를 부여해 검정한다.
㉡ 각 집단의 순위합계로부터 집단별로 U값이 계산되고, 이 값에 의한 검정이 이루어진다.
㉢ 독립된 두 집단의 평균 차이를 비교하고자 할 때 데이터가 정규성 가정을 만족한다면 t-검정을, 정규성을 불만족할 시에는 비모수검정에서 Mann-Whitney U 검정 혹은 Wilcoxon의 순위합 검정(Wilcoxon rank-sum test)을 사용한다.
㉣ Mann-Whitney U검정과 Wilcoxon의 순위합 검정은 검정통계량은 다르게 나오지만, 검정 결과는 동일하다.

② 상황 : 독립된 두 집단의 평균 차이를 비교하고자 할때 모수적 방법을 적용할 수 없는 상황에 사용한다.

③ 가설
  ㉠ 귀무가설(H_0) : 주어진 자료의 두 집단의 순위합은 동일하다.
  ㉡ 대립가설(H_1) : 주어진 자료의 두 집단의 순위합은 동일하지 않다(차이가 있다).

(3) Wilcoxon signed-rank test(대응 두 표본)

① 정의
  ㉠ 윌콕슨의 부호순위 검정(Wilcoxon signed-rank test)은 대응되는 두 데이터의 중위수에 차이가 있는지를 검정하는 비모수 통계 기법이다.
  ㉡ 쌍을 이루는 데이터 간의 차이에 대한 부호와 크기에 대한 정보를 토대로 검정을 수행한다.
② 상황 : 대응되는 두 집단의 평균 차이를 비교하고자 할 때 모수적 방법을 적용할 수 없는 상황에 사용한다.
③ 가설
  ㉠ 귀무가설(H_0) : 주어진 자료의 두 집단의 순위합은 동일하다.
  ㉡ 대립가설(H_1) : 주어진 자료의 두 집단의 순위합은 동일하지 않다(차이가 있다).

(4) 런 검정(Run test)

① 정의
  ㉠ 런(run)은 한 종류의 부호 또는 한 집단의 관측값이 시작하여 끝날 때까지 연속적으로 이어진 것을 의미한다.
  ㉡ 예를 들어, [A A A B B A A B B A]라는 데이터에서 A와 B의 군집이 반복되는 패턴을 보면, 이 경우 5개의 런(AAA/BB/AA/BB/A)이 존재한다.
② 상황
  ㉠ 런 검정은 순서대로 나열된 배열에서 관측된 값들이 무작위(random)로 나타난 것인지, 특정 패턴이 존재하는지를 검정하는 비모수적 통계 방법이다.
  ㉡ 표본의 독립성을 평가하기 위해 사용되며, 주어진 데이터에서 나타나는 관측값들의 순서가 정말로 무작위적인지를 판별하는 데 주로 활용된다.
③ 가설
  ㉠ 귀무가설(H_0) : 입력된 관측치의 값은 랜덤하다(즉, 무작위다).
  ㉡ 대립가설(H_1) : 입력된 관측치의 값은 랜덤하지 않다(즉, 무작위가 아니고 일정한 패턴이 있다).
④ 검정 통계량
  ㉠ 데이터를 두 개의 범주(예 A, B)로 나누고 각 범주가 나타나는 순서를 관찰하여 런의 개수를 측정한다.

ⓒ 런 검정에서는 기댓값(μ_R)과 표준편차(σ_R)를 사용하여 검정 통계량 Z값을 계산한다.

$$\mu_R = \frac{2n_1 n_2}{n_1 + n_2} + 1$$

$$\sigma_R = \sqrt{\frac{2n_1 n_2 (2n_1 n_2 - n_1 - n_2)}{(n_1 + n_2)^2 (n_1 + n_2 - 1)}}$$

　　ⓒ n_1과 n_2는 각각 두 범주(A, B)의 개수라 할 수 있다. 이때 검정 통계량 Z는 다음과 같이 계산된다.

$$Z = \frac{R - \mu_R}{\sigma_R}$$

　　ⓔ 계산된 Z값을 통해 귀무가설을 기각할지 여부를 결정한다. 보통 유의수준 α에 따른 임계값을 참고하여 검정한다.

⑤ 런 검정의 해석
　　㉠ 귀무가설 채택 시 : 관측된 데이터의 순서가 무작위적이라는 것을 의미한다. 즉, 두 범주의 값들이 특별한 패턴 없이 뒤섞여 나타난다.
　　㉡ 귀무가설 기각 시 : 관측된 데이터의 순서에 특정한 패턴이 있다는 것을 의미한다. 이는 데이터의 독립성 가정을 충족하지 않는 경우로 해석될 수 있다.

⑥ 런 검정의 한계
　　㉠ 표본의 크기가 너무 작을 경우, 검정의 결과가 신뢰성을 갖기 어려울 수 있다. 런 검정은 표본 크기가 충분히 클 때 더 정확한 결과를 도출할 수 있다.
　　㉡ 런 검정은 주로 두 가지 범주로 나누어진 데이터에 적합하다. 연속형 데이터의 경우 이를 범주형으로 변환해야 하며, 변환 방식에 따라 결과가 달라질 수 있다.

CHAPTER 01 통계 분석 기법 예상문제

01 회귀분석 결정계수(r^2)에 대한 설명으로 가장 적절하지 않은 것은?
① 회귀모형에서 입력 변수가 증가하면 결정계수도 증가한다.
② 다중 회귀분석에서는 결정계수 값보다는 수정된 결정계수 값을 사용하는 것이 적절하다.
③ 결정계수는 총 변동 중에서 회귀모형에 의하여 설명되지 않는 오차에 의한 변동이 차지하는 비율이다.
④ 수정된 결정계수는 유의하지 않은 독립변수들이 회귀식에 포함되었을 때 그 값이 감소한다.

02 다음 중 다중회귀모형의 통계적 유의성을 확인하는 적절한 방법은?
① F 통계량을 확인한다.
② 회귀계수의 t-값을 확인한다.
③ 결정계수를 확인한다.
④ AIC를 확인한다.

03 다음 중 선형회귀모형의 가정으로 가장 적절하지 않은 것은 ?
① 이분산성   ② 선형성
③ 정규성   ④ 비상관성

04 다음 중 가장 적합한 회귀모형을 찾기 위한 설명으로 적절하지 않은 것은?
① 회귀분석의 가설 검정에서 p-값이 0.05보다 작은 값이 나오면 통계적으로 유의하다고 할 수 있다.
② 잔차의 독립성, 등분산성, 정규성을 만족하는지 확인해야 한다.
③ 회귀식 검정 시 독립변수의 기울기가 0이 아니라는 가정을 귀무가설, 기울기가 0인 가정을 대립가설로 놓는다.
④ 독립변수의 수가 많아지면 결정계수의 값이 증가하므로 수정된 결정계수를 사용하는 등의 조정이 필요하다.

05 다음 중 최적회귀방정식 선택을 위한 방법에 대한 설명으로 가장 적절하지 않은 것은?

① 가능한 범위 내에서 적은 수의 설명변수를 포함시킨다.
② 전진선택법이나 후진선택법과 동일한 최적 모형을 선택하는 것이 단계적 방법이다.
③ 후진소거법은 전체 변수를 포함한 회귀모형에서 시작해 유의미하지 않은 변수들을 제거해 나가는 방법이다.
④ AIC나 BIC의 값이 가장 작은 모형을 선택하는 방법으로 모든 가능한 조합의 회귀분석을 실시한다.

06 회귀분석가정 중 아래 그림이 충족시키지 못하는 것은?

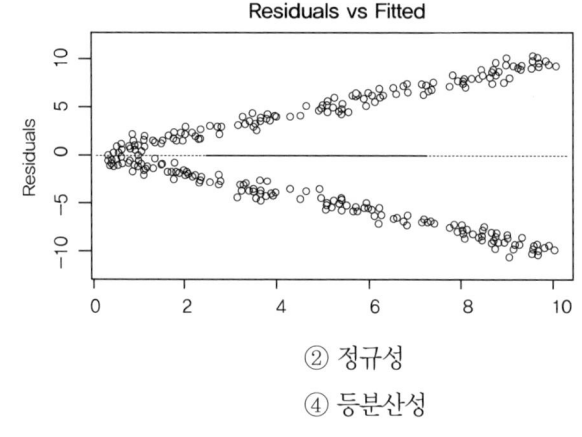

① 선형성
② 정규성
③ 독립성
④ 등분산성

07 Wage 데이터셋을 회귀분석한 아래의 결과에 대한 설명 중 적절하지 않은 것은?

```
> library(ISLR)
> wage_df <-Wage [c('education', 'wage')]
> summary(1m (wage~education, data=wage_df))

Call:
1m (formula = wage ~ education, data = wage_df)

Residuals:
    Min      1Q   Median      3Q     Max
-112.31  -19.94   -3.09    15.33  222.56

Coefficients:
                           Estimate Std.  Error   t value   Pr(>|t|)
(Intercept)                  84.104       2.231   37.695    < 2e-16 ***
education2. HS Grad          11.679       2.520    4.634   3.74e-06 ***
education3. Some College     23.651       2.652    8.920    < 2e-16 ***
education4. College Grad     40.323       2.632   15.322    < 2e-16 ***
education5. Advanced Degree  66.813       2.848   23.462    < 2e-16 ***
---
Signif. codes:  0 '***' 0.001 '**' 0.01 '*' 0.05 '.' 0.1 ' ' 1

Residual standard error: 36.53 on 2995 degrees of freedom
Multiple R-squared: 0.2348,  Adjusted R-squared: 0.2338
F-statistic: 229.8 on 4 and 2995 DF,  p-value:<2.2e-16
```

① education2. HS Grad의 회귀계수는 4.634이다.
② 회귀식은 통계적으로 유의미하다.
③ 모든 회귀계수는 통계적으로 유의미하다.
④ 결정계수는 0.2348이다.

08 산점도(scatter plot)를 만들고 확인해 볼 사항으로 옳지 않은 것은?
① 두 변수 사이에 선형관계 성립여부   ② 집단의 개수
③ 인과관계 유무   ④ 영향을 주는 변수 존재유무

09 최적방정식을 선택하기 위한 방법 중 모든 독립변수 후보를 포함한 모형에서 시작하여 가장 적은 영향을 주는 변수를 하나씩 제거하면서 기준으로 삼은 지표가 더 이상 개선되지 않을 때까지 설명변수를 제거하는 방법을 무엇이라 하는가?
① 전진선택법   ② 후진소거법
③ 단계적 선택법   ④ 차원축소

10 아래는 College 데이터셋의 Grad.Rate변수의 요약통계량의 결과이다. Grad.Rate변수의 몇 %가 78보다 큰 값을 지니는가?

```
> library(ISLR)
> summary(College$Grad.Rate)
     Min.  1st Qu.  Median   Mean  3rd Qu.   Max.
    10.00   53.00   65.00   65.46   78.00   118.00
```

① 25% ② 50%
③ 75% ④ 78%

11 회귀분석의 가정 중 정상성은 (가)이/가 정규분포를 이루어야 함을 가정한다. (가)에 들어갈 용어로 가장 적합한 것은?

① 계수 ② 잔차
③ 독립변수 ④ 종속변수

12 다음은 회귀분석의 분산분석표이다. 결정계수의 값은?

```
> anova(df1)
Analysis of Variance Table
              df    Sum Sq   Mean Sq   F value    Pr(>F)
X1             1      280    287.95    702.2    < 2.2e-16 ***
Residuals   1923      720      0.41
```

① 25% ② 28%
③ 32% ④ 36%

13 다음 중 로지스틱 회귀분석에 대한 설명으로 가장 옳지 않은 것은?

① 독립변수가 범주형이다.
② 종속변수의 범위는 이산형 데이터로 0과 1이다.
③ 로짓 변환을 사용한다.
④ 시그모이드 함수를 이용한다.

14 다음 중 주성분 분석에 대한 설명으로 옳지 않은 것은?

① 주성분 분석은 수학적으로 직교 선형변환으로 정의한다.
② 상관관계가 있는 고차원의 변동을 최대한 제거하여 선형 결합하는 방식이다.
③ 주성분은 선형결합으로 이루어져 있다.
④ 주성분 분석의 목적 중 하나는 데이터를 이해하기 위한 차원 축소이다.

15 다음 중 주성분 분석에 대한 설명으로 옳지 않은 것은?

① 주성분은 주성분을 구성하는 변수들의 계수 구조를 파악하여 적절하게 해석한다.
② 스크리 도표(Scree Plot)는 고유값의 크기순으로 산점도를 그린 그래프에서 기울기가 완만해지는 지점에서 1을 뺀 개수를 주성분의 개수로 선택하는 방법이다.
③ 평균 고유값(Average Eigenvalue) 방법은 고유값들의 평균을 구한 후 고유값이 평균값 이상이 되는 주성분을 제거하는 방법이다.
④ 전체 변이 공헌도(Percentage of Total Variance) 방법은 주성분들이 설명하는 총 분산의 비율이 70~90% 사이가 되는 주성분의 개수를 선택하는 방법이다.

16 다음 시계열 분석에서 정상성의 특징이 아닌 것은 무엇인가?

① 평균이 일정하며, 모든 시점에 대해 일정한 평균을 가진다.
② 자기회귀식에는 백색잡음이 없다.
③ 공분산은 단지 시차에만 의존하고 실제 어느 시점 t,s에는 의존하지 않는다.
④ 분산도 시점에 의존하지 않는다.

17 변수들의 전체 변동의 80% 이상을 설명하는 데 필요한 최소 주성분은 몇 개인가?

```
> iris_features <- iris[,1:4]
> str(iris_features)
'data.frame':    150 obs.  of  4 variables:
 $ Sepal.Length : num  5.1 4.9 4.7 4.6 5 5.4 4.6 5 4.4 4.9 ...
 $ Sepal.width  : num  3.5 3 3.2 3.1 3.6 3.9 3.4 3.4 2.9 3.1 ...
 $ Petal.Length : num  1.4 1.4 1.3 1.5 1.4 1.7 1.4 1.5 1.4 1.5 ...
 $ Petal.Width  : num  0.2 0.2 0.2 0.2 0.2 0.4 0.3 0.2 0.2 0.1 ...
> out <- princomp(iris_features)
>
> print(summary (out), loadings = TRUE)
Importance of components:
                         Comp.1      Comp.2      Comp.3       Comp.4
Standard deviation     2.0494032   0.49097143  0.27872586   0.153870700
Proportion of Variance 0.9246187   0.05306648  0.01710261   0.005212184
Cumulative Proportion  0.9246187   0.97768521  0.99478782   1.000000000

Loadings:
             Comp.1   Comp.2   Comp.3   Comp.4
Sepal.Length  0.361    0.657    0.582    0.315
Sepal.width            0.730   -0.598   -0.320
Petal.Length  0.857   -0.173   -0.480
Petal.width   0.358            -0.546    0.754
```

① 1개 ② 2개
③ 3개 ④ 4개

18 다음 중 시계열 분석에 관한 설명으로 가장 옳지 않은 것은?

① 짧은 기간 동안의 주기적인 패턴을 계절변동이라 한다.
② 시계열 데이터의 모델링은 다른 분석모형과 같이 탐색 목적과 예측목적으로 구분이 가능하다.
③ 시계열 분석의 주 목적은 외부요인과 관련하여 계절성, 추세 등을 설명할 수 있는 모델을 결정하는 것이다.
④ 잡음(noise)은 무작위적인 변동이지만 일반적으로 원인은 규명되어 있다.

19 분해 시계열에 대한 설명 중 가장 적절하지 않은 것은?

① 불규칙요인 : 추세, 계절, 순환 요인으로 설명할 수 없는 요인에 의해서 발생한 요인
② 추세요인 : 자료의 형태가 오르거나 내리는 등의 자료가 어떠한 특정 형태를 취하는 특징을 지닌 요인
③ 계절요인 : 고정된 주기에 따라 자료가 변하는 특징을 지닌 요인
④ 순환요인 : 물가상승률, 급격한 인구 증가 등의 이유로 인해 주기를 가지고 변화하는 특징을 지닌 요인

20 시계열 분석 기법 중 최근 시계열 데이터에 더 많은 가중치를 부여하는 분석법은?
① 시계열 요소 분해법　　② 지수평활법
③ 이동평균법　　④ 회귀분석법

21 다음 중 시계열 데이터를 분석하기 위한 절차로 적합한 것은?
① 잔차 예측하기 → 시간 그래프 그리기 → 잔차에 대한 모델 적합하기 → 예측된 잔차에 추세, 계절성을 더해 미래 예측하기 → 추세와 계절성 제거하기
② 시간 그래프 그리기 → 추세와 계절성 제거하기 → 잔차 예측하기 → 잔차에 대한 모델 적합하기 → 예측된 잔차에 추세, 계절성을 더해 미래 예측하기
③ 추세와 계절성 제거하기 → 시간 그래프 그리기 → 잔차 예측하기 → 잔차에 대한 모델 적합하기 → 예측된 잔차에 추세, 계절성을 더해 미래 예측하기
④ 시간 그래프 그리기 → 잔차 예측하기 → 추세와 계절성 제거하기 → 잔차에 대한 모델 적합하기 → 예측된 잔차에 추세, 계절성을 더해 미래 예측하기

22 연도별, 분기별, 월별 등 시간의 순서로 관측되는 자료들을 분석하여 미래를 예측하기 위해 분석하는 방법을 무엇이라 하는가?
① 주성분 분석　　② 상관분석
③ 시계열 분석　　④ 회귀분석

23 아래 주성분 분석의 결과에 대한 설명 중 가장 적절하지 않은 것은?

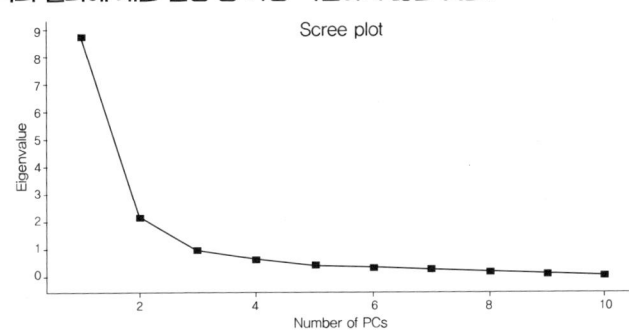

① 위의 그림은 요인분석과 주성분 분석에서 많이 활용되는 스크리 도표(Scree plot)이다.
② 몇 개의 주성분을 사용하여 차원 축소를 진행할지 결정하기 위해 사용된다.
③ 주성분의 개수를 선택하기 위해 총 분산의 비율이 70~90% 사이가 되는 지점을 찾는데 사용되는 그래프이다.
④ 주성분의 분산 감소가 급격히 줄어 주성분 개수를 늘릴 때 얻게 되는 정보의 양이 상대적으로 미미한 지점에서 주성분의 개수를 선택한다.

24 아래의 식은 자기 회귀 누적 이동평균모형(ARIMA 모형)을 나타낸 것이다. 다음 모형은 ARIMA에서 ARMA로 정상화할 때 몇 번이나 차분하였는가?

ARIMA(1, 2, 3)

① 1번　　　　　　② 2번
③ 3번　　　　　　④ 4번

25 ARIMA 모형에서 차분이나 변환을 통해 나올 수 없는 모형은?
① AR 모형　　　　② RIM
③ MA 모형　　　　④ ARMA 모형

26 다음 중 주성분 분석에서 변수의 중요도 기준이 되는 값은?
① 고유값(Eigenvalue)　　② 특이값(Singular Value)
③ 표준오차(Standard Error)　　④ 스칼라(Scalar)

27 다음 중 차원축소를 위한 기법이 아닌 것은?
① 다차원척도법(MDS)　　② 요인분석
③ 주성분 분석　　　　　　④ 군집분석

28 다음 중 lasso 회귀모형에 대한 설명으로 옳지 않은 것은?
① 자동적으로 변수선택을 하는 효과가 있다.
② 람다(Lambda) 값으로 penalty의 정도를 조정한다.
③ L2 penalty를 활용한 회귀모형이다.
④ 모형에 포함된 회귀계수들의 절대값의 크기가 클수록 penalty를 부여하는 방식이다.

29 다음 중 추정된 다중회귀모형이 통계적으로 유의미한지 확인하는 방법으로 적절한 것은?

① t-통계량을 확인한다.
② F-통계량을 확인한다.
③ 결정계수를 확인한다.
④ 잔차를 그래프로 그리고 회귀진단을 한다.

30 요인분석(Factor analysis)에서 공통성(communality)에 대한 설명으로 옳지 않은 것은?

① 공통성은 변수와 해당 요인간의 상관계수를 나타낸다.
② 고유값은 각 요인에 대한 모든 변수들의 요인 적재값 제곱의 합을 의미한다.
③ 요인행렬이란 요인들에 대한 모든 변수의 요인 적재값을 모은 행렬이다.
④ 요인 적재값의 제곱은 해당 변수가 요인에 의해 설명되는 분산의 비율이다.

31 요인분석과 주성분 분석을 비교한 것으로 옳지 않은 것은?

① 요인분석에서는 생성된 변수들이 모두 대등한 관계를 갖는다.
② 주성분 분석에서는 기여율은 원 변수의 총 변동(각 변수들의 분산값 총합)분의 주성분 변수의 분산으로, 총 변동에 대한 주성분의 설명력을 의미한다.
③ 주성분 분석은 생성된 변수를 제1주성분, 제2주성분 등으로 표현하지만, 요인분석은 분석자가 요인의 이름을 명명한다.
④ 요인분석은 목표변수를 고려하여 기존 변수들의 선형결합으로 이루어진 새로운 잠재변수를 찾아낸다.

32 Runs 검정은 일련의 연속적인 관측값들이 임의적(random)으로 나타난 것인지를 검정하는 방법으로써 우연성 검정이라고도 한다. 어느 모집단으로부터 15명의 학생들을 표본추출하여 얻은 성별자료는 아래와 같다. 이때 Runs 검정에 사용되는 런(Run)의 개수는?

여 남 남 남 여 여 남 여 남 남 여 여 남 남

① 7개　　　　　　② 8개
③ 9개　　　　　　④ 10개

33 짝을 이룬 표본(paired sample)의 t검정과 유사한 비모수 통계기법은?
① Kruskal-Walls 검증
② Kolmogorov-Smirnov 검증
③ Mann-Whitney 검증
④ Willcoxon 검증

34 다음 중 비모수적 추론방법(Nonparametric Inference)에 대한 설명으로 적절하지 않은 것은?
① 표본의 크기가 작거나 순서형 자료를 포함하는 범주형 자료에 적용이 가능하다.
② 비모수적 추론은 자료가 정규분포가 아니거나 표본의 크기가 작은 경우 분포에 대한 가정을 필요로 하지 않는 통계적 기법이다.
③ 많은 표본을 추출하기 어려운 경우에 사용하기 적합하다.
④ 이상치(Outlier)의 영향이 적으며, 이상치 자료의 파악에 효과적이다.

35 다음 중 비모수 검정 방법 중 하나로 표본들이 서로 관련되어 있는 경우 짝지어진 두 개의 관찰치들의 크고 작음을 표시하여 그 개수를 가지고 두 분포의 차이가 있는지에 대한 가설을 검증하는 방법은?
① 만-위트니의 U검정
② 스피어만 순위상관계수
③ 부호검정(Sign test)
④ 런 검정(Run test)

36 아래는 주성분 분석의 적재값(Loading)이다. 제1주성분의(Comp.1) 함수식을 올바르게 나타낸 것은?

```
Loadings:
              Comp.1    Comp.2    Comp.3    Comp.4
Sepal.Length  0.361     0.657     0.582     0.315
Sepal.width             0.730    -0.598    -0.320
Petal.Length  0.857    -0.173              -0.480
Petal.width   0.358              -0.546     0.754
```

① Comp.1=0.361*Sepal.Length+0.857*Petal.Length+0.358*Petal.Width
② Comp.2=0.657*Sepal.Length+0.730*Sepal.Width-0.173*Petal.Length
③ Comp.3=0.582*Sepal.Length-0.598*Sepal.Width-0.546*Petal.Width
④ Comp.4=0.315*Sepal.Length-0.320*Sepal.Width-0.480*Petal.Length+0.754*Petal.Width

37 차원이 복잡할 때 발생하는 차원의 저주(Curse of Dimensionality)를 감소시키기 위해 서로 상관성이 있는 변수들 간 복잡한 구조를 분석하는 것이 목적인 주성분 분석에 대한 설명으로 가장 옳지 않은 것은?

① 차원 감소 폭의 결정은 Scree Plot, 전체 변이의 공헌도, 평균 고유값 등을 활용하는 방법이 있다.
② 변수들이 서로 상관관계에 놓인 경우, 복잡한 구조를 해석하는데 문제가 발생하기 때문에 변수들 사이의 구조를 쉽게 이해하기 위한 주성분 분석이 필요하다.
③ p개의 변수를 중요한 m(P)개의 주성분으로 표현하여 전체변동을 설명하는 것으로 m개의 주성분은 원래 변수들의 선형결합으로 표현된다.
④ 주성분 분석에서 차원의 저주는 데이터 차원이 증가할 때, 데이터 구조를 변환하여 차원을 감소시키는 방법을 통해 해결이 가능하다.

38 다음 중 주성분 분석에 대한 설명으로 적절하지 않은 것은?

① 차원축소 방법 중 하나이다.
② 비지도학습(unsupervised learning)에 해당한다.
③ 이론적으로 주성분 간 상관관계가 없다.
④ 원변수의 선형결합 중 가장 분산이 작은 것을 제1주성분(PC1)으로 설정한다.

39 다음 중 가중치의 제곱합을 최소화하는 제약조건은?

① 전진 선택법　　　　　② Ridge
③ Lasso　　　　　　　　④ 주성분 분석

CHAPTER 02 정형 데이터 분석 기법

학습목표 분류분석, 군집분석, 연관규칙 분석은 데이터 마이닝의 핵심 기법으로, 빅데이터 분석에 있어 중요한 역할을 한다. 이러한 분석 방법들은 각각의 특성에 따라 데이터의 구조와 관계를 이해하는 데 도움이 된다. 이 챕터에서는 빅데이터 분석에서 중요한 분류분석, 군집분석, 연관규칙 분석에 대해 학습한다. 분류분석은 데이터를 특정 기준에 따라 분류하는 방법으로, 지도 학습(Supervised Learning)의 한 형태로 활용된다. 반면, 군집분석은 비지도 학습(Unsupervised Learning) 방법 중 하나로, 데이터를 군집화하여 유사성을 찾는다. 연관규칙 분석은 데이터 항목 간의 관계성을 파악하여 패턴을 발견하는 데 활용된다.

SECTION 01 분류분석(Classification Analysis)

1 로지스틱 회귀분석

종 류	설명
단순회귀	독립변수가 1개이며 종속변수가 1개인 관계를 직선으로 표현한 모형
다중회귀	독립변수가 k개이며 종속변수는 1개인 관계를 직선으로 표현한 모형
다항회귀	독립변수와 종속변수와의 관계가 1차 함수 이상인 관계를 의미
로지스틱 회귀	종속변수가 범주형인 경우에 '**분류분석**'을 수행하는데, '**이진분류(Binary)**'인 경우에 단순 로지스틱 회귀, 다중 · 다항 로지스틱 회귀로 모형을 확장하여 분석 가능

(1) 로지스틱 회귀(Logistic Regression)의 정의

① 로지스틱 회귀분석은 독립변수는 연속형인 양적 데이터이며 종속변수가 범주형 자료일 경우 적용하는 회귀분석이다.

② 새로운 관측치가 주어질 때 종속변수의 어느 범주에 속할 확률이 얼마인지를 추정하여 추정 확률을 기준치에 따라 분류하는 목적으로 사용된다.

③ 모형의 적합을 통해 추정된 확률을 사후 확률이라고도 부른다.

④ 로지스틱 회귀식

$$E(Y|X) = p(X) = \frac{\exp(\alpha + \beta X)}{1 + \exp(\alpha + \beta X)} = \frac{1}{1 + \exp[-(\alpha + \beta X)]}$$

$$\rightarrow \frac{p}{1-p} = \frac{\dfrac{1}{1+\exp[-(\alpha+\beta X)]}}{\dfrac{\exp[-(\alpha+\beta X)]}{1+\exp[-(\alpha+\beta X)]}} = \frac{1}{\exp[-(\alpha+\beta X)]} = \exp(\alpha+\beta X)$$

$$\rightarrow \log_e\left(\frac{p}{1-p}\right) = \alpha + \beta X$$

(2) 로지스틱 회귀분석의 필요성

① 단순 선형 회귀로 분석하면 범위 (0, 1)를 벗어나는 결과가 나오기 때문에 예측의 정확도가 떨어진다.
② 로지스틱 회귀분석은 대상이 되는 데이터의 종속변수(y)의 결과가 0과 1 두 개의 경우만 존재하는 이진분류 문제이다.

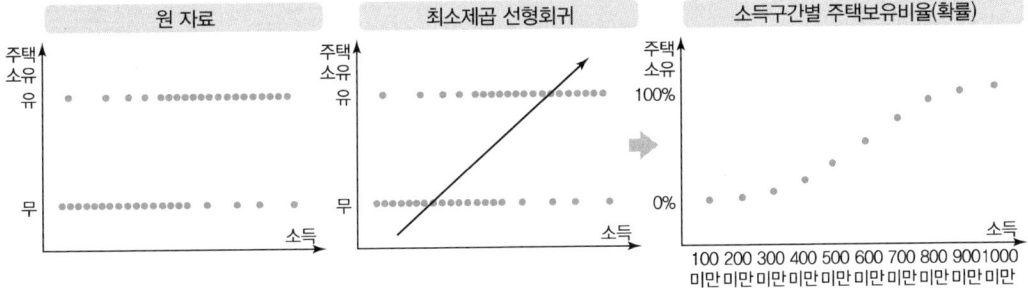

(3) 로지스틱 회귀분석의 원리

① 로지스틱 모형식은 독립변수가 (-∞, +∞)의 어느 숫자든 상관없이 종속변수 또는 결과가 항상 [0, 1] 사이에 있도록 만들어야 한다. 로짓(Logit) 변환을 수행함으로써 얻을 수 있다.
② 분석 대상이 되는 이항 변수인 0과 1은 로짓을 이용해서 연속변수인 것처럼 바꿔줌으로써 활용이 가능하다. 그러나 로짓으로 바로 변환하진 못하고 먼저 오즈, 오즈비를 거쳐 로짓으로 변환이 가능하다.

(4) 로짓 변환

① 오즈(Odds)
  ㉠ 일반적 비율은 어떤 사건이 발생할 확률을 의미, 오즈(승산)는 어떤 사건이 발생하지 않을 확률 대비 발생할 확률의 의미한다.
  ㉡ 일반적 비율(확률) $= \dfrac{p}{1}$
  ㉢ 오즈[odds(p)] 혹은 승산 $= \dfrac{p}{1-p}$

② 로짓(Logit) 변환

㉠ 로짓 변환은 오즈에 로그를 취한 함수로써 입력값의 범위가 [0,1]일 때 출력값의 범위를 (-∞, +∞)로 조정한다.

$$Logit(p) = \ln\left(\frac{p}{1-p}\right) = \alpha + \beta X = \log odds(p)$$

㉡ 오즈의 범위를 (-∞, +∞)로 변환함으로써 아래의 그래프 모양을 갖는다.

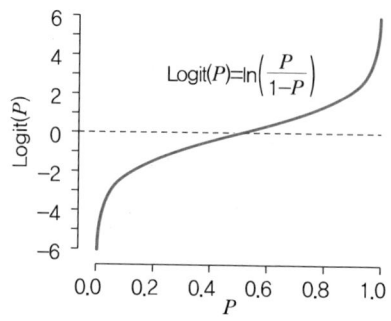

③ 시그모이드 함수

㉠ 로짓 변환도 [0, 1]에 대한 확률값으로 (-∞, +∞)의 값을 갖는다는 한계점이 있어 이러한 한계를 극복하기 위해 로짓 함수를 조작하여 최종적으로 시그모이드 함수를 적용한다.

㉡ 시그모이드 함수는 S자형 곡선(시그모이드 곡선)을 갖는 함수이다.

㉢ 로짓 함수는 x의 값이 [0, 1]일 때, y는 (-∞, +∞)인 함수이다.

㉣ 로짓 함수에 역함수를 취하여 시그모이드 함수를 도출한다.

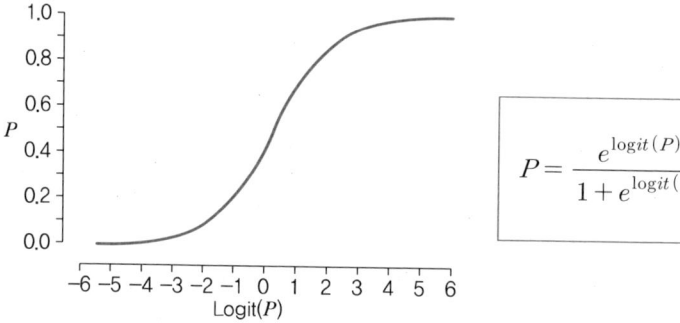

$$P = \frac{e^{logit(P)}}{1 + e^{logit(P)}}$$

2 결정트리

(1) 결정트리의 정의

① 의사결정 규칙(Decision rule)을 나무구조로 도표화하여 관심대상이 되는 집단을 몇 개의 소집단으로 분류(Classification)하거나 예측(Prediction)을 수행하는 분석방법이다.

② 계산결과가 직관적이기에 시각화에 용이하다.

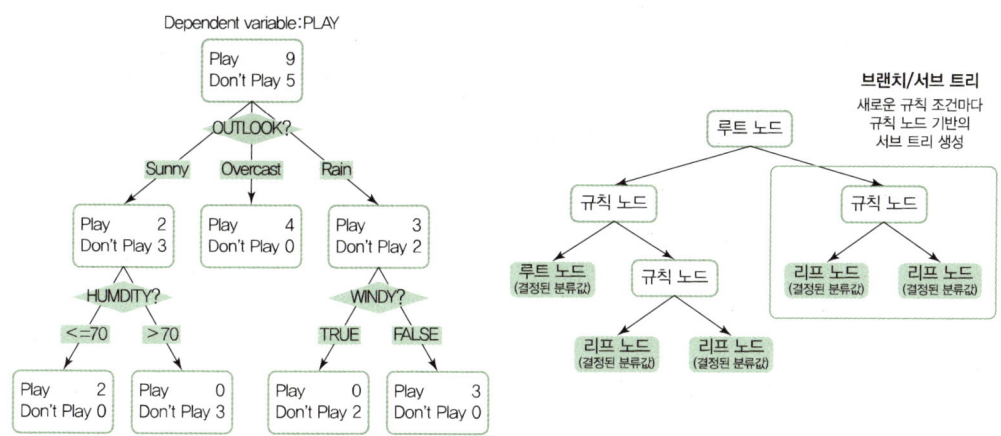

(2) 결정트리의 구성요소

구성요소	설명
뿌리 마디(root node)	시작되는 마디로 전체 자료를 포함하는 시작점
부모 마디(parent node)	주어진 마디의 상위에 있는 마디
자식 마디(child node)	하나의 마디로부터 분리되어 나간 2개 이상의 마디들
끝 마디(terminal node)	자식 마디가 없는 마디, leaf 노드라고도 불림
중간 마디(internal node)	부모 마디와 자식 마디가 모두 있는 마디
깊이(depth)	뿌리 마디부터 끝 마디까지의 중간 마디들의 수

(3) 결정트리의 분석과정

분석단계	설명
나무의 성장(growing)	• 각 마디에서 적절한 최적의 분리규칙을 찾아서 나무를 성장시킴 • 정지규칙을 만족하면 중단됨
가지치기(pruning)	• 오분류율을 크게 할 위험이 높거나 부적절한 추론규칙을 가지고 있는 가지를 제거 • 또한, 불필요한 가지를 제거함
타당성 평가(Data Lake)	이익도표(gain chart)나 위험도표(risk chart) 또는 테스트 자료(test sample)를 사용하여 결정트리를 평가
해석 및 예측	구축된 나무모형을 해석하고 예측모형을 설정

(4) 결정트리 분리기준(splitting criterion)

① 결정트리는 목표변수가 범주형(혹은 이산형)인 경우에는 분류나무(Classification Tree), 연속형인 경우에는 회귀나무(Regressor Tree)로 구분되며 이에 따라 분리기준을 다르게 적용한다.

② 분류나무(이산형 목표변수)에서의 기준

분석 기준	설명
카이제곱 통계량의 p-값	p-값이 가장 작은 예측 변수와 그 당시의 최적 분리를 통해서 자식 마디 형성
지니 계수(Gini index)	불순도를 측정하는 하나의 지수로써 지니 지수를 가장 작게 해주는 예측변수와 그 당시의 최적 분리를 활용한 나무를 선택
엔트로피 지수(Entropy index)	엔트로피 지수가 가장 작은 예측변수와 그 당시 최적분리를 통해서 자식 마디를 형성

③ 분류나무(이산형 목표변수)에서의 기준

분석 기준	설명
분산 분석에서 F-통계량	p-값이 가장 작은 예측 변수와 그 당시의 최적 분리를 통해서 자식 마디 형성
분산의 감소량	예측 오차를 최소화하는 것과 같은 기준으로, 분산의 감소량을 최대화하는 기준의 최적 분리를 통해서 자식 마디 형성

(5) 결정트리의 장단점

① 장점
  ⊙ 직관적이며 누구에게나 설명하기 쉽다.
  ⓒ 모형을 만드는 기준이 간단하며 빅데이터에서도 빠른 모델 생성이 가능하다.
  ⓒ 수치형 변수와 범주형 변수 모두에 알고리즘을 적용이 가능하다.
  ⓔ 룰이 매우 명확하여 전처리 작업이 어렵지 않다.

② 단점
  ⊙ 탐욕스러운(greedy) 모델로 과대적합의 발생할 가능성이 높다.
  ⓒ 독립변수 간의 중요도를 판단하기 쉽지 않다.
  ⓒ 분류 경계선 부근의 자료값에 대해 오차가 크다.

(6) 불순도의 여러 가지 측도

① 카이제곱 통계량
  ⊙ 카이제곱 통계량은 각 셀에 대한 [(기대도수-실제도수)의 제곱/기대도수]의 합으로 구할 수 있다.
  ⓒ 기대도수＝열의 합계×합의 합계/전체합계

$$X^2 = \sum_{i=1}^{k}(O_i - B_i)^2$$

k : 범주의 수
O_i : 기대도수
B_i : 실제도수

② 지니지수
  ⊙ 노드의 불순도를 나타내는 값이다.
  ⓒ 지니지수의 값이 작을수록 클래스의 분류가 잘 이뤄졌다고 해석한다.

$$Gini(T) = 1 - \sum_{i=1}^{k} p_i^2$$

ⓒ 예제

문제 아래 그림을 보고 지니지수를 계산하시오.

- 계산 결과

$$Gini = 1 - \left(\frac{3}{8}\right)^2 - \left(\frac{3}{8}\right)^2 - \left(\frac{1}{8}\right)^2 - \left(\frac{1}{8}\right)^2 = 0.69$$

- 계산 결과

$$Gini = 1 - \left(\frac{6}{7}\right)^2 - \left(\frac{1}{7}\right)^2 = 0.24$$

③ 엔트로피 지수

ⓐ 열역학에서 쓰는 개념으로 무질서 정도에 대한 척도값이다.

ⓑ 엔트로피 지수가 가장 작은 예측 변수와 이때의 최적분리 규칙에 의해 나무를 생성한다.

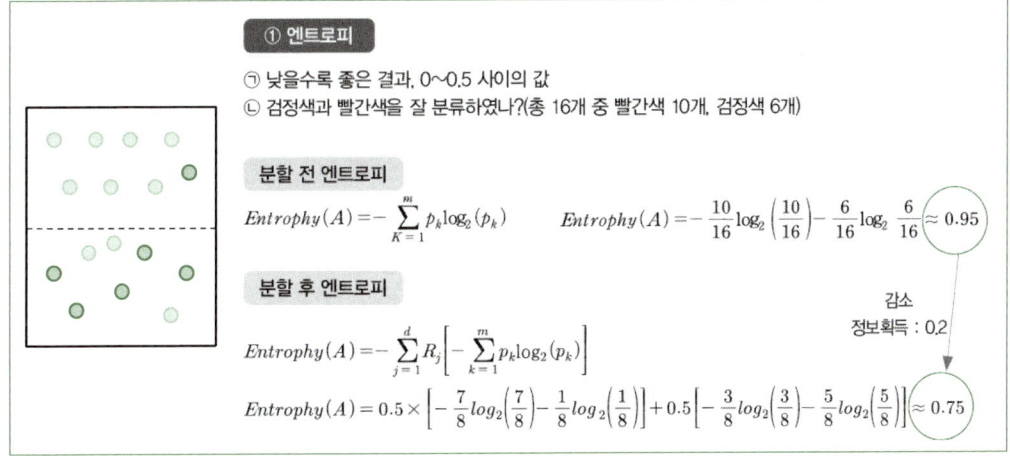

(7) 결정트리 알고리즘

① CART(Classification And Regression Tree)

ⓐ 불순도의 측도로 목적변수가 범주형일 경우 지니지수를 이용, 연속형인 경우 분산을 이용한 이진분리를 활용한다.

ⓑ 개별 독립변수뿐 아니라 독립변수들의 선형결합들 중에서 최적 분리를 찾을 수 있다.

② C4.5와 C5.0

ⓐ 가지치기를 사용할 때 학습자료를 사용하는 알고리즘이다.

ⓑ CART와는 달리 각 마디에서 다지분리(multiple split)를 할 수 있으며, 범주형 독립변수에 대해서 범주의 수만큼 분리가 일어난다.

③ CHAID(CHi-squared Automatic Interaction Detection) : 가지치기를 하지 않고 적당한 크기에서 성장을 중지하며 독립변수가 반드시 범주형이어야 한다. 불순도 측도로 명칭에서와 같이 카이제곱 통계량을 활용한다.

3 KNN

(1) KNN(K neighbor nearest) 알고리즘

① 지도 학습(Supervised Learning) 중 하나로써 데이터 분류(classification)를 위해 개발된 기계학습 알고리즘 중 하나이다.
② 사례기반(instance-based) 학습법이라는 특징을 지닌다.
③ 각 데이터들 간에 거리를 측정하여 가까운 k개의 다른 데이터의 레이블을 참조하여 분류하는 방법이다.

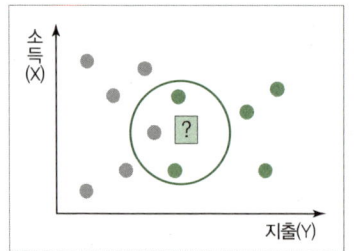 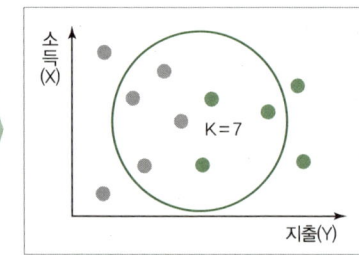

④ 즉, 위의 그림에서 첫 번째 그림과 같이 만약 k의 수를 3으로 했다면, ?표에 해당하는 개체는 '빨강'이라는 분류분석 예측이 가능하다. 그런데 k의 수를 7로 한다면 그에 따른 의사결정은 '파랑'으로 되기에 적절한 k의 수를 설정하는 것이 매우 중요하다.
⑤ 거리 측정 시 유클리디안 거리 계산법을 사용하나, 자료 특성에 따라 다른 응용된 거리 계산법을 사용하기도 한다.

(2) 유클리디언 거리법

거리 측정 시 일반적으로 공간상에서 두 점의 거리를 계산하기 위해 유클리디안 거리 측정법을 이용한다.

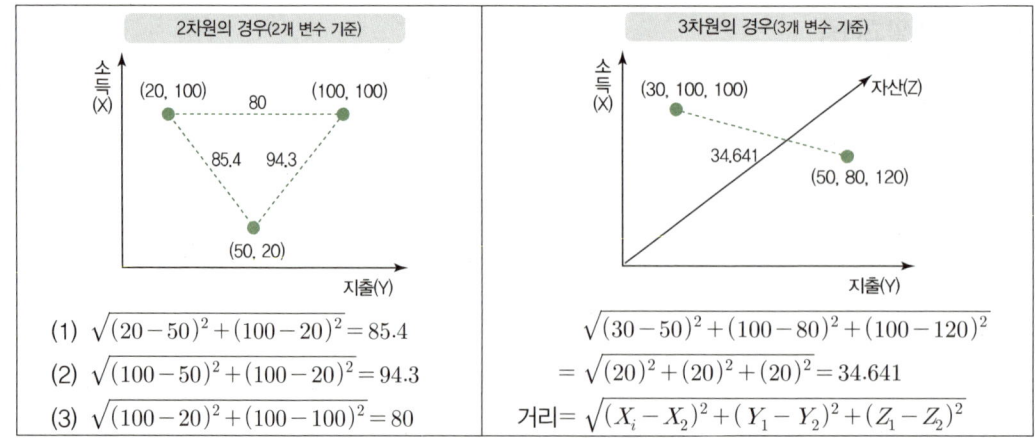

(3) 맨하튼 거리법

① A에서 B로 이동할 때 각 좌표축 방향으로만 이동할 경우에 계산되는 거리이다.
② Taxi cab Distance라고도 불린다.
  ㉠ 공식

$$d_{manhatan}(X, Y) = \sum_{i=1}^{n} |X_i - Y_i|$$

  ㉡ 예시 그림

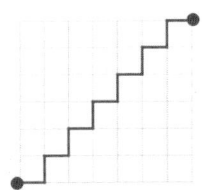

(4) 마할라노비스 거리법

① 변수 내 분산, 변수 간 공분산을 모두 반영하여 거리를 계산하는 방식이다.
② 변수 간 상관관계를 고려한 거리 지표이다.
  ㉠ 공식

$$d_{mahalanobis}(X, Y) = \sqrt{(X-Y)^T \sum\nolimits^{-1} (X-Y)}$$

  ㉡ 예시 그림

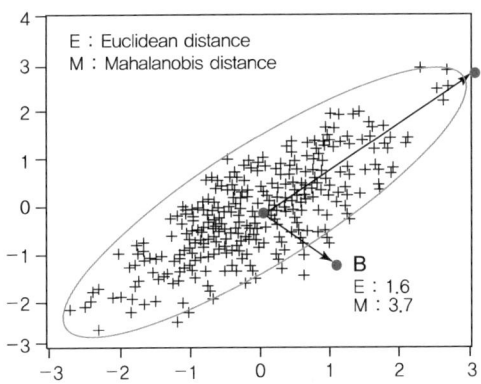

(5) 상관계수 거리법

① 피어슨 상관계수(pearson correlation)를 거리 척도로 직접 사용하는 거리법이다.
② 개별 관측치가 아닌 데이터 전체의 경향성을 비교하기 위한 척도로써도 활용이 가능하다.

㉠ 공식

$$d_{corr}(X, Y) = 1 - \rho_{XY}$$

㉡ 예시 그림

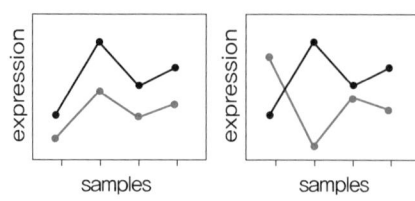

(6) 최적의 K수

① 최적의 K수가 가장 좋은 일반화 결과를 가져온다(bias-variance tradeoff).
② underfitting : K가 클 경우 노이즈 데이터에 의한 변동을 줄일 수 있으나, 작지만 중요한 패턴을 무시할 우려가 있다.
③ overfitting : 분류 집단에 영향을 줄 수 있는 노이즈 및 극단값을 허용하여 잘못된 분류 결과를 가져올 우려가 있다.
④ 최적의 K수는 일반적으로는 3에서 10 사이인 경우가 대부분이다. 그러나 기준 변수의 수와 데이터수에 따라 다르다.
⑤ 계산을 활용한 K수는 '데이터 수의 제곱근 값으로 k를 정하는 방법'이다.
　예 1,000개 자료일 경우 sqrt(1000)=31.6, 약 32개로 정하는 방법이 있다. 하지만, 최적의 K를 보장하진 않는다.

(7) KNN 알고리즘의 특징

① 장점
　㉠ 알고리즘이 간단하여 구현하기 쉽다.
　㉡ 수치 기반 데이터 분류 작업에서 성능이 좋다.
② 단점
　㉠ 데이터의 양이 많으면 계산 속도가 느리다(게으른 학습법).
　㉡ 차원(벡터)의 크기가 크면 계산량이 많아진다. 그 이유는 새로운 데이터가 들어오면 그때 기존 데이터의 거리를 모두 계산한 후에 분류하기 때문이다.

4 SVM(서포트벡터 머신)

(1) SVM 알고리즘의 정의

① 서포트벡터 머신(SVM ; Support Vector Machine)은 딥러닝 이전 뛰어난 성능으로 가장 활용도가 높았던 분류모델이다.
② SVM은 주어진 데이터 카테고리를 기준으로, 새로운 데이터가 어느 카테고리에 속할지 판단하는 지도학습 분류모델이다.
③ 데이터 크기가 중간 크기 이하, 여러 변수를 기준으로 분류하는 다소 복잡한 과제에 적합한 머신러닝 기법이다.

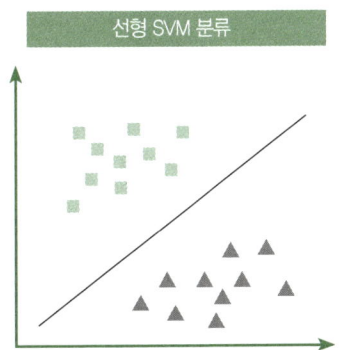
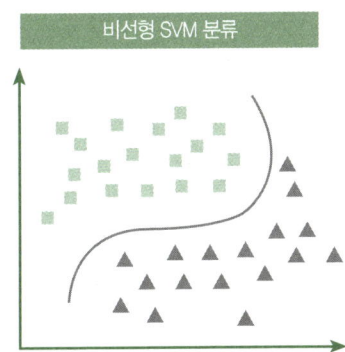

④ 그렇다면 과연 최적의 선은 어떻게 찾을 수 있을까? 아래의 그림에서 1번에 비해 3번이 더 분류분석이 잘 되어 있다고 볼 수 있다.

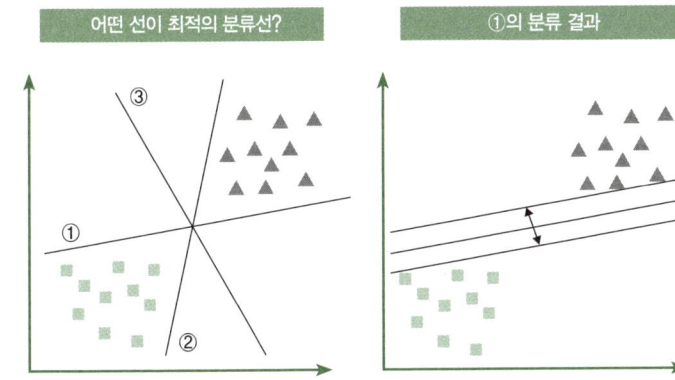
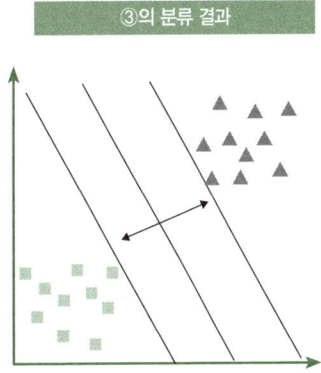

(2) SVM 알고리즘의 주요 용어

① **마진(margin)** : 점들이 포함되지 않은 영역을 최대화해서 카테고리(클래스)를 분리할 수 있도록 하는 것을 의미하고, 마진이 최대가 되는 것을 최대 마진이라 한다. 즉, 위의 그림에서 3번의 경우가 최대 마진을 확보한 경우라 할 수 있다.
② **서포트벡터(support vector)** : 결정 경계선에 가장 가까이 있는 각 카테고리(클래스)의 데이터(점)를 서포트벡터라 한다.

③ 초평면(Hyperplane) : 데이터 임베딩 공간에서 1차원 낮은 부분 공간을 의미한다.
  ㉠ 초평면(Hyperplane)의 예시 그림

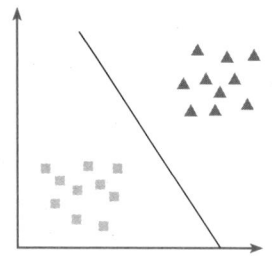 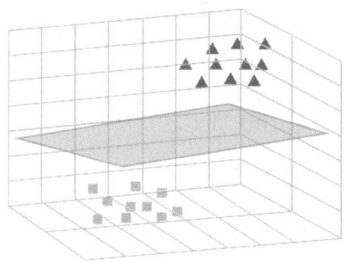

④ SVM 모델이 비선형일 경우 : 결정영역이 비선형이라면, 선형으로 분류하기 위해 차원을 더 생성하여 분류가 가능하다.
  ㉠ 비선형 SVM 모델링 과정

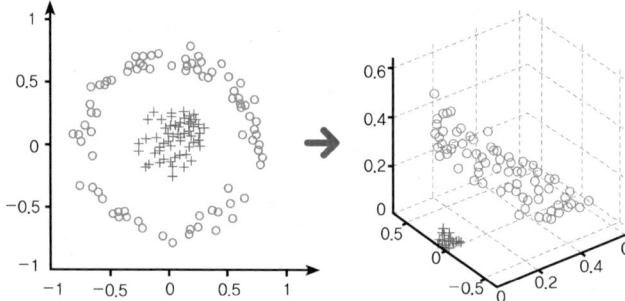 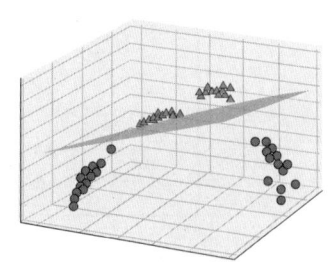

(3) SVM 알고리즘의 특징

① 장점
  ㉠ 딥러닝 이전에 분류에 있어 매우 좋은 성능을 보여 왔다.
  ㉡ 함수를 설계하면 나머지는 자동으로 분류기가 계산하여 활용하기 용이하다.
  ㉢ 신경망에 비해 과적합 정도가 낮다.
  ㉣ 고차원과 저차원 데이터에 대해 모두 잘 작동한다.

② 단점
  ㉠ 데이터가 클수록 시간 소모가 매우 높다.
  ㉡ 초평면의 최대 마진을 구하기 위해 훈련 데이터 개수의 제곱에 해당하는 계산량이 필요하다.
  ㉢ 예측이 어떻게 이루어지는지에 대한 이해와 모델에 대한 해석이 어렵다.
  ㉣ 모든 서포트벡터를 저장해야 한다는 점이 애로사항이다.

5 앙상블 모형

(1) 앙상블 모형의 정의

① 앙상블 학습(Ensemble Learning)을 통한 분류는 여러 개의 분류기(Classifier)를 생성하고 그 예측을 결합함으로써 보다 정확한 최종 예측을 도출하는 기법을 의미한다.

② 앙상블 기법은 보팅(Voting), 배깅(Bagging), 부스팅(Boosting)이 존재한다.

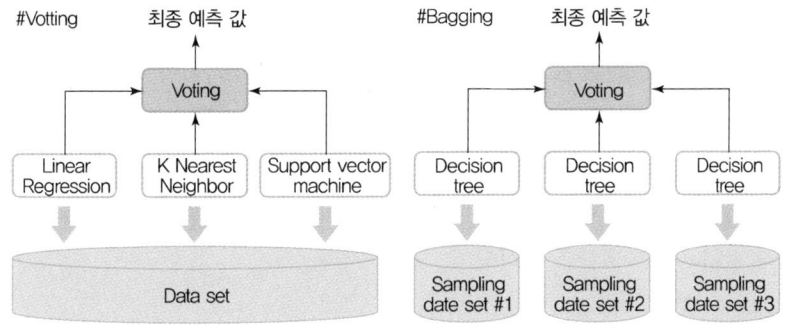

출처: 파이썬 머신러닝 완벽가이드

(2) 앙상블 기법

① 보팅(Voting)

㉠ 보팅은 하드보팅과 소프트보팅이 존재한다.

㉡ 일반적으로 하드보팅보다는 소프트보팅의 예측력이 더 좋아서 많이 활용된다.

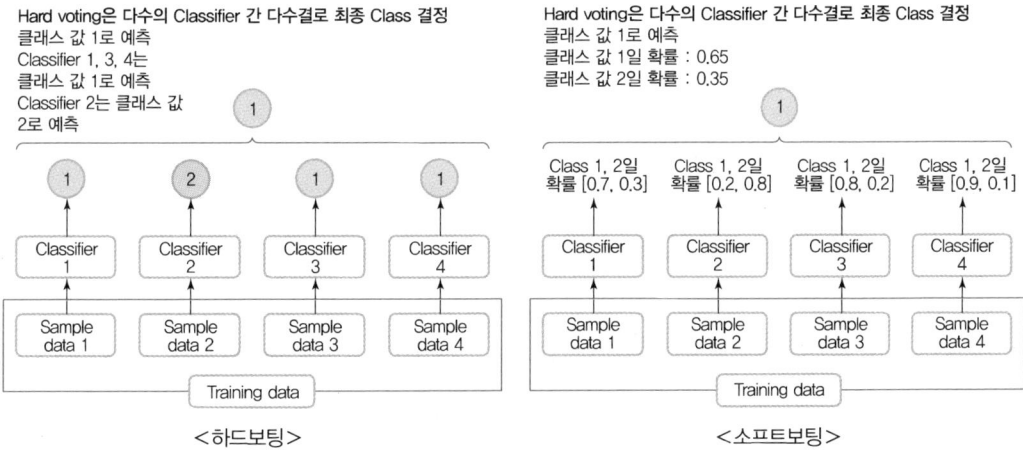

　　　　　　　　　　　　　　　　　　　　　　　　　　＜하드보팅＞　　　　　　　　　　　　　　　　　　　　　　　＜소프트보팅＞

② 배깅(Bagging)

㉠ 배깅은 Bootstrap+Aggregation의 합성어로써 Breiman(1994)에 의해 제안되었다.

㉡ 복원추출방법으로 데이터를 추출하는 붓스트랩(bootstrap)을 여러 개 생성하고 각 붓스트랩 자료에 예측모형을 만든 후 결합하여 최종 예측 모형을 만드는 방법이다.

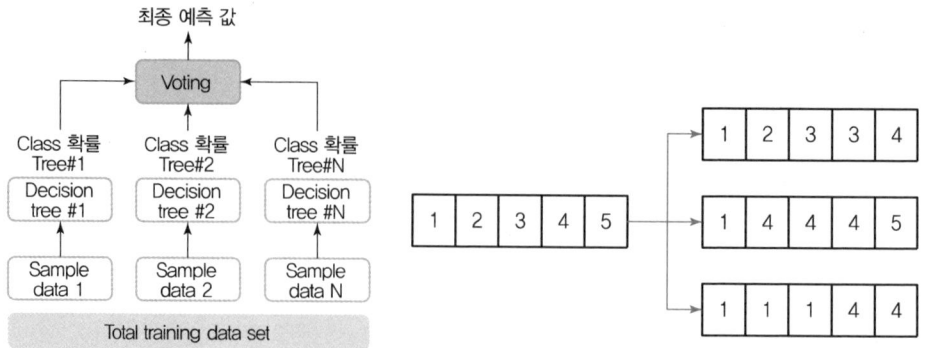

출처: 파이썬 머신러닝 완벽가이드

ⓒ 배깅에서는 가지치기를 하지 않고 최대로 성장한 결정트리들을 활용한다.
ⓓ 학습용 데이터의 모집단 분포를 모르기 때문에 실제 문제에서는 평균예측모형을 구할 수 없다. 배깅은 이러한 문제를 해결하기 위해 훈련자료를 모집단으로 생각하고 평균예측모형을 구하여 분산을 줄이고 예측력을 향상시킬 수 있다.

③ 부스팅(Boosting)

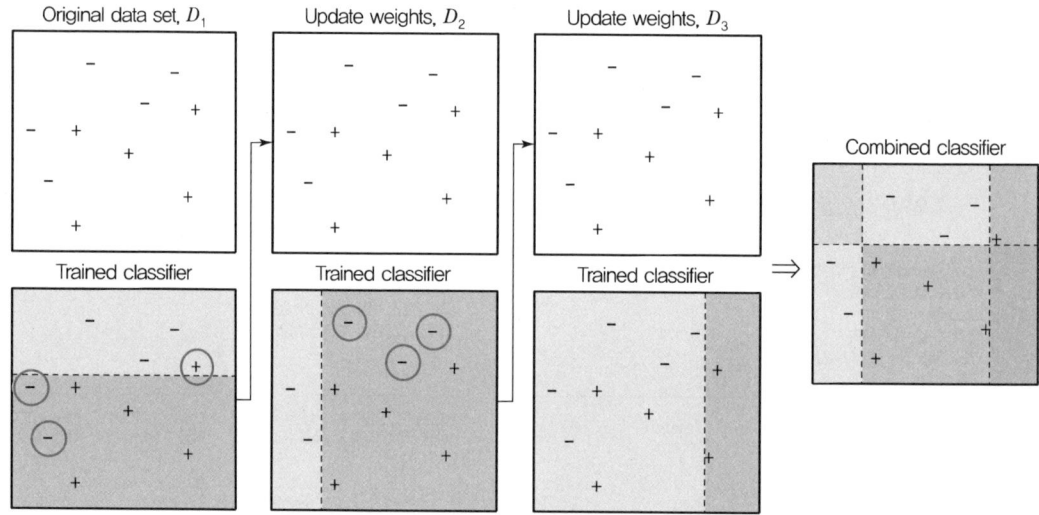

㉠ 예측력이 약한 모형(weak learner)들을 결합하여 강한 예측 모형을 만드는 방법이다.
㉡ 훈련오차를 빠르고 쉽게 줄일 수 있으며 배깅에 비해 많은 경우 예측오차가 향상되어 Adaboost의 성능이 배깅보다 뛰어난 경우가 많다.

④ 랜덤포레스트(Random Forest)

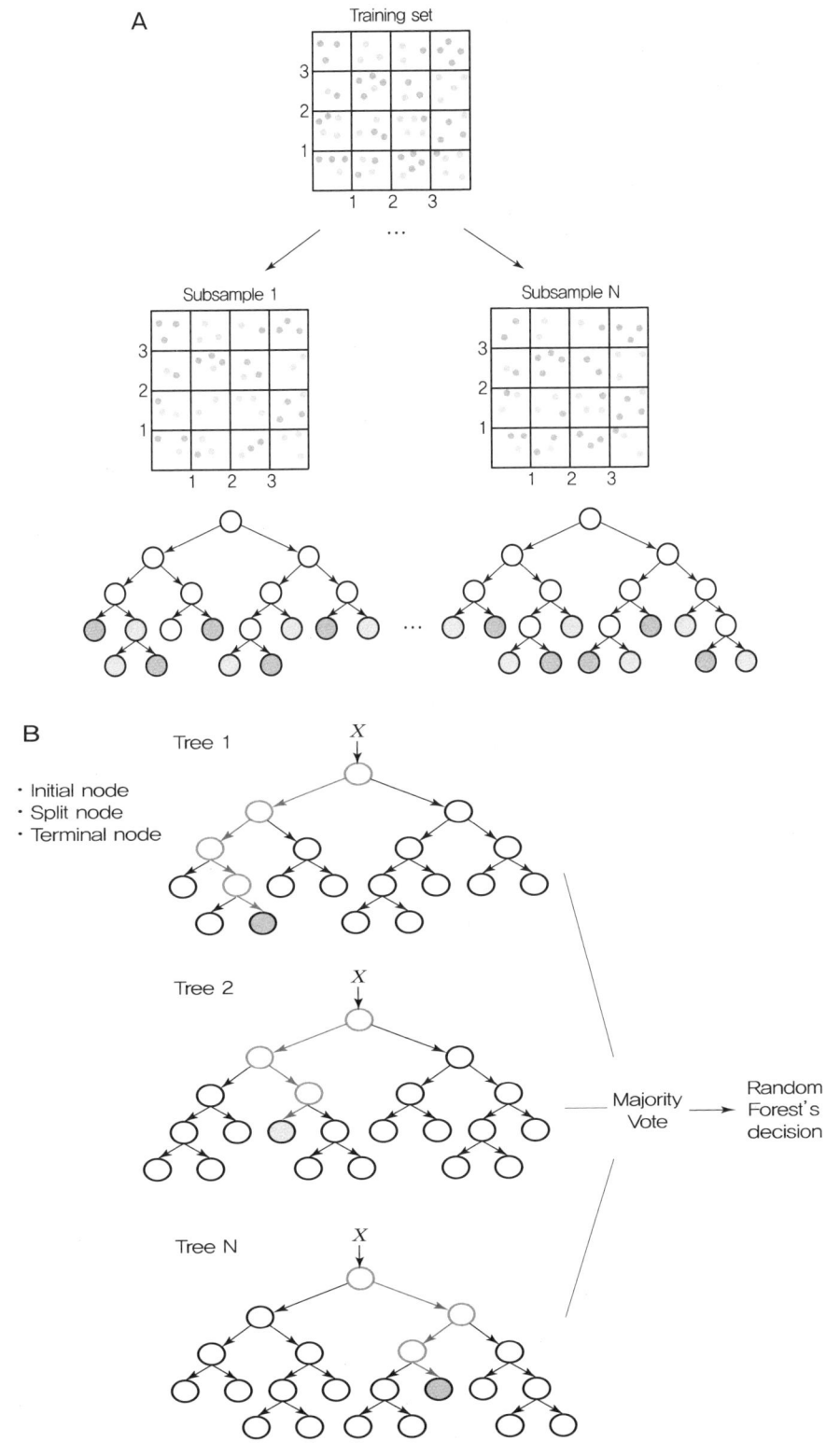

㉠ 결정트리의 특징이 분산이 크다는 점을 고려하여 배깅과 부스팅보다 더 많은 무작위성을 주어 약한 학습기들을 생성한 후 선형결합하여 최종학습기를 만드는 방법이다(Leo Breiman, 2001).
㉡ 수천 개의 변수를 통해 변수 제거없이 실행되므로 높은 정밀도와 정확도를 보인다.
㉢ 단점은 너무 많은 하이퍼파라미터가 존재한다는 점과 연산시간이 오래 걸린다는 점이다.

⑤ 그래디언트 부스팅 머신(Gradient Boosting Machine)

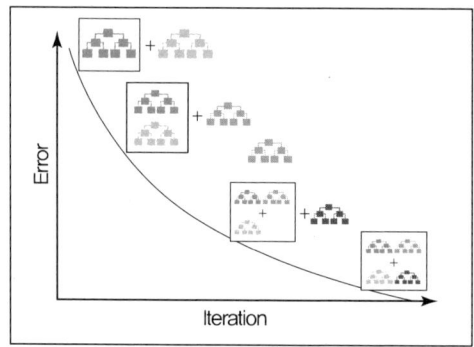

㉠ GBM 오차를 경사에서 미분한 방식으로 손실함수를 개선시킴으로써 모델을 보완하는 방법으로, 부스팅에서 반복적 방법에서 가중치 업데이트를 통하여 최적화된 결과를 얻는 알고리즘이다.
㉡ 대표적인 GBM 기반의 알고리즘은 Xgboost, LightGBM이 존재한다.

- GBM의 학습과정
  - 초기값으로 상수값을 적용한다.
  - 손실함수(Loss Function)를 최소화하는 기울기 값(Gradient)을 구한다.
  - 기울기 값(Gradient)을 기본모델(Base Model)의 타겟값으로 사용하여 기울기 값(Gradient)을 고려한 학습을 수행한다.
  - 학습률(Learning Rate)을 조정하여 모형을 개선(Develop)한다.
  - 위의 과정을 반복하여 최종모형을 생성한다.

- GBM의 장점
  - 일반적으로 랜덤포레스트보다 성능이 높다.
  - 즉, 일반적인 모형에서 예측성능이 높다는 것을 확인할 수 있다.

- GBM의 단점
  - 시간이 많이 소요되며 많은 하이퍼파라미터 튜닝이 필요하다.
  - 오차값을 줄이면서 최적화에는 높은 성능을 보이지만, 과적화될 가능성이 매우 높다.
  - 병렬 처리가 불가능하므로 대용량 데이터를 학습할시 많은 학습시간이 소요된다.

⑥ XGBoost
  ㉠ XGBoost(Extreme Gradient Boosting)는 Gradient Boosting 알고리즘의 성능을 극대화한 라이브러리로, 경사 하강법을 사용하여 예측 성능을 향상시킨다. 기본적인 GBM의 과정을 따르면서 여러 최적화 기법을 통해 학습 속도를 높이고 성능을 개선한다.
  ㉡ XGBoost의 주요 특징
    • 정규화 : 과적합(overfitting)을 방지하기 위해 L1 및 L2 정규화를 적용하여 모델의 복잡도를 조정한다.
    • Tree Pruning : 불필요한 분기를 제거하여 트리의 효율성을 높인다.
    • 병렬 처리 : 데이터 샘플별 병렬 처리를 지원하여 학습 속도를 높인다.
    • 결측값 처리 : 결측값에 대한 처리 방식이 포함되어 있어 추가적인 전처리가 필요 없다.
    • 조기 종료(Early Stopping) : 성능이 일정 횟수 이상 개선되지 않으면 학습을 멈추는 기능을 제공한다.
  ㉢ XGBoost의 장점
    • GBM보다 빠른 학습 속도와 더 높은 성능을 제공한다.
    • 다양한 최적화 옵션을 통해 예측 성능을 극대화할 수 있다.
    • 과적합 방지 기법이 내장되어 있어 안정적이다.
  ㉣ XGBoost의 단점
    • 하이퍼파라미터가 많아 튜닝이 복잡할 수 있다.
    • 데이터 크기가 매우 크거나 복잡한 경우, 학습 시간이 많이 소요될 수 있다.

⑦ LightGBM
  ㉠ LightGBM(Light Gradient Boosting Machine)은 대용량 데이터와 고차원 데이터에서 빠르고 효율적인 성능을 내는 Gradient Boosting 기반의 알고리즘으로, 특히 병렬 처리를 효과적으로 사용하여 학습 속도를 대폭 향상시킨다.
  ㉡ LightGBM의 주요 특징
    • Leaf-wise 성장 : LightGBM은 트리의 노드를 레벨 단위로 확장하는 대신 리프 단위로 확장하여 불필요한 계산을 줄이고 학습 속도를 높인다.
    • 데이터 분할 최적화 : 큰 데이터셋에서 효율적인 분할 방식을 적용해 메모리 사용량을 줄이고 성능을 향상시킨다.
    • 병렬 처리 및 GPU 지원 : 병렬 처리와 GPU 연산을 지원하여 GBM과 XGBoost보다 훨씬 빠르게 모델을 학습할 수 있다.
    • 카테고리 특성 자동 처리 : 카테고리형 변수를 자동으로 처리하여 별도의 인코딩 작업이 불필요하다.
  ㉢ LightGBM의 장점
    • 매우 빠른 학습 속도와 낮은 메모리 사용량을 자랑한다.
    • 대규모 데이터셋에서 높은 성능을 발휘하며, 효율적인 리프 기반 트리 분할 방식을 사용하여 성능을 최적화한다.
    • 대용량 데이터 및 높은 차원의 데이터를 다룰 때 적합하다.

ㄹ LightGBM의 단점
- 리프 중심 성장 방식으로 인해 소규모 데이터에서 과적합 가능성이 있다.
- 데이터의 균형이 맞지 않는 경우 성능 저하가 발생할 수 있다.

⑧ 이처럼 XGBoost와 LightGBM은 GBM 기반의 강력한 알고리즘으로, 데이터의 특성에 따라 선택적으로 사용할 수 있으며, 각각의 장점과 단점을 고려해 적절한 모델을 선택하는 것이 중요하다.

SECTION 02 연관분석

1 연관규칙분석

(1) 연관규칙분석(Association Analysis)의 정의

① 연관성 분석은 흔히 장바구니 분석(MBA ; Market Basket Analysis) 또는 서열분석(Sequence Analysis)이라 부른다.
② 장바구니 분석은 '장바구니에 무엇을 같이 넣어두었는지를 분석'하고 서열분석은 A item이후 B item을 산다는 의미이다.
③ 기업의 데이터베이스에서 상품의 구매, 서비스 등 일련의 거래 또는 사건들 간의 규칙을 발견하기 위해 적용한다.
④ 연관규칙의 형태 : if-then 조건과 반응의 형태로 이루어져 있다.
   예 치킨을 사고 난 후 맥주를 구매할 확률, 아메리카노를 마신 후 20%의 고객이 파니니를 먹는다.

(2) 연관규칙의 지표

① 산업 특성별로 지지도, 신뢰도, 향상도 등의 값을 잘 확안해서 규칙을 선택해야 한다.
② **지지도(support)** : 전체 거래 중 항목 A와 항목 B를 동시에 포함하는 거래의 비율

$$지지도 = P(A \cap B) = \frac{A와 B가 동시에 포함된 거래 수}{전체 거래 수} = \frac{A \cap B}{전체}$$

③ **신뢰도(confidence)** : 항목 A를 포함한 거래 중에서 항목 A와 항목 B가 같이 포함될 확률이며, 연관성의 정도를 파악 가능하다.

$$신뢰도 = \frac{P(A \cap B)}{P(A)} = \frac{A와 B가 동시에 포함된 거래 수}{A를 포함하는 거래 수} = \frac{지지도}{P(A)}$$

④ 향상도(Lift)

　㉠ A가 구매되지 않을 때 B의 구매확률과 A가 구매되었을 때 B의 구매확률의 증가비다.

　㉡ 즉, 치킨을 구매하지 않았을 때 맥주의 구매확률 대 치킨 구매 후 맥주의 구매확률이다.

$$향상도 = \frac{P(A|B)}{P(B)} = \frac{P(A \cap B)}{P(A) \times P(B)} = \frac{A와 B가 동시에 포함된 거래 수}{A를 포함하는 거래 수 \times B를 포함하는 거래 수}$$

$$= \frac{신뢰도}{P(B)}$$

항목	거래 수	상대도수	확률
옥수수차	100	100+500+300+100=1000	69%
둥굴레차	100	100+500+200+100=900	62%
율무차	50	50+300+200+100=650	45%
{옥수수차, 둥굴레차}	500	500+100=600	41%
{옥수수차, 율무차}	300	300+100=400	28%
{둥굴레차, 율무차}	200	200+100=300	21%
{옥수수차, 둥굴레차, 율무차}	100	100	7%
전체 거래 수	1450		

항목	P(A∩B)	P(A)	P(B)	신뢰도(confidence) P(A∩B)/P(A)	향상도(Lift) P(A∩B)/P(A)×P(B)
옥수수차 → 둥굴레차	41.0%	69.0%	62.0%	59.42%	95.84%
둥굴레차 → 옥수수차	41.0%	62.0%	69.0%	66.13%	95.84%
율무차 → 둥굴레차	21.0%	45.0%	62.0%	46.67%	75.27%
둥굴레차 → 율무차	21.0%	62.0%	45.0%	33.87%	75.27%
옥수수차 → 율무차	23.0%	69.0%	45.0%	40.58%	90.18%
율무차 → 옥수수차	23.0%	45.0%	69.0%	62.22%	90.18%
{둥굴레차, 율무차} → 옥수수차	7.0%	21.0%	69.0%	33.33%	48.31%
{옥수수차, 율무차} → 둥굴레차	7.0%	28.0%	62.0%	25.00%	40.32%
{옥수수차, 둥굴레차} → 율무차	7.0%	41.0%	45.0%	17.07%	37.94%

(3) 연관규칙의 절차

① 최소 지지도보다 큰 집합만을 대상으로 높은 지지도를 갖는 품목 집합을 찾는다.

② 처음에는 5%로 잡고 규칙이 충분히 도출되는지를 보고 다양하게 조절하여 시도한다.

③ 처음부터 너무 낮은 최소 지지도 선정은 많은 리소스가 소모되므로 적절하지 않다.

> 최소 지지도 결정 → 품목 중 최소 지지도를 넘는 품목 분류 → 2가지 품목 집합 생성 → 반복적으로 수행해 빈발 품목 집합 탐색

(4) 연관규칙의 장점과 단점

장점	단점
• 탐색적인 기법으로 조건 반응으로 표현되는 연관성 분석의 결과를 직관적으로 이해 가능 • 강력한 비목적성 분석 기법으로 분석 방향이나 목적이 명확하지 않은 경우 비지도학습으로 유용 • 사용이 편리한 분석 데이터의 형태로 데이터 전처리 및 변환을 최소로 활용 가능 • 분석을 위한 계산과정이 간단함	• 품목 수가 증가하게 되면 필요 계산량이 기하급수적으로 증가 → 유사 품목의 범주화로 개선 → 연관규칙의 신뢰도 하한을 정의하여 빈도수가 낮은 연관규칙을 제외하고 분석 • 너무 세분화된 품목으로 구성된다면 분석의미가 모호해짐 → 적절히 구분되는 큰 범주로 범주화 후 결과 중 세부적인 연관규칙을 찾는 작업을 수행 • 거래량이 적은 품목은 당연히 포함된 거래 수가 적을 것이고, 규칙 발견 시 제외할 경향이 있음 → 주요품목의 경우 유사 품목들의 범주에 구성

(5) 순차패턴(Sequence Analysis)

① 동시구매 가능성이 큰 상품군을 찾아내는 연관성 분석에 시간의 개념을 고려하여 순차적으로 구매 가능성이 큰 상품군을 찾아내는 것이다.

② 연관성 분석 시 데이터 형태에서 각각의 고객으로부터 발생한 구매시점 정보 또한 포함된다.

2 최근 연관분석의 동향

(1) 세대별 알고리즘의 개요

① 1세대 알고리즘인 Apriori나 2세대의 FP-Growth에서 발전하여 3세대의 FPV를 활용해 메모리의 효율적 운용이 가능해짐으로 SKU 레벨의 연관성분석을 성공적으로 적용했다.

② 거래 수에 포함된 모든 품목의 개수가 n일 때, 품목들의 전체집합(전체 item)에서 추출가능한 품목의 부분집합의 수는 $2^n - 1$(공집합을 제외하므로)개이다. 그리고 가능한 모든 연관규칙의 계수는 $3^n - 2^{n+1} + 1$개이다.

③ 이때 모든 가능한 품목 부분집합의 개수를 줄이는 방식으로 작동하는 것이 Apriori 알고리즘이며, 거래내역 안에 포함된 품목의 개수를 줄여 비교하는 횟수를 줄이는 방식으로 작동하는 것이 FP-Growth 알고리즘이다.

(2) Apriori 알고리즘

① 최소 지지도보다 큰 지지도의 값을 갖는 품목의 집합을 빈발항목(frequent item set)이라 한다.

② Apriori 알고리즘은 모든 품목집합에 대한 지지도를 전부 계산하는 것이 아닌 최소지지도 이상의 빈발항목집합을 찾은 후 그것들에 대해서만 연관규칙을 연산하는 것이다.

　㉠ 장점 : 직관적이며 이해하기 쉽고 구현이 쉽다.

　㉡ 단점 : 지지도가 낮은 후보의 아이템의 개수가 증가하면 계산 복잡도가 증가한다.

(3) FP-Growth 알고리즘

① FP-Growth 알고리즘은 후보 빈발항목집합을 생성하지 않고, FP-Tree(Frequent Pattern Tree)를 만든 후 분할정복 방식을 통해 Apriori 알고리즘보다 더 빠르게 빈발항목집합을 추출하는 방법이다.
② Apriori 알고리즘의 약점을 보완하기 위해 고안된 것으로 데이터베이스를 스캔하는 횟수가 적고, 빠른 속도로 분석이 가능하다.

SECTION 03 군집분석

1 군집분석(Cluster Analysis)

(1) 군집분석의 정의

① 각 관측치 간의 거리를 계산함으로써 유사성을 측정하여 유사성이 높은 대상 집단을 분류하고, 군집에 속한 객체들의 유사성과 서로 다른 군집에 속한 객체 간의 상이성을 규명하는 분석방법이다.
② 군집분석의 목적은 레이블이 없는 데이터셋의 요약정보를 추출하고, 요약 정보를 통해 전체 데이터 셋이 가지고 있는 특징을 발견하는 것이다.

(2) 군집분석의 가정

① 군집 내에 속한 관측치들의 특성은 동질적이고 서로 다른 군집에 속한 관측치 간의 특성은 이질적이다.
② 군집분석은 이질적인 모집단을 세분화시키는 방법이다.
③ 군집 내의 응집도(Cohesion)는 최대화하고 군집 간 분리도(Separation)를 최대화한다.
④ 군집의 개수, 구조와는 무관하게 관측치 간의 거리를 기준으로 분류한다.
⑤ 개별 군집의 특성은 군집에 속한 개체들의 평균값으로 나타낸다.

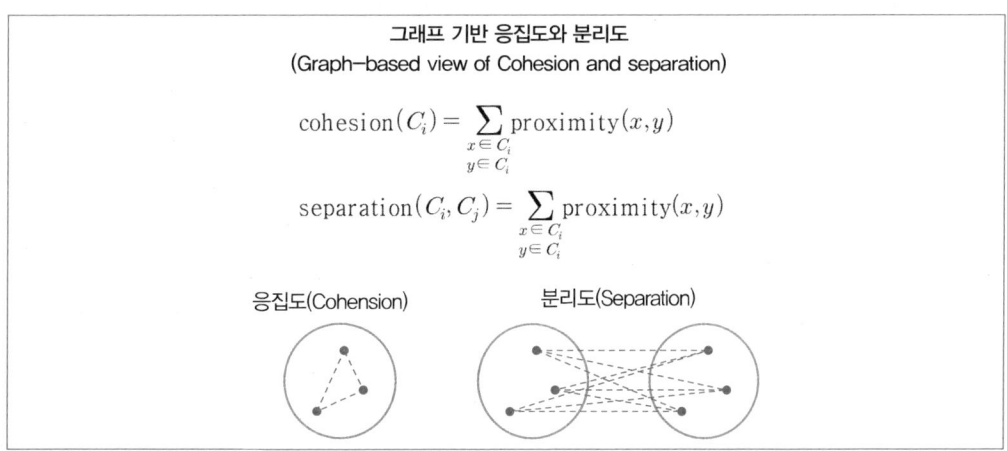

그래프 기반 응집도와 분리도
(Graph-based view of Cohesion and separation)

$$\text{cohesion}(C_i) = \sum_{\substack{x \in C_i \\ y \in C_i}} \text{proximity}(x, y)$$

$$\text{separation}(C_i, C_j) = \sum_{\substack{x \in C_i \\ y \in C_j}} \text{proximity}(x, y)$$

응집도(Cohesion) 분리도(Separation)

(3) 군집분석의 특징

① 군집분석은 데이터의 분류 기준이 없는 비지도 학습을 사용하기에 지도학습처럼 교차 검증을 통해 군집 결과에 대한 안정성을 검토하지는 않는다.
② 군집분석은 신뢰성과 타당성을 점검하기 어렵다.
③ 군집 결과의 유용성을 따지는 군집타당성 지표(Clustering Validity Index)는 대표적으로 Dunn Index와 실루엣(Silhouette) 지수(계수)가 있다.
④ 군집타당성 지표

군집타당성 지표	설명
Dunn index	• (군집과 군집 사이의 최소값)/(군집 내 데이터들 거리 중 최대값)으로 하는 지표 • Dunn index는 분자가 클수록 군집 간 거리가 멀고, 분모 값이 작을수록 군집 내 데이터가 모여 있으므로 좋은 군집화라 할 수 있고, 이 경우에 Dunn index가 커지게 됨
실루엣 계수	$s(i) = \dfrac{b(i) - a(i)}{max(a(i), b(i))}$ • 군집 내의 거리와 군집 간의 거리를 기준으로 한 군집 안의 데이터들이 다른 군집과 비교하여 얼마나 비슷한 가를 나타내어 군집 분할 정도를 평가 • 실루엣 계수가 가질 수 있는 범위는 -1~1이며 1에 가까울수록 군집화가 잘 되었음을 의미 • 데이터 하나에 대한 실루엣 계수만 좋다고 군집화가 잘 이루어졌다고 일반화를 할 수 없음 • 각 군집별 데이터 수가 고르게 분포되어야 하며, 각 군집별 실루엣 계수 평균값이 전체 실루엣 계수 평균값에 크게 벗어나지 않는 것이 중요

(4) 군집분석과의 비교

① 판별분석과의 차이 : 판별분석은 사전에 집단이 나누어져 있는 자료로 새로운 데이터를 기존 집단에 할당한다.
② 요인분석과의 차이 : 요인분석은 유사한 변수끼리 그룹핑해주는 역할을 한다.

(5) 군집분석의 유형

① 군집분석은 계층 기반 유형과 비계층 기반 유형의 군집분석으로 나눌 수 있다.
② 계층기반 군집분석 : 군집 간 연결법(최단 연결법, 최장 연결법, 평균 연결법, 중심연결법, 와드연결법)이 있다.
③ 비계층기반 군집분석 : 분할기반, 분포기반, 밀도기반, 그래프기반 등의 분석 기법이 존재한다.
④ 비계층기반 군집분석의 상세기법에는 k-평균 군집, 혼합분포군집(가우시안 혼합모델, EM 알고리즘), DBSCAN, SOM 등이 있다.

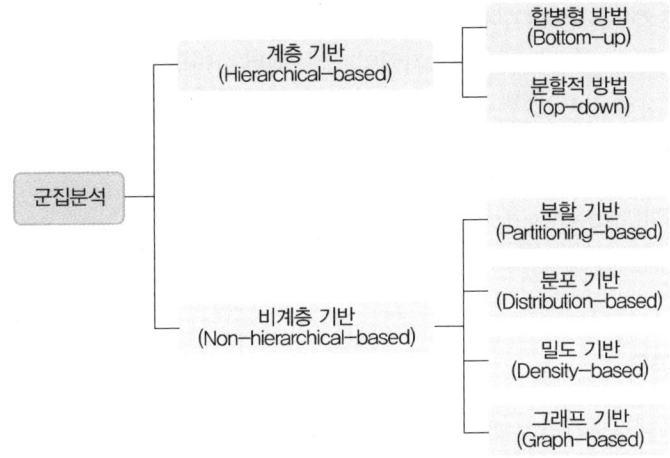

⑤ 계층적 군집분석과 비계층적 군집분석의 특징

계층적 군집분석	비계층적 군집분석
• 계층적 군집은 군집의 개수를 미리 정하지 않고 유사한 개체를 그룹핑하는 과정을 반복하여 원하는 개수의 군집을 형성하는 방법 • 이상치에 민감함 • 한번 군집이 형성되면 다른 군집으로 이동하기 어려움 • 덴드로그램으로 표현 가능	• 비계층적 군집은 미리 군집의 수를 정해놓아야 함 • 사용자가 사전 지식없이 그룹의 수를 정해주는 일이 많아서 결과가 잘 나오지 않을 수 있음

2 군집간 거리계산법

(1) 연속형 변수의 경우

① 유클리드언 거리(Euclidian distance) : 데이터 간의 유사성을 측정할 때 가장 많이 활용하는 거리이다. 통계적 개념은 내포되어 있지 않으며 변수들의 산포도가 감안되어 있지 않다.

$$d(x,y) = \sqrt{(x_1-y_1)^2 + \cdots + (x_p-y_p)^2} = \sqrt{(x-y)^{'}(x-y)}$$

② 맨하탄 거리(Manhattan distance) : 유클리디언 거리와 함께 가장 널리 활용되는 거리법으로서 맨하탄 도시에서 건물에서 건물을 가기 위한 최단 거리를 구하기 위해 고안되었다.

$$d(x,y) = \sum_{i=1}^{p}|x_i - y_i|$$

③ 민코우스키 거리(Minkowski distance) : 맨하탄 거리와 유클리디언 거리를 한번에 표현한 공식으로 L1 거리(맨하탄 거리) L2(유클리디언 거리)라 불리고 있다.

$$d(x,y) = [\sum_{i=1}^{p}|x_i - y_i|^m]^{1/m} \quad m=1,\ m=2$$

④ 표준화 거리(Statistical distance) : 해당 변수의 표준편차로 척도 변환 후 유클리디언 거리를 계산한다. 표준화를 통해 척도의 차이, 분산의 차이로 인한 오류를 경감시킬 수 있다.

$$d(x,y) = \sqrt{(x-y)^{'}D^{-1}(x-y)}, D = diag\{s_{11}, \cdots, s_{pp}\}$$

⑤ 마할라노비스 거리(Mahalanobis distance) : 통계적 개념이 포함된 거리이며 변수들의 산포를 고려하여 이를 표준화(standardization)한 거리이다. 두 벡터 사이의 거리를 표본공분산으로 나누어 주며, 집단에 대한 사전 지식없이는 표본공분산을 계산할 수 없으므로 사용하기 어렵다.

$$d(x,y) = \sqrt{(x-y)'S^{-1}(x-y)}, S = \{S_{ij}\}$$

⑥ 체비셰프 거리(Chebychev distance)

$$d(x,y) = \max_i |x_i - y_i|$$

(2) 범주형 변수의 경우

① 코사인 거리 : 내적공간의 두 벡터간 각도의 코사인값을 이용하여 측정된 벡터간의 유사한 정도를 의미한다. 즉 개체 간의 거리는 고려하지 않고 각도로 유사도를 측정한다는 것이다.

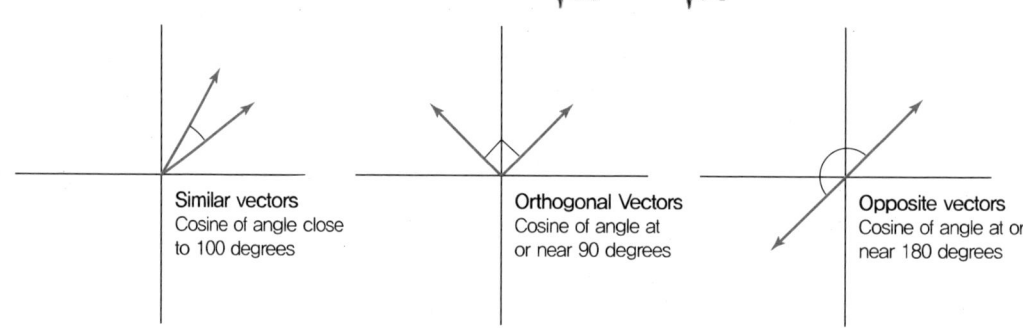

② 단순 일치 계수(Simple Matching Coeffiecient) : 전체 속성 중에서 일치하는 속성의 비율이다.

$$단순일치계수 = \frac{(매칭된\ 속성의\ 개수)}{(전체\ 속성의\ 개수)}$$

③ 자카드 거리(Jaccard) : 두 집합 사이의 유사도를 측정한다. 범위는 0과 1사이의 값을 가지며, 두 집합이 같으면 1이고, 공통원소가 하나도 없으면 0의 값을 갖는다.

$$1 - J(A,B) = \frac{|A \cup B| - |A \cap B|}{|A \cup B|}$$

3 계층적 군집분석

(1) 계층적 군집분석의 정의

계층적 군집은 유사한 개체를 군집화하는 과정을 반복하여 군집을 형성하는 방법이다.

(2) 계층적 군집의 생성법

생성 방법	설명
병합적 방법(Agglomerative)	• 작은 군집(개체)으로부터 시작하여 군집을 병합하는 방법(Bottom-up) • 거리가 가까우면 유사성이 높음
분할적 방법(Divisive)	큰 군집으로부터 시작하여 군집을 분리해 나가는 방법

(3) 군집 간의 연결법

① 관측치 간의 유사성(또는 거리)에 대한 다양한 정의가 가능하다.
② 군집 간의 연결법에 따라 군집의 결과가 달라질 수 있다.

생성 방법	설명
최단연결법 (단일연결법, single linkage, nearest neighbor)	• n*n 거리행렬에서 거리가 가장 가까운 데이터를 묶어서 군집을 형성 • 군집과 군집 또는 데이터와의 거리를 최단거리(min)로 계산하여 거리행렬 수정을 진행 • 수정된 거리행렬에서 거리가 가까운 데이터 또는 군집을 새로운 군집으로 형성
최장연결법 (완전 연결법, complete linkage method)	• 군집과 군집 또는 데이터와의 거리를 최장거리(max)로 하여 거리행렬을 수정하는 방법 • 내부 응집성에 중점을 둔 방법으로 둥근 형태의 군집이 형성
평균연결법 (average linkage method)	• 군집과 군집 또는 데이터와의 거리를 평균(mean)으로 하여 거리행렬을 수정하는 방법 • 최단연결법, 최장연결법에 비해 이상치에 덜 민감하며 계산량이 불필요하게 많아질 수 있음
중심연결법 (centroid linkage method)	• 두 군집간의 중심 거리를 측정하여 가장 유사성이 큰 군집으로 병합하는 방법 • 평균 연결법보다 계산량이 적고, 모든 개체 사이의 거리를 측정할 필요가 없음 • 중심사이의 거리를 한 번만 계산하면 됨
와드연결법 (ward linkage)	• 군집 간 거리에 기반하는 다른 연결법과는 달리 군집 내의 오차제곱합에 기반하여 군집화 • 군집 내 편차제곱 합을 고려한 방법 • 군집 간 정보의 손실을 최소화하는 방향으로 군집을 형성 • 와드 연결법은 크기가 비슷한 군집끼리 병합하는 경향성이 있음

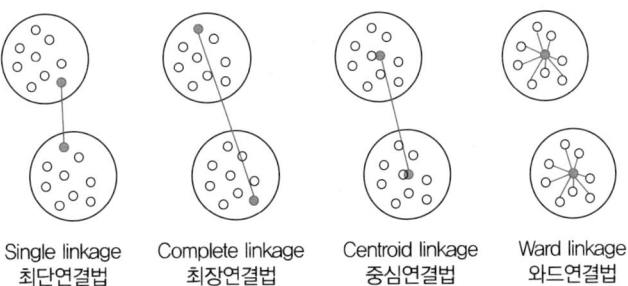

Single linkage 최단연결법   Complete linkage 최장연결법   Centroid linkage 중심연결법   Ward linkage 와드연결법

4 비계층적 군집분석

(1) 비계층적 군집분석의 정의

n개의 개체를 g개의 군집으로 나누는 모든 가능한 방법을 점검해 최적화된 군집을 형성하는 것이다.

(2) K-평균 군집분석(K-means Clustering)의 정의

주어진 데이터를 k개의 클러스터로 그룹핑하는 알고리즘으로, 각 군집과 거리 차이의 분산을 최소화하는 방식으로 군집을 형성한다.

(3) K-평균 군집분석의 단계

단계	설명
1단계	원하는 군집의 개수(k개)와 초기 값(seed)들을 전달하여 seed 중심으로 군집을 형성
2단계	각 데이터를 거리가 가장 가까운 seed가 있는 군집으로 분류
3단계	각 군집의 seed 값을 다시 계산
4단계	모든 개체가 군집으로 할당될 때까지 위의 과정들을 반복

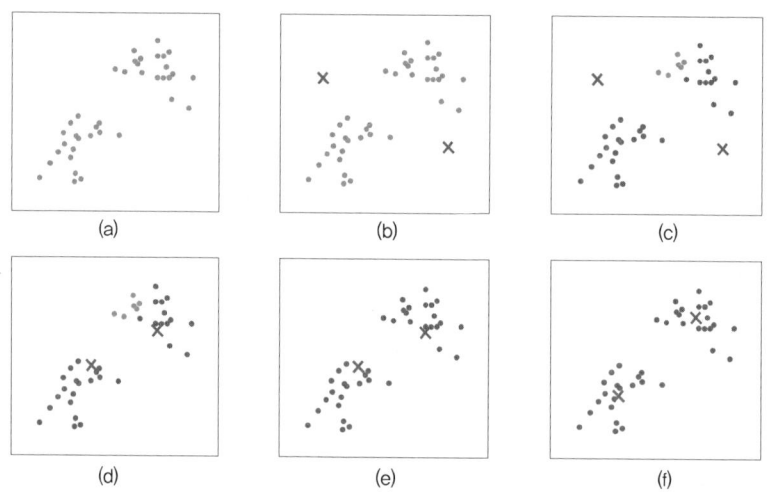

(4) K-평균 군집분석의 특징

① 거리 계산을 통한 군집화가 이루어지므로 연속형 변수여야 활용이 가능하다.
　㉠ 군집의 수를 결정하는 K의 경우 임의로 설정이 가능한 하이퍼파라미터(hyper parameter)이며, K개의 초기중심값은 가급적이면 중심에서 멀리 떨어진 값들을 설정하는 것이 좋다.
　㉡ 초기 중심값을 일렬(좌우, 상하)로 선택하게 되면 군집 혼합이 되지 않고 층으로 분류될 수 있기에 유의한다. 초기 중심값 선정이 군집 결과에 영향을 미칠 수 있다.
　㉢ 초기 중심값에서 오차 제곱합을 최소화하는 방향으로 군집이 형성되어 안정성은 보장이 되지만 해당 군집이 최적의 군집이라는 기준을 설정하기는 어렵다.

(5) K-평균 군집분석의 장단점

장점	단점
• 알고리즘이 단순하며 빠르게 수행됨 • 계층적 군집분석에 비해 많은 데이터를 다룰 수 있음 • 데이터에 대한 사전정보가 미비해도 분석이 가능	• k군집의 수, 가중치 및 거리계산의 정의 등이 어려움 • 사전정보가 미비하다면 결과 해석에 한계가 있음 • 노이즈나 이상치의 영향을 많이 받음 • 모든 변수가 연속형이어야 함 • 단점을 보완하는 방법으로는 k-중앙값 군집을 사용하거나 이상값을 미리 제거하여 분석을 수행

5 혼합 분포 군집(mixture distribution clustering)

(1) 혼합 분포 군집분석

① 모형-기반(model-based)의 군집 방법으로 말그대로 모형(분포)를 기반으로 데이터를 군집하는 것이다.
② 즉, 각 데이터가 혼합분포 중 어느모형으로부터 나왔을 확률이 높은지에 따라 군집의 분류가 이루어진다. 따라서, k개의 각 모형은 곧 군집을 의미한다.
③ 혼합모형에서의 모수와 가중치의 추정(최대가능도추정)에는 EM 알고리즘이 사용된다.

(2) 혼합 분포 군집분석에 효과적인 데이터

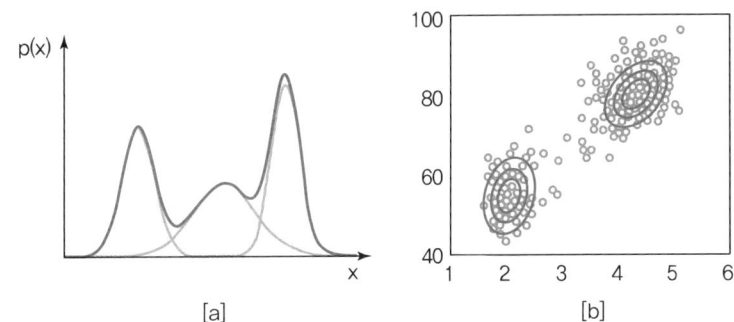

① [a]는 자료의 분포형태가 단일봉이 아닌 다봉형의 형태를 띠므로 약 3개정도의 정규분포의 결합을 통해 설명할 수 있으리라 추정할 수 있다.
② [b]의 경우 또한 여러 개의 이변량 정규분포의 결합으로 설명이 가능하며 이러한 경우에는 반드시 정규분포로 분석의 범위를 제한할 필요는 없다.

(3) EM 알고리즘의 정의

EM 알고리즘(Expectation Maximization)은 관측되지 않은 잠재변수에 의존하는 확률모델에서 최대가능도나 최대 사후확률을 갖는 모수의 추정값을 찾는 반복적인 알고리즘이다.

(4) EM 알고리즘의 진행과정

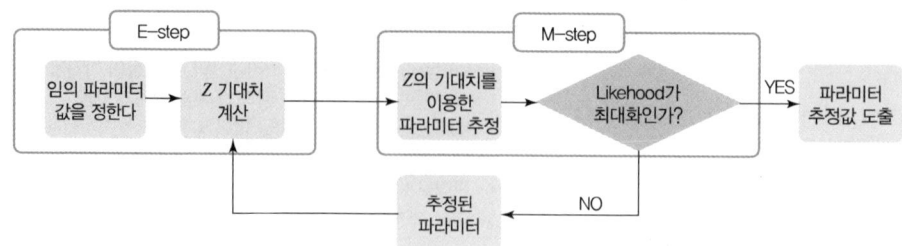

① EM 알고리즘은 E-단계(E-step), M-단계(M-step)로 진행된다.
② E-단계는 잠재변수 Z의 기대치를 계산하고 M-단계는 잠재변수 Z의 기대치를 이용하여 파라미터(매개변수)를 추정한다.
③ 반복을 수행하며 파라미터 추정값을 도출하며 이를 최대가능도(maximum likelihood) 추정치로 사용한다.

6 SOM

(1) SOM(Self-Organization Map)의 정의

① SOM(자기조직화지도)은 코호넨(Kohonen)에 의해 제시, 개발되었으며 인공신경망에 따른 군집분석 방법을 적용한 알고리즘이다.
② 고차원의 데이터를 이해하기 쉽도록 저차원의 뉴런으로 정렬하여 지도의 형태로 형상화한 비지도 신경망(Unsupervised Learning)이다.
③ 이러한 형상화는 입력변수의 위치관계를 그대로 보존한다는 특징을 지니며, 실제 공간의 입력변수의 거리와 SOM의 지도 내의 거리의 원근이 동일하다는 것이다.

(2) SOM의 구성

① SOM은 입력층과 경쟁층으로 구성되어 있다.

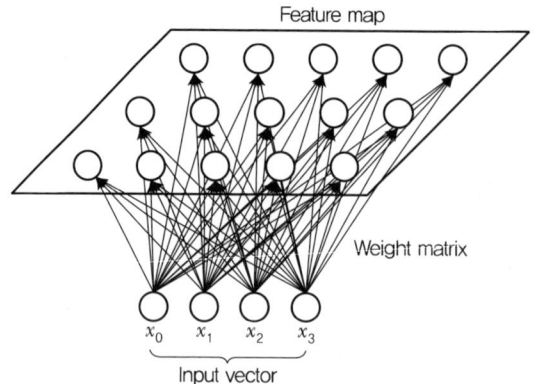

② 구성요소

입력층(input layer)	경쟁층(competitive layer)
• 입력 벡터를 받는 층으로 **입력변수의 개수와 뉴런의 개수가 동일** • 입력층의 자료는 학습을 통하여 경쟁층에 정렬되는데 이를 **지도(map)**라 하며 입력변수의 위치를 보존 • 입력층 각각의 뉴런과 경쟁층 각각의 뉴런은 연결되어 있으며, 이때 **완전연결**(fully connected)되어 있음	• **2차원 격자(Grid)무늬로 구성된 층**으로 입력 벡터의 특성에 따라 벡터의 한 점으로 클러스터링 되는 층 • SOM은 경쟁 학습으로 각각의 뉴런이 **입력 벡터와 얼마나 가까운가를 계산**하며 **연결강도**를 반복적으로 재조정 • **입력벡터와의 거리를 계산**하며 가장 가까운 **경쟁층 뉴런**을 선택 • 경쟁층이란 말처럼 선택된 뉴런을 승자 뉴런이라 하며 승자 뉴런만이 경쟁층에는 표현되고, 승자와 유사한 연결강도를 갖는 입력패턴은 동일 경쟁뉴런으로 배열

(3) SOM의 특징

① 입력변수의 위치 관계를 그대로 보존하기 때문에 패턴 발견, 이미지 분석 등에서 뛰어난 성능을 보인다.

② 단 하나의 순전파(전방패스, feed forward flow)를 사용함으로써 속도가 매우 빠르며, 이에 따라 실시간 학습처리를 할 수 있는 모형이다.

③ 고차원의 데이터를 저차원의 지도 형태로 형상화하기 때문에 시각적으로 이해가 쉽다.

CHAPTER 02 정형 데이터 분석 기법 예상문제

01 의사결정나무에서 더 이상 트리가 분할하지 않도록 하는 규칙을 무엇이라 하는가?
① 분기규칙 ② 정지규칙
③ 연관규칙 ④ 군집규칙

02 학습 모형의 과대 적합(Overfitting) 또는 과소적합(Underfitting) 등에 대한 미세 조정 절차를 위해 사용하는 데이터는?
① 학습데이터 ② 평가데이터
③ 검증데이터 ④ 조정데이터

03 앙상블 모형은 여러 개의 분류 모형에 의한 결과를 종합하여 분류 정확도를 개선시키는 방법이다. 원 데이터 집합으로부터 크기가 같은 표본을 여러 번 단순 임의 복원 추출하여 각 표본에 대한 분류기를 생성한 후 그 결과를 앙상블하는 기법은?
① 부스팅 ② 배깅
③ 소프트보팅 ④ 하드보팅

04 계층적 군집을 수행하기 위한 거리 측정 방법 중 다음 글에서 활용한 방법은?

> 두 군집 사이의 거리를 각 군집에서 하나씩 관측값을 추출했을 때 나타날 수 있는 거리의 최소값으로 측정하여 가장 유사성이 큰 군집으로 병합해나가는 방법이다.

① 최단연결법 ② 최장연결법
③ 평균연결법 ④ 중심연결법

05 군집분석의 품질을 정량적으로 평가하는 대표적인 지표로 군집 내의 데이터 응집도(Cohesion)와 군집 간 분리도(Separation)를 계산하여 군집 내의 데이터의 거리가 짧을수록, 군집 간 거리가 멀수록 값이 커지며 완벽한 분리일 경우 1의 값을 가지는 지표는?

① 치밀도 평가지수(Dunn Index)
② 내적결합(Within-Cluster Sum of Squares, WCSS)
③ 정규화된 상호정보량(Normalized Mutual Information, NMI)
④ 실루엣 계수(Silhouette Coefficient)

06 연관규칙의 측정지표로서 두 품목의 상관관계를 기준으로 도출된 규칙의 예측력을 평가하는 지표는?

① 지지도 ② 신뢰도
③ 향상도 ④ 정확도

07 어떤 항목집합의 빈도수가 빈번하다면, 그 항목집합의 모든 부분집합도 빈번할 것이라는 원리를 적용하는 연관규칙 알고리즘이며, 가장 먼저, 널리 활용되고 있는 알고리즘은?

① Apriori ② FP-Growth
③ spade ④ kohonen

08 다음 중 분류 알고리즘으로 적절한 것은?

① 연관규칙 분석 ② Support Vector Machine
③ Density-based Clustering ④ K-means Clustering

09 다음 중에서 카탈로그 배열 및 교차 판매, 공격적 판촉 행사 등에 적용하기에 가장 적합한 데이터 마이닝 기법은?

① 군집분석 ② 연관분석
③ 분류분석 ④ 추정

10 고객의 속성들(성별, 나이, 직업 등)을 활용하여 고객관계관리에 적용하는 분석법은?

① 군집분석　　　　　　② 분류분석
③ 연관분석　　　　　　④ 상관분석

11 다음 중 의사결정나무의 분류 기준에 대한 설명으로 가장 적절하지 않은 것은?

① 지니계수는 이진 분류로 나눌 때 활용한다.
② 지니계수의 값이 작을수록 이질적이며 순수도가 낮다고 할 수 있다.
③ 엔트로피 계수의 값이 클수록 순수도가 낮다고 볼 수 있다.
④ 카이제곱 통계량의 p-값이 작을수록 자식 노드 간의 이질성이 크다.

12 다음 중 과대적합(Over fitting)에 대한 설명으로 가장 적절하지 않은 것은?

① 생성된 모델이 훈련 데이터에 너무 최적화된 학습 모형으로 테스트 데이터의 작은 변화에도 민감하게 반응하는 경우는 발생하지 않는다.
② 학습 데이터가 모집단의 특성을 충분히 설명하지 못할 때 자주 발생한다.
③ 변수가 너무 많아 모형이 복잡할 때 생긴다.
④ 과대적합이 예상되면 학습을 종료하고 업데이트 하는 과정을 반복해 과대적합을 방지할 수 있다.

13 다음 중 비지도학습 기법을 사용하여 분석을 수행했다고 보기 적절한 사례를 모두 고르면?

> 가. 고객의 거래 구매 패턴을 분석하여 고객이 구매하지 않은 상품을 추천
> 나. 우편물에 인쇄된 우편번호를 판별 분석을 통해 우편물을 자동으로 분류
> 다. 동일 차종의 수리 보고서 데이터를 분석하여 차량 수리 소요 시간을 예측
> 라. 상품 구매시 그와 유사한 상품을 구매한 고객들에게 추천시스템을 제시

① 나, 다　　　　　　② 가, 라
③ 가, 다　　　　　　④ 나, 라

14 다음 중 목적변수가 범주형인 경우 예측모형의 주목적으로 가장 적절한 것은?

① 시뮬레이션　　　　　② 연관분석
③ 분류분석　　　　　　④ 최적화

15 다음 중 로지스틱 회귀모형의 유의성 검정 방법은?

① T-검정　　　　　　　　② F-검정
③ 윌콕슨 순위 합 검정　　④ 카이제곱 검정

16 모형의 평가를 위한 부트스트랩(boot strap) 기법에서 일반적으로 훈련용 자료의 선정을 d번 반복할 때 하나의 관측치가 선정되지 않을 확률은 $(1-1/d)e$이다. d가 충분히 크다고 가정하면, 학습용 데이터로 선정되지 않고 검증용 자료로 활용되는 관측값의 비율은 어떻게 되는가?

① 20.5%　　　　　　　　② 28.8%
③ 34.2%　　　　　　　　④ 36.8%

17 다음 중 데이터 마이닝에서 구축용(training), 검정용(validation), 평가용(test) 데이터로 분리하는 이유로 가장 적절하지 않은 것은?

① 과대 또는 과소적합에 대한 미세조정 절차를 수행하기 위해 데이터를 준비한다.
② 모형이 잘못된 가설을 가정하여 발생되는 2종 오류의 발생을 사전 방지한다.
③ 모형 구축 및 평가 소요시간을 단축한다.
④ 주어진 데이터에서만 높은 성과를 보이고 새로운 데이터에는 성과가 낮은 현상을 방지한다.

18 다음 중에서 부트 스트랩 표본을 구성하는 재표본 과정에서 분류가 잘못된 데이터에 더 큰 가중치를 주어 표본을 추출하는 앙상블 모형은?

① 랜덤 포레스트(Random Forest)　　② 배깅(Bagging)
③ 홀드아웃(Holdout)　　　　　　　　④ 부스팅(Boosting)

19 다음 중 의사결정나무의 특성이 아닌 것은?

① 의사결정나무 모형의 결과는 누구나 이해가 쉽고 설명이 용이하다.
② 의사결정나무는 탐욕적인 알고리즘이므로 과대적합 함정에 빠지기 쉽다.
③ 의사결정나무는 대용량 데이터에서도 빠르게 만들 수 있고 데이터의 분류 작업도 신속히 진행할 수 있다.
④ 의사결정나무는 비정상적인 잡음 데이터나 불필요변수에 영향을 받지 않는다.

20 에어컨 회사에서 고객군을 지역별 온도, 습도에 따라 세분화하여 마케팅 전략을 수립하려고 한다. 이 때 적합한 분석 방법은?
① 군집분석 ② 주성분 분석
③ 분류분석 ④ 연관분석

21 다음 중 의사결정나무가 과대적합되었을 때 취할 수 있는 가장 적절한 방법은?
① 스테밍(Stemming) ② 가지치기(Pruning)
③ 정지규칙(Stopping rule) ④ 랜덤포레스트(Random Forest)

22 학습된 모델이 과대 적합 또는 과소적합되었을 때 미세 조정 절차를 위해 사용되는 데이터는?
① 검정용 데이터 ② 구축용 데이터
③ 시험용 데이터 ④ 추정용 데이터

23 아래는 의사결정나무를 도식화한 것이다. (나)의 지니계수를 계산한 올바른 값을 구하면?

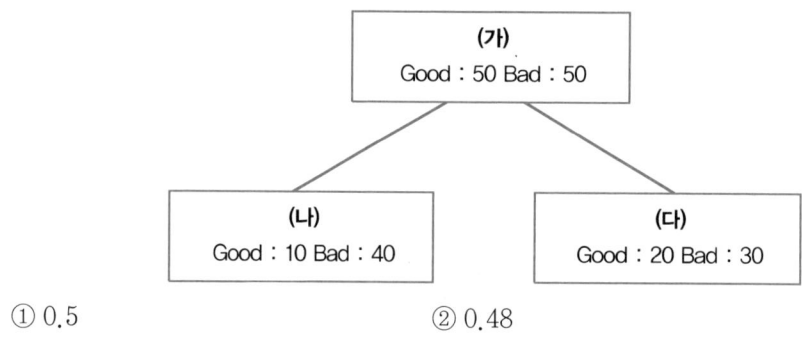

① 0.5 ② 0.48
③ 0.32 ④ 0.25

24 다음 중 ROC-Curve에 대한 설명으로 가장 적절하지 않은 것은?
　① ROC-Curve의 가장 이상적인 분류 상태의 모형은 x축은 0, y축은 1일 때이다.
　② ROC-Curve의 면적이 0.5이하이면 랜덤보다도 못한 성능이라고 할 수 있다.
　③ ROC-Curve의 밑부분 면적이 높을수록 좋은 모형으로 평가한다.
　④ ROC-Curve의 x축은 특이도, y축은 민감도로 나타낸다.

25 다음 중 배깅(Bagging)에 대한 설명으로 가장 적절한 것은?
　① 배깅은 트랜잭션 사이에 빈번하게 발생하는 규칙을 찾아낸다.
　② 배깅은 데이터 간의 거리를 측정하여 군집화한다.
　③ 배깅은 고차원의 데이터를 이해하기 쉬운 저차원의 뉴런으로 정렬하여 지도의 형태로 형상화한다.
　④ 배깅은 반복추출(복원)방법을 사용하기 때문에 같은 데이터가 한 표본에 여러 번 추출될 수 있고, 어떤 데이터는 추출되지 않을 수도 있다.

26 다음 중 로지스틱 회귀모형에서 독립변수가 한 개 일 때 해당 회귀계수의 부호가 0보다 작은 상황이라면, 표현되는 그래프의 형태로 적절한 것은?
　① S자 그래프　　　　　② 양의 선형 그래프
　③ 역 S자 그래프　　　　④ 음의 선형 그래프

27 모형 평가에서 K-fold 교차검증에 대한 설명 중 옳지 않은 것은?
　① 데이터 집합을 무작위로 동일 크기를 갖는 k개의 부분 집합으로 나눈다.
　② k값이 증가하면 수행 시간과 계산량도 많아진다.
　③ k번 반복 수행하며 결과를 k에 다수결 또는 평균으로 분석한다.
　④ k=2일 경우 LOOCV 교차 검증 기법과 같다.

28 데이터 마이닝 분석 방법론 중 특성에 따라 고객을 여러 객의 배타적인 집단으로 나누고자 할 때 사용하는 비지도학습(Unsupervised Learning) 방법론은?
　① Clustering　　　　　② Classification
　③ Association　　　　　④ Prediction

29 Iris 데이터는 150개의 식물 개체를 4개의 변수(꽃받침 길이, 꽃받침 폭, 꽃잎 길이, 꽃잎 폭)로 측정된 데이터이다. 해당 데이터를 활용하여 3개의 그룹으로 집단화하려 할 때 가장 적절한 분석방법은?

① 회귀분석(Regression)
② 군집분석(Cluster Analysis)
③ 연관분석(Association Analysis)
④ 시계열 분석(Time Series Analysis)

30 계층적 군집 방법은 n개의 군집으로 시작해 점차 군집의 개수를 줄여나가는 방법이다. 다음 중 계층적 군집분석 결과를 나타내는 도표로 가장 적절한 것은?

① 향상도 곡선
② ROC Curve 그래프
③ 산점도
④ 덴드로그램

31 로지스틱 회귀모형은 독립변수(x)와 종속변수(y) 사이의 관계를 설명하는 모형으로써 종속변수가 범주형(y = 0 또는 y = 1)값을 갖는 경우에 적용하는 모형이다. 다음 중 로지스틱 회귀모형에 대한 설명으로 가장 적절하지 않은 것은?

① 로지스틱 회귀모형은 클래스가 알려진 데이터에서 설명변수들의 관점에서 각 클래스 내의 관측치들에 대한 유사성을 찾는데 사용할 수 있다.
② 이와 같은 데이터에 대해 선형회귀모형을 적용하는 것이 가능하지만, 선형회귀의 문제점은 0 이하의 값이나 1이상의 값을 예측값으로 둘 수 있다는 것이며 이로 인해 확률 값을 직접적으로 해석이 불가하다는 단점이 있다.
③ 오즈(Odds)란 클래스 0에 속할 확률(1−p)과 클래스 1에 속할 확률 p의 비로 나타낸다.
④ 종속변수 y 대신 로짓(logit)이라 불리는 상수를 사용하여 로짓을 설명변수들의 선형함수로 모형화하므로 로지스틱 회귀모형이라 한다.

32 계층적 군집방법은 두 개체(또는 군집) 간의 거리(또는 비유사성)에 기반하여 군집을 형성하므로 거리에 대한 정의가 필요하다. 다음 중 변수의 표준화와 변수 간의 상관성을 동시에 고려한 통계적 거리로 적절한 것은?

① 표준화 거리(Standardized distance)
② 민코우스키 거리(Minkowski distance)
③ 자카드 계수(Jaccard coefficient)
④ 마할라노비스 거리(Mahalanobis distance)

33 아래의 분석 방법들 중 나머지와 다른 하나는?
① PCA
② DBSCAN
③ Single Linkage Method
④ K-means Clustering

34 다음 중 군집분석(Cluster Analysis)에 관한 설명 중 옳지 않은 것은?
① 군집분석은 신뢰성과 타당성을 점검하기 어렵다.
② 비계층적 군집분석은 사전 지식 없이 그룹의 수를 정해주는 일이 많아 결과가 잘 나오지 않을 수 있다.
③ 군집 결과에 대한 안정성을 검토하는 방법이 지도학습과 같은 교차 타당성을 활용한다.
④ 계층적 군집분석은 이상치에 민감하다.

35 계층적 군집 방법을 수행하면 두 군집간 거리 측정하는 방법에 따라 병합방법이 달라진다. 다음 중 거리 측정 시 군집 내 편차들의 제곱합을 고려한 방법에 해당하는 것은?
① 최단연결법
② 최장연결법
③ 중심연결법
④ 와드연결법

36 다음 중 군집분석에 대한 설명으로 가장 올바르지 않은 것은?
① 군집분석은 데이터에 분류의 기준이 없는 비지도학습 방법을 사용한다.
② 계층적 군집은 한 번 군집이 형성되면 다른 군집으로 이동할 수 없다.
③ 군집분석에서는 군집을 두 개로 나누어 교차 타당성 검증을 사용한다.
④ 계층적 군집분석은 덴드로그램으로 표현이 가능하다.

37 아래 데이터셋에서 A, B의 맨하탄 거리를 구하면?

구분	A	B
키	180	175
몸무게	65	70

① 0
② 10
③ 50
④ 100

38 다음 중 비지도학습 기법은 무엇인가?

① SOM   ② 인공신경망
③ SVM   ④ 랜덤 포레스트

39 아래 데이터셋에서 A, B의 유클리드 거리를 구하면?

구분	A	B
키	175	180
몸무게	45	50

① 0   ② $\sqrt{5}$
③ $\sqrt{25}$ ④ $\sqrt{50}$

40 아래 데이터셋에서 A, B의 맨하탄 거리를 구하면?

구분	A	B
키	160	180
몸무게	85	50

① 25   ② 35
③ 45   ④ 55

41 군집분석에서 관측 데이터 간 유사성이나 근접성을 측정해 어느 군집으로 묶을 수 있는지 판단해야 할 때 데이터간의 거리(Distance)를 활용한다. 다음 중 연속형 변수 사이의 거리를 측정하는 방법이 아닌 것은?

① 유클리드 거리(Euclidean distance)
② 표준화 거리(statistical distance)
③ 자카드 거리(jaccard distance)
④ 맨하탄 거리(Manhattan distance)

42 고차원의 데이터를 이해하기 쉬운 저차원의 뉴런으로 정렬화하여 지도의 형태로 형성화하는 군집화 방법은?

① 의사결정나무(Decision Tree)
② 랜덤포레스트(Random Forest)
③ 자기조직화지도(Self-Organizing Map)
④ 연관규칙(Association Rule)

43 비계층적 군집 방법인 K-평균 군집(K-means Clustering)은 이상치 자료에 민감하다는 단점이 있다. 다음 중 이러한 단점을 극복하기 위해 등장한 비계층적 군집방법은?

① EM Clustering
② 혼합 분포 군집(Mixture Distribution Clustering)
③ K-Medoids Clustering
④ Density Based Clustering

44 다음 중 비계층적 군집방법(non-hierarchical clustering)의 장점이 아닌 것은?

① 초기 군집수를 결정하는 것이 용이하다.
② 주어진 데이터 내부구조에 대한 사전정보가 부족하더라도 의미있는 자료구조 검색이 가능하다.
③ 다양한 형태의 데이터에 적용 가능하다.
④ 분석 방법의 적용이 용이하다.

45 다음 중 SOM(자기조직화 지도)에 대한 설명으로 가장 적절하지 않은 것은?

① SOM을 이용한 군집분석법은 역전파 알고리즘을 활용하므로 성능이 우수하며, 수행 속도도 빠르다.
② SOM은 경쟁 학습으로 각각의 뉴런이 입력벡터와 얼마나 가까운지를 계산하여 연결강도를 반복적으로 재조정하는 학습 과정을 거치면서 연결 강도는 입력 패턴과 가장 유사한 경쟁층 뉴런이 승자가 된다.
③ SOM은 입력변수 위치 관계를 그대로 보존하여 입력변수의 정보와 그들의 관계가 지도상에 그대로 나타난다.
④ SOM은 고차원의 데이터를 저차원의 지도형태로 형상화하기 때문에 시각적으로 이해하기 쉬울 뿐 아니라 변수의 위치 관계를 그대로 보존하기 때문에 실제 데이터가 유사하면 지도상에서도 가깝게 표현된다.

46 다음 중 Self-Organizing Maps에서 입력 벡터의 특성에 따라 벡터의 한 점으로 클러스터링 되는 층은?

① 입력층(Input Layer)
② 은닉층(Hidden Layer)
③ 경쟁층(Competitive Layer)
④ 출력층(Output Layer)

47 다음 중 SOM(자기조직화 지도)에 대한 설명으로 가장 적절하지 않은 것은?

① 군집 분할을 위하여 역전파 알고리즘을 이용한다.
② 경쟁 학습으로 연결 강도가 입력 패턴과 가장 유사한 경쟁층 뉴런이 승자가 된다.
③ 고차원의 데이터를 이해하기 쉬운 저차원의 뉴런으로 정렬하여 지도의 형태로 형상화한 비지도 신경망이다.
④ 지도의 형태로 형상화를 하여 입력변수의 위치 관계를 보존한다.

48 다음 중 빅데이터의 분석 기법 중 "커피를 구매하는 사람이 탄산음료를 더 많이 구매하는가?"를 분석하는데 적합한 알고리즘은?

① 회귀분석
② 분류분석
③ 연관규칙분석
④ 군집분석

49 다음 중 (가) 제품 구매 → (나) 제품 구매의 연관규칙 측정지표 중 지지도(support)에 대한 설명으로 올바른 것은?

① A와 B가 동시에 포함된 거래 수/전체 거래 수
② A와 B가 동시에 포함된 거래 수/A가 포함된 거래 수
③ A와 B가 동시에 포함된 거래 수/B가 포함된 거래 수
④ A가 포함된 거래 수/전체 거래 수

50 다음 중 연관성 분석에서 전체 거래 중에서 품목 A와 품목 B가 동시에 포함된 거래의 비율을 나타내는 지표는?

① 향상도(Lift)
② 신뢰도(Confidence)
③ 지지도(Support)
④ 적합도(Fitness)

51 다음 중 연관분석의 특징으로 옳지 않은 것은?

① 세분화 분석 품목 없이 연관규칙을 찾을 수 있다.
② 조건반응(if then)으로 표현되는 연관분석의 결과를 이해하기 쉽다.
③ 비목적성 분석 기법이다.
④ 분석 계산이 간편하다.

52 다음 중 구매순서가 고려되어 상품간 연관성이 측정되어, 연관규칙을 찾는 기법은?

① 회귀분석 ② 분류분석
③ 차원축소 ④ 순차패턴

53 다음 중 연관분석(Association Analysis)에 대한 설명으로 올바르지 않은 것은?

① 품목 수가 증가하면 분석에 필요한 계산은 기하급수적으로 늘어난다.
② 시차 연관분석은 인과관계 분석이 가능하다.
③ 너무 세분화된 품목을 가지고 연관규칙을 찾으려고 하면 의미 없는 분석 결과가 나올 수도 있다.
④ 향상도(Lift)가 1이면 두 품목 간에 연관성이 없는 서로 독립적인 관계이고, 1보다 작으면 서로 음의 관계로 품목 간에 연관성이 없다.

54 다음 중 연관분석(Association Analysis)중 대표 알고리즘인 아프리오리(Apriori) 알고리즘의 단점을 보완하기 위해 트리와 노드 링크라는 특별한 자료구조를 사용하는 알고리즘은?

① FP-Growth ② kohonen
③ spade ④ arules

55 데이터 마이닝 분석 중 연관성분석에서 사용되는 측도가 아닌 것은?

① 지지도(Support) ② 신뢰도(Confidence)
③ 향상도(Lift) ④ 정확도(Accurate rate)

56 다음 덴드로그램은 평균연결법을 활용한 계층적 군집화 예시이다. 데이터 분석 목적 상 Height값 1.5를 기준으로 하위 군집 생성 시 다음 중 하위군집을 가장 잘 나타낸 것은?

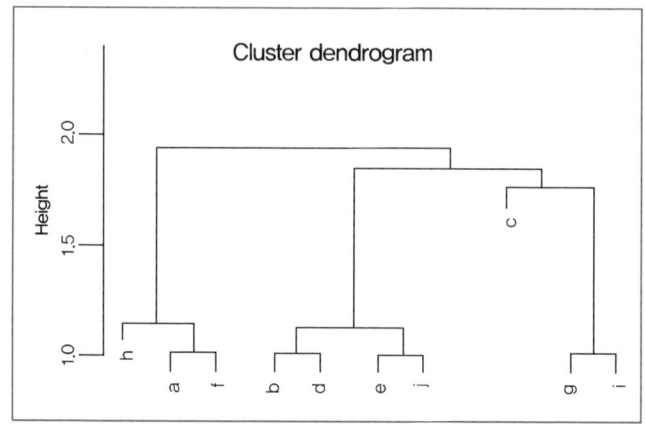

① {h,a,f}, {b,d}, {e,j}, {c}, {g,i}
② {h,a,f}, {b,d}, {e,j}, {c,g,i}
③ {h,a,f}, {b,d,e,j}, {c,g,i}
④ {h,a,f}, {b,d,e,j}, {c}, {g,i}

57 모형 기반(Model-based) 군집화 기법 중 하나로, 데이터가 k개의 모수적 모형의 가중합으로 표현되는 모집단 모형에서 발생했다고 가정하며, 이로부터 자료를 통해 모수와 가중치를 추정하는 군집화 방법은 무엇인가?

① K-평균군집(k-Means Clustering)
② 계층적 군집(Hierarchical Clustering)
③ 혼합 분포 군집(Mixture Distribution Clustering)
④ 분리 군집(Partitioning Clustering)

58 다음 표에서 연관성 규칙 A → B의 향상도는?

품 목	거래건수
{a}	10
{b}	5
{c}	25
{a,b,c}	5
{b,c}	20
{a,b}	20
{a,c}	15

① 25% ② 50%
③ 75% ④ 100%

59 연관분석을 수행하기 위해 빈발 아이템 집합과 연관규칙이라고 하는 두 가지 형태로 표현하는 연관성 분석을 수행하는 대표적인 알고리즘을 무엇이라 하는가?

① C5.0 ② CHAID
③ CART ④ Apriori

60 다음 거래에서 연관 규칙 "빵 → 우유"의 향상도를 구한 것으로 알맞은 것은?

품 목	거래건수
빵	10
우유	10
맥주	100
우유, 맥주	20
빵, 우유	25
빵, 맥주	20
빵, 우유, 맥주	5

① 30% ② 57%
③ 83% ④ 97%

61 다음 중 아래 거래에서 연관 규칙 "빵 → 우유"의 신뢰도를 구한 것으로 알맞은 것은?

장바구니 번호	거래 품목
1	{빵, 맥주}
2	{빵, 우유, 계란}
3	{맥주, 우유}
4	{빵, 맥주, 계란}
5	{빵, 맥주, 우유, 계란}

① 50% ② 55%
③ 67% ④ 73%

62 다음 중 연관규칙 분석의 활용분야로 가장 적절한 것은?

① 상품배치 ② 차원축소 및 변수선택
③ 세분화 전략 수립 ④ 분류 및 예측

CHAPTER 03 딥러닝

학습목표 딥러닝(Deep Learning)은 인공신경망을 기반으로 한 기계 학습 기법으로, 빅데이터 환경에서 더욱 강력한 분석 능력을 발휘한다. 본 챕터에서는 딥러닝의 핵심 개념과 구조, 학습 과정, 그리고 주요 알고리즘들을 이해하고, 이를 활용해 복잡한 데이터 패턴을 학습하는 방법을 익힌다. 구체적으로는 신경망의 기본 구조, 활성화 함수, 그리고 CNN, RNN, LSTM 등 다양한 딥러닝 모델을 학습한다.

SECTION 01 딥러닝의 개요

1 딥러닝(Deep Learning)

(1) 정의

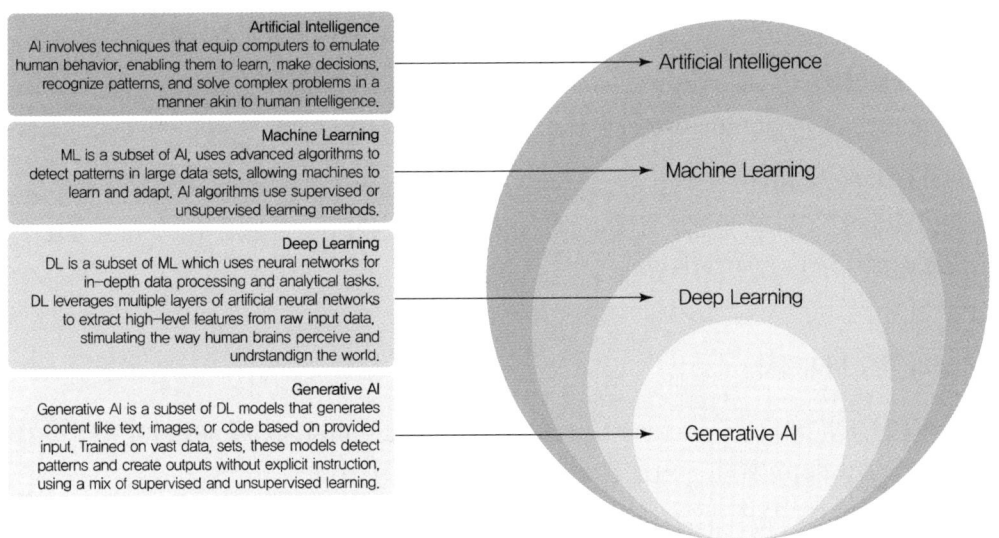

출처: ResearchGate

① 딥러닝은 다층 인공신경망을 통해 데이터에서 패턴을 학습하고 예측하는 기계 학습의 한 형태이다. 머신러닝과 달리, 딥러닝은 대량의 데이터를 사용하여 스스로 복잡한 특징을 추출하고, 사람이 개입하지 않아도 점진적으로 정확한 모델을 만든다는 특징이 있다.

② 딥러닝의 핵심은 '계층적 표현'이다. 각 계층은 데이터를 처리하고, 추상적인 특징을 단계별로 학습하여 최종적으로 높은 수준의 패턴 인식을 가능하게 한다. 주요 적용 사례로는 이미지 인식, 자연어 처리, 자율 주행, 음성 인식 등이 있다.

③ 딥러닝은 인공신경망을 기반으로 하는 기계 학습의 한 분야로, 다층 구조를 통해 데이터에서 복잡한 패턴과 특징을 학습한다.

④ 머신러닝과의 차이점은 딥러닝이 대규모 데이터를 활용하여 자동으로 특징을 추출하고, 사람이 개입하지 않아도 점진적으로 모델의 정확성을 향상시킨다는 점이다.

    ㉠ 머신러닝 훈련 과정

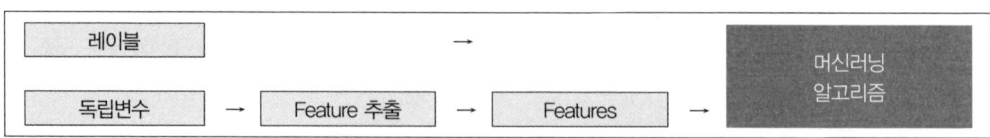

    ㉡ 딥러닝 훈련 과정

⑤ 다층 신경망 구조를 통해 입력 데이터의 저수준 특징부터 고수준 특징까지 단계적으로 학습한다.

(2) 딥러닝의 역사

① 1940년대에 처음으로 인공신경망의 개념이 제안되었으나, 계산 능력과 데이터 부족으로 인해 연구가 정체되었다.

② 1980년대부터 2000년대 초반까지 역전파 알고리즘과 딥러닝의 기본 구조가 개발되면서 연구가 활성화되었다.

③ 2010년대 이후 GPU의 발전과 빅데이터의 등장으로 딥러닝이 급속히 발전하였으며, 다양한 응용 분야에서 혁신적인 성과를 거두었다.

(3) 딥러닝의 주요 아키텍처

① 합성곱 신경망(CNN ; Convolutional Neural Network) : 주로 이미지 처리에 사용되며, 공간적 계층 구조를 학습하여 이미지 인식, 객체 검출 등에 탁월한 성능을 보인다.

② 순환 신경망(RNN ; Recurrent Neural Network) : 시퀀스 데이터 처리에 적합하며, 자연어 처리, 음성 인식 등에서 활용된다. LSTM(Long Short-Term Memory)과 GRU(Gated Recurrent Unit)같은 변형 모델이 존재한다.

③ 생성적 적대 신경망(GAN ; Generative Adversarial Network) : 두 신경망(생성자와 판별자)이 경쟁하며 고품질의 데이터를 생성하는 모델로, 이미지 생성, 데이터 증강 등에 사용된다.

④ 트랜스포머(Transformer) : 자연어 처리에서 혁신을 이끌어낸 모델로, 병렬 처리와 장기 의존성 학습에 강점을 지닌다. BERT, GPT 등의 모델이 이에 속한다.

(4) 딥러닝의 응용 분야

① 이미지 인식 및 처리 : 자율주행차의 객체 인식, 의료 영상 분석, 얼굴 인식 등의 분야에서 활용된다.
② 자연어 처리(NLP) : 번역, 텍스트 생성, 감정 분석, 챗봇 등에서 딥러닝 모델이 핵심 역할을 한다.
③ 음성 인식 및 합성 : 음성 비서, 자동 번역기, 음성 기반 인터페이스 등에서 딥러닝 기술이 적용된다.
④ 헬스케어 : 질병 예측, 신약 개발, 개인 맞춤형 의료 서비스 등에서 딥러닝이 혁신을 주도하고 있다.
⑤ 추천 시스템 : 사용자 행동 분석을 통해 맞춤형 콘텐츠를 제공하는 데 딥러닝이 활용된다.

(5) 딥러닝의 장단점

① 장점
　㉠ 자동 특징 추출 : 인간의 개입 없이 데이터에서 유의미한 특징을 자동으로 학습한다.
　㉡ 높은 성능 : 빅데이터와 복잡한 모델 구조 덕분에 다양한 작업에서 탁월한 성능을 발휘한다.
　㉢ 유연성 : 다양한 유형의 데이터(이미지, 텍스트, 음성 등)에 적용 가능하다.
② 단점
　㉠ 빅데이터 필요 : 높은 성능을 위해 방대한 양의 데이터가 필요하다.
　㉡ 고비용의 계산 자원 : 학습 과정에서 많은 연산 자원과 시간이 소요된다.
　㉢ 해석의 어려움 : 모델의 내부 작동 방식이 복잡하여 해석이 어렵다(블랙박스 문제).
　㉣ 과적합의 위험 : 복잡한 모델 구조로 인해 과적합이 발생할 가능성이 높다.

2 딥러닝의 학습 방법과 최적화 기법

(1) 딥러닝의 학습 방법

① 지도 학습(Supervised Learning) : 입력 데이터와 정답 라벨이 주어진 상태에서 학습한다.
② 비지도 학습(Unsupervised Learning) : 데이터의 구조나 패턴을 학습하는 방식으로, 군집화, 차원 축소 등에 활용한다.
③ 강화 학습(Reinforcement Learning) : 에이전트가 환경과 상호작용하며 보상을 최대화하는 방향으로 학습한다.

(2) 딥러닝의 최적화 기법

① 최적화 기법 : 경사 하강법, 모멘텀, Adam, RMSprop 등 다양한 최적화 알고리즘이 사용되어 학습 속도와 성능을 향상시킨다.

② **정규화 기법** : 드롭아웃(Dropout), 배치 정규화(Batch Normalization) 등을 통해 과적합을 방지하고 학습을 안정화시킨다.

SECTION 02 인공신경망

1 인공신경망(ANN ; Artificial Neural Network)

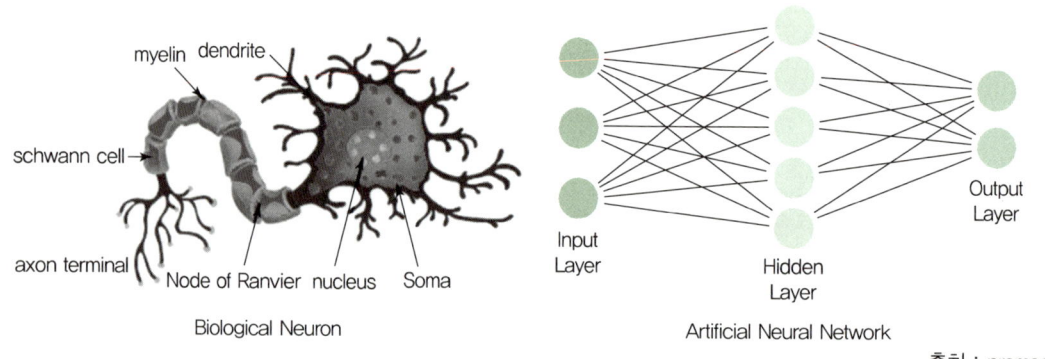

Biological Neuron / Artificial Neural Network

출처 : promact

① 인공신경망(ANN ; Artificial Neural Network)은 생물학적 신경망에서 영감을 받아 개발된 모델로, 여러 계층으로 구성된 뉴런(Neuron)들 간의 연결을 통해 입력 데이터를 처리하고 패턴을 학습한다.
② 기본적으로 입력층, 은닉층, 출력층으로 구성되며, 각 층의 뉴런들은 활성화 함수를 통해 학습한 가중치를 적용하여 출력값을 계산한다.

2 인공신경망 레이어(층)

(1) 인공신경망 레이어(층)의 구조

① 인공신경망은 크게 '입력층(Input Layer)', '은닉층(Hidden Layer)', '출력층(Output Layer)'으로 나뉜다. 각 층은 뉴런(Neurons)으로 이루어져 있으며, 뉴런들은 서로 연결되어 정보를 주고받는다.
  ㉠ 입력층 : 입력 데이터를 받는 층으로, 각 입력값은 뉴런을 통해 다음 계층으로 전달된다.
  ㉡ 은닉층 : 입력층과 출력층 사이에 위치하며, 데이터에서 패턴을 추출하고, 비선형성을 처리하는 계층이다. 은닉층의 개수는 신경망의 깊이를 결정짓는다.
  ㉢ 출력층 : 최종 결과를 출력하는 층으로, 예측값을 생성하거나 분류 결과를 출력한다.

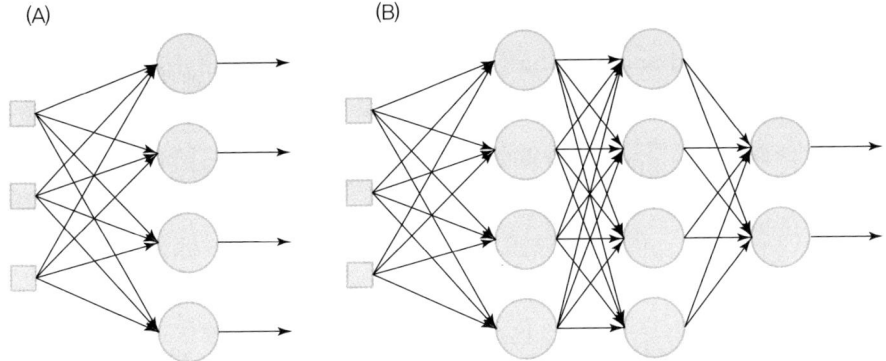

(A) 단층신경망(Single Layer Perceptron) vs (B) 다층신경망(Multi Layer Perceptron)

② 단층신경망 모델은 위의 그림 (A)에서 보여지는 것과 같이 은닉층(hidden layer)이 1개인 형태를 뜻하며, 다른 말로 얕은 신경망(Shallow Neural Network)으로 불리기도 한다.
③ 이에 반해 다층신경망 모델은 위의 그림 (B)에서 살펴볼 수 있듯이 2개 이상의 은닉층(hidden layer)이 존재하는 신경망 모델을 뜻한다.
④ 위의 인공신경망 모델에서 입력층의 네모박스와 은닉층의 동그라미 각각은 노드(node)라고 한다. 노드들이 연결된 직선을 가중치(weight)라고 하며 각 가중치들은 선형결합으로 나타난다.

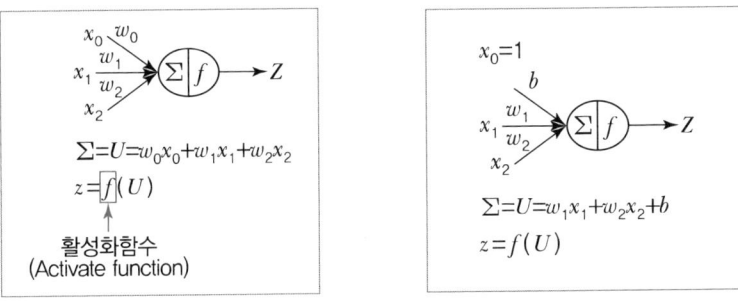

(A) 편향을 고려하지 않은 신경망 vs (B) 편향을 고려한 신경망

3 인공신경망의 활성화 함수

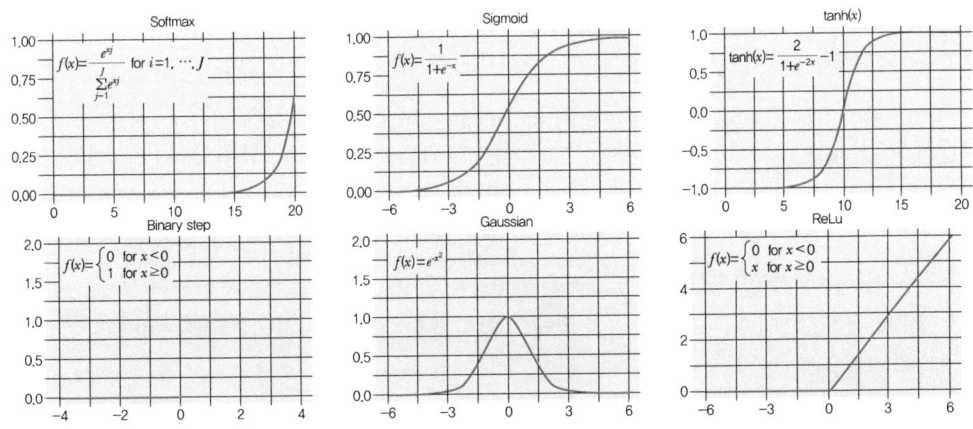

(1) 소프트맥스 함수

① 소프트맥스(Softmax) 함수는 주로 다중 분류 문제에서 사용되며, 각 클래스에 대한 확률값을 출력하는 역할을 한다.
② 입력값을 지수 함수로 변환한 후 각 입력값의 비율을 계산하여 확률 분포를 얻는다.
③ 소프트맥스 함수식

$$f(x) = \frac{e^{x_i}}{\sum_{j=1}^{j} e^{xj}}$$

④ x_i는 입력값이고, j는 클래스의 개수이다. 출력값의 합은 항상 1이 되며 각 클래스의 확률을 나타낸다.

(2) 시그모이드 함수

① 시그모이드(Sigmoid) 함수는 출력값을 0과 1 사이로 제한하는 S자형 곡선을 그리며, 이진 분류 문제에 자주 사용된다.
② 입력값이 크면 1에 가까운 값을, 작으면 0에 가까운 값을 출력한다.

$$f(x) = \frac{1}{1+e^{-x}}$$

③ 시그모이드(Sigmoid) 함수는 부드러운 경계선을 만들지만, 그 경계선의 입력값에서 기울기 소실(Gradient Vanishing) 문제를 야기시켜 딥러닝의 매우 깊은 신경망을 설계할 때 주의해야 한다.

(3) 하이퍼볼릭탄젠트 함수

① 하이퍼볼릭탄젠트(Tanh) 함수는 쌍곡탄젠트 함수로, Sigmoid 함수와 유사한 S자형 곡선을 그리지만 출력값이 -1에서 1 사이에 분포한다. 이는 데이터의 중심을 0으로 만들기 때문에, Sigmoid보다 더 나은 성능을 보일 때가 많다.

$$\tanh(x) = \frac{2}{1+e^{-2x}} - 1$$

② 하지만 하이퍼볼릭탄젠트(Tanh) 함수 또한 -1~+1의 범위를 넘어가게 된다면, 기울기 소실문제로부터 자유롭기 어렵다.

(4) 계단 함수

① 계단(Binary Step) 함수는 가장 간단한 형태의 활성화 함수로, 입력값이 0보다 크면 1을, 그렇지 않으면 0을 출력한다.

$$f(x) = \begin{cases} 0 \text{ if } x < 0 \\ 1 \text{ if } x \geq 0 \end{cases}$$

② 이 함수는 이진 출력을 필요로 하는 경우 사용되지만, 학습하는 동안 기울기를 제공하지 않기 때문에 역전파 과정에서 사용되기 어렵다.

(5) 가우시안 분포 함수

① 가우시안 분포(Gaussian) 함수는 정규분포 형태의 출력값을 제공하는 함수로, 주로 특정 응용 분야에서 사용된다. 이 함수는 데이터의 중심에서 높은 값을 출력하고, 멀어질수록 작은 값을 출력한다.

$$f(x) = e^{-x^2}$$

② 가우시안 분포(Gaussian) 함수는 신경망에서 자주 사용되지 않지만, 특수한 패턴 인식 문제에서 유용할 수 있다.

(6) 렐루(ReLU) 함수

① ReLU(Rectified Linear Unit) 함수는 현재 가장 널리 사용되는 활성화 함수로, 입력값이 0보다 크면 입력값을 그대로 출력하고, 그렇지 않으면 0을 출력한다.

$$f(x) = \begin{cases} 0 \text{ if } x < 0 \\ x \text{ if } x \geq 0 \end{cases}$$

② ReLU 함수는 계산이 간단하고, 기울기 소실 문제를 해결하는 데 효과적이다. 하지만, 음의 값에서는 출력이 0이 되어 죽은 뉴런(dead neurons) 문제가 발생할 수 있다. 이를 개선한 변형 함수로 리키렐루(Leaky ReLU)가 있다.

(7) 활성화 함수에 대한 요약

① 활성화 함수(Activation function)는 신경망의 성능을 크게 좌우하며, 문제의 성격과 데이터의 특성에 따라 적절한 활성화 함수를 선택하는 것이 중요하다.

② Sigmoid와 Tanh 함수는 소규모 문제에 적합하지만, 기울기 소실 문제가 있을 수 있고, ReLU 함수는 대부분의 딥러닝 모델에서 사용되며 그 효율성이 입증되었다.

SECTION 03 심층신경망

1 심층신경망(Deep Neural Network)

(1) DNN의 정의

① 심층신경망(DNN ; Deep Neural Network)은 다수의 은닉층(Hidden Layers)을 포함한 인공신경망으로, 데이터에서 복잡한 패턴과 관계를 학습할 수 있는 강력한 기계 학습 모델이다.
② 일반적인 인공신경망은 입력층, 은닉층, 출력층으로 구성되지만, 심층신경망은 다층 구조로 이루어져 있어 더 복잡하고 정교한 학습을 가능하게 한다.
③ DNN은 입력된 데이터를 여러 계층을 통해 처리하여 최종 출력값을 도출하며, 각 계층에서 가중치와 활성화 함수를 사용해 데이터를 점진적으로 변환한다.
④ 심층신경망은 특히 이미지 분류, 음성 인식, 자연어 처리 등에서 놀라운 성과를 보여주고 있으며, 최근의 딥러닝 발전을 이끄는 핵심 모델로 자리 잡았다.

(2) DNN의 주요 구성요소

① 입력층(Input Layer)
  ㉠ 입력 데이터를 받아들여 다음 은닉층으로 전달하는 역할을 한다.
  ㉡ 입력층은 데이터를 입력 전에 가공된 채로 전달만 하며, 그 과정 속에서 가공하거나 변환하지 않으며, 단순히 각 뉴런에 데이터를 전달하는 역할을 한다.
② 은닉층(Hidden Layers)
  ㉠ 입력층과 출력층 사이에 위치하는 계층으로, 심층신경망의 성능을 좌우하는 핵심 계층이다. 은닉층은 데이터의 특징을 추출하고 복잡한 패턴을 학습한다.
  ㉡ 은닉층의 수가 많을수록 신경망은 더 복잡한 관계를 학습할 수 있다. 각 은닉층은 가중치(weight)와 편향(bias) 값을 학습하며, 이를 활성화 함수에 적용하여 다음 계층으로 전달한다.
③ 출력층(Output Layer)
  ㉠ 예측값을 출력하는 마지막 계층으로, 신경망이 학습한 결과를 최종적으로 표현한다.
  ㉡ 출력층의 뉴런 개수는 문제의 특성에 따라 달라지며, 분류 문제에서는 클래스 개수만큼, 회귀 문제에서는 하나의 뉴런으로 출력값을 도출한다.
④ 활성화 함수(Activation Function)
  ㉠ 은닉층과 출력층에서 데이터의 비선형성을 반영하기 위해 활성화 함수를 사용한다. 대표적인 활성화 함수로는 ReLU(Rectified Linear Unit), Sigmoid, Tanh 등이 있다.
  ㉡ 활성화 함수는 신경망이 단순한 선형 모델이 아니라, 복잡한 비선형 패턴을 학습할 수 있게 한다.

⑤ 손실함수(Loss Function)
  ㉠ 예측값과 실제값 사이의 차이를 계산하여 모델의 성능을 평가하는 함수이다.
  ㉡ 분류 문제에서는 교차 엔트로피(Cross Entropy) 손실함수를, 회귀 문제에서는 평균 제곱 오차(MSE ; Mean Squared Error) 등을 사용한다.
⑥ 역전파(Backpropagation)
  ㉠ 학습 과정에서 사용되는 알고리즘으로, 출력층에서 계산된 손실값을 바탕으로 가중치를 업데이트하는 과정이다.
  ㉡ 역전파는 손실함수의 기울기를 계산해 가중치에 반영하며, 이를 통해 신경망의 가중치가 점점 최적의 값에 수렴하도록 만든다.

2 DNN의 장단점

(1) 장점

① **비선형 패턴 학습** : DNN은 다층 구조와 활성화 함수를 통해 복잡한 비선형 패턴을 학습할 수 있다. 이는 단순 선형 모델로는 해결할 수 없는 문제에 강력한 성능을 발휘한다.
② **특징 추출** : 은닉층을 통해 입력 데이터에서 중요한 특징을 자동으로 추출한다. DNN은 데이터를 추상화하고 고수준의 패턴을 학습할 수 있는 능력이 있다.
③ **높은 성능** : 이미지 인식, 음성 인식, 자연어 처리 등에서 기존의 머신러닝 모델을 뛰어넘는 성능을 보여준다. 특히, 대용량 데이터와 복잡한 구조에서 강력한 성능을 발휘한다.

(2) 단점

① **과적합(Overfitting)** : 심층신경망은 파라미터 수가 많아 과적합이 발생할 가능성이 크다. 이를 해결하기 위해 정규화(Regularization), 드롭아웃(Dropout)같은 기법이 사용된다.
② **기울기 소실 문제(Gradient Vanishing)** : 은닉층이 많아질수록 역전파 과정에서 기울기가 점점 작아져 학습이 어려워질 수 있다. 이를 해결하기 위해 ReLU와 같은 활성화 함수나, 배치 정규화(Batch Normalization) 기법이 도입되었다.

SECTION 04 합성곱 신경망

1 합성곱 신경망(Convolution Neural Network)

① 합성곱 신경망(CNN ; Convolutional Neural Network)은 주로 이미지, 영상 처리에 사용되는 딥러닝 모델로, 이미지의 공간적 구조를 학습하는 데 탁월한 성능을 보여준다. 전통적인 인공신경망과 달리, CNN은 이미지의 2차원 구조를 유지하면서 학습을 진행하여, 이미지의 특징을 보다 효율적으로 추출할 수 있다.

② CNN은 '합성곱 계층(Convolutional Layer)'과 '풀링 계층(Pooling Layer)'의 반복적인 적용을 통해 입력 데이터를 처리하고, 마지막에 '완전 연결층(Fully Connected Layer)'을 통해 최종 출력을 도출한다.

2 CNN 알고리즘

CNN은 '합성곱 과정(Convolution)'과 '풀링(Pooling) 과정'을 반복하면서 데이터의 차원을 줄이고, 유의미한 특징을 추출한다.

(1) 합성곱 과정

① 합성곱 과정은 이미지의 국소적 패턴을 추출하기 위해 '필터(Filter)'를 사용하는 과정이다. 필터는 입력 이미지의 작은 부분(패치)을 스캔하며, 각 패치와 필터의 가중치 간의 곱을 계산하고, 그 결과를 합산하여 '새로운 피처 맵(Feature Map)'을 생성한다.

② 이 과정에서 특정 패턴(예 경계, 모서리, 색상 변화 등)을 학습할 수 있게 된다.

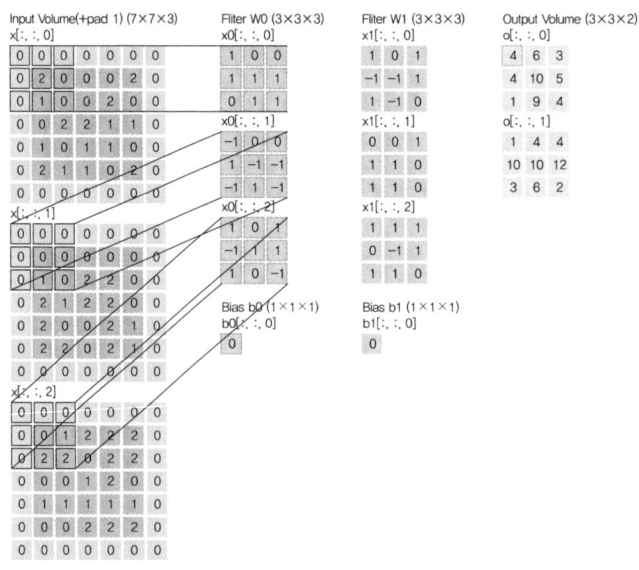

출처: https://cs231n.github.io/convolutional-networks/ · overview

(2) 특성맵(Feature Map)

① 합성곱 과정의 CNN에서 합성곱 계층의 입출력 데이터를 Feature Map이라 한다. 입력된 Feature Map은 Filter를 통해서 출력 Feature Map으로 나오게 된다.

② Filter는 주로 3 by 3(3×3) 또는 4 by 4(4×4)의 행렬로 정의되며, 특징을 추출을 위한 파라미터이다.
  ㉠ 지정된 간격으로 이동하면서 전체 입력 데이터와 합성곱을 통해 Feature Map을 만들어낸다. 여기서 지정된 간격으로 필터를 순회하는 간격을 Stride라 한다.
  ㉡ Filter와 Stride에 따라 결과값이 달라질 수 있으므로, 연구자는 세밀하게 이를 지정해야 한다.

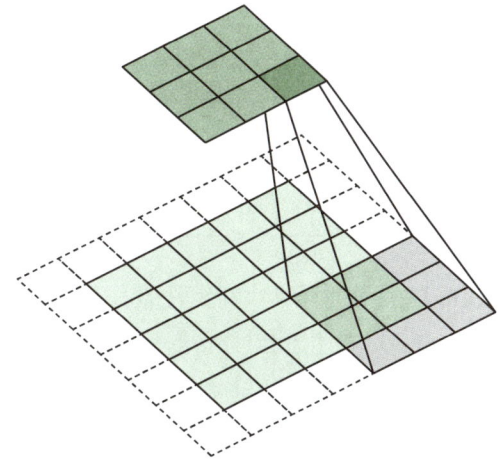

Convolution Operation with Stride Length=2

출처: A Comprehensive Guide to Convolutional Neural Networks_the ELI5 way

③ 위의 그림은 Stride가 2인 형태의 그림이다. 그러므로 행 2칸, 열 2칸씩 2×2의 행렬로 정의됨을 확인할 수 있다.

(3) 패딩(Padding)

① **패딩(Padding)**은 입력 이미지의 크기를 조정하기 위해 가장자리 부분에 0을 추가하는 방법이다. 패딩을 사용하는 이유는 필터를 적용할 때 이미지의 크기가 줄어드는 것을 방지하기 위해서이다.

② 패딩을 사용하지 않으면 합성곱을 거칠 때마다 이미지 크기가 감소하므로, 이미지의 중요한 정보가 손실될 가능성이 있다.

③ 패딩의 유형
  ㉠ Valid 패딩 : 패딩을 하지 않고 합성곱을 적용하여 이미지 크기가 줄어든다.
  ㉡ Same 패딩 : 패딩을 추가하여 입력 이미지와 동일한 크기의 출력 이미지를 얻는다.

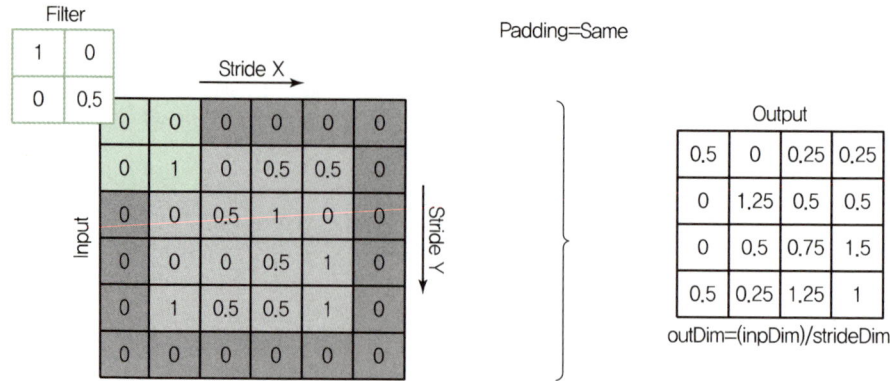

출처: What is Padding in Convolutional Neural Network's(CNN's) padding

(4) 풀링(Pooling)

① 풀링(Pooling)은 피처 맵의 크기를 줄이고, 계산량을 감소시키며, 과적합을 방지하는 역할을 한다.
② 풀링의 주요 방식
　㉠ 최대 풀링(Max Pooling) : 특정 영역에서 가장 큰 값을 선택하여 대표값으로 사용한다.
　㉡ 평균 풀링(Average Pooling) : 특정 영역에서 평균값을 계산하여 대표값으로 사용한다.
③ 주로 최대 풀링이 사용된다. 풀링은 이미지의 일정 영역에서 가장 중요한 값을 추출하는 방식으로, 크기를 줄이면서도 중요한 특징을 유지하게 된다.
④ 풀링 과정은 이미지의 해상도를 낮추는 역할을 하지만, 중요한 특징을 유지하면서 차원을 줄여 CNN의 계산 효율성을 높인다.

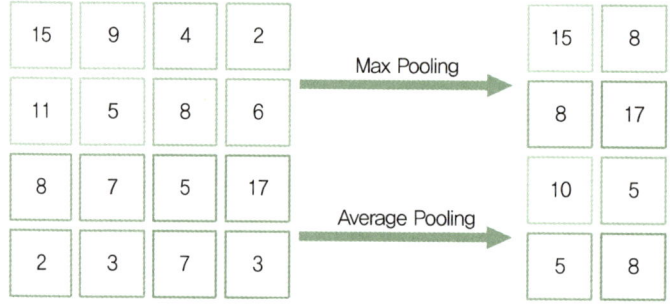

출처 : ResearchGate

SECTION 05 순환 신경망

1 순환 신경망(Recurrent Neural Network)

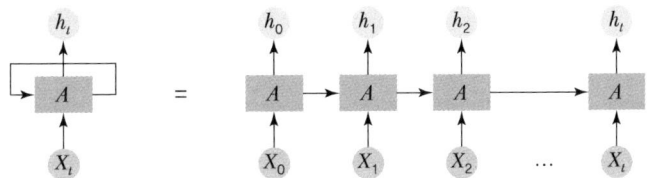

출처: datacamp.com

① 순환 신경망(RNN ; Recurrent Neural Network)은 시계열 데이터나 순차적인 데이터를 처리하는 데 특화된 딥러닝 모델로, 이전 시간의 정보를 현재 계산에 반영하는 특징을 가진다.
② 전통적인 신경망은 각 입력이 독립적으로 처리되는 반면, RNN은 이전 상태의 출력을 다음 입력으로 다시 피드백하여 순환하는 구조를 통해 시간적인 의존성을 학습할 수 있다.
③ 이 때문에 자연어 처리(NLP), 음성 인식, 주가 예측, 기계 번역 등 연속적 데이터를 다루는 문제에서 뛰어난 성능을 발휘한다.

2 RNN의 주요 특징

① 순환 구조
  ㉠ RNN은 뉴런 간 연결이 한 방향으로만 흐르지 않고, 출력값을 다시 입력으로 피드백하는 순환 구조를 가지고 있다. 이를 통해 이전 상태의 정보를 현재 상태에 반영할 수 있다.
  ㉡ 즉, 이전 시점의 데이터를 기억하면서 시계열적으로 관련된 정보를 학습하는 데 적합하다.
② 시계열 데이터 처리
  ㉠ RNN은 연속적인 데이터 처리에 강점을 가지며, 데이터를 시간 순서에 따라 처리하면서 각 시점의 맥락을 학습한다.
  ㉡ 이 때문에 텍스트 생성, 음성 인식, 시계열 예측 등의 작업에 많이 활용된다.
③ 기울기 소실 문제
  ㉠ RNN은 역전파 과정에서 기울기 소실(Gradient Vanishing) 문제가 발생할 수 있다. 이는 매우 긴 시퀀스를 학습할 때, 초기에 입력된 정보가 뒤로 갈수록 사라지게 되어 장기 의존성(long-term dependency)을 학습하는 데 어려움을 겪는 문제이다.
  ㉡ 이 문제를 해결하기 위해 LSTM(Long Short-Term Memory)이나 GRU(Gated Recurrent Unit)와 같은 변형된 RNN 구조가 개발되었다.

SECTION 06 LSTM

1 LSTM(Long Short-Term Memory)

(1) 정의

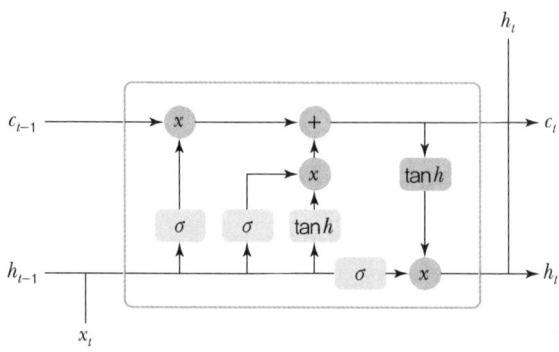

출처 : ProjectPro

① LSTM(Long Short-Term Memory)은 순환 신경망(RNN)의 일종으로, 장기 의존성(Long-Term Dependencies) 문제를 해결하기 위해 설계된 모델이다. 기본 RNN은 시간이 지남에 따라 이전 정보가 점점 사라지는 기울기 소실(Gradient Vanishing) 문제를 겪는데, LSTM은 이를 보완하여 오랜 시간에 걸친 정보도 기억할 수 있는 구조를 가지고 있다.
② 특히, LSTM은 기억 셀(cell)과 게이트 구조를 사용하여 중요한 정보를 장기간 유지하고, 필요하지 않은 정보는 잊어버리도록 학습한다.
③ LSTM은 자연어 처리(NLP), 음성 인식, 시계열 데이터 분석, 기계 번역 등 시간의 흐름에 따른 데이터를 처리하는 다양한 문제에서 뛰어난 성능을 발휘한다.

(2) LSTM의 주요 특징

① LSTM은 세 가지 '게이트(Gates)'로 구성되어 있으며, 이를 통해 정보를 선택적으로 기억하거나 잊을 수 있다.
② 각 게이트는 '시그모이드(Sigmoid)'와 '탄젠트(Tanh)' 활성화 함수를 사용하여 데이터 흐름을 제어한다.
  ㉠ 입력 게이트 (Input Gate) : 새로운 정보가 셀 상태에 저장될지 결정한다. 현재와 이전 상태를 고려해 어떤 정보를 추가할지를 선택한다.
  ㉡ 망각 게이트 (Forget Gate) : 과거 정보 중에서 잊어버릴 정보를 결정한다. 이전 상태 중에서 불필요한 정보를 삭제하는 역할을 한다.
  ㉢ 출력 게이트 (Output Gate) : 현재 셀에서 얻은 정보를 출력으로 보낼지 결정한다. 현재 셀의 정보를 바탕으로 다음 뉴런으로 보낼 출력값을 선택한다.

(3) LSTM의 장점

① **장기 의존성 학습** : RNN의 기울기 소실 문제를 해결하여 오랜 시간 동안 발생한 의존성을 학습할 수 있다.

② **유연한 정보 제어** : 각 게이트를 통해 정보를 선택적으로 기억하거나 잊어버릴 수 있어, 학습이 더 정밀하고 효과적으로 이루어진다.

③ **다양한 응용** : 자연어 처리, 음성 인식, 주가 예측 등 연속적인 데이터를 다루는 다양한 문제에서 사용된다.

2 LSTM의 활용

① **자연어 처리(NLP)** : 긴 문장의 문맥을 유지하며 기계 번역, 텍스트 생성 등에 활용되고 있다.
② **음성 인식** : 음성 데이터의 시간적 흐름을 분석하여 텍스트로 변환이 가능하다.
③ **시계열 예측** : 주가, 날씨 등 과거 데이터를 바탕으로 미래를 예측할 수 있다.
④ **비디오 분석** : 연속된 이미지 프레임 간의 관계를 학습하여 객체 추적 및 행동 인식에 활용된다.
⑤ LSTM은 RNN의 한계를 극복하면서 복잡한 시계열 데이터를 더 효과적으로 처리할 수 있는 모델로, 다양한 딥러닝 응용에서 중요한 역할을 하고 있다.

CHAPTER 03 딥러닝 예상문제

01 다음 중 심층신경망에 대한 설명으로 가장 알맞지 않은 것은?
① 오차 역전파를 사용한다.
② 은닉층이 1개 존재한다.
③ 은닉층을 심층으로 구성한다.
④ 시그모이드는 오차 역전파로 결과 해석이 어렵다.

02 최근 AI 기술의 발전과 함께 주목을 받는 딥러닝의 기반이 되는 모형은?
① 유전자 알고리즘　② 규칙기반모형
③ 인공신경망모형　④ 의사결정나무모형

03 다음 중 은닉층이 순환적으로 연결되어 순환신경망이라고도 불리는 것은?
① ANN　② CNN
③ DNN　④ RNN

04 다음 중 딥러닝에 대한 설명으로 올바른 것은?
① 오차역전파 기법을 활용할 수 있다.
② ReLU만 사용하고 Sigmoid는 사용하지 않는다.
③ Dropout은 연구자가 설정할 수 없다.
④ 딥러닝은 각 은닉층의 가중치로 나타나기에 모형의 결과와 과정을 설명하기 쉽다.

05 다음 중 시각적 이미지를 분석하는데 사용되는 딥러닝으로 합성곱 신경망을 뜻하는 것은?
① ANN　② CNN
③ DNN　④ RNN

06 다음 중 딥러닝에 대한 설명으로 옳지 않은 것은?
　① 딥러닝은 여러 비선형 변환 기법의 조합을 통해 높은 수준의 추상화를 시도하는 머신러닝의 집합체이다.
　② 딥러닝에서는 활성화 함수의 종류가 대부분 정해져 있어, 모델이 간단하게 구성된다.
　③ 딥러닝은 출력층, 은닉층, 입력층으로 구성되었다고 할 수 있다.
　④ 딥러닝에서는 오차 역전파를 적용할 수 있다.

07 다음 중 초매개변수(하이퍼파라미터)에 대한 설명으로 옳은 것은?
　① 모델 내부에서 확인이 가능한 변수로 데이터를 통해서 산출이 가능한 값이다.
　② 예측을 수행할 때, 모델에 의해 요구되는 값들이다.
　③ 모델에서 외적인 요소로 데이터 분석을 통해 얻어지는 값이 아닌 연구자가 직접 설정해줘야 하는 값이다.
　④ 주로 사람에 의해 수작업으로 이뤄지지 않는다.

08 다음 중 단층 퍼셉트론을 통해 해결하지 못했던 문제를 다층 퍼셉트론을 이용해 해결한 연산은 무엇인가?
　① AND Gate　　　　　② NAND Gate
　③ OR Gate　　　　　　④ XOR Gate

09 다음 중 인공신경망에서 활성화 함수인 시그모이드(sigmoid) 함수의 결과값으로 옳은 것은?
　① −1 또는 1　　　　　② 0 또는 1
　③ $-1 \leq y \leq 1$　　　　　④ $0 \leq y \leq 1$

10 다층 신경망 모형에서 은닉층(hidden layer)의 개수를 너무 많이 설정하게 되면 역전파 과정에서 앞에 위치한 은닉층 가중치 조정이 이루어지지 않아 신경망 학습이 과소적합(Underfitting)이 될 수 있다. 이러한 현상을 나타내는 용어는?
　① 기울기 소실 문제　　　② 지역 최적화 문제
　③ XOR 문제　　　　　　④ 과적합 문제

11 다음 중 신경망 모형에 대한 설명으로 적절하지 않은 것은?

① 일반적으로 인공 신경망은 다층퍼셉트론을 의미하고, 다층 퍼셉트론에서 정보의 흐름은 입력층에서 시작하여 은닉층을 거쳐 출력층으로 진행된다.
② 은닉층의 수와 뉴런 개수는 신경망 모형에서 자동으로 설정된다.
③ 역전파 알고리즘은 연결강도를 갱신하기 위해 예측된 결과와 실제값의 차이인 에러의 역전파를 통해 가중치를 구하는 데서 시작되었다.
④ 피드포워드 신경망은 정보가 전방으로 전달되는 것으로 생물학적 신경계에서 나타나는 형태이며 딥러닝에서 가장 핵심적인 구조 개념이다.

12 다음 중 다양한 활성함수 중 출력값이 여러 개로 주어지고, 목표치가 다범주인 경우 각 범주에 속할 사후확률을 제공하는 함수는?

① Tanh 함수
② Gauss 함수
③ Sigmoid 함수
④ Softmax 함수

13 다층 신경망은 여러개의 은닉층(hidden layer)을 가질 수 있다. 다음 중 은닉층 노드의 수가 너무 적을 경우 나타나는 특징을 설명한 것으로 가장 적절한 것은?

① 모델의 복잡도가 높아지므로 과대적합(Overfitting)에 빠지게 된다.
② 모델의 복잡도가 낮아지므로 과소적합(Underfitting)에 빠지게 된다.
③ 오차의 역전파 알고리즘에서 기울기 소실 문제가 발생한다.
ⓒ 훈련에 많은 시간이 소요된다.

14 다음 중 심층신경망(DNN ; Deep Neural Network)에 대한 설명으로 옳지 않은 것은?

① 심층신경망(DNN ; Deep Neural Network)은 입력층(input layer)과 출력층(output layer) 사이에 다중의 은닉층(hidden layer)을 포함하는 인공신경망(ANN)을 뜻한다.
② 심층신경망은 다중의 은닉층을 가지고 있기 때문에 비선형적 관계를 학습할 수 있으나, 모델의 구조를 파악하는 것은 불가능하다.
③ 심층신경망은 의료분야에서 암 진단 시스템 구축 등 재무분야에서의 주가지수 예측, 기업신용평가, 환율 예측 등에 활용되고 있다.
④ 알고리즘에 따른 심층신경망의 종류에는 이미지 데이터를 주로 처리하는 CNN(Convolution Neural Network), 시계열 데이터를 처리하는 RNN(Recurrent Neural Network), 비지도형 기계학습을 기반으로 하는 DBN(Deep Belief Network), 심층 오토인코더(deep autoencoder) 등이 있다.

15 다음 중 아래 설명의 빈칸 안에 들어갈 말로 적절한 것은?

> CNN(Convolution Neural Network, 합성곱 신경망)은 데이터의 특징을 추출하여 특징들의 패턴을 파악하는 구조이며, Convolution(합성곱)과 Pooling(풀링)의 과정으로 이루어진다. CNN은 이미지를 인식하는 데 주로 사용된다. CNN의 구성요소 중 (　　　)은/는 이미지의 특징을 찾아내기 위한 공용 파라미터로, 커널(Kernel)이라고도 한다.

① 필터　　　　　　　　② 채널
③ 패딩　　　　　　　　④ 피처 맵

16 다음 중 CNN(Convolution Neural Network, 합성곱 신경망)에 대한 설명으로 옳지 않은 것은?

① CNN은 이미지, 비디오, 텍스트 또는 사운드를 분류하는 데에 가장 많이 사용되는 알고리즘이다.
② CNN 알고리즘에서 컨볼루션 또는 필터링 과정을 통해 얻은 특성 지도(Feature Map)들은 ReLU와 같은 활성화 함수를 거쳐 출력된다.
③ CNN은 이미지 픽셀값들을 그대로 입력하는 것보다는 이미지를 대표할 수 있는 특성들을 도출해서 신경망에 입력하는 방법을 사용한다.
④ CNN 알고리즘은 특징(Feature)을 추출하는 '풀링 레이어(Pooling Layer)'와 추출된 특징 데이터의 사이즈를 줄이고 노이즈를 상쇄시키는 '컨볼루션 레이어(Convolution Layer)'로 구성된다.

17 다음 중 아래 설명의 괄호 안에 들어갈 말로 적절한 것은?

> (　　　)은/는 함수의 기울기(경사)를 구하여 기울기가 낮은 쪽으로 계속 이동시켜 극값(최적값에 이를 때까지 반복하는 것이다.

① 오차 역전파　　　　② 경사 하강법
③ 오차 순전파　　　　④ 전역 최적해

18 다음 중 LSTM(Long Short-Term Memory)에 대한 설명으로 옳지 않은 것은 ?

① LSTM은 양방향 구조로만 구성할 수 있다.
② LSTM의 입력 값은 데이터 개수 시간 축의 차원, 입력되는 데이터의 개수에 해당하는 3차원 구조를 갖는다.
③ LSTM(Long Short-Term Memory)은 S.Hochreiter와 J.Schmidhuber가 1997년에 제안한 것으로, RNN의 장기 의존성 문제를 해결할 뿐만 아니라 빠르게 학습에 수렴하는 특징을 가지고 있다.
④ LSTM은 신경망 내부에 상태를 저장하여 시퀀스(Sequence) 형태의 데이터 입력을 처리하고 앞으로의 데이터를 예측한다.

19 다음 중 CNN의 합성곱 계층의 입력 Feature Map이 5x5이며, Filter는 2x2이다. stride가 1 일 때, 출력 Feature Map은?

① (2, 2)
② (3, 3)
③ (4, 4)
④ (5, 5)

20 아래 그림의 Feature Map에서 설명을 보고 Pooling 값을 구하면?

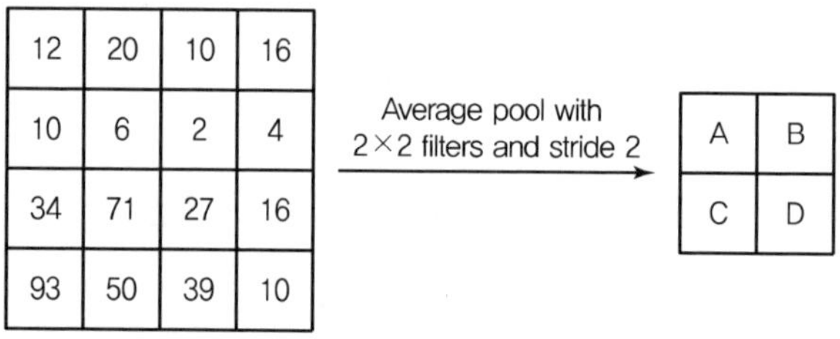

12	20	10	16
10	6	2	4
34	71	27	16
93	50	39	10

Average pool with 2×2 filters and stride 2 →

A	B
C	D

① A : 2, B : 2, C : 34, D : 10
② A : 12, B : 8, C : 62, D : 23
③ A : 12, B : 10, C : 93, D : 39
④ A : 32, B : 18, C : 248, D : 92

CHAPTER 04 비정형 데이터 분석 기법

학습목표 비정형 데이터는 빅데이터의 중요한 부분을 차지하며, 텍스트, 이미지, 영상 등과 같이 구조화되지 않은 데이터를 의미한다. 본 챕터에서는 비정형 데이터의 개념을 이해하고, 이를 분석하는 다양한 기법들을 학습하는 것을 목표로 한다. 구체적으로는 텍스트 데이터에서 패턴을 추출하는 '**텍스트 마이닝**', 관계 데이터를 분석하는 '**사회 연결망 분석(SNA)**'의 방법론을 익히고, 이러한 분석 기법들이 실제 문제에 어떻게 적용될 수 있는지 학습하며, 빅데이터 분석에서 비정형 데이터를 처리하는 역량을 키우는 것을 목표로 한다.

SECTION 01 비정형 데이터

1 비정형 데이터(Unstructured Data)

(1) 비정형 데이터의 정의

정형 데이터란 형식이 정해지지 않은 데이터로, 구조와 형태가 다르고 정형화되지 않은 문자, 음성, 이미지, 영상 데이터를 의미한다.

(2) 비정형 데이터의 유형

유형	예시
텍스트 (Text)	트위터, 페이스북 등의 소셜 미디어에서의 실시간 대화, 온라인 및 모바일을 통한 SMS, 이메일, 블로그, 커뮤니티의 게시글, 전문가 정보, 뉴스 기사 등 다양한 텍스트 데이터
이미지 (Image)	인터넷 매체를 통해 업로드된 사진과 그림 데이터, JPEG, GIF, PNG 등의 파일 형식을 포함하여 데이터 분석을 위해 변환된 시각적 데이터
음성 및 영상	음성과 동영상 스트리밍, 인터넷에서 실시간으로 전송되거나 녹화된 영상 데이터, 스트리밍 형태의 오디오 및 비디오 파일

2 비정형 데이터 분석

① 비정형 데이터에서 유의미한 정보와 특정 패턴을 발견하기 위해 다양한 분석 기법이 활용된다. 이러한 기법들은 주로 자연어 처리, 텍스트 분석 등을 포함하며, 데이터의 특성을 이해하고 이를 활용하여 인사이트를 도출하는 데 중요한 역할을 한다.

② 비정형 데이터 분석에는 텍스트 마이닝, 감정 분석, 사회 연결망 분석, 군집분석 등 다양한 방법이 사용되며, 각 기법은 데이터의 유형과 분석 목적에 따라 달라진다. 이러한 기법들은 비정형 데이터 마이닝이라고도 불리며, 복잡한 데이터를 정형화하여 인사이트를 얻을 수 있다.

③ 비정형 데이터 분석 기법의 주요 유형과 예시

유형	예시
텍스트 마이닝	• 자연어 처리 기법을 통해 문서에서 중요한 정보를 추출하는 기법 • 특정 키워드, 문맥을 기반으로 의미를 분석하여 유용한 패턴을 도출할 수 있음
감정 분석 (Opinion Mining)	• 소셜 미디어에서 긍정/부정/중립의 감정을 분석하여 특정 주제나 제품에 대한 사람들의 감정을 파악하는 기법 • 키워드의 빈도를 측정하여 의미를 분석
사회 연결망 분석	• 소셜 네트워크 서비스에서 사용자의 관계를 분석하고, 네트워크상에서 어떻게 연결되어 있는지 파악하는 기법 • 대표적으로 사용자의 관계 및 영향력을 평가
군집분석	• 비슷한 특성을 가진 데이터를 군집화하여 그룹을 나누는 기법 • 고객 세분화, 트렌드 분석 등에 활용되며, 각 그룹의 특성을 분석하여 마케팅에 활용

SECTION 02 텍스트 마이닝

1 텍스트 마이닝(Text Mining)

① 텍스트 마이닝(Text Mining)은 비정형 텍스트 데이터에서 유의미한 정보를 추출하고, 이를 분석하여 인사이트를 도출하는 과정이다.

② 텍스트는 자연어로 작성된 데이터이기 때문에 구조화되지 않은 정보가 많으며, 이러한 데이터를 처리하고 분석하려면 자연어 처리(NLP) 기법과 기계 학습 알고리즘을 활용해야 한다.

③ 텍스트 마이닝의 주요 목표는 텍스트 데이터를 분석하여 패턴, 주제, 감정, 빈도 등을 파악하고, 이를 통해 숨겨진 지식을 발견하는 것이다.

텍스트 데이터 수집	텍스트 데이터 전처리	토큰화	특징 값 추출	데이터 분석
분석에 필요한 텍스트 데이터를 모으는 단계	텍스트 데이터를 분석하기 쉬운 형태로 정리하는 과정	텍스트 데이터를 분석 가능한 최소 단위인 '토큰'으로 나누는 작업	텍스트 데이터의 중요한 특성을 추출하여 숫자형 데이터로 변환하는 과정	텍스트 데이터를 활용해 패턴을 찾고, 분류나 예측을 수행하는 작업
웹 스크래핑 도구 (예: BeautifulSoup, Scrapy) API 활용(트위터 API, 구글 뉴스 API 등) 데이터베이스에서 텍스트 데이터를 가져오는 SQL 쿼리	불필요한 데이터 제거: 특수문자, HTML 태그, 이메일 주소, 링크 등을 제거 불용어 제거: 분석에 도움되지 않는 '그리고', '하지만' 같은 불용어 (stopwords)를 제거 정규화: 같은 의미의 단어들을 통일시키기 위해 단어의 기본형으로 변환하는 작업	단어 토큰화: 텍스트를 단어 단위로 나누어 분석할 수 있게 만듦 문장 토큰화: 긴 문장을 여러 개의 문장 단위로 분할 형태소 분석: 한국어처럼 어근, 접사 등으로 구분되는 언어에서는 단어의 형태소를 분석하여 분리	BoW: 각 단어의 출현 빈도를 기반으로 텍스트 데이터를 수치화하는 방식 TF-IDF: 단어 빈도와 역문서 빈도를 함께 고려하여 중요도를 측정하는 기법 WordEmbeddings: 단어를 벡터로 변환하여 단어 간의 유사성을 파악	감정 분석: 텍스트에서 감정(긍정, 부정, 중립)을 분석하는 기법 주제 모델링: 문서에서 주제를 자동으로 찾아내는 기법 클러스터링(Clustering): 비슷한 텍스트 데이터를 그룹화하는 기법 텍스트 분류(Text Classification): 텍스트 데이터를 미리 정의된 카테고리로 자동 분류

2 텍스트 마이닝에서의 주요 용어

① **정보 추출**(Information Extraction) : 텍스트에서 키워드, 구문, 개체명 등을 식별하여 데이터베이스에 저장하거나 활용할 수 있는 형태로 변환한다. 주로 텍스트에서 중요한 엔티티(예 인명, 장소명, 조직명) 등을 추출하는 과정이다.

② **정보 검색**(Information Retrieval) : 대규모 텍스트 데이터에서 사용자가 필요로 하는 정보를 찾아내는 과정으로, 검색 엔진, 문서 필터링 등에 사용된다.

③ **텍스트 분류**(Text Classification) : 텍스트 데이터를 미리 정의된 카테고리 또는 주제에 따라 자동으로 분류하는 과정이다. 예를 들어, 뉴스 기사를 스포츠, 경제, 정치 등의 카테고리로 분류할 수 있다.

④ **감정 분석**(Sentiment Analysis) : 텍스트에서 감정적인 신호를 분석하여 긍정적, 부정적, 중립적 감정을 추출하는 기법이다. 리뷰, 소셜 미디어 게시글, 고객 의견 등에서 대중의 감정을 파악하는 데 사용된다.

⑤ **주제 모델링**(Topic Modeling) : 대량의 텍스트에서 주요 주제를 자동으로 추출하는 기술이다. 텍스트 간에 숨겨진 주제의 분포를 파악하여, 문서나 텍스트 간의 유사성을 분석하는 데 사용된다.

출처: Adobe Stock

⑥ **워드 클라우드**(Word Cloud) : 텍스트에서 자주 등장하는 단어들을 시각적으로 나타낸 것이다. 단어의 크기와 색상이 빈도를 나타내며, 많이 등장한 단어일수록 더 큰 글씨로 표현된다.

⑦ **TF-IDF**(Term Frequency-Inverse Document Frequency) : 텍스트 내에서 중요한 단어를 평가하는 기법으로, 특정 단어가 해당 문서 내에서 얼마나 자주 등장하는지(TF)와 다른 문서들에서도 얼마나 자주 등장하는지(IDF)를 고려하여 가중치를 부여한다. 이를 통해 문서 내에서 의미 있는 단어를 찾는 데 사용된다.

3 텍스트 마이닝의 분석과정

(1) 텍스트 전처리(Text Preprocessing)

① 텍스트 마이닝의 첫 번째 단계는 텍스트 전처리이다. 텍스트 데이터는 구조화되지 않았기 때문에 분석에 적합한 형태로 가공해야 한다.

② 전처리 과정은 불필요한 정보를 제거하고 분석에 필요한 데이터를 추출하는 작업을 포함한다.

㉠ 토큰화(Tokenization) : 텍스트를 의미 있는 단위로 분리하는 과정이다. 문장을 단어 또는 문장 단위로 나누어 각각의 단위가 분석할 수 있는 형태로 준비된다.

```
from nltk.tokenize import word_tokenize
input_string = '''Random-access memory (RAM/ ræm/) is a form of computer memory that can be read and changed in any order typically used to store working data and machine code. It cost aroung $40.99 of 8gb.'''
· applying the word_tokenize method
output = word_tokenize(input_string)
print(output)

['Random-accss', 'memory', '(', 'RAM, '/ræm/'. ')' 'is', 'a', ' form', 'of', 'computer', 'that', 'can', 'be', 'read', 'and', changed', 'in', 'any', 'order', ',', 'typically', 'used', 'to', 'store', 'working', 'data', 'and', 'machine', 'code', '.']
```

출처 : mycloudplace

㉡ 불용어 제거(Stopword Removal)

불용어 처리 전	불용어 처리 후
GeeksforGeeks-A Computer Science Portal for Geeks	GeeksforGeeks, Computer Science, Portal, Geeks
Can listening be exhausting?	Listening, Exhausting
I like reading, so I read	Like, Reading, read

출처: geeksforgeeks

- 분석에 유의미하지 않은 단어들을 제거하는 과정이다. 예를 들어 "그리고", "하지만"과 같은 접속사나 조사들은 분석에 큰 의미가 없으므로 제거한다.
- 위의 표에서는 "-", "a", "for", "Can", "be", "I", "so"가 생략되었다.

㉢ 형태소 분석(Morphological Analysis)
- 단어를 형태소 단위로 분석하여 텍스트의 의미를 추출하는 작업이다.
- 특히 한국어와 같은 교착어에서 유용하며, 단어의 어근, 접사, 어미 등을 분리하여 의미를 파악할 수 있다.

형태소 분석기

송백목/보통명사
송백조/보통명사
송별사/보통명사
송별식/보통명사
송별연/보통명사
송별주/보통명사
송별회/보통명사

행복은 너의 마음에 있다.

행복(/보통명사)+은(/보조사)
너(/대명사)+의(/격조사)마음(/보통명사)+에
(/격조사)있(/보조용언)+다(/종결어미)+
.(/마침표)

'ㄷ, ㅌ' 받침 뒤에 종속적 관계를 가진
'-이(-)'나 '-히-'가 올 때에는 그
'ㄷ, ㅌ'이 'ㅈ, ㅊ'으로 소리 나더라도
'ㄷ, ㅌ'을 적는다
(ㄱ을 취하고, ㄴ을 버림).
예:같이, 굳이, 구개음화

출처 : 인문 데이터 분석-디지털인문학 시리즈

ⓔ 정규화(Normalization)
- 텍스트 데이터를 일관성 있게 처리하기 위해 모든 단어를 소문자로 변환하거나, 숫자와 특수 문자를 제거하는 작업이다.
- 예를 들어, 대문자로 시작하는 단어와 소문자로 시작하는 단어가 동일한 단어로 처리될 수 있도록 변환한다.

(2) 피처 추출(Feature Extraction)

① 전처리된 텍스트 데이터를 분석하기 위해서는 수치화된 데이터로 변환해야 한다.
② 이 과정에서 단어의 중요도를 계산하고, 텍스트를 피처로 변환하여 기계 학습 모델에 사용할 수 있게 한다.

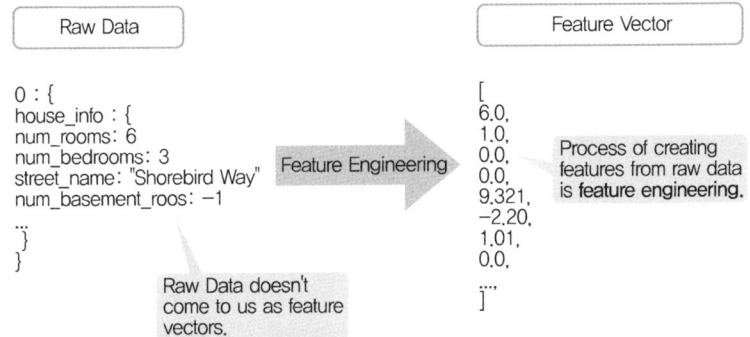

출처 : Machine Learing Crash Course

ⓐ Bag of Words(BoW)
- 문서를 단어들의 집합으로 표현하는 기법이다. 각 문서에서 등장한 단어의 빈도를 계산하고 이를 벡터로 변환하여 문서를 수치화한다.
- BoW는 단어의 순서를 고려하지 않고, 단순히 단어의 빈도만을 반영한다.

ⓑ TF-IDF(Term Frequency-Inverse Document Frequency)
- 문서에서 자주 등장하는 단어에 높은 가중치를 부여하되, 다른 문서에도 자주 등장하는 단어의 가중치는 낮추는 방식이다.
- 이를 통해 각 문서에서 의미 있는 단어를 선택하여 분석할 수 있다.

ⓒ 워드 임베딩(Word Embedding)
- 단어 간의 의미적 유사성을 벡터로 표현하는 기법이다.
- Word2Vec이나 GloVe와 같은 알고리즘을 통해 단어를 고정된 크기의 벡터로 변환하고, 의미적으로 유사한 단어들은 가까운 벡터 공간에 배치된다.

(3) 텍스트 분석(Text Analysis)

① 텍스트 분석은 텍스트 데이터를 분석하여 의미 있는 패턴을 발견하는 단계이다.
② 이 단계에서는 다양한 기계 학습 기법이나 통계 기법이 적용된다.

㉠ 감정 분석(Sentiment Analysis)
- 텍스트 내에서 긍정적, 부정적, 중립적 감정을 추출하는 기법이다.
- 주로 소셜 미디어, 리뷰, 피드백 등의 데이터를 통해 대중의 감정 상태를 파악하는 데 사용된다.

㉡ 주제 모델링(Topic Modeling)
- 문서에서 숨겨진 주제를 자동으로 발견하는 기법이다.
- 'LDA(Latent Dirichlet Allocation)'와 같은 기법을 사용하여 문서 내 단어들의 분포를 분석하고, 이를 바탕으로 주요 주제를 추출한다.

㉢ 클러스터링(Clustering)
- 유사한 특성을 가진 문서들을 군집으로 나누는 기법이다.
- 주로 비지도 학습 기법을 사용하며, 문서 간 유사성을 바탕으로 데이터를 그룹화하여 분석한다.

(4) 결과 시각화 및 해석(Result Visualization and Interpretation)

① 결과 시각화 및 해석은 분석 결과를 시각적으로 표현하고, 이를 바탕으로 인사이트를 도출하는 단계이다.
② 시각화는 분석 결과를 더 직관적으로 이해할 수 있도록 도와준다.

㉠ 워드 클라우드(Word Cloud)
- 텍스트 내에서 긍정적, 부정적, 중립적 감정을 추출하는 기법이다.
- 주로 소셜 미디어, 리뷰, 피드백 등의 데이터를 통해 대중의 감정 상태를 파악하는 데 사용된다.

㉡ 주제 모델 시각화 : 주제 모델링을 통해 추출된 주제를 시각화하여, 각 문서가 여러 주제와 어떻게 연관되어 있는지를 파악할 수 있게 한다.

㉢ 감정 분석 결과 시각화 : 긍정적, 부정적, 중립적 감정의 비율을 차트나 그래프로 시각화하여 대중의 감정 상태를 직관적으로 이해할 수 있게 한다.

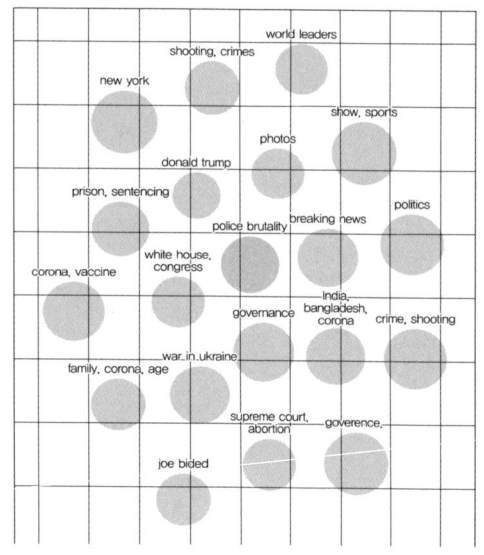
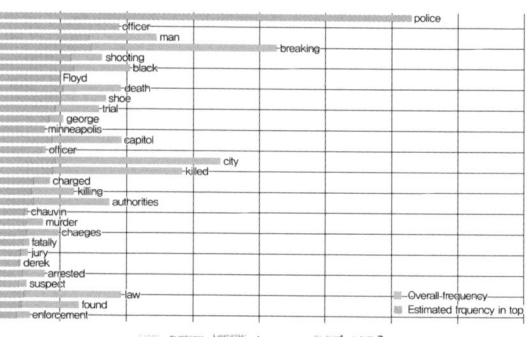

[텍스트 마이닝 결과 시각화]

출처 : stackoverflow

SECTION 03 사회 연결망 분석

1 사회 연결망 분석(Social Network Analysis)

① 사회 연결망 분석(SNA ; Social Network Analysis)은 개인, 집단, 조직 등 사회적 단위 간의 관계와 상호작용을 분석하여 네트워크 구조를 파악하고, 이로부터 중요한 패턴과 정보를 추출하는 기법이다.
② 사회적 관계는 단순한 개체 간의 연결로 볼 수 없으며, 이를 분석하기 위해 네트워크 이론을 적용하여 복잡한 관계를 시각적으로 표현하고 수치화하는 것이 중요하다.
③ 사회 연결망 분석은 사회학, 경영학, 정치학, 데이터 과학 등 다양한 분야에서 활용되며, 복잡한 관계망에서 중요한 노드(개체)와 연결 구조를 파악하는 데 효과적이다.

2 사회 연결망 분석의 방법론

(1) 집합론적 방법

① 집합론적 방법은 네트워크를 구성하는 노드와 엣지(연결)를 집합론적 관점에서 분석하는 방법이다. 이 방법은 관계가 포함된 집합들을 정의하고, 집합 간의 상호작용을 통해 네트워크의 구조를 설명한다.
② 각 노드는 개체(사람, 조직, 국가 등)를 나타내며, 각 엣지는 개체 간의 상호작용(친밀도, 정보 교류 등)을 나타낸다. 이를 통해 집합 간의 교집합, 합집합, 차집합 등 집합 연산을 활용하여 네트워크 구조를 해석한다.

(2) 그래프 이론을 기반으로 하는 방법

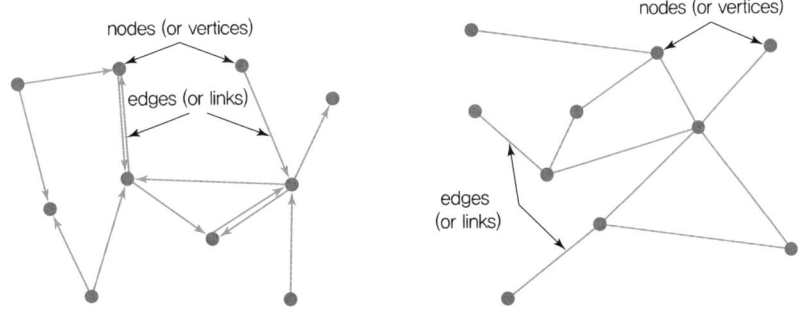

① 그래프 이론은 네트워크를 '정점(Vertex)'과 '변(Edge)'으로 구성된 그래프로 나타내는 방법이다. 그래프 이론은 사회 연결망 분석의 주요 이론적 기반으로, '정점'은 '개체'를, '변'은 그들 간의 '관계'를 나타낸다.
② 이를 통해 네트워크의 연결 구조, 경로, 순환 등을 수학적으로 분석할 수 있다. 그래프 이론을 활용하면 연결 강도, 경로의 길이, 클러스터링 계수 등을 수치화하여 네트워크의 특성을 정량적으로 분석할 수 있다.

(3) 행렬을 이용한 방법

① 행렬을 이용한 방법은 네트워크를 '인접 행렬(Adjacency Matrix)' 또는 '가중치 행렬(Weighted Matrix)'로 표현하여 분석하는 방법이다. 행렬의 행과 열은 네트워크 내 개체를 나타내며, 행과 열의 교차점에 해당하는 값은 해당 개체 간의 연결 여부나 연결 강도를 나타낸다.
② 이를 통해 수학적으로 네트워크의 연결성을 분석하고, 행렬 연산을 통해 네트워크의 주요 특성을 추출할 수 있다.

3 사회 연결망 분석을 파악하기 위한 개념

(1) 중심성

① 네트워크에서 개체 간의 중요도나 영향력을 측정하는 주요 지표로 중심성(Centrality)이 있다.
② 중심성은 네트워크에서 특정 개체가 얼마나 중요한 위치에 있는지를 나타내며, 사회 연결망 분석에서 핵심 개념으로 사용된다.

(2) 중심성의 유형

유형	설명
연결 중심성 (Degree Centrality)	• 한 노드가 다른 노드와 얼마나 많이 연결되어 있는지를 측정하는 지표 • 연결된 노드가 많을수록 해당 노드는 네트워크 내에서 중요한 역할을 함
근접 중심성 (Closeness Centrality)	• 한 노드가 다른 모든 노드에 얼마나 가까운지를 측정하는 지표 • 근접 중심성이 높은 노드는 정보 전달이나 소통에 유리한 위치에 있음
매개 중심성 (Betweenness Centrality)	• 한 노드가 다른 노드 간의 경로에서 얼마나 중요한 중개 역할을 하는지를 나타냄 • 매개 중심성이 높은 노드는 정보 흐름을 제어하거나 조정할 수 있는 힘을 가짐
고유 벡터 중심성 (Eigenvector Centrality)	• 단순한 연결 수뿐만 아니라, 연결된 노드들의 중요성도 함께 고려하여 중심성을 평가하는 방법 • 중요한 노드와 연결된 노드일수록 더 높은 고유 벡터 중심성을 가짐

4 사회 연결망 분석의 적용

(1) 사회 연결망 분석의 활용

사회 연결망 분석은 다양한 분야에서 활용되며, 특히 사회적 관계 분석, 조직 내 의사소통 구조 파악, 영향력자 분석 등의 연구에서 중요한 역할을 한다.

(2) SNA의 주요 응용 분야

① 소셜 미디어 분석 : 트위터, 페이스북 등에서 사용자 간의 상호작용을 분석하여 '영향력 있는 사용자(인플루언서)'를 식별하거나, 특정 주제에 대한 관심도의 확산을 분석할 수 있다.

② **조직 내 의사소통 분석** : 기업이나 조직 내에서 구성원 간의 의사소통 패턴을 파악하여, 정보가 원활하게 흐르지 않는 병목 지점을 찾거나, 중요한 커뮤니케이션 허브 역할을 하는 사람들을 식별할 수 있다.

③ **범죄 네트워크 분석** : 범죄 조직이나 테러리스트 네트워크의 구조를 분석하여 핵심 인물을 찾아내고, 네트워크를 해체하는 전략을 수립하는 데 기여할 수 있다.

④ **건강 정보 확산 분석** : 보건 분야에서는 질병 전파 경로나 건강 관련 정보의 확산을 분석하여, 예방 활동이나 정보 전파 전략을 수립할 수 있다.

5 사회 연결망 분석의 과정

사회 연결망 분석은 단계적으로 네트워크 데이터를 수집하고 분석하는 과정을 거친다.

① **데이터 수집** : 분석 대상이 되는 네트워크 데이터를 수집하는 단계이다. 소셜 미디어 데이터, 설문조사, 조직 내 커뮤니케이션 데이터 등 다양한 출처에서 데이터를 수집할 수 있다.

② **네트워크 구성** : 수집한 데이터를 바탕으로 노드(개체)와 엣지(연결)를 정의하여 네트워크를 구성한다. 이 단계에서 데이터 정제와 전처리를 통해 노이즈를 제거하고, 네트워크의 구조를 명확히 한다.

③ **중심성 및 지표 분석** : 네트워크 구조를 바탕으로 중심성, 연결 강도, 클러스터링 계수 등의 지표를 계산하여 네트워크의 특성을 분석한다. 이를 통해 중요한 노드나 연결 구조를 파악할 수 있다.

④ **시각화** : 네트워크를 시각적으로 표현하여 분석 결과를 쉽게 이해할 수 있도록 한다. 그래프 이론을 활용한 시각화 도구(예 Gephi, Pajek)를 사용하여 노드와 엣지의 관계를 시각적으로 표현한다.

⑤ **결과 해석** : 시각화된 네트워크와 계산된 지표를 바탕으로 네트워크의 구조적 특성, 중요한 노드, 정보의 흐름 등을 해석하고, 이를 바탕으로 전략적 인사이트를 도출한다.

6 사회 연결망 분석의 요약

① 사회 연결망 분석(SNA)은 사회적 관계와 상호작용을 분석하여 네트워크 내 중요한 구조적 특성을 발견하고, 이를 통해 다양한 분야에서 중요한 인사이트를 제공하는 기법이다.

② SNA는 집합론, 그래프 이론, 행렬 등의 방법론을 사용하여 네트워크 구조를 수치화하고 시각화할 수 있으며, 이를 통해 사회적 관계, 조직 내 의사소통, 정보 확산 등을 효율적으로 분석할 수 있다.

CHAPTER 04 비정형 데이터 분석 기법 예상문제

01 다음 중 비정형 데이터에 대한 설명으로 옳지 않은 것은?
① 형태가 구조화되어 있으며 연산이 불가능한 데이터이다.
② 형태가 구조화되어 있지 않으며 연산이 불가능한 데이터이다.
③ 텍스트 마이닝 혹은 파일일 경우 분석을 위해 파일을 데이터 형태로 파싱해야하기 때문에 수집 데이터 처리가 어렵다.
④ 소셜 데이터, 영상, 이미지, 음성, 텍스트 등이 해당한다.

02 다음 중 비정형 데이터 마이닝에 대한 설명으로 옳지 않은 것은?
① 비정형 데이터 마이닝 중 텍스트 마이닝은 자연어로 구성된 비정형 텍스트 데이터 속에서 정보나 관계를 분석하는 기법이다.
② 비정형 데이터 마이닝의 예시로 텍스트 마이닝, 웹 마이닝, 오피니언 마이닝, 사회 연결망 분석 등이 있다.
③ 구조와 형태가 다르고 정형화되지 않은 데이터로서, 구체적으로 미리 정의된 데이터 모델을 가지지 않는 데이터를 활용한 분석 이론이다.
④ 비정형 데이터 마이닝은 정형화되어 있지 않기 때문에 정제된 데이터를 기반으로 일정한 기준이 적용된 상식적 범위에서 부분적인 데이터를 다루는 정형 데이터 마이닝의 한계를 뛰어넘지 못한다.

03 다음 중 데이터의 종류가 다른 하나는?
① 텍스트
② 관계형 데이터베이스
③ 이미지
④ 음성 및 영상

04 다음 중 비정형 데이터 분석 기법이 아닌 것은?
① 오피니언 마이닝
② 사회 연결망 분석
③ 웹 마이닝
④ 군집분석

05 웹 콘텐츠나 PDF, 마이크로소프트 오피스 파일, XML, 텍스트 파일 등 다양한 포맷의 문서로부터 텍스트를 추출해 고품질의 정보를 도출하는 과정을 무엇이라고 하는가?
① 시뮬레이션 ② 텍스트 마이닝
③ 웹 마이닝 ④ 연결망 분석

06 다음 중 사회 연결망 분석(SNA)의 주요 속성으로 가장 옳지 않은 것은?
① 통합 ② 응집력
③ 명성 ④ 구조적 등위성

07 다음 중 사회 연결망 분석(SNA)의 주요 속성으로 적절하지 않은 것은?
① 명성(Prominence) ② 범위(Range)
③ 응집력(Cohesion) ④ 개성(Individuality)

08 다음 중 텍스트 마이닝시 데이터 전처리에 대한 설명으로 옳지 않은 것은?
① Text 레벨 전처리는 크롤링 등으로 데이터 추출 후 HTML 태그나 틱 문법을 제거하는 작업이다.
② Token 레벨 전처리 중 어간(Stemming) 추출은 텍스트의 단어, 어절을 분리하는 작업이다.
③ Sentence 레벨 전처리는 마침표, 문장 부호를 사용하여 문장을 구분하는 작업이다.
④ 데이터 전처리는 문서 내 표현된 단어, 구, 절에 해당하는 내용을 가공 가능한 데이터로 변환하는 작업이다.

09 다음 중 텍스트 마이닝에서 여러 문서로 이루어진 문서 집단(혹은 문서)이 존재할 때, 어떠한 단어가 특정 문서군에서 얼마나 중요한 것인지를 추출하는 기법은?
① 토픽 모델링 ② 소셜 네트워크 분석
③ 워드 클라우드 ④ TF-IDF

10 다음 중 분석 기법이 다른 하나는?

① 텍스트 분석(Text Analysis)
② 이미지 분석(Image Analysis)
③ 사회 연결망 분석(Social Network Analysis)
④ 연관규칙 분석(Association Analysis)

11 데이터 마이닝 절차 중 데이터의 정제, 통합, 선택, 변환의 과정을 거친 구조화된 단계로서 더 이상 추가적인 절차 없이 데이터 마이닝 알고리즘 실험에서 활용될 수 있는 상태를 무엇이라고 하는가?

① Feature
② Factor Source
③ Term
④ Corpus

12 문장에서 사용된 단어의 긍정과 부정 여부에 따라 얼마나 긍정적인 단어가 많은지 여부로 소스를 부여해 긍정 문장인지를 평가하기 위한 분석으로, 트위터의 트윗과 같은 데이터를 이용해 자사의 브랜드의 긍정/부정 여부를 판단하는 데 활용되는 분석은?

① 감성 분석(Sentiment Analysis)
② 트윗 분석(Twit Analysis)
③ 분류분석(Classification Analysis)
④ 소셜 네트워크 분석(Social Network Analysis)

13 다음 중 사회 연결망 분석방법에 대한 설명으로 적절하지 않은 것은?

① 집합론적인 방법-각 개체들 간의 관계를 쌍으로 표현한 것이다.
② 그래프 이론을 이용한 방법-두 객체 간의 연결망은 두 점(노드)을 연결하는 선으로 표현한 것이다.
③ 계층적 그래프를 이용한 방법-계층적 군집분석의 방식으로 각 객체를 표현한 것이다.
④ 행렬을 이용한 방법-각 객체를 행렬의 행과 열에 대칭적으로 배치하고 행렬로 표현한 것이다.

14 사회 연결망 분석(social network analysis)의 네트워크 구조를 파악하는 기법 중 하나로, 위세가 높은 사람들과 관계가 많을수록 자신의 위세 또한 높아지는 것을 특징으로 하며 영향력이 높은 사람에 대한 연결이 그렇지 않은 다른 여러 사람들과 관계를 맺는 경우보다 자신의 영향력을 키우는 기법은?

① 매개 중심성(Betweenness centrality)
② 연결정도 중심성(Degree centrality)
③ 위세 중심성(Eigenvector centrality)
④ 근접 중심성(Closeness centrality)

15 텍스트 데이터 전처리를 통해 도출되는 각 문서에서 등장하는 단어의 빈도를 이용해 만들 수 있는 matrix를 무엇이라고 하는가?

① TDM(Term-Document Matrix)
② 워드 스테밍(Word Stemming)
③ 웹 크롤링(Web Crawling)
④ 제외어 처리(Stop Word)

16 텍스트 데이터 전처리를 통해 도출되는 각 문서에서 등장하는 단어의 빈도를 이용해 만들 수 있는 matrix는 무엇인가?

① 문서 요약(summarization)
② 문서 분류(classification)
③ 문서 제작(production)
④ 특성 추출(feature extraction)

17 아래의 TDM(Term-Document Matrix) 즉, 단어 문서 행렬에서 희소성(sparsity)을 계산한 값으로 올바른 것은?

단어	문서				
	1	2	3	4	5
떡볶이	1	0	0	1	0
돈가스	0	0	0	0	1
김밥	0	1	0	1	0
라면	1	0	1	0	0
쫄면	0	1	0	0	1

① 2%
② 44%
③ 64%
④ 98%

18 다음 중 텍스트 전처리 과정을 올바르게 나열한 것은?

> (ㄱ) 불용어 처리   (ㄴ) 대소문자 통일
> (ㄷ) 텍스트 인코딩   (ㄹ) 토큰화
> (ㅁ) 어근 추출

① (ㄹ)-(ㄱ)-(ㄴ)-(ㅁ)-(ㄷ)
② (ㄹ)-(ㄷ)-(ㄱ)-(ㅁ)-(ㄴ)
③ (ㄱ)-(ㄴ)-(ㄷ)-(ㄹ)-(ㅁ)
④ (ㄱ)-(ㄹ)-(ㄴ)-(ㅁ)-(ㄷ)

19 다음 중 문서를 유의미한 숫자의 행렬로 바꾸는 것으로, 라벨 인코딩과 달리 각 단어들의 유사성을 고려하지 않고 희소행렬로 표현한 방식을 무엇이라고 하는가?

① 말뭉치(BoW ; Bag-of-Word)
② 원-핫 인코딩(One-Hot Encoding)
③ TF-IDF(Term Frequency-Inverse Document Frequency)
④ 워드 임베딩(Word Embedding)

20 다음 중 사회 연결망 분석 시 위세 중심성에 대한 설명으로 가장 적절한 것은?

① 연결된 노드의 중요성에 가중치를 두어 중심성을 측정하는 방법이다.
② 한 노드에 직접적으로 연결된 노드들의 합으로 측정한다.
③ 한 노드에 직접적으로 연결된 노드뿐만 아니라 간접적으로 연결된 노드들 간의 거리를 계산하여 측정한다.
④ 네트워크 내에서 한 노드가 담당하는 매개자 혹은 중계자 역할의 정도를 측정하기 위한 평가지표이다.

빅데이터 결과 해석

CHAPTER 01 분석모형 평가 및 개선

학습목표 빅데이터 분석에서 중요한 단계 중 하나는 데이터에 적합한 분석모형을 선택하고 적용한 후, 그 성능을 평가하는 것이다. 성능 평가 없이 개발된 모델이 실제 환경에 투입되면 오류를 초래할 수 있으므로, 모델의 일반화 성능을 평가하는 것은 필수적이다. 이 챕터에서는 분석모형의 성능을 평가하고, 여러 모델을 비교하여 최적의 성과를 내는 모형을 선정하는 방법을 학습한다. 또한, 모형을 실제 운영 시스템에 통합하고, 지속적으로 개선해 나가는 과정을 살펴봄으로써, 모형의 실질적인 활용을 극대화하는 방법을 익힌다.

SECTION 01 분석모형 평가

1 성능 평가지표

(1) 회귀모형의 평가지표 개념

① 목표변수(y변수)가 연속형 자료인 경우에 활용되는 회귀모형은 실제값과 추정값의 차이인 오차를 계산하여 모델을 평가할 수 있다.

> 오차(Error)=실제값(Actual Value)-추정값(Predicted Value)

② 모형 전체의 오차 크기를 계산할 때 개별 오차를 단순 합계하게 되면 결국 0이 된다. 따라서 이러한 점을 보완하기 위해 일반적으로 제곱이나 절대값을 취하게 되는 지표로 구성된다.

③ 회귀모델의 성능평가지표의 종류는 여러 개가 존재하나, 대체로 비슷한 결과를 얻게 되므로 한가지 지표를 정해서 사용하면 된다.

  ㉠ MSE(Mean Sqaured Error) : 오차 제곱합을 전체 건수로 나눈 평균

$$\text{MSE} = \frac{1}{n} \sum_{i=1}^{n} (y_i - \hat{y_i})^2$$

  ㉡ RMSE(Root Mean Sqaured Error) : MSE의 양의 제곱근으로 오차와 척도를 맞춘 것

$$\text{RMSE} = \sqrt{\frac{1}{n} \sum_{i=1}^{n} (y_i - \hat{y_i})^2}$$

ⓒ MAE(Mean Absolute Error) : 오차 절대값을 더한 후 건수로 나눈 평균

$$\text{MAE} = \frac{1}{n}\sum_{i=1}^{n}|y_i - \hat{y_i}|$$

ⓔ MAPE(Mean Absolute Percentage Error) : 오차의 절대값을 실제값으로 나눈 비율의 평균

$$\text{MAPE} = \frac{1}{n}\sum_{i=1}^{n}\frac{|y_i - \hat{y_i}|}{|y_i|}$$

> **참고**
>
> **MAPE, RMSE, MAE 비교**
> - MAPE(평균절대백분율오차)는 모델 간 오차를 백분율로 비교할 수 있어, 오차의 평균 크기가 크게 차이나는 모델을 비교할 때 유용하다.
> - 반면, RMSE(평균제곱근오차)나 MAE(평균절대오차)는 단순히 오차의 크기를 평가하는 지표이다.
> - 예를 들어, 예측 모델 A가 예측값 50, 실제값 10을 제공하고, 예측 모델 B가 예측값 8, 실제값 5를 제공하는 경우, 절대오차로 비교하면 모델 A의 오차가 더 크다(A : 40, B : 3). 그러나 MAPE로 비교하면, 모델 A의 오차 백분율은 80%, 모델 B는 60%로, 실제로는 모델 B가 더 정확한 예측을 한다고 볼 수 있다.
> - 다만, MAPE는 오차의 비율을 기준으로 하기 때문에 직관적으로 오차를 해석하는 데는 어려움이 있을 수 있어, MAE와 함께 사용하는 것이 바람직하다.

(2) 분류모형의 평가지표

① 혼동행렬(Confusion matrix)

		Prediction		
		Negative	Positive	
Actual	Negative	True Negative (TN) = 895	False Positive (FP) = 90	Specificity =TN/(FP+FN) =895/(90+895) =90.9%
	Positive	False Negative (FN) = 5	True Positive (TP) = 10	Sensitivity =TP/(TP+FN) =10/(10+5) = 67%
		Negative predictive value = TN/(FN + TN) =895/(5+895) =99.4%	Positive predictive value = TP/(TP + FP) =10/(10+90) =10%	

> **참고**
>
> - 정확도(Accuracy) : True 상태인(Actual value=Predicted value)를 전체 값으로 나눔
>   Accuracy=(TP+TN)÷(TP+TN+FP+FN)
>
> - 정밀도(Precision) : 분류모델이 Positive로 분류한 것 중 실제값(Actual)과 예측값(Predicted)이 동일한 비율
>   Precision=TP÷(TP+FP)
>
> - 재현율(Recall) : 민감도(Sensitivity) 또는 참긍정비율(TPR ; True Positive Rate)이라고도 함
>   Recall=TP/(TP+FN)
>
> - 특이도(Specificity) : 실제값이 부정인 것(N) 중 모형이 예측한 비율
>   Specificity=TN÷(TN+FP)
>
> - 1-특이도(Specificity) : 실제값이 부정인 것(N) 중 모형이 오분류한 것(FPR)
>   False Positive Rate(FPR)=FP÷(TN+FP)
>
> - F1_Score : Precision과 Recall의 조화평균
>   F1_Score=2×Precision×Recall÷(Precision+Recall)

② ROC(Receiver Operation Characteristic) 커브

　㉠ ROC_Curve란 가로축을 FPR(False Positive Rate=1-특이도) 값으로 두고, 세로축을 TPR(True Positive Rate, 민감도) 값으로 두어 시각화한 그래프이다.

　㉡ 전체적인 그래프가 좌상향(왼쪽 상단으로 가깝게 그려질)할수록 올바르게 예측한 비율이 높다고 평가할 수 있다.

　㉢ ROC_Curve 하위의 면적을 AUC(Area Under Curve)라 하는데, 값이 클수록(즉, 1에 가까울수록) 모델의 성능이 좋다고 할 수 있다.

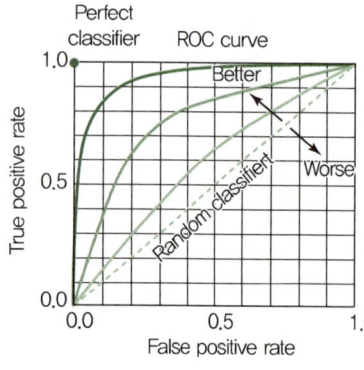

점수	등급
0.9~1.0	Excellent(S)
0.8~0.9	Good
0.7~0.8	Fair
0.6~0.7	Poor
0.5~0.6	Fail

③ 이익도표(Lift Chart)

　㉠ 이익도표는 분류모형의 성능을 평가하기 위한 또 다른 척도로써 임의로 나눈 각 등급별로 반응검출률, 반응률, 리프트 등의 정보를 산출하여 예측 정확도를 나타내는 도표이다.

ⓒ 먼저 데이터셋의 관측치에 대한 예측확률을 내림차순으로 정렬한 후 데이터를 10개의 등간으로 나누어 각 구간별 반응률(%, response)을 산출한다. 또한 기본 향상도(baseline lift)에 비해 반응률이 몇 배나 높은지를 계산하여 향상도(lift)를 구할 수 있다.
ⓒ 이익도표의 각 등급은 예측확률에 따라 매겨진 순서척도이므로 상위 등급에서 더 높은 반응률을 보일수록 좋은 모형이라 할 수 있다.

(3) 지도학습 모델의 성능평가

지도학습 모델의 성능을 평가할 때 일반적으로 다음의 평가 기준이 활용된다.

① **일반화 가능성(안정성)** : 학습된 모델이 훈련 데이터 외에 다른 데이터에서도 얼마나 안정적으로 성능을 발휘하는지 평가하는 기준이다. 이는 모델이 새로운 데이터에 대해 얼마나 잘 대응할 수 있는지를 보여주며, 모델이 데이터에 과적합되지 않았는지를 확인하는 데 중요한 지표이다.

② **효율성** : 모델이 얼마나 적은 입력 변수로 효과적인 성능을 발휘하는지를 의미한다. 필요한 데이터가 적을수록 모델의 효율성은 높다고 평가할 수 있으며, 이는 모델의 자원 활용 측면에서 중요한 요소이다.

③ **정확성** : 모델이 예측 또는 분류 작업에서 얼마나 정확한 결과를 도출하는지를 평가하는 지표이다. 높은 정확성은 모델의 주요 목표 중 하나이며, 모형 평가에서 매우 중요한 요소로 간주된다. 안정적이고 효율적인 모델이라도 예측의 정확성이 떨어지면 실용성이 크게 감소한다.

④ **해석력** : 입력 변수와 출력 변수 간의 관계를 잘 설명할 수 있는지 여부를 의미한다. 즉, 모델이 단순히 정확한 예측을 넘어서, 예측이 이루어진 근거를 명확하게 제공할 수 있어야 한다.

⑤ **편향과 분산**
ⓐ 편향(Bias) : 편향은 예측된 값과 실제 값 간의 차이를 의미하며, 모델이 잘못된 가정을 했을 때 발생한다. 편향이 높은 모델은 데이터의 특징을 충분히 반영하지 못해 과소적합(Underfitting)이 발생할 수 있다.
ⓑ 분산(Variance) : 분산은 모델이 학습 데이터에 얼마나 민감하게 반응하는지를 나타내며, 학습 데이터에 과도하게 적합할 경우 발생하는 오차를 의미한다. 분산이 높으면 모델은 학습 데이터에는 잘 맞지만, 새로운 데이터에는 적절하게 대응하지 못하는 과적합(Overfitting) 문제가 발생할 수 있다.
ⓒ 편향은 다른 용어로 정확도(Accurate)라 할 수 있고, 분산은 다른 용어로 신뢰도(Reliable)라 할 수 있다. 다음과 같은 그림으로 표현이 가능하다.

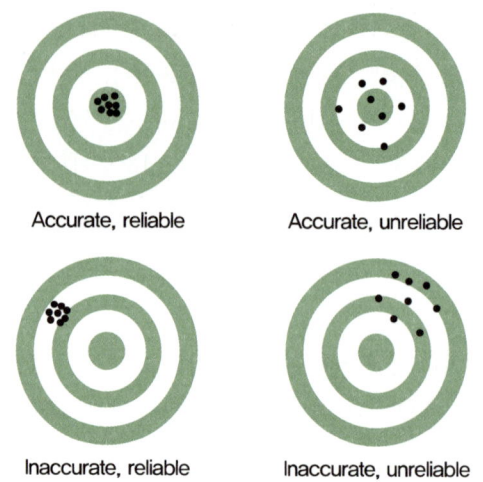

⑥ 편향과 분산간 트레이드 오프 : 편향과 분산은 상호 배타적인 관계를 가지며, 이를 편향-분산 트레이드 오프라고 한다. 복잡한 모델은 편향이 낮아지지만 분산이 높아져 과적합의 위험이 커진다. 반대로, 단순한 모델은 분산이 낮아지지만 편향이 높아져 과소적합의 문제가 발생할 수 있다. 따라서 적절한 균형을 찾아 모델의 성능을 최적화하는 것이 중요하다.

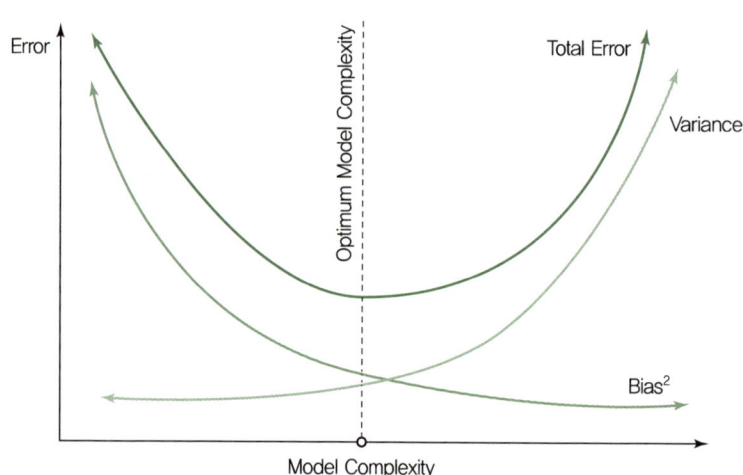

출처 : http://scott.fortmann-roe.com

(4) 군집 모델의 성능 평가

① **목표값이 있는 군집 모델 평가** : 군집 모델의 성능을 평가할 때, 실제 정답 데이터와 비교하여 군집의 적절성을 평가하는 방법이다. 이때 '조정 랜드 지수(Adjusted Rand Index)'와 '정규화된 상호정보량(Normalized Mutual Information)'과 같은 지표들이 사용된다.

  ㉠ 랜드 지수(Rand Index) : 모든 데이터 쌍에서 군집화 결과가 정답과 일치하는 비율을 측정한다. 0에서 1 사이의 값을 가지며, 1에 가까울수록 성능이 우수함을 나타낸다.

- ⓒ 조정 랜드 지수(ARI) : 랜드 지수는 무작위로 군집화된 결과에서도 좋은 값이 나올 가능성이 있기 때문에, 이를 보정한 지표가 ARI이다. ARI는 1에 가까울수록 우수한 성능을 의미하며, 경우에 따라 음수 값이 나올 수도 있다.
- ⓓ 정규화된 상호정보량(AMI) : 두 군집 간의 상호 의존성을 측정하는 지표로, 군집화가 잘 될수록 높은 값을 가지며, 1에 가까울수록 좋은 성능을 나타낸다.
② 목표값이 없는 군집 모델 평가 : 실제 정답 데이터가 없는 경우, 군집 간의 거리와 군집 내 데이터 간의 응집도를 기반으로 성능을 평가한다. '던 지수(Dunn Index)'와 '실루엣 계수(Silhouette Coefficient)'와 같은 지표가 사용된다.
- ⓐ 던 지수(Dunn Index) : 군집 간 거리가 멀고 군집 내 데이터 간 거리가 가까울수록 값이 커지며, 이는 군집화가 잘 이루어진 것을 의미한다.
- ⓑ 실루엣 계수(Silhouette Coefficient) : 군집 내 응집도와 군집 간 분리도를 종합적으로 평가하는 지표로, 값이 1에 가까울수록 군집화가 잘 이루어진 것을 의미한다.

2 분석모형진단

(1) 분석모형진단의 개요

분석모형이 타당하게 구축되었는지 확인하기 위해 '모형진단(Model diagnostics)'과 '자료진단(Data diagnostics)'이 필요하다.

① **모형진단** : 주로 선형 회귀모형에서 사용되며, 잔차분석(Residual Analysis)을 통해 데이터가 모형의 가정을 얼마나 잘 만족하는지 확인한다. 이를 위해 샤피로-윌크 검정과 K-S 검정을 사용하며, 시각화 방법으로 Q-Q Plot과 히스토그램을 활용한다.

② **자료진단** : 데이터의 변동이 모형 추정에 미치는 영향을 평가하는 과정으로, Cook's distance, DFBETAS, DFFITS와 같은 방법들이 사용된다. 이는 특정 데이터가 모형에 지나친 영향을 미치지 않는지 확인하는 절차이다.

(2) 모형진단(Model diagnostics)

① 모형진단은 분석모형이 타당하게 구축되었는지를 확인하는 과정으로, 특히 선형 회귀모형의 경우 중요한 역할을 한다. 데이터가 선형의 가정을 만족하는지를 판단하는 과정, 즉 잔차분석(Residual Analysis)이 필요하다.

② 선형 회귀분석을 비롯한 통계학의 여러 분석 방법은 데이터의 분포가 정규분포(Normal distribution) 또는 정규분포에 근사한다는 가정하에 논리를 전개하기 때문이다. 회귀분석의 경우, 추정한 회귀모형이 타당성을 가지기 위해서는 오차의 분포가 정규분포를 만족해야 한다. 정규성 가정을 만족하지 못하면 모형의 타당성은 떨어지고 신뢰성을 의심받게 된다.

③ 이를 위해 추정 회귀모형에 대해 정규성 검정(normality test)을 실시하게 된다. 통계적 방법으로는 샤피로-윌크 검정(Shapiro-Wilk test)과 콜모고로프-스미르노프 적합성 검정(Kolmogorov-Smirnov Goodness of Fit test)을 활용할 수 있고, 시각화 방법으로는 Q-Q Plot과 히스토그램을 이용할 수 있다.

㉠ 샤피로-윌크 검정(Shapiro-Wilk test)
- 샤피로-윌크 검정은 데이터가 정규분포를 따르는지 여부를 검정하는 통계적 방법 중 하나이다. 1965년에 Samuel Shapiro와 Martin Wilk에 의해 제안되었으며, 데이터의 정규성을 검증하기 위해 자주 사용된다. 특히, 샤피로-윌크 검정은 작은 샘플 크기($n < 2000$)의 데이터에 매우 유용하다.
  - 귀무가설(H_0) : 데이터가 정규분포를 따른다.
  - 대립가설(H_1) : 데이터가 정규분포를 따르지 않는다.
- 샤피로-윌크 검정의 결과로 나온 p-값이 유의수준(일반적으로 0.05)보다 작으면, 귀무가설을 기각하고 데이터가 정규분포를 따르지 않는다고 결론 내린다. p-값이 0.05보다 크면 귀무가설을 기각하지 않으므로 데이터가 정규분포를 따르는 것으로 간주한다.
- 이 검정은 데이터가 정규분포에 얼마나 잘 맞는지를 나타내는 W-통계량을 기반으로 한다. W-통계량이 1에 가까울수록 데이터가 정규분포와 유사하다고 본다.

㉡ K-S 검정(Kolmogorov-Smirnov Test)
- Kolmogorov-Smirnov 검정(K-S 검정)은 주어진 데이터가 특정 분포, 특히 정규분포와 얼마나 일치하는지를 확인하는 검정 방법이다. 이 검정은 두 분포 간의 최대 차이를 기반으로 데이터가 해당 분포를 따르는지를 평가한다.
  - 귀무가설(H_0) : 데이터가 정규분포를 따른다.
  - 대립가설(H_1) : 데이터가 정규분포를 따르지 않는다.
- K-S 검정은 샤피로-윌크 검정과 달리 더 큰 데이터셋($n > 2000$)에서도 유용하며, 데이터의 누적분포함수(CDF)와 이론적 분포(CDF) 간의 최대 차이를 비교하여 계산된다. K-S 검정에서 p-값이 유의수준(일반적으로 0.05)보다 작으면 귀무가설을 기각하고, 데이터가 정규분포를 따르지 않는다고 판단한다. 반대로, p-값이 유의수준보다 크면 데이터가 정규분포와 일치한다고 해석한다.

㉢ Q-Q Plot(Quantile-Quantile Plot)
- Q-Q 플롯은 데이터의 분포가 특정 분포(정규분포 등)와 얼마나 유사한지를 시각적으로 확인하는 방법이다. 이 플롯은 두 분포의 동일한 분위수(Quantile)를 비교하여 데이터가 특정 분포를 따르는지 여부를 평가한다.
  - Q-Q 플롯에서 점들이 45도 대각선에 가깝게 위치한다면, 데이터는 해당 분포와 매우 유사하다고 볼 수 있다. 대각선으로부터 크게 벗어난다면 데이터가 그 분포를 따르지 않는다는 증거이다.
  - X축에는 이론적 분포의 분위수가, Y축에는 실제 데이터의 분위수가 표시된다.
- Q-Q 플롯은 정규성 검정을 시각적으로 확인하는 데 매우 유용하다. 특히, 정규분포에 대한 가정을 검증할 때 잔차 분석에 자주 사용되며, 분포가 정규성을 만족하지 않는 경우 점들이 대각선에서 벗어나는 패턴을 보여준다.

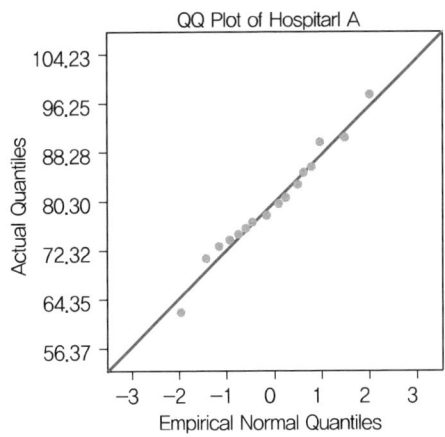

(2) 자료진단(Data diagnostics)

① 자료진단의 필요성
　㉠ 데이터 분석에서 자료진단은 매우 중요하다. 모형이 통계적으로 타당한 결과를 제공하기 위해서는 데이터가 분석모형의 기본 가정에 부합해야 한다. 만약 자료진단이 이루어지지 않은 채 분석이 진행된다면, 분석 결과는 잘못된 결론을 도출하거나 신뢰성이 떨어질 수 있다.
　㉡ 따라서 자료진단은 데이터를 정확히 이해하고, 이상치나 영향력 있는 관측값의 존재를 확인하여 분석 결과의 신뢰성을 높이는 중요한 과정이다.

② 자료진단의 주요 목적
　㉠ 이상치(Outliers)의 검출 : 데이터 내에서 다른 데이터와 현저하게 차이가 나는 값을 찾아내어 제거하거나 조정한다.
　㉡ 영향력 있는 관측값의 파악 : 특정 데이터가 분석 결과에 과도하게 영향을 미치는지를 평가하고, 해당 데이터가 결과의 신뢰성을 떨어뜨릴 수 있는지 판단한다.
　㉢ 모형의 가정 검토 : 데이터가 분석모형의 가정(정규성, 선형성 등)에 부합하는지 여부를 확인한다.

③ 자료진단의 주요 기법
　㉠ 이상치 분석(Outlier Analysis)
　　• 이상치는 데이터에서 다른 값들과 명백히 차이나는 값으로, 분석 결과에 큰 영향을 미칠 수 있다. 이상치는 여러 가지 이유로 발생할 수 있으며, 측정 오류, 데이터 입력 오류, 특이값 등 다양한 원인에 기인할 수 있다.
　　• 이상치를 검출하는 방법으로는 박스플롯(Box Plot)이나 이상치 검출 통계 기법을 사용할 수 있다. 발견된 이상치는 제거하거나 보정하는 방법을 고려할 수 있으며, 이상치 처리 방법에 따라 분석 결과가 달라질 수 있다.
　㉡ 영향력 있는 관측값(Influential Observations)
　　• 특정 관측값이 분석 결과에 과도한 영향을 미치는 경우, 이를 영향력 있는 관측값이라고 한다. 이러한 관측값은 모형의 안정성을 저해할 수 있으므로 적절한 진단이 필요하다. 대표적인 영향력 진단 방법은 다음과 같다.

진단 지표	설명
Cook's Distance	• 특정 관측값을 제외한 경우 모형의 적합치가 얼마나 변하는지를 측정 • 값이 기준치(1)를 넘으면 영향력이 있다고 판단
DFBETAS	• 특정 관측값을 제거했을 때 회귀계수에 미치는 영향을 평가 • 값이 클수록 해당 관측값이 큰 영향을 미침
DFFITS	• 관측값을 제거한 후 예측치의 변화 정도를 측정 • 기준값을 초과하면 해당 관측값이 큰 영향을 미친다고 판단
Leverage(레버리지)	• 관측값이 다른 데이터에 비해 얼마나 떨어져 있는지 나타냄 • 레버리지 값이 높을수록 해당 데이터가 큰 영향을 미침

④ 자료진단의 과정
  ㉠ 이상치 검출 : 데이터 내 이상치가 존재하는지 여부를 확인한다.
  ㉡ 영향력 있는 관측값 검토 : 각 관측값이 모형에 미치는 영향을 진단하여, 지나치게 큰 영향을 미치는 값이 있는지 평가한다.
  ㉢ 결과 해석 및 조정 : 이상치나 영향력 있는 관측값이 확인되면 이를 제거하거나 조정하고, 분석 모형을 다시 적합시킨다.
  ㉣ 모형진단 : 조정된 모형의 적합성과 타당성을 재평가하여, 최종 분석 결과의 신뢰성을 확보한다.

⑤ 자료진단의 중요성
  ㉠ 자료진단은 분석모형의 결과를 신뢰할 수 있도록 하기 위해 필수적인 단계이다. 잘못된 데이터나 이상치를 그대로 두고 분석을 진행하면, 결과가 왜곡되거나 타당성이 떨어질 수 있다. 따라서 자료진단을 통해 데이터의 품질을 높이고, 분석 결과의 신뢰성을 확보하는 것이 중요하다.
  ㉡ 자료진단을 수행함으로써 데이터의 이상치와 영향력을 적절히 관리할 수 있으며, 이를 통해 분석모형이 더욱 견고하고 신뢰성 있는 결과를 도출할 수 있게 된다.

3 교차검증

(1) 교차검증(Cross Validation)

① 교차검증은 데이터를 여러 개의 부분으로 나누어, 각각의 데이터셋을 훈련과 평가에 번갈아 사용하여 모델의 성능을 검증하는 방법이다. 일반적으로 데이터를 훈련, 검증, 평가 데이터셋으로 나누어, 훈련 데이터로 학습을 하고, 검증 데이터를 통해 파라미터를 튜닝하며, 평가 데이터로 최종 성능을 검증한다.
② 이를 통해 과적합을 방지하고, 데이터셋의 구성에 따라 달라질 수 있는 평가 결과를 더욱 신뢰성 있게 확인할 수 있다.

(2) 교차검증의 필요성

① 데이터 모델의 성능을 평가할 때, 전체 데이터를 훈련용과 평가용으로 나누는 것이 일반적인 방법이다. 훈련 데이터로 모델을 학습시키고, 평가 데이터로 학습된 모델의 성능을 평가한다.

② 하지만 데이터가 적을 경우 훈련 데이터가 부족해 모델이 제대로 학습되지 않거나, 평가 데이터가 부족해 성능 평가의 신뢰성이 떨어질 수 있다.
③ 또한 평가 데이터의 구성에 따라 평가 결과가 달라질 수 있으므로, 보다 신뢰할 수 있는 평가 방법이 필요하다. 이를 해결하기 위해 교차검증이 사용된다.

(3) 교차검증의 특징

① 장점
  ㉠ 모든 데이터셋을 훈련과 평가에 활용할 수 있어 데이터 활용 효율이 높아진다.
  ㉡ 과적합 및 데이터 부족으로 인한 문제를 줄일 수 있다.
② 단점 : 여러 번 반복해서 모델을 학습하고 평가해야 하므로 시간이 많이 걸린다.

(4) 대표적인 교차검증 기법

① K-폴드 교차검증(K-fold Cross Validation)

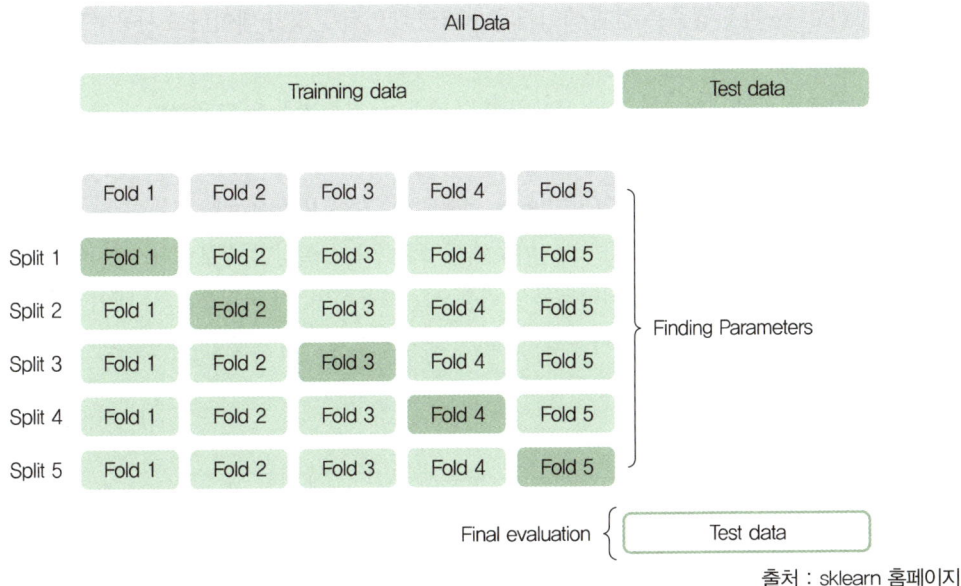

출처 : sklearn 홈페이지

㉠ K-폴드 교차검증은 전체 데이터를 K개의 그룹으로 나누고, 그 중 K-1개의 그룹을 훈련 데이터로 사용하고 나머지 1개의 그룹을 평가 데이터로 사용하는 방법이다.
㉡ 이 과정을 K번 반복하여 모든 데이터가 훈련과 평가에 사용되도록 하며, 그 결과를 평균하여 최종 모델의 성능을 평가한다. 이를 통해 한 번의 평가보다 더 안정적인 성능 평가를 할 수 있다.

② 홀드아웃 교차검증(Holdout Cross Validation)

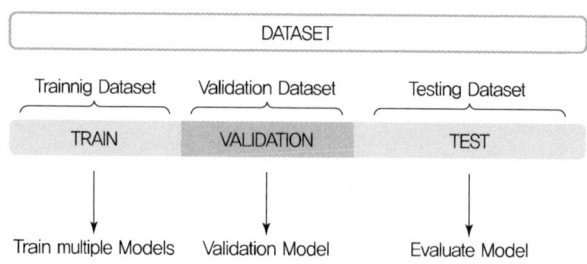

출처 : Hold-out Method for Training Machine Learning Models

㉠ 홀드아웃 교차검증은 데이터를 훈련, 검증, 평가 데이터셋으로 나누어 각각의 역할을 수행하는 방법이다. 훈련 데이터로 모델을 학습시키고, 검증 데이터로 파라미터를 조정하며, 평가 데이터로 최종 성능을 평가한다.
㉡ 데이터가 적을 경우 훈련 데이터와 평가 데이터 간의 비율 설정이 중요한 역할을 하며, 이에 따라 성능 평가의 결과가 달라질 수 있다.

③ 리브-p-아웃 교차검증(Leave-p-out Cross Validation)
㉠ 리브-p-아웃 검증은 전체 데이터 중 p개의 데이터를 평가 데이터로 사용하고, 나머지 데이터를 훈련 데이터로 사용하는 방식이다.
㉡ 이를 p개의 데이터를 모두 사용하여 반복하며, 최종 성능을 도출한다. p의 값을 어떻게 설정하느냐에 따라 반복 횟수와 계산량이 달라진다.

④ 리브-원-아웃 교차검증(LOOCV; Leave-one-out Cross Validation)
㉠ 리브-원-아웃 검증은 리브-p-아웃에서 p값을 1로 설정한 경우이다. 하나의 데이터를 평가용으로 사용하고 나머지 데이터를 훈련용으로 사용하며, 이 과정을 전체 데이터에 대해 반복한다.
㉡ 데이터가 적을 때 주로 사용되며, 모든 데이터를 평가에 활용할 수 있지만 계산량이 많은 것이 단점이다.

⑤ 부트스트랩(Bootstrap)

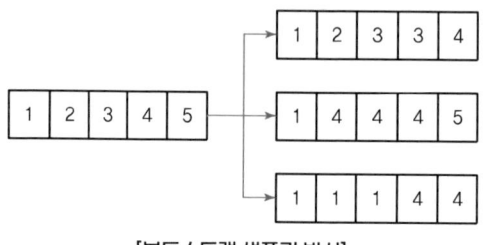

[부트스트랩 샘플링 방식]

출처 : 파이썬 머신러닝 완벽가이드

㉠ 부트스트랩은 데이터를 여러 번 복원 추출하여 다양한 표본을 구성한 후, 모델을 평가하는 방법이다. 데이터의 일부가 반복적으로 선택되거나 선택되지 않을 확률을 고려하여 모델을 평가하며, 선택되지 않은 데이터는 OOB(Out-of-bag) 데이터로 활용된다. 이 방법은 데이터를 재활용할 수 있어 유연성이 높다.

ⓒ 이와 같은 다양한 교차검증 기법들은 데이터셋의 크기와 모델의 특성에 따라 적절하게 선택하여 사용할 수 있으며, 성능 평가의 신뢰성을 높이는 데 중요한 역할을 한다.

4 모수 유의성 검정

모수 유의성 검정은 표본 통계량이 모수를 추정할 때 그 값이 의미가 있는지 확인하는 과정이다. 이 검정은 통계적 가설 검정에 기반하여 추정값이 신뢰할 수 있는지 판단하는데 사용된다. 모수 유의성 검정을 통해 모델의 결과가 실제 데이터에 얼마나 일관성 있게 반영되는지 알 수 있다.

(1) 모평균에 대한 유의성 검정

① 단일표본 t-검정 : 단일 표본에서 특정 변수의 평균을 기준값과 비교하여 그 차이가 통계적으로 유의미한지를 검토한다. 이 검정을 수행하기 위해서는 데이터가 정규분포를 따른다는 가정이 필요하며, 이를 확인하기 위해 정규성 검정(샤피로-윌크 검정, K-S 검정)을 사전에 실시한다. t-검정을 통해 얻어진 p-value가 유의수준보다 작으면 귀무가설은 기각되며, 두 값 간의 차이가 유의미함을 의미한다.

② 대응표본 t-검정 : 같은 집단에서 두 시점의 데이터를 비교할 때 사용된다. 예를 들어, 약물을 복용하기 전과 후의 수면 시간을 비교할 때 대응표본 t-검정을 수행하여 두 시점의 평균 차이가 통계적으로 유의한지를 판단할 수 있다. 마찬가지로 데이터가 정규성을 만족해야 하며, p-value가 유의수준보다 작으면 두 시점 간의 차이가 통계적으로 의미 있다고 볼 수 있다.

③ 독립표본 t-검정 : 서로 다른 두 독립 집단의 평균을 비교하는 방법으로, 예를 들어 남성과 여성의 평균 체중이 동일한지 여부를 판단할 수 있다. 검정에 앞서 두 집단의 분산이 동일한지 확인하기 위한 등분산 검정이 필요하며, p-value가 유의수준보다 작으면 두 집단 간의 평균 차이가 유의미하다고 결론내릴 수 있다.

(2) 모분산에 대한 유의성 검정

① 카이제곱 검정(x^2-검정) : 모집단의 분산이 알려진 경우, 표본 분산을 기준으로 모분산의 유의성을 검증하는 방법이다. 카이제곱 분포를 따르는 검정통계량을 사용하여, p-value가 유의수준보다 작으면 귀무가설을 기각하고, 모분산에 대한 주장이 통계적으로 유의미하지 않음을 알 수 있다.

② F-검정 : 두 집단의 분산이 동일한지를 검정하는 방법으로, 등분산 가정을 확인하는 데 사용된다. R에서 var.test()함수를 사용하여 두 집단 간의 분산 차이를 검정할 수 있으며, p-value가 유의수준보다 작으면 두 집단의 분산이 동일하지 않음을 알 수 있다.

③ 분산분석(ANOVA) : 두 개 이상의 집단에서 평균 간 차이를 확인할 때 사용하는 방법이다. 각 그룹 내의 변동과 그룹 간의 변동을 비교하여 그룹 간 평균 차이가 유의미한지 검증한다. p-value가 유의수준보다 작으면 최소한 하나의 그룹의 평균이 다른 그룹들과 차이가 있다고 결론지을 수 있다.

(3) 회귀모형의 유의성 검정

① **모회귀계수 유의성 검정** : 회귀분석에서 구한 표본 회귀계수가 모수로서 유의미한지 확인하는 검정이다. 회귀계수에 대한 p-value가 유의수준보다 작으면 해당 회귀계수는 모수로서 유의성이 있다고 판단된다.
② **회귀모형의 통계적 유의성 검정** : 회귀모형 전체의 유의성을 판단하기 위해 F-통계량을 사용하여 검증한다. p-value가 유의수준보다 작으면 해당 회귀모형은 통계적으로 유의미한 것으로 평가할 수 있다.
③ **적합도 검정** : 관측된 데이터가 특정 이론적 분포를 따르는지 여부를 확인하는 방법이다. 이를 통해 모집단 분포가 데이터에 얼마나 잘 맞는지 평가하며, 적합도 검정에서 p-value가 유의수준보다 작으면 예상한 이론이 데이터와 일치하지 않음을 의미한다.

SECTION 02 분석모형 개선

과대적합 방지

(1) 과대적합(Overfitting)

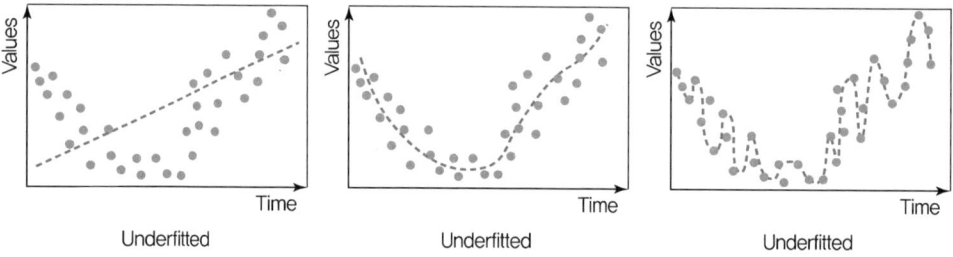

① 과대적합
㉠ 모델이 학습 데이터의 노이즈와 세세한 부분까지 지나치게 학습하여, 훈련 데이터에선 매우 높은 성능을 보이지만 새로운 데이터에서는 성능이 크게 떨어지는 현상이다.
㉡ 그림 내 오른쪽 그래프의 Overfitted는 과대적합된 모델을 나타낸다. 이 그래프에서 볼 수 있듯이 모델이 데이터의 모든 변동성을 과하게 반영해 복잡한 곡선을 그리며, 이는 새로운 데이터에서 잘 맞지 않게 된다.

② 과소적합
  ㉠ 모델이 학습 데이터의 패턴을 충분히 학습하지 못한 상태를 의미한다.
  ㉡ 그림 내 왼쪽 그래프 Underfitted는 과소적합된 모델을 보여준다. 이 모델은 데이터의 복잡성을 반영하지 못하고, 너무 단순한 직선으로 표현된다. 결과적으로 훈련 데이터뿐만 아니라 새로운 데이터에서도 성능이 낮다.
③ 적절한 모형은 과대적합과 과소적합 사이의 균형을 맞춘 상태를 의미하며, 학습 데이터와 새로운 데이터 모두에서 좋은 성능을 발휘한다. 그림의 가운데 그래프 Good Fit/Robust는 적절한 피팅을 나타낸다. 이 모델은 데이터의 주요 패턴을 잘 반영하면서도 과도한 복잡성을 피하고 있어, 테스트 데이터에서도 안정적인 예측 성능을 기대할 수 있다.
④ 이러한 세 가지 그래프는 학습된 모델의 성능을 시각적으로 보여주며, 모델의 복잡도가 지나치게 높거나 낮을 때 발생할 수 있는 문제점을 명확하게 설명해준다.

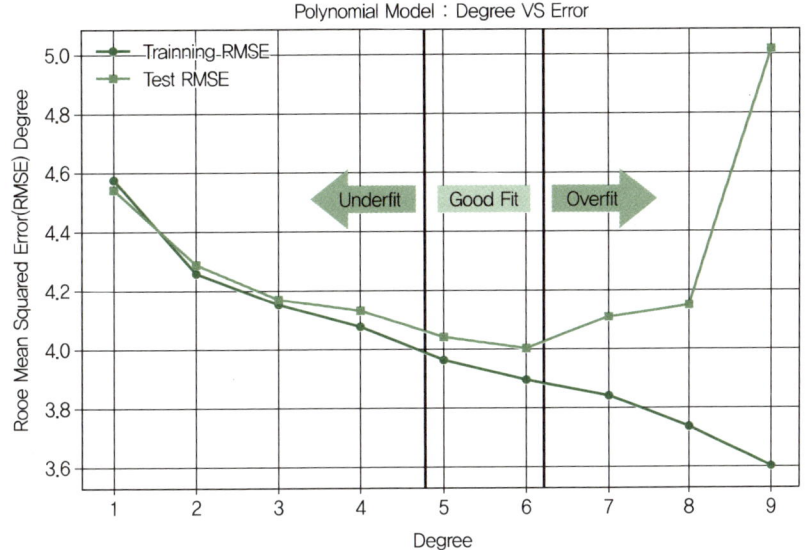

⑤ 위의 그래프는 다항회귀(Polynomial)모델에서 차원(Degree)이 증가할수록 과대적합(Overfitting)이 발생되는 것을 잘 표현해내고 있다.

(2) 과대적합(Overfitting) 억제

과대적합이란 분석 모델에 너무 많은 매개변수(parameter)가 포함되거나, 복잡도가 높은 모델(은닉층이 깊은 신경망)이 훈련 데이터에 지나치게 맞춰지는 현상을 말한다. 과대적합은 주로 훈련 데이터가 적을 때 발생하며, 이로 인해 새로운 데이터에 대한 예측 성능이 매우 낮아지게 된다. 이를 방지하기 위해 여러 가지 방법이 사용되며, 각 방법에 대해 제대로 이해하고 있는 것이 중요하다.

① 데이터 증가(Data Augmentation)
  ㉠ 데이터가 많으면 과대적합의 위험이 줄어든다. 그러나 실제로는 데이터 수집에 한계가 있기 때문에, 데이터 증강 기법을 통해 기존 데이터에서 변형된 새로운 데이터를 생성해 학습에 활용한다.

ⓒ 예를 들어, 이미지 데이터의 경우 회전, 크기 조정, 자르기 등을 통해 데이터셋을 확장할 수 있다.
② **가중치 감소(Weight Decay)** : 과대적합의 원인 중 하나는 가중치 값이 지나치게 커지는 것이다. 가중치 감소는 큰 가중치에 페널티를 부과하여 모델이 과도하게 복잡해지지 않도록 하는 방법이다. 이를 위해 L1규제와 L2규제가 자주 사용된다.
  ㉠ L1규제 : 가중치의 절대값을 페널티로 부과하여 특정 가중치를 0으로 만들어 일부 변수를 제외시킴으로써, 중요한 특성변수만 남긴다. 이는 희소한 데이터에 적합한 모델을 만드는 데 유리하다.
  ㉡ L2규제 : 가중치의 제곱합을 페널티로 사용하여 모든 가중치를 작게 만드는 방식으로, 이상치나 노이즈에 강한 모델을 만드는 데 적합하다. 주로 선형 모델에 많이 사용된다.
③ **모델의 복잡도 감소(Weight Decay)**
  ㉠ 모델이 너무 복잡할 경우 과대적합이 발생하기 쉽다. 이를 방지하기 위해 딥러닝의 경우에는 은닉층의 수를 줄이거나, 모델의 표현력을 낮추는 방법을 사용할 수 있다. 또한 머신러닝의 경우에는 하이퍼파라미터의 값을 낮추거나 모델의 복잡도를 낮출 수 있다.
  ㉡ 즉, 신경망의 경우 노드 수 조정, 레이어 층 구조를 간소화함으로써 모델이 데이터에 지나치게 맞춰지는 것을 방지할 수 있다. 이러한 접근은 모델의 수용력을 줄임으로써, 보다 일반화(Generalized)된 예측 성능을 기대할 수 있다.
④ **드롭아웃(Dropout)**
  ㉠ 드롭아웃은 신경망에서 일부 뉴런을 임의로 선택해 학습에 사용하지 않는 기법이다. 드롭아웃은 특정 뉴런이나 뉴런 간의 조합에 지나치게 의존하지 않도록 도와준다.
  ㉡ 드롭아웃 비율을 설정하여 학습 과정에서 뉴런의 일부를 무작위로 제거하며, 이는 훈련 데이터와 테스트 데이터 간의 성능 차이를 줄이는 효과를 가져온다. 다만, 학습 시간이 더 오래 걸린다는 단점이 있다.

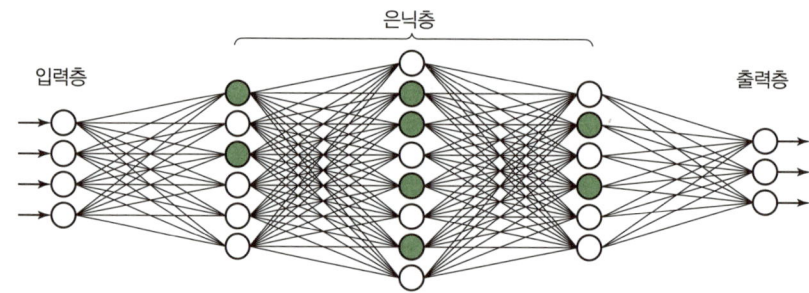

  ㉢ 초기 드롭아웃 : 일반적인 DNN(Deep Neural Network)에 적용되며, 학습 시 무작위로 노드를 생략한다.
  ㉣ 공간적 드롭아웃 : CNN(Convolutional Neural Network)에서 사용되며, 특징 맵 내의 일부 노드 전체에 드롭아웃을 적용하는 방식이다.
  ㉤ 시간적 드롭아웃 : RNN(Recurrent Neural Network)에 사용되며, 일부 연결선을 제거하는 방식으로 모델을 더 간소화한다.

2 파라미터 최적화(Parameter Optimization)

(1) 파라미터 최적화의 개요

① 파라미터 최적화는 학습 모델이 주어진 데이터에서 최적의 결과를 도출하기 위해 파라미터(예 가중치, 편향)를 조정하는 과정이다.

② 학습의 목적은 손실함수 값을 최소화하는 것이다. 손실함수는 예측값과 실제값 간의 차이를 측정하며, 학습 과정에서는 이 값을 줄여나가면서 파라미터를 조정한다.

③ 예를 들어, 인공신경망에서는 입력값에 가중치(Weight)를 곱하고, 그 결과에 편향(Bias)을 더해 예측값을 생성한다.

(2) 파라미터와 초매개변수의 차이

파라미터와 초파라미터는 설정 방식에 차이가 있다. 파라미터는 모델 내부에서 데이터에 의해 자동으로 학습되는 값이며, 초매개변수는 사용자가 학습 과정 전에 직접 설정하는 값이다.

① 파라미터(Parameter) : 모델 내부에서 자동으로 학습되며, 모델의 출력 결과를 결정하는 중요한 값이다. 이러한 값들은 학습 데이터로부터 학습되어 최적화된다.
　예 선형회귀에서의 회귀계수, 인공신경망에서의 가중치와 편향, SVM에서의 서포트 벡터

② 하이퍼파라미터(Hyper-parameter, 초매개변수) : 모델 학습 전 사용자가 직접 설정하는 값으로, 학습의 성능을 결정하는 중요한 요소이다. 초파라미터는 학습률, 은닉층의 노드 수, 학습 반복 횟수 등 모델의 구조와 학습 알고리즘에 영향을 미치며, 적절한 설정을 통해 모델의 성능을 향상시킬 수 있다.
　예 선형회귀에서의 회귀계수, 인공신경망에서의 가중치와 편향, SVM에서의 서포트 벡터

③ 하이퍼파라미터의 종류

종류	설명	적용 시 주의사항
학습률	기울기의 방향으로 얼마나 빠르게 학습이 진행되는지 결정하는 변수	너무 낮으면 학습 속도가 느리며, 너무 높으면 학습이 제대로 이루어지지 않음
손실 함수	예측값과 실제 값 사이의 차이를 계산하는 함수	평균 제곱 오차, 교차 엔트로피 오차 등 다양한 손실 함수가 있음
정규화 파라미터	과적합을 방지하기 위해 L1 또는 L2 정규화 방식을 사용	정규화는 모델이 복잡해지는 것을 방지하며, 사용되는 정규화 방식도 하이퍼파라미터로 간주됨
미니 배치 크기	전체 데이터를 작게 나누어 처리할 때의 단위 크기	메모리 크기와 학습 반복 횟수(epoch) 성능을 고려해 설정함
훈련 반복 횟수	모델 학습을 종료할 시점을 결정하는 변수	효율성이 떨어지지 않도록 적절한 종료 시점을 판단해야 함
은닉층의 뉴런 수	신경망에서 학습 성능을 최적화하기 위해 사용하는 변수	첫 은닉층의 뉴런 수는 입력층보다 많은 것이 효과적일 수 있음
가중치 초기화	학습 시작 시 가중치 값을 설정하는 방식	모든 가중치가 0이면 뉴런들이 동일하게 학습되어 모델 성능에 문제 발생

(3) 파라미터 최적화기법

① 파라미터 최적화 과정에서 가장 많이 사용되는 방법은 경사 하강법(Gradient Descent)이다. 이 방법은 손실함수를 최소화하기 위해 기울기를 따라 점진적으로 이동하면서 파라미터를 조정하는 방식이다.
② 이 외에도 모멘텀 방식을 도입한 방법, AdaGrad, RMSProp, Adam과 같은 다양한 최적화 알고리즘이 사용된다. 이러한 기법들은 손실함수를 최소화하면서도 학습 효율을 높이는 데 중요한 역할을 한다.

(4) 파라미터 최적화 기법의 확장

① 파라미터 최적화의 기본 개념은 '경사 하강법(GD ; Gradient Descent)'을 중심으로 설명할 수 있다. 경사 하강법은 손실함수의 기울기를 계산하여, 손실을 최소화하는 방향으로 점진적으로 파라미터를 조정하는 방법이다.
② 하지만 이 기법은 데이터가 크거나 복잡한 문제에서는 계산량이 많이 소요된다. 이를 보완하기 위해 다양한 변형된 알고리즘들이 개발되었으며, 이들은 특정 상황에 맞춰 학습 속도와 성능을 크게 향상시킬 수 있다.

 ㉠ 경사하강법 GD(Gradient Descent) : GD는 모든 데이터를 한 번에 사용하여 기울기를 계산하고, 파라미터를 업데이트한다. 이 방식은 안정적이지만, 데이터가 크다면 연산 시간이 오래 걸릴 수 있다는 단점이 있다. 따라서 대규모 데이터셋을 처리할 때는 효율성이 떨어진다.

 ㉡ 확률적 경사하강법 SGD(Stochastic Gradient Descent) : GD는 모든 데이터를 한 번에 사용하여 기울기를 계산하고, 파라미터를 업데이트한다. 이 방식은 안정적이지만, 데이터가 크다면 연산 시간이 오래 걸릴 수 있다는 단점이 있다. 따라서 대규모 데이터셋을 처리할 때는 효율성이 떨어진다.

 ㉢ 모멘텀(Momentum) : 모멘텀은 경사 하강법의 개선된 기법으로, 기울기 업데이트 과정에서 이전 기울기의 영향을 반영한다. 이는 속도에 관성을 추가하는 개념이다. 이로 인해, 최적화 과정에서 불필요한 진동을 줄이고 더 빠르게 수렴할 수 있다. 특히, 완만한 곡선에서는 학습 속도를 높여주고 급격한 변화 구간에서는 더 안정적인 경로를 제공한다.

Stochastic Gradient Descent without Momentum

Stochastic Gradient Descent with Momentum

출처 : Unveiling the Dynamic Duo

 ㉣ NAG(Nesterov Accelerated Gradient) : 모멘텀의 개선된 형태로, 파라미터의 기울기 방향을 미리 예측하여 이동한다. 이를 통해 기존 모멘텀 기법에서 발생할 수 있는 과도한 진동을 줄여주며, 최적점에 더 빠르고 정확하게 도달할 수 있다.

- ⑤ Adagrad
  - Adagrad는 학습률을 파라미터별로 다르게 적용하는 방법이다. 자주 업데이트되는 파라미터의 학습률을 줄이고, 드물게 업데이트되는 파라미터의 학습률을 높여준다.
  - 이로 인해 학습이 진행될수록 학습률이 줄어들며, 효율적인 최적화를 가능하게 한다. 하지만 학습률이 지나치게 줄어들 경우, 학습이 중단될 위험이 있다.
- ⑥ RMSProp : Adagrad의 단점을 보완한 알고리즘이다. 학습률이 너무 빠르게 줄어드는 문제를 해결하기 위하여 기울기 크기의 이동 평균을 적용한다. 이를 통해 파라미터 업데이트를 안정적으로 수행할 수 있으며, 특히 순환 신경망(RNN)과 같이 복잡한 구조에서 효과적이다.
- ⑦ Adam(Adaptive Moment Estimation) : 모멘텀과 RMSProp을 결합한 방법이다. 모멘텀을 통해 가속도를 유지하면서도, RMSProp의 기울기 크기를 이용하여 학습률을 적응적으로 조정한다. 이를 통해 빠르게 수렴하면서도 안정성을 높일 수 있다. Adam은 현재 많은 딥러닝 모델에서 가장 널리 사용되는 최적화 알고리즘 중 하나이다.

※ 위에서 설명한 최적화(Optimizer)를 하나의 그림으로 표현하면 다음과 같이 표현할 수 있다.

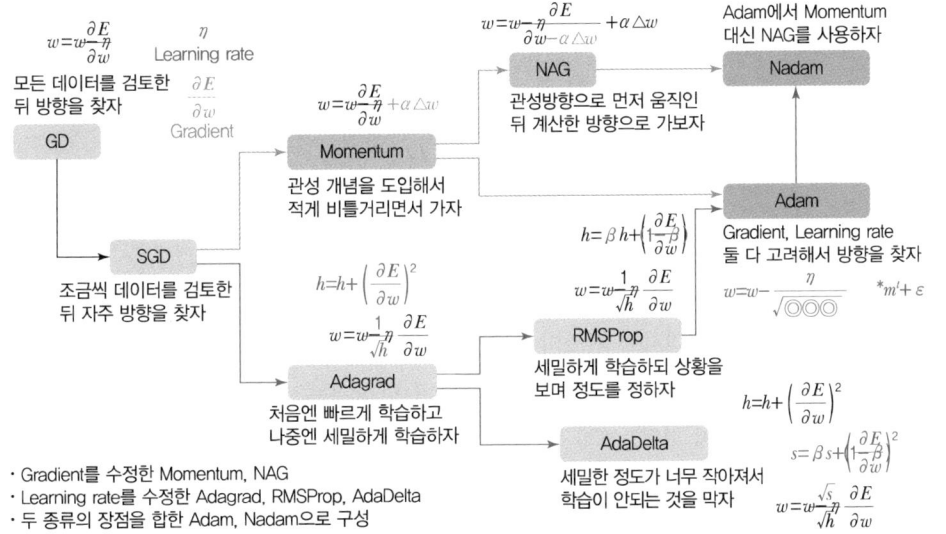

출처 : 케라스를 이용한 인공신경망 딥러닝 알고리즘 구현

ⓞ 매개변수 최적화 기법 간의 비교

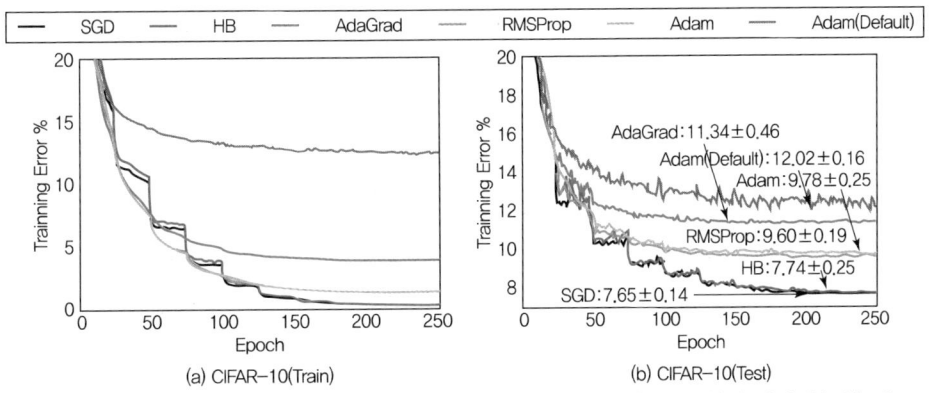

출처 : Wilson, Ashia C. et al. "The Marginal Value of Adaptive Gradient Methods in Machine Learning."

③ SGD는 구현이 간단하고 직관적이지만, 성능 면에서는 모멘텀, AdaGrad, Adam 등의 기법이 더 우수한 결과를 보여준다.

④ 문제의 특성에 따라 하이퍼파라미터와 학습률이 달라지긴 하지만, 일반적으로 모멘텀, AdaGrad, Adam을 사용했을 때 학습 속도가 빠르고, 최종 성능도 더 향상되는 경향이 있다.

⑤ 이러한 최적화 기법은 손실 함수의 기울기를 효과적으로 따라가도록 도와주며, 보다 효율적인 학습 과정을 가능하게 한다.

3 분석모형 융합(Aggregation)

(1) 분석모형 융합의 개요

① 분석모형 융합은 강력한 단일 모델보다는 여러 모델을 결합함으로써 더 나은 성능을 얻을 수 있다는 아이디어에 기반한 방법이다.

② 예측 모형에서는 여러 분류기(Classifier)를 생성하고, 그 예측 결과를 결합하여 더 정확한 최종 예측을 도출할 수 있다.

③ 대표적인 모델 융합 방법으로 배깅(Bagging), 부스팅(Boosting), 랜덤 포레스트(Random Forest) 등이 있으며, 이들에 대해서는 추가적인 분류분석 과정에서 자세히 다룬다.

(2) 배깅과 부스팅의 비교

① 배깅(Bagging) : 학습 데이터를 여러 부트스트랩(bootstrap) 데이터로 나누어, 각 부트스트랩 데이터에 여러 알고리즘(예 의사결정 트리, K-NN, 로지스틱 회귀 등)을 적용하여 학습시킨다.

② 이후 다수결에 의해 최종 결과를 선정한다. 투표 방식에는 '직접 투표(Hard Voting)'와 '간접 투표(Soft Voting)방식'이 있다.

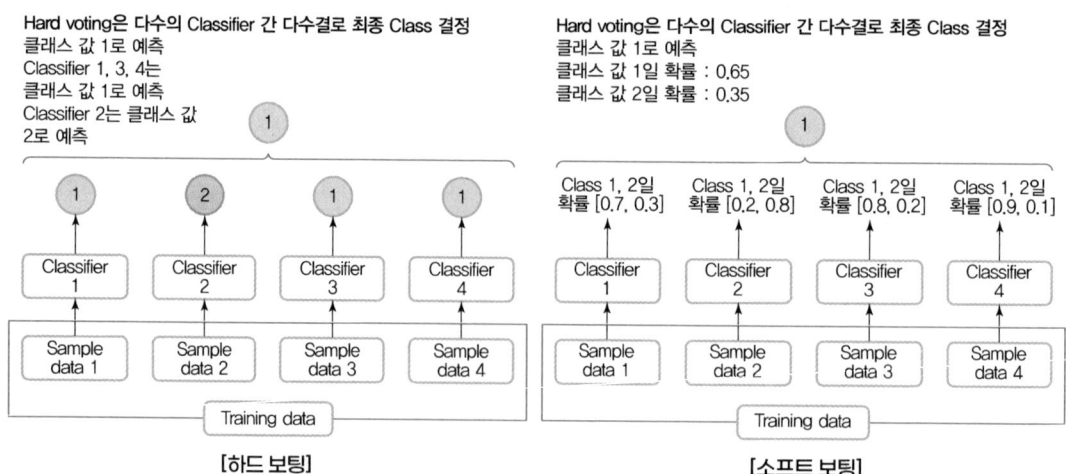

[하드 보팅] [소프트 보팅]

출처 : ADsP, 박영식

③ 부스팅(Boosting) : '배깅'과 달리 어려운 문제에 초점을 맞춘다. '부스팅'은 순차적으로 학습을 진행하며, 잘못 예측된 데이터에 가중치를 부여하여 점차적으로 오류를 개선해 나간다.
④ '배깅'이 병렬로 학습을 진행하는 것과 달리, '부스팅'은 순차적으로 학습을 진행한다. 대표적인 알고리즘인 Adaboost는 이러한 부스팅 기법을 활용하며, 배깅보다 예측 오차를 더 빠르게 줄일 수 있다.

(3) 랜덤 포레스트(Random Forest)

① 랜덤 포레스트(Random Forest)는 의사결정나무 모델의 높은 분산 문제를 해결하기 위해, 여러 개의 약한 학습기(의사결정나무)를 결합하여 종속변수를 분류하거나 예측하는 방법이다. 분류 문제에서는 투표 방식을 적용하고, 회귀 문제에서는 평균화를 적용한다.
② 랜덤 포레스트는 수천 개의 변수를 처리할 수 있으며, 변수 제거 없이 실행되기 때문에 정확도 면에서 좋은 성과를 보인다.

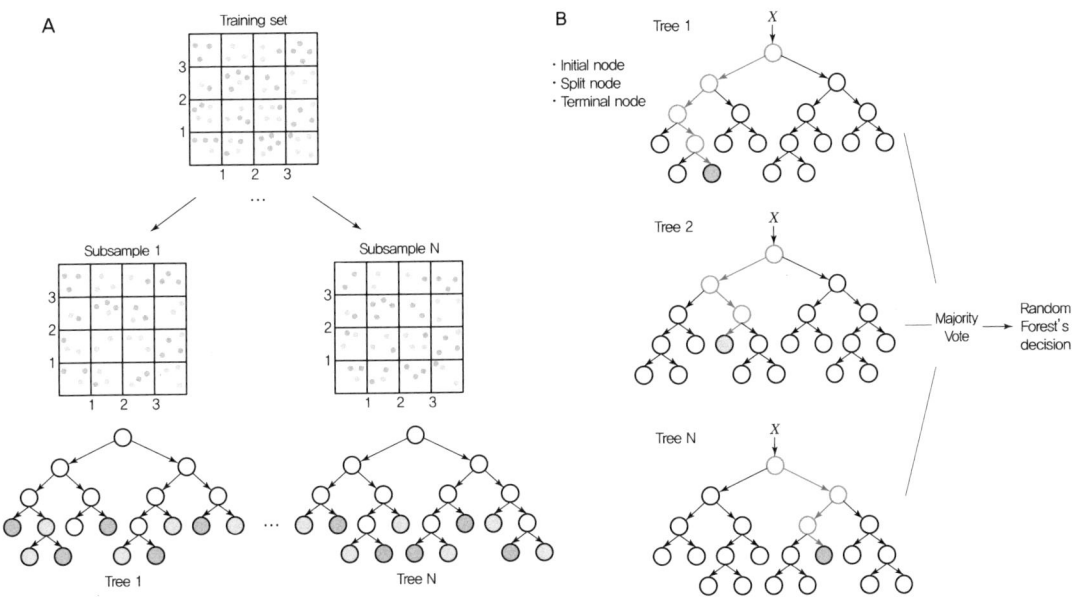

③ 해석이 어렵다는 단점이 있지만, 트리의 다양성을 극대화하여 예측력이 우수하며 많은 트리의 예측 결과를 종합하므로 높은 안정성을 제공한다. 특히, 입력 변수가 많은 경우 배깅과 부스팅과 비슷하거나 더 나은 예측력을 보인다.

4 최종모형 선정

(1) 최종모형 선정의 개요

① 분석 모델의 매개변수 최적화를 위해 반복적으로 수행했던 모델 학습이 완료되면 모델 개발은 절차에 따라 모델 성능 평가를 진행하고 그 결과들을 검토하여 최종 모형을 선정하는 단계에 들어간다.

② 모델 학습이 완료되면 성능 평가를 통해 최종 모형을 선정한다. 이 과정에서 평가 지표를 설정하고, 각 알고리즘별 성능을 비교한다. 일반적으로는 정확도를 기준으로 하지만, 재현율이나 정밀도 등도 성능 평가에 활용할 수 있다.

(2) 최종모형 평가 기준 선정

① 모형 성능은 분류정확도, 평균 오차율, 오류 재현율 등의 지표로 측정된다. 비지도 학습 모델의 경우 집단 소속률과 군집도가 중요한 평가 기준이 될 수 있다.
② 머신러닝 모델을 최종적으로 선정할 때에는 해석 용이성과 성능을 모두 고려해야 한다. 높은 성능을 제공하는 모델로는 트리계열의 '부스팅 모델'이나 '서포트 벡터 머신(SVM)'이 있지만, 해석이 복잡할 수 있다.

(3) 최종모형 분석 결과 검토

① 모델을 선정할 때에는 다양한 이해관계자가 모여 모델의 성능과 실질적인 적용 가능성을 검토해야 한다.
② 데이터 확보의 용이성, 실제 운영 환경에서의 성능 등도 모델 선정의 중요한 요소가 된다.

(4) 분석 알고리즘 결과 비교

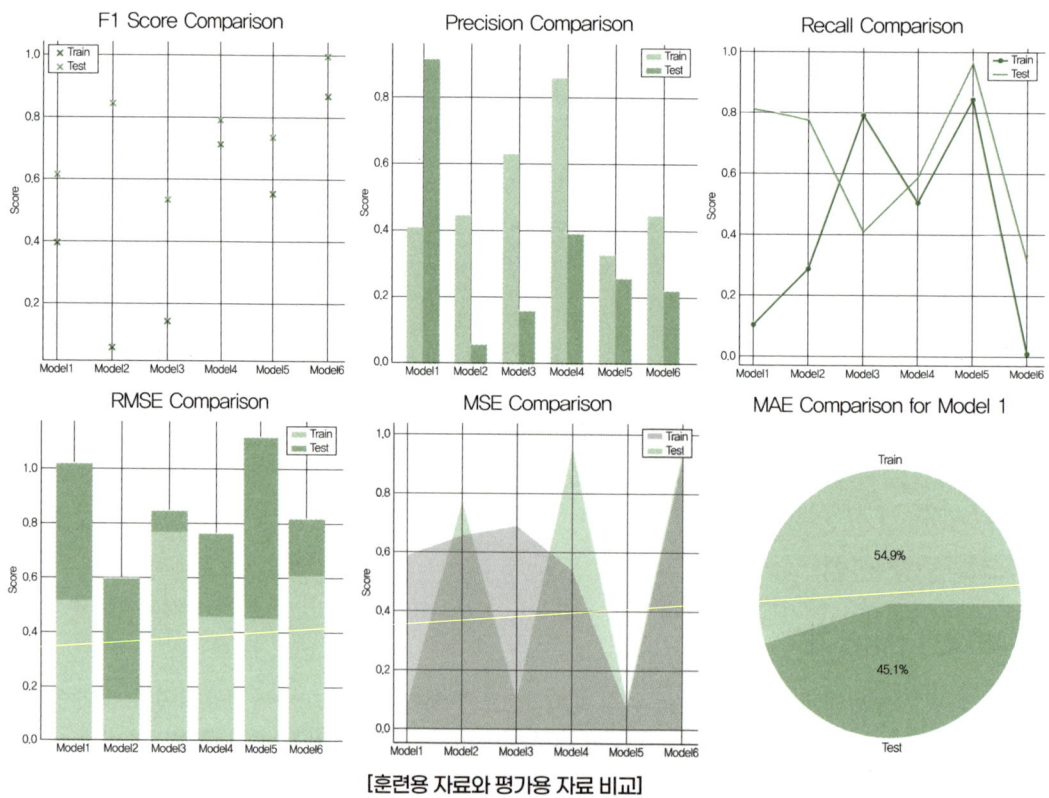

[훈련용 자료와 평가용 자료 비교]

① 최종모형을 선정하기 위해서는 동일한 데이터에 여러 알고리즘을 적용하여 성능을 비교 평가한다.
② 성능 평가 결과를 바탕으로 분석 목적에 가장 부합하는 최종 모델을 선정한다.

(5) 챔피언 모델 등록

선정된 최종 모델은 챔피언 모델로 등록되며, 이후 개선 작업을 통해 필요시 업데이트되거나 교체될 수 있다.

CHAPTER 01 분석모형 평가 및 개선 예상문제

01 다음 중 과대적합(Overfitting)에 대한 설명으로 가장 적절하지 않은 것은?
① 생성된 모델이 훈련 데이터에 너무 최적화된 학습 모형으로 테스트 데이터의 작은 변화에도 민감하게 반응하는 경우는 발생하지 않는다.
② 학습데이터가 모집단의 특성을 충분히 설명하지 못할 때 자주 발생한다.
③ 변수가 너무 많아 모형이 복잡할 때 생긴다.
④ 과대적합이 예상되면 학습을 종료하고 업데이트 하는 과정을 반복해 과대적합을 방지할 수 있다.

02 학습된 모델이 과대적합 또는 과소적합되었을 때 미세조정 절차를 위해 사용되는 데이터는 무엇인가?
① 검정용 데이터
② 구축용 데이터
③ 시험용 데이터
④ 추정용 데이터

03 다음 중 ROC-Curve에 대한 설명으로 가장 올바르지 않은 것은?
① ROC-Curve의 가장 이상적인 분류 상태의 모형은 x축은 0, y축은 1일 때이다.
② ROC-Curve의 면적이 0.5이하이면 랜덤보다도 못한 성능이라고 할 수 있다.
③ ROC-Curve의 밑부분 면적이 높을수록 좋은 모형으로 평가한다.
④ ROC-Curve의 x축은 특이도, y축은 민감도로 나타낸다.

04 다음 중 배깅(Bagging)에 대한 설명으로 가장 적절한 것은?
① 배깅은 트랜잭션 사이에 빈번하게 발생하는 규칙을 찾아낸다.
② 배깅은 데이터 간의 거리를 측정하여 군집화한다.
③ 배깅은 고차원의 데이터를 이해하기 쉬운 저차원의 뉴런으로 정렬하여 지도의 형태로 형상화한다.
④ 배깅은 반복추출(복원)방법을 사용하기 때문에 같은 데이터가 한 표본에 여러 번 추출될 수 있고, 어떤 데이터는 추출되지 않을 수도 있다.

05 혼동행렬 중 실제 값이 True인 관측치 중에 예측치가 맞는 정도를 나타내어 모형의 완전성(completeness)을 평가하는 지표를 무엇이라 하는가?

① 재현율　　　　　　　　② 오분류율
③ 특이도　　　　　　　　④ 정확도

06 다음 혼동행렬에서 오차비율(Error Rate)을 구하면?

실제값 \ 예측치	참	거짓
참	60	25
거짓	5	10

① 0.2　　　　　　　　② 0.3
③ 0.4　　　　　　　　④ 0.5

07 모형의 성능 평가를 아래의 표로 설명한다고 할 때 가장 적절하지 않은 것은?

구분	실제 T	실제 F
예측 T	TT	FT
예측 F	TF	FF

① 정확도(Accuracy)=(TT+FF)/(TT+TF+FT+FF)
② 민감도(Sensitivity)=TT/(TT+TF)
③ 특이도(Specificity)=FT/(FT+FF)
④ 모형의 성능을 평가할 때 정확도, 민감도, 특이도가 모두 높은 모형이 상대적으로 좋은 모형이라 할 수 있다.

08 긍정으로 예측한 비율 중에서 실제로 긍정인 비율을 뜻하는 지표는?

① 정확도(Accuracy)　　　　② 민감도(Sensitivity)
③ 정밀도(Precision)　　　　④ 특이도(Specificity)

09 모형 평가에서 K-fold 교차검증에 대한 설명 중 옳지 않은 것은?
① 데이터 집합을 무작위로 동일 크기를 갖는 k개의 부분 집합으로 나눈다.
② k값이 증가하면 수행 시간과 계산량도 많아진다.
③ k번 반복 수행하며 결과를 k에 다수결 또는 평균으로 분석한다.
④ k=2일 경우 LOOCV 교차 검증 기법과 같다.

10 다음 중 아래 혼동행렬을 활용하여 F1 값을 구한다면 값은 얼마인가?

구분		예측값		합계
		True	False	
실제값	True	40	60	100
	False	60	40	100
합계		100	100	200

① 0.55 ② 0.4
③ 0.3   ④ 0.15

11 다음 혼동행렬에서 특이도(Specificity)를 계산한 식으로 적절한 것은?

실제값\예측치	참	거짓	합계
참	TP	FN	N1
거짓	FP	TN	N2
합계	S1	S2	N3

① TN/N2   ② TP/N1
③ TP/S1   ④ TN/S2

12 다음 혼동행렬에서 민감도(Sensitivity)를 계산한 식으로 적절한 것은?

실제값\예측치	참	거짓	합계
참	TP	FN	P
거짓	FP	TN	N
합계	P'	N'	P+N

① $(TP+TN) \div (P+N)$ ② $(TN) \div (N)$
③ $(TP) \div (TP+FP)$ ④ $(TP) \div (P)$

13 ROC-Curve는 민감도와 1-특이도로 그려지는 커브이다. 아래 혼동행렬에서 민감도와 특이도를 적절하게 계산한 것은?

교차표		확진결과	
		질병 유	질병 무
검사	양성	30	20
	음성	40	10

① 민감도=3/7, 특이도=1/3
② 민감도=2/5, 특이도=4/5
③ 민감도=3/5, 특이도=1/3
④ 민감도=4/7, 특이도=2/3

14 혼동행렬(Confusion Matrix)에서 실제/예측 True의 합과 실제/예측 False의 합이 100으로 동일하다고 한다. 재현율(Recall)이 0.8이라 한다면, 정밀도(Precision)은 얼마인가?

① 0.2
② 0.4
③ 0.6
④ 0.8

15 앙상블 모형은 여러 개의 분류 모형에 의한 결과를 종합하여 분류 정확도를 개선시키는 방법이다. 원 데이터 집합으로부터 크기가 같은 표본을 여러 번 단순 임의 복원 추출하여 각 표본에 대한 분류기를 생성한 후 그 결과를 앙상블하는 기법은?

① 소프트보팅
② 하드보팅
③ 배깅
④ 결합앙상블

16 다음 중 분석모형 평가에 대한 설명으로 가장 적절하지 않은 것은?

① 일반화 가능성, 효율성, 예측과 분류의 정확성으로 구분한다.
② 구축한 분석모형이 실무에서 사용이 가능할 수 있을지를 판단하기 위해서는 주관적 평가 지표를 통한 평가가 필요하다.
③ 구축한 분석모형의 유용성을 판단하고 서로 다른 모형들을 비교 평가하는 과정이다.
④ 분석모형은 구축하는 것으로 끝나는 것이 아니라 기존 운영시스템과의 연계 및 통합을 통해서 지속적으로 모형을 개선해 나가야 한다.

17 데이터의 정규성 검정 결과를 다음과 같은 그래프로 표현할 수 있는 검정 방법은?

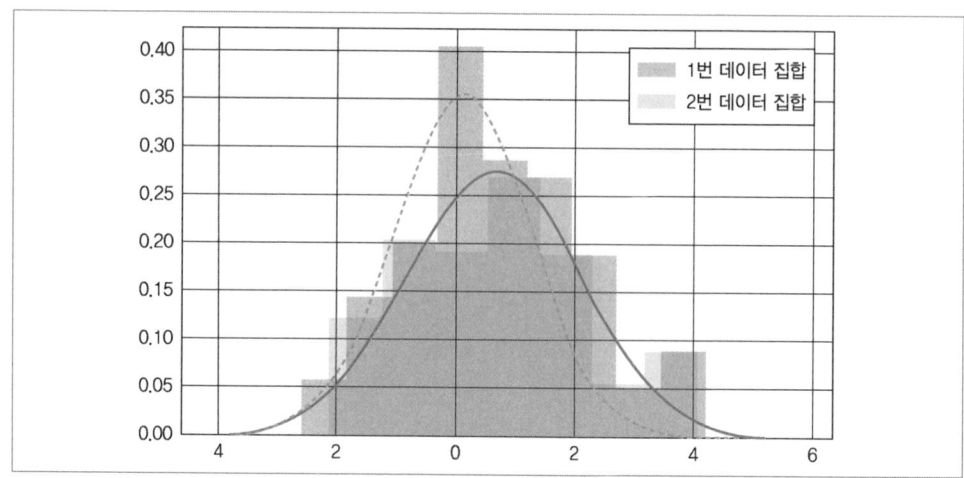

① Q-Q Plot
② Kolmogorov-Smirnov Test
③ Shapiro-Wilk test
④ X^2-test

18 아래의 특징을 가장 잘 설명하는 방법은 무엇인가?

- 데이터에서 하나씩 관측값을 제거하며 분석을 진행한다.
- 회귀모형이 올바르다는 가정 하에 데이터 변화가 모형 추정에 미치는 영향을 확인하는 과정이다.
- 평가 방법으로는 Cook's distance, DFBETAS, DFFITS, Leverage H 등이 있다.
- 분석 결과의 핵심 부분에 큰 변동이 있으면 모형의 안정성이 낮다고 판단한다.

① 모형진단
② 교차검증
③ 자료진단
④ 영향력진단

19 다음 중에서 전체 데이터에서 평가 데이터만큼 학습에 활용할 수 없기 때문에 데이터 손실이 발생하는 기법은?

① LOOCV
② Random Sub-Sampling
③ Holdout Cross Validation
④ K-Fold Cross Validation

20 다음 중 부트스트랩(Bootstrap)을 설명한 것으로 가장 적절하지 않은 것은?

① 주어진 자료에서 단순 랜덤 복원추출 방법을 활용하여 동일한 크기의 표본을 여러 개 생성하는 샘플링 방법이다.
② 전체 데이터 샘플이 N개이고 부트스트랩으로 N개의 샘플을 추출하는 경우, 특정 샘플이 학습 데이터에 포함될 확률은 약 63.2%이다.
③ 선택적 복원추출 기법으로, 전체 데이터에서 중복을 허용하지 않고 데이터 크기만큼 샘플을 추출하고 이를 학습 데이터로 한다.
④ 부트스트랩을 통해 100개의 샘플을 추출하더라도 샘플에 한 번도 선택되지 않는 원시(raw) 데이터가 발생할 수 있는데, 전체 샘플의 약 36.8%가 해당된다.

21 다음 중 홀드 아웃 교차검증 기법에 대한 설명으로 옳지 않은 것은?

① 각 샘플들이 학습과 평가에 얼마나 많이 사용할 것인지 횟수를 제한하지 않아 특정 데이터만 학습되는 경우가 발생할 수 있다.
② 일반적으로 5 : 5, 7 : 3 등의 비율로 데이터를 나누어 학습과 평가에 사용한다.
③ 계산량이 많지 않아 모형을 쉽게 평가할 수 있으나 전체 데이터에서 평가분만큼 학습에 사용할 수 없으므로 데이터 손실이 발생한다.
④ 훈련 데이터는 모델을 구축을 위한 데이터이므로 평가 데이터보다 더 많아야 한다.

22 다음 중 모평균에 대한 유의성 검정에 대한 설명으로 가장 옳지 않은 것은?

① 모분산을 알지 못해도 검정통계량의 분포를 정규분포로 근사할 수 있으면 Z-검정을 실시한다.
② 모분산을 알고 있느냐 유무에 따라 Z-검정 또는 L검정을 사용한다.
③ 모평균을 알고 있을 때 Z-검정, L검정을 사용하여 유의성을 검정한다.
④ 모평균만 알고 있으면 모분산을 알지 못해도 Z-검정을 실시한다.

23 다음 중 특징이 다른 검정 방법은?

① 분산분석(ANOVA)　　② t-검정
③ F-검정　　④ 카이제곱 검정

24 다음 중 적합도 검정(Goodness of Fit test)에 대한 설명으로 옳지 않은 것은?

① sharpiro-wilk 검정의 귀무가설은 "표본은 정규분포를 따르지 않는다"이다.
② 적합도 검정은 표본 집합의 분포가 주어진 특정 이론을 따르고 있는지를 검정하는 기법이다.
③ 적합도 검정 기법으로 샤피로-윌크 검정, K-S 검정, 카이제곱 검정, Q-Q Plot이 있다.
④ 카이제곱 검정에서 결과의 p-value가 유의수준이 0.05보다 클 경우 관측된 데이터가 가정된 확률을 따른다고 할 수 있다.

25 모형 개발 데이터를 통해서는 높은 적중률을 보이지만 테스트 데이터에서는 적중률이 떨어져 적중률을 유지하지 못하는 것을 일컫는 말은?

① 일반화 ② 과대적합
③ 과소적합 ④ 미적합

26 아래 그림과 같은 경우에 발생할 수 있는 현상은?

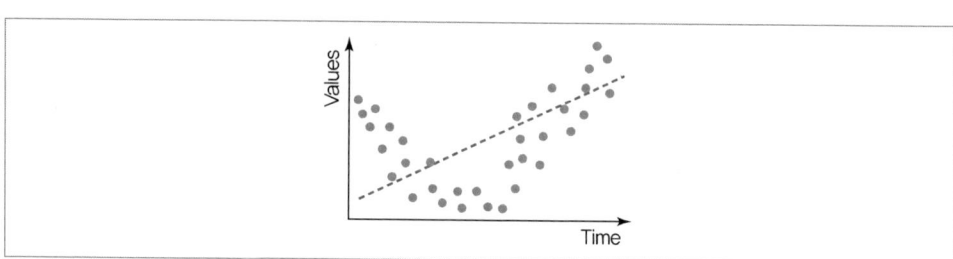

① 일반화 ② 과대적합
③ 과소적합 ④ 미적합

27 아래에서 설명하는 매개변수 최적화(Optimization) 기법은?

- 손실 함수의 기울기가 큰 부분에서는 학습을 빠르게 진행하고, 최적점에 가까워질수록 학습 속도를 점진적으로 감소시키는 방식이다.
- 이는 학습률을 조정하며 학습을 진행하는 최적화 기법이다.
- 학습률 감소를 적용하여 각 매개변수에 적합한 학습률을 개별적으로 계산하고 조정하는 방식으로 동작한다.

① 모멘텀(Momentum)
② 확률적 경사 하강법(Stochastic Gradient Descent)
③ Adam(Adaptive Moment Estimation)
④ AdaGrad(Adaptive Gradient Algorithm)

28 의사결정나무의 특징인 분산이 크다는 점을 고려하여, 더 많은 무작위성을 주어 여러개의 약한 학습기들을 생성한 후 이들을 선형결합하여 최종 학습기를 만드는 방법으로 가장 적절한 것은?

① 랜덤포레스트(Random Forest) ② 배깅(Bagging)
③ 부스팅(Boosting) ④ 보팅(Voting)

29 다음 중 분석모형 융합을 위한 방법으로 가장 옳지 않은 것은?

① 배깅(Bagging) 학습 데이터의 중복을 허용하며 학습 데이터셋 분할 기법으로 복원추출하는 방법이다.
② 에이다 부스팅(AdaBoosting) 모형은 분류/회귀 문제에 상관없이 개별 멤버 모형으로 회귀분석모형을 사용한다.
③ 부스팅(Boosting) 방법은 미리 정해진 개수의 모형 집합을 사용하는 것이 아니라 하나의 모형에서 시작하여 모형 집합에 포함할 개별 모형을 하나씩 추가하는 방식이다.
④ 다수결(Majority Voting)은 여러 모형에서 출력된 결과를 종합하여 다수결로 나온 모형을 최종 모형으로 설정하는 방법이다.

30 다음 중 최종모형 선정과정으로 가장 올바른 것은?

① 최종모형 평가기준 선정 → 최종모형 분석결과 검토 → 분석알고리즘 결과 비교 → 챔피언 모델 등록
② 최종모형 평가기준 선정 → 분석알고리즘 결과 비교 → 최종모형 분석결과 검토 → 챔피언 모델 등록
③ 챔피언 모델 등록 → 최종모형 평가기준 선정 → 분석알고리즘 결과 비교 → 최종모형 분석 결과검토
④ 챔피언 모델 등록 → 최종모형 평가기준 선정 → 최종모형 분석결과 검토 → 분석알고리즘 결과 비교

31 다음 중 이상적인 분석모형을 위한 Bias와 Variance가 올바르게 짝지어진 것은?

① 높은 Bias, 높은 Variance
② 낮은 Bias, 높은 Variance
③ 낮은 Bias, 낮은 Variance
④ 높은 Bias, 낮은 Variance

32 다음 중 분석모형의 평가방법에 대한 설명으로 옳지 않은 것은?

① 종속변수 유형에 따라 선택하는 평가 방법이 다르다.
② 종속변수 유형이 연속형인 경우에는 RMSE, MAE의 지표를 사용할 수 있다.
③ 종속변수 유형이 범주형인 경우에는 Recall, Precision의 지표를 사용할 수 있다.
④ 종속변수 유형이 범주형일 경우 임계치(Threshold)를 변화시킨다 해도 정분류율은 변하지 않는다.

33 다음 중 아래의 그림에 대한 설명으로 옳지 않은 것은?

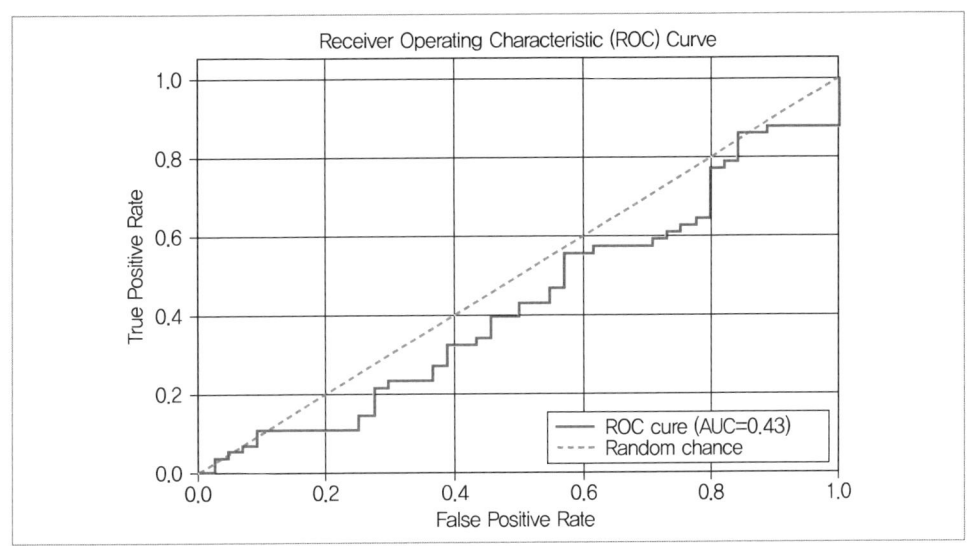

① AUC의 값은 항상 0.5~1 사이의 값을 갖는다.
② AUC는 파란색의 ROC-커브 밑에 존재하는 면적을 의미한다.
③ AUC는 진단의 정확도를 측정할 때 활용된다.
④ 위 그림의 AUC는 평균보다도 못한 성능을 보이고 있다.

34 다음 중 ROC 그래프에 대한 설명으로 옳지 않은 것은?

① ROC 곡선에서 거짓 긍정률(FP Rate)과 참 긍정률(TP Rate)은 어느 정도 비례 관계에 있다.
② 그래프가 오른쪽 꼭대기에 가깝게 그려질수록 모형의 성능이 우수하다고 할 수 있다.
③ AUC의 값이 1에 가까울수록 성능이 우수하다.
④ ROC 곡선에서 거짓 긍정률(FP Rate)과 참 긍정률(TP Rate)은 어느 정도 비례 관계에 있다.

35 다음 중 독립변수와 종속변수의 유형에 따른 분석방법으로 가장 알맞지 않은 것은?

① 카이제곱 검정(X^2-test)는 독립변수와 종속변수가 모두 범주형일 경우에 활용되는 분석 방법이다.
② T-검정(test)는 종속변수가 수치형이고 2개 범주의 독립변수를 사용하여 분석하는 방법이다.
③ 공분산 분석(ANCOVA)는 종속변수가 범주형, 독립변수가 연속형일 때 활용하는 방법이다.
④ 로지스틱 회귀분석은 종속변수가 범주형이고 독립변수가 수치형 또는 범주형일 경우 사용하는 분석방법이다.

36 y=0 혹은 y=1의 값을 갖는 분류식에서 민감도, 특이도가 전부 1일 때 정확도의 값은 얼마가 되는가?

① 0
② 0.5
③ 1
④ 정확한 값이 주어지지 않았으므로, 계산이 불가하다.

37 다음은 회귀 모형에 대한 평가지표에 대한 수식이다. 옳지 않은 것은?

① MAE(Mean Absolute Error) $= \dfrac{1}{n}\sum\limits_{i=1}^{n} |y_i - \hat{y_i}|$

② MSE(Mean Squared Error) $= \dfrac{1}{n}\sum\limits_{i=1}^{n} (y_i^2 - \hat{y_i^2})$

③ RMSE(Root Mean Squared Error) $= \sqrt{MSE}$

④ MAPE(Mean Absolute Percent Error) $= \dfrac{100}{n}\sum\limits_{i=1}^{n} \left|\dfrac{y_i - \hat{y_i}}{y_i}\right|$

38 다음 중 하이퍼파라미터(초매개변수, Hyper-Parameter) 최적화의 방법 중 다른 하나는 무엇인가?

① 경사하강법
② 랜덤서치
③ 그리드서치
④ 베이지안 최적화

39 다음 중 과대적합 방지 기법이 아닌 것은?

① 정규화(Regularization)
② Dropout
③ 배치 정규화(Batch Normalization)
④ Max Pooling

40 다음 중 인공신경망에서 Dropout과 같은 효과를 나타내는 것은 다음 중 무엇인가?

① 학습률을 조정
② 활성화 함수의 종류 변경
③ 은닉층 수 축소
④ 부스팅계열 활용

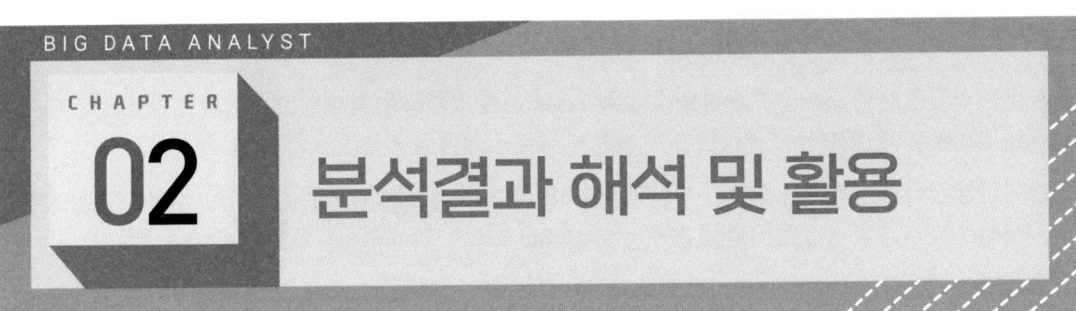

CHAPTER 02 분석결과 해석 및 활용

학습목표 현대 기업들은 중요한 의사결정을 내리기 위해 분석 모델을 개발하고 이를 의사결정 프로세스에 통합하고 있다. 이 챕터에서는 빅데이터 분석 결과를 통해 얻어진 인사이트가 비즈니스 가치를 어떻게 창출할 수 있는지에 대해 학습한다. 특히, 데이터 시각화(Visualization)를 통해 복잡한 정보를 명확하고 효과적으로 전달하는 방법을 익힌다. 또한, 분석 모델이 운영 시스템에 배포되고, 이를 지속적으로 모니터링하며, 필요에 따라 리모델링하는 전체 프로세스에 대해 살펴본다. 이를 통해 분석 결과의 활용성을 극대화하고, 데이터 기반 의사결정을 효과적으로 지원하는 방법을 학습한다.

SECTION 01 분석결과 해석

1 분석모형 해석

(1) 분석모형 해석의 개요

현업에서 알고 싶어 하는 다음의 질문 유형에 대한 답을 구하는데 어떤 분석 모델링이 적합하며 또 분석 결과를 가장 효율적이면서 효과적으로 해석할 수 있는 방법을 모색해 볼 수 있다.

구분	서술적분석	진단분석	예측분석	규범분석
질문	무슨 일이 일어났는가? (탐구적 분석)	왜, 어떻게 일어났는가? (모델링, 실험)	무슨 일이 일어날 것인가? (예측기법)	최선의 대응은? (실시간 대응)
	무슨 일이 일어나고 있는가? (이상 탐지)	왜, 어떻게 일어났는가? (모델링, 실험)	무슨일이 일어날 것인가? (예측기법)	최선의 상황을 위해 필요한 조치는 무엇인가? (개인화 추천, 최적화)
설명	과거 또는 현재 데이터를 통해 무엇이 일어났고 일어나고 있는지를 파악하기 위한 분석	과거 또는 현재 데이터를 통해 왜 일어나고 있는지를 파악하기 위한 분석	현재 데이터를 통해 무엇이 일어날 것인지 예측 분석	조직이 원하는 결과를 달성하기 위해 최적해를 도출하고 작업을 제시하는 분석
분석 모델링	기술통계량, 확률분포, 상관관계, 회귀분석	군집분석, 요인분석, 다중회귀분석, 베이지안 군집, KNN, 주성분 분석	시계열 분석, 의사결정트리, 앙상블, 부스팅, SVM, 신경망, 나이브 베이즈	민감도 및 시나리오분석, 선형 및 비선형프로그래밍, 몬테카를로 시뮬레이션
분석 결과 해석	특정 시점 또는 특정 기간에 발생한 결과를 보여주는 간단한 보고서 및 기술통계 시각화(Histogram, Ogive, Stem-Leaf plot, Box-Whisker's plot) 제시	발생 패턴을 파악하거나 데이터 분류 또는 원인의 요인을 찾는 특성요인도(Fishbone Diagram), 친화도(Affinity Diagram) 제시	시간에 따른 변화 값을 꺾은선 그래프, 비슷한 성질의 개체가 서로 묶이는 과정을 계통도(Dendrogram)로 표현해 데이터 구조를 제시	불확실성의 효과를 측정하기 위해 확률분포와 난수를 이용하여 반복 계산 시 특정 확률분포도(Probability Distribution Diagram) 제시

(2) 데이터 시각화(Data Visualization)

① 많은 조직은 분석 결과를 효과적으로 해석하거나 문제 해결을 위해 데이터 시각화를 활용한다. 데이터 시각화는 방대한 양의 데이터를 이해하기 쉽게 그래픽 요소로 표현하는 과정이다.
② 이러한 시각화 결과물은 정보의 추상적인 속성이나 변수를 시각적으로 전달하여, 사용자가 복잡한 데이터를 쉽게 탐색하고 이해할 수 있도록 돕는다.
③ 데이터 시각화는 정보를 논리적으로 해석하는 데 중요한 도구이며, 이를 통해 빠른 의사결정이 가능해진다.

정보전달	설득
• 데이터에 내재된 정보를 간단명료하게 전달, 분석하려는 목적 • 정보형 메시지의 객관적 표현에 초점 • 최근 빅데이터에서 중요한 정보를 선택해 시각적 효과를 극대화시키는 데이터 저널리즘(Data Journalism)으로써의 역할 수행	• 데이터를 통한 전달 메시지에 대한 공감, 설득 등을 유도 • 데이터 자체보다는 데이터를 통한 스토리 텔링에 초점 • 백문이 불여일견이라는 말처럼 하나의 그림이 책보다 설득력이 있을 수 있음

④ 데이터 시각화 기능
  ㉠ 설명·탐색·표현 : 데이터 시각화의 분석결과를 해석할 때 시각화의 설명·탐색·표현 3가지 기능이 활용된다.

종류	설명
설명	• 기능 : 시각화를 통해 전달하려는 메시지와 주요 분석 결과를 설명 • 설명적 시각화는 데이터의 유의미하고 흥미로운 요소를 명확하게 보여주어야 함 예 1930년대 초 미네소타주 농경학자들이 보리 종류에 따른 수확량의 차이 2년간 경작실험실시 사례(Cleveland)
탐색	• 기능 : 데이터에 숨겨져 있는 잠재적인 관계와 패턴을 찾기 위한 시각적 분석 • 데이터의 유의미하고 흥미로운 요소를 사용자가 직접 탐색 가능 • 탐색적 시각화는 다양하지만 유한한 경험을 제공 예 머신러닝 알고리즘을 접목해 데이터를 파악하고 이를 통해 사람이 파악할 수 없었던 결과를 자동으로 시각 추출하는 방법도 활발히 연구되고 있음
표현	• 기능 : 데이터를 활용한 개인 작품이나 예술적 표현을 통해 스토리 전달과 공감을 불러일으킴 • 표현적 시각화는 심미적 측면에서 감정적 반응과 데이터에 대한 다양하고 풍부한 해석을 제공 예 수많은 데이터를 한 장의 그림으로 요약한 인포그래픽과 문서에 사용된 단어의 빈도와 중요도를 시각적으로 표현한 단어 구름이 주목받고 있음

  ㉡ 데이터의 규칙과 패턴 검증 : 데이터 시각적 분석을 통해 데이터가 표현하고 있는 다양한 규칙과 패턴을 검증할 수 있다.

분석결과	검증 대상	검증 내용
설명	범위	값의 범위를 파악
	분포	개별 변수, 변수의 조합이 갖는 분포 형태를 파악
	순위	• 크기를 기준으로 데이터 순서 확인 • 최대값, 최소값, 중위수, 사분위수 등
	측정	값이 갖는 중요성을 파악
탐색	추세 방향	값이 증가하거나 감소하는 등 변화 확인
	추세 패턴	선형이나 지수형 또는 순환형으로 변하는지 확인
	추세 속도	추세가 어느 정도로 급한지 파악
	변동 패턴	반복 패턴, 변동 폭, 무작위 패턴 등 확인
	중요도	확인한 패턴이 중요한 신호 or 잡음인지 파악 가능
	교차	• 변수 사이에 중복 발생 여부 • 교차점이 발생하는지 확인

분석결과	검증 대상	검증 내용
표현	예외	이상값 또는 극한값과 같은 정상범위를 벗어난 변수 파악
	상관성	변수 간 관련성이 강하거나 약한 상관관계 존재 확인
	연관성	변수와 값의 조합 간 의미 있는 관계 파악
	계층 관계	데이터 범주의 구성, 분포, 관련성 파악

ⓒ 데이터의 시각적 표현 : 데이터에 따라서 변할 수 있는 일종의 시각적 차원(Visual Dimension) 으로 주로 크기, 색상, 위치, 네트워크, 시간, 다중표현기법(Multi-visualization)을 기준으로 한다.

형식	표현 방법
크기	• 면적이나 도형 모양의 크기를 변화시킴 • 직관을 통한 확인 가능
색상	• 형태와 포맷을 통한 색상 활용 • 너무 많은 범례 및 색상을 포함하는 것은 모범적이지 않음
위치	장소와 데이터를 연결하거나 장소와 연결되는 Geo Map 활용
네트워크	• 노드(Node)와 노드엣지(Node Edge)를 활용한 연결성 표현 • 모듈성(Modularity)을 활용한 중심성 등의 내용 확인 가능
시간	시간 순서에 따른 데이터 표현 및 정상성(Stationary) 확인
다중 표현	위의 표현을 여러가지 혼합하여 활용

⑤ 시각화 요건

㉠ 분석 결과의 의미를 효과적으로 전달하기 위해 시각적 결과물이 심미적 형태와 기능적 요소가 조화를 이루어야 한다.

㉡ 이상적인 시각화는 적절한 정보와 적절한 그림의 표현을 통해 사람을 집중하게 해야 한다.

구분	설명

기능적 측면	• 데이터 시각화를 정보 전달과 설득에 효율적으로 적용하기 위한 원칙
	• 데이터로부터 정보를 습득하는 시간을 절감해 즉각적인 상황 판단을 가능하게 하는 의도
	  – 단순하게 시각화
	  – 시각화 차트는 의사결정에 당면한 문제의 근거로 사용
	  – 불필요한 정보는 최대한 배제
	  – 핵심 메시지 포함

심미적 측면	• 데이터 시각화를 정보 전달과 설득에 효과적으로 적용하기 위한 원칙
	• 보는 사람들이 시각적 결과물에 집중하게 하고 참여하게 만들려는 의도
	  – 정보 혹은 메시지를 직관적으로 이해가능해야 함
	  – 흥미를 유발시키고 주목성을 높일 수 있어야 함
	  – 정보를 쉽고 친근하게 전달하여 보다 다양한 사람이 접근 가능하도록 해야 함
	  – 관계와 비교를 명확하게 표시하여 추가 정보와 스토리를 보여줘야 함
	  – 데이터를 거시적 · 미시적 시각 등 수직적 구조를 부여해야 함

(3) 데이터 시각화(Data Visualization) 유형

유형	설명	기법	
시간 시각화	• 시계열 데이터의 변화에 대한 패턴을 찾고 표현하는 방법 • 장기간에 걸쳐 나타나는 값의 변화나 경향을 추적하는 데 사용 • 사건의 선행성을 감안하여 값의 의미를 더욱 분명하게 이해 가능	• 막대 그래프 • 선 그래프 • 영역차트	• 산점도(Scatter plot) • 계단 그래프
분포 시각화	• 분류에 따른 변화를 최대, 최소, 전체 분포 등으로 구분 • 전체에서 각 부분별 또한 부분들 간의 관계를 설명	• 파이차트 • 트리맵	• 도넛차트
관계 시각화	집단 간 상관관계를 확인하여 다른 수치의 변화를 예측하고 추론	• 산점도 • 히스토그램	• 버블 차트
비교 시각화	각 데이터 간의 차이와 유사성 관계를 확인	• 히트맵 • 체르노프 페이스	• 평행좌표 그래프
공간 시각화	지도를 통해 시점에 따른 경향과 차이 등을 확인 가능	• 등치선도 • 카토그램	• 도트맵

(4) 시각화의 절차

단계	설명
구조화	• 시각화 목표를 설정하고 데이터 표현 규칙과 패턴을 탐색 • 시각화를 위한 요건을 정의하고 사용자에 맞는 시나리오를 작성
시각화	• 분석 도구에서 제공하는 그래프나 특성에 맞는 시각화 도구 선택 • 데이터 분석 정보를 시각화하는 단계 예) 시간 시각화, 분포 시각화, 관계 시각화, 비교 시각화, 공간 시각화, 인포그래픽
시각표현	최종 시각화 결과물이 목적과 의도에 맞는지 검토하고 전달 요소를 강조하여 품질을 향상 예) 그래프 보정, 전달 요소 강조, 그래프 품질 향상, 인터랙션 기능 적용

(5) 시각화 도구

① 시각화 구현을 위해 사용되는 시각화 도구에는 분석 플랫폼 및 라이브러리 등이 있다.
② 시각화 구현 도구는 단순한 그래프 형태로 제공하는 것에서부터 데이터의 분석과 시각화 결과물을 보고서나 대시보드로 제공하는 것까지 매우 다양하다.

분류	설명	특징
시각화 라이브러리	Flot, Rapha 1, Modest Maps, Leaflet, Time line, Exhibit, jQuery Visualize, jqPlot, D3.js, JavaScript InfoVis Toolkit, jpGraph, Highch arts, Google Charts, Crossfiter, Tangle, Polymaps, OpenLayers, Kartograph, Processing, NodeBox	• 라이브러리 설치 필요 • 프로그래밍 관련 경험 또는 전문지식 필요 • 차트와 그래프에 대하여 사용자가 원하는 형식으로의 디자인과 동작에 대한 제어 가능
시각화 플랫폼	Cognos Insight, Information Builders, Power Pivot, PowerView, Visual Insight, QlikView, SAS Enterprise BusinessIntelligence, Table au, Tibco SpotfireAnalytics, R, W0lframAlpha, BetterWorld Flux, Dipity, Many Eyes, Excel, CartoDB, Weka, Gephi	• 설치 및 구축 필요 • 제공되는 기능과 옵션 안에서만 차트와 그래프에 대한 디자인과 기능 수정이 가능
인포그래픽스	Charts, Visualize Free, Visual.ly	웹서비스 형태로 제공

출처 : 데이터 분석 전문가 가이드, 한국데이터베이스진흥원, 2014

분류		도구
프로그래밍	R	• SPSS, SAS와 달리 무료 오픈소스 통계 소프트웨어 • 데이터 통계분석을 목적으로 만들어져 다수 통계학자와 분석가에게 친숙 • 코드 몇 줄로 데이터 그래픽을 만들어주는 패키지가 많음 • 인덱스가 1부터 시작하는 등 프로그램 언어로서의 한계가 존재
	Python	• SPSS, SAS와 달리 무료 오픈소스 통계 소프트웨어 • 빅데이터를 다루기 용이함(Numpy, Pandas 등의 라이브러리 활용). • 통계분석을 목적으로 만들어져 다수 통계학자와 분석가에게 친숙 • 간단한 프로그램 개발부터 통계분석, 머신러닝 딥러닝 등에 탁월함 • 단점으로는 너무 낮은 저급 언어는 C나 JAVA보다 약하고, 시각화는 R보다 약함
	D3.js	• 데이터 시각화 프레임워크로, 자바스크립트로 개발 가능 • HTML, SVG(Scalable Vector Graphics), CSS(Cascading Style Sheets)를 이용하여 시각화 요소를 만들어 낼 수 있음
	processing	• 디자이너와 데이터 아티스트의 활용을 목적으로 만들어짐 • 단순 코드로 애니메이션과 인터랙티브 그래픽 생성이 가능 • 자바로 만들어져 느려질 수 있는 단점이 있음 • 이후 자바스크립트로 만들어주는 프로세싱 버전이 공개됨
차트와 통계	MS Excel	대다수 회사의 데이터 관리에 사용되고 있음 • 기초 분석부터 심도 있는 분석까지 가능하나, 빅데이터에 적용은 어려움 • 그래프 작성이 용이함 • 11종의 일반적인 차트를 그릴 수 있음
	Googel Chart API	• 속도가 빠르며, 모바일에서도 잘 작동 • 동적 데이터인 경우 구글 스프레드시트에 저장하여 Visualization Query로 읽어오는 방법으로 차트를 작성 • 초보자 위한 위저드(Wizard) 툴을 제공 • 스프레드시트와 차트 API를 함께 사용
	Many Eyes	11개의 word trees, heat maps, tree maps, the infamousworld cloud 등을 제한된 범위 내에서 제공
	Infogram	• 30종 차트를 기본으로 사용할 수 있음 • 온라인에서만 사용 가능하지만, 무료임 • PNG, PDF 파일로 추출할 수 있으며, 임베디드 코드 등이 제공되기 때문에 온라인 공유가 쉬움
지도	ESRI ArcGIS	• 유료화 된 전문 지리정보 분석 도구 • 지리적 맵, 데이터 및 분석모델을 생성, 관리 및 공유할 수 있음
기타	Adobe Illustrator	• 벡터기반 그래픽을 제작할 때 편리한 시각화 툴 • 기본적인 그래프 형식들을 지원 • 주로 PDF 포맷으로 추출된 것을 편집하는데 이용
	YFD (Your Flowingdata)	• 온라인 애플리케이션 시각화 툴 • 트위터에서 데이터를 수집하여 인터랙티브 시각화 도구로 패턴 및 관계를 찾을 수 있음 • 개인수준의 데이터를 다루기 위해 만들어짐

2 비즈니스 기여도 평가

(1) 비즈니스 기여도 개요

① 비즈니스 기여도는 데이터 분석 결과를 활용하거나 실질적인 실행을 통해 얻게 되는 비즈니스 영향도와 효과, 효익(Benefit)의 긍정적 측면을 말한다.

② 일반적으로 데이터 분석을 통해 효율 증대, 비용 절감, 위험 감지, 빠르고 더 나은 의사결정 지원 등의 효과를 거둔다고 알려져 있지만, 비즈니스 기여도에 대한 이해는 기업에서 수행하는 데이터 분석 목적을 통해 살펴보는 것이 타당하다.

③ 기업의 데이터 분석 목적

　㉠ 운영효율 향상(생산성 향상과 리스크 감소)과 매출 증대(기존 매출 증대와 새로운 매출 창출)로 크게 구분이 가능하다.

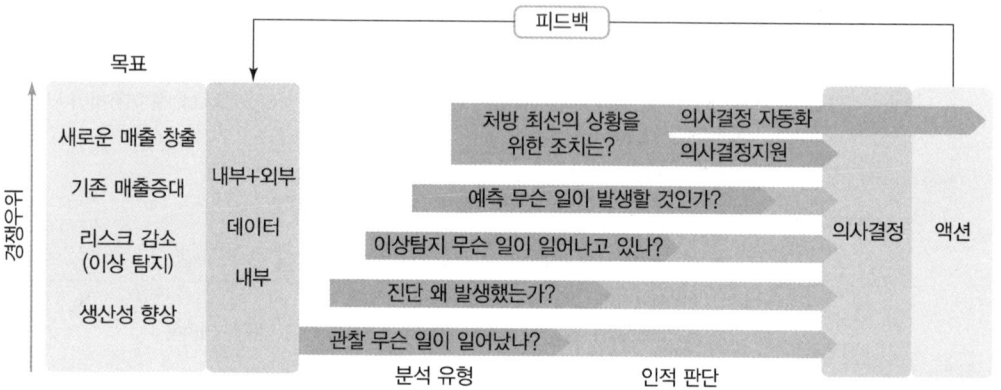

출처 : 최용주, 김진호, DBR(2017)

　㉡ 기업의 데이터 분석 목적은 사실상 사업과 관련한 6가지 근본적 질문에 대한 답을 구하고자 하는 것이며, 이 질문들에 대한 인사이트를 분석 결과로부터 도출하여 이를 경영전략 수립과 의사결정에 적극 활용해야만 달성할 수 있다.

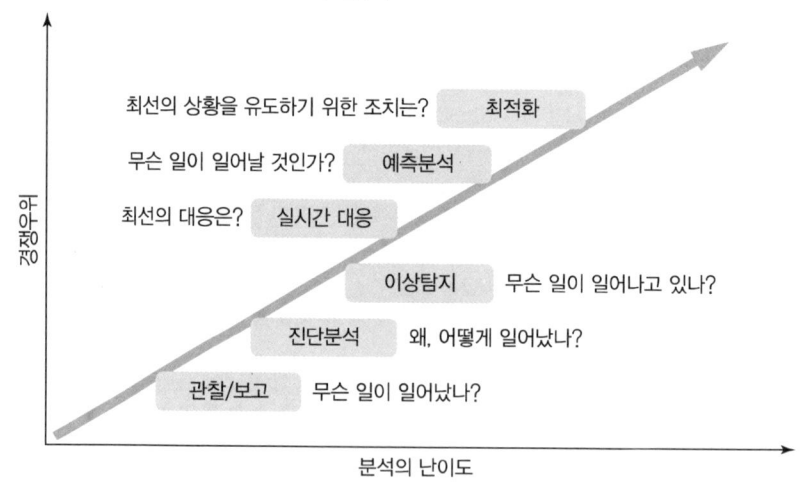

출처 : 최용주, 김진호, DBR(2017)

④ 대부분의 기업 보고서에는 어떤 일이 어디에서 얼마나 많이 발생했는지에 대한 관찰과 보고는 포함되지만, 그 사건이 왜, 어떻게 일어났는지에 대한 심층 분석은 충분히 이루어지지 않는다.

⑤ 또한, 리스크를 줄이기 위해 실시간으로 현재 발생하고 있는 사건을 탐지하고 대응하는 분석은 약 30%의 기업에서만 이루어지며, 미래에 일어날 가능성이 있는 사건을 예측하고 최적의 결과를 이끌어내기 위한 분석은 10% 미만의 기업에서만 수행되고 있다는 조사 결과가 있다(Gartner, 2015).

⑥ 가트너(Gartner)의 조사에 따르면, 심층신경망(DNN)을 활용한 '의사결정 지원'이 기업의 의사결정 및 상호작용 프로세스의 자동화를 촉진하여, 비용 절감과 리스크 감소에 긍정적인 영향을 미치고, 마이크로타겟팅, 고객 세분화, 마케팅 및 판매 향상을 통해 매출 증대에도 기여할 수 있다는 결과가 도출되었다.
⑦ 분석 결과의 난이도가 높아질수록, 이는 업무 효율성 증대와 비용 절감뿐만 아니라, 기업의 위험을 낮추는 효과를 가져온다. 나아가 새로운 서비스와 제품 개발을 통해 비즈니스의 차별화와 혁신을 추구하는 다양한 가치를 창출할 수 있다.

(2) 비즈니스 기여도 평가 기법

① 총소유비용(TCO) : 자산을 획득할 때 발생하는 모든 연관 비용을 평가
② 투자대비효과(ROI) : 자본 투자에 따른 순효과의 비율
③ 순현재가치(NPV) : 투자금액과 매출금액의 차이를 이자율을 고려해 계산한 값
④ 내부수익률(IRR) : 순 현재가치를 "0"으로 만드는 할인율
⑤ 투자회수기간(PP) : 누적 현금흐름이 흑자로 전환되는 시점까지의 기간

(3) 비즈니스 기여도 평가 수행 준거

① 분석 결과의 비즈니스 평가 수행에 있어 성과 측정을 위해 두 가지 기준이 제시된다.
② 모델링 기법별 정량적 효과 측정 : 비즈니스 기여도 평가는 모델링 기법별로 이루어져야 하며, 정량적 효과를 중심으로 측정되어야 한다.

모델링 기법	정량적 효과	예시
데이터 마이닝	검출률 증가 또는 향상도 개선에 따른 효과	넷플릭스 : 데이터 마이닝을 통한 의사결정으로 매출 23% 증가, 주가 18% 상승
시뮬레이션	처리량 증가, 대기시간 및 대기행렬 감소	A사 : 시뮬레이션 모델 적용으로 공정시간 단축, 수율 증가, 연 매출 향상
최적화	인력, 설비, 예산을 최대 성능으로 활용하는 최적 해결책	B공장 : 에어컨 생산 데이터를 기반으로 최적 생산계획 수립, 창고 비용 절감 및 수익 증대

③ 비즈니스 수행 시 비용 요소 고려
  ㉠ 빅데이터 분석의 비즈니스 기여도를 평가할 때, 관련된 비용 요소를 반드시 고려해야 한다. 즉, 프로젝트의 비용 대비 효과를 분석하고, 이를 구체적으로 재무적 지표로 측정하여 비교해야 한다.
  ㉡ 사업의 특성에 따라 비용 요소는 이미 영업이익률이나 공헌이익에 반영되어 있을 수 있으므로, 중복된 비용 차감은 피해야 한다.
  ㉢ 다른 사업부서와 중복될 수 있는 부분을 고려해야 하지만, 각 프로젝트의 수익과 비용을 기준으로 평가하는 것이 원칙이며, 과도한 투자비용이 발생할 경우 다른 과제와의 분배를 협의해야 한다.

SECTION 02 분석결과 시각화

1 시공간 시각화

(1) 시간 시각화

① 시간을 기준으로 데이터를 시각화하는 방법이다. 시계열 데이터의 특징적인 요소를 트렌드(경향성)로 표현하며, 장기간에 걸쳐 발생하는 변화나 패턴을 추적하는 데 주로 사용된다.

② 이산형 시계열 데이터로 시간 시각화 구현 : 막대 그래프, 누적 막대 그래프, 산점도 등은 이산형 데이터를 나타내기에 효과적이다.

　㉠ 막대 그래프(Bar Chart) : 시간축(가로)은 시간의 특징적인 시점을 나타내고, 값축(세로)은 변화하는 양을 비교하기 위한 상대적인 차이를 나타낸다.

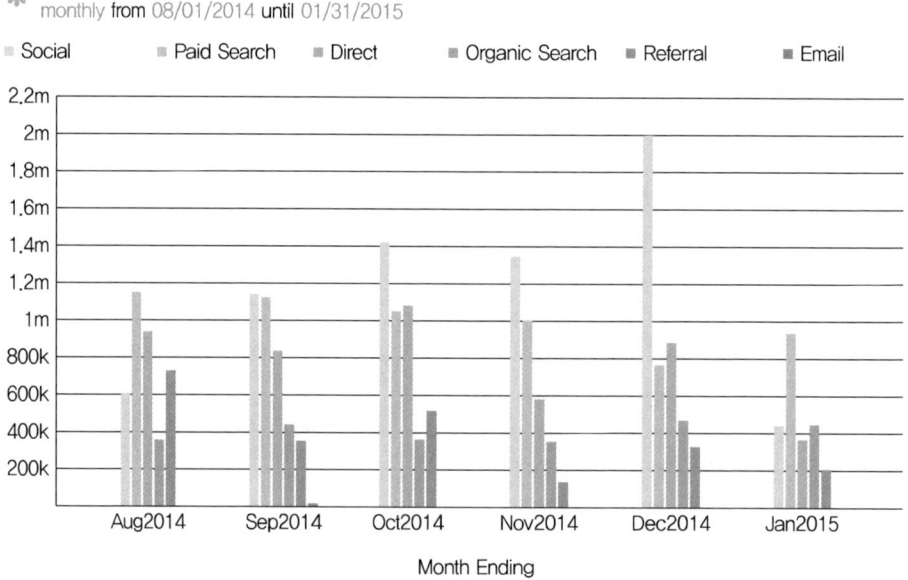

출처 : megalytic

　㉡ 누적 막대그래프(Stacked Bar Chart)
　　• 한 구간에 여러 세부 항목을 포함하며, 각 항목이 누적되어 전체 합을 의미 있게 표현한다.
　　• 세로축은 한 구간의 세부 항목별로 값의 크기를 표시하며, 색상이나 질감을 통해 구분한다.

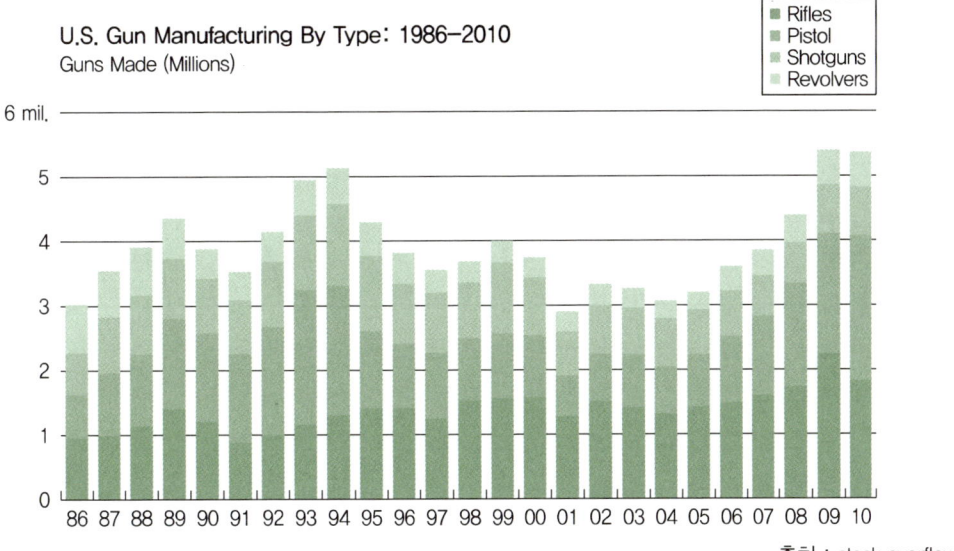

출처 : stack overflow

ⓒ 점 그래프(Point Plot)
- 점 그래프는 면적을 표시할 필요가 없기 때문에 더 작은 공간에 그릴 수 있고, 한 점에서 다음 점으로 변하는 점의 집중 정도와 배치에 따라 흐름을 파악하기 용이하다.
- 가로축을 다른 변수로 표시하게 되면, 두 변수의 관계를 나타내기 위한 산점도(Scatter Plot)로 사용된다.

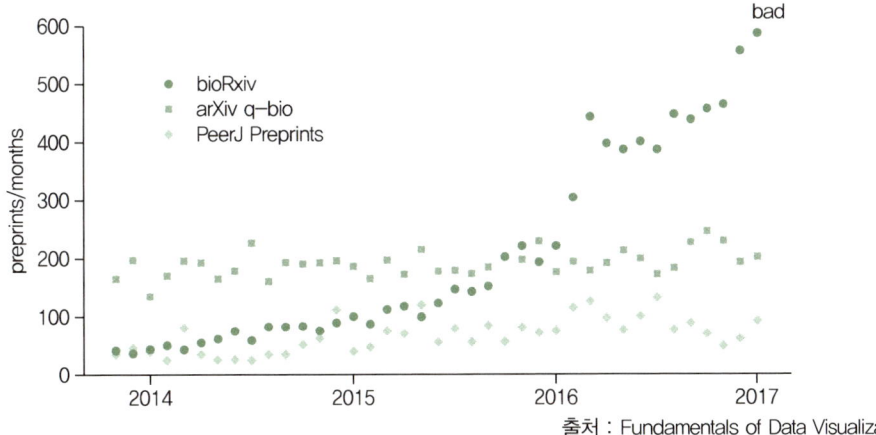

출처 : Fundamentals of Data Visualization

- 각 점을 선분으로 연결하면 연속된 기간의 데이터 추세를 파악할 수 있으며, 선 그래프와 동일하게 된다.
- 가로축을 다른 변수로 표시하게 되면, 두 변수의 관계를 나타내기 위한 산점도(Scatter Plot)로 사용된다.

③ **연속형 시계열 데이터로 시간 시각화 구현** : 선형 그래프나 계단식 그래프, 영역 차트 등은 연속형 시계열 데이터를 표현하기에 적절한 선택이다.

㉠ 선 그래프(Line Graph) : 시간의 흐름에 따라 값이 연속적으로 변화하는 데이터를 표현하는 데 적합하다. 각 데이터 포인트를 선으로 연결하여 패턴을 나타낸다.

출처 : Fundamentals of Data Visualization

ⓒ 계단식 그래프(Cascade Chart)
- 연속형 데이터를 나타내며, 시간의 흐름에 따라 값이 단계적으로 변화하는 양상을 표현한다. 각 점이 꺾이면서 다음 지점으로 연결되며, 계단식 변화를 나타내는 데 효과적이다.
- 단 연속된 두 시점에 값의 변화가 전혀 없거나, 급격한 증가나 급격한 감소를 표현하는 경우라면 계단식 그래프는 적합하지 않다.

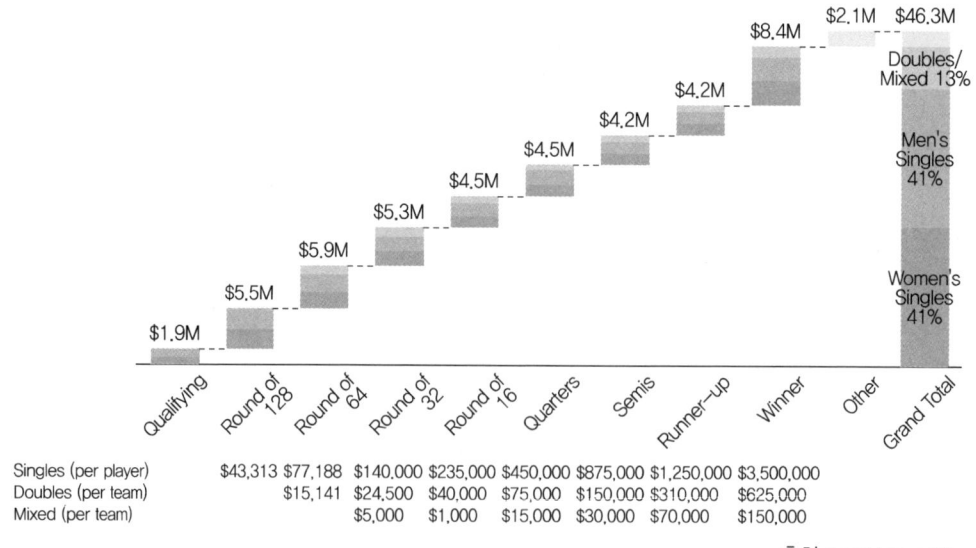

출처 : mekkographics

ⓒ 영역형 차트(Area Chart) : 영역형 차트는 시간에 따라 값의 크기 변화를 나타낸다는 점에서 선 그래프와 유사하나, 색을 채운 영역으로 보여준다는 점, y축의 값은 0부터 시작해야 한다는 점에서 선 그래프와 차이가 있다.

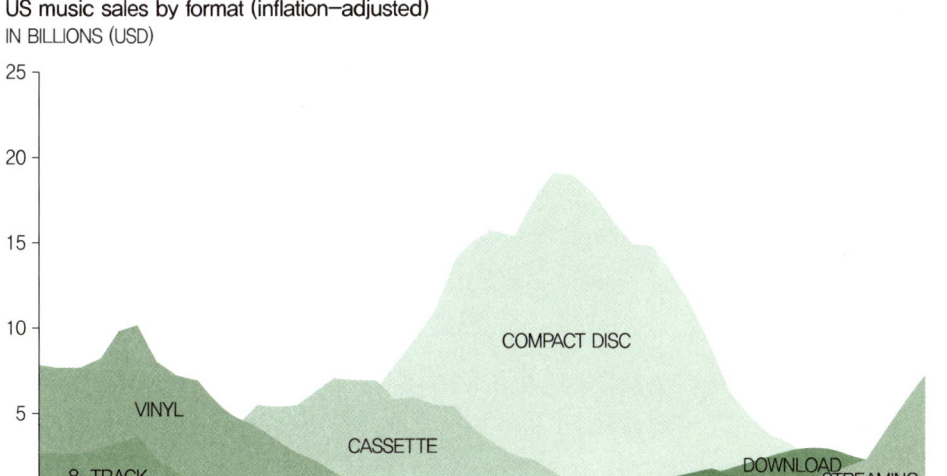

(2) 공간 시각화

① 공간 데이터 : 지구 표면에 존재하는 객체, 사건, 현상을 기록한 정보이며, 일반적으로 위치 정보(위도, 경도 등)를 포함한 형태로 존재한다.

② 공간 시각화 : 지도상 위치 정보를 표현하는 방법이다. 모든 데이터에 시간 정보를 적용하면 하나의 지도는 특정 시점의 상태를 나타내며, 여러 장의 지도를 통해 다양한 시점의 데이터를 시각화할 수 있다. 또한, 애니메이션이나 상호작용 기법을 함께 사용하면 시간에 따른 변화를 쉽게 읽고 이해할 수 있다.

③ 구글 Geo 차트 : 지명만 알면 나라별, 대륙별, 지역별 지도를 쉽게 그릴 수 있다. 이때, 위도와 경도 정보를 몰라도 영역 모드와 마커 모드를 활용하여 지도에 정확한 위치를 표현할 수 있다.

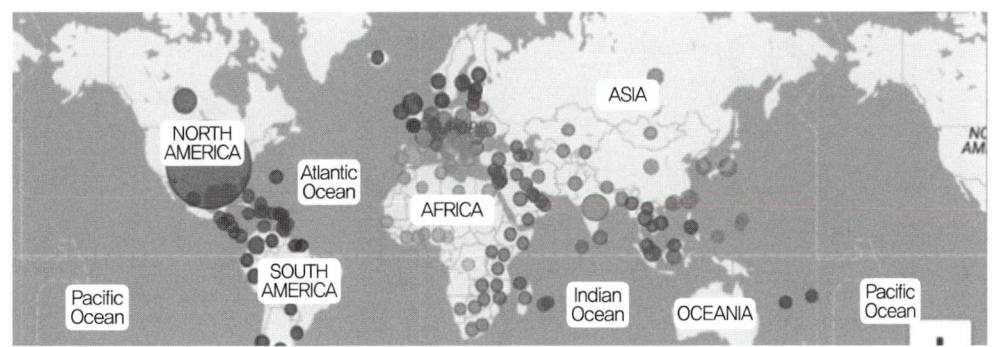

출처 : 구글 Geo 차트

④ 지리-공간 데이터 매핑(Geospatial Data Mapping)
  ㉠ 등치 지역도(Choropleth Map)

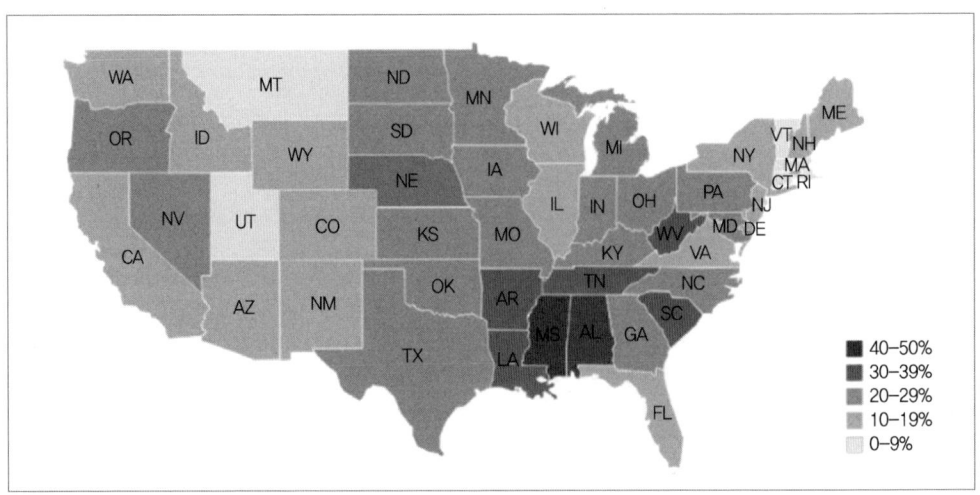

출처 : datavizcatalogue.com

- 등치 지역도는 지도상에서 지리적 구역(주, 도 등)을 기준으로 데이터를 색상으로 구분하여 시각화하는 방법이다. 색상 선택은 정량적 값을 기반으로 채도나 밝기를 조정하여 적용하며, 특히 시간이 지남에 따라 변화하는 값을 표현할 때는 신중하게 색상을 선택해야 한다.
- 등치 지역도의 단점은 지리적 단위별로 인구가 균등하게 분포되지 않으면 발생한다. 이는 데이터의 실제 값보다 면적이 큰 지역이 더 부각되어, 결과적으로 값이 왜곡될 수 있기 때문이다.

㉡ 도트 분포도(Dot Distribution Map) : 도트 분포도는 지도상의 위도와 경도에 해당하는 지리적 좌표에 점을 찍어 데이터를 시각화하는 방식이다. 이 방법은 시간의 흐름에 따라 점진적인 지리적 확산을 보여줄 때 자주 사용된다.

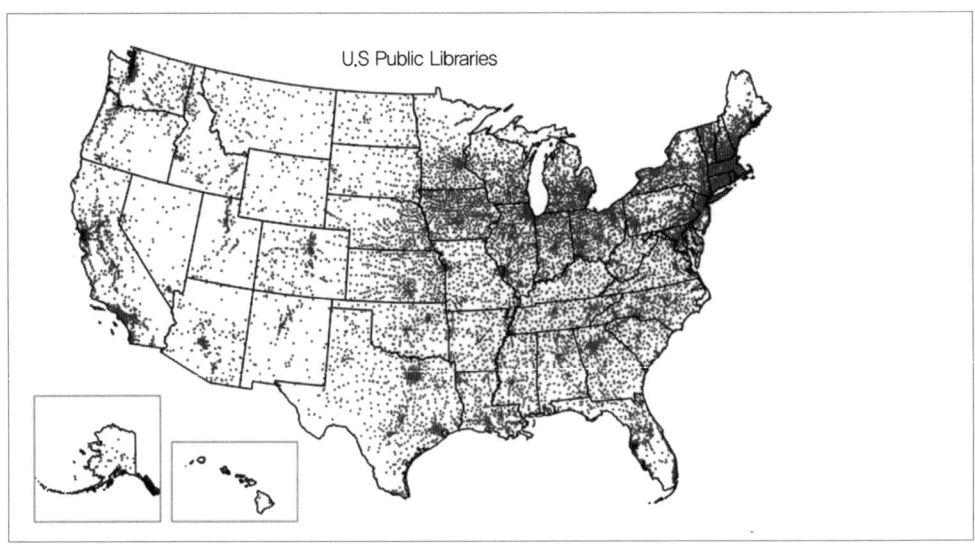

출처 : 2009 IMLS Public Library Survey

ⓒ 버블 플롯맵(Bubble Plot Map) : 버블 플롯맵은 지리적 좌표 위에 정량적 데이터를 표현하기 위해 서로 다른 크기의 원형을 배치하는 방식이다. 도트 플롯맵이 지리적 산점도와 유사하다면, 버블 플롯맵은 지리적 버블 차트에 가깝다.

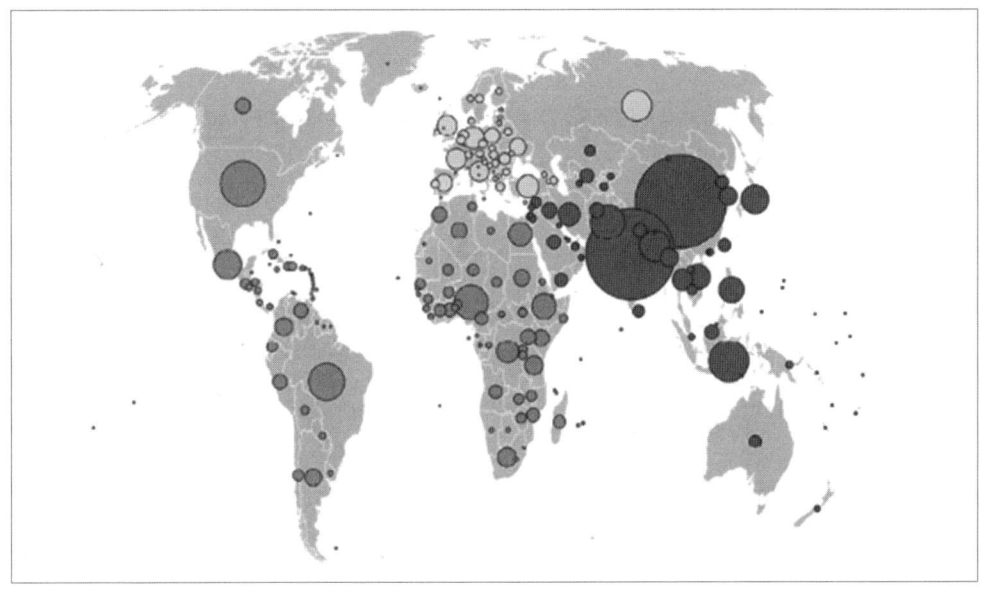

출처 : visualizingrights.org

ⓔ 등치선도(Isarithmic Map) : 등치선도는 등치 지역도가 지리적 구역별로 인구 밀도 차이로 인해 발생할 수 있는 데이터 왜곡을 줄이기 위해, 색상의 농도를 이용해 데이터를 시각적으로 표현하는 방법이다.

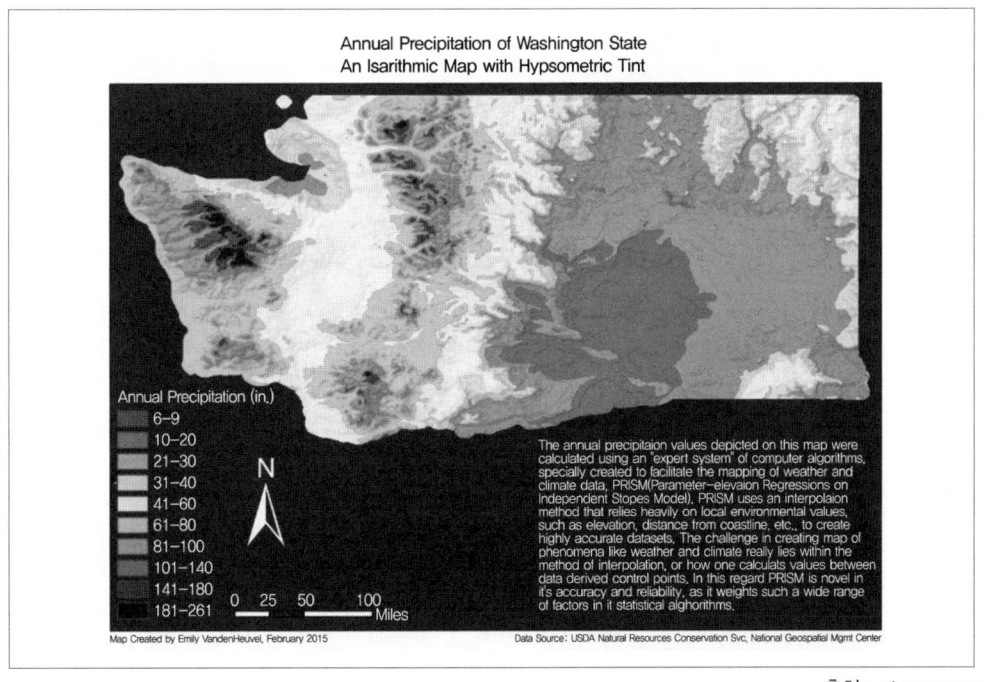

출처 : gisnouveau

ⓜ 카토그램(Cartogram)
- 카토그램은 지역의 값을 표현하기 위해 지리적 형상의 크기를 조정하여 재구성된 지도를 사용하며, 이를 통해 왜곡된 화면으로 데이터를 나타낸다.
- 카토그램은 사용자가 사전에 익숙한 위치, 형태, 크기를 활용하여 정보를 효과적으로 전달하며, 상호작용 디자인을 적용할 때 특히 효과적이다.

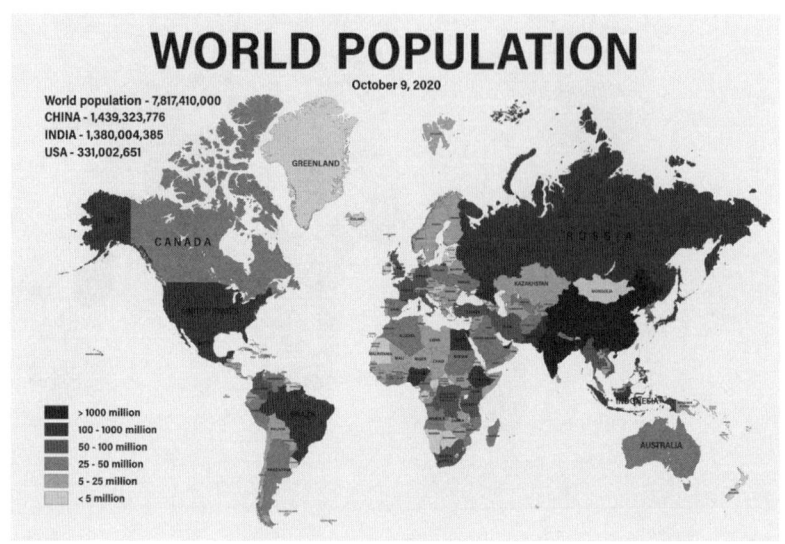

2 관계 시각화

(1) 관계 시각화의 개요

① 관계 시각화는 다변량 데이터 간의 연관성, 분포, 패턴을 탐색하는 시각화 기법이다.
② 한 변수의 변화를 통해 다른 변수의 변화를 예측하는 경우, 산점도, 산점도 행렬, 버블 차트와 같은 관계 시각화 방법이 적합하다.

(2) 관계 시각화 유형

① 산점도 행렬(Scatter plot matrix)
 ㉠ 산점도는 시간적 변화를 파악하는 것뿐만 아니라, 데이터 간의 관계를 시각적으로 표현하는 데 적합하며, 군집화 및 이상치 패턴을 식별하는 데 유용하다.
 ㉡ 산점도 행렬은 다변량 데이터를 대상으로 모든 변수 쌍의 산점도를 행렬 형태로 표현한 그래프이다.
 ㉢ 산점도 행렬은 데이터의 분포, 변수 간의 상관관계, 그리고 데이터 내 존재하는 패턴을 빠르게 파악할 수 있어, 데이터 탐색 과정에서 유용하게 사용된다.
 ㉣ 산점도 행렬의 대각선에는 동일한 변수에 대한 산점도가 나타나기 때문에, 그 위치는 비워두거나 변수 이름을 표기한 레이블로 표시한다.

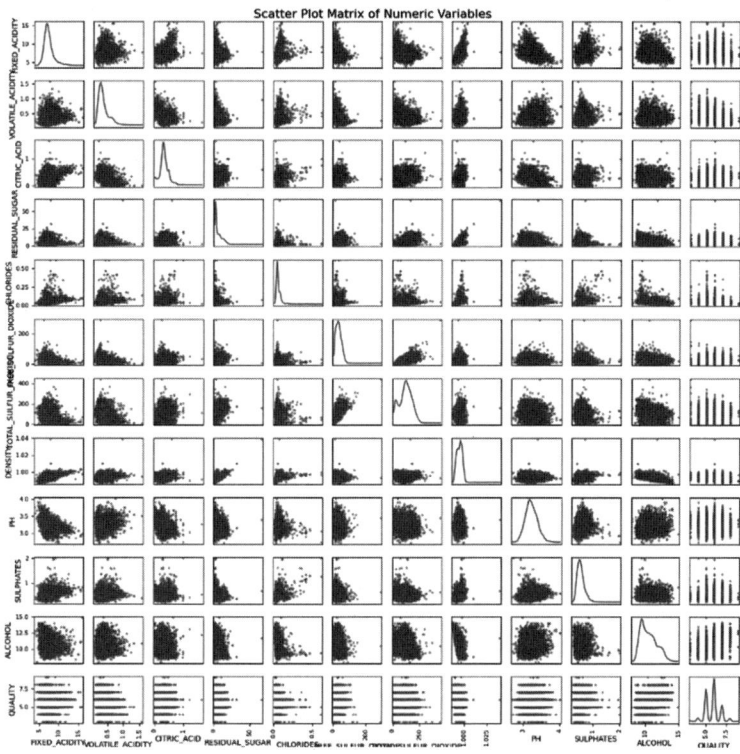

② 버블 차트(Bubble chart)

㉠ 버블 차트는 산점도를 확장한 형태로, 각 데이터 점이나 마크에 다양한 의미를 부여하여 세 가지 요소(가로축 변수, 세로축 변수, 버블 크기)의 상관관계를 시각적으로 표현하는 방법이다.

㉡ 버블 차트는 수십 개 또는 수백 개의 값이 있거나 값의 크기 차이가 큰 데이터셋에 유용하며, 다양한 크기의 버블을 통해 특정 값을 시각적으로 표현할 때 효과적이다.

㉢ 버블 차트 예시

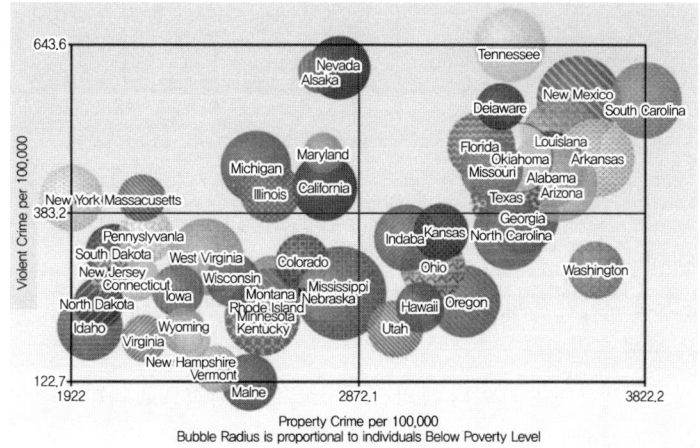

출처 : wikipedia

3 비교 시각화

(1) 비교 시각화의 개요

① 많은 다변량 변수를 포함한 데이터에서는 관심 있는 변수를 선택하여 그 관계를 분석하거나, 모든 변수를 동시에 고려하여 개체들을 비교하는 것이 쉽지 않다.

② 비교 시각화는 이러한 문제를 해결하기 위한 방법으로, 다변량 데이터를 제한된 2차원 공간에 효과적으로 표현한다. 이를 위해 막대 그래프, 플로팅 바 차트, 히트맵, 체르노프 페이스, 스타차트, 평행 좌표 그래프 등의 시각화 기법이 사용된다.

(2) 비교 시각화 유형

① 플로팅 바(Floating Bar) 차트
　㉠ 간트 차트(Gantt Chart)라고도 불리는 플로팅 바 차트는 막대가 가장 낮은 수치에서부터 가장 높은 수치까지 걸쳐 있는 형태로 표현되며, 축의 시작점은 반드시 0일 필요는 없다.
　㉡ 범주 내 값의 다양성을 파악할 수 있으며, 범주 간의 중복이나 이상치도 쉽게 식별할 수 있다.

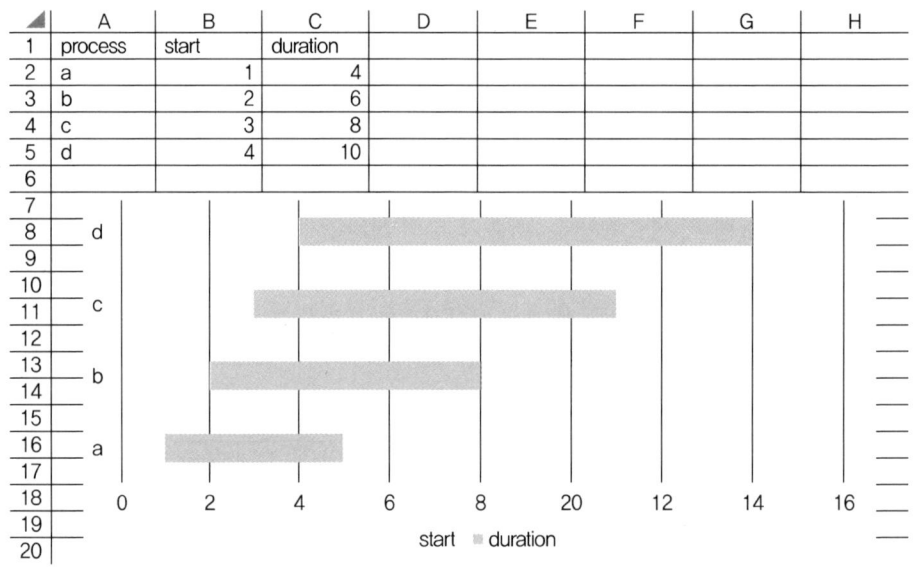

출처 : superuser

② 히트맵(Heatmap)
　㉠ 히트맵은 표와 유사한 형태로, 행은 관측 개체를, 열은 변수를 나타낸다. 각 칸의 값은 숫자가 아닌 색상을 통해 표현된다.
　㉡ 색상의 채도를 활용하여 데이터 값의 크고 작음을 시각적으로 나타내며, 한 칸의 색상을 통해 여러 변수를 동시에 비교할 수 있다.
　㉢ 한 행을 왼쪽에서 오른쪽으로 살펴보면 하나의 관측 개체에 대한 모든 변수를 확인할 수 있으며, 한 열을 위에서 아래로 살펴보면 한 변수 관점에서 모든 관측 개체를 비교할 수 있다.

ⓡ 데이터가 지나치게 많을 경우 가독성이 떨어질 수 있으므로, 적절한 색상 선택과 정렬을 통해 데이터의 가독성을 높이는 것이 중요하다.

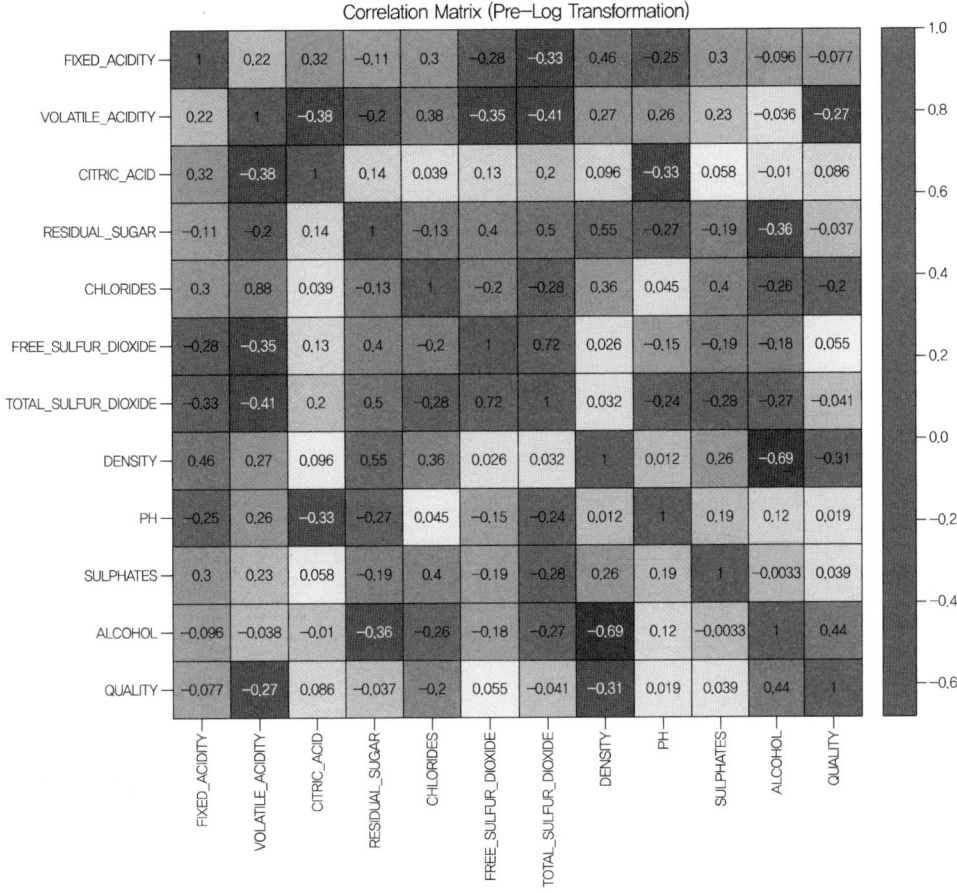

③ 평행좌표(Parallel Coordinates) 그래프
  ㉠ 평행좌표 그래프는 2차원 평면에 각 변수를 나타내는 축을 평행하게 배치하여, 다변량 데이터를 표현하는 데 매우 효율적인 방법이다.
  ㉡ 각 축은 하나의 변수를 나타내며, 축의 위쪽은 최대값, 아래쪽은 최소값을 표시한다.
  ㉢ 데이터의 각 값을 해당 변수 축에 위치시킨 후 이 지점들을 선으로 연결하면 연결선 하나가 하나의 데이터를 의미하며, 데이터의 수만큼 연결선이 생성된다.
  ㉣ 연결선들이 각 변수 축에서 나타내는 패턴을 통해 데이터의 경향성과 변수 간의 관련성을 파악할 수 있다.

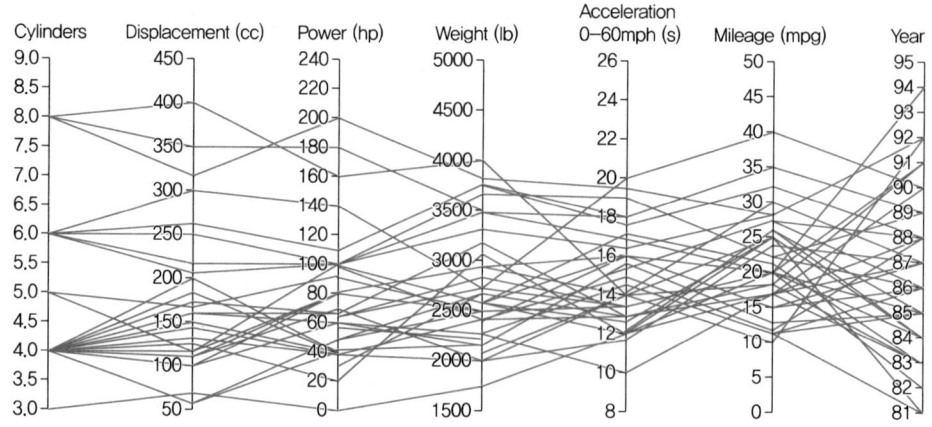

출처 : datavizcatalogue.com

④ 체르노프 페이스(Chernoff Faces)
  ㉠ 체르노프 페이스는 다양한 데이터를 사람의 얼굴 하나로 시각화하는 방법이다.
  ㉡ 각 얼굴의 부위(가로 너비, 세로 높이, 눈, 코, 입, 귀 등)를 데이터의 변수와 일대일로 대응시켜 데이터의 속성을 쉽게 파악할 수 있다. 100개 데이터를 100개의 얼굴로 생성하여 얼굴 모양의 유사성 관찰을 통해 데이터를 비교한다.
  ㉢ 그러나 데이터를 얼굴로 해석할 시, 데이터의 실제 의미와 다른 해석이 될 수 있는 단점이 존재한다.
  ㉣ 체르노프 페이스의 유용성은 상황에 따라 다르며, 일반적으로 전문가의 흥미를 유발하는 데 주로 활용된다. 데이터를 그림으로 벡터화(Vector)하여 나타내면 다음과 같이 그림으로 나타낼 수 있다.

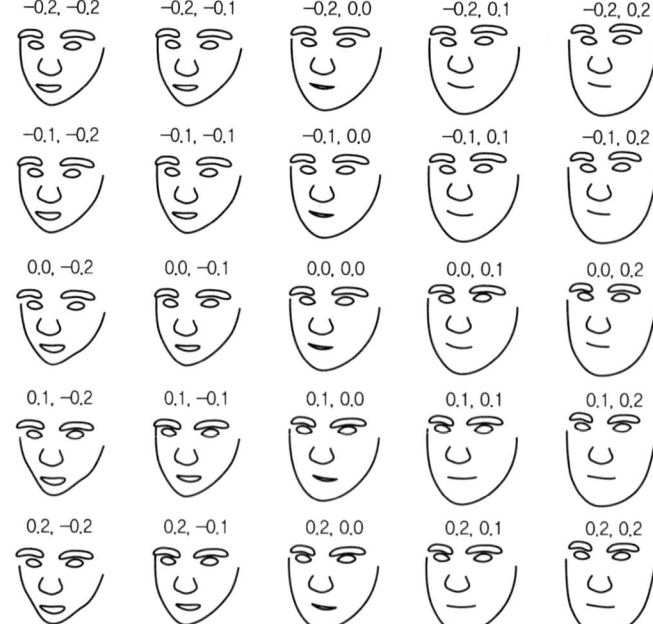

출처 : jessicastringham.net

⑤ 스타차트(Star Chart)
　㉠ 스타차트는 중앙에서 외부 링까지 이어지는 여러 개의 축을 그린 후, 각 변수마다 축의 중앙으로부터의 거리로 수치를 표시하는 방식이다. 각 변수에 대응하는 축 하나씩을 설정하고, 해당 변수의 크기에 따라 축의 길이를 조정한 후, 모든 축의 끝을 연결하여 별 모양의 다각형을 형성한다.
　㉡ 스타차트의 각 축의 중심점은 해당 변수의 최솟값을 나타내며, 바깥쪽 끝은 최댓값을 의미한다. 이를 통해 각 변수의 상대적인 크기를 직관적으로 비교할 수 있다.
　㉢ 스타차트는 '체르노프 페이스'와 유사하게, 데이터 수만큼의 다각형을 생성하여 각 다각형의 형태를 비교함으로써 데이터 간의 차이점과 유사성을 분석할 수 있다.
　㉣ 스타차트는 '레이더 차트(Radar Chart)' 또는 '거미 차트(Spider Chart)'라고도 불리며, 동일한 시각화 기법을 다양한 용어로 지칭하는 경우가 많다.

4 인포그래픽

(1) 인포그래픽(Infographics)

① 인포그래픽은 '정보(Information)'와 '그래픽(Graphic)'의 합성어로, 핵심 정보를 하나의 그래픽으로 시각화하여 사람들이 쉽게 이해할 수 있도록 설계된 그래픽 메시지이다.
② 인포그래픽은 복잡하고 방대한 데이터를 누구나 쉽게 이해할 수 있도록 그래픽과 텍스트를 균형 있게 조합하며, 실용적인 핵심 메시지를 전달하기 위해 다양한 차트, 다이어그램, 일러스트레이션 등을 적극 활용한다.
③ 인포그래픽은 정보를 구체적이고 표면적이며 실용적으로 전달한다는 점에서 일반적인 그림이나 사진과 구별되며, 스토리텔링이 가능하다는 점에서 기존의 데이터 시각화 도구나 그래픽과 차별화된다.
④ 인포그래픽은 전체 그림을 공유하는 경우가 많아 텍스트처럼 일부를 잘라 인용하거나 왜곡될 가능성이 낮아, 메시지를 원래의 의도대로 전달하는 데 효과적이다.

(2) 인포그래픽의 적용 및 활용

① 인포그래픽은 한 페이지 내에 방대한 데이터를 요약하여 표현하는 도구로, 신문이나 방송과 같은 미디어에서 널리 활용되고 있다. 예를 들어, 지역별 기온을 그림으로 나타낸 일기예보 기상도나 기사 내 통계 수치를 그래프로 표현하는 방식은 오래전부터 사용되어 온 방법이며, 이러한 인포그래픽은 뉴스 그래픽(News Graphic)이라고도 불린다.

② 최근 인포그래픽이 주목받는 이유는 양질의 콘텐츠를 선별하여 사람들에게 더 나은 가치를 제공하는 소셜 큐레이션의 수단으로 활용되기 때문이다.

③ 기업들은 제품 설명, 기업 이미지 구축을 위한 캠페인 보고서 발표 등 다양한 목적에서 인포그래픽을 적극적으로 활용하고 있으며, 최근에는 정부기관에서도 정책 설명을 위해 인포그래픽을 사용하는 추세가 증가하고 있다.

④ 언론매체에서의 인포그래픽 뉴스 전달 방식에도 큰 변화가 예상되며, 독자의 마우스 움직임에 따라 상호 소통하는 듯한 느낌을 주는 쌍방향성을 구현한 인터랙티브 인포그래픽이 시도되고 있다.

(3) 인포그래픽의 유형

① 전달 메시지
  ㉠ 메시지 유형은 정보 사용의 목적과 관점에 따라 '정보형 메시지'와 '설득형 메시지'의 두 가지로 구분된다.
  ㉡ 정보형 메시지 : 객관적인 정보를 전달하는 데 중점을 둔다. 예를 들어, 실제 지도를 왜곡하더라도 사람들이 쉽게 이해할 수 있도록 개념적으로 구현된 그림 지하철 노선도(가)는 이러한 목적을 반영한 사례이다.
  ㉢ 설득형 메시지 : 정보를 전달하는 것보다는 시각적으로 강렬한 주장을 전달하는 데 초점을 맞춘다. 예를 들어, 사회 계층을 암시하는 옷을 가로로 재단하고 상하 계층별로 다시 연결하여 한 벌의 셔츠로 표현한 우측 그림은 사회 계층 분포 데이터를 극단적으로 함축하여 시각화한 사례로, 설득적 메시지를 전달하는 데 주력하였다.

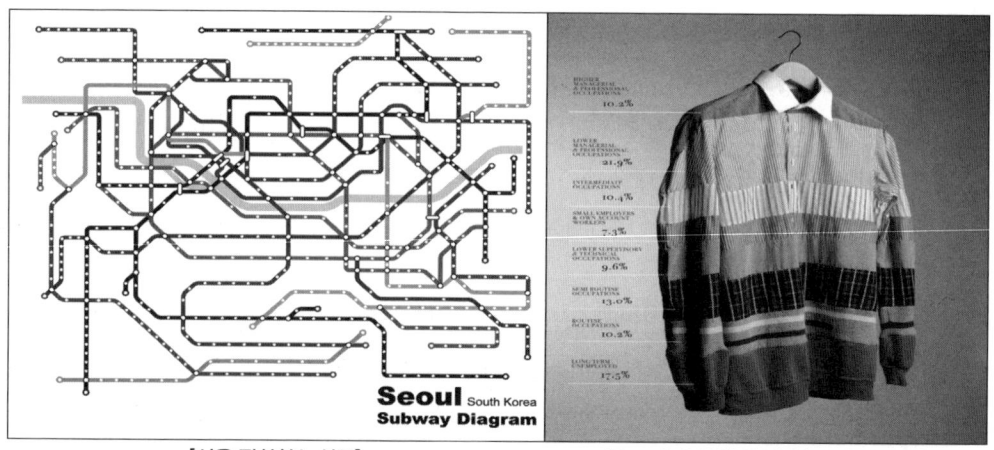

[서울 지하철 노선도]   [Gareth Holt의 사회계층 도식화 그림]

② 메시지 전달 형태 : 인포그래픽의 유형은 핵심 메시지의 내용에 따라 달리 나타낼 수 있다.

유형	설명	예시
지도형	특정 국가나 지역의 지도 안에 정보(지역별 특색, 발생 특징)를 담는 방식	매체 이용 현황, 매장 분포
도표형	다양한 표와 그래프를 사용해 방대한 정보를 함축적으로 표현하는 방식	각종 데이터 표현 가능
타임라인/프로세스형	주제 관련 히스토리 또는 일련의 과정을 한 눈에 들어오도록 나타내는 방식	인물, 기업, 기술의 발전, 사건의 전개
스토리텔링형	하나의 사건이나 주제에 대해 이야기를 들려주듯 구성하는 방식	유명인사, 기업 정보, 뉴스
비교분석형	두 가지 이상의 제품이나 개념을 비교하는 방식	제품 비교, 성별 비교
만화형	캐릭터 등의 만화적 요소를 활용해 흥미성 자료에 적용한 방식	캐릭터를 활용한 흥미성 자료

(4) 인포그래픽 디자인 프로세스

① 다음 그림은 디자이너, 에디터, 데이터 분석가가 함께 인포그래픽 작업을 진행할 때의 작업 프로세스를 나타낸 또 하나의 인포그래픽이다. 이 프로세스는 각기 다른 역할이 협력하여 인포그래픽을 완성하는 과정을 시각적으로 보여준다.

② 이 작업 프로세스는 빅데이터 시각화 과정과는 일부 다를 수 있지만, 인포그래픽을 포함한 정보 시각화가 어떻게 구성되고 완성되는지에 대한 중요한 인사이트를 제공한다. 이를 통해 데이터의 분석부터 디자인에 이르기까지 전반적인 흐름을 이해할 수 있다.

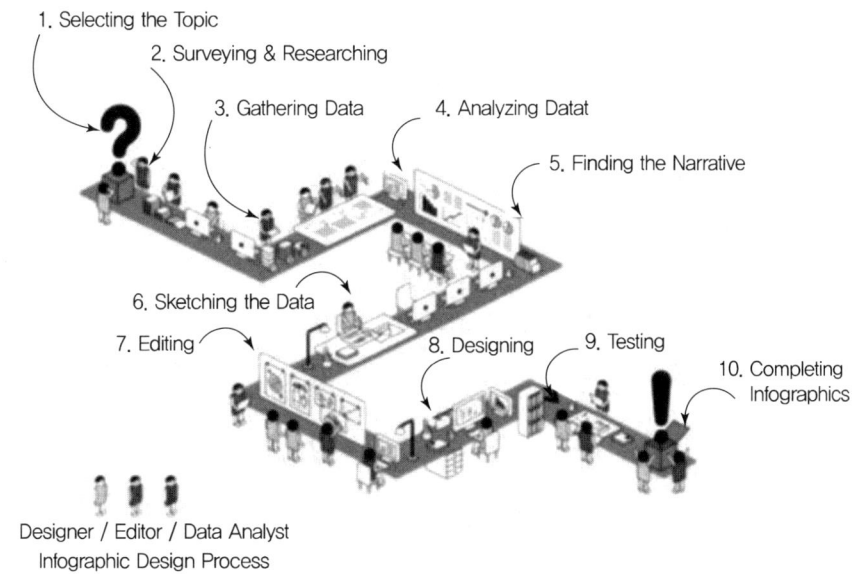

출처 : researchgate.net

SECTION 03 분석결과 활용

1 분석모형 전개

(1) 분석모형 전개의 개요

분석모형을 업무에 적용시키는 것 뿐만 아니라, 모니터링과 유지보수를 위한 과정 등을 고려해야 하는 만큼 방대하고 넓은 업무수행이 이루어진다.

(2) 분석 모델 배포

① 분석 모델 전개는 일반적으로 '배포(Deploy)'라고도 불리며, 이는 분석 모델을 운영 환경과 통합하고 실행하는 과정을 의미한다. 빅데이터 기반으로 도출된 분석 모델을 비즈니스 의사결정에 활용하려면, 이를 운영 시스템과 통합하는 과정이 필수적이다. 이 통합 과정은 분석 모델을 운영 시스템에 적용하여 실제 환경에서 사용할 수 있도록 구현하는 것이다.

② 2023년 KNIME의 조사에 따르면, 대부분의 조직이 최적화 모델을 생산으로 전환하는데 표준 프로세스가 없으며, 대부분의 팀이 생산에 '한 달'을 소요하고 있었고, 30%는 3개월 이상이 소요됨을 보고하였다.

③ 이렇게 어렵게 생산된 최적화 모델이지만, KDnuggests에서는 배포가 어려운 이유로 통합문제, 리더십 및 조직적 동의의 부족, 명확한 배포 프로세스의 부족 등을 꼽았다.

(3) 분석 모델 배포 시 장애물

이슈	설명
서로 다른 환경	모델 개발에 사용하는 언어와 운영계에서 사용하는 언어가 다를 경우 변환 작업이 필요함. 최신 MLOps 기술을 활용하여 파이프라인을 자동화하면 이슈를 줄일 수 있음. 예를 들어, 파이썬 모델을 컨테이너로 배포해 호환성을 높일 수 있음
모델 저장소 부재	모델 저장소가 없으면 모델 추적이 어렵고 최신 버전 사용을 보장할 수 없음. 모델 레지스트리 또는 모델 관리 시스템(MMS)을 통해 저장소를 운영하고, 모든 모델의 버전을 관리해야 함
성능 모니터링 부재	모델 성능을 모니터링하지 않으면 데이터 변화에 대응할 수 없음. 자동화된 모니터링 도구(MLOps)와 알림 시스템을 통해 실시간 성능 모니터링을 설정해야 함
규제 요구 사항 준수	모델에 대한 규제 요구 사항은 지속적으로 강화되고 있음. 투명한 모델 관리 및 문서화 프로세스를 통해 규제 준수 문제를 해결할 수 있으며, 특히 AI 사용에 있어 설명 가능성이 중요한 요소로 떠오르고 있음

(4) 분석 모델 배포 과정

① 분석모형 적용 모듈 결정
  ㉠ 데이터 분석 모델을 운영 시스템에 적용할 때는 먼저 운영 시스템의 구성을 파악하고, 그 중에서 분석 모델을 어느 모듈에 적용할 것인지를 판단해야 한다.
  ㉡ 통계 기반 분석 모델의 경우 개발 초기 단계에서부터 독립변수 데이터를 어떻게 운영 시스템으로부터 전달받을 것인지와, 분석 결과를 전체 비즈니스 프로세스에서 어떻게 활용할 것인지를 명확하게 정의하는 것이 중요하다.

② 분석모형 적용 방식 결정 및 구현
  ㉠ 분석 모델과 운영 시스템을 통합하는 방식에 대한 결정을 내려야 한다. 모델이 개발된 언어나 사용하는 통계 패키지를 고려하여, 운영 시스템 내에서 적절한 통합 방법을 선택하고 구현해야 한다.
  ㉡ 이 과정에서 모델과 운영 시스템의 모듈 간 인터페이스를 추가적으로 구현해 통합을 완성할 수 있다. 분석 모델은 배치 시스템(In-Database, In-Hadoop/Spark), 온디맨드 시스템(WAS, 웹 애플리케이션 시스템), 또는 스트리밍 방식을 통해 실시간으로 배포할 수 있다.

2 분석결과 활용 시나리오 개발

(1) 분석결과 활용 시나리오 개발의 개요

① 기업들은 중요한 의사결정을 위해 강력한 분석 모델을 개발하여 분석 결과를 활용하고자 한다. 빅데이터 비즈니스 실패의 주요 원인을 분석하는 것은 새로운 분석 서비스 비즈니스 모델을 개발하는 과정에서 매우 유용하다.
② 주로 빅데이터 비즈니스가 실패하는 경우는 분석 목적이나 서비스 목적이 명확하지 않고, 분석 결과를 활용할 사용자와 방법이 불분명하거나, 분석 대상 데이터의 품질이 떨어질 때 발생한다. 또한, 분석 모델에 대한 명확한 정의없이 인프라를 먼저 도입할 때도 실패의 원인이 된다.
③ 분석 인사이트를 운영 환경에 적절히 적용하여 복잡한 문제를 해결하고, 나아가 새로운 비즈니스 가치를 창출할 수 있는 활용 분야를 탐색하고 개발하는 과정은 필수적이다.
④ 분석 결과와 인사이트를 활용하기 위한 과정은 '분석 결과에 적합한 분야 식별', '적용 가능한 분야 분류', '잠재적 서비스 영역 도출', 그리고 '빅데이터 분석 서비스 모델 개발'의 단계로 이루어진다.
⑤ 앞의 세 단계는 "활용 분야를 발굴"하기 위한 것이고, 마지막 단계는 "분석 서비스 모델을 개발"하는 과정으로 구분할 수 있다.

(2) 분석 결과 및 인사이트 활용 분야 발굴

① 운영 환경에서 분석 결과와 인사이트를 최적의 위치에서 활용할 수 있는 기회를 찾기 위해 마이클 포터의 가치사슬 모델을 활용할 수 있다. 이 모델은 기업의 부가가치 창출 과정을 다양한 활동으로 연결하여 기업이 경쟁력을 강화할 수 있는 지점을 파악하는 데 유용하다.

② 가치사슬 내에서 가치가 창출되고 전달되는 과정에 연결된 활동들은 분석 결과와 인사이트를 적용하기에 적합한 관계를 가진다.

③ 활용 가능 분야 파악
  ㉠ 가치사슬의 관점에서 분석 결과와 인사이트를 적용할 수 있는 적절한 분야는 일차적으로 해당 업무 예시(활동 A, B)와 이와 연관된 가치사슬의 활동들이다. 이 경우, 해당 분석 모델을 기반으로 한 서비스를 개발할 때 서비스 대상이 이미 특정된 셈이다.
  ㉡ 또한, 일차적으로 분석 결과를 활용할 수 있는 활동을 바탕으로 연관된 업무(예 활동 D, E)와 가치사슬을 통해 추가적으로 활용할 수 있는 분야를 발견할 수 있다. 이러한 방식으로 기존 분석 목표에서 명시된 활용 범위를 확장하거나, 유사한 업무의 가치사슬 내에서 새로운 비즈니스 기회를 발굴할 수 있다.

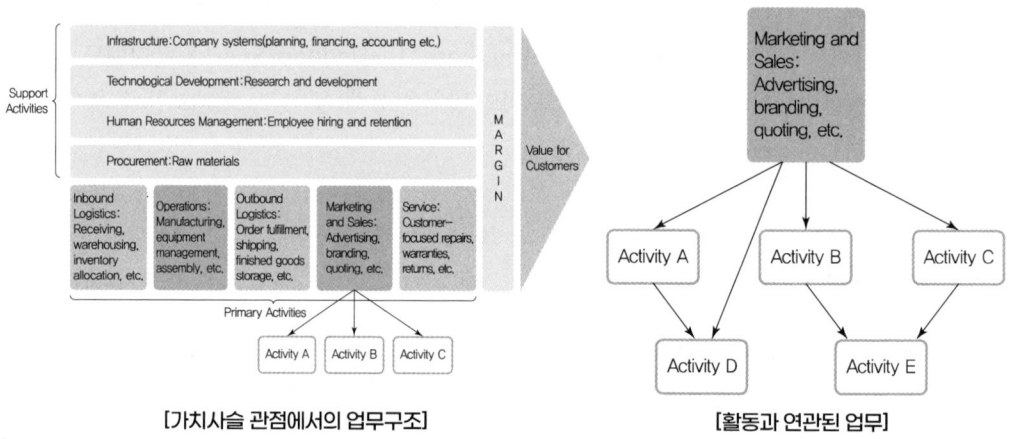

[가치사슬 관점에서의 업무구조] [활동과 연관된 업무]

④ 분류 기법과 활용 가능 분야
  ㉠ 분석 결과나 인사이트를 활용할 수 있는 분야들이 도출되었다면, 그다음 단계는 분류 기법을 활용하여 해당 분야를 적절하게 정리하는 것이다. 이를 통해 향후 비즈니스로 발전시킬 수 있는 서비스 영역을 효과적으로 도출할 수 있다.
  ㉡ 마인드맵(Mind Map), 친화도(Affinity Diagram), 그리고 피라미드 구조도(Pyramid Structure) 같은 분류 기법은 유사한 업무 특성이나 자원을 필요로 하는 활동들을 함께 묶어 분류하는 데 유용하다. 이러한 기법들은 아이디어나 정보를 시각적으로 정리하고, 상호 연관된 항목들을 쉽게 파악할 수 있도록 돕는다.
  ㉢ 이러한 분류 과정을 통해, 분석 결과를 바탕으로 새로운 비즈니스 기회를 발견하고, 서비스 영역을 확장하는 데 기여할 수 있다.

⑤ 서비스 가능 영역 도출
  ㉠ 서비스 가능 영역은 앞서 분류한 활용 가능 분야들을 바탕으로 하거나, 가치사슬을 통합 및 확장하는 관점에서 재구성하여 도출할 수 있다. 이는 두 가지 주요 유형으로 나눌 수 있다.

ⓒ 첫 번째 유형은 기존 분석 결과나 인사이트를 직접 적용할 수 있는 서비스 영역이다. 도출된 영역을 가치사슬 내에서 해당하는 활동과 연결하여 활용할 수 있다.
ⓒ 두 번째 유형은 분석 결과를 간접적으로 활용하는 방법으로, 일반적으로 여러 영역에 걸쳐 파생적으로 활용될 수 있다. 이러한 경우, 다양한 서비스 영역 간의 상호작용을 파악하여 융합 활용이 가능한 방법을 찾는 것이 중요하다.

(3) 분석 서비스 모델 개발

① 신규로 도출한 서비스 영역에서 새로운 수익을 창출할 수 있는 분석 모델을 개발하기 위해서는 먼저 서비스 개념을 구체적으로 도출할 필요가 있다. 이를 통해, 해당 서비스가 제공할 가치를 명확히 정의하고, 이를 사용할 주요 사용자가 누구인지 파악하는 것이 핵심적이다.

② 여기서 중요한 점은, 해당 분석 서비스가 어떤 문제를 해결할 수 있는지, 사용자에게 어떤 가치를 제공할 수 있는지를 명확히 규정하는 것이다. 이를 통해 서비스의 성공 가능성을 높이고, 분석 결과가 실제 비즈니스 성과로 이어질 수 있다.

③ 신규 분석 서비스의 사용자와 제공 가치 정의
ⓐ 신규 서비스 모형의 사용자와 제공 가치를 정의하는 방법에는 두 가지 접근 방식이 있다.
ⓑ 첫 번째 방법은 제공 가치를 먼저 정의하고, 이를 기반으로 해당 서비스를 필요로 할 사용자 그룹을 찾아내는 방식이다. 이 방식에서는 서비스가 어떤 문제를 해결하는지, 또는 어떤 이점을 제공할지를 명확히 한 후, 그 가치를 가장 잘 활용할 수 있는 사용자를 정의한다.
ⓒ 두 번째 방법은 사용자를 먼저 정의한 후, 그 사용자가 필요로 하는 서비스나 가치를 파악하는 방식이다. 여기서는 특정 사용자 그룹의 요구와 문제를 우선적으로 분석하여, 그들에게 어떤 가치를 제공할 수 있을지를 나중에 결정한다.
ⓓ 각 방법은 상황에 따라 더 적합할 수 있으며, 서비스의 성격과 목표에 맞게 선택하는 것이 중요하다.

구분	제공 가치 기반(Value-based)	사용자 정의 기반(User definition-based)
정의	제공 가치를 먼저 정의한 후, 그 가치를 필요로 할 사용자 그룹을 정의하여 새로운 서비스 모형을 도출하는 방식	사용자를 먼저 정의하고, 그들에게 적합한 제공 가치를 나중에 정의하여 새로운 서비스 모형을 도출하는 방식
적합한 경우	데이터 분석 결과를 바탕으로 현재 제공되는 서비스를 개선할 때 적합	데이터 분석 결과를 바탕으로 새로운 사용자 그룹을 발굴할 때 적합
특징	기존 서비스의 사용자와 동일할 수 있으나, 제공 가치는 달라질 수 있음	신규 서비스 모형의 사용자와 제공 가치 모두 기존 서비스와 다를 수 있음
서비스 품질 요소	신뢰성(Reliability), 보증성(Assurance), 반응성(Responsiveness), 공감성(Empathy), 유형성(Tangibility)	사용자 또는 고객은 인구통계학적 관점(나이, 성별 등) 또는 라이프스타일(취미, 주요 활동 지역 등)에 따라 분류

④ 신규 분석 서비스 모형에 대한 정의
ⓐ 신규 분석 서비스 모형의 사용자와 제공 가치가 명확히 정의되었다면, 이를 바탕으로 구체적인 서비스 모형을 설계해야 한다. 이 과정에서 서비스가 어떤 방식으로 제공될지, 어떠한 특징과 기능을 가질지 명확히 해야 한다. 빅데이터 서비스 모형을 구체화할 때는 일반적으로 다음과 같은 항목을 포함한다.

- 서비스 이름 : 새로운 서비스의 이름을 정의한다.
- 서비스 개념 : 서비스의 주요 목표와 기본 개념을 설명한다.
- 사용자 정의 : 서비스의 주요 대상인 사용자를 명확히 정의한다.
- 제공 가치 : 이 서비스가 사용자에게 제공할 가치와 이점을 기술한다.
- 주요 기능 : 서비스가 제공하는 핵심 기능들을 나열한다.

ⓛ 이러한 항목들은 서비스 모형을 구체적으로 정의하여, 이후의 설계 및 구현 과정에서 명확한 지침이 될 수 있도록 돕는다.

⑤ 신규 분석 서비스 제공을 위한 채널 구축 방안

㉠ 신규 데이터 분석 서비스의 사용자와 제공 가치가 정해졌다면, 이제 사용자에게 해당 서비스를 제공할 채널을 정의해야 한다. 서비스 채널은 사용자가 서비스를 어떻게 접하고 활용할 것인지에 큰 영향을 미친다.

ⓛ 서비스 채널에는 홈페이지, 모바일 웹, 모바일 앱 등 여러 종류가 있으며, 이러한 채널을 통해 사용자들이 서비스를 다채롭게 경험할 수 있도록 디자인할 수 있다.

㉢ 또한, 서비스 채널 구축 방안은 두 가지로 나누어 볼 수 있다.
- 기존 시스템을 활용하여 서비스를 제공하는 방법
- 새로운 서비스 시스템을 도입하여 서비스를 제공하는 방법

㉣ 각각의 방안은 서비스 제공 환경과 사용자 요구에 따라 선택될 수 있으며, 이를 통해 사용자가 서비스를 보다 쉽게 활용할 수 있도록 해야 한다.

(4) 분석 서비스 비즈니스 모델 개발

① 분석 서비스의 비즈니스 모델 정의

㉠ 새롭게 제공할 분석 서비스의 비즈니스 모델을 정의하기 위해서는 비즈니스 모델 캔버스(Business Model Canvas), 또는 9 Block Business Model을 활용할 수 있다. 이 도구는 조직이 어떻게 가치를 창출하고, 이를 고객에게 전달하는지를 시각적으로 도식화한 조직의 설계도라고 할 수 있다.

ⓛ 비즈니스 모델 캔버스는 가치 제안에서부터 가치 창출, 가치 전달, 가치 확보에 이르기까지 사업을 구상하는 단계에서 중요한 요소들을 간추린 전형적인 체크리스트 형식으로 제공한다. 이러한 구조는 새로운 비즈니스 모델을 정의하고 설명하는 데 매우 유용하며, 다음 그림처럼 누구나 쉽게 이해할 수 있도록 시각화되어 있다.

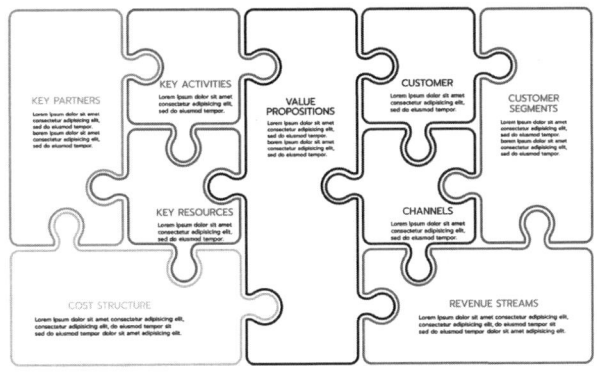

② 분석 서비스의 시나리오 개발
　㉠ 새로운 빅데이터 분석 서비스가 수익 창출로 이어지기 위해서는, 서비스 제공자가 사용자의 요구에 맞는 답을 정확하고 적시에 제공할 수 있는 역량이 필요하다. 이러한 역량을 통해, 사용자의 요구를 충족시키고 이를 가치로 전환할 수 있어야 비로소 분석 서비스로부터 수익을 얻을 수 있다.
　㉡ 분석 결과 활용을 위한 시나리오는 분석을 통해 도출된 인사이트를 사용자에게 효과적으로 전달하기 위한 일종의 스토리텔링(Storytelling) 방식이다. 이를 통해 사용자는 분석 결과를 더 쉽게 이해하고 활용할 수 있다.
　㉢ 향후 제공될 분석 서비스는 사용자의 다양한 이해 수준을 고려하여 맞춤형 정보와 내용을 제공해야 하며, 이를 가장 효과적이고 이해하기 쉬운 방법으로 시각화하는 것이 중요하다. 이를 통해 분석 서비스는 사용자에게 더 높은 가치를 제공할 수 있다.
　㉣ 활용 시나리오 도출 과정 : 분석 결과의 활용 시나리오를 도출하는 과정은 다음과 같이 3단계로 표현 가능하다.

사용자별 데이터셋 및 정보	사용자 시나리오	스토리보드 기획
1. 사용자분류 및 사용자별 데이터세트 정보・정의 2. 사용자별 시각화 목적・내용 3. 시각화 결과물 4. 시각화 요건(사업, 기술 등) 5. 시각화 원칙, 품질 요건	1. 내부 업무자 　• 의사결정권자 　• 업무 담당자 　• 관리자 등 2. 외부 사용자 　• 고객 　• 청중 　• 개인	1. 사용자별 데이터 표시 수준 2. 전달 핵심요소 선정 3. 레이아웃 결정 4. 시각화 방법 및 그래픽 요소 5. 효과적인 정보 전달 요소

분석 결과를 활용할 사용자별 데이터셋과 정보 정의	각 사용자 그룹이 필요로 하는 데이터셋과 정보를 명확히 기술해야 함. 이를 통해 사용자별로 어떤 데이터를 활용하고 분석 결과를 받을지 구체적으로 계획할 수 있음
내・외부 사용자별 활용 시나리오 작성	기업 내부 및 외부 사용자에 맞춰 활용 시나리오를 각각 작성해야 함. 내부 사용자는 운영 효율성 향상에, 외부 사용자는 고객 서비스 개선에 중점을 두는 등 서로 다른 목적에 맞게 시나리오를 설계함
스토리보드 기획	활용 시나리오에 적용할 스토리보드를 기획함. 스토리보드는 사용자에게 제공할 분석 결과를 시각적으로 효과적으로 전달하는 데 중요한 도구로, 이를 통해 분석 결과의 흐름과 전달 방식을 구체적으로 설계할 수 있음

3 분석결과 보고서 작성

(1) 분석결과 보고서 작성의 개요

① 데이터 분석이 완료된 후, 그 결과물들은 다양한 형식의 보고서로 작성된다. 이 보고서는 빅데이터 분석의 기획 단계에서 설정한 분석 목표 정의서에 따라 작성된다는 점을 염두에 두는 것이 좋다.
② 빅데이터 분석 기획 단계에서 마련된 분석 목표 정의서에는 각 단계별로 필요한 분석 보고서가 미리 정의되어 있다. 이러한 정의서는 프로젝트 진행 중 단계별 필수 산출물을 명시하여, 각 단계를 평가하고 프로젝트 완료 시 최종 평가에 활용할 수 있도록 한다.
③ 각 단계에서 작성된 보고서는 그 다음 단계의 업무 수행에 있어 효율성을 높이는 역할을 한다. 최종 보고서는 이전 단계에서 나온 모든 결과물을 포함하여 요약하고 구성함으로써 프로젝트 전반에 대한 결과를 명확히 정리해야 한다.

(2) 분석 보고서 유형

구분	주요 내용
프로젝트 계획서	분석 목표 정의서, 프로젝트 일정 계획, 자원 배분 계획, 의사소통 계획 등 프로젝트 전체 계획을 포함
데이터 탐색 보고서	데이터 수집 대상과 내용, 후보 변수 도출 과정, 최종 변수 목록, 가설별 유의성 검증 결과를 포함
모델링 및 검증 보고서	데이터 모델링 방안, 실험 계획, 모델 개발 스크립트, 모형 비교 및 검증 결과를 기술
중간 및 최종 보고서	데이터 분석 결과, 변수 간 유의성 분석, 시각화 자료, 분석을 통해 도출된 인사이트를 포함
성능 보고서	다양한 적합 통계량을 사용하여 챔피언 모델과 챌린저 모델의 성능을 비교한 보고서를 작성
운영 보고서	별도의 인터페이스 개발 설명서, 모델 유지보수 및 교육 자료를 포함하여 데이터 분석 모델 운영에 필요한 사항을 기록

4 분석모형 모니터링

(1) 분석모형 모니터링의 개요

① 분석 모델이 운영 시스템에 적용되거나 새로운 분석 시스템이 가동되면, 모델 성능 향상을 위해 결과를 지속적으로 분석하고 모니터링하는 것이 중요하다. 분석 결과와 인사이트가 실제 운영 환경의 일부가 될 때, 모델의 성능 모니터링은 비즈니스 성공에 중요한 역할을 한다.
② 특히 모바일 중심의 비즈니스 환경이 급변함에 따라, 기업들은 변화하는 데이터 속성에 대응하여 기존 모델의 예측력이 저하되지 않는지를 꾸준히 확인해야 한다. 운영 환경에서 실시간(Real-time) 모니터링이나 '배치 스케줄러(Batch Scheduler)'를 통해, 모델이 정상적으로 작동하며 예측된 성능을 발휘하는지를 정기적으로 점검하는 것이 필요하다.
③ 이러한 주기적인 모니터링은 모델 성능이 떨어지거나 분석 결과의 품질이 저하되는 상황을 사전에 예방할 수 있으며, 이를 통해 비즈니스 성과에 부정적인 영향을 미치는 문제를 방지할 수 있다.

(2) 분석 모델별 모니터링 척도

① **범주형 분류 모델** : 정확도(Accuracy), 민감도(Sensitivity)/재현율(Recall), 정밀도(Precision)와 같은 성능 지표가 일반적으로 성능 모니터링 시 추적해야 할 주요 척도가 된다. 이러한 지표들은 모델의 예측 성능을 평가하고 유지하는 데 중요한 역할을 한다.

② **범주형 예측 모델**

   ㉠ 수치 예측이 목적인 분석 모델의 경우, 예측 오차를 지속적으로 추적하여 그 오차가 일정한 주기를 가지는지, 또는 시간이 지남에 따라 증가하거나 감소하는지를 파악하는 것이 중요하다. 이를 통해 모델의 예측 성능을 유지하고 개선할 수 있다.

   ㉡ 일반적으로 예측 오차를 추적할 때는 '추적 신호(TS ; Tracking Signal)'를 사용하며, 추적 신호는 특정 산식을 통해 계산된다.

$$TS = \frac{\sum_{i=1}^{n} e_i}{\frac{\sum_{i=1}^{n} |e_i|}{n}}$$

   ㉢ 추적신호(TS ; Tracking Signal)는 예측 모델이 정상적으로 작동하고 있는지를 평가하는 중요한 지표로, 일반적으로 -4에서 4 사이에 있으면 모델이 정상적으로 성능을 유지한다고 판단할 수 있다. 추적신호는 0 부근에서 유지되는 것이 이상적이다.

   ㉣ 모델 성능의 점검 여부는 '관리도(Control Chart)'를 사용하여 확인할 수 있다. 만약 추적신호가 관리도의 상한선이나 하한선을 벗어난다면, 이는 모델의 성능에 문제가 있음을 나타낸다. 또한, 추적신호가 일정 간격으로 주기적인 상승 또는 하강 추세를 보일 때에도, 모델 성능이 저하되고 있음을 의미하므로 모형 점검이 필요하다.

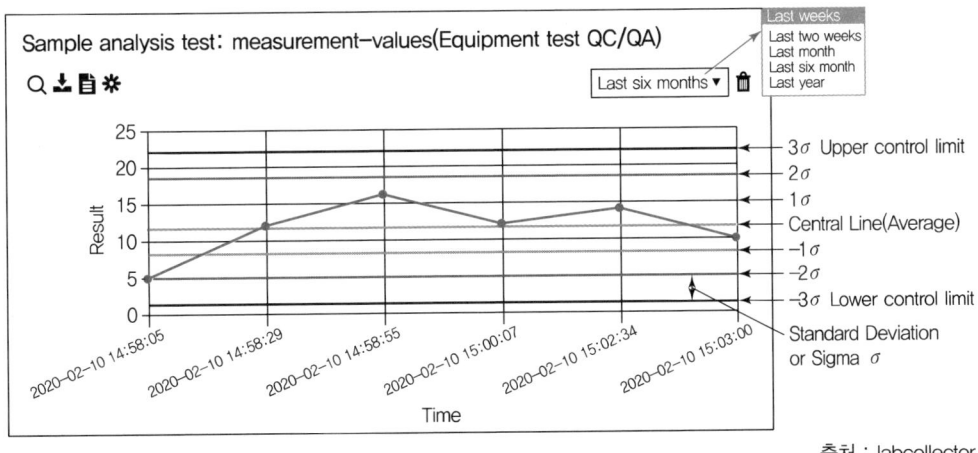

출처 : labcollector

③ **연속형 예측 모델**

   ㉠ 회귀분석과 같은 방법을 통해 연속형 변수의 성능을 평가하고 모니터링할 때, '평균제곱오차(MSE)'가 자주 사용된다. MSE는 예측 값과 실제 값 간의 차이를 제곱하여 평균낸 값으로, 값이

작을수록 예측 성능이 뛰어나다는 의미이다. 기본적인 성능 평가 및 모니터링 방법은 이와 같은 오차 지표를 바탕으로 모델의 정확성을 추적하는 것이다.

ⓒ 이를 통해 모델의 성능 저하 여부를 실시간으로 확인하고, 필요한 경우 모델을 수정하거나 재학습하는 등의 조치를 취할 수 있다.

ⓒ 공식
- 오차 : $(\hat{y} - y)^2 = \epsilon$
- 오차 평균 : $\overline{\epsilon_n} = \dfrac{\epsilon_1 + \epsilon_2 ... \epsilon_n}{n}$
- 새로 추가되는 오차 : $\overline{\epsilon_{n+1}} = \dfrac{\epsilon_1 + \epsilon_2 ... \epsilon_n + \epsilon_{n+1}}{n+1}$
- 정리하면, $\overline{\epsilon_{n+1}} = \dfrac{n * \overline{\epsilon_n} + \epsilon_{n+1}}{n+1}$ 이다.

ⓔ 연속형 모델의 성능평가는 새로운 데이터에서 산출해 내는 평균제곱오차(MSE)를 위의 공식을 활용하여 추적 모니터링한다.

(3) 분석 모델 성능 모니터링

① 분석 모델 모니터링이 수작업으로 이루어지면, 모델 수가 증가할수록 관리가 어려워질 수 있다. 이를 해결하기 위해 모델 성능 데이터를 데이터베이스(DB)에 저장하고, 자동으로 모니터링하며, 성능 이상 시 이를 관리할 수 있는 프로세스를 구축하는 것이 효율적이다. 이는 모형의 유지보수를 체계적으로 할 수 있도록 돕는다.

② 빅데이터 분석 시스템은 여러 서브시스템(Sub-system)으로 구성되기 때문에, 원활한 운영을 위해서는 각각의 서브시스템에 맞는 관리 도구와 모니터링 도구를 구현하는 것이 필요하다. 성능을 효과적으로 평가하기 위해서는 시스템의 예측 데이터를 샘플링하여 일정 간격으로 실시간 성능을 점검하고, 성능이 저하될 경우 알람을 자동으로 통지하는 모니터링 코드가 필요하다.

③ 또한 시스템 성능뿐만 아니라 입력 데이터의 품질도 모니터링해야 한다. 예를 들어, 오작동하는 센서가 잘못된 데이터를 보내거나, 외부 시스템에서 예기치 않은 문제가 발생했을 때 이를 빠르게 감지할 수 있도록 입력 데이터의 품질을 지속적으로 평가하는 것이 중요하다.

④ 주요 성능 측정 항목

ⓘ 빅데이터 플랫폼 성능 모니터링을 위해서는 주요 성능 지표를 정의하고 데이터를 수집하여 모니터링을 수행해야 한다. 각 성능 지표별로 임계치를 설정하고, 이벤트의 중요도에 따라 알람 시스템을 도입하여 성능 관리를 자동화한다.

ⓒ 이를 통해 시스템의 실시간 상태를 확인하고, 성능 저하나 장애 상황 발생 시 즉각적인 대응이 가능하다. 수집된 데이터는 지속적인 성능 개선에 활용된다.
- 주기별 성능 분석 및 모니터링 : 측정 항목별로 성능 분석을 위한 모니터링 주기를 다르게 적용할 수 있다.

분석 구분	설명
일간 성능 분석	시간대별로 수집된 성능 데이터를 바탕으로 플랫폼의 안정성과 품질을 평가할 때 사용
주간 성능 분석	주간 단위로 수집된 데이터를 분석하여 성능 변화 추이를 파악하고, 이를 통해 플랫폼의 성능을 관리
월간/분기 성능 분석	일간 및 주간 데이터를 종합해 월간 또는 분기별 성능 변화 양상을 분석하며, 주로 월간 및 분기 보고서에 활용
연간 성능 분석	연간 데이터를 토대로 플랫폼의 확장 및 개선이 필요한 부분을 도출하며, 연간 보고서 작성을 위해 월간 데이터를 집계하여 사용

- 측정 항목별 영향 요소
  - 모니터링 플랫폼의 성능을 측정하는 방법은 상황에 따라 다르다. 간단한 성능 데이터 수집의 경우, 각 장비의 운영체제(OS)에서 제공하는 기본 명령어를 활용하여 데이터를 수집할 수 있다. 더 정교한 성능 관리가 필요한 경우에는 전문 성능 관리 솔루션을 통해 수집된 정보를 연계하여 사용할 수 있다. 또한, 각 측정 항목별로 영향을 미치는 요인을 고려하여 적절한 측정 방법을 선택해야 한다.
  - 이와 같은 방식으로 수집된 데이터는 시스템 성능의 전반적인 상태를 실시간으로 확인하는 데 활용된다.

구분	설명	영향 요소
응답시간(Response Time)	서비스 요청부터 사용자 응답까지 소요되는 시간	정보시스템 처리 성능, 네트워크 용량, 시스템 자원 용량
사용률(Utilization)	일정 시간 동안 정보시스템 자원의 정상적인 사용 비율	네트워크 자원의 사용량, 정보시스템 자원 활용 정도
가용성(Availability)	서비스 장애 없이 지속적으로 정상 운영할 수 있는 능력	H/W 장애, S/W 버그, 운영자 실수, 전기 문제, 장비 및 서비스 가용성
정확성(Accuracy)	정보시스템에서 생성된 산출물의 정확성을 유지하는 능력	잘못된 설정, 하드웨어 장애, 데이터 오류

(4) 분석 모델 모니터링 솔루션

① 장애 관리 및 성능 관리를 담당하는 시스템 관리자, 데이터베이스(DB) 관리자 또는 애플리케이션 관리자는 실시간 감시, 진단 및 조치, 사후 분석, 성능 튜닝 등 네 가지 핵심 업무를 수행해야 하며, 이를 효율적으로 지원하기 위해 성능 관리 전문 도구를 활용할 수 있다.

② 이 도구는 실시간 모니터링과 진단을 통해 문제가 발생하면 즉각적인 대응이 가능하며, 사후 분석을 통해 문제의 원인을 파악하고 성능을 최적화할 수 있도록 도와준다.

③ 시스템 관리자는 이러한 업무들이 유기적으로 연계되도록 하여 성능 관리를 효율적으로 진행해야 한다. 이를 통해 시스템의 성능을 지속적으로 향상시키고, 장애를 신속하게 대응할 수 있는 체계를 구축할 수 있다.

④ 성능 관리 전문 솔루션은 데이터베이스에서 발생하는 다양한 성능 정보를 수집하여 사용자가 실시간 감시 기능을 통해 어떤 서버 또는 데이터베이스(DB)에서 장애나 성능 저하가 발생했는지 신속하게 파악할 수 있게 도와준다. 이 솔루션은 많은 서버를 대상으로 실시간 모니터링을 통해 문제 지점을 즉각적으로 식별하고 빠르게 조치할 수 있도록 지원한다.

⑤ 또한, 시스템에 부하를 최소화하면서도 실시간과 동일한 방식으로 장애 및 성능 저하의 원인을 분석하는 데 필요한 모든 성능 정보를 '로그(Logging)'하여 수집된 데이터를 시계열로 재현할 수 있다. 이를 통해 성능 저하 지점, 현상, 그리고 이를 유발한 원인을 직관적으로 파악할 수 있다.
⑥ 추가적으로, 성능 저하 이후에도 다양한 각도에서 정밀 분석 및 리포팅이 가능하며, 이와 유기적으로 연동된 튜닝 도구를 통해 빠르고 쉽게 성능 최적화 작업을 수행할 수 있다. 이를 통해 문제를 파악하는 데 필요한 시간과 비용을 크게 줄일 수 있다.

5 분석모형 리모델링

(1) 모형 리모델링 필요성

① 기존 모델의 성능 저하
  ㉠ 데이터 분석 모델은 정기적으로 새로운 데이터로 훈련시켜야 한다. 만약 주기적으로 훈련하지 않으면, 데이터의 노후화로 인해 모델의 성능이 자연스럽게 저하되기 때문이다. 비즈니스 상황의 변화나 고객 행동 패턴의 변화에 대응하기 위해서는 리모델링이 필수적이다.
  ㉡ 분석 모델의 성능이 지속적으로 저하될 경우, 리모델링 작업을 자동화하여 주기적으로 수행하는 것이 바람직하다. 또한, 분석 모델은 재학습, 수정, 교체와 같은 다양한 방법으로 개선될 수 있으며, 이를 통해 모델의 정확성과 성능을 지속적으로 유지할 수 있다.

② 비즈니스 측면
  ㉠ 데이터 분석을 수행하는 조직은 비즈니스 측면에서 기존 분석 모델을 지속적으로 개선해야 한다. 특히, 전사적이거나 개별 업무별로 중요한 의사결정 시점에 분석 모델의 적합성을 점검하는 것이 필수적이다. 이를 통해, 해당 모델이 비즈니스 요구에 맞게 적절하게 적용되고 있는지 확인할 수 있다.
  ㉡ 이를 위해, 각 비즈니스 모델에 대한 심층 분석을 수행하고, 이를 바탕으로 빅데이터 분석 모델의 개선에 대한 결정을 내려야 한다. 또한, 모델 학습 프로세스를 통해 분석 모델이 지속적으로 가치를 창출할 수 있도록 해야 하며, 더 이상 유효하지 않은 모델의 폐기 시점을 최적화하는 작업도 중요하다.

(2) 모형 리모델링 주기와 방안

① 모형 리모델링 주기 : 모형 리모델링 작업은 기존 분석 모델에 대해 데이터 마이닝, 시뮬레이션, 또는 최적화 기법을 추가로 적용하는 과정이다. 일반적으로 리모델링 주기는 분기, 반기, 또는 연 단위로 이루어지며, 특수한 경우를 제외하고는 더 짧은 주기로 수행되지 않는다.

분석 기법	주기	수행 업무
데이터 마이닝	분기별	동일한 데이터를 사용하여 모델을 재학습하거나, 새로운 변수를 추가하여 모델의 성능을 향상시킴
시뮬레이션	주요 변경 시점 또는 반기별	이벤트 발생 패턴 변화, 시간 지연, 리소스 증가, 대기 우선순위 및 자원 할당 규칙의 변화를 반영하여 처리
최적화	연 단위	목적 함수의 계수를 조정하거나, 제약 조건을 추가하여 모델을 최적화

② 모형 리모델링 방안 : 모니터링 단계에서 모델의 성능 저하를 발견하면 다음 방법들 중 하나의 학습 프로세스를 진행해야 한다.

방법	설명
재학습(Retrain)	• 신규 데이터를 활용한 기존 모델을 재학습 • 가장 일반적으로 수행되는 방법
수정(Revise)	발전된 알고리즘, 기술, 데이터, 모델로 모형을 수정하는 방법
교체(Replace)	기존 모델과는 전혀 다른 신규 모델로 교체하는 방법

(3) 분석 모델 재학습 및 수정

기존 분석모형의 리모델링 절차는 다음과 같다.

① 기존 모델의 성능 검토
  ㉠ 기존 분석 모델의 활용성을 평가하기 위해, 정확도, 재현율, 오분류율 등의 모델 평가 지표에 대한 최근 변화를 점검하고, 산점도 등을 활용하여 모델 성능의 현황을 분석한다.
  ㉡ 성능 검토 시에는 특이점을 제외하고, 평균적인 성능을 중점적으로 확인하여 최근 성능의 변동성 여부를 관찰한다. 이를 통해, 리모델링의 필요성을 결정하게 된다.

② 개선용 데이터 선정
  ㉠ 분석 모델을 개선하기 위해서는 기존 모델 개발 시 사용된 데이터를 재점검하고, 추가할 데이터나 제외할 데이터가 있는지 확인해야 한다. 이를 통해 개선할 데이터를 선정할 수 있다. 기존 데이터 중 제외할 데이터가 있는지도 면밀히 검토하여, 데이터의 정확성과 관련성을 유지하는 것이 중요하다.

주요 항목	고려 사항
데이터 활용도	분석 모델에 해당 데이터가 활용되는 정도를 파악
데이터 변경도	데이터의 주기적인 변경 및 업데이트 비율에 대한 파악
신규 영향 데이터	분석 목적에 부합하는 신규 영향 데이터가 존재하는지 검토
데이터 오류율	기존 데이터 셋에 대한 데이터 오류 비율 점검
기타	분석가 판단 시 분석 모델 영향도가 존재할 것이라 판단되는 데이터

  ㉡ 모델 리모델링에 투입될 데이터가 선정되면 해당 데이터에 대한 기본적인 현황 조사를 수행한다. 조사 현황을 기록하고, 선정된 데이터를 수집 및 정제하여 리모델링 분석을 분석할 수 있는 데이터의 형태로 전처리한다.

③ 개선 모델 개발을 위한 알고리즘 적용 : 본 단계에서 수행되는 알고리즘 적용은 기존 분석 모델을 개발할 때와 동일한 절차로 수행하며 그 절차는 다음과 같다. 단, 개선 모델이 기존 모델보다 지표(metrics)들 중에서 높은 성능을 보유한 모델이 선정되도록 파라미터를 조정하여 수행한다.
   ㉠ 개선 목적에 맞는 분석 알고리즘을 선정

단계	설명	수행 팁
개선 목적 선정	성능 개선 또는 업무 적용성을 명확히 구분	• 성능과 비즈니스 영향도 고려 • 현업 인터뷰 반영
데이터 선정 및 유형	기존에 없던 데이터 포함 여부 파악, 정형/비정형 데이터 혼용 고려	• 파생 데이터 검토 • 평가지표 활용하여 데이터 평가
기존 데이터 변경 내역	기존 데이터 변경사항, 볼륨 증가, 업데이트 여부 파악	• 변경 내역 및 주기 파악 • 신규 데이터 현황 분석

   ㉡ 알고리즘 수행 및 분석 결과 기록
     • 기존 데이터 및 신규 데이터에 대한 현황 조사 완료 후 분석 알고리즘을 수행하여 모델을 리모델링한다.
     • 분석 수행 절차는 분석 모델 개발 절차와 동일하게 진행한다. 다만, 훈련데이터·검증데이터·평가데이터로 데이터를 분할할 때 신규 추가된 데이터가 반영되어 일반화 가능성을 높일 수 있도록 해야 한다.

④ 분석 모델 평가 및 등록
   ㉠ 빅데이터 개선 모델에 대한 개발이 완료된 후 분석 알고리즘 수행결과를 검토한다.
   ㉡ 알고리즘 성능 검토에는 다양한 이해관계자(분석가, 데이터 처리자, 고객 등)가 분석 모델에 대한 결과를 리뷰하고, 검토 회의를 진행하여 최종 분석모델을 선정한다.
   ㉢ 개선된 모델의 분석결과를 평가한 후 최종 모델을 등록하는 절차는 다음과 같다.

단계	설명
개선 모델 평가	분석 모델 평가 기준에 따라 알고리즘 성능을 평가함
분석 결과 검토	• 해당 모델의 실질적인 활용가능성 검토 • 개선 목적에 맞는 분석모델인지 검토 • 현업 적용 가능성을 고려
최종 모델 등록	성능 평가와 분석 결과 검토에 모두 부합하면 최종 모델로 등록

(4) 분석모형의 전면 리모델링

① 기존 분석 모델이 비즈니스 수익 모델에 대해 적합하지 않다고 판단될 경우 기존 모형의 전면 리모델링을 위한 독립된 프로젝트를 계획할 수 있다.
② 모델 개선을 위한 접근 방식 : 분석 모델의 전면 리모델링 결정에는 하향식, 상향식, 사례 벤치마킹을 통한 각 접근 방식이 검토된다.
   ㉠ 모델 개선을 위한 하향식 접근 방식 : 빅데이터 분석 모델을 통한 경쟁력 강화의 핵심 분석 기회를 식별하기 위해 다음과 같은 분석 기회 발굴 절차를 수행할 수 있다.

절차	설명
비즈니스 상황 파악	시장, 산업, 주요트렌드, 거시 경제 요인에 대한 분석을 통해 비즈니스가 당연한 환경 변화 요소를 파악
주요 요구 사항 파악	비즈니스 가치 창출 분석을 위해 비즈니스 요구 사항을 정확히 파악하고 주요 분석 요구 사항을 분류
경쟁요인 및 제공 가치 수준 설정	경쟁 요소별로 제공되는 가치 수준을 시각적인 형태로 표현하여 빅데이터 분석 모델 구축의 전략 목표 및 방향성을 설정
전략테마 및 실행 활동 관계 분석	전략적으로 접근할 전략 테마를 정의하고, 이를 실현하기 위한 빅데이터 분석 과제를 도출
비즈니스 운영 시나리오 상세화	도출된 전략 테마와 실행 활동을 기반으로 비즈니스 운영 시나리오를 명세화
빅데이터 분석 사례 발굴	비즈니스 운영 시나리오의 이론을 분석하여 선진 사례를 발굴
빅데이터 분석 사례 정의	도출된 사례를 구체적으로 명세화
빅데이터 분석 모델 평가	분석 사례 기반 해당 모델이 구축되었을 때 결과를 평가

ⓒ 모델 개선을 위한 상향식 접근 방식
- 빅데이터 분석 모델 개선 기회 및 아이디어를 특정 업무 영역에서 주제를 정하여 발굴한다.
- 이 방식은 비즈니스 프로세스에 정의된 주요 프로세스를 선정하여 분석 대상으로 식별한 후 프로세스 분석을 통해서 분석 기회를 발굴 및 포착하는 것이다.

절차	설명
프로세스 분류	비즈니스 업무 프로세스를 [메가 프로세스] → [메이저 프로세스] → [프로세스] 단계로 분할 구조화해서 정의
프로세스 흐름 분석	프로세스별로 프로세스 맵을 통해서 업무 흐름을 상세하게 기술/표현
분석 요건 식별	각 프로세스 맵상의 주요 의사 결정 지점을 식별
분석 요건 정의	각 의사 결정 시점에 무엇을 알아야 의사 결정을 할 수 있는지, 즉 분석 요건을 정의 및 기획

ⓒ 분석 사례 벤치마킹을 통한 접근 방식
- 사례 벤치마킹을 통해 분석 기회를 발굴하는 방식은 산업별 및 서비스별 분석 주제 후보군을 통해 아이디어를 얻고, 브레인스토밍을 통해 적용 가능성을 도출하는 것이다.
- 분석 사례를 벤치마킹할 때, 해당 비즈니스에 적합한 사례를 조사하여 그 사례의 장단점을 분석하고 이를 바탕으로 빅데이터 분석 모델을 개선하는 방식이다.

③ 분석 모델의 전면 리모델링 절차 : 분석 모델의 전면적인 개선과 리모델링은 분석 알고리즘에 따른 차이가 있을 수 있으나, 일반적으로 다음과 같은 절차로 수행이 가능하다.

절차	세부 내용
개선 요건 정의	• 비즈니스에서 발생하는 수익 변화, 비용 증가, 처리 지연 등의 문제를 구체적으로 정의 • 타당성이 부족하거나 사업적으로 큰 의미가 없는 요건은 제외 • ROI(투자 대비 수익률)를 고려하여 개선 필요 사항을 결정 • 사전 분석을 통해 모델 개선의 타당성을 파악하고 개선 방안을 학습하여 생산성을 높임 • 작업 체계화를 위해 WBS(작업 분해 구조)를 정의하고 관리

절차	세부 내용
개선 모델링	• 구체적인 분석 알고리즘을 적용해 모델을 개발 • 모델링에 필요한 데이터를 준비하고 데이터 마트를 설계, 테이블 구성 • 중요한 변수를 탐색하고 목표값을 설정하여 분석 요건을 충족시키기 위한 데이터 분석 수행 • 데이터마이닝, 시뮬레이션, 최적화 등의 알고리즘을 적용해 모델링 수행
개선 모델 적용	• 리모델링된 모델을 운영 시스템에 적용하고 실시간 또는 배치 스케줄러를 등록해 주기적인 모니터링 설정 • 데이터 입력 상태를 모니터링하고 이상 발생 시 알림 기능을 설정하여 관련 이해관계자에게 통보 • R 또는 전문 도구를 활용해 분석 결과를 모니터링하고 데이터 연계를 간소화하여 배치 스케줄러 설정

(5) 분석모형 리모델링 시 고려 사항

① 데이터 마이닝, 최적화, 모델링 결과를 정기적으로(분기, 반기, 연간) 재검토하여, 필요시 모델을 조정한다.

② 업무 특성에 따라 차이가 있지만, 초기에는 모델 조정을 자주 시행, 시간이 지남에 따라 그 주기를 점차 길게 설정하는 것이 일반적이다.

③ 관리해야 할 모델이 월 20개 이상 또는 타업무와 병행해야 할 경우, 자동화 도구를 사용하는 것을 권장한다.

④ 다음은 분석 기법별 리모델링 시 유의해야 할 사항이다.

기법	고려 사항
데이터 마이닝	최신 데이터 적용을 하거나 변수 추가 방식으로 분석모형을 다시 조정
시뮬레이션	업무 프로세스 KPI의 변경 또는 주요 시스템 원칙 변경, 발생 이벤트 건수 증가에 따른 성능 평가를 수행하고 필요시 다시금 분석모형을 조정
최적화	조건 변화나 가중치가 변화될 때 가중치 조정 및 하이퍼파라미터 튜닝, 제약조건 추가로 재조정

CHAPTER 02 분석결과 해석 및 활용 예상문제

01 다음 특징 중 데이터 시각화의 기능을 나타낸 것은?

- 데이터를 활용한 개인 작품이나 예술적 표현을 통해 스토리 전달과 공감을 불러일으키기 위한 기능
- 심미적 측면에서 감정적 반응과 데이터에 대한 다양하고 풍부한 해석을 제공

① 설명기능 ② 탐색기능
③ 표현기능 ④ 설득기능

02 데이터 시각화의 기능 중 데이터로부터 유의미하거나 흥미로운 이야기와 분석을 명확하게 전달하는 기능은?

① 설명기능 ② 탐색기능
③ 표현기능 ④ 설득기능

03 다음 중 산점도(Scatter Plot)와 같은 유형의 시각화 방법은?

① 트리맵(Tree Map) ② 히트맵(Heat Map)
③ 버블 차트(Bubble Chart) ④ 파이차트(Pie Chart)

04 다음 중 인포그래픽에 대한 설명으로 옳지 않은 것은?

① 빅데이터를 표현하기에는 복잡하고 이해하기 어려울 수 있다.
② 다양한 정보를 그래픽을 활용하여 나타내는 방법이다.
③ 정보를 SNS상에서 빠르고 쉽게 전달이 가능하다.
④ 도표나 글에 비해 시각적 기법을 사용하여 기억에 오랜기간 남는다.

05 다음 중 비교 시각화의 유형으로, 설명변수가 늘어날 때마다 축이 늘어나는 특징을 지닌 시각화 방법은?

① 히트맵(Heat Map) ② 스타차트(Star Chart)
③ 막대차트(Bar Chart) ④ 플로팅 바 차트(Floating Bar Chart)

06 다음 중 데이터 시각화에 대한 설명으로 옳지 않은 것은?
① 데이터 시각화는 분석모형 해석의 기본이 된다.
② 시간 시각화 기법으로 막대그래프, 추세선 등을 사용한다.
③ 정보 전달과 설득을 위한 목적으로 사용된다.
④ 비교 시각화의 유형으로 파이 차트, 도넛 차트만을 활용한다.

07 다음 중 관계 시각화에 대한 설명으로 옳은 것은?
① 관계 시각화는 지도 위에 위치를 표시하기 위해 위도와 경도를 사용한다.
② 관계 시각화는 다변량 변수를 갖는 자료를 제한된 2차원에 효과적으로 표현하는 시각화 방법이다.
③ 버블 차트(Bubble Chart)는 대표적인 관계 시각화 기법이다.
④ 복잡하고 어려운 데이터를 더 쉽고 명확하게 이해할 수 있도록 그래픽과 텍스트가 균형을 이루게 하여 조합한다.

08 다음 중 시각화 기법이 아닌 것은?
① 원-핫 인코딩 ② 박스플롯
③ 히스토그램 ④ 커널 밀도 추정

09 다음 그래프의 명칭으로 올바른 것은?

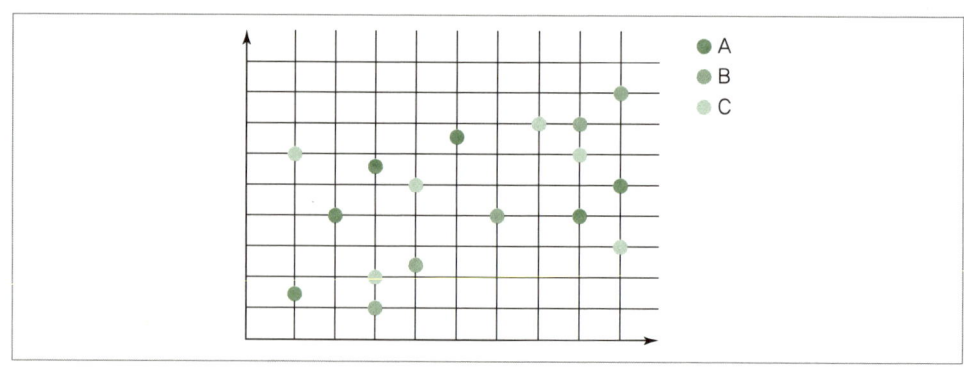

① 히스토그램 ② 산점도
③ 박스플롯 ④ 바이올린 플롯

10 다음의 그래프를 올바르게 지칭한 것은?

Signup Date	New Users	1	2	3	4	5	6	7	8	9
Dec 31, 2013	78	96%	92%	90%	88%	86%	85%	85%	83%	82%
Jan 31, 2014	88	98%	93%	89%	88%	86%	83%	82%	80%	
Feb 28, 2014	103	100%	95%	91%	89%	87%	83%	80%		
Mar 31, 2014	107	99%	95%	93%	91%	86%	84%			
Apr 30, 2014	114	98%	92%	86%	85%	84%				
May 31, 2014	128	95%	93%	90%	86%					
Jun 30, 2014	136	95%	90%	87%						
Jul 31, 2014	149	97%	91%							
Aug 31, 2014	158	97%								
Sep 30, 2014	167									

(Periods after signup)

① 막대그래프　　② 레이더 차트
③ 누적영역차트　　④ 히트맵

11 다음 중 비교 시각화 방법으로 옳지 않은 것은?

① 히스토그램　　② 지도맵핑
③ 평행좌표 그래프　　④ 체르노프 페이스

12 선거인단 수, 인구 등의 특정한 데이터값의 변화에 따라 지도의 면적이 왜곡되어 표현되는 공간 시각화 기법은?

① 카토그램(Catogram)　　② 히스토그램(Histogram)
③ 히트맵(Heat Map)　　④ 버블 차트(Bubble Chart)

13 아래에서 설명하는 데이터 시각화 기법은 무엇인가?

- 다변량 데이터 사이에 존재하는 변수 사이의 연관성, 분포와 패턴을 찾는 시각화 방법이다.
- 버블 차트(Bubble Chart), 산점도(Scatter Plot) 등이 대표적인 시각화 유형이다.

① 시간 시각화　　② 관계 시각화
③ 분포 시각화　　④ 비교 시각화

14 다음 중 히스토그램(Histogram)에 대한 설명으로 옳지 않은 것은?

① 질적, 양적 자료 표현에 사용된다.
② 누적해서 표현하면 항상 누적확률밀도함수를 갖는다.
③ 종속변수를 확률 단위로도 표현이 가능하다.
④ 데이터 표현을 잘하려면 구간을 잘 정해야 한다.

15 아래에서 설명하는 데이터 시각화 기법으로 적절한 것은?

> 칸 별로 색상을 구분하여 데이터값을 표현하는 시각화 그래프로 여러 가지 변수를 비교할 수 있다.

① 파이차트
② 히트맵
③ 누적 막대그래프
④ 히스토그램

16 다음 중 종류가 다른 데이터 시각화에 대한 설명으로 올바른 것은?

① 학습 데이터
② 검증 데이터
③ 평가 데이터
④ 재현 데이터

17 다음 중 비교 시각화에 대한 설명으로 옳지 않은 것은?

① 다변량 변수를 갖는 자료를 제한된 2차원에 효과적으로 표현하는 시각화 방법이다.
② 중요 정보를 하나의 그래픽으로 표현해서 보는 이들이 쉽게 정보를 이해할 수 있도록 하는 인포그래픽이 있다.
③ 데이터를 눈, 코, 입 등과 일대일 대응하여 얼굴로 표현하는 시각화 기법인 체르노프 페이스가 있다.
④ 막대가 변량 변수를 갖는 자료를 제한된 2차원에 효과적으로 표현하는 플로팅 바 차트가 있다.

18 다음 중 데이터 분석 결과 활용에 대한 설명으로 옳지 않은 것은?

① 분석 결과는 비즈니스 업무 담당자, 시스템 엔지니어 등 관련 인원들에게 모두 공유되어야 한다.
② 정확도, 재현율 등의 평가지표를 분석모형 성능지표로 활용한다.
③ 분석모형 개발과 피드백 적용 과정을 반복하는것은 지양한다.
④ 분석모형 최종 평가 시에는 학습할 때 사용하지 않았던 데이터를 사용한다.

19 다음 중 분석 시나리오를 체계적으로 적용해야 하는 이유로 옳지 않은 것은?

① 분석 업무 프로세스가 내재화되면 분석을 수동으로 수행한다.
② 빅데이터 분석 이해관계자들의 이해를 돕기 위해 적용한다.
③ 기존 프로세스가 변경되거나 신규 프로세스가 생성되는 등 최신 업무형태를 반영한다.
④ 주요 업무 의사결정에 분석결과가 어떻게 활용되어 업무를 효과적으로 수행할 수 있는지를 명확하게 이해하도록 도움을 준다.

20 다음 중 분석모형 리모델링 및 절차별 명칭과 그 내용에 대하여 옳지 않은 것은?

① 개선용 데이터 수집-기존 모델의 성능 검토 및 개선 데이터 선정
② 분석 모델 개선-분석 알고리즘 선정 및 알고리즘 수행 결과 기록
③ 분석 결과 평가 및 분석 모델 등록-평가 기준 선정 및 분석 결과 검토
④ 성능 모니터링-임계치 설정 및 임계치 관리

21 다음 중 데이터 시각화 절차를 올바르게 나열한 것은?

① 구조화 단계-시각화 단계-시각표현 단계
② 구조화 단계-시각표현 단계-시각화 단계
③ 시각표현 단계-시각화 단계-구조화 단계
④ 시각표현 단계-구조화 단계-시각화 단계

22 데이터 분석 결과가 비즈니스에 기여하는 방식은 분석의 난이도가 높아짐에 따라 운영 효율성 향상(생산성 개선과 리스크 감소)에서 매출 증대(기존 매출 증가와 신규 매출 창출)로 확장된다고 알려져 있다. 이를 설명하는 분석의 난이도 순서로 올바른 것은?

① 이상탐지<관찰/보고<진단분석<예측분석<최적화<실시간 대응
② 이상탐지<관찰/보고<예측분석<진단분석<실시간 대응<최적화
③ 관찰/보고<진단분석<이상탐지<실시간 대응<예측분석<최적화
④ 관찰/보고<이상탐지<진단분석<최적화<실시간 대응<예측분석

23 다음 비즈니스 기여도에 대한 설명에 대해 적절한 분석 기법을 고르면?

> 업무 상 발생되는 이벤트를 수집·분석하여 정상·비정상 패턴을 파악하고 이상 여부를 판단하며 이를 통하여 비정상적 사고를 예견하거나 시스템의 사고 발생 여부를 사전에 판단하여 예방할 수 있다.

① 예측
② 이상탐지
③ 상황분석
④ 실시간 대응

24 다음 중 비즈니스 기여도 분석에 영향을 미치는 요인으로 보기에 가장 적절하지 않은 것은?
① 비즈니스 상황
② 시각화 알고리즘의 성능
③ 서비스 제공 현황
④ 분석을 위한 데이터 품질

25 다음 중 지리-공간 데이터를 매핑(Mapping)하는 방법으로 볼 수 없는 것은?
① 버블 플롯맵
② 등치지역도
③ 등치선도
④ 픽토그램

26 다음 중 아래의 그래프에 대한 설명으로 옳지 않은 것은?

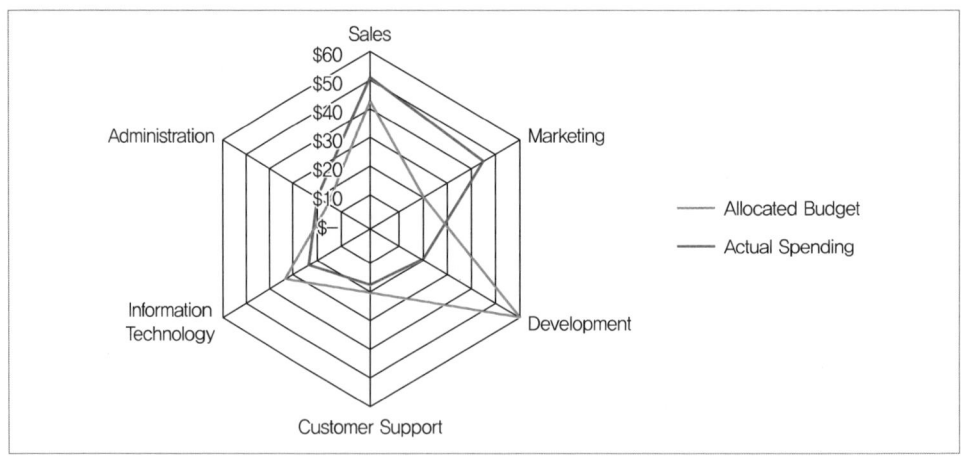

① 체르노프 페이스와 같이 데이터 수만큼의 다각형을 생성하여 각 다각형의 모양을 비교하는 것이 가능하다.
② 레이더 차트(Rader Chart), 거미 차트(Spider Chart)라 부르기도 한다.
③ 다변량 변수를 갖는 자료를 제한된 2차원에 효과적으로 표현하는 비교 시각화의 한 기법이다
④ 표현하고자 하는 객체 간 간격이 발생하는, 즉 거리행렬(distance matrix)을 포함하는 데이터의 시각화에 유용하다.

27 다음 중 체르노프 페이스의 정보 시각화 방법은?

① 관계 시각화　　　　② 비교 시각화
③ 시간 시각화　　　　④ 공간 시각화

28 다음 중 영역기반의 시각화로 각 사각형의 크기가 수치를 나타내고 한 사각형을 포함하고 있는 바깥의 영역은 그 사각형이 포함된 대분류를, 내부의 사각형은 내부적인 세부분류를 의미하는 그래프를 지칭하는 것은?

① 트리맵　　　　② 도넛차트
③ 파이차트　　　　④ 누적연속그래프

29 다음 중 시각화 표현방법의 연결이 옳지 않은 것은?

① 체르노프 페이스, 스타차트 : 관계 시각화
② 막대 그래프, 누적막대 그래프, 점 그래프 : 시간 시각화
③ 히트맵, 평행좌표 그래프 : 비교 시각화
④ 등치선도, 등치지역도 : 공간 시각화

30 다음 중 분석 모델 배포 과정에 대한 설명으로 가장 옳지 않은 것은?

① 가장 먼저 기존 운영 시스템의 구성을 파악하여 분석 모델을 시스템의 어떤 모듈에 적용할 것인지 판단해야 한다.
② 통계분석 모델은 개발이 끝난 뒤, 독립변수 데이터를 어떻게 운영 시스템으로 전달할 것인지를 정의해야 한다.
③ 모델의 개발언어 혹은 통계 패키지 등을 고려하여 운영 시스템 내 모듈과 어떠한 방식으로 통합할지를 결정하고 구현한다.
④ 분석 모델은 배치 시스템(in-Database, In-Hadoop/Spark), 온디멘드 시스템(WAS ; Web Application System), 스트리밍 등을 통해 실시간 시스템에 배포될 수 있다.

31 모델을 개발하는 계획과 실제 개발의 간극이 생긴 상황이다. 처음 세웠던 계획은 예측정확도가 90% 이상이어야 한다는 것이었다. 모델을 실제로 개발해 보고 나서 얻은 결과는 72%였다면, 이때의 대처 방법으로 적절하지 않은 것은?

① 모델 평가를 위한 데이터 구분에 오류가 없는가를 확인한다.
② 목표에 미달했으나 사용되지 않은 다른 추가적인 데이터 원천으로부터 새로운 변수를 추가해 본다.
③ 목표에 미달한 결과를 얻었으므로 이 모델은 의미가 없다고 보고 모델 개발을 중단한다.
④ 전체 대상 중 예측 정확도가 낮은 일부 데이터가 어디인지 주로 오차가 발생되는 곳을 찾아 새로운 모델링 기법이나 변수 반영 방법을 검토한다.

32 다음 중 모델 성능 모니터링을 수행하는 방법으로 가장 적절하지 않은 것은?

① 성능 모니터링을 위한 주요 성능 측정 항목을 정의한다.
② 성능 데이터를 DB화하여 수동으로 모니터링하고 이상 시에 관리하는 프로세스를 수립한다.
③ 성능 모니터링은 성능 측정 항목별 임계치를 설정한다.
④ 이벤트 등급별로 알람을 통해 이벤트 모니터링에서 성능을 관리하도록 한다.

33 다음 중 모형의 성능 추적 모니터링 척도로 추적신호(TS ; Tracking Signal)을 이용하는 분석 모델로 적합한것은?

① 범주형 분류 모델
② 군집화 모델
③ 연속형 예측 모델
④ 이산형 데이터 모델

34 다음 중 장애관리 및 성능관리를 위해 활용하는 모델 모니터링 전문 도구의 주요 기능으로 보기에 가장 적절하지 않은 것은?

① 사전분석
② 실시간 감시
③ 진단 및 조치
④ 성능 튜닝

35 다음 중 분석모형 리모델링(Remodeling)의 특징으로 가장 적절하지 않은 것은?

① 변화에 대응하기 위해 성과 모니터링을 지속적으로 하고, 일정 수준 이상으로 편차가 지속적으로 하락하는 경우 리모델링을 실시간으로 수행한다.
② 분석모형 리모델링 시 시뮬레이션은 이벤트 발생 패턴의 변화, 시간 지연(Delay)의 변화, 이벤트를 처리하는 리소스 증가, Queuing Priority(대기 우선순위), Resource Allocation Rule (자원 할당 규칙) 변화 등을 처리한다.
③ 분석모형 리모델링은 데이터 마이닝의 경우는 분기별로 실시하고, 시뮬레이션의 경우는 주요 변경이 이뤄지는 시점에 실시한다.
④ 분석모형 리모델링 시 데이터 마이닝은 동일한 데이터를 이용해 학습을 다시 수행하거나 변수를 추가해 학습을 다시 수행한다.

36 다음 중 모델 개선 작업 시 고려해야 할 사항으로 가장 적절한 것은?

① 개선 알고리즘 적용은 기존 분석 모델을 개발할 때와 동일한 절차로 수행한다.
② 훈련·검증·평가로 데이터를 분할할 때 신규로 추가된 데이터가 반영될 수 있도록 해야 한다.
③ 모델을 개선할 때에는 분석모델의 성능만 고려한다.
④ 개선 모델은 기존 모델보다 높은 성능을 갖는 모델로 선정될 수 있도록 파라미터를 조정하여 수행한다.

37 다음 중 개선 데이터 선정 시 고려 사항으로 적절하지 않은 것은?

① 데이터 활용도 : 최신 데이터 적용이나 변수 추가 방식으로 분석모형을 재조정한다.
② 데이터 변경도 : 업무 프로세스 KPI의 변경 또는 주요 시스템 원칙 변경, 발생 이벤트의 건수 증가에 따라 성능을 평가하고 필요시 재조정한다.
③ 신규 영향 데이터 : 조건 변화나 가중치 변화 시 계수값 조정 또는 제약조건 추가로 재조정한다
④ 데이터 오류율 : 신규 데이터 집합에 대한 데이터 오류율을 점검한다.

38 다음 중 기존 분석 모델의 리모델링에 대한 설명으로 가장 적합하지 않은 것은?

① 개선 모델 개발이 완료되면 분석 알고리즘 수행결과를 검토하여 최종 모델을 선정한다.
② 개선 데이터는 기존 모델을 개발할 때 사용한 데이터는 제외하여 선정하고, 데이터를 수집 및 정제하여 리모델링 모델을 분석할 수 있는 데이터의 형태로 변환한다.
③ 기존 모델의 평균적인 성능을 확인하여 최근 성능에 대한 변동성 여부를 집중적으로 관찰한 후 리모델링의 필요성을 결정한다.
④ 개선 모델 개발을 위한 알고리즘 적용 시 개선 모델은 기존 모델보다 높은 성능을 갖도록 파라미터를 조정하여 수행한다.

39 다음 중 기존 분석 모델의 리모델링에 대한 설명으로 가장 적합하지 않은 것은?

① 기존 분석 모델이 비즈니스 수익 모델과 맞지 않는다고 판단될 경우, 기존 모델을 전면적으로 재구축하는 독립 프로젝트를 계획할 수 있다.
② 초기에는 분석 모델을 자주 재조정하되, 점차 안정화된 후에는 재조정 주기를 늘려간다.
③ 분석 모델은 정기적으로(분기, 반기, 연 단위) 평가를 통해 재조정 주기를 설정하며, 평가 결과에 따라 조정이 꼭 필요하지 않더라도 재조정을 수행한다.
④ 성과 모니터링 결과 성과 편차가 지속적으로 하락하면 즉시 리모델링의 필요성을 검토하고 개선을 수행한다.

PART 05

기출복원문제

CHAPTER 01 제8회 기출복원문제

1과목 빅데이터 분석 기획

01 빅데이터 특징과 세부 내용에 대한 설명으로 알맞지 않은 것은?
① Veracity-데이터의 가치를 반영한다.
② Volume-데이터의 양이 크다.
③ Velocity-데이터가 실시간으로 변한다.
④ Variety-데이터가 다양하다.

02 데이터 수집, 전처리, 분석 작업을 모두 지원하는 것은?
① 데이터베이스
② 빅데이터 플랫폼
③ 데이터 시각화 툴
④ 빅데이터 가시사슬

03 다음 중 개인정보에 대한 설명으로 적절하지 않은 것은?
① 개인정보처리자는 통계작성, 과학적 연구, 공익적 기록보존 등을 위하여 정보 주체의 동의 없이 가명정보를 처리할 수 있다.
② 개인정보의 익명 처리를 위해서는 정보 주체의 동의가 필요하다.
③ 개인정보의 처리와 보호에 관한 사안을 독립적으로 수행하기 위해 개인정보보호위원회를 설립했다.
④ 활용되는 정보는 처리 수준에 따라 개인정보, 가명정보, 익명정보로 분류할 수 있다.

04 하향식 접근방법에 대한 설명 중 옳지 않은 것은?
① 문제 탐색 단계에서는 단순하게 나열한다.
② 문제 정의는 상위 목표를 구체화하고 하위 목표로 세분화하여 문제의 범위와 목표를 명확히 한다.
③ 해결방안 탐색은 문제에 대한 이해를 바탕으로 가능한 해결책을 찾는 과정이다.
④ 타당성 검토는 도출된 해결책이 현실적이고 실행 가능한지를 평가한다.

05 빅데이터 분석 방법론의 데이터 분석 단계에 수행하는 태스크로 옳지 않은 것은?

① 데이터 확인 및 추출
② 데이터 모델링
③ 모델링 적용 및 운영방안
④ 데이터 준비

06 다음 중 유의미한 변수를 고르는 작업을 수행하는 단계로 적절한 것은?

① 데이터 탐색
② 데이터 모델링
③ 데이터 전처리
④ 데이터 시각화

07 다음 중 분석 유형을 구분할 때 데이터 분석 방법은 충분히 이해하고 있지만 조직 내 분석 대상을 진단하지 못하는 유형은?

① 최적화(Optimization)
② 발견(Discovery)
③ 통찰(Insight)
④ 솔루션(Solution)

08 외부 및 내부 데이터에 대한 설명으로 옳지 않은 것은?

① 내부 데이터는 내부 조직 간 협의에 의해 사용 가능하다.
② 내부 데이터는 조직 내부에서 생성되거나 보유하는 데이터를 의미한다.
③ 외부 데이터는 외부 중에서 수집한 데이터를 의미하며, 보통 공개된 데이터이거나 외부 제품 업체 등을 통해 확보한다.
④ 외부 데이터는 어떤 단계에서나 사용할 수 있다.

09 다음 중 빅데이터의 분석 절차로 알맞은 것은?

① 분석 기획–데이터 분석–데이터 준비–시스템 구현–평가 및 전개
② 데이터 준비–분석 기획–데이터 분석–평가 및 전개–시스템 구현
③ 분석 기획–데이터 준비–데이터 분석–시스템 구현–평가 및 전개
④ 데이터 준비–분석 기획–데이터 분석–평가 및 전개–시스템 구현

10 다음 중 정성적 및 정량적 데이터에 대한 설명으로 옳지 않은 것은?
① 정성적 데이터는 질적 데이터를 표현한 것이고, 정량적 데이터는 양적 데이터를 표현한 것이다.
② 정성적 데이터는 수치적 데이터다.
③ 정성적 데이터는 정량 데이터의 연속적으로 변환할 수 있다.
④ 정성적 데이터는 정량 데이터의 범주적으로 변환할 수 있다.

11 비정형 데이터로 옳지 않은 것은?
① 거래 내역(Transaction) 데이터
② 음성 데이터
③ 이미지 데이터
④ 영상 데이터

12 데이터의 변수에 대한 관계로 적절하게 짝지어진 것은?
① 연령-비율변수
② 성별-명목변수
③ 매출액-서열변수
④ 온도-등간변수

13 데이터 변환에 대한 설명으로 가장 옳은 것은?
① 금융 데이터에서 이상거래를 감지해 데이터 분포를 매끄럽게 만듦-정규화
② 연령을 기준으로 10~30대는 청년, 40~60대는 중년으로 나눔-범주화
③ 데이터가 가지고 있는 특성의 개수를 줄임-표준화
④ 딥러닝 모델에서 이미지를 학습할 때, 이미지 데이터를 [0, 1] 범위 변환-일반화

14 가명처리 기법에서 개인정보를 알아볼 수 없게 하는 것은?
① 가명처리-휴리스틱 익명화
② 총계처리-재배열
③ 일반화-마스킹
④ 최소화-잡음(Noise) 추가

15 데이터 마스킹(Data Masking)에 대한 설명으로 가장 옳지 않은 것은?
① 데이터 마스킹을 철저히 하면 데이터가 삭제될 수 있다.
② 데이터 마스킹 수준이 높으면 데이터를 식별, 예측하기 쉬워진다.
③ 데이터 마스킹은 개인 식별 요소를 제거하는 것이 가능하며, 원 데이터 구조에 대한 변형이 적다는 장점이 있다.
④ 데이터 마스킹을 과도하게 적용할 경우 데이터 필요 목적에 활용하기 어려우며, 수준이 낮을 경우 특정 값에 대한 추론이 가능하다는 단점이 있다.

16 데이터 웨어하우스(Data Warehouse)에 대한 특징으로 옳지 않은 것은?

① 휘발성(Volatile)   ② 주제 지향적(Subject-oriented)
③ 통합적(Integrated)   ④ 시계열적(Time-series)

17 다음 중 분산 파일 시스템으로 옳지 않은 것은?

① Hbase   ② HDFS
③ Ceph   ④ GFS

18 Key-value 데이터베이스에 대한 설명으로 가장 옳지 않은 것은?

① 키와 값으로 이루어진다.
② 값은 모든 유형의 데이터로 저장이 가능하다.
③ 관계나 복잡한 쿼리 처리 유용하다.
④ 주로 빠른 읽기 및 쓰기 작업에 최적화되어 있다.

19 다음 중 MongoDB, Cassandra DB와 같이 반정형, 비정형 데이터를 처리하기에 적합한 데이터 베이스는?

① In-memory DB   ② DFS
③ NoSQL   ④ RDBMS

20 다음 중 결측값 대체에 대한 설명으로 가장 옳지 않은 설명은?

① 결측값을 분산/평균 등으로 대체하면 분산이 감소한다.
② 연속형 변수의 결측값을 대체할 때는 평균 또는 중앙값을 활용할 수 있다.
③ 범주형 변수의 결측값을 대체할 때는 최빈값을 사용할 수 있다.
④ 자기회귀로 결측값을 대체하면 상관성이 낮아지고 분산이 커진다.

2과목　빅데이터 탐색

21 다음 박스플롯(상자그림)에 대한 설명으로 옳은 것은?

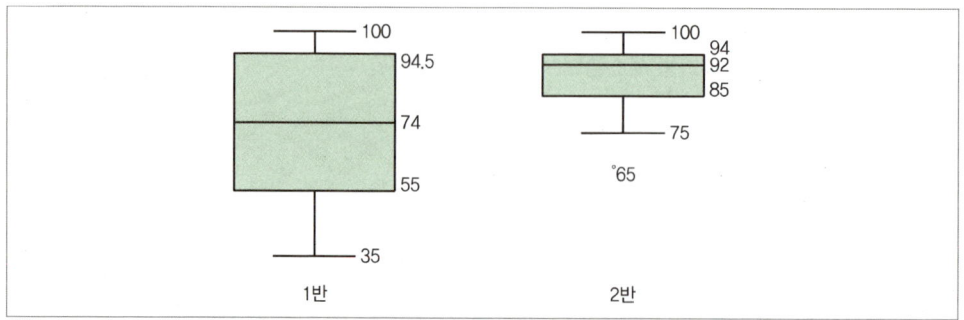

① 1반의 중위수가 2반의 중위수보다 높다.
② 1반의 최대값과 최소값의 차이가 2반보다 크다.
③ 2반의 최대값이 1반의 최대값보다 높다.
④ 95%의 신뢰도로 1반의 평균 점수가 높다.

22 파생변수에 대한 설명으로 가장 옳지 않은 것은?

① 시점에 따라 파생변수를 생성할 수 있다.
② 상관 정도에 따라 파생변수를 고려한다.
③ 설명변수, 독립변수의 교호작용에 의해서 생성할 수 있다.
④ 특정 조건의 파생변수를 만들 수 있다.

23 다음 중 숫자 데이터를 양수 데이터로 전환하여 정규분포에 근사하도록 변환하는 방법은?

① Min-Max 정규화　　② Z-score 표준화
③ 구간화(Binning)　　④ Box-Cox 변환

24 표준화에 대한 설명으로 옳은 것은?

① 두 개 이상의 데이터를 합쳐 하나의 데이터로 표현하는 것이다.
② 노이즈를 제거해서 미끄럽게 한다.
③ 데이터를 일정 범위로 변환하여 데이터 간의 크기 차이를 줄이는 것이다.
④ 표준화에는 단위가 없다.

25 다음 중 데이터 전처리 과정 중 변환에 대한 사례로 가장 옳지 않은 것은?

① 날짜 데이터(2022년 1월 9일) → YYYY/MM/DD
② 연령 데이터(10, 24, 35, 38) → 10대, 20대, 30대 범주화
③ 문자열 데이터(170, 165, 153, 152) → 평균키를 0으로 요약, 표준값 1로 표준화
④ 대량의 이메일 목록 → 작은 그룹으로 변환

26 불균형 데이터에 대한 설명으로 옳지 않은 것은?

① 불균형 데이터에서는 주로 소수 클래스의 샘플 수가 매우 적다.
② 소수 클래스를 언더샘플링하여 다수 클래스와의 균형을 맞춘다.
③ 산포도를 통해 클래스 간 분포를 시각적으로 이해할 수 있다.
④ 박스플롯은 불균형 데이터 문제를 해결하기 위한 대표적인 기법이다.

27 다음 중 서열형 변수를 가진 상관관계를 측정할 때 사용하는 값은?

① 피어슨 상관계수(Pearson)   ② 점 양분 상관계수(Point-biserial)
③ 스피어만 상관계수(Spearman)   ④ 파이계수(Phi)

28 한 발생률과 재산의 상관관계를 다른 변수를 제외하고 분석하고 싶을 때 사용하는 기법은?

① 군집분석   ② 편상관분석
③ T-분포   ④ 카이제곱

29 단일분포에서 우측으로 꼬리가 긴 분포의 대표값에 대한 설명으로 옳은 것은?

① 평균<최빈값<중앙값   ② 최빈값<중앙값<평균
③ 중앙값<최빈값<평균   ④ 최빈값<평균<중앙값

30 데이터의 쏠림 현상이나 분포 비대칭성을 확인할 수 있는 가장 알맞은 기법은?

① 분산(Variance) 분석   ② 왜도(Skewness)
③ 첨도(Kurtosis)   ④ 히스토그램(Histogram) 분석

31 다음 중 점수가 각각 60, 70, 80일 때 표준분산으로 옳은 것은?

① 10   ② 20
③ 100   ④ 200

32 A그룹은 100명 중 71명 투표, B그룹은 200명 중 134명 투표했을 때, 모평균 pA와 pB에 대해 pA-pB값의 추정치로 옳은 것은?

① 0.04   ② 1.38
③ 0.67   ④ 0

33 다음 중 기초 통계량과 그래프로 확인할 수 없는 것은?

① 통계적 유의성   ② 결측값
③ 이상값   ④ 데이터 분포

34 모자이크 플롯(그림)에 대한 설명으로 적절하지 않은 것은?

① 히스토그램 안에 히스토그램을 겹쳐 그린 것이다.
② 상대적인 빈도 차이나 구조를 시각적으로 파악한다.
③ 범주형 변수 간의 관계를 시각화한다.
④ 직사각형 면적 하나가 빈도를 나타낸다.

35 기술 통계량으로 옳지 않은 것은?

① 최대값   ② 중앙값
③ 이상값   ④ 분산

36 다음 중 샘플링 기법이 아닌 것은?

① Metropolis-Hastings Algorithm   ② Perfect Sampling
③ EM Algorithm   ④ Rejection Sampling

37 10번 중 7번 이상 성공할 확률에 대해 다음과 같을 때, 제2종 오류를 범할 확률은?

> 귀무가설 $H_0 = \dfrac{1}{2}$, 대립가설 $H_1 = \dfrac{2}{3}$

① $\sum_{i=7}^{10} \left(\dfrac{2}{3}\right)^i \times \left(\dfrac{1}{3}\right)^{10-i}$
② $\sum_{i=0}^{6} \left(\dfrac{2}{3}\right)^i \times \left(\dfrac{1}{3}\right)^{10-i}$
③ $\sum_{i=7}^{10} \left(\dfrac{1}{2}\right)^i$
④ $\sum_{i=0}^{6} \left(\dfrac{1}{2}\right)^i$

38 모집단에서 표본 N을 추출하여 표본평균의 분포로 구할 때 옳지 않은 것은?
① N값(표본 크기)과 상관없이 표본평균은 모집단의 평균에 수렴한다.
② 표본평균은 모집단의 기대값을 의미한다.
③ N값이 커지면 표본평균의 분산은 커지고, 표준편차는 작아진다.
④ N값이 커지면 표준오차는 작아진다.

39 다음 보기의 설명으로 옳은 것은?

> 동일한 확률분포를 가진 독립변량변수 n개의 평균의 분포는 n이 적당히 크다면 정규분포에 가까워진 다는 이론

① 중심극한정리
② 대수의 법칙
③ 카이제곱정리
④ T-분포

40 아래 수식을 보고 불편추정량과 일치추정량에 대한 설명으로 옳은 것은?

$$S^1 = \dfrac{1}{n}\sum_{i=1}^{n}(X_i - \overline{X})^2$$
$$S^2 = \dfrac{1}{n-1}\sum_{i=1}^{n}(X_i - \overline{X})^2$$

① S^1은 불편추정량이다.
② S^2는 일치추정량이 아니다.
③ S^1의 bias는 0이다.
④ S^1과 S^2 모두 가설검정에서 사용한다.

3과목 빅데이터 모델링

41 모델의 배치에 관한 설명으로 옳지 않은 것은?
① 배치의 크기가 커지면 학습 시간은 오래 걸리지만, 정확성에는 영향을 끼치지 않는다.
② 배치 크기는 학습 속도에 영향을 주지만, 정확성에는 영향을 끼치지 않는다.
③ 배치 크기가 너무 크면 메모리 문제가 발생한다.
④ 배치 크기가 작으면 노이즈를 반영하여, 모델의 학습에 악영향을 줄 수 있다.

42 모델의 편향과 분산 관계에 대한 설명으로 적절한 것은?
① 좋은 모델은 편향이 작고 분산도 작다.
② 좋은 모델은 편향이 크고 분산도 작다.
③ 좋은 모델은 편향이 작고 분산도 크다.
④ 좋은 모델은 편향과 분산은 서로 독립적이다.

43 다음 중 가중치 제곱합을 최소화하는 제약을 주는 기법으로 옳은 것은?
① 라쏘회귀   ② 릿지회귀
③ 엘라스틱넷   ④ 로지스틱 회귀

44 다중공선성의 설명으로 옳은 것은?
① 독립변수 간의 상관성을 나타내는 값으로, 분산상태를 나타낸다.
② 독립변수 간의 상관성을 나타내는 값으로, 종속변수 모델에 영향을 미친다.
③ 종속변수 간의 분산값에 대한 정의이다.
④ 종속변수 간의 상관성을 나타내는 값으로, 작을수록 모델에 악영향을 미친다.

45 다음 중 결정계수(R^2)에 대한 설명으로 옳은 것은?
① 독립변수가 종속변수에 의해 설명되는 오차의 비율을 나타낸다.
② 범위는 보통 0과 1 사이에 있으며, 모델이 데이터를 얼마나 잘 설명하는지의 정도를 나타낸다.
③ 독립변수끼리의 관계를 나타낸 것이다.
④ 다중선형회귀식 모델에서는 1개만 존재한다.

46 선형 회귀분석과 로지스틱 회귀분석에 대해 설명으로 옳지 않은 것은?

① 선형회귀분석은 오차항의 가정이 필요하지만, 로지스틱 회귀분석은 필요하지 않다.
② 선형 회귀분석에서의 정규성 가정은 잔차가 정규분포를 따른다는 것을 의미한다.
③ 로지스틱 회귀분석은 종속 변수가 범주형인 경우에 사용한다.
④ 모두 최대우도법으로 회귀계수를 추정한다.

47 의사결정나무에 대한 설명으로 옳은 것을 모두 고르면?

> 가. 의사결정나무는 동질성이 커지는 방향으로 분기한다.
> 나. 정규성 가정이 필요없다.
> 다. 교호작용은 변수 간의 조합이 예측에 미치는 영향을 나타내는데 사용한다.

① 가, 나
② 나, 다
③ 가, 다
④ 가, 나, 다

48 다음 보기를 참고하여 민감성값의 출력값으로 알맞은 것은?

> • 은닉노드가 2개, 출력노드가 1개이고 편향이 0.2
> • 은닉노드 값은 각각 0.2, 0.1이고 가중치는 각각 0.4, 0.5

① 0.33
② 0.44
③ 0.55
④ 1

49 서포트 벡터 머신(SVM)에 대한 설명으로 옳지 않은 것은?

① 집단 사이의 마진이 최대화하는 기준으로 최적화를 수행한다.
② 모델 훈련을 통해 최적화가 필요 없다.
③ 분류와 회귀에서 모두 사용할 수 있다.
④ 커널 함수를 이용하여 비선형 분류를 가능하게 한다.

50 다음 보기의 식으로 알맞은 것은?

$$d(x,y) = (\Sigma^{n_i=1} \mid x_i - y_i \mid^p)^{1/p}$$

① 마하라노비스 거리 ② 유클리드 거리
③ 맨해튼 거리 ④ 민코우스키 거리

51 다음 표를 통해 구한 위험도, 승산비의 식으로 알맞은 것은?

구분	불량	양호	합계
신공정	10	490	500
구공정	40	460	500
합계	50	950	1000

① 위험도 : 4, 승산비 : $(0.02 \times 0.98) \div (0.08 \times 0.92)$
② 위험도 : 4, 승산비 : $(0.02 \times 0.92) \div (0.08 \times 0.98)$
③ 위험도 : 0.25, 승산비 : $(0.02 \times 0.92) \div (0.08 \times 0.98)$
④ 위험도 : 0.25, 승산비 : $(0.02 \times 0.98) \div (0.08 \times 0.92)$

52 주성분 분석(PCA)에 대한 설명으로 옳은 것은?

가. 변수들은 정규분포 관계가 있다.
나. 차원축소는 변수들 간의 관계가 없어야 한다.
다. 변동성이 가장 큰 특성을 축으로 잡는다.

① 가 ② 나
③ 다 ④ 가, 나, 다

53 다음 주성분 분석(PCA) 표를 주어진 후 전체분산에 대한 3번째 요인에 대한 설명률은?

	PC1	PC2	PC3	PC4	PC5	PC6
Standard Deviation	1.539	0.759	0.459	0.344	0.262	0.143
Proportion variance	0.705	0.171	0.063	0.035	0.020	0.006
Culmulative variance accounted for	0.705	0.876	0.938	0.974	0.994	1.000

① 6.3% ② 93.8%
③ 45.9% ④ 1%

54 다음 중 다변량분산분석(MANOVA)에 대한 설명으로 옳은 것은?

① 1개의 독립변수와 1개의 종속변수인 경우 사용한다.
② 다수의 독립변수와 다수의 종속변수인 경우 사용한다.
③ 다수의 독립변수와 1개의 종속변수인 경우 사용한다.
④ 독립변수는 연속형, 독립형 상관없이 사용한다.

55 차원축소의 목적으로 옳지 않은 것은?

① 특징 추출
② 설명력 증가
③ 노이즈 제거
④ 데이터 정제

56 다음 중 분류 모델의 나이브 베이즈에 대한 설명으로 가장 옳은 것은?

① 모델이 복잡하고 계산속도가 느리다.
② 사전확률과 사후확률을 토대로 우도를 계산한다.
③ 독립변수들 간의 상관성을 가정한다.
④ 노이즈가 결측 데이터에 약하다.

57 다음 괄호에 들어갈 말로 옳은 것은?

> 시퀀스-투-시퀀스(Seq2Seq)에서 인코더를 통해 (   )가 만들어지고, 디코더를 통해 출력 시퀀스가 된다.

① Eigen vector
② Context vector
③ Zero vector
④ Basis vector

58 텍스트 마이닝에 대한 설명으로 옳지 않은 것은?

① 사용하지 않거나 분석에 필요 없는 불용어(Stopword)를 제거한다.
② 어간을 추출하는 어간추출(Stemming) 작업을 한다.
③ 문장의 코퍼스(Corpus)에서 토큰(Token) 단위로 나누는 토큰화(Tokenization)한다.
④ 문장마다 포스 태깅(Pos Tagging) 해석 의미를 찾아낸다.

59 다음 중 부스팅에 대한 설명으로 옳지 않은 것은?

① AdaBoost는 약한 모델(Weak Learner)의 오류 데이터에 가중치를 부여한다.
② GBM은 예측 성능이 높은 욕심쟁이 알고리즘(Greedy Algorithm)을 사용한다.
③ XGBoost는 GBM을 개선한 방식이지만 GBM보다 속도가 느리다.
④ LightGBM은 기존 트리 방식과 다르게 leaf 중심으로 분기한다.

60 앙상블 기법에 대한 설명으로 옳지 않은 것은?

① 서로 다른 모델을 결합함으로써 개별 모델의 과적합을 줄일 수 있다.
② 이상치나 잘못된 데이터에 대한 영향을 줄일 수 있다.
③ 단순 모델보다 항상 성능이 좋다.
④ 과적합 문제가 발생할 수 있다.

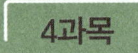

빅데이터 결과해석

61 다음 중 비모수검정에 대한 설명으로 가장 옳지 않은 것은?

① 비모수통계는 모수통계보다 검정력이 높다.
② 분류와 자료와 같은 서열척도 데이터에 적용할 수 있다.
③ 동건, 비율척도로 사용하여 서열척도로 분석할 수 있다.
④ 순위(Rank)나 부호(Sign)에 기초한 방법이기 때문에, 이상값 영향을 덜 받는다.

62 다음 중 혼동행렬에 대한 평가지표로 옳은 것은?

		실제 범주값(실제값)	
		Positive(1)	Negative(0)
(예측값)	Positive(1)	(가)	(다)
	Negative(0)	(나)	

① 가-정확한 판단, 나-2종 오류, 다-1종 오류
② 가-정확한 판단, 나-1종 오류, 다-2종 오류
③ 가-1종 오류, 나-2종 오류, 다-정확한 판단
④ 가-2종 오류, 나-1종 오류, 다-정확한 판단

63 아래의 혼동행렬을 계산한 값으로 옳지 않은 것은?

		실제값		
		참	거짓	합
예측값	참	48	2	50
	거짓	12	38	50
	합	60	40	100

① 정확도=0.86 ② 재현율=0.8
③ 정밀도=0.9 ④ 특이도=0.95

64 실제 Positive인 경우에 Positive로 예측한 것은?

① 정확도 ② 재현율
③ 정밀도 ④ 특이도

65 다음 수식 중에 옳지 않은 것은?

① $\text{MPE} = \frac{100}{n} \sum_{i=1}^{n} \left(\frac{y_i - \widehat{y_i}}{y_i} \right)$

② $\text{MSE} = \frac{1}{n} \sum_{i=1}^{n} (y_i - \widehat{y_i})$

③ $\text{MAE} = \frac{1}{n} \sum_{i=1}^{n} | y_i - \widehat{y_i} |$

④ $\text{MAPE} = \frac{100}{n} \sum_{i=1}^{n} \left| \frac{y_i - \widehat{y_i}}{y_i} RIGHTvert \right.$

66 다음 중 ROC 곡선에 대한 설명으로 옳지 않은 것은?

① FPR 값에 따른 TPR 값 그래프이다.
② FPR이 작아도 TPR이 클 수 있다.
③ 무작위의 경우 TPR과 FPR은 같은 값으로 수렴한다.
④ AUC가 작을수록 모델 성능이 좋다.

67 교차검증에 대한 설명으로 가장 옳은 것은?
① 학습 데이터에서 얻은 오류추정치가 검증 데이터보다 많이 작다면 과적합되어 있을 수 있다.
② 시계열 데이터만 사용하기 용이하다.
③ 교차검증으로는 과적합을 해결하지 못한다.
④ 일반적인 모델링 소요 시간이 매우 감소된다.

68 다음 중 K-fold 교차검증에 대한 설명으로 옳지 않은 것은?
① K-1개 데이터셋은 학습용, 1개 데이터셋은 검증용으로 사용한다.
② 데이터셋은 행으로만 나눈다.
③ 데이터셋은 K번 반복한다.
④ 데이터셋은 각각 한 번씩만 검증용으로 사용한다.

69 지도학습 모델의 적합도 검정에 대한 설명으로 옳지 않은 것은?
① 자기상관성
② 카이제곱검정
③ 샤피로-윌크검정
④ 콜모고로프-스미르노프검정

70 다음은 회귀분석 후 모델 적합도 검정을 위한 분산분석표이다. 빈칸에 대한 설명으로 옳지 않은 것은?

구분	제곱합	자유도	평균제곱	F값
회귀(R)	350	2	(ㄴ)	(ㄷ)
오차(E)	(ㄱ)	5	31.5	
총(T)	(ㄹ)	7		

① (ㄱ)=157.5
② (ㄴ)=175
③ (ㄷ)=7.5
④ (ㄹ)=507.5

71 다음 중 결측값 처리 방법으로 옳지 않은 것은?
① 규제화를 사용한다.
② 매개변수를 늘린다.
③ 조기 종료한다.
④ 드롭아웃을 사용한다.

72 파라미터와 하이퍼파라미터에 대한 설명으로 옳지 않은 것은?
① 파라미터는 학습을 통해 최적화 가능하다.
② 파라미터는 경사하강법으로 추정할 수 있다.
③ 하이퍼파라미터는 컴퓨터가 자동으로 설정한다.
④ 은닉층 수와 학습률은 하이퍼파라미터의 사례이다.

73 경사하강법의 설명으로 옳은 것은?
① 확률적 경사하강법은 전미분을 사용한다.
② 모멘텀은 관성을 이용하여 지역최소점이 아닌 글로벌 최소점으로 구한다.
③ 아다그라드(Adaptive gradient)는 이전 기울기 값과 관계없다.
④ 아담(ADAM)은 학습률을 고려하지 않는다.

74 다음 중 앙상블 기법에 대한 설명 중 적절하지 않은 것은?
① 보팅 : 예측한 결과값을 다수의 분류기 투표로 결정한다.
② 랜덤포레스트 : 배깅과 부스팅보다 더 많은 무작위성을 주어 여러 개의 약한 학습기를 생성하고 결합한다.
③ 배깅 : 부트스트랩 데이터를 다양성을 확보하여 다양한 결과를 분류 및 예측한다.
④ 스태킹 : 동일한 표본으로 다양한 유형의 모델을 학습한다.

75 다음 중 데이터시각화 절차로 알맞은 것은?
① 데이터 획득 → 구조화 → 모델 훈련 → 모델 성능 평가 → 시각화 모델 선택 → 시각화 표현 및 재정의
② 데이터 획득 → 모델 훈련 → 모델 성능 평가 → 구조화 → 시각화 모델 선택 → 시각화 표현 및 재정의
③ 데이터 획득 → 시각화 표현 및 재정의 → 시각화 모델 선택 → 구조화 → 모델 훈련 → 모델 성능 평가
④ 데이터 획득 → 구조화 → 시각화 모델 선택 → 시각화 표현 및 재정의 → 모델 훈련 → 모델 성능 평가

76 국회의원 선거에서 지역 면적이 아니라 지역구에 당선된 국회의원 수에 따라 시각화하고자 할 때 적합한 시각화 도구로 옳은 것은?
① 단계구분도
② 등치선도
③ 격자카토그램
④ 픽토그램

77 다음 중 지역별 매출과 수익에 대해 나타내는 시각화 기법으로 가장 알맞은 것은?

① 매출-카토그램, 수익-버블 차트
② 매출-픽토그램, 수익-버블 차트
③ 매출-카토그램, 수익-산점도
④ 매출-픽토그램, 수익-산점도

78 산점도에서 설명하는 연도별 출생 인구수에 대한 설명으로 옳은 것은 무엇인가?

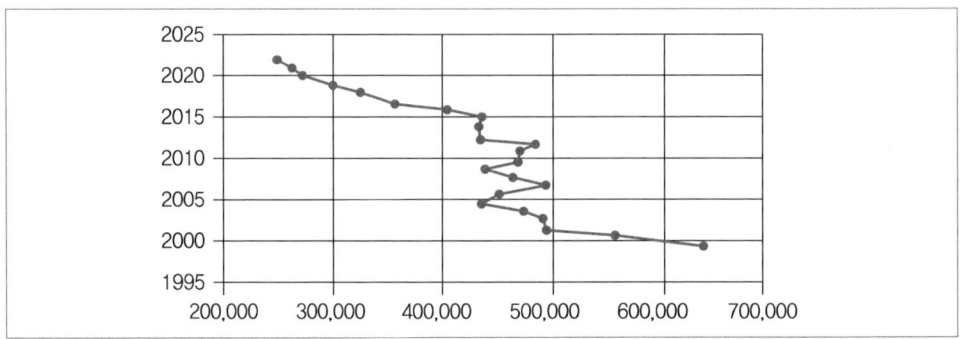

① 2014년이 2015년보다 출생인구가 높다.
② 2000년 출생 인구수가 60만 명 이상이다.
③ 2005년 출생 인구수가 2011년 출생 인구수보다 높다.
④ 연도별로 항상 감소하고 있다.

79 다음 사례와 인포그래픽 유형이 바르게 연결된 것을 고르시오.

(가) 지역별 코로나 발생률
(나) 월별 코로나 발생률

① (가) 지도형, (나) 타임라인형
② (가) 지도형, (나) 도표형
③ (가) 스토리텔링형, (나) 타임라인형
④ (가) 스토리텔링형, (나) 도표형

80 분석 활용 계획에 대한 설명으로 옳지 않은 것은?

① 이해관계자와 협의하여 계획을 수립한다.
② 결과물이나 모델의 성능을 지속적으로 평가하고 개선하기 위한 방안을 포함해야 한다.
③ 목적에 따라 적용방안을 변경한다.
④ 데이터 적용은 모델링과 분석이 모두 끝난 후 적용계획을 세우기 시작한다.

CHAPTER 02 제7회 기출복원문제

1과목 빅데이터 분석 기획

01 빅데이터의 특징 3가지로 옳은 것은?
① 규모, 속도, 가치
② 속도, 다양성, 가치
③ 규모, 다양성, 가치
④ 규모, 속도, 다양성

02 다음 중 데이터가 처리되는 과정에서 변경되거나 손상되지 않고, 유지하며 보장하는 특성으로 알맞은 것은?
① 데이터 완전성
② 데이터 무결성
③ 데이터 정확성
④ 데이터 일관성

03 기업분석 수준진단의 한계에 속하지 않는 것은?
① 조직규모
② 분석기법
③ 분석 데이터
④ IT인프라

04 데이터 사이언티스트(데이터 과학자)가 가져야 할 소프트 스킬(Soft Skills)로 옳은 것은?
① 통찰력 있는 분석
② 전문지식
③ 통계기법
④ 알고리즘

05 데이터 사이언스의 업무와 관계가 없는 것은?
① 적합한 모델을 선정한다.
② 가정의 한계를 고려한다.
③ 해석된 한계에서 벗어난다.
④ 분석 모델에 대한 한계점은 배제하고 진행한다.

06 데이터 분석가의 특징 중 옳지 않은 것은?
① 데이터 분석의 객관성을 위해 배경지식을 배제해야 한다.
② 데이터를 다루는데 필요한 다양한 도구와 기술을 숙달해야 한다.
③ 데이터를 수집하고 분석하여 통찰력을 얻어야 한다.
④ 데이터 분석결과를 다른 부서나 팀원에게 효과적으로 전달하고 설명할 수 있어야 한다.

07 하둡 분산 파일 시스템(HDFS; Hadoop Distributed File System)의 설명으로 옳은 것은?
① 여러 데이터를 한 곳에 저장할 수 있다.
② 블록당 10MB 이하의 제한이 있다.
③ 범용 하드웨어보다는 고성능 컴퓨터를 주로 사용한다.
④ 네임노드가 망가지면 정상적인 작동을 못 한다.

08 다음 중 빅데이터 플랫폼 계층구조의 설명으로 옳지 않은 것은?
① 소프트웨어 계층, 플랫폼 계층, 인프라스트럭처 계층이 있다.
② 소프트웨어 계층은 앱과 관련이 있다.
③ 플랫폼 계층은 데이터 계층 관리를 한다.
④ 인프라스트럭처 계층은 데이터 수집, 저장, 정제를 한다.

09 데이터 관련 법에 해당하지 않는 것은?
① 개인정보보호법
② 정보통신망이용촉진 및 정보보호 등에 관한 법률
③ 공공데이터 제공 및 이용 활성화에 관한 법률
④ 신용정보이용 및 보호에 관한 법률

10 다음 중 데이터 일부 또는 전체를 식별할 수 있도록 노이즈나 공백 등으로 대체하는 것은?
① 가명처리
② 총계처리
③ 데이터범주화
④ 데이터 마스킹

11 다음 중 분석 기획에서 우선순위 고려 요소가 아닌 것은?
① 중요도
② ROI
③ 분석 가능성
④ 분석 데이터 적용 수준

12 CRISP-DM 절차에 대해 옳은 것은?
① 데이터 이해-업무 이해-전개-평가
② 데이터 이해-업무 이해-평가-전개
③ 업무 이해-데이터 이해-평가-전개
④ 업무 이해-데이터 이해-전개-평가

13 빅데이터 분석기획 단계에서 하는 일이 아닌 것은?
① 데이터 준비
② 위험요인 계획
③ 실행 및 계획
④ 비즈니스 이해

14 다음 중 비정형 데이터가 아닌 것은?
① 동영상 파일
② 오디오 파일
③ 문서
④ 판매가격 데이터

15 반정형 데이터는 데이터의 형과 별도 구조화되어 있지는 않으나 스키마 및 메타데이터 특성을 가지고 있다. 다음 중 반정형 데이터에 해당되지 않는 것은?
① HTML
② RDB
③ XML
④ RDF

16 개인정보 비식별화 기술로 수치적 개인정보를 임의의 수 기준으로 올림 또는 내림하는 기법은?
① 암호화
② 랜덤 라운딩
③ 임의 잡음 수가
④ 식별자 삭제

17 다음 중 정형 데이터 품질검증 방법으로 옳지 않은 것은?

① 진단 대상 정의 : 품질 이슈에 대한 수요 및 현황을 조사해 품질 진단 대상 데이터베이스를 선정하고, 진단 방향성을 정의한다.
② 품질 진단 실시 : 대상에 대한 상세 수준의 품질 진단 계획 수립 후 품질 진단 영역별 진단을 실시한다.
③ 진단 결과 분석 : 오류 원인 분석, 업무 영향도 분석을 통해 개선 과제를 정의한다.
④ 업무규칙 : 진단 비즈니스 특성만 알 수 있고, 데이터 오류는 검증하지 못 한다.

18 다음 데이터 품질 특성 중 데이터가 누적되면 어떤 성질을 만족하지 못하게 되는가?

① 일관성 ② 정확성
③ 적시성 ④ 완전성

19 다음 중 오토샤딩(Auto-Sharding)을 사용하며, 처리속도가 빠른 Nosql DB의 종류는?

① Casandra ② Redis
③ MongoDB ④ CouchDB

20 분석 마스터 플랜 수립에서의 범위 및 방식의 고려 요소로 옳지 않은 것은?

① 분석 데이터 적용 수준 ② 실행용이성
③ 기술 적용 수준 ④ 업무 내재화 적용 수준

2과목 빅데이터 탐색

21 데이터 전처리 방법으로 잘못된 것은?

① 레거시 시스템으로만 전처리를 진행해야 한다.
② 비정형 데이터는 정제를 진행해야 한다.
③ 전처리 시 삭제 및 수정 진행이 가능하다.
④ 데이터를 통합하여 정제를 진행할 수 있다.

22 다음 중 데이터 정제 방법으로 옳은 것은?

① 데이터 손실을 최소화하기 위해 누락된 데이터를 임의로 채운다.
② 구분자가 포함되어 있을 수 있으니 처리해야 한다.
③ 이상치 데이터를 모두 제거한다.
④ 단일 데이터 포인트를 기반으로 모든 데이터를 수정한다.

23 다음 표를 보고 알맞은 것을 고르면?

```
> summary(subset_Wage)
  year              age              health_ins        wage
Min.    : 2003    Min.    : 18.00   Yes   : 2083    Min.    : 20.09
1st Qu. : 2004    1st Qu. : 33.75   2. No : 917     1st Qu. : 85.38
Median  : 2006    Median  : 42.00   NA's  : 10      Median  : 104.92
Mean    : 2006    Mean    : 42.41                   Mean    : 111.70
3rd Qu. : 2008    3rd Qu. : 51.00                   3rd Qu. : 128.68
Max.    : 2009    Max.    : 80.00                   Max.    : 318.34
```

① 전부 Numerical한 변수이다.
② 결측값은 age 변수와 health_ins 변수가 가지고 있다.
③ wage 변수는 우측으로 기울어져 있다.
④ age 변수의 max 값은 이상값이다.

24 다음 중 혈액형에 대해 결측치가 발생했을 때 대체할 값으로 적합한 것은?

① 최빈값   ② 기하평균
③ 중앙값   ④ 산술평균

25 일변량일 때 이상치 검출방법으로 옳지 않은 것은?

① 사분위수를 이용한다.
② 산포도를 그려본다.
③ 상자그림에서 상자를 벗어나는 값을 이상치로 판단한다.
④ 3표준편차보다 큰 경우 이상치로 본다.

26 아래 표를 보고 옳지 않은 것을 고르면?

번호	1	2	3	4	5	6	7	8	9	10
값	2	3	4	5	6	7	8	9	10	50

① 왜도를 사용하여 데이터의 쏠림 정도를 파악한다.
② 분포의 기울어진 정도를 설명할 통계량을 분석한다.
③ 좌측 방향으로 기울어져 있다.
④ 이상치가 없음을 확인할 수 있다.

27 다음 중 계량적 수치에 해당하지 않는 것은?
① 직장인의 평균 업무시간　　② 기업의 매출액
③ 같은 반 학생의 몸무게　　④ 개인의 견해/의견

28 변수 선택에 대한 설명으로 옳지 않은 것은?
① 분산 변수 선택-분산이 기준치보다 높은 데이터를 제거한다.
② 단일 변수 선택-분류 성능 혹은 상관관계가 높은 특성만을 선택한다.
③ 모델기반 변수 선택-랜덤포레스트 등 특정 주요변수의 중요도가 높은 특성을 선택한다.
④ 반복적 변수 선택-반복해서 수행하며 가장 좋은 변수를 선택하는 방법이다.

29 특이값 분해(SVD ; Singular Value Decomposition)에 대한 설명 중 옳지 않은 것은?
① 행렬을 여러 특이값과 특이벡터로 분해하는 방법이다.
② 행렬의 스펙트럼 이론을 임의의 직사각행렬에 대해 일반화한 것이다.
③ 주어진 M×N 크기의 행렬 $A = U \times \Sigma \times V^t$이다.
④ M×M 정방행렬이다.

30 다음 파생변수를 생성하는 방법으로 옳지 않은 것은?
① 컬럼 이름 변경　　② 컬럼별 데이터 나누기
③ 컬럼별 데이터 더하기　　④ 컬럼 데이터 1대1 배치

31 표준분포인 X1~X3의 공분산 행렬을 보고 옳지 않은 것을 고르면?

	X1	X2	X3
X1	24.586473	14.458009	4.015487
X2	14.458009	33.797439	-2.001997
X3	4.015487	-2.001997	25.309955

① X1, X3 상관계수는 1이다.
② X1의 분산은 24.58이다.
③ X1, X2는 양의 상관관계이다.
④ X2, X3의 상관은 -2.001997이다.

32 다음의 설명에 대한 해석으로 가장 옳은 상관계수는?

- 두 변수 간의 선형관계가 있지만 비교적 약한 양의 관계를 나타냄
- 한 변수가 증가하면 다른 변수도 증가함

① 상관계수 1 ② 상관계수 0
③ 상관계수 0.25 ④ 상관계수 -1

33 다음 중 중심경향값으로 옳지 않은 것은?
① 평균 ② 중앙값
③ 최빈값 ④ 표준편차

34 분포가 왜곡으로 쏠려 있는지 알 수 있는 통계량은?
① 상관계수 ② 첨도
③ 분산 ④ 왜도

35 다음 중 최빈값에 대한 설명으로 적절하지 않은 것은?
① 주어진 데이터 집합에서 가장 자주 나타나는 값, 즉 최고 빈도로 나타나는 값을 나타낸다.
② 데이터의 중심경향성을 파악하는데 사용한다.
③ 연속형 자료의 대표값으로 가장 적절하다.
④ 이상치(Outlier)가 데이터 집합에 포함되어 있는 경우, 최빈값은 그 영향을 받을 수 있다.

36 이산형회귀분석의 확률분포로 알맞은 것은?

① F분포 ② z분포
③ 이항분포 ④ 지수분포

37 표준편차가 10, 평균이 60인 모집단(모집단은 정규분포)이 있을 때, 70의 Z-score를 구하면?

① 0 ② 1
③ 1.25 ④ -1

38 도시 내 여성 비중은 40%, 180cm 이상의 남성은 15%, 여성은 2.5%일 때, 180cm인 사람이 여성일 확률은?

① 0.08 ② 0.1
③ 0.15 ④ 1

39 다음 중 중심극한정리에 대한 설명으로 옳지 않은 것은?

① 크기가 크면 표본정규분포를 따른다.
② 표본의 수가 30보다 클 경우 적용된다.
③ 연속형 변수에만 사용 가능하다.
④ 반드시 모분포가 정규분포를 따를 필요는 없다.

40 다음 중 가설 검정에 대한 설명으로 옳지 않은 것은?

① 유의성 검정이라고도 한다.
② 귀무가설 1개, 대립가설 1개만 설정한다.
③ 양측검정은 기각역이 양측에 나뉘어져 있다.
④ 귀무가설은 증명하고 싶은 가설이다.

3과목 빅데이터 모델링

41 분류 모델에 대한 설명으로 알맞은 것은?
① 고등학생 내신 점수로 수능점수 예측
② 빵집에서 날씨, 요일, 공휴일, 계절별로 분석해 판매량을 예측
③ 배우, 감독, 배급사, 투자비 정보로 이익 예측
④ 카드사에서 가입 정보로 신용등급 예측

42 다음 중 회귀와 분류 모델 평가지표에 대한 설명으로 옳지 않은 것은?
① 대표적인 분류 모델 평가지표로는 정확도, 정밀도, F1 점수가 있다.
② 평균제곱오차(MSE ; Mean Squared Error)는 회귀 모델의 평가지표이다.
③ 회귀와 분류 모델은 종속변수가 다르지만 동일한 평가지표를 사용한다.
④ 데이터와 문제의 특성에 따라 적절한 평가지표를 선택해야 한다.

43 제시된 수식이 설명하는 것은?

$$J(\theta) = MSE(\theta) + \alpha \sum_{i}^{n} |\theta_i|$$

① 릿지(Ridge) ② 라쏘(Lasso)
③ 엘라스틱 넷(Elastic Net) ④ 로지스틱 회귀(Logistic Regression)

44 회귀분석 잔차의 가정에 대한 설명으로 옳지 않은 것은?
① 잔차들의 평균은 0이다.
② 잔차들의 분산은 모두 같다고 가정한다.
③ 잔차의 자유도는 표본의 크기에서 항상 −1한 값이다.
④ 잔차제곱합이 작을수록 좋은 모델이다.

45 의사결정나무의 정지규칙으로 옳지 않은 것은?

① 깊이(Depth)가 최대면 멈춘다.
② 마지막 가지 끝에 남은 개수가 일정 개수 이하이면 멈춘다.
③ 가지에 남은 개수가 같으면 멈춘다.
④ 더 이상 나눌 수 없으면 멈춘다.

46 인공신경망이 보기의 설명과 같을 때 출력값은?

- 마지막 은닉층의 첫 번째 노드 : 0.1
- 마지막 은닉층의 두 번째 노드 : −0.1
- 첫 번째 노드의 가중치 : 0.2
- 두 번째 노드의 가중치 : 0.1
- 출력층의 bias : −0.1
- 출력함수: f(x)=x (x>=0) otherwise f(x)=0

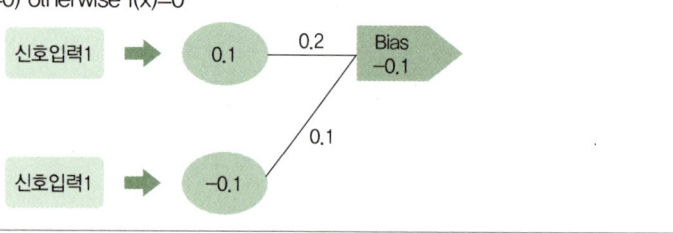

① 1
② −1
③ 0.09
④ 0

47 다음 중 보기의 (ㄱ), (ㄴ)에 들어갈 단어로 적절한 것은?

역전파 알고리즘은 출력부터 반대방향으로 순차적으로 (ㄱ)하면서 (ㄴ)을 증가시키는 방법이다.

① 편미분, 학습률
② 정적분, 가중치
③ 내적, 가중치
④ 편미분, 내적

48 다음과 같이 연관분석을 계산했을 때 (사과 → 우유)의 향상도값은?

- 데이터 1 : (사과, 달걀, 우유)
- 데이터 2 : (사과, 달걀, 우유)
- 데이터 3 : (사과, 달걀)
- 데이터 4 : (우유, 음료수, 커피)
- 데이터 5 : (우유, 음료수, 커피, 사과)

① 0.7542
② 1.125
③ 0.9375
④ 1.752

49 다음 중 사전에 군집 수를 지정하지 않아도 되는 것은?

① 가우시안 혼합행렬　　② 스펙트럼 군집분석
③ 계층적 군집분석　　④ k-평균 군집분석

50 종속변수가 없을 때 사용하는 모델 유형으로 적합한 것은?

① 나이브베이즈 분류기　　② 의사결정나무
③ k-최근접 이웃　　④ k-평균군집

51 정준상관분석에 대한 설명으로 옳은 것은?

① 집단 1개일 때 여러 변수와 상관관계를 가진다.
② 집단 2개일 때 상관관계를 가진다.
③ 다변량 독립변수와 다변량 종속변수의 상관관계를 가진다.
④ 암묵적인 상관을 찾고 싶을 때 탐색적으로 사용한다.

52 다음 방식 중 언어 모델이 아닌 것은?

① GPT(Generative Pre-trained Transformer)
② BERT(Bidirectional Encoder Representations from Transformers)
③ YOLO(You Only Look Once)
④ BART(Bidirectional and Auto-Regressive Transformers)

53 자연어 처리를 위한 트랜스포머(Transformer) 기법이 아닌 것은?

① Forget gate　　② Self-attention
③ Multi-head attention　　④ Positional Encoding

54 다음 빈칸에 알맞은 단어를 올바르게 연결한 것은?

(　　)는 입력시퀀스를 디코딩하며 바꾸고, (　　)는 단일벡터를 출력시퀀스로 바꾼다.

① 인코더, 디코더　　② 디코더, 인코더
③ 제너레이터, 디제너레이터　　④ 디제너레이터, 제너레이터

55 다음은 인코딩 기법에 대한 예시이다. 해당 인코딩 기법에 대해 알맞은 것은?

```
"Red"=[1, 0, 0]
"Green"=[0, 1, 0]
"Blue"=[0, 0, 1]
"Red"+"Blue"=[1, 0, 1]
"Red"+"Green"+"Blue"=[1, 1, 1]
```

① 타겟 인코딩(Target Encoding)   ② 원핫 인코딩(One-Hot Encoding)
③ 레이블 인코딩(Label Encoding)   ④ 빈도 인코딩(Frequency Encoding)

56 소셜 미디어 데이터 분석방법으로 옳지 않은 것은?
① 텍스트 마이닝   ② 네트워크 분석
③ 워드클라우드 분석   ④ 맵리듀스

57 병렬화에 알맞은 모델의 배합으로 옳은 것은?
① 배깅-에이다부스트   ② 배깅-랜덤포레스트
③ 부스트-랜덤포레스트   ④ 부스트-그래디언트부스트

58 다음 중 잘못 분류된 데이터에 가중치를 부여하는 방법은?
① 배깅   ② 부스팅
③ 보팅   ④ 가지치기

59 2개의 집단에서 사용되는 비모수검정방법은?
① z검정   ② 카이제곱검정
③ 윌콕슨 부호 검정   ④ T검정

60 차원의 데이터를 이해하기 쉬운 저차원의 뉴런으로 형상화하는 학습 기법은?
① 다차원척도법   ② 로지스틱 회귀분석
③ 자기조직화지도(SOM)   ④ 인공신경망

4과목 빅데이터 결과해석

61 혼동행렬을 계산한 값으로 옳지 않은 것은?

		예측값	
		0	1
실제값	0	TN=3	FP=2
	1	FN=2	TP=3

① 정분류율=3/4
② 민감도=5/7
③ 특이도=3/5
④ 재현율=5/7

62 전기 사용량 계산에 사용할 지표로 적절하지 않은 것은?
① MSE
② RMSE
③ MAPE
④ F1-Score

63 다음 중 F1-Score를 올바르게 표현한 것은?
① 2×(Precision+Recall)/(Precision×Recall)
② 2×(Precision+Recall)×(Precision×Recall)
③ 2×(Precision×Recall)/(Precision+Recall)
④ 2×(Precision×Recall)×(Precision+Recall)

64 K-평균군집분석에서 최적 K 평균을 구하는 방법으로 적절한 것은?
① 엘보우 메소드(Elbow Method)
② ROC Curve(Receiver Operating Characteristic Curve)
③ 오분류표(Confusion Matrix)
④ 특이도(Specificity)

65 ROC 곡선에 대한 설명으로 옳지 않은 것은?
① 머신러닝 모델을 평가한다.
② 특이도와 민감도를 이용한다.
③ X축은 특이도, Y축은 민감도이다.
④ 어떤 면적이 클수록 좋은 모델이다.

66 교차검증에 대한 설명으로 옳지 않은 것은?
① k 폴드는 k개를 학습 데이터로 사용한다.
② k 폴드는 k개로 나눈다.
③ 홀드아웃보다 계산이 빠르지 않다.
④ 2번 나눈 폴드보다 K를 10으로 하면 더 신뢰할 수 있다.

67 학습 데이터(Training Data)와 평가 데이터(Test Data)에 대한 설명으로 적절하지 않은 것은?
① 평가 데이터를 학습에 사용해 모델의 성능을 높인다.
② 학습 데이터와 평가 데이터는 전체 데이터의 개수에 따라 나눈다.
③ 학습이 잘되었을 때 평가 데이터와 학습 데이터의 성능 차이가 작으면 모델이 적합하다고 할 수 있다.
④ 모델을 구축할 때 학습 데이터가 사용된다.

68 다음 중 K-fold에서 k=10일 때 옳지 않은 것은?
① 학습 데이터로 1개를 사용한다.
② 평가 데이터로 1개를 사용한다.
③ 평가 데이터는 전체 데이터의 10%를 차지한다.
④ 평가 데이터를 통해 과적합을 방지할 수 있다.

69 적합도 검정(Fitness Validation)에 대한 설명으로 잘못된 것은?
① 데이터 집합이 특정 확률분포(이항분포, 다항분포)를 따르는지 확인하는 데 사용한다.
② 카이제곱검정(Chi-Square Test)이 대표적이다.
③ 범주형 데이터의 분포가 기대되는 분포와 일치하는지 검증하는 통계적인 방법 중 하나이다.
④ 귀무가설이 기각되면 기대도수 합과 전체도수의 합은 동일하지 않다.

70 다음 Q-Q Plot과 히스토그램에 대한 설명으로 옳은 것은?

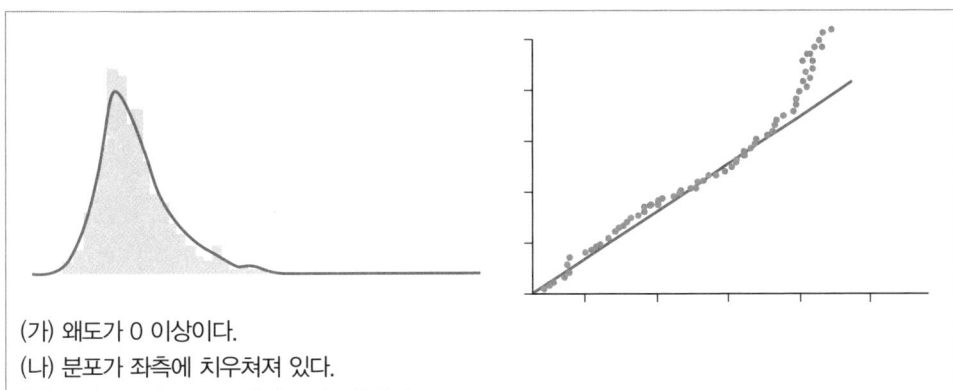

(가) 왜도가 0 이상이다.
(나) 분포가 좌측에 치우쳐져 있다.
(다) 중솟부수에 로그를 취하면 정규화된다.

① 가, 나 ② 가, 나, 다
③ 나, 다 ④ 가, 다

71 선형회귀가 과적합일 때 대처방법은?

① 데이터의 양을 줄인다.
② 모델의 복잡성을 높인다.
③ 편향-분산 트레이드 오프(Bias-Variance Trade-off) 관계를 확인한다.
④ SSE를 구해서 확인한다.

72 과적합에 대한 설명으로 틀린 것은?

① 데이터 수를 늘리면 과적합이 된다.
② 과적합은 학습 데이터와 검증 데이터 간 성능 차이가 크지만, 과소적합은 차이가 작다.
③ 학습 데이터에 너무 적합하게 학습되어 학습 데이터에 대한 성능은 매우 우수하지만, 검증 데이터나 테스트 데이터에 대한 성능이 크게 저하되는 경우를 말한다.
④ 과적합이나 과소적합 모두 모델의 일반화 능력을 저하시키므로 균형을 찾는 것이 중요하다.

73 과적합에 대한 설명으로 올바른 것은?

① 학습 데이터 정확도 70%, 평가 데이터 정확도 70%
② 학습 데이터 정확도 70%, 평가 데이터 정확도 90%
③ 학습 데이터 정확도 90%, 평가 데이터 정확도 70%
④ 학습 데이터 정확도 90%, 평가 데이터 정확도 90%

74 초매개변수(하이퍼파라미터) 최적화에 대한 설명으로 옳지 않은 것은?
① 초매개변수는 변경이 가능하다.
② 모델의 성능은 이미 정해진 손실함수에 의해 결정된다.
③ 초매개변수 선택은 모델 선택 전 데이터 차원 수준에서 결정 가능하다.
④ 초매개변수 사용 시 경험이 많은 전문가가 유리하다.

75 다음 중 앙상블 기법이 적용된 것으로 올바른 것을 고르면?

> 가. k=1, 5, 7인 KNN(k 근접이웃) 기법을 결합시킨다.
> 나. 로지스틱 회귀분석, 의사결정나무, 나이브 베이즈 모델을 결합시킨다.
> 다. 선형회귀 모델을 결합시킨다.

① 가, 나 ② 나, 다
③ 가, 다 ④ 가, 나, 다

76 시공간 데이터에 대한 설명으로 옳지 않은 것은?
① 가상 데이터는 특정 위치에서 시간에 따른 기후 조건을 기록한 것이며, 이러한 데이터는 공간상의 여러 위치에서 수집된다.
② 시간적 변동성을 분석하여 주세, 계절성, 추기성 등을 파악하며, 공간적 변동성을 통해 서로 다른 위치에서의 데이터 패턴을 비교하고 해석한다.
③ 시공간 데이터는 다차원 데이터로 간주되며, 각 시간 스텝에서 여러 공간 위치에서 관측된 값들로 이루어져 있다.
④ 공간 데이터는 시간 데이터를 계산하여 추출할 수 있다.

77 명목형 데이터 요약 시 사용하는 그래프가 아닌 것은?
① 막대그래프 ② 원형그래프
③ 파레토그래프 ④ 히스토그램

78 시간시각화에 대한 설명으로 잘못된 것은?
① 주로 시계열 데이터(시간에 따라 측정된 데이터)를 다루는 데 사용된다.
② 시간시각화 기법으로는 선그래프, 막대그래프 등이 있다.
③ 점 그래프에서 점의 분포와 배치로는 데이터 흐름 파악이 힘들다.
④ 시간시각화의 예로는 주식가격 차트, 기상예보, 교통 데이터 분석 등이 있다.

79 비교시각화에 대한 내용으로 적절한 것은?

① 시간에 따른 변화에 대한 시각화를 의미한다.

② 비교시각화의 예로는 교통사고 사망자 수와 부상자 수에 대한 자료 등이 있다.

③ 비교시각화 기법으로는 버블 차트와 산점도가 있다.

④ 다양한 변수에 대한 특징을 한 번에 체크할 수 있다.

80 아래와 같이 자동차별 수치를 활용하기에 적절한 시각화 기법은 무엇인가?

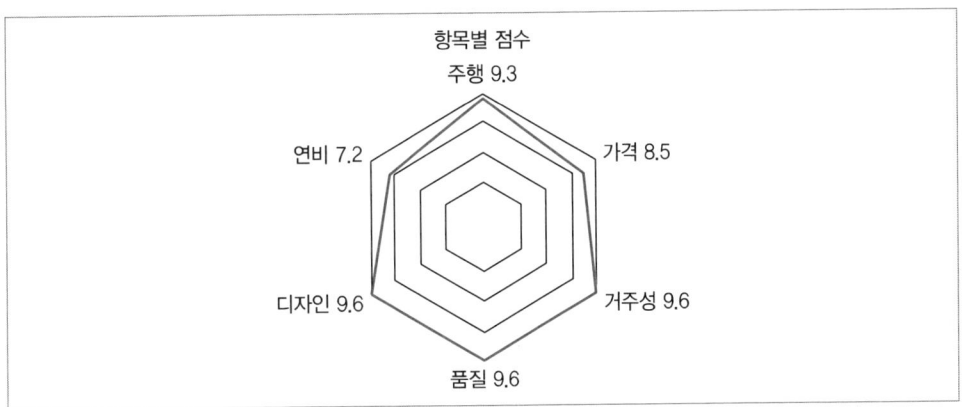

① 레이더 차트   ② 산점도 행렬
③ 버블 차트   ④ 히스토그램

CHAPTER 03 제6회 기출복원문제

1과목 빅데이터 분석 기획

01 정형, 반정형, 비정형으로 구분되는 빅데이터의 특성은?
① 규모
② 속도
③ 가치
④ 다양성

02 빅데이터의 위기 요인이 아닌 것은?
① 사생활 침해
② 데이터 오류
③ 책임원칙 훼손
④ 인간과 인간의 관계 가능성

03 데이터 분석 조직에 관한 설명으로 옳지 않은 것은?
① 기능형은 전사의 핵심업무를 분석하지 못한다.
② 집중구조는 별도의 분석조직이 존재하므로 협업조직과의 업무 중복 가능성이 없다.
③ 분산구조는 전담조직 인력을 현업부서에 배치하므로 신속한 협업에 적합하다.
④ 기능형은 별도로 분석조직이 없다.

04 다음 중 기업의 분석 수준 진단에 대한 서술로 올바른 것은?
① 준비형 : 데이터 분석을 위한 낮은 준비도와 낮은 성숙도
② 정착형 : 조직 및 인력, 분석자원, 분석기획이 낮은데 효율
③ 도입형 : 낮은 기반은 충분하나, 조직역량이 부실
④ 확산형 : 6가지 분석 구성요소 모두 갖춰 지속적 확산 가능

05 다음 중 데이터 거버넌스의 구성요소에 해당하지 않는 것은?
① 원칙
② 조직
③ 프로세스
④ IT 인프라

06 분석준비도(Readiness)의 진단영역으로 옳지 않은 것은?
① 분석인력
② 분석업무
③ 분석기법
④ 분석결과 활용

07 데이터 사이언스에 대한 설명으로 옳은 것은?
① 데이터 소량화로 인해 급격한 확산속도가 둔화된다.
② 특정한 상관관계가 중요시되던 과거와 달리, 인과관계를 통한 인사이트 도출이 점점 확산되고 있다.
③ 의학, 공학 등 다양한 분야 연구분야에서 적용된다.
④ 가능한 많은 데이터를 모아서 프로그래밍만 하면 의미가 도출된다.

08 다음 중 데이터 웨어하우스와 데이터 마트에서 주로 쓰이는 데이터 수집 기술은?
① FTP
② HTTP
③ Open API
④ DB to DB

09 맵리듀스 필터 중에 대한 데이터와 연결하여 분석하는 패턴은 무엇인가?
① 요약패턴
② 조인패턴
③ 디자인패턴
④ 필터패턴

10 분산 파일 시스템에 대한 특징으로 적절한 것은?
① 대용량 분산 처리가 가능하다.
② 다수의 마이크로프로세서로 구성되어 있다.
③ 다중의 프로세서를 통해 작업한다.
④ 분산 데이터베이스를 통해 수집된다.

11 다음 중 머신러닝과 딥러닝에 대한 설명으로 옳지 않은 것은?
① 머신러닝 학습방법으로는 지도, 비지도, 강화학습이 대표적이다.
② 머신러닝은 주어진 데이터 패턴을 학습하고 유추하는 것이다.
③ 머신러닝을 개선하여 딥러닝으로 발전하였다.
④ 머신러닝은 딥러닝의 일부이다.

12 데이터 분석을 통한 개선사항을 도출하기 위해 적절한 단계는?
① 도메인 이슈 도출 ② 분석 목표 수립
③ 프로젝트 계획 수립 ④ 모델 개발

13 공공데이터의 같이 조직 외부의 데이터를 사용할 때의 장점으로 가장 적절한 것은?
① 데이터 소유권을 가질 수 있다. ② 데이터 선택의 폭이 넓다.
③ 내부 데이터보다 보안이 좋다. ④ 비용이 저렴하다.

14 데이터 전처리는 어느 단계에서 수행하게 되는가?
① 분석 기획 ② 데이터 준비
③ 데이터 분석 ④ 시스템 구현

15 분석마스터 플랜에 대한 설명으로 옳은 것은?
① 프레임워크보다 단기 과제성 계획을 수립하는 것이다.
② 모든 과정을 반복 수행한다.
③ 분산로드맵은 중장기적 관점의 수행 계획을 수립하는 과정을 의미한다.
④ 좁은 범위의 특정한 주제에 대해 테스트를 실행함으로써 빠르게 문제를 해결해가는 방법이다.

16 데이터의 추출과 저장을 위한 기술로 올바른 것은 무엇인가?
① DW ② Data Mart
③ ETL ④ ODS

17 탐색적 데이터 분석(EDA)에 대한 설명으로 옳지 않은 것은?
① 시각화 툴로 한다.
② 데이터 구조를 가정한다.
③ 주성분 분석(PCA)은 EDA의 한 기법으로 사용된다.
④ 분석 모델을 만들기 위한 과정이다.

18 다음 중 노이즈를 제거하는 방법으로 옳은 것은?

① 일반화(Generalization)　　② 정규화(Normalization)
③ 표준화(Standardization)　　④ 평활화(Smoothing)

19 데이터 전처리 기법에 대한 설명 중 옳지 않은 것은?

① 데이터 변환 : 정규화 등으로 분석이 편리하도록 한다.
② 데이터 축소 : 노이즈를 제거하기 위해 정규화한다.
③ 데이터 통합 : 정제된 다수의 데이터를 통합한다.
④ 데이터 정제 : 결측치, 노이즈, 이상값 등 데이터 오류 요인을 제거한다.

20 네트워크를 통해서 호스트에 있는 데이터에 접근할 수 있는 파일 시스템은?

① 네트워크 데이터베이스　　② 파일 전송 프로토콜
③ 공유 데이터베이스　　　　④ 분산 파일 시스템

2과목　빅데이터 탐색

21 다음 중 비정형 데이터에 관한 설명으로 옳은 것은?

① 데이터 레이크(Data Lake)보다 데이터 웨어하우스(Data Warehouse)를 사용한다.
② 주로 DB to DB를 사용하여 수집한다.
③ NoSQL을 사용한다.
④ 데이터 스키마를 지원한다.

22 결측값 처리방법에 대한 설명으로 적절하지 않은 것은?

① 다중대치법 : 통계적인 방법을 이용한다.
② 평균대치법 : 관측된 값의 평균값으로 대치한다.
③ 회귀대치법 : 회귀식의 예측값으로 결측값을 대치한다.
④ 완전삭제법 : 결측값 부분만 삭제하지 않고, 결측값이 있는 데이터 전체를 삭제한다.

23 이상값 처리에 대한 설명으로 옳은 것은?
   ① 평균값 대치도 결측값 대치와 같이 신뢰성이 저하되지 않는다.
   ② 삭제 시 데이터가 작아져 분산은 커지고, 편향이 발생할 확률은 낮아진다.
   ③ 결측값 처리에서 사용하는 단순대치법과 다중대치법은 사용할 수 없다.
   ④ 이상값은 랜덤에 비해 영향력이 작으므로 분석할 때에는 무시한다.

24 데이터 정제에 대한 설명으로 옳지 않은 것은?
   ① 이상치 제거   ② 노이즈 교정
   ③ 데이터를 사용하기 쉽게 변환   ④ 결측값 대체

25 데이터 이상값 발견 방법으로 옳지 않은 것은?
   ① 측정오류   ② 표본오류
   ③ 처리오류   ④ 보고오류

26 아래의 그래프는 어떤 그래프인가?

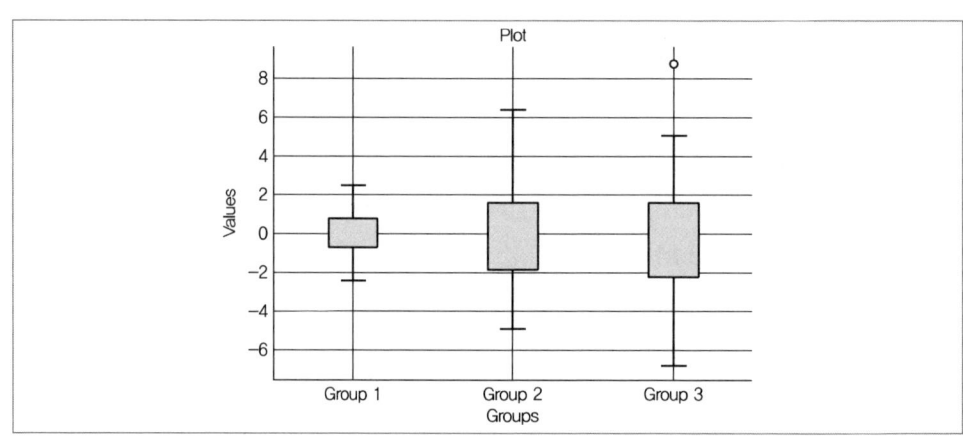

   ① 박스플롯   ② 산점도
   ③ 막대그래프   ④ 히스토그램

27 회귀진단 시 이상값 및 영향값 탐색 방법으로 옳은 것은?

① 릿지회귀　　　　　　　② AIC(Akaike Information Criterion)
③ 사분위수 범위　　　　　④ 라쏘회귀

28 파생변수에 대한 설명으로 옳지 않은 것은?

① 유의미한 특성이 객관적으로 반영되어야 한다.
② 기존 변수에 특정 조건이나 함수를 활용하기도 한다.
③ 다수 필드 내에 서로 종속적인 데이터를 피벗해서 시행하는 방법도 있다.
④ 결측치로 주변 값을 채울 수도 있다.

29 최소-최대 정규화 시 새 학습의 상한(60, 70, 80)의 합은?

① 0.5　　　　　　　　　② 1.0
③ 1.5　　　　　　　　　④ 2.0

30 다음 중 연속형 변수가 아닌 것은?

① 키　　　　　　　　　　② 성인의 혈액형
③ 책 두께　　　　　　　　④ 실내온도

31 클래스 불균형(Class Imbalance)에 대한 설명으로 옳지 않은 것은?

① 클래스의 개수와는 무관하다.
② 언더샘플링 혹은 오버샘플링으로 해결할 수 있다.
③ 무게 균형(Weight Balancing)으로는 해결 불가하다.
④ 이상값 대체는 결측값을 처리할 경우와 같은 신뢰도 문제를 발생시키지 않는다.

32 다음 중 인과관계분석(Causal Analysis)에 대한 설명으로 옳은 것은?

① 연구 간의 상관성을 확인한다.
② 해석을 포함하고 있지 않다.
③ 이상값과 과대이 용이하다.
④ 독립변수와 종속변수 간의 인과관계를 분석하는 것이다.

33 다음 중 독립변수 12개와 절편 1개를 포함하는 모델이 있다. 변수 1개당 범주 3개씩 가진다면 회귀모수의 개수는 몇 개인가?

① 24
② 25
③ 36
④ 37

34 아래의 시계열 분포도에 대한 설명으로 옳은 것은?

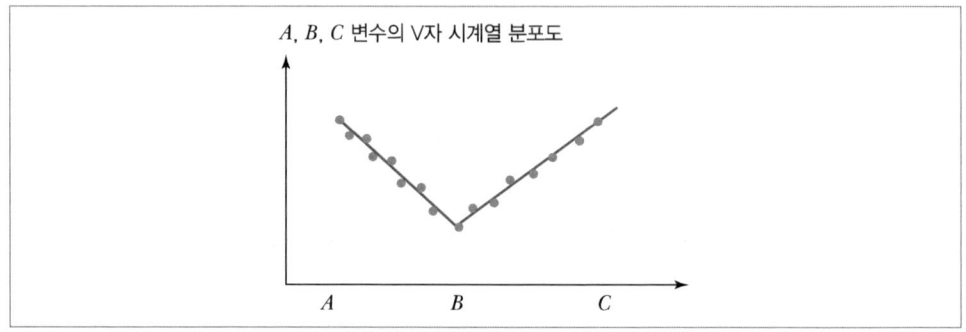

① A-B, B-C로 나누면 의미 도출이 가능하다.
② B-C구간에서 음의 관계이다.
③ A-B구간에서 기울기가 작고 B-C 구간에서 기울기가 작아진다.
④ A-B-C 구간은 산포도가 크다.

35 다음 중 기술 통계에서 사용하는 개념으로 옳지 않은 것은?

① 사분위수는 Q3-Q1이다.
② 범위는 Min, Max 값만 고려한다.
③ 일반적으로 표본의 수가 많을수록 표준오차는 작아진다.
④ 편차의 절대값이 크면 평균에서 멀리 떨어져 있는 값이고, 작으면 평균에서 가까운 값이다.

36 산포도에 대한 설명으로 옳지 않은 것은?

① 변동계수의 값이 작으면 상대적인 차이가 작고, 클수록 상대적인 차이가 크다는 것을 의미한다.
② 왜도는 분포의 기울어진 정도를 설명한 통계량이다.
③ 첨도는 그래프 양쪽의 뾰족한 정도를 뜻한다.
④ 사분위수 범위는 제3분위수에서 제1분위수 뺀 부분까지이다.

37 정규분포의 설명으로 적절하지 않은 것은?

① 왜도가 3, 첨도가 0이다.
② 전체 면적=μ(평균)에 대하여 대칭인 종 모양의 곡선이다.
③ 평균과 중앙값이 동일하여 정규적 분포는 1이다(왜류의 중앙은 100%이다).
④ 곡선의 모양은 표준편차가 작아질 때, 평균이 변하면 대칭축의 위치는 바뀌지만 곡선의 모양은 바뀌지 않는다.

38 다음 수식을 확인하고, 단위 시간 안에 사건 발생 횟수를 나타낸 분포는 무엇인가?

$$p(x) = \frac{e^{-\lambda}\lambda^x}{x!}, e = 2.718281\cdots$$

① 베르누이 분포　　② 기하 분포
③ 초기하 분포　　④ 포아송분포

39 아래 데이터의 평균값과 표본분산을 구하면?

2, 4, 6, 8, 10

① 표본분산 : 6, 평균 : 8　　② 표본분산 : 6, 평균 : 10
③ 표본분산 : 10, 평균 : 6　　④ 표본분산 : 10, 평균 : 8

40 다음 설명 중 옳지 않은 것은?

① 모집단을 통해 표본집단을 추출한다.
② 표본평균의 분포는 특정한 모집단에서 동일한 크기로 표본을 뽑아서 각각의 표본들의 평균을 계산했을 때, 이 평균들의 확률분포를 의미한다.
③ 추출된 표본의 n이 충분히 크면(일반적으로 30 이상) 모집단 분포와 상관없이 추출된 표본들의 평균의 분포는 표준정규분포를 따른다.
④ 표본분산은 표본의 분산을 의미하며, 관측값에서 표본평균을 빼고 제곱한 값을 모두 더한 것을 n−1로 나눈 값이다.

3과목 빅데이터 모델링

41 선형회귀분석의 가정에 대한 설명으로 옳지 않은 것은?
① 오차항의 정규성 검정 기법으로는 샤피로-윌크 등이 있다.
② 오차항은 종속변수와 선형관계가 있다.
③ 오차항이 있는 선형회귀모형 위반한다.
④ 독립변수와 종속변수의 선형성을 만족한다.

42 머신러닝(기계학습)에 대한 설명으로 옳지 않은 것은?
① 머신러닝은 대표적으로 지도학습과 비지도학습으로 나눌 수 있다.
② 지도학습은 목적에 따라 분류와 예측으로 나눈다.
③ 비지도학습 유형으로는 군집화, 차원축소, 연관규칙이 있다.
④ 머신러닝은 통계분석과 다르게 결과물에 대한 공식을 도출할 수 없다.

43 회귀분석에 대한 설명으로 옳지 않은 것은?
① 교호작용이 일어나도 회귀식의 변화는 없다.
② 회귀계수를 추정하기 위해 최소제곱법을 사용한다.
③ 분산팽창계수가 10 이상일 때, 다중공선성이 존재한다고 판단한다.
④ 회귀계수의 유의성을 판단하기 위해서 t검정을 수행할 수 있다.

44 다중공선성과 관련 있는 지표는?
① 분산팽창지수(VIF)
② 멜로우즈 cp(Mallow's cp)
③ 쿡의 거리(Cook's Distance)
④ 스튜던트 잔차(Studentized Residual)

45 다음 다중회귀분석 결과에 대해 올바른 것을 모두 고르면?

$$\hat{y} = \beta_0 + \beta_1 X_1 + \beta_2 X_2 + \beta_3 X_3 + \beta_4 X_4 + \beta_5 X_5 + \beta_6 X_6$$

다중회귀분석결과		종속변수	식당평가지수
결정계수	0.84	조정된 결정계수	0.83
F-statistic	46.27	Prob (F-statistic)	3.83E-12
No. Observations	437	AIC	250
Df Residuals	430	Df Model	6

항목	구성요소	회귀계수	t-value	P>|t|
오차항	절편	15.1335	9.061	0
접근성	역과의 거리	7.3904	4.958	0
	주차가능여부(Y/N)	-2.8191	-2.12	0.034
응대	준비속도	12.0122	2.9	0.004
	친절함(상/중/하)	32.8398	7.813	0
품질	맛(상/중/하)	11.1842	3.1	0.002
	건강관련(높음/낮음)	-2.7458	-1.406	0.16

가. 역과의 거리, 주차장 등의 키워드가 포함된 리뷰는 '접근성' 항목과의 연관성이 높다.
나. '응대'항목의 지수는 식당 평가에 긍정적인 영향을 준다.
다. '접근성', '응대', '품질' 항목은 식당 평가지수에 유의미하다.

① 가, 나 ② 나, 다
③ 가, 다 ④ 가, 나, 다

46 다음 설명 중 옳지 않은 것은?

① 결정계수는 0~1의 범위를 가진다.
② 독립변수가 적어지면 결정계수는 커진다.
③ 결정계수값이 클수록 회귀 모델의 유용성이 높다고 할 수 있다.
④ 결정계수는 종속변수의 분산 중에서 독립변수로 설명되는 비율을 의미한다.

47 다음 조건에 대한 값을 구하면?

흡연자 100명 중 폐암 20명, 비흡연자 100명 중 폐암 4명일 때, 흡연여부에 대한 폐암의 오즈비(승산비)

① 3 ② 4
③ 5 ④ 6

48 다음 회귀분석 모델평가에 대한 절차로 옳은 것은?

① 회귀계수 추정 → 회귀모델 유의성 검정 → 독립변수 선정
② 회귀계수 추정 → 독립변수 선정 → 회귀모델 유의성 검정
③ 독립변수 선정 → 회귀모델 유의성 검정 → 회귀계수 추정
④ 독립변수 선정 → 회귀계수 추정 → 회귀모델 유의성 검정

49 다음 수식에 대한 설명으로 옳은 것은?

$$(\ln(P(Y=1 \mid X)/(1-p(Y=1 \mid X)))) = b_0 + b_1 X$$

① X가 1 단위 증가하면 오즈가 b_1 만큼 증가한다.
② X가 1 단위 증가하면 b_0 만큼 증가한다.
③ X가 1단위 증가하면 y 만큼 증가한다.
④ X가 1단위 증가하면 e^y 만큼 증가한다.

50 의사결정나무에서 D에 들어가는 노드는 무엇인가?

- 데이터 집합

$$x_1 = (6, 7, 8),\ x_2 = (2, 3, 4, 5)$$

- 의사결정나무

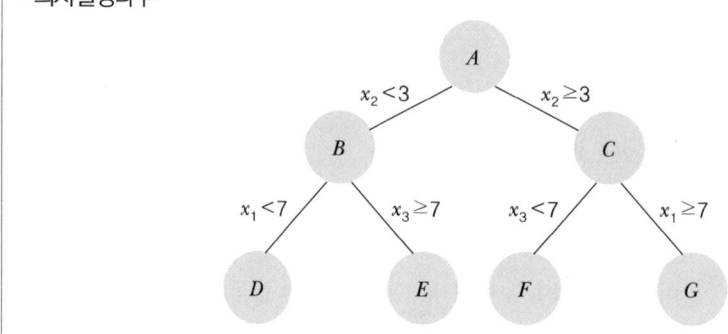

① x_1=6, x_2=2
② x_1=6, x_2=4
③ x_1=4, x_2=6
④ x_1=2, x_2=6

51 의사결정나무에 대한 설명으로 옳지 않은 것은?

① 분류기준으로 정보이득, 지니계수, 엔트로피를 활용한다.
② 알파컷을 사용할 수 있다.
③ 분리기준은 전이확률이다.
④ 주요 알고리즘으로 CART와 C4.5가 있다.

52 인공신경망 학습 시 과적합 방지 방법으로 적절하지 않은 것은?

① 입력 노드 수를 줄인다.
② 가중치 절대값을 최대로 한다.
③ 에폭(Epoch) 수를 줄인다.
④ 은닉층(Hidden Layer) 수를 줄인다.

53 원핫 인코딩에 대한 설명으로 옳지 않은 것은?

① 서로 다른 단어의 내적은 0이다.
② 모든 단어는 원핫 인코딩이 가능하다.
③ 공간자원 효율이 좋다.
④ 텍스트를 수치화한다.

54 다음 중 학습률(learning rate)에 대한 설명으로 옳지 않은 것은?

① 학습률이 너무 작으면 학습 속도가 매우 느려질 수 있다.
② 학습률이 너무 크면 최적해를 건너뛰어 발산할 수 있다.
③ 학습률에 배치 크기와 반복 횟수를 모두 고려해야 한다.
④ 손실함수가 크면 가중치를 조금만 수정하면 된다.

55 다음 중 학습률에 대한 설명으로 옳은 것은?

① 반복 작업은 불가능하므로 한 번에 최적화해야 한다.
② 학습률이 매우 클 경우 학습시간은 오래 걸리나, 중간이 작아서 최초 손실함수를 찾기 된다.
③ 학습률에 배치 크기와 반복 횟수를 모두 고려해야 한다.
④ 손실함수가 크면 가중치를 조금만 수정하면 된다.

56 범주형 종속변수 예측 모델이 아닌 것은 무엇인가?
① 다중선형회귀
② 다중로지스틱 회귀분석
③ 서포트 벡터 머신
④ 다층 퍼셉트론

57 다음 중 군집 수를 직접 설정하지 않아도 되는 모델은?
① K-MEDIAN
② K-MEANS
③ DBSCAN
④ MIXTURE MODEL

58 주성분 분석(PCA)에 대한 설명으로 옳지 않은 것은?
① 대표적인 차원축소 기법이다.
② 비음수 행렬분해를 사용한다.
③ 공분산 행렬의 고유벡터는 데이터가 어떤 방향으로 분산되었는지를 나타낸다.
④ 다수의 n차원 데이터에 대해 데이터 중심으로부터 데이터의 응집력이 높은 n개 직교 방향을 분석하는 방법이다.

59 공간 데이터가 원인에 영향을 주고, 미래의 영향을 주는 시계열 평가 방법은?
① 지니계수
② 엔트로피계수
③ 실루엣 계수
④ 자기상관성 함수

60 RNN(순환신경망)에서 장기의존성 문제를 보완하며, 은닉게이트(Forget Gate)를 업데이트(Update) 게이트로 개선하여 계산하는 모델로 알맞은 것은?
① RNN 단측
② RNN 양측
③ GRU
④ LSTM

4과목 빅데이터 결과해석

61 다음 가~마 중 옳지 않은 것을 모두 고르시오.

> 가. 시계열은 종단적 데이터(Longitudinal Data)로 어떤 대상에 대해 시간에 따라 측정한 데이터를 표시한다.
> 나. 전쟁이나 홍수 등의 불규칙 요인도 시계열 분석으로 예측이 가능하다.
> 다. 백색잡음(White Noise)은 시간적 상관관계를 나타낸다.
> 라. 정상성(Stationary)의 조건으로 모든 시점에 대해 일정한 평균을 가진다.
> 마. 이동평균법은 과거로부터 현재까지의 시계열 자료를 대상으로 일정 기간별 이동평균을 계산하고 이들의 추세를 파악하여 다음 기간을 예측하는 방법이다.

① 가, 나
② 나, 다
③ 다, 라, 마
④ 나, 다, 라

62 로지스틱 회귀분석에서 관심 범주(Positive)의 확률 추정값 P를 구할 때, 다음 조건을 기준으로 옳게 설명한 것은?

> 관심범주 : P(성공|k개의 독립변수)≥c, 0≤c≤1

① c=0이면, 민감도와 특이도 차이는 1이다.
② c=0.5이면, 민감도와 특이도 차이는 1이다.
③ c=0이면, 민감도와 정밀도 차이는 1이다.
④ c=0.5이면, 민감도와 정밀도 차이는 0이다.

63 혼동행렬에 대한 설명으로 옳지 않은 것은?

① 정확도는 $\dfrac{TP+TN}{TP+TN+FP+FN}$ 이다.

② 정밀도는 $\dfrac{TP}{TP+FP}$ 이다.

③ 재현율은 $\dfrac{TP}{TP+FN}$ 이다.

④ F1 스코어는 정밀도와 재현율의 기하평균이다.

64 k-fold 교차검증(K-fold Cross Validation)에 대한 설명으로 옳지 않은 것은?
① 데이터셋을 k개로 분할한다.
② k-1개의 검증 데이터를 확보한다.
③ k번 각각의 성능에 대한 평균을 도출한다.
④ 학습 데이터와 검증 데이터를 서로 다르게 지정하여 k번 반복한다.

65 변수 10,000개 중 1,000개를 선택한 후 상관관계 분석으로 검증하고자 한다. 모델 테스트 방법으로 옳은 것은?
① 모델의 예측능력을 상관관계 분석으로 확인 후 데이터를 분할한다.
② 무작위로 변수선택을 진행한 후 상관관계 분석으로 종속변수와의 관계를 검정한다.
③ 데이터를 분할하고 상관관계 분석 후 변수를 선택한다.
④ 변수를 선택하고 상관관계 분석, 검정 후 데이터를 분할한다.

66 다음 글에서 AAA와 BBB가 사용한 검증 방법으로 옳은 것은?

> • 두 명의 데이터 사이언티스트 AAA와 BBB가 있다. AAA와 BBB는 서로 다른 검증 방법을 사용하여 데이터를 분석하기로 했다.
> • 단, 분석 과정에서 10개의 하이퍼파라미터는 동일하게 설정하기로 합의했다.
> • AAA는 LOOCV(Leave-One-Out Cross Validation)를 사용하고, BBB는 Bootstrap을 사용한다.
>
> 질문 :
> • AAA와 BBB의 결과가 달라질 가능성이 높은 이유로 적합한 것은 무엇인가?
> • 각 검증 방법론이 결과에 미치는 주요 차이점은 무엇인가?

① LOOCV
② 5fold-CV
③ Bootstrap
④ Stratified K-fold CV

67 콜모고로프-스미르노프(K-S) 통계량에 대한 설명으로 옳은 것 모두 고른 것은 무엇인가?

> 가. 서로 다른 두개의 데이터 동일한 분포를 따르고 있는지를 검증하는 지표
> 나. 비교하는 두 개의 집단 사이의 최대 거리
> 다. 누적분포함수(Cumulative Distribution Function, CDF)와 경험적 누적분포함수(Experience CDF, 혹은 ECDF)를 사용

① 가
② 가, 나
③ 가, 다
④ 가, 나, 다

68 다음 중 적합도 검정에 대한 설명으로 옳지 않은 것은?

① 모델 적합의 적합성은 검정 불필요하다.
② 정규분포를 가정하지 않을 시 카이제곱 검정을 이용해 적합도를 판단한다.
③ 정규분포 가정 시 정규성 검정을 가장 많이 활용하고 있다.
④ 적합도 검정(Goodness-of-fit Test)은 이 데이터가 특정 이론적 분포와 일치하는지를 검정하는 방법이다.

69 다음 중 하이퍼파라미터에 대한 설명으로 옳지 않은 것은?

① 서로 다른 하이퍼파라미터값은 모델 학습과 정확도(Accuracy) 혹은 모델의 수렴율(Convergence Rate)에 영향을 미칠 수 있다.
② 하이퍼파라미터는 학습 과정 자체를 제어한다.
③ 하이퍼파라미터는 사람이 직접 입력값을 설정해야만 한다.
④ 파라미터와 하이퍼파라미터는 학습 전에 설정한다.

70 데이터 분할(Split)에 대한 설명으로 옳지 않은 것은?

① 테스트 데이터로 모델 간 성능을 비교한다.
② 데이터셋을 학습 데이터, 검증 데이터, 테스트 데이터로 나누는 것이 적절하다.
③ 학습 데이터로 학습한다.
④ 학습 데이터(훈련 데이터)보다 검증 데이터에서 성능이 좋은 하이퍼파라미터를 선정한다.

71 하이퍼파라미터 최적화 기법에 대한 설명으로 옳지 않은 것은?

① 수동탐색(Manual Search)은 시행착자 사전지식을 가지고 있다.
② 무작위탐색(Random Search)은 다양한 조합들을 시험해 보면서 최적 결과를 얻을 수 있다.
③ 베이지안 최적화(Bayesian Optimization)는 새로운 하이퍼파라미터값에 대한 조사를 수행할 때에 사전지식을 충분히 반영한다.
④ 원래 분석가의 경험에 따라 값을 조절하는 게 최적이나, 자동화를 위해 격자탐색(Grid Search) 등을 수행한다.

72 다음 중 파라미터 최적화 기법이 아닌 것은?

① Nadam　　② AdaDelta
③ RMSProp　　④ Bayesian Optimization

73 랜덤포레스트 기법에 대한 설명으로 옳지 않은 것은?
① 각각의 트리는 과적합 가능성이 있다.
② 다수의 결정트리 결과를 통해 최종결과를 도출한다.
③ 전체 데이터셋으로 학습한다.
④ 각각의 결정나무에 배깅과 같은 방법을 사용한다.

74 부스팅(Boosting)에 대한 설명으로 옳지 않은 것은?
① 약한 학습기(Weak Learner)로 만든다.
② 보팅(Voting)과 함께 앙상블 학습유형으로 사용된다.
③ 오차에 대한 가중치를 부여해 사용한다.
④ 병렬로 학습한다.

75 시간 시각화에 대한 설명으로 옳지 않은 것은?
① 꺾은선 그래프는 점그래프를 선으로 이은 것이다.
② 영역차트는 선그래프와 그래프 축 사이의 면적으로 데이터를 표시한 그래프이다.
③ 점 그래프는 점의 집중도를 통해 표현하므로 시계열에 적합하지 않다.
④ 막대그래프는 범주의 수가 7개 이하일 때 주로 사용한다.

76 데이터에 대한 비즈니스 효과에 대한 설명으로 옳지 않은 것은?
① 비즈니스 기여도는 데이터 분석결과를 활용하여 사업수행 혹은 과제수행 등을 통해 알게 되는 긍정적인 영향도를 의미한다.
② 비즈니스 효과에 대한 정량적 가치 측정을 위해 적정 지표를 개발한다.
③ 경영전략에 따라 비즈니스 효과 지표는 유동하게 변한다.
④ 데이터의 가치(Value)는 투자 효과, 수준과 규모는 비즈니스 효과를 나타낸다.

77 비교시각화 유형에 대한 설명으로 옳지 않은 것은?
① 스타차트는 수치를 별의 개수로 표현하는 시각화 유형이다.
② 평행좌표그래프는 각 행을 변수별로 선을 매핑시켜 나타낸다.
③ 히트맵은 색상을 부여하는 방법이다.
④ 체르노프 페이스는 데이터를 얼굴로 표현한 방법이다.

78 다음 중 x축(기준축)과 y축(세로축) 각각에 두 변수의 순서쌍을 점으로 표현한 후 변수의 관계를 나타낸 그래프는?

① 산점도
② 버블 차트
③ 히스토그램
④ 플로팅바차트

79 다음 중 인포그래픽에 대한 설명으로 옳지 않은 것은?

① 인포그래픽은 관련 소프트웨어을 무조건 설치해야 한다.
② 정보와 시각적 그래픽의 합성어이다.
③ 일부 인포그래픽은 특정 프로그램에서만 작동해, 보기 위해서는 전용 소프트웨어가 필요하다.
④ 그림 전체에서 의미하는 바가 있어, 부분 잘라내나 일부를 정리시 의미할 경우 오해가 있을 수 있다.

80 주제 연결성과 안전성 중심의 인포그래픽 유형은?

① 도표형
② 비교분석형
③ 타임라인형
④ 스토리텔링형

CHAPTER 04 제5회 기출복원문제

1과목 빅데이터 분석 기획

01 다음 중 빅데이터 분석에 대한 설명으로 옳지 않은 것은?
① 데이터 중심의 생산성 향상을 이룰 수 있다.
② 항상 경제적으로 이익을 얻을 수 있다.
③ 데이터 기반 의사결정을 지원한다.
④ 고객 세분화를 통한 고객화된 서비스 제공이 가능하다.

02 다음 중 기업 내 RDBMS를 하둡 기반으로 전환한 후 이를 모니터링하는 직무로 옳은 것은?
① 데이터 개발자(Developer)   ② 데이터 아키텍트(Data Architect)
③ 데이터 기획자(Data Planner) ④ 데이터 엔지니어(Data Engineer)

03 다음 중 병렬 DBMS의 특성으로 옳지 않은 것은?
① 데이터 중복값이 증가한다.
② 계산이 동시에 발생한다.
③ 병렬 컴퓨팅을 통해 성능을 개선시킨다.
④ 난이도가 낮은 단순한 연산이 많을 때 유용하다.

04 다음 중 인공지능과 머신러닝, 딥러닝의 상호관계를 표현한 것으로 옳은 것은?
① 머신러닝 > 인공지능 > 딥러닝   ② 딥러닝 > 인공지능 > 머신러닝
③ 인공지능 > 머신러닝 > 딥러닝   ④ 인공지능 > 딥러닝 > 머신러닝

05 다음에서 설명하는 빅데이터 데이터 계층 플랫폼 구조로 옳은 것은?

- 자원을 관리하는 모듈을 제공한다.
- 빅데이터를 응용하는 기반을 제공한다.
- 소프트웨어 계층을 동작할 수 있는 기반을 제공한다.

① 플랫폼 계층 ② 시각화 계층
③ 소프트웨어 계층 ④ 인프라스트럭처 계층

06 개인정보보호법과 관련된 내용으로 옳지 않은 것은?
① 개인정보를 가명처리 후 활용을 위해서는 정보 주체의 동의가 필요하다.
② 과학적 연구 목적으로 가명정보를 동의 없이 처리할 수 있다.
③ 법이 개정된 후 가명처리로 변경되었다.
④ 가명처리를 하더라도 통계 정보 분석에 활용할 수 없다.

07 인공지능에서 학습한 모델의 결과를 재반영하여 재학습의 효율을 높이는 기법은?
① 지도학습 ② 비지도학습
③ 전이학습 ④ 강화학습

08 빅데이터 분석 기획 단계 중 WBS 작성 단계로 옳은 것은?
① 비즈니스의 이해 ② 프로젝트 정의 및 계획 수립
③ 프로젝트 범위 설정 ④ 프로젝트 정의

09 다음 중 미래 예측을 위한 분석으로 옳은 것은?
① 서술적 분석(Descriptive Analytics) ② 진단 분석(Diagnostic Analytics)
③ 규범 분석(Prescriptive Analytics) ④ 예측 분석(Predict Analysis)

10 다음 중 개인정보 비식별화 조치에 대한 설명으로 옳지 않은 것은?

① 범주화 : 주요 식별 정보를 삭제하는 기술
② 가명처리 : 개인식별에 중요한 데이터를 식별할 수 없는 다른 값으로 변경하는 기술
③ 총계처리 : 데이터의 총합값으로 처리하여 개인 데이터 값을 보이지 않도록 하는 기술
④ 데이터 마스킹 : 개인식별 정보에 대해 대체 또는 부분적인 대체값(공백, '*', 노이즈 등)으로 변환하는 기술

11 빅데이터 분석방법에서 절차 중 원시 데이터(Raw Data)를 이해하고 수집하는 단계는?

① 분석 기획
② 데이터 준비
③ 데이터 분석
④ 시스템 구현

12 CRISP-DM 방법론의 단계별 프로세스를 나열한 것으로 옳은 것은?

① 비즈니스 이해-데이터 이해-데이터 준비-모델링-평가-전개
② 비즈니스 이해-데이터 이해-데이터 준비-모델링-전개-평가
③ 비즈니스 이해-데이터 이해-데이터 준비-평가-모델링-전개
④ 비즈니스 이해-데이터 이해-데이터 준비-평가-전개-모델링

13 다음 중 분석 기획 단계에서 비즈니스 계획 수립 절차로 옳지 않은 것은?

① 모델 발전 계획 수립
② 비즈니스 이해 및 프로젝트 범위 설정
③ 프로젝트 정의 및 계획 수립
④ 프로젝트 위험 계획 수립

14 다음 요구사항 도출 기법에 대한 설명으로 알맞은 것은?

① 스캠퍼 : 이해관계자와 이야기한다.
② FGI : 전문가 설문조사 후 온/오프라인 면담한다.
③ 브레인스토밍 : 특정 요구사항 두 개의 차이점을 비교한다.
④ 인터뷰 : 다수의 사람들에게 질문지를 배포한다.

15 데이터 수집기술에 대한 설명으로 옳지 않은 것은?

① 센싱(Sensing) : 센싱 데이터
② 크롤링(Crawling) : 웹 로그
③ FTP(File Transfer Protocol) : 웹 로그
④ Open API : 정해진 방식으로 연동하여 제공받는 데이터

16 데이터 웨어하우스(DW)환경에서 원시 데이터(Raw Data)를 그대로 처리할 수가 없다. 분석시스템에 맞게 데이터 변환하는 작업으로 알맞은 것은?

① 비식별화
② 마스킹
③ ETL
④ ELT

17 다음 중 관계형 데이터처럼 행과 열의 테이블 형태로 구조화되어 있지 않지만, 스키마 및 메타 데이터의 특성을 가지고 있는 데이터로 옳은 것은?

① 정형 데이터
② 반정형 데이터
③ 비정형 데이터
④ 웹 데이터

18 빅데이터 수집-저장-처리-분석-표현 단계 중 저장기술로 옳지 않은 것은?

① RDBMS
② NoSQL
③ 분산 파일 시스템
④ 텍스트 마이닝

19 다음 중 총계처리 기법의 단점으로 가장 옳지 않은 것은?

① 데이터의 정밀 분석이 어렵다.
② 사전 통계 지식이 필요하다.
③ 총계처리는 비식별화가 불가능하다.
④ 집계 수량이 적을 경우 추론에 의한 식별 가능성 있다.

20 다음 중 데이터 품질 개선 절차에서 데이터를 측정하고 분석하여 수치를 산출하는 단계로 옳은 것은?

① 개선계획 수립
② 개선 수행
③ 품질 통제
④ 데이터 품질 측정

2과목 빅데이터 탐색

21 다음 중 데이터 탐색에 대한 설명으로 옳지 않은 것은?
① 카이제곱검정은 데이터가 정규분포를 만족하나, 자료의 수가 적은 경우에 이상값을 검정하는 방법이다.
② 박스플롯의 제1사분위는 75백분율(%) 데이터를 의미한다.
③ DBSCAN은 밀도와 최소 포인트 2가지 파라미터를 기반으로 코어(Core)와 노이즈(Noise)로 분류하여 이상값을 도출한다.
④ 레버리지는 0과 1 사이의 값을 가지며, 일반적으로 레버리지 평균의 2~4배를 초과하는 관측값을 이상값으로 정의한다.

22 다음 중 변수에 대한 설명으로 옳지 않은 것은?
① 연속형 척도와 범주형 척도는 모두 평균, 표준편차와 같은 기술 통계량을 구할 수 있다.
② 영향을 주는 변수를 독립변수라 하고, 영향을 받는 변수를 종속변수라 한다.
③ 범주형 변수에는 명목변수와 서열변수가 있다.
④ 질적변수는 수치화되지 않은 자료, 양적변수는 수치화한 자료다.

23 다음 중 상자수염그림(BoxPlot)과 이상치에 대한 설명으로 옳지 않은 것은?
① 이상치는 최소값과 최대값을 벗어난 위치에 있는 값을 의미한다.
② 상자수염은 3사분위수와 최대값, 1사분위수와 최소값을 이어주는 범위이다.
③ 상자수염 그림의 제2사분위수는 중앙값을 의미한다.
④ 사분위수 범위(IQR)를 벗어나는 값들이 이상치(극단치)이다.

24 아래 표현된 원천 데이터(Raw Data)에 대한 데이터 변환 방법은 무엇인가?

0~100까지의 양수이며, 최대값과 최소값의 차이가 크다.

① 제곱변환 ② 자연로그변환
③ 표준화(Standardization) ④ 이항변수화(Binarization)

25 다음 데이터 변환 기술에 대한 설명으로 옳지 않은 것은?

① 정규화(Normalization) : 데이터를 정해진 구간으로 변환한다.
② 표준화(Standardization) : 데이터를 0을 중심으로 양쪽에 분포시키는 방법이다.
③ 일반화(Generalization) : 특정 구간 분포값으로 변환한다.
④ 평활화(Smoothing) : 특정 속성을 추가한다.

26 다음 중 범주형 변수 변환 기법에 대한 설명으로 옳지 않은 것은?

① 더미코딩(Dummy Coding)
② 레이블인코딩(Label Encoding)
③ 원핫 인코딩(One-Hot Encoding)
④ 표준편차 타겟 인코딩(Standard Deviation Target Encoding)

27 다음 막대그래프에 대한 언더샘플링(Under Sampling)으로 적절한 것은?

① 차원축소
② 클래스 불균형 처리
③ 래퍼 기법
④ 변수변환 처리

28 다음 중 클래스 불균형 데이터를 처리하기 위한 방안으로 옳지 않은 것은?

① 비용 함수 민감학습
② 정규화(Normalization)
③ 과소표집
④ 임계치 이동

29 아래의 산점도 자료에 대한 피어슨 상관계수로 옳은 것은?

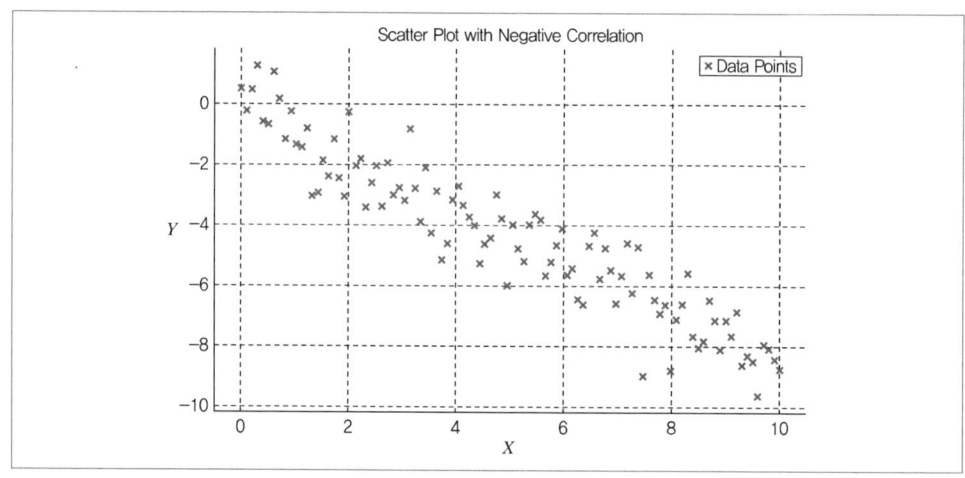

① 0.1
② -0.1
③ 0.8
④ -0.8

30 다음 중 공분산에 대한 설명으로 옳지 않은 것은?
① 공분산은 두 개 또는 그 이상의 랜덤변수에 대한 의존성을 의미한다.
② 공분산 Cov(x,y)의 상관계수값이 -1이라면, 강한 음의 상관관계가 높은 상태이다.
③ 확률변수의 공분산 Cov(x,y)가 0이라면, 두 확률변수 X,Y는 항상 상호 독립이다.
④ 변수 x가 증가할 때, y가 증가하면 의존성이 큰 관계이다.

31 아래는 피어슨 상관계수로 만들어진 상관행렬표이다. 다음 중 중복된 공분산에 대한 설명으로 옳지 않은 것은?

A	1	0.29	0.22	-0.48	0.46	0.67
B	0.29	1	0.22	0.61	0.4	0.83
C	0.22	0.22	1	-0.23	0.028	0.24
D	-0.48	0.61	-0.23	1	-0.53	-0.68
E	0.46	0.4	0.028	-0.53	1	0.56
F	0.67	0.83	0.24	-0.68	0.56	1
	A	B	C	D	E	F

① F 또는 B 제거
② C 또는 E 제거
③ A 제거
④ B 또는 E 제거

32 아래 표현된 시각화 기법의 이름으로 옳은 것은?

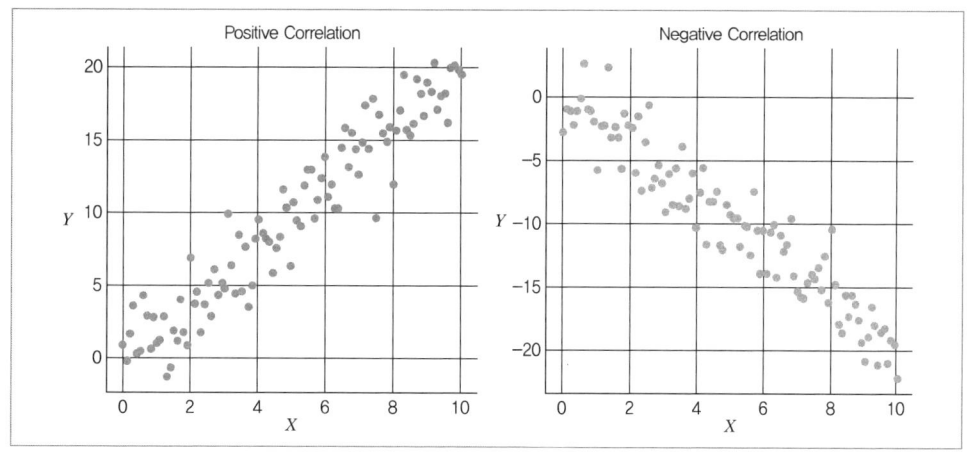

① 파이차트　　　　　　　② 산점도
③ 히스토그램　　　　　　④ 평행좌표그래프

33 어느 지역의 소득분포를 조사하였더니 아래와 같은 모양을 띠었다. 결측치가 발생하여 값의 대치 (imputation)가 필요할 경우, 어떠한 대표값을 선택해야 하는가?

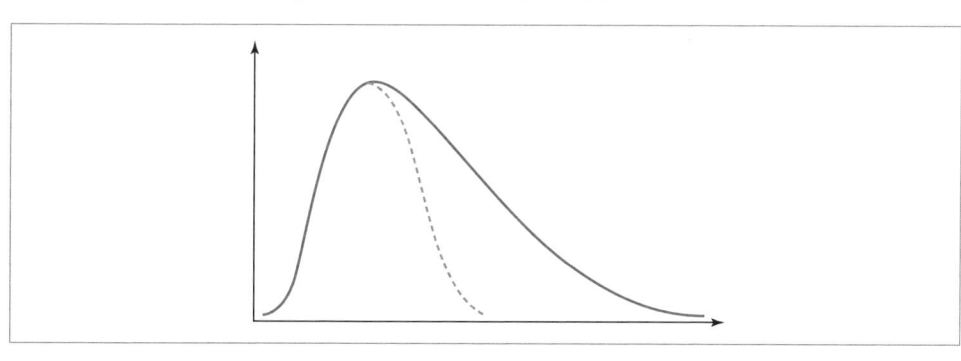

① 평균　　　　　　　　② 최대값
③ 최빈값　　　　　　　④ 중앙값

34 정규분포를 따르는 확률분포에서 모집단으로부터 표본이 4개인 확률변수를 추출한다. X1, X2, X3, X4에 대한 설명으로 옳지 않은 것은?

① X2, X3는 서로 종속이다.
② X1, X2, X3, X4는 모집단과 동일한 분포를 따른다.
③ 표본평균인 경우 기댓값을 의미한다.
④ 각각의 값은 서로 독립이다.

35 다음 중 확률분포에 대한 설명으로 옳지 않은 것은?

① 이산확률분포에는 베르누이분포, 포아송분포가 있다.
② 연속확률분포에는 초기하분포, 지수분포가 있다.
③ 확률변수 X가 셀 수 있는 특정한 수치만(정수)을 가질 때, 그 확률변수를 이산확률변수라 한다.
④ 연속확률변수는 전구의 수명, 몸무게, 평균 키, 체온, 통근시간 등과 같이 X가 어떤 범위(구간)에서 대소 비교의 의미가 있는 연속적인 값(실수)을 취할 수 있는 확률변수이다.

36 다음 중 표본의 크기가 커짐에 따른 이점이 아닌 것은?

① 일반적으로 표본 수가 크면 표본오차는 작아진다.
② 표본크기와 관계없이 표본평균의 기댓값은 항상 모평균과 같다.
③ 전체 집단을 구성하는 요소들이 연구하고자 하는 속성에 있어 비슷한 정도가 높을수록 표본의 크기는 작아질 수 있다.
④ 표본의 크기가 커진다고 표본오차가 무한정으로 작아지진 않는다.

37 다음 중 단위시간 안에 발생한 특정사건의 수를 표현하는 이산확률분포로 옳은 것은?

① 포아송분포 ② z분포
③ t분포 ④ f분포

38 다음 중 모집단의 표준편차를 알지 못하는 경우, 평균의 차이에 대한 검정을 수행하는 분포와 자유도로 옳은 것은?

① 자유도 n, t-분포 ② 자유도 n, X^2분포
③ 자유도 n-1, t-분포 ④ 자유도 , X^2분포

39 다이어트를 위한 신약이 개발되었다. 임의로 추출된 20명의 연구참여자에게 다이어트약을 투여한 후 약의 효과를 전후 비교하려고 한다. 이 상황에서 검정에 활용될 분포로 올바른 것은?

① 독립인 t단측검정 ② 대응되는 t단측검정
③ 독립인 t양측검정 ④ 대응되는 t양측검정

40 다음 설명에 맞는 신뢰구간을 추정한 것은?

- 시험응시자의 연령에 대한 모평균의 신뢰구간을 구하시오.
- 모표준편차는 11, 표본추출된 121명의 평균연령은 35세, 95% 신뢰수준의 구간추정(왼쪽을 기준으로 작성한 정규분포표)

Z	+0.00	+0.01	+0.02	+0.03	+0.04	+0.05	+0.06	+0.07	+0.08	+0.09
1.0	0.84134	0.84375	0.84614	0.84849	0.85083	0.85314	0.85543	0.85769	0.85993	0.86214
1.1	0.86433	0.8665	0.86864	0.87076	0.87286	0.87493	0.87698	0.879	0.881	0.88298
1.2	0.88493	0.88686	0.88877	0.89065	0.89251	0.89435	0.89617	0.89796	0.89973	0.90147
1.3	0.9032	0.9049	0.90658	0.90824	0.90988	0.91149	0.91308	0.91466	0.91621	0.91774
1.4	0.91924	0.92073	0.9222	0.92364	0.92507	0.92647	0.92785	0.92922	0.93056	0.93189
1.5	0.93319	0.93448	0.93574	0.93699	0.93822	0.93943	0.94062	0.94179	0.94295	0.94408
1.6	0.9452	0.9463	0.94738	0.94845	0.9495	0.95053	0.95154	0.95254	0.95352	0.95449
1.7	0.95543	0.95637	0.95728	0.95818	0.95907	0.95994	0.9608	0.96164	0.96246	0.96327
1.8	0.96407	0.96485	0.96562	0.96638	0.96712	0.96784	0.96856	0.96926	0.96995	0.97062
1.9	0.97128	0.97193	0.97257	0.9732	0.97381	0.97441	0.975	0.97558	0.97615	0.9767

① 1.64(33.36, 36.64)　② 1.64(34.18, 35.82)
③ 1.96(34.02, 35.98)　④ 1.96(33.04, 36.96)

3과목　빅데이터 모델링

41 다음 중 모델 선정에 관련된 설명으로 옳지 않은 것은?
① 복잡한 모델일수록 단순한 모형보다 성능이 높다.
② 다양한 이해관계자가 모여서 분석 모델의 결과를 검토해야 한다.
③ 실무에 적용 가능성도 확인해야 한다.
④ 모델의 성능이 좋아도 데이터셋 확보가 제한될 경우 다른 분석 모델 변경도 검토가 가능하다.

42 다음 중 모델 선정에 관련된 설명으로 옳은 것은?
① 분석 모델 선정 기준을 위해 데이터 종류를 파악한다.
② 군집분석은 지도학습의 대표적 사례이다.
③ 감성분석은 두 개 이상 집단들의 평균 간 차이에 대한 통계적 유의성을 검증하는 방법이다.
④ 차원축소는 저차원의 데이터로부터 고차원의 데이터로 변환하는 방법이다.

43 다음 중 독립변수가 2개 이상이고, 회귀계수가 2차 이상인 회귀모형으로 옳은 것은?
① 단순회귀 ② 곡선회귀
③ 다항회귀 ④ 규칙회귀

44 다음 중 로지스틱 회귀분석에 대한 설명으로 옳은 것은?
① 양성클래스와 음성클래스를 각각 1과 0으로 지정 분류해 이진 분류하기 위해 로지스틱 회귀분석을 사용할 수 있다.
② 로지스틱 회귀분석은 정규성을 만족한다.
③ 로지스틱 회귀분석은 독립변수가 범주형이면, 중복변수가 연속형일 때 사용한다.
④ 로지스틱 회귀분석의 확률값은 선형이다.

45 의사결정나무 분석 결과에서 루트노드(Root Node)만 남게 된다면 그 이유로 적절한 것은?
① 변별이 있는 범주가 없어서
② 분석 데이터가 범주형이어서
③ 데이터가 충분히 없어서
④ 선형성을 만족해야 하기 때문에

46 다음 중 분석 도매 매장에 대한 유형의 설명으로 옳은 것은?
① 규범 분석은 과거에서 현재 데이터를 통해 무엇이 일어났고, 일어나고 있는지를 파악하기 위한 분석이다.
② 진단 분석은 조직에 원하는 결과를 달성하기 위해 수행해야 할 방향성을 제시하는 분석이다.
③ 서술적 분석은 주어진 상황의 근본 원인을 파악하는 분석이다.
④ 예측 분석은 현재 분석결과를 통해 미래를 예측한다.

47 다음 중 변수 선택 방법으로 옳지 않은 것은?
① 전진선택법 ② 후진소거법
③ 차수선택법 ④ 단계적 선택법

48 머신러닝 분석과정에서 생성되는 주요 산출물로 옳지 않은 것은?
① 머신러닝 기반 데이터 분석 계획서
② 데이터 전처리 및 변환 수행 절차서
③ 알고리즘 보안계획서
④ 모델링 사용 기법별 훈련 및 예측 결과 비교 자료

49 다음 중 드롭아웃 효과와 동일한 효과를 가질 수 있는 기법으로 옳은 것은?
① 학습률 조정   ② 활성화 함수 변경
③ 부트스트랩   ④ 데이터 증강

50 다음 중 연관규칙 척도 중 하나로, A상품을 산 뒤 B상품을 살 조건부확률에 대한 척도는?
① 신뢰도   ② 지지도
③ 정밀도   ④ 향상도

51 독립변수와 종속변수 척도에 따른 통계 분석방법으로 옳지 않은 것은?
① 카이제곱검정은 범주형 종속변수와 범주형 독립변수를 사용하여 분석하는 방법이다.
② 로짓 모델은 범주형 종속변수와 범주형 및 수치형 독립변수를 사용하여 분석하는 방법이다.
③ t검정은 수치형 종속변수와 2개 범주의 독립변수를 사용하여 분석하는 방법이다.
④ 공분산분석(ANCOVA)은 종속변수가 범주형, 독립변수가 연속형일 때 분석방법이다.

52 다음 중 아래 덴드로그램 그래프에서 h=4 기준으로 군집을 분리할 때 얻어지는 군집의 개수로 옳은 것은?

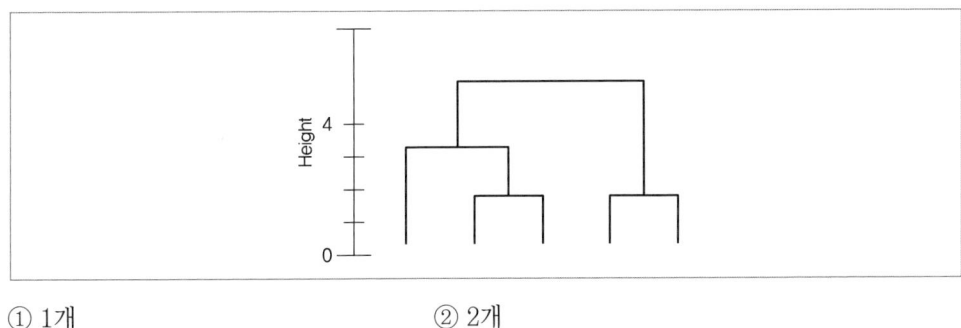

① 1개   ② 2개
③ 3개   ④ 4개

53 신경망 모델에서 발생하는 기울기 소실(Gradient Vanishing) 문제에 대한 설명으로 옳은 것은?
① 기울기가 급격히 줄어들더라도 학습효과는 뛰어나다.
② 활성화 함수를 변경하여 보니 생긴 문제다.
③ 다층 신경망에서 입력층이 많아져 생기는 문제다.
④ 기울기 소멸이란 오차 역전파 과정에서 기울기가 감소하여 가중치가 갱신되지 않는 현상을 말한다.

54 요인분석에 대한 설명으로 옳지 않은 것은?
① 요인은 측정된 변인들의 선형 결합으로 이뤄져 있다
② 요인에 포함되지 않거나 포함되더라도 중요도가 낮은 변수는 제거한다.
③ 변수들을 하나의 요인으로 묶음으로써 적은 수의 요인으로 축소한다.
④ 고유값과 스크리도표를 활용해 적절한 수의 요인을 산출할 수 있다.

55 시간에 따른 일별 기온 변화를 표현할 수 있는 분석기법으로 옳은 것은?
① 시계열 분석　　　　　② 회귀분석
③ 의사결정나무 분석　　④ 군집분석

56 주성분 분석에 대한 설명으로 옳지 않은 것은?
① 주성분 분석은 상관관계가 있는 변수들을 결합해서 상관관계가 없는 변수로 분산을 극대화한다.
② 주성분 분석을 하기 위해서 변수의 수가 표본의 수보다 항상 커야 한다.
③ 고유값이 큰 순서대로 고유벡터를 정렬하는 것은 중요한 순서대로 주성분을 구하는 것을 의미한다.
④ 공분산은 정방행렬로 행과 열이 동일해야 한다.

57 아래 표를 기반으로 한 설명으로 가장 옳은 것은?

	초기		말기		합계	
	생존	사망	생존	사망	생존	사망
A약	18	2	2	8	20	20
B약	7	3	9	21	16	24

① 초기암 생존율은 A약보다 B약이 높다.
② 말기암 생존율은 A약이 B약보다 높다.
③ A약 환자의 생존률은 50%, B약 환자의 생존률은 40%이다.
④ A약이 B약보다 효과적이다.

58 다음 중 시계열 모형 기법인 ARIMA 모형에 대한 설명으로 옳지 않은 것은?

① 백색잡음은 서로 독립적이지 않다.
② ARIMA는 ARMA 모델에 차분을 d번 수행한 모델이다.
③ 예측 모델은 ARIMA(p, d, q)로 활용된다.
④ ARIMA(1, 2, 1)라면 AR과 MA를 1개만큼의 과거를 활용하고, 차분은 2만큼을 활용함을 의미한다.

59 다음 텍스트 마이닝 기법 중 단어를 벡터화하는 Text To Vector 변환 기법으로 옳지 않은 것은?

① TF-IDF
② Pos-tagging
③ Word2Vec
④ Word Embedding

60 다음 중 비모수 검정 기법에 대한 설명으로 옳지 않은 것은?

① 맨-휘트니 검정은 양측 모수 검정이다.
② 윌콕슨 부호순위 검정은 종속변수가 2개인 비모수 검정이다.
③ 표본이 1개일 때, 콜모고로프-스미르노프 검정을 사용한다.
④ 중앙값 검정은 독립변수가 3개 이상일 때 사용하는 비모수 검정이다.

4과목 빅데이터 결과해석

61 모델 평가지표로 옳지 않은 것은?
① 일반화
② 분류 정확성
③ 예측 정확성
④ 표본의 충분성

62 다음 중 ROC Curve 축을 구성하는 지표가 짝지어진 것으로 옳은 것은?
① 민감도, 특이도
② 민감도, 정밀도
③ 정확도, 정밀도
④ 정확도, 특이도

63 다음 중 비모수 검정 기법에 대한 설명으로 옳지 않은 것은?
① 표본이 1개일 때, 콜모고로프-스미르노프 검정을 사용한다.
② 맨-휘트니 검정은 양측 모수 검정이다.
③ 윌콕슨 부호순위 검정은 종속변수가 2개인 비모수 검정이다.
④ 중앙값 검정은 독립변수가 2개 이상일 때 사용하는 비모수 검정이다.

64 민감도가 0.6, 정밀도가 0.4인 경우 F1 Score를 산출하면 얼마인가?
① 0.1
② 0.2
③ 0.24
④ 0.48

65 다음 중 회귀 모델 평가지표에 대한 수식으로 표현한 것으로 옳지 않은 것은?
① $MSE = \dfrac{1}{n} \sum\limits_{i=1}^{n} (y_i - \widehat{y_i})$
② $MPE = \dfrac{100}{n} \sum\limits_{i=1}^{n} \left(\dfrac{y_i - \widehat{y_i}}{y_i} \right)$
③ $MAE = \dfrac{1}{n} \sum\limits_{i=1}^{n} |y_i - \widehat{y_i}|$
④ $MAPE = \dfrac{100}{n} \sum\limits_{i=1}^{n} \left| \dfrac{y_i - \widehat{y_i}}{y_i} \right|$

66 다음 중 분류지표에 대한 공식으로 옳지 않은 것은?

① 정확도 : $\dfrac{TP+TN}{TP+TN+FP+FN}$

② 정밀도 : $\dfrac{TP}{TP+FP}$

③ 재현율 : $\dfrac{TP}{TP+TN}$

④ 오분류율 : $\dfrac{FP+FN}{TP+TN+FP+FN}$

67 다음 중 일반화 선형 모형(GLM)에 대한 설명으로 옳은 것으로 구성된 조합은?

> 가. 최소제곱법을 통해 수학적 방식으로 모델을 구한다.
> 나. 종속변수가 범주형 자료이거나 정규성을 만족하지 못할 경우, 연결 함수를 사용하여 선형 결합한 회귀모델이다.
> 다. 대표적으로 로지스틱 회귀분석이 있다.

① 가
② 가, 나
③ 나, 다
④ 가, 나, 다

68 정규성 검정 기법으로 옳지 않은 것은?

① Q-Q플롯
② 샤피로-월크
③ 카이제곱검정
④ 콜모고로프-스미르노프

69 다음 중 케이폴드 교차검증(K-Fold CV)에 대한 설명으로 옳지 않은 것은?

① 리샘플링을 통해 데이터의 수가 적은 경우에도 분석신뢰도에 대한 평가가 가능하다.
② 모델에 대한 성능을 수정하고 평가한다.
③ k개의 균일한 서브셋(Subset)으로 분할하여 사용한다.
④ 학습, 검증, 테스트 데이터셋을 2:3:5 비율로 구성한다.

70 다음 중 인공신경망 모형(모델)에서 과적합을 방지할 수 있는 기법으로 옳지 않은 것은?

① 정규화
② 드롭아웃
③ 은닉층 노드 삭제
④ 가지치기 수행

71 다음 중 과적합에 대한 설명으로 옳지 않은 것은?
 ① 학습 데이터 내 데이터에 대해서는 높은 정확도를 보인다.
 ② 충분한 학습 데이터의 확보를 통해 방지할 수 있다.
 ③ 과적합은 비선형 모델보다 선형 모델에서 더 쉽게 발생할 수 있다.
 ④ 과적합된 모델의 경우 예측값과 실제값의 차이가 작으므로 편향이 작지만, 모델의 복잡도가 크기 때문에 분산이 큰 것을 의미한다.

72 다음 중 과적합을 해결하기 위한 기법으로 옳은 것은?
 ① 사후 학습을 늘려 방지한다.
 ② 데이터가 많아서 생긴 문제이므로 데이터를 삭제한다.
 ③ 검증 정확도가 더 이상 상승이 없어도 계속 학습시킨다.
 ④ 벌점화(규제) 학습을 사용하여 모델을 제어조절을 수행한다.

73 다음 중 앙상블 모델에 대한 설명으로 옳은 것은?

> 가. 해석하기 용이하다.
> 나. 지도학습의 과적합 극복 방안으로 사용될 수 있다.
> 다. 여러 모델의 예측 결과들을 종합하여 정확도를 높이는 기법이다.

 ① 가   ② 가, 나
 ③ 나, 다   ④ 가, 나, 다

74 다음 중 앙상블 모델을 독립적으로 최적화시키는 방법으로 옳지 않은 것은?
 ① 입력변수 다양화   ② 평가 데이터셋의 다양화
 ③ 매개변수 다양화   ④ 서로 다른 알고리즘 사용

75 다음 중 관계시각화 기법으로 옳지 않은 것은?
 ① 산점도   ② 버블 차트
 ③ 히스토그램   ④ 누적막대그래프

76 빅데이터 시각화 절차에 해당하는 요소로 옳지 않은 것은?

① 데이터 수집 및 탐색, 분류 및 배열
② 정제를 통한 통계적 가설 검정 수행
③ 디자인 기본 원리 사용 및 인터렉션 디자인 활용
④ 데이터 분석 정보의 시각화 구현

77 다음 중 아래 설명하는 시각화 기법으로 옳은 것은?

> 지역별 상품별 비교를 한 눈에 알 수 있으며, x축에 지역, y축에 상품별 판매량을 놓고 셀의 색상으로 지정한다.

① 히트맵　　　　　　　　② 산포도
③ 버블 차트　　　　　　　④ 막대그래프

78 다음 중 비교시각화 기법으로 옳지 않은 것은?

① 다차원척도법　　　　　② 플로팅바차트
③ 버블 차트　　　　　　　④ 스타차트

79 인포그래픽에 대한 설명으로 옳지 않은 것은?

① 오래 기억할 수 있다.
② 데이터의 패턴을 탐색할 수 있다.
③ 많은 정보를 빠르고 정확하게 전달할 수 있다.
④ 부분 전달이나 일부를 잘라서 적용할 경우 오해가 있을 수 있다.

80 분석결과를 표현하는 스토리텔링 과정으로 옳지 않은 것은?

① 스토리보드 기획　　　　② 스토리보드 도구 검증
③ 사용자별 사용 시나리오 작성　　④ 사용자별 데이터셋 및 정보 정의

CHAPTER 05 제4회 기출복원문제

1과목 빅데이터 분석 기획

01 가트너의 3V 정의로, 빅데이터의 특징이 아닌 것은?
① 크기(Volume) ② 다양성(Variety)
③ 속도(Velocity) ④ 가치(Value)

02 1제타바이트에 1byte의 아스키 코드를 넣을 수 있는 양은 얼마인가?
① 2의 40승 ② 2의 50승
③ 2의 60승 ④ 2의 70승

03 공공데이터에서 제공하는 파일의 형식이 아닌 것은?
① XML ② CSV
③ JSON ④ SQL

04 다음 중 인메모리 기반의 데이터 처리와 연관된 오픈소스 프로젝트는?
① 스파크 ② 피그
③ 맵리듀스 ④ 하이브

05 다음 중 시스템의 전방에 위치하여 클라이언트로부터 다양한 서비스를 처리하고, 내부 시스템으로 전달하는 미들웨어는 무엇인가?
① 데이터베이스 ② API GW(게이트웨이)
③ ESB(Enterprise Service Bus) ④ PaaS(Platform as a Service)

06 강한 인공지능에 대한 설명으로 옳지 않은 것은?
① 훈련한 알고리즘을 보유하였다면 학습을 생략해도 된다.
② 약한 인공지능의 제한된 기능을 뛰어넘어 더 발달한 인공지능이다.
③ 강한 인공지능이라고 불릴 만한 수준의 인공지능은 아직도 개발 중이다.
④ 강한 인공지능은 범용으로 사용되기는 아직 너무 이르다.

07 개인정보 비동의 시에도 사용 가능한 경우가 아닌 것은?
① 법령상 의무를 준수하기 위하여 불가피한 경우
② 계약의 체결 및 이행을 위하여 불가피하게 필요한 경우
③ 정보 주체 또는 제3자의 급박한 생명, 신체, 재산의 이익을 위하여 필요하다고 인정되는 경우
④ 개인 편의 제공 시 합당한 이유가 존재하는 경우

08 다음 중 데이터 3법이 아닌 것은?
① 개인정보보호법
② 신용정보의 이용 및 보호에 관한 법률
③ 정보통신산업진흥법
④ 정보통신망 이용촉진 및 정보보호 등에 관한 법률

09 분석 로드맵 설정 시 우선순위로 고려해야 할 사항이 아닌 것은?
① 시급성
② 전략적 중요도
③ 분석 데이터 적용
④ 비즈니스 성과 및 ROI

10 분석 시나리오 적용을 해야 하는 이유로 가장 적절하지 않은 것은?
① 이해관계자 도출
② 업무 성과 판단
③ 분석 목표 도출
④ 최신 업무 형태 반영

11 빅데이터 분석 기획 절차는?
① 범위 설정 → 프로젝트 정의 → 위험계획 수립 → 수행계획 수립
② 범위 설정 → 프로젝트 정의 → 수행계획 수립 → 위험계획 수립
③ 프로젝트 정의 → 범위 설정 → 수행계획 수립 → 위험계획 수립
④ 프로젝트 정의 → 범위 설정 → 위험계획 수립 → 수행계획 수립

12 다음 중 데이터 분석 모델링과 관련하여 수행하는 업무가 아닌 것은?
① 데이터 분할
② 데이터 모델링
③ 모델 적용 및 운영방안
④ 프로젝트 성과 분석 및 평가 보고

13 다음 중 정형 데이터와 비정형 데이터와 관련된 설명으로 옳은 것은?
① 정형 데이터는 지정된 행과 열에 의해 데이터의 속성이 구별되는 스프레드시트 형태의 데이터이다.
② 형태소는 정형 데이터를 분석하기 위한 단위이다.
③ 동영상, 오디오 데이터는 정형 데이터에 속한다.
④ 비정형 데이터는 잠재적 가치가 가장 낮다.

14 개인정보 비식별화 기술에 대한 설명 중 가장 적절하지 않은 것은?
① 범주화 : 데이터의 값을 범주의 값으로 변환하여 값을 변경하는 기술
② 데이터 마스킹 : 개인식별에 중요한 데이터값을 삭제하는 기술
③ 총계처리 : 데이터의 총합값으로 처리하여 개인 데이터의 값을 보이지 않도록 하는 기술
④ 가명처리 : 개인식별에 중요한 데이터를 식별할 수 없는 다른 값으로 변경하는 기술

15 개인정보에 노이즈를 추가해서 개인정보보호와 데이터 분석을 모두 진행할 수 있는 방법은?
① K-익명성
② L-다양성
③ 개인정보차등보호
④ 가명화

16 다음 중 고품질 데이터의 특성이 아닌 것은?
① 일관성(Consistency)
② 정확성(Accuracy)
③ 불완전성(incompleteness)
④ 적시성(Timeliness)

17 다음 중 데이터 저장소가 아닌 것은?
① 데이터 웨어하우스
② 데이터 레이크
③ 데이터 마이닝
④ 데이터 댐

18 다음 중 빅데이터의 저장기술로 옳은 것은?

① 맵리듀스
② 직렬화
③ 가시화
④ NoSQL

19 다음 중 HDFS에 대한 설명으로 옳은 것은?

① 네임노드는 저장공간에 네임노드 데이터를 같이 저장한다.
② GFS와 동일한 소스코드를 사용한다.
③ ETL, NTFA가 상위 프로그램이다.
④ 복제의 횟수는 내부에서 결정된다.

20 분산파일시스템에 대한 설명으로 옳지 않은 것은?

① 여러 컴퓨터를 하나의 서버 환경에 저장한다.
② 네트워크를 통한 여러 파일을 관리 및 저장하는 개념이다.
③ 데이터베이스를 분산 저장한다.
④ x86 서버의 CPU, RAM 등을 사용하므로 장비 증가에 따른 성능 향상이 용이하다.

2과목 빅데이터 탐색

21 다음 중 이상값을 찾는 방법에 대한 설명이 아닌 것은?

① 가설 검정의 노이즈값
② 정규분포에서 표준편차가 3이상인 값
③ 박스플롯과 스캐터플롯 등에서 멀리 떨어진 값
④ 도메인 지식에서 이론적이나 물리적으로 맞지 않는 값

22 다음의 시계열 박스플롯에 대한 설명으로 적절하지 않은 것은?

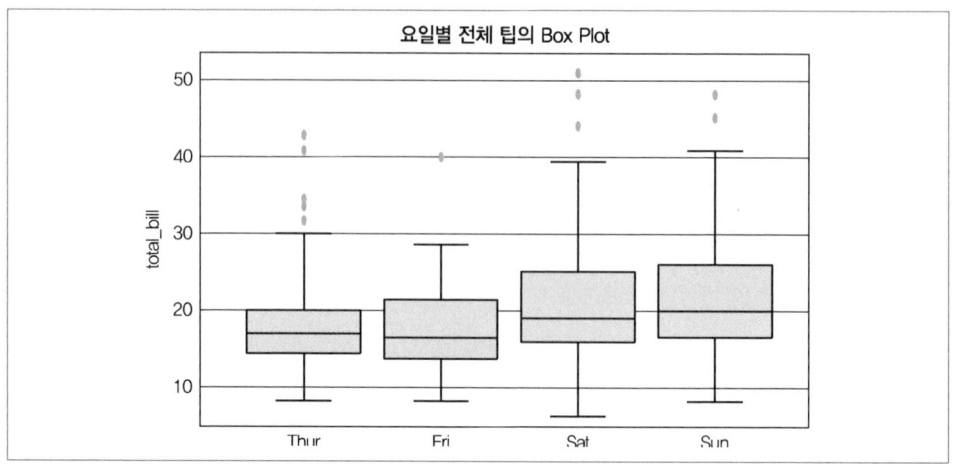

① Sat(Saturday)의 분산은 Fri(Friday)보다 크다.
② Fri(Friday)의 평균은 10에 가깝다.
③ Fri(Friday)의 이상값이 존재한다.
④ Thur(Thursday)의 1사분위수는 12에 가깝다.

23 다음 중 정규화에 대한 설명으로 옳은 것은?

① Min-Max 정규화 방법은 0과 1이다.
② Min-Max 정규화하면 Z값은 이상값에 영향을 받지 않는다.
③ 평균으로, 표준화는 1로 변환하는 방법이다.
④ 정규화와 표준화하면 표준정규분포다.

24 빅데이터 협력에 대한 설명으로 적절하지 않은 것은?

① 데이터 분석과정에서 결과를 도출한다.
② 빅데이터의 전체 분포를 검토하는 과정이다.
③ 데이터 탐색 시 패턴을 찾는 과정이다.
④ 데이터 탐색 시 잠재적 문제를 발견하는 과정이다.

25 상관관계에 대한 설명 중 틀린 것은?

① 범위는 -1에서 1사이이다.
② 상관계수는 결정계수의 제곱이다.
③ 관계를 산점도로 알 수 있다.
④ 0에 가까우면 상관성이 높다.

26 다음 중 대표값과 관련된 설명으로 옳지 않은 것은?
① 평균은 중앙값보다 이상치에 영향을 더 적게 받는다.
② 변동계수는 분산과 관련이 있다.
③ 변동률 등은 기하평균으로 구한다.
④ Q3-Q1값은 사분위수 범위를 의미한다.

27 박스플롯에서 Q3(3사분위수)보다 작은 것은?
① 중앙값 ② 평균
③ 80퍼센트 ④ Max값

28 자료의 분포가 오른쪽으로 긴 꼬리일 경우에 대한 설명으로 맞는 것은?
① 왜도>0, 최빈값<중앙값<평균 ② 왜도<0, 평균<중앙값<최빈값
③ 왜도<0, 중앙값<최빈값<평균 ④ 왜도>0, 중앙값<최빈값<평균

29 소수의 극단값 영향을 받지 않으므로 변형된 척도로서 적절한 것은?
① 범위 ② 변동계수
③ 사분위 범위 ④ 표준편차

30 다음 중 시공간 데이터가 아닌 것은?
① 지도 데이터 ② 패널 데이터
③ 패턴 데이터 ④ 격자 데이터

31 주성분 분석(PCA)에 대한 설명으로 옳지 않은 것은?
① 분산이 커지도록 한다.
② 선형 결합하여 새로운 변수를 만든다.
③ 데이터가 이산적인 경우에 사용한다.
④ 고유값이 작은 순서대로 나열해서 사용한다.

32 분석방법에 대한 설명으로 옳은 것은?

① 여러 규칙이나 방법을 찾을 때 군집분석이나 회귀분석을 사용한다.
② 수요 예측은 회귀분석 등 연속 데이터를 활용한 모델 등을 통해서나 인공신경망을 통해 분석이 가능하다.
③ 동일한 공간상 비교한 상표들의 상대적 위치를 나타내는 분석방법은 요인분석이다.
④ 일정한 단위시간의 변화에 따른 개개의 상품이나 상품의 집합체에 관한 경제 변량의 기본적 관계를 나타내는 계수를 추정 및 분석하는 방법은 차원축소 방법론을 적용한다.

33 비정형 텍스트 데이터 전처리 기법으로 옳지 않은 것은?

① API(Application Programming Interface)
② 토큰화(Tokenizing)
③ 어간추출(Stemming)
④ 품사태깅(POS Tagging)

34 정규 모집단 $N(50, 2^2)$에서 크기 n=16의 표본을 무작위 추출할 때 표본평균분포의 표준편차, 또한 표본평균이 $\overline{X}$=51 이상일 때의 표준화 점수와 이에 대한 분포로 옳은 것은?

① $\sigma_{\overline{x}}=\frac{1}{2}$, z=2, N(0, 1)
② $\sigma_{\overline{x}}=1$, z=2, $N(50, 2^2)$
③ $\sigma_{\overline{x}}=\frac{1}{2}$, z=2, $N(50, 2^2)$
④ $\sigma_{\overline{x}}=1$, z=2, N(0, 1)

35 이산확률변수 X에 대해 E(X)=4, $E(X^2)$=25일 때, 확률변수 Y=3X-4의 평균과 분산으로 옳은 것은?

① E(Y)=8, V(Y)=81
② E(Y)=16, V(Y)=9
③ E(Y)=8, V(Y)=25
④ E(Y)=16, V(Y)=81

36 정규분포의 설명으로 옳지 않은 것은?

① 왜도가 3, 첨도가 0이다.
② 직선 x=μ(평균)에 대하여 대칭인 종 모양의 곡선이다.
③ 곡선과 x축으로 둘러싸인 영역의 넓이는 1이다(확률의 총합은 100%이다).
④ 정규분포의 모양은 평균이 동일할 때 중심축도 동일하다.

37 포아송분포는 발견 시 적합도 검정을 한다. 다음 중 옳은 설명을 고르면?

> ㄱ. 하루에 몇 원인지 평균을 구해야 한다.
> ㄴ. 카이제곱이 클수록 귀무가설 기각 가능성이 높아진다.
> ㄷ. 자유도는 4이다.

① ㄱ, ㄴ
② ㄱ, ㄷ
③ ㄴ, ㄷ
④ ㄱ, ㄴ, ㄷ

38 표준화와 표준정규분포에 관한 설명으로 적절한 것은?

① 표준화는 각 요소에서 평균을 뺀 값을 분산으로 나눈다.
② 표준화의 최대값은 1이다.
③ 표준화의 표준편차는 0이다.
④ 정규분포를 표준화하면 표준정규분포가 된다.

39 초기하분포의 설명으로 적절한 것은?

① 확률변수로서의 일정확률의 베르누이 시행에서 성공횟수를 가진다.
② 성공확률은 일정하지 않다.
③ 각 시행은 독립이다.
④ 연속확률분포를 따른다.

40 다음 사례의 귀무가설 검정으로 옳은 것은?

> 사람의 평균수명을 알아보기 위해 사람의 100명을 표본으로 추출하여 조사하였더니 평균 72.4년으로 나타났다. 모표준편차를 12년으로 가정할 때, 현재 평균수명은 70년보다 길다고 할 수 있는가를 검정하려고 한다(유의수준 $\alpha=0.05$).

① 표준정규확률변수 $z=2$, 귀무가설 채택
② 표준정규확률변수 $z=2$, 귀무가설 기각
③ 표준정규확률변수 $z=3$, 귀무가설 채택
④ 표준정규확률변수 $z=3$, 귀무가설 기각

3과목 빅데이터 모델링

41 연속형 자료의 분석기법이 아닌 것은?
① 인공신경망
② 선형회귀분석
③ 서포트벡터머신
④ 의사결정나무

42 비지도학습 알고리즘 유형으로 알맞은 것은?
① 회귀분석
② 로지스틱 회귀분석
③ 서포트벡터머신
④ 군집분석

43 하이퍼파라미터의 최적화 기법으로 옳지 않은 것은?
① 경사하강법(Gradient Descent)
② 격자탐색(Grid Search)
③ 무작위탐색(Random Search)
④ 베이지안 최적화(Bayesian Optimization)

44 선형회귀분석의 오차항의 특징이 아닌 것은?
① 선형성
② 정규성
③ 독립성
④ 등분산성

45 아래의 수식이 나타내는 회귀분석은?

$$MSE(\theta) + \alpha \frac{1}{2} \sum_{i=1}^{p} \theta_i^2$$

① 라쏘회귀
② 릿지회귀
③ 엘라스틱넷
④ 단순회귀

46 로지스틱 회귀분석에 대한 설명으로 잘못된 것은?

① 자료형이 범주형을 갖는 경우 사용하는 분석기법이다.
② 분류에 주로 사용한다.
③ Y값은 0과 1사이이다.
④ 대표적인 비지도학습 알고리즘이다.

47 회귀분석 log(odds)=b+ax에 대한 설명으로 가장 거리가 먼 것은?

① a, b 둘 다 0이면 y확률은 0이다.
② Log 연산을 통해 $-\infty$와 $+\infty$ 사이의 Logit을 획득한다.
③ 오즈(Odds)는 클래스 1에 속하는 확률에 대한 클래스 0에 속하는 확률의 비이다.
④ 승산비(Odd Ratio)는 사건이 발생할 확률과 발생하지 않을 확률 간의 비율이다.

48 다음 중 의사결정나무에 대한 설명 중 틀린 것은?

① 가지에 하나가 남을 때까지 진행한다.
② 불순도란 복잡성을 의미하며, 해당 범주 안에 서로 다른 데이터가 얼마나 섞여 있는지 뜻한다.
③ 분류(Classification)와 회귀(Regression)에서 모두 사용할 수 있다.
④ 일반적으로 지도학습으로 알려져 있다.

49 인공지능에 대한 설명으로 가장 거리가 먼 것은?

① 모델 예측값과 실제값의 오차인 손실 함수(Loss Function, 비용 함수)는 인공지능 학습에서, 최적화된 비용에 관련된 모든 변량에 대하여 어떤 관계를 나타내는 함수이다.
② 일반적으로 여러 개의 은닉층을 가진 신경망을 통해 데이터를 학습하는 것을 딥러닝이라 한다.
③ 딥러닝은 인공신경망으로 발전했다.
④ 인공신경망의 기울기 소멸 문제로 인해 암흑기가 발생했던 적이 있다.

50 인공신경망의 단층퍼셉트론으로 문제 해결이 불가능한 논리회로는?

① AND
② OR
③ NOR
④ XOR

51 다음 중 연관분석 기법으로 적절한 것은?

① 회귀분석
② 선험적 규칙(Apriori)
③ 군집분석
④ 윌콕슨순위합검정

52 다음 중 비지도학습에 대한 설명으로 적절한 것은?

① 정답을 가르쳐주지 않고, 회귀분석　② 정답을 가르쳐주고, 회귀분석
③ 정답을 가르쳐주지 않고, 군집분석　④ 정답을 가르쳐주고, 군집분석

53 맨하탄 거리로 계산했을 때, 점 A에서 3번째로 가까운 점의 거리는?

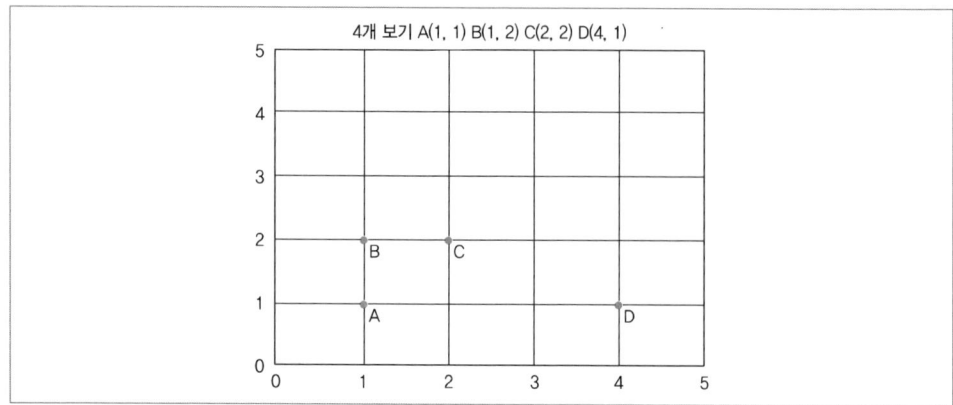

① 1　② 2
③ 3　④ 4

54 통계에서 평균에 대한 차이검정으로 모집단이 3개 이상일 때 사용하는 분석방법으로 가장 알맞은 것은?

① t검정　② z검정
③ 분산분석　④ 상관분석

55 다음 설명하는 시계열의 특성은 무엇인가?

> 중/장기적, 반복적 발생빈도가 없는 패턴을 뜻한다.

① 추세요인　② 계절요인
③ 주기요인　④ 불규칙요인

56 다음 그림에서 부울 함수(Boolean Function)로 표현할 수 있는 나이브 베이지안 함수로 일치하는 것은?

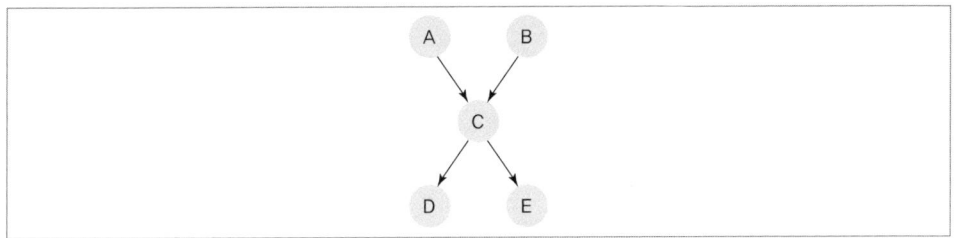

① P(A,B|C)=P(A)×P(B|C)
② P(A,B,C|E)=P(A|C)×P(B|C)×P(C|C)
③ P(A,B|C)=P(A|C)×P(B|C)
④ P(A,E|C)=P(A|C)×P(E|C)

57 오토인코더에 대한 설명으로 적절하지 않은 것은?

① 비지도학습이다.
② 사전학습으로 사용된다.
③ 입력 수는 은닉층 수보다 항상 작다.
④ 인코드 입력 수와 디코드 출력 수는 동일하다.

58 텍스트 문맥 파악을 위해서 단어 단위로 끊어서 판별하는 기법은?

① 토픽모델링
② 엔그램(N-gram)
③ TF-IDF
④ 워드클라우드

59 다음 설명 중 배깅에 대한 내용으로 가장 옳은 것은?

① 편향이 낮은 과소적합 모델을 사용한다.
② 편향이 높은 과적합 모델을 사용한다.
③ 부트스트랩 자료를 생성하고 각 부트스트랩 자료를 결합하여 최종 예측 모델을 산출한다.
④ 가중치를 활용하여 약분류기를 강분류기로 만드는 방법이다.

60 비모수 통계 분석기법인 윌콕슨 부호 순위(Wilcoxon Signed Rank) 검정과 윌콕슨 순위 합(Wilcoxon Rank Sum) 검정에 대한 설명 중 가장 옳지 않은 것은?

① 윌콕슨 부호 순위는 일변량 검정이다.
② 윌콕슨 순위 합은 이변량 검정이다.
③ 주로 30개 이하의 적은 샘플일 때 사용한다.
④ 윌콕슨 부호 순위 검정은 검정 결과가 대칭되어야만 검정 가능하다.

4과목 빅데이터 결과해석

61 ROC 곡선의 설명으로 옳은 것은?
① 민감도가 1, 특이도가 0인 점을 지난다.
② 민감도가 0, 특이도가 1인 점을 지난다.
③ 특이도가 증가하는 그래프이다.
④ 거짓 양성률 그래프는 민감도가 1, 특이도가 1인 점을 지난다.

62 y=0 혹은 y=1 값을 가지는 이진분류 분석에서 y=1의 값이 y=0 값의 2배일 때, 민감도, 특이도, 정확도에 대한 설명으로 적절한 것은?
① 민감도와 특이도 둘 다 1일 때 정확도는 1이다.
② 특이도가 1일 때 정확도는 1/2이다.
③ 민감도가 1/2일 때 정확도는 1/2이다.
④ 민감도와 특이도가 0일 때 정확도도 특이도와 같다.

63 실루엣 계수를 이용한 최적의 군집분석 개수는?

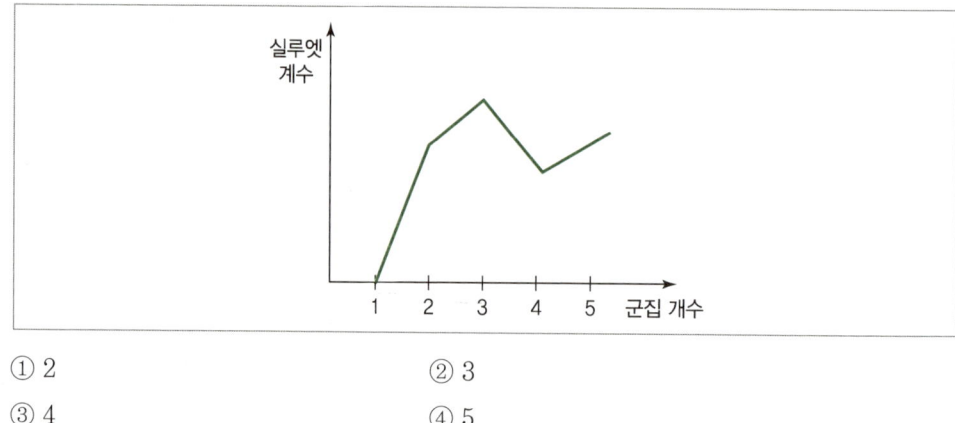

① 2　　　　　　　　　② 3
③ 4　　　　　　　　　④ 5

64 혼동행렬에서의 FN에 대한 해석으로 올바른 것은?
① 예측값 False, 실제값 False　　② 예측값 False, 실제값 True
③ 예측값 True, 실제값 False　　④ 예측값 True, 실제값 True

65 데이터 불균형이 있을 경우 사용하는 평가지표로 옳지 않은 것은?

① 민감도 ② 정확도
③ 특이도 ④ ROC곡선

66 다음 중 홀드아웃과 관련된 데이터가 아닌 것은?

① 중간 데이터 ② 학습 데이터
③ 검증 데이터 ④ 테스트 데이터

67 K-fold 교차검증(CV ; Cross Validation)에 대한 설명 중 옳지 않은 것은?

① 학습 데이터(훈련 데이터)와 검증 데이터 혹은 테스트 데이터로 분할한다.
② k=3 이상만 가능하다.
③ k개의 균일한 서브셋으로 나눈다.
④ k-1개의 부분집합을 학습 데이터로 사용한다.

68 A 제품에 대한 인지도 조사결과가 아래와 같을 때, 이에 대한 설명으로 옳지 않은 것은?

	알고 있다	모른다	계
아이가 있는 남성(명)	460	40	500
아이가 없는 남성(명)	440	60	500
계	900	100	1000

① A 제품을 알고 있을 확률은 0.9이다.
② 아이가 있는 남자이면서 A 제품을 모르고 있을 확률은 0.04이다.
③ 아이가 없는 남자이면서 A 제품을 모르고 있을 확률은 0.06이다.
④ 아이가 없는 남자 중에서 A 제품을 알고 있을 확률은 0.96이다.

69 다음 관측값에 대한 설명으로 옳지 않은 것은?

54, 46, 60, 40

① 기대빈도는 50이다.
② 모비율 P(54)는 1/4이다.
③ 카이제곱값은 4.64이다.
④ 카이제곱(3)=7.8이라면, 귀무가설을 기각한다.

70 다음 중 아래 예시에 적합한 유의성 검정을 고르면 무엇인가?

> 어느 중학교에서 1학년 학생들의 키 차이가 2학년이 되면 더 커질 것이라고 예상된다. 1학년에서 6명을 뽑고, 2학년에서 8명을 뽑아서 각각의 키 분산을 조사해 봤더니, 1학년의 분산은 10.0이었고, 2학년의 분산은 50.0이었다. 두 모집단의 분산은 같다고 볼 수 있는지 검정하라. (유의수준 $\alpha=0.05$)

DEGREE OF NUMERATOR (V1)

V2	1	2	3	4	5	6	7	8	9	10
1	161.45	199.50	215.71	224.58	230.16	233.99	236.77	238.88	240.54	241.88
2	18.51	19.00	19.16	19.25	19.30	19.33	19.35	19.37	19.38	19.40
3	10.13	9.55	9.28	9.12	9.01	8.94	8.89	8.85	8.81	8.79
4	7.71	6.94	6.59	6.39	6.26	6.16	6.09	6.04	6.00	5.96
5	6.61	5.79	5.41	5.19	5.05	4.95	4.88	4.82	4.77	4.47
6	5.99	5.14	4.76	4.53	4.39	4.28	4.21	4.15	4.10	4.06
7	5.59	4.74	4.36	4.12	3.97	3.87	3.79	3.73	3.68	3.64
8	5.32	4.46	4.07	3.84	3.69	3.58	3.50	3.44	3.39	3.35
9	5.12	4.26	3.86	3.36	3.48	3.37	3.29	3.23	3.18	3.14
10	4.96	4.10	3.71	3.48	3.33	3.22	3.14	3.07	3.02	2.98

① F 통계량, p-value<유의수준, 귀무가설 채택
② F 통계량, p-value<유의수준, 귀무가설 기각
③ 카이제곱, p-value<유의수준, 귀무가설 채택
④ 카이제곱, p-value<유의수준, 귀무가설 기각

71 정준연결(Canonical link)의 로그 함수로 알맞은 것은?

① 정규분포　　　　② 베르누이분포
③ 포아송분포　　　④ 감마분포

72 다음 중 포아송분포에 대한 적합도 검정을 할 때, 옳지 않은 것은?

① 하루에 일어나 사건에 대한 평균을 구해야 한다.
② 카이제곱이 클수록 귀무가설을 기각한다.
③ 람다는 어떤 일정 시간과 공간의 구간 안에서 발생한 실제 사건 수를 의미하지 않는다.
④ P값이 유의수준보다 작으면 귀무가설을 기각한다.

73 과대적합 방지 대책방법으로 옳지 않은 것은?
① 정규화(Regularization)　② 배치 정규화(Batch Regulation)
③ 드롭아웃(Drop-Out)　④ 맥스풀링(Max Pooling)

74 다음 중 시공간 시각화 기법으로 가장 알맞은 것은?
① 히스토그램　② 체르노프 페이스
③ 평행좌표계　④ 지도맵핑

75 보고서 작성 시 적합한 방법으로 가장 거리가 먼 것은?
① 전문용어를 많이 사용한다.
② 쉽게 이해할 수 있도록 작성한다.
③ 비즈니스에 사용할 수 있도록 한다.
④ 보고서를 통해 성과기준과 기여도를 표현할 수 있도록 한다.

76 다음 중 비교그래프가 아닌 것은?
① 막대그래프　② 히트맵
③ 레이더 차트　④ 산점도

77 누적 히스토그램에 대한 설명으로 가장 거리가 먼 것은?
① 범주형과 수치형 모두의 분포를 알 수 있다.
② 히스토그램의 y축을 평균으로도 나타낼 수 있다.
③ 누적 히스토그램은 누적 확률밀도함수와 반비례적인 행태를 보인다.
④ 계급수를 잘 정해야 정확한 분포 파악이 가능하다.

78 다음 그래프의 이름으로 적절한 것은?

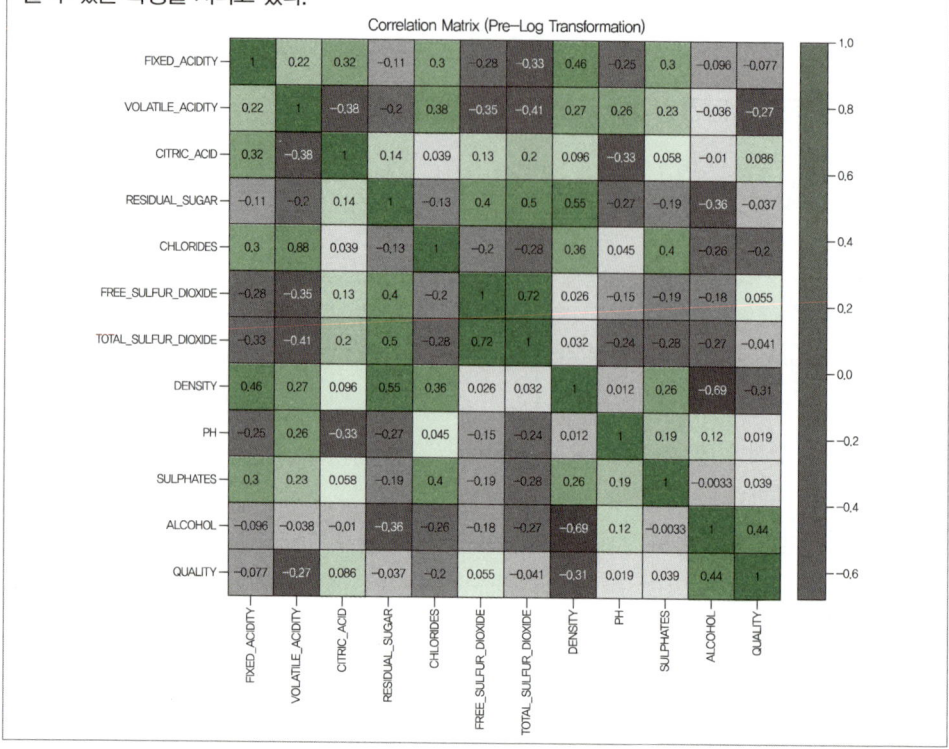

반복을 통해 점진적으로 개발해나가는 방법으로 처음 시도하는 프로젝트에는 적용이 용이하지만, 반복에 대한 효과적인 관리 체계를 갖추지 못할 경우에는 복잡도가 급격히 상승하여 프로젝트 진행이 어려울 수 있는 특징을 지니고 있다.

① 히트맵
② 트리맵
③ 영역차트
④ 누적영역차트

79 효과적인 인포그래픽의 조건 중 가장 적절하지 않은 것은?
① 쉽게 이해할 수 있도록 그래픽과 텍스트를 조합해 사용한다.
② 실용적 메시지 전달을 위해 차트, 다이어그램, 일러스트레이션 등을 사용한다.
③ 인포메이션(Information)과 시각적 그래프의 합성어이다.
④ 최대한 많은 정보를 담는다.

80 분석 모델 리모델링 및 활용 과정별 명칭과 설명에 대하여 잘못 짝지어진 것은?
① 최적화(Optimization) : 조건 변화나 가중치 변화 시 계수조정 또는 제약조건 추가로 재조정하여 손실 함수를 줄인다.
② 일반화(Generalization) : 기존 데이터가 아닌 새로운 데이터를 넣으면 처음부터 학습시켜야 한다.
③ 표준화(Standardization) : 데이터 요소들을 평균이 0이고 분산이 1인 분포로 변형한다.
④ 정규화(Normalization) : 특성값의 범위를 [0, 1]로 옮긴다.

CHAPTER 06 제3회 기출복원문제

1과목 빅데이터 분석 기획

01 다음 중 Hadoop ecosystem 중 HDFS에 저장되어 있는 데이터에 대해 ETL 작업을 지원하는 것은 무엇인가?
① Pig
② HBase
③ Oozie
④ Sqoop

02 데이터 분석 기획 시 고려해야 할 사항으로 적절하지 않은 것은?
① 분석의 기본인 가용 데이터에 대한 고려사항
② 분석을 통해 가치가 창출될 수 있는 적절한 활용 방안과 유즈케이스 탐색
③ 분석 분야 및 결론에 대한 사전 시나리오 확정
④ 분석 수행 시 발생하는 장애요소들에 대한 사전계획 수립 고려

03 데이터 웨어하우스 구축 시 데이터를 추출하여 목적에 맞게 변환, 정제하여 적재하는 기능을 담당하는 기술은 무엇인가?
① CDC(Change Data Capture)
② ETL(Extract Transform Load)
③ HDFS(Hadoop Distributed File System)
④ API(Application Programming Interface)

04 가트너가 정의한 빅데이터의 특징인 3V에 속하지 않는 것은?
① 규모(Volume)
② 속도(Velocity)
③ 다양성(Variety)
④ 정확성(Veracity)

05 분석 마스터 플랜에 대한 설명으로 적절한 것은?

① 데이터 기반 구축을 위해서는 분석 과제를 대상으로 전략적 중요도, 비즈니스 성과 및 ROI를 우선 순위로 고려하나, 실현 용이성은 고려 대상이 아니다.

② ROI 관점에서 빅데이터 핵심 특징을 확인하면 투자요소는 Volume, Veracity, Velocity가 있으며, 비즈니스 효과 요소는 Variety가 있다.

③ 데이터 분석 체계의 특징은 데이터 수집, 분석, 분석 및 모델링 전체를 반복하면서 진행하는 것이다.

④ 분석 마스터 플랜은 중장기 마스터 플랜 수립과제 도출, 우선순위 평가, 과제별 이행계획 수립 순으로 진행한다.

06 빅데이터 분석 방법론의 데이터 분석 단계에서 수행하는 업무로 적절하지 않은 것은?

① 탐색적 데이터 분석 후 데이터 시각화
② 테스트 데이터 확인 및 추출 후 텍스트 데이터 분석
③ 모델 평가 후 모델 검증
④ 데이터 수집 및 저장 적합성 점검

07 다음 중 데이터 사이언티스트의 능력을 여러 데이터 전문가의 업무와 비교하여 차이를 설명한 것 중 거리가 먼 것은?

① 데이터 가공 과정을 소프트웨어로 자동화하여 필요로 하는 데이터를 만드는 시스템을 개발하는 능력

② IT와 소프트웨어 개발 역량으로, 비즈니스 문제를 해결하기 위한 데이터 수집, 가공, 분석단계와 절차를 설계하고 구현할 수 있는 능력

③ 비즈니스 문제를 정확히 정의하고 문제를 해결할 수 있는 모델과 알고리즘으로 변환시킬 수 있는 능력

④ 문제를 해결할 수 있는 모델로 변환한 비즈니스 문제를 IT와 소프트웨어 개발 역량으로 체계적이고 자동화되는 방식으로 분석, 해결할 수 있는 능력

08 다음 중 개인정보보호법에서 확인할 수 있는 개인정보 보호 원칙이 아닌 것은?

① 개인정보 처리자는 정보 주체의 사생활 침해를 최소화하는 방법으로 개인정보를 처리하여야 한다.
② 개인정보 처리자는 개인정보의 처리 목적에 필요한 범위에서 적합하게 개인정보를 처리하여야 하며, 그 목적 외의 용도로 활용해서는 아니 된다.
③ 개인정보 처리자는 개인정보 처리 방침 등 개인정보의 처리에 관한 사항을 공개하여만 하며, 필요에 따라서 열람청구권 등 정보 주체에게 제공을 허용한다.
④ 개인정보 처리자는 개인정보의 처리 방법 및 종류 등에 따라 정보 주체의 권리가 침해받을 가능성과 그 위험 정도를 고려하여 개인정보를 안전하게 관리하여야 한다.

09 기존의 기계학습 알고리즘과 비교한 빅데이터 기반의 인공지능 기술의 장점으로 적절하지 않은 것은?

① 컴퓨팅 및 저장 기술의 발전으로 더욱 데이터를 효율적으로 처리할 수 있다.
② 다른 영역의 문제 해결에 지식을 확장할 수 있다.
③ 사람이 특정 문제에서 경험한 Insight를 활용해 문제 해결 및 독창적 접근 성과를 얻을 수 있다.
④ 시각, 청각과 같은 특정 영역에서 인간 수준 또는 그 이상을 구현할 수 있다.

10 빅데이터 분석 절차 5단계 중 아래에서 설명하는 단계는?

> 데이터 분석을 통한 개선사항을 도출하기 위하여 분석하고자 하는 과제 현황을 파악하고 분석하여 이를 통한 개선과제를 정의한다.

① 분석 목표 수립　　② 도메인 이슈 도출
③ 프로젝트 계획 수립　　④ 빅데이터 분석 결과 시각화

11 2018년 5월 25일에 시행된 EU의 개인정보보호법으로 정보 주체 권리와 기업의 책임 강화, 그리고 개인정보 역외 이전 등을 주요 내용으로 하는 법령은 무엇인가?

① General Data Protection Regulation
② Data Protection Officer
③ Data Protection Directive
④ Regulation Data Protection Directive

12 재현 데이터(Synthetic Data)에 대한 설명으로 적절한 것은?

① 재현 데이터는 식별자 기반 처리를 거친 자료에 비해서 감춰진 정보가 많다.
② 재현 데이터 중 부분 재현데이터는 공개하려는 변수들 중 일부만을 선택하여 재현데이터로 대체한 데이터를 의미한다.
③ 재현 데이터를 생성할 때, 데이터가 갖는 통계적 특성을 유지하는 것이 중요하다.
④ 재현 데이터는 임의로 생성한 데이터이지만 개인정보보호 관련 법규의 규제로부터 자유롭지 못하다.

13 빅데이터 저장 기술 중 키값을 이용하여 데이터를 간편하게 저장하는 방법으로 Cassandra, HBase와 같은 비정형, 반정형 데이터 처리에 유용한 기술은?

① NoSQL
② 병렬 DBMS
③ 분석 파일 시스템
④ 클라우드 파일 저장 시스템

14 다음 중 빅데이터 분석 절차의 순서로 적절한 것은?

① 분석 기획 → 데이터 준비 → 데이터 분석 → 시스템 구현 → 평가 및 전개
② 분석 기획 → 데이터 준비 → 데이터 분석 → 평가 및 전개 → 시스템 구현
③ 분석 기획 → 데이터 준비 → 시스템 구현 → 데이터 분석 → 평가 및 전개
④ 분석 기획 → 데이터 모델링 → 데이터 준비 → 데이터 분석 → 평가 및 전개

15 분석 문제 정의 단계에 대한 설명으로 가장 적절하지 않은 것은?

① 데이터 분석을 통해 달성하고자 하는 목표를 고려한다.
② 문제 정의의 주제로 개인과 조직을 나누어 고려한다.
③ 데이터의 크기와 종류(정형, 반정형, 비정형) 등을 고려한다.
④ 분석 주기는 분석 단계에서 결정할 수 있어 이 단계에서는 고려하지 않는다.

16 다음 글에서 (가)에 들어갈 용어로 적절한 것은?

> A 기업이 보유하고 있는 이용자들의 개인정보를 B 기업에게 제공하기 위해서는 이용자들의 동의를 받아야 했다. 하지만, (가)를 통하여 B 기업이 직접 이용자에게 동의를 받아 A 기업이 보유한 개인정보 제공을 요청할 수 있다.

① 마이 데이터
② 개인정보보호 포털
③ 기업 간 정보교환
④ 개인정보 동의 간소화

17 데이터 웨어하우스는 기업 내의 의사결정 지원 어플리케이션에 정보 기반을 제공하는 하나의 통합된 데이터 저장 공간을 말한다. 다음 중 데이터 웨어하우스의 고유한 특성이 아닌 것은?

① 데이터 웨어하우스에서는 특정 주제에 따라 데이터들이 분류, 저장, 관리된다.
② 데이터 웨어하우스에서 관리하는 데이터들은 시간의 흐름에 따라 변화하는 값을 저장한다.
③ 데이터 웨어하우스의 데이터들은 전사적 차원에서 일관된 형식으로 정의된다.
④ 데이터 웨어하우스에서는 데이터의 지속적 갱신에 따른 무결성 유지가 무엇보다 중요하다.

18 다음 중 민감정보에 해당하지 않는 것은?

① 사상 · 신념
② 주민등록번호
③ 건강 정보
④ 정치적 견해

19 데이터 품질의 유형 중 정확성, 객관성, 진정성 등 데이터 자체의 우수성을 나타내는 것은?

① 내재적 품질(Intrinsic)
② 접근성 품질(Accessibility)
③ 상황적 품질(Contextual)
④ 표현적 품질(Representational)

20 데이터 비식별화 기술 중 식별자 처리를 통한 식별 방지 기술로 옳지 않은 것은?

① 가명처리(Pseudonymisation)
② 데이터 삭제(Reduction)
③ 데이터 마스킹(Suppression)
④ 데이터 값 대치(Substitute)

2과목 빅데이터 탐색

21 전수조사는 대상이 되는 통계 집단의 단위를 전부 조사하는 관찰 방법이다. 다음 중 전수조사에 가장 적합한 것은?

① 비행기의 내부 부품 검사
② 태평양 연안에 서식하는 돌고래의 수 조사
③ 형광등의 수명 조사
④ 새로운 질병 치료제의 효능 검사

22 다음 중 중심경향척도가 아닌 것은 무엇인가?
① 평균
② 중앙값
③ 최빈값
④ 범위

23 다음 중 시각적 데이터 탐색의 방법이 아닌 것은?
① 히스토그램
② 상자수염그림
③ 파이 차트
④ 요약 통계량

24 주성분 분석에 대한 설명으로 옳지 않은 것은?
① 공분산이나 상관계수 행렬로부터 고유값 분해, 특이값 분해 등의 행렬 분해방법으로 추정한다.
② 원본 비흡수 행렬을 비흡수 행렬 간의 곱으로 변환하는 방법이다.
③ 차원축소 방법 중 하나이다.
④ 고차원 공간의 표본들을 저차원 공간의 표본으로 변환하기 위해 직교변환을 사용한다.

25 다음 중 중심극한정리(Central Limit Theorem)에 대한 설명으로 적절한 것은?
① 모집단의 분포가 비대칭인 경우에도 표본의 수와 상관없이 성립한다.
② 모집단의 분포가 이산형인 경우에는 중심극한정리가 성립하지 않는다.
③ 표본평균의 표본수와 무관하게 항상 성립한다.
④ 표본을 추출하는 모집단이 서로 독립적이라면 여러 모집단에서 추출한 표본들로 구해진 표본평균의 경우에도 성립한다.

26 데이터 분석 시 나타나는 이상치에 대한 설명으로 적절한 것은?
① 데이터 내에 이상치가 있을 때, 중앙값이 영향을 받는다.
② 이상치는 3*표준편차 이내의 값들을 의미한다.
③ 시각화, ESD 방법 등을 통해서 발견할 수 있다.
④ 데이터 분석 전에 이상치 처리 시간이 적게 걸린다.

27 기술 통계량 중 평균(mean)에 대한 설명으로 옳은 것은?
① 이상치의 영향을 적게 받는다.
② 개별 관측치의 단위와 같다.
③ 사분위수 중 2사분위수이다.
④ 첨도와 비례하는 값이다.

28 상관관계분석에서 사용되는 상관계수에 대한 설명으로 적절한 것은?
① 범주형 변수들 간의 상관계수는 -1~1 사이의 값으로 나타낼 수 있다.
② 상관계수를 통해 두 변수의 평균 차이가 있는지 확인할 수 있다.
③ 상관계수의 절대값이 0에 가까울수록 강한 상관관계가 있다고 할 수 있다.
④ 상관계수가 +1에 가까워질수록 양의 상관관계가 강하다고 할 수 있다.

29 포아송분포를 따르는 확률변수 X의 평균이 4이고 포아송분포를 따르는 확률변수 Y의 평균이 9일때, $E\left(\dfrac{3X+2Y}{6}\right)$, $V\left(\dfrac{3X+2Y}{6}\right)$의 값을 각각 구하면? (단, 확률변수 X와 Y는 서로 독립이다.)
① 3, 2
② 3, 4
③ 5, 2
④ 5, 4

30 차원축소 방법에 대한 설명으로 적절하지 않은 것은?
① 중요한 특성을 가진 변수와 유사한 변수는 차원축소 대상에 포함되지 않는다.
② 중요변수의 선정은 의사결정나무 분석을 통해 가능하다.
③ 상관관계분석을 통해서 차원축소할 수 없다.
④ 차원축소 방법으로는 feature selection과 feature extraction이 있다.

31 다음 중 불균형 데이터가 데이터 분석 결과에 미치는 영향과 거리가 먼 것은?
① 데이터의 클래스 비율의 차이가 크게 나면 단순히 우세한 클래스를 선택하는 모형의 정확도가 높아지므로 모형의 성능 판별이 어려워진다.
② 정확도(Accuracy)는 실제값과 예측값이 동일한 데이터의 비율을 말하며, 학습용 데이터의 클래스 불균형일 때, 결과 분석의 왜곡이 될 수 있다.
③ 정확도(Accuracy)가 높아도 데이터 개수가 적은 클래스의 정밀도(Precision)가 급격히 작아지는 현상이 발생한다.
④ 오버샘플링(Over-sampling)은 데이터를 복제하는 것으로 해당 데이터로 학습한 모형은 Overfitting의 문제를 가지고 있다.

32 데이터 정제 단계에 대한 설명으로 적절한 것은?
① 결측값을 대치하거나 제거, 이상치를 발견, 제거 등의 하는 단계이다.
② 내·외부의 데이터를 수동 또는 자동으로 수집하여 통합하는 단계이다.
③ 분석에 활용할 수 있는 데이터로 변환하는 단계이다.
④ ETL 프로그램을 개발하는 단계이다.

33 주성분 분석에 대한 설명 중 적절하지 않은 것은?
① 주성분 분석은 차원 축소의 기법 중 하나이다.
② 공분산 행렬로부터 계산된 고유값의 합은 원 변수들의 분산의 합과 같다.
③ 주성분 계수의 값은 공분산 행렬로부터 고유치를 통해서 구한다.
④ 주성분 분석에서 주성분은 분산이 작은 순서대로 결정된다.

34 다음 중 변수 스케일링에 대한 설명으로 적절하지 않은 것은?
① 분석 이전에 변수들의 범위 혹은 분포를 같게 만드는 작업이다.
② 변수의 분포를 평균이 0, 분산이 1인 표준정규분포형태로 변환하는 방법이 있다.
③ 데이터들의 범위를 0에서 1사이로 변환하는 min-max 방법이 있다.
④ 데이터의 분포가 치우쳐져 있을 경우에는 정규화로 변환하는 방법이 있다.

35 표본추출 방법 중 집단 내에서는 이질적이고 집단 간에는 동질적이라는 특성을 가진 방법은?
① 집락추출법
② 층화추출법
③ 비례추출법
④ 계통추출법

36 좋은 추정량의 성질에 대한 설명 중 틀린 것은?
① 불편성 : 편의(치우침)가 없는 성질
② 충분성 : 어떤 추정량이 모수에 대해 최소한의 정보를 제공하는가 여부를 나타내는 성질
③ 일치성 : 표본 크기가 커질수록 추정량이 모수에 점근적(asymptotic)으로 근접하는 성질
④ 효율성 : 추정량 분산이 작게 나타나는 성질

37 박스-콕스(Box-Cox) 변환에 대한 설명으로 적절하지 않은 것은?
① 변수 변환 방법의 하나이다.
② 로그 변환과 거듭곱 변환을 포함한다.
③ 파생변수를 만들어 설명력과 분석모형의 성능을 높인다.
④ 정규성을 가정하거나 정상성을 요구하는 분석법을 사용하기 전에 전처리에 유용하게 쓰인다.

38 통계분석의 결과를 확인할 때 자주 확인되는 유의확률(p-value)에 대한 설명으로 옳은 것은?
① 가설검정에 사용되는 검정통계량에 해당하는 확률이다.
② 가설검정에 사용되는 임계치에 해당하는 확률이다.
③ 귀무가설이 참일 때, 이를 기각할 확률이다.
④ 귀무가설이 거짓일 때, 이를 기각할 확률이다.

39 다음 중 기초통계량에 대한 설명 중 적절하지 않은 것은?
① 조화평균은 데이터의 역수를 산술평균한 후 그 값을 다시 역수로 변환한 값으로 속력계산에 주로 사용한다.
② 기하평균은 데이터를 곱한 후 그 값에 루트를 씌운 값으로 성장률의 평균 등을 계산할 때 사용한다.
③ 산술평균은 데이터의 총 합을 개수로 나눈 것으로 가장 많이 사용하는 평균이다.
④ 중앙값은 데이터를 오름차순으로 정렬했을 때, 중앙에 해당하는 값으로 이상치의 영향을 받는다.

40 모집단의 평균을 추정하기 위해 크기가 n인 확률표본을 추출해 표본평균으로 사용할 때, 표본평균의 분포에 대한 설명으로 적절하지 않은 것은?
① n이 크다는 것은 수집된 정보의 양이 많다고 할 수 있다.
② 모집단이 정규분포를 따르면 n의 크기에 상관없이 표본평균의 분포는 정규분포를 따른다.
③ 표본의 크기를 늘림에 따라 표본평균 분포의 표준편차는 작아진다.
④ 표본의 크기 n을 늘림에 따라 표본평균의 분포는 대칭에 가까워져 정규분포로 접근한다.

3과목 빅데이터 모델링

41 인공신경망의 출력노드에 활성화 함수로 softmax를 적용했을 때의 결과로 적절하지 않은 것은?
① 3개 이상으로 분류하는 다중 클래스 분류에서 사용할 수 있다.
② 모든 노드의 출력값을 더하면 항상 1이다.
③ 출력값의 분산이 1이다.
④ 각 노드의 출력값을 해당 클래스에 속할 확률로 볼 수 있다.

42 중회귀분석을 수행할 때, 다중공선성에 대한 대책으로 적절하지 않은 것은?
① Ridge 회귀분석을 활용할 수 있다.
② 모든 변수를 각 변수의 중앙값으로 빼고 회귀분석을 진행한다.
③ 주성분 분석을 통해 설명력이 높은 변수를 선택한다.
④ 상관관계가 높은 독립변수 중 하나 혹은 일부를 제거한다.

43 다음 중 심층신경망에 대한 설명으로 옳지 않은 것은?
① 심층신경망을 학습시킬 때, 모델이 복잡하고 커질수록 오버피팅 될 위험과 학습 시간이 느려지는 단점이 있다.
② 공변량 변화(covariate shift)는 공변량(학습 데이터)의 분포가 테스트 데이터의 분포가 다른 상황을 해결할 수 있다.
③ 심층신경망에서 활성화 함수로 비선형 함수를 사용한다.
④ 심층신경망 학습 시 각 데이터에서 loss를 계산할 때 클래스가 적은 데이터에 작은 loss를 갖도록 하여 불균형 문제를 해결할 수 있다.

44 다음 중 분해 시계열의 요인으로 해당하지 않는 것은?
① 정상요인　　　　　　　② 추세요인
③ 계절요인　　　　　　　④ 불규칙요인

45 딥러닝에서 사용되는 활성화 함수에 대한 설명으로 적절하지 않은 것은?

① 시그모이드 함수를 사용하여 기울기 소실 문제를 줄일 수 있다.
② ReLU는 x<0인 값들에 대해 기울기가 0이기 때문에 뉴런이 죽을 수 있는 단점이 있다.
③ 은닉노드의 활성화함수는 비선형 함수이다.
④ Tanh 함수의 출력 범위는 −1에서 1사이로 나타난다.

46 분석모형 구축 시 데이터 분할에 대한 설명으로 적절하지 않은 것은?

① 학습 데이터와 테스트 데이터는 일부가 일치해도 무방하다.
② 검증 데이터는 구축된 모형의 과대추정 또는 과소추정을 미세 조정하는 데 활용한다.
③ 검증 데이터와 테스트 데이터가 같아도 무방하다.
④ 홀드아웃 방법은 데이터를 학습용 데이터, 시험용 데이터 2가지로 분리하여 사용하는 방법이다.

47 목표변수가 이산형일 때, 의사결정나무의 노드 분리 기준으로 사용할 수 없는 기준값은?

① 카이제곱 통계량
② 엔트로피 지수
③ F-통계량
④ 지니지수

48 ARIMA 모형에 대한 설명으로 적절하지 않은 것은?

① 시계열 데이터의 정상성을 가정한다.
② 현재값을 과거값과 과거 예측오차를 통해 설명한다.
③ 과거 데이터가 지니고 있던 추세까지 반영하게 되어 Correlation을 집중적으로 고려한 모델이다.
④ 모수는 AR 모형의 Lag를 의미하는 p, MA 모형의 Lag를 의미하는 q, 차분 횟수인 d로 총 3개이다.

49 비모수 추론에 대한 설명으로 적절하지 않은 것은?

① 순위척도 데이터에 적용할 수 있다.
② 모집단의 분포에 대한 가정이 필요하지 않다.
③ 비모수 추론에서 사용되는 통계량은 주로 평균을 사용한다.
④ 이상값의 영향을 덜 받는다.

50 아래의 각 문제에 대한 적합한 분석모형으로 짝지어진 것은?

> A) 산업용 로봇팔의 운동 최적화 문제
> B) 강아지 이미지를 입력하면 강아지에 대한 정보를 제공하는 문제
> C) 주차장 요금정산을 위한 번호판 인식 시스템을 구성하는 문제
> D) 영화 리뷰 글 또는 댓글의 긍/부정을 판단하는 문제

① A) 강화학습, B) 순환신경망+컨볼루션 신경망, C) 컨볼루션 신경망, D) 순환신경망
② A) 강화학습, B) 순환신경망, C) 순환신경망+컨볼루션 신경망, D) 컨볼루션 신경망
③ A) 컨볼루션신경망, B) 컨볼루션 신경망, C) 강화학습, D) 순환신경망
④ A) 컨볼루션신경망, B) 강화학습, C) 순환신경망, D) 컨볼루션 신경망

51 로지스틱 회귀분석에 대한 설명으로 적절하지 않은 것은?
① 모형의 독립변수에는 범주형, 연속형 변수 모두 사용 가능하다
② 오차항의 등분산성 가정이 만족되어야 한다.
③ 종속변수와 독립변수를 비선형 관계로 가정한다.
④ 독립변수의 개수가 2개 이상이 될 수 있다.

52 이전 분류기의 학습 결과를 기반으로 학습 데이터의 샘플 가중치를 조정하여 모델을 구축하는 앙상블 방법은?
① 배깅
② 부스팅
③ 랜덤포레스트
④ 스태킹

53 다음 중 13명을 대상으로 약 복용 전후의 취침 시간을 측정하여 약이 취침시간에 영향을 미치는지를 검정할 때 사용할 수 있는 비모수 검정법은 무엇인가?
① 윌콕슨 부호순위 검정
② 맨-휘트니 유 검정
③ 프리드만 검정
④ 카이제곱 검정

54 아래의 거래 전표에서 연관규칙 '{오렌지, 사과}→자몽'의 지지도와 신뢰도를 구하면?

{오렌지, 사과, 자몽}
{수박, 레몬}
{오렌지, 사과, 레몬, 자몽}
{딸기, 수박, 사과, 레몬}
{딸기, 수박, 레몬, 자몽}
{오렌지, 사과}

① 지지도 : 33%, 신뢰도 : 50%   ② 지지도 : 33%, 신뢰도 : 67%
③ 지지도 : 67%, 신뢰도 : 50%   ④ 지지도 : 67%, 신뢰도 : 67%

55 다음 중 머신러닝 모델 구축 절차로 적절한 것은?

① 분석 정의 → 데이터 수집 → 데이터 전처리 및 탐색 → 모델 선정 및 훈련 → 모델 성능 평가 및 적용
② 분석 정의 → 데이터 수집 → 모델 선정 및 훈련 → 데이터 전처리 및 탐색 → 모델 성능 평가 및 적용
③ 분석 정의 → 데이터 수집 → 데이터 전처리 및 탐색 → 모델 성능 평가 및 적용 → 모델 선정 및 훈련
④ 분석 정의 → 데이터 수집 → 모델 선정 및 훈련 → 모델 성능 평가 및 적용 → 데이터 전처리 및 탐색

56 서포트 벡터 머신에서 Radial Basis Function 커널 함수에 대한 설명으로 적절하지 않은 것은?

① 2개의 초매개변수가 있다.
② svm에서 일반적으로 사용되는 커널 함수이다.
③ 가우시안 형태를 취하는 커널 함수이다.
④ gamma는 항상 cross-validation으로 결정된다.

57 사회 연결망 분석 중 중심성 분석 방법에 속하지 않는 것은?

① 아이겐벡터 중심성   ② 연결정도 중심성
③ 근접 중심성   ④ 관계 중심성

58 선형 회귀분석과 로지스틱 회귀분석에 대한 설명으로 적절하지 않은 것은?

① 선형 회귀분석은 종속변수가 연속형이고 로지스틱 회귀분석은 종속변수의 형태가 이산형일때 사용한다.
② 선형 회귀분석에서 최소제곱법을 통한 회귀계수의 추정값은 불편추정량이다.
③ 선형 회귀분석과 로지스틱 회귀분석 모두 오차항의 정규성을 가정한다.
④ 로지스틱 회귀분석의 종속변수가 베르누이 분포를 따를 때, 회귀계수의 최우추정량은 뉴튼-랩슨 방법으로 구할 수 있다.

59 아래의 (A)에 들어갈 용어로 적절한 것은?

> (A)는/은 시계열의 시차값(lagged values) 사이의 선형관계를 측정한다.

① 자기상관　　　　　② 지수평활
③ 백색잡음　　　　　④ 이동평균

60 아래의 신경망 모형에서 은닉층과 출력층의 활성화 함수로 항등함수(절편이 0, 기울기가 1)인 선형 함수를 사용할 때, (x=1, y=2)의 출력값으로 옳은 것은?

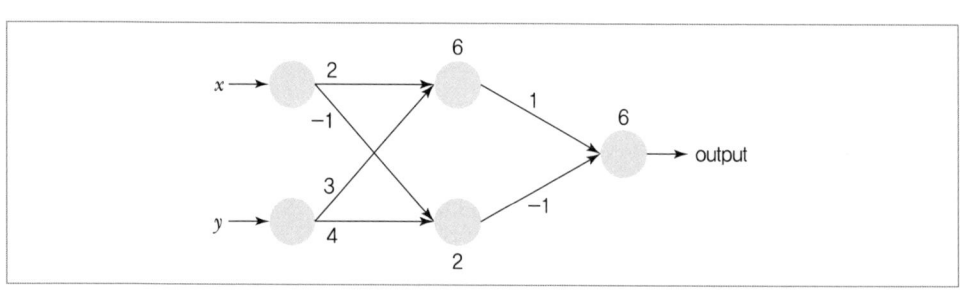

① 10　　　　　　　　② 11
③ 12　　　　　　　　④ 13

4과목　빅데이터 결과해석

61 다음 중 경사하강법이 아닌 것은?

① AdaGrad　　　　　② Adam
③ OPTICS　　　　　　④ Momentum

62 아래에서 설명하는 시각화 분석으로 적절한 것은?

> • 다변량 데이터에 대해 변수들 사이의 연관성 및 패턴을 표현한다.
> • 버블 차트, 밀도차트 등을 활용한다.

① 비교 시각화　　　　　　② 분포 시각화
③ 시간 시각화　　　　　　④ 관계 시각화

63 다음 중 분류 모형의 성능평가 지표로 적절하지 않은 것은?
① 정분류율　　　　　　② 민감도
③ 평균오차제곱합　　　　④ 특이도

64 신경망의 과적합을 방지하는 방법이 아닌 것은?
① 데이터의 양을 늘린다.
② 은닉층의 수를 줄인다.
③ 매개변수의 수를 늘린다.
④ L1규제, L2규제와 같은 가중치 규제를 적용한다.

65 완성된 회귀모형에 사용된 데이터의 설명과 모형의 해석을 할 때 관련이 없는 것은?
① 결정계수　　　　　　② t-통계량
③ 잔차분석　　　　　　④ Intercept의 추정

66 특정 지역의 데이터 값을 표현하기 위해 지리적 형상 크기를 조절하여 지도의 면적을 왜곡하는 시각화 방법은?
① 히트맵　　　　　　② 도트플롯
③ 등치선도　　　　　④ 카토그램

67 다음 중 시각화 플랫폼으로 적절하지 않은 것은?
① Power Pivot　　　　② Tableau
③ Gephi　　　　　　　④ D3.js

68 다음은 단순회귀분석을 수행한 결과 중 분산분석표이다. 분산분석표에 대한 설명으로 적절하지 않은 것은?

요인	제곱합	자유도	평균제곱	F
회귀	7.11	(가)	(나)	(다)
잔차	1.74	8	0.2175	
계	8.85	(라)		

① (다)의 값으로 p-value를 확인할 수 있다.
② 결정계수는 7.11/8.85로 계산된다.
③ (나)는 표본분포에서의 표본분산과 비슷한 역할을 한다.
④ 총 관측치의 개수는 (라)이다.

69 아래의 표는 1,000명을 무작위로 추출하여 성별과 심장병과의 관계를 연구를 위한 조사 결과이다. 카이제곱 통계량을 적절하게 계산한 것은?

	심장병 증상 有	심장병 증상 無	계
여성	200	350	550
남성	400	50	450
계	600	400	1000

① $\dfrac{(200-270)^2}{1000}+\dfrac{(400-330)^2}{1000}+\dfrac{(350-180)^2}{1000}+\dfrac{(50-220)^2}{1000}$

② $\dfrac{(200-330)^2}{1000}+\dfrac{(400-270)^2}{1000}+\dfrac{(350-220)^2}{1000}+\dfrac{(50-180)^2}{1000}$

③ $\dfrac{(350-330)^2}{1000}+\dfrac{(50-270)^2}{1000}+\dfrac{(200-220)^2}{1000}+\dfrac{(400-180)^2}{1000}$

④ $\dfrac{(350-270)^2}{1000}+\dfrac{(50-330)^2}{1000}+\dfrac{(200-180)^2}{1000}+\dfrac{(400-220)^2}{1000}$

70 다음 글에서 설명하고 있는 방법은 무엇인가?

> 주어진 원천 데이터를 랜덤하게 두 분류로 분리하여 교차검정을 실시하는 방법이다. 하나는 모형의 학습 및 구축을 위한 훈련용 데이터로 하나는 성과 평가를 위한 테스트 데이터로 사용한다.

① LOOCV
② k-fold validation
③ 홀드아웃
④ 부트스트랩

71 다음 중 매개변수와 초매개변수에 대한 설명으로 적절하지 않은 것은?

① 매개변수는 모형을 구축할 때 임의로 조정이 가능한 변수이다.
② Learning Rate는 초매개변수이다.
③ 매개변수는 학습된 모델의 일부로 저장된다.
④ 매개변수는 데이터로부터 추정되거나 산출된다.

72 오분류표에서 실제값이 Negative인 관측치 중에 예측값을 Negative로 판단한 것을 무엇이라고 하는가?

① 정밀도   ② 지지도
③ 민감도   ④ 특이도

73 다음 오분류표에서 정밀도(precision)와 재현율(recall)을 구하면?

		예측		합계
		0	1	
실제	0	45	5	50
	1	15	35	50
합계		60	40	100

① 정밀도 : 7/8, 재현율 : 7/10   ② 정밀도 : 7/8, 재현율 : 3/5
③ 정밀도 : 3/4, 재현율 : 7/10   ④ 정밀도 : 7/10, 재현율 : 7/8

74 다음은 1973년 미국 50개 주의 100,000명의 인구당 체포된 강력범죄 수와 각 주마다 도시에 거주하는 인구의 비율을 통해 주성분 분석을 한 결과이다. 제2주성분까지 변수로 선택 시 전체 데이터의 몇 %를 설명할 수 있는가?

```
> Us.prin<-princomp(USArrests,cor=TRUE)
> summary(Us.prin)
Importance of components:
                        Comp.1      Comp.2      Comp.3      Comp.4
Standard deviation      1.5748783   0.9948694   0.5971291   0.41644938
Proportion of Variance  0.6200604   0.2474413   0.0891408   0.04335752
Cumulative Proportion   0.6200604   0.8675017   0.9566425   1.00000000
```

① 99.4%   ② 86.8%
③ 62.0%   ④ 24.7%

75 다음 중 ROC Curve에 대한 설명으로 부적절한 것은?

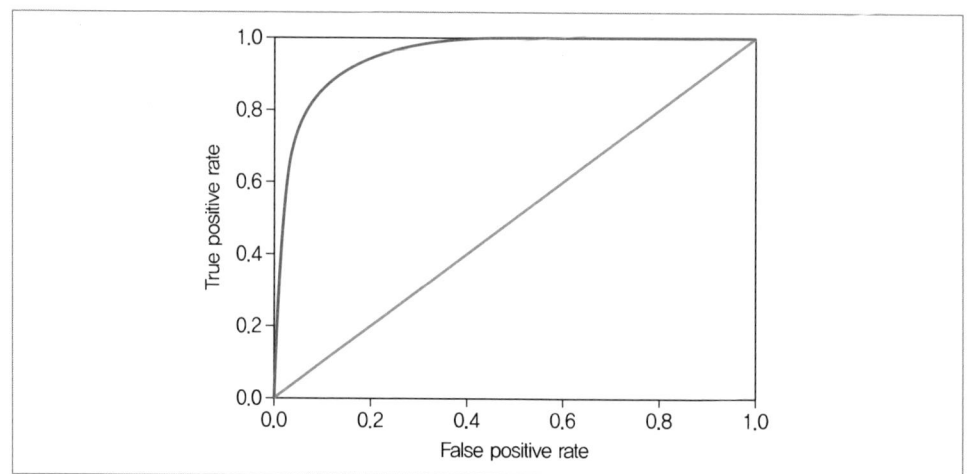

① 그래프의 중간선을 유지할 때, 가장 우수한 모형이다.
② ROC 곡선이 크게 나타날수록 성능이 좋은 모형이라고 할 수 있다.
③ AUROC(Area Under ROC)는 곡선의 아래 면적을 의미한다.
④ ROC Curve는 분류분석 성능을 평가하기 위한 그림이다.

76 평균 절대 백분율 오차(MAPE)의 수식으로 적절한 것은?

① $\frac{1}{n}\sum_{i=1}^{n} |y_i - \hat{y}|$
② $\frac{100}{n}\sum_{i=1}^{n} \frac{(y_i - \hat{y})}{y_i}$
③ $\frac{100}{n}\sum_{i=1}^{n} |\frac{(y_i - \hat{y})}{y_i}|$
④ $\frac{1}{n}\sum_{i=1}^{n} (y_i - \hat{y})^2$

77 다음 중 빅데이터 분석 결과에 기반한 비즈니스 운영의 목적 설정과 관련이 없는 내용은 무엇인가?

① 소요시간 단축
② 제조공정에서의 불량품 발생 예측
③ 재택근무 직원의 감소
④ 고객에게 새로운 상품 추천

78 모형 개발에 있어 예측값이 범주형일 때, 모니터링 평가 지표로 적절하지 않은 것은?

① F1-score
② Recall
③ Accuracy
④ RMSE

79 관계 시각화에 대한 설명으로 적절한 것은?

① 지도를 통해 시점에 따른 경향, 차이 등을 확인할 수 있는 시각화 방법이다.
② 전체에서 부분 간 관계를 설명하는 시각화 방법이다.
③ 집단 간 상관관계를 확인하여 다른 수치의 변화 예측에 사용되는 시각화 방법이다.
④ 장기간에 걸쳐 나타나는 값의 변화나 경향을 추적하는 데 사용한다.

80 아래의 그림에서 왜도의 부호와 평균, 중앙값, 최빈값의 비교 결과로 적절한 것은?

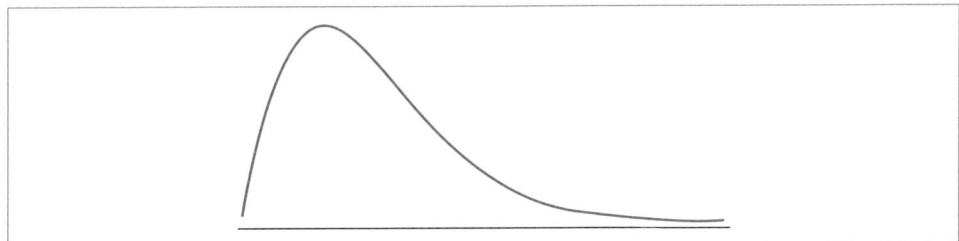

① 왜도>0, 평균<중앙값<최빈값
② 왜도<0, 평균<중앙값<최빈값
③ 왜도>0, 최빈값<중앙값<평균
④ 왜도<0, 최빈값<중앙값<평균

MEMO

MEMO

MEMO

BIG DATA
빅데이터분석 기사 필기

단기완성
박영식 편저

[정답 및 해설]

BIG DATA
빅데이터분석 기사 필기

단기완성

박영식 편저

[정답 및 해설]

빅데이터 분석 기획
예상문제 정답 및 해설

PART 01 빅데이터 분석 기획 예상문제 정답 및 해설

CHAPTER 01 빅데이터의 이해

01	02	03	04	05	06	07	08	09	10
②	④	④	③	④	②	①	③	④	③
11	12	13	14	15	16	17	18	19	20
②	①	③	②	②	④	①	④	①	④
21	22	23	24	25	26	27	28	29	30
②	④	③	③	③	④	②	④	②	③
31	32	33	34	35	36	37	38	39	40
④	①	④	③	②	①	③	④	②	①

01
정답 | ②
해설 | 데이터는 그 형태에 따라 언어·문자 등으로 기술되는 정량적 데이터와 수치·기호·도형으로 표시되는 정성적 데이터가 아닌 정량적 데이터로 구분된다.

02
정답 | ④
해설 | 데이터(Data)는 존재형식을 불문하고 타 데이터와의 상관관계가 없는 가공하기 전의 순수한 수치나 기호를 의미한다고 할 수 있다.

03
정답 | ④
해설 | 데이터베이스의 일반적인 특징으로는 통합된 데이터, 저장된 데이터, 공용 데이터, 변화하는 데이터를 들 수 있다.

04
정답 | ③
해설 | 암묵지는 내면화와 공통화, 형식지는 표출화와 연결화의 상호작용 특징을 지닌다.
  ※ 암기하자! 암내공, 형표연

05
정답 | ④
해설 | 가명처리는 개인정보 주체의 이름 및 신상 정보를 다른 이름으로 변경하는 것은 맞으나 일부를 삭제해야 하는 것은 옳지 않다.

06
정답 | ②
해설 | 데이터베이스는 변화되는 데이터이다. 데이터베이스가 저장하는 내용은 곧 데이터베이스의 상태를 나타낸다. 다만, 이 상태는 새로운 데이터의 삽입, 기존 데이터의 삭제, 갱신으로 항상 변화하면서도 항상 현재의 정확한 데이터를 유지해야 한다.

07
정답 | ①
해설 | DIKW 피라미드 구조에서 Knowledge는 ~해야겠다로 끝내는 경우나 의사결정의 내용이 포함된 경우가 많다. 또한 지식은 상호 연결된 정보 패턴을 이해하여 이를 토대로 예측한 결과물이다.

08
정답 | ③
해설 | DIKW 피라미드 구조에서 신호(Sign)는 포함되지 않는다.

09
정답 | ④
해설 | 빅데이터는 기업에게 혁신, 경쟁력 향상, 생산성 제고의 근간이 된다. 정부에게 환경 탐색, 상황 분석, 미래 대응 수단을 제공한다.

10
정답 | ③
해설 | 새로운 것에 대한 발견법으로 '인과관계'보다 '상관관계'에 비중을 둔다.

11
정답 | ②
해설 | 디지털 기술의 발전, 하드 드라이브의 가격, SNS의 확산 등이 모두 결합되어 빅데이터 시대가 도래한 것은 모두 올바른 진술이다. 그러나 그 중에서도 거대한 규모의 데이터 처리 비용을 해결해 준 것은 클라우드 컴퓨팅 기술의 분산 병렬 처리 기술이었다.

12
정답 | ①
해설 | 빅데이터 과제의 주된 걸림돌은 비용보다도 분석적 방법의 이해 부족에서 비롯된 올바르지 못한 빅데이터의 응용 및 활용이다.

13
정답 | ③
해설 | 기존 성과를 유지하기 위해 필요한 것이 무엇인지 주의해야 하는 분석은 일차원적인 분석 방법이다. 이러한 방식은 시장에서의 매출상승은 가능하지만, 시장을 리딩(Leading)하기는 어렵다.

14
정답 | ②
해설 | 과학적 분석 과정은 가정과 인간의 개입이 포함된다. 데이터 수집과 전처리에서 데이터의 품질과 적용 범위를 설정하는 것은 인간의 판단이며 분석 모델 설계와 알고리즘 선택은 분석자의 가정과 의도에 따라 달라진다. 결과 해석 과정에서도 인간의 주관적 판단이 필수적이며, 이를 통해 데이터가 의사결정에 기여할 수 있다. 따라서 과학적 분석은 자동화된 과정만이 아니라 인간의 적극적인 역할과 가정이 포함된 과정임을 이해해야 한다.

15
정답 | ②
해설 | 데이터를 설명하는 데이터는 메타 데이터(Meta Data)이다. 데이터의 수집시기, 담당자, 데이터 표의 종류 등을 정리해 놓은 것이다. 이는 데이터 사전(Data Dictionary)과도 비슷한데 일반적으로 데이터 사전의 경우 컬럼 정의서와 같이 컬럼에 대한 설명이 적혀 있다는 점에서 두 용어 간에는 약간의 차이가 존재한다.

16
정답 | ④
해설 | 단순한 내부 정보만을 중심으로 분석한 것이 아닌 분석 중심의 시스템 구축을 지향하며, 고객들과의 관계가 단기적이지 않고 장기적으로 지속되며 그에 따른 마케팅 전략을 구사하는 것이 '고객관계관리(CRM)'이다.

17
정답 | ①
해설 | ITS는 교통 부문 사회기반 구조의 데이터베이스 솔루션이다.

18
정답 | ④
해설 | 기본적으로 빅데이터의 특징으로 일컬어지는 3V에는 Volume, Variety, Velocity가 있다.

19
정답 | ①
해설 | 빅데이터의 수집, 구축, 분석의 최종 목적은 기존 방식(일차원적인 분석 방식)으로는 얻을 수 없었던 통찰 및 가치 창출, 사업방식, 시장, 사회, 정부 등에서 변화와 혁신주도이다.

20
정답 | ④
해설 | 플랫폼이란 비즈니스 측면에서는 일반적으로 '공동 활용의 목적으로 구축된 유무형의 구조물'을 의미하며 빅데이터가 최근에는 다양한 서드파티(Third Party)비즈니스에 활용되면서 플랫폼 역할을 할 것으로 전망된다.

21
정답 | ②
해설 | 전수조사로의 변화는 데이터 수집 비용의 감소와 클라우딩 컴퓨팅 기술의 발전으로 표본을 샘플링하는 기존의 지식 발견의 방식이 전수조사를 통해 샘플링이 주지 못하는 패턴이나 정보를 제공해주게 된다.

22
정답 | ④
해설 | 데이터 산업의 진화 순서는 데이터 처리, 데이터 통합, 데이터 분석, 데이터 연결, 데이터 권리의 순서로 발달되었다.

23
정답 | ③
해설 | 특정인과 다른 사람의 촌수를 계산하는 방식은 소셜네트워크 분석(Social Network Analysis)이다.

24
정답 | ③
해설 | 알고리즈미스트는 데이터 오용에 대한 대응책으로 생기게 된 전문인력이다.

25
정답 | ③
해설 | 특정인과 다른 사람의 촌수를 계산하는 방식은 소셜네트워크 분석(Social Network Analysis)이며, 다른 표현으로는 사회관계망 분석이라 한다.

26
정답 | ④
해설 | 개인정보처리자는 개인정보 수집/이용/제공을 받을 때, 1) 개인정보의 수집·이용 목적, 2) 수집하려는 개인정보의 항목, 3) 개인정보의 보유 및 이용기간, 4) 동의를 거부할 권리가 있다는 사실 및 동의 거부에 따른 불이익이 있는 경우에는 그 불이익의 내용을 정보주체에게 알려야 한다. ④는 개인정보 처리 수집/이용/제공 동의의 내용이 아니라 개인정보 처리방침의 내용이다.

27
정답 | ②
해설 | 데이터 사이언티스트의 소프트 역량(Soft Skill)에는 통설다 즉, 통찰력 있는 분석, 설득력 있는 전달, 다분야 간 협력이 존재한다. 이론적 지식과 숙련도는 하드 역량(Hard Skill)이다.

28
정답 | ④
해설 | 이론적 지식은 데이터 사이언티스트의 하드 스킬(Hard Skill)에 속하게 된다.

29
정답 | ②
해설 | 데이터베이스의 정보의 축적 및 전달 측면의 특징 3가지로는 기계 가독성, 검색 가독성, 원격 조작성이다.

30
정답 | ③
해설 | 데이터화(Datafication)가 일어날 수 있었던 이유는 사물인터넷(IOT)의 등장으로 많은 데이터들을 디지털화할 수 있었기 때문이다.

31
정답 | ④
해설 | 빅데이터의 성격은 Volume, Variety, Velocity로, 용량에 해당하는 Volume만 큰 것이 아닌 다양한 데이터를 분석할 수 있는 Variety도 고려해야 한다. 다양한 데이터가 생기게 되면, 구조는 단순하지 않고 복잡해진다.

32
정답 | ①
해설 | 빅데이터 시대에 발생할 수 있는 위기 요인은 사생활 침해, 책임원칙 훼손, 데이터 오용이 있다. 재산권 침해는 여기에 포함되지 않는다.

33
정답 | ④
해설 | 데이터 사이언스에서의 빅데이터 분석은 정형 데이터만이 아닌 비정형 데이터도 분석의 대상으로 한다. 대표적으로 딥러닝에서의 텍스트 마이닝, 이미지 분석 등이 있다.

34
정답 | ③
해설 | 데이터 오용은 데이터 사이언티스트가 설계한 알고리즘의 오류로 문제가 발생한 피해자를 구제하기 위한 방식으로 알고리즈미스트에게 알고리즘 접근권을 부여하여 위기상황을 통제할 수 있다.

35
정답 | ②
해설 | 가명처리할 대상 선정, 위험도 측정, 가명처리 수준 정의 후 최종적으로 가명처리를 수행하는 단계는 2단계인 가명처리 단계이다.

36
정답 | ①
해설 | 이론적 지식과 기술적 숙련도에 관련된 능력은 '하드 스킬'이며 데이터의 잠재적 가치를 발견하는 능력은 '소프트 스킬'이다.

37
정답 | ③
해설 | 적정성 검토 및 추가처리 단계에서 가명처리 결과가 가명정보 활용 목적달성에 적합하지 못하거나 가명처리의 수준이 부족하다고 판단한 경우 가명처리 단계를 반복하거나 부분적으로 추가적인 가명처리가 가능하다.

38

정답 | ④

해설 | 데이터 모델링 시 개념적, 논리적, 물리적 모델링이 존재한다. 개념적 모델링은 추상화 수준이 높고 업무중심적이고 포괄적인 수준의 모델링 진행된다. 논리적 모델링은 시스템으로 구축하고자 하는 업무에 대해 Key, 속성, 관계 등을 정확하게 표현되며, 물리적 데이터 모델링은 실제 DB에 이식하는 것을 의미한다.
① 가명처리 단계에서 가명처리 수준 정의표를 수립한다.
② 다른 정보들의 결합으로, 정보주체를 파악할 수 있다면 즉시 적절한 조치가 수행되어야 한다.
③ 가명처리 대상 선정 시 목적에 부합하는 최소 항목을 처리한다.

39

정답 | ②

해설 | 가명처리 적정성 검토 결과 부적합하다고 판단될 경우 가명처리 단계 반복, 부분적인 추가 가명처리를 수행할 수 있다.

40

정답 | ①

해설 | 데이터 통합시대에 관련된 설명이다.

CHAPTER 02 데이터 분석 계획

01	02	03	04	05	06	07	08	09	10
④	①	④	①	②	③	③	④	③	③
11	12	13	14	15	16	17	18	19	20
②	②	①	③	①	③	④	④	①	②
21	22	23	24	25	26	27	28	29	30
①	①	②	④	④	②	③	①	①	③
31	32	33	34	35	36	37	38	39	40
②	①	③	④	③	②	②	④	④	③
41	42	43	44	45	46	47	48	49	50
②	②	④	③	④	①	②	④	②	①
51	52	53							
②	③	②							

01
정답 | ④
해설 | 기업이 데이터 분석을 통해 추구하고자 하는 목표 지향적 관점에서의 시급성은 빅데이터의 가치(Value)와 연관이 있다.

02
정답 | ①
해설 | 데이터 분석 단계 모델링 태스크 중 주요한 산출물은 알고리즘 설명서이다.

03
정답 | ④
해설 | 데이터 분석을 통한 가치 발굴에서 필요한 요소는 분석 근간을 이루는 데이터(Data), 분석을 수행하는 분석 모델(Analytics Model), 이를 활용하여 데이터 분석을 수행하고 결과를 전달하는 분석가(Analyst)가 있으며, 이러한 기본 요소를 잘 활용할 때 가치(Value)창출이 가능하다.

04
정답 | ①
해설 | 분석 주제 유형 중 문제를 잘 알고 있으면서 기존에 수행하고 있는 방법이 존재하는 경우에 해당하는 유형은 최적화(Optimization)이다.

05
정답 | ②
해설 | 데이터 분석 과제도 일반적인 프로젝트 관리 영역인 통합관리, 이해관계자관리, 범위관리, 자원관리, 시간관리, 원가관리, 리스크관리, 품질관리, 조달관리, 의사소통관리를 포함한다. 이러한 관리 주체중 이해관계자관리는 과제에 참여하고 있는 다양한 주체들(스폰서, 고객, 데이터전문가, 분석전문가, 시스템전문가 등)을 식별하고 관리하기 위한 영역이다.

06
정답 | ③
해설 | 복잡하고 정교한 모델보다 이해도가 높으며 정확도 또한 높은 모델이 더욱 바람직한 모델이다. 분석 기획 시 고려사항 또한 가용 데이터, 적절한 유스케이스, 분석 과제수행을 위한 장애요소이므로 분석 기획 시 고려사항에도 포함되지 않는 주제이다.

07
정답 | ③
해설 | 데이터 분석 과제를 가장 먼저 추진해야 하는 영역은 시급하고 과제의 난이도가 낮은 과제이다.

08
정답 | ④
해설 | 데이터 거버넌스의 구성요소는 원칙(Principle), 조직(Organization), 프로세스(Process)로, 유기적인 조합을 통하여 데이터를 비즈니스 목적에 부합하고 최적의 정보 서비스를 제공할 수 있도록 효과적으로 관리되어야 한다.

09
정답 | ③
해설 | 빅데이터 특징 중 데이터의 가치는 비즈니스 효과(Return) 측면 요소이다.

10
정답 | ③
해설 | 확산 단계는 전사 차원의 성과를 실시간으로 분석하고 분석 COE가 구성되어 있으며 데이터 사이언티스트가 확보되고 전사차원으로 분석과제의 성과를 충분히 공유하고 있는 단계이다.

11
정답 | ②
해설 | 분석의 대상은 무엇인지 인지하고 있으며, 분석의 방법은 모르는 상황에서 취하는 접근법은 솔루션(Solution) 접근법이다.

12
정답 | ②
해설 | 순차적으로 진행되면서 이전 단계가 완료된 후 다음 단계로 진행하는 하향식(Top-Down)으로 진행되는 특징을 지니는 모델은 '폭포수(Water fall) 모델'이다. 분석 방법론 중 가장 오래된 모델이기도 하다.

13
정답 | ①
해설 | 분석 기획 시 고려사항으로는 분석의 기본이 되는 데이터에 대한 고려가 필요하고, 분석을 통한 가치가 창출될 수 있는 적절한 활용방안과 활용 가능한 유스케이스의 탐색이 필요하다. 분석 수행 시 발생하는 장애요소들에 대한 사전계획 수립이 필요하다.

14
정답 | ③
해설 | 기업에서 데이터에 기반한 의사결정을 방해하는 요소는 고정관념, 편향된 생각, 프레이밍 효과이다.

15
정답 | ①
해설 | CRISP-DM의 순서는 업무 이해(Business Understanding), 데이터 이해(Data Understanding), 데이터 준비(Data Preparation), 모델링(Modeling), 평가(Evaluation), 전개(Deployment) 순서이다.

16
정답 | ③
해설 | 모델 적용성 평가는 평가(Evaluation) 단계에서 이루어진다. 모델링 단계에서는 모델링 기법 선택, 모델 테스트 계획 설계, 모델 작성, 모델 평가를 수행한다.

17
정답 | ④
해설 | 통찰(Insight)은 데이터 분석 방법(How)은 충분히 이해하고 있으나, 분석 대상(What)이 무엇인지 인지하지 못하는 유형이다.

18
정답 | ④
해설 | 채널영역은 영업 사원, 직판 대리점과 홈페이지 등의 자체적으로 운영하는 채널뿐만 아니라 최종 고객에게 상품&서비스를 전달하는데 있어 가능한 경로에 존재하는 채널 또한 포함하고 있다. 그렇지만, 구매 고객에 대한 애프터서비스(A/S) 제공에 대한 내용은 채널영역과 관련이 깊지 않다.

19
정답 | ①
해설 | 데이터 타당성에 대해서는 데이터 존재 여부, 분석 시스템 환경, 분석역량에 대한 검토가 필요하나, 문제발생 포인트에 대한 확보는 중요하지 않다.

20
정답 | ②
해설 | 도출된 분석 문제나 가설의 대안들에 대한 타당성 고려 시 점차적 타당성은 고려하지 않는다. 경제적 타당성, 기술적 타당성, 데이터 타당성을 고려한다.

21
정답 | ①
해설 | 분석 성숙도 모델에서 기업에서 활용하는 분석 업무 및 분석 기법 등은 부족한 상태이나, 조직 및 인력 등 준비도가 높은 유형으로 데이터 분석을 바로 도입할 수 있는 수준의 성숙단계는 '도입 단계'이다.

22
정답 | ①
해설 | 분석 프로젝트 관리방안에서 시간관리는 프로젝트 화동 일정 수립 및 일정 통제를 모니터링하는데 필요한 프로세스이다.

23
정답 | ②
해설 | '분석과제 정의서'에는 소스 데이터, 데이터 입수 및 분석의 난이도, 분석 방법 등에 대한 항목이 포함되어야 한다.

24
정답 | ④
해설 | '분석준비도'의 분석 데이터의 진단 항목으로는 내부 데이터 집중 활용 체계는 포함되지 않는다. '외부 데이터 활용 체계'가 진단항목에 포함된다.

25
정답 | ④

해설 | 프로젝트의 세부 일정계획도 데이터 분석체계를 고려하여 작성한다.

26
정답 | ②

해설 | 데이터 분석 준비 프레임워크에서 분석 업무 파악 영역은 발생한 사실 분석 업무, 예측 분석 업무, 시뮬레이션 분석 업무, 최적화 분석 업무, 분석 업무 정기적 개선이 있다.

27
정답 | ③

해설 | 데이터 분석 조직 구조에서 분산형 구조는 분석 조직의 인력들을 현업부서에 배치해 분석 업무를 수행하는 형태이다. 또한 '베스트 프랙티스(모범사례)'라는 핵심어가 존재하므로 정답은 '분산 구조'가 된다.

28
정답 | ①

해설 | 데이터의 표준 용어 설정, 명명 규칙 수립, 메타 데이터 구축, 데이터 사전 구축은 데이터 거버넌스 체계 중 데이터 표준화 활동에 관련되는 내용이다. 뿐만 아니라 설정한 표준 용어는 사전 간 상호 검증이 가능하도록 점검 프로세스를 포함해야 한다.

29
정답 | ①

해설 | 데이터 거버넌스의 구성요소로는 원칙(Principle), 조직(Organization), 절차(Process)를 들 수 있다.

30
정답 | ③

해설 | 가장 우선적인 분석 과제 적용이 가능한 사분면은 '난이도'는 쉽고, '시급성'은 현재인 사분면인 Ⅲ사분면이다.

31
정답 | ②

해설 | 데이터 탐색은 Data Understanding(데이터 이해)에서 EDA(탐색적 데이터 분석)를 수행할 때에 수행하는 Task이다. 나머지 단계는 Data Preparation(데이터 준비) 단계에서 수행되는 것이 옳다.

32
정답 | ①

해설 | 분석용 데이터 세트를 구축하는 과정에서 분석에 필요한 적정한 양의 데이터를 확보할 수 없을 경우에는 데이터 준비 단계에서 데이터 분석 단계 구간을 반복해서 피드백을 수행한다. 즉, ① 데이터 준비~데이터 분석의 단계가 반복적으로 수행된다.

33
정답 | ③

해설 | 프로젝트의 위험 대응 방법은 회피(Avoid), 전가(Transfer), 완화(Mitigate), 수용(Accept)이라고 할 수 있다. 실행(Execution) 단계는 포함되지 않는다.

34
정답 | ④

해설 | 과제 중심적인 접근 방식은 단기 중심의 과제 방식이다. 이러한 접근 방식의 특징으로는 Speed&Test, Quick&Win/Problem Solving이 있다.

35
정답 | ③

해설 | 빅데이터 분석은 분석의 대상(What)과 방법(How)에 따라 최적화, 솔루션, 통찰, 발견의 4사분면으로 구분이 가능하다.

36
정답 | ②

해설 | KDD 분석 방법론은 데이터 선택, 데이터 전처리, 데이터 변환, 데이터 마이닝, 평가인 5가지로 구성이 되며 데이터 전처리 단계에서 결측치, 이상치 등을 확인한다.

37
정답 | ②

해설 | 분산 구조여야 작은 조직구조이므로 신속한 실행이 가능한 조직구조가 될 수 있다. 집중 구조의 경우 이중화 및 이원화라는 핵심단어가, 분산 구조의 경우에는 이원화 가능성이라는 핵심만 존재하게 된다.

38
정답 | ④

해설 | 도출된 분석 아이디어는 확정되든 확정이 되지 않든 모두 분석 과제 풀(Pool)로 관리한다.

39
정답 | ④

해설 | 데이터 분석 수준 진단은 6개 영역에서의 분석 준비도와 3개 영역에서의 분석 성숙도를 함께 평가함으로써 수행한다. 분석 준비도의 6개 영역은 분석업무 파악, 분석 인력 및 조직, 분석 기법, 분석 데이터, 분석 문화, IT 인프라이다. 제시된 설명을 통해 유추할 수 있는 영역은 분석 기법 영역이다.

40
정답 | ③

해설 | 데이터 분석 수준 진단은 6개 영역에서의 분석 준비도와 3개 영역에서의 분석 성숙도를 함께 평가함으로써 수행한다. 분석 준비도의 6개 영역은 분석업무 파악, 분석 인

력 및 조직, 분석 기법, 분석 데이터, 분석 문화, IT 인프라이다. 성과 분석은 포함되지 않는다.

41
정답 | ②
해설 | 분산형 조직구조는 분석 조직의 인력을 현업부서에 배치하여 분석업무를 수행함으로써 신속한 실무 적용이 가능하다. ①과 같이 조직구성은 분석 전문 인력뿐만 아니라 다양한 분야의 전문가들로 구성함으로써 분석 방향에 편향(bias)이 생기지 않도록 유의해야 한다.

42
정답 | ②
해설 | 빅데이터 분석 방법론의 절차는 분석 기획 → 데이터 준비 → 데이터 분석 → 시스템 구현 → 평가 및 전개의 순서로 진행된다.

43
정답 | ④
해설 | 가. 빅데이터의 경우 데이터 양의 급증으로 데이터 생명주기 관리방안을 아예 수립하지 않으면 데이터 가용성 및 관리비용이 증대되는 문제에 직면할 수 있다.
나. 사내의 모든 데이터를 활용하지 않더라도 어떠한 데이터를 정확히 활용할지가 매우 중요하다.
라에서의 ERD는 ER-Diagram을 의미한다.

44
정답 | ③
해설 | ① 데이터 정의서는 데이터 준비 단계에서 작성하는 것이다.
② WBS는 프로젝트 정의 및 계획 수립 단계에서 작성한다.
④ 위험 관리 계획서는 프로젝트 위험계획 수립 단계에서 작성한다.

45
정답 | ④
해설 | 채널은 비즈니스 모델 기반 문제 탐색에서, 시장니즈 탐색 관점 분석 모델에 해당하는 부분이다. 따라서 거시환경분석(STEEP)에 포함되지 않는다.

46
정답 | ①
해설 | 데이터 분석을 위한 정형화가 필요하기는 하지만, 분석 과제 기획 시 고려 요소로 보기는 어렵다. 분석 과제 기획 시 고려 요소로는 가용 데이터, 적절한 유스케이스, 분석 과제 수행을 위한 장애 요소이다.

47
정답 | ②
해설 | 모든 과제를 반복적이고 순환적으로 작성하기에는 효과성과 효율성과 매우 떨어진다. 이에 따라 분석과제에서는 혼합형을 많이 활용하는데, 데이터 수집 및 확보와 분석 데이터를 준비하는 단계는 순차적으로 진행하고 모델링 및 평가 단계는 반복적으로 수행하는 방법이다.

48
정답 | ④
해설 | 데이터 분석 시 과제 우선순위 고려 요소로는 전략적 중요도, 비즈니스 성과 및 ROI, 실행 용이성이다. 만약, '데이터 필요 우선순위', '데이터 우선순위' 등과 같이 나오면 오답이니 유의하는 것이 좋다.
- 데이터 분석 과제 우선순위 고려 요소 : 전략적 중요도, 비즈니스 성과&ROI, 실행 용이성
- 데이터 분석 과제 적용 범위/방식 고려 요소 : 업무 내재화 적용수준, 분석데이터 적용수준, 기술 적용수준

49
정답 | ②
해설 | 반복에 대한 효과적인 관리 체계를 갖추지 못할 경우에는 복잡도가 급격히 상승하여 프로젝트 진행이 어려울 수 있다는 특징을 지니고 있는 모델은 '나선형 모델'이다.

50
정답 | ①
해설 | 비즈니스 모델 관점에서는 해당 기업의 사업모델을 도식화하여 나타낸 비즈니스 모델 캔버스 9가지 블록을 단순화하여 업무(Operation), 제품(Product), 고객(Customer) 단위로 문제를 발굴하고, 이를 관리하는 두 가지의 영역인 규제와 감사(Regulation&Audit)영역과 IT지원 인프라(IT&Human Resource)영역에 대한 기회를 추가로 도출하는 작업을 수행한다.

51
정답 | ②
해설 | KDD에서의 데이터 전처리 단계는 CRISP-DM에서의 데이터 준비 단계와 mapping할 수 있다.

52
정답 | ③
해설 | 발산과 수렴을 반복하면서 혁신적 결과를 도출하는 창의적 문제해결 방식을 디자인 사고라 한다.

53
정답 | ②
해설 | 정보전략계획(ISP)은 중장기 마스터플랜을 수립하는 절차로써 정보기술 또는 정보시스템을 전략적으로 활용하기 위하여 조직 내·외부 환경을 분석하여 기회나 문제점을 도출하고 사용자의 요구사항을 분석하여 시스템 구축 우선순위를 결정하는 등의 절차를 뜻한다.

CHAPTER 03 데이터 수집 및 저장 계획

01	02	03	04	05	06	07	08	09	10
④	③	④	①	②	①	②	②	③	③
11	12	13	14	15	16	17	18	19	20
②	④	②	③	①	②	③	③	④	①
21	22	23	24	25	26	27	28	29	30
②	①	①	③	①	③	②	④	③	④
31	32	33	34	35	36	37			
②	②	④	③	③	④	②			

01
정답 | ④
해설 | RSS(나)는 주로 뉴스나 블로그에서 데이터를 받아보는 방식이지, HDFS나 NoSQL로 저장하는 기술이 아니므로 정답은 ④가 된다.
RSS는 웹상의 최신 정보를 공유하기 위한 XML 기반의 콘텐츠 배급 프로토콜이다. 관계형 데이터베이스(RDBMS)에서 정형 데이터를 수집하여 HDFS나 NoSQL에 저장하는 오픈 소스 기술은 RDB Aggregator에 관한 설명이다.

02
정답 | ③
해설 | Web Crawler는 주로 웹 페이지를 크롤링해 데이터를 수집하는 방식이므로 로그 수집과는 관련이 없다.
① Scribe : Facebook에서 개발한 로그 수집 시스템으로, 대규모 로그 데이터를 수집하는 데 사용되는 기술이다.
② Flume : Apache에서 개발한 분산 로그 수집 기술로, 다양한 소스에서 로그 데이터를 수집해 저장할 수 있다.
④ Chukwa : Hadoop 에코시스템의 로그 수집 및 모니터링 도구로, 로그 데이터를 HDFS에 저장할 수 있다.

03
정답 | ④
해설 | 크롤링(Crawling)은 웹 페이지의 데이터를 자동으로 수집하는 기법으로, 주로 웹 문서나 웹사이트의 정보를 수집하는 데 사용된다.
① Log Aggregator : 로그 데이터를 대상으로 수집하는 기법이다.
② Streaming : 실시간 데이터를 수집하는 기법이다.
③ RDB Aggregator : 관계형 데이터베이스(RDB)기반 데이터 집계하는 기법이다.
크롤링을 제외하고는 웹 문서와는 관련이 없음을 알 수 있다.

04
정답 | ①
해설 | 크롤링은 인터넷상 여러 웹페이지에서 html, 문서 등의 데이터 등 다양한 데이터를 수집할 수 있다.

05
정답 | ②
해설 | 내부 데이터와 외부 데이터 모두 정형, 비정형 데이터 등 다양한 데이터의 형태가 있을 수 있다.

06
정답 | ①
해설 | 빅데이터 수집 시 신뢰성의 요건은 확장성, 안정성, 유연성, 실시간성이다.

07
정답 | ②
해설 | 텍스트 형식으로 이루어진 데이터는 비정형 데이터에 속한다.

08
정답 | ②
해설 | NoSQL은 비정형 데이터의 한 종류이다.

09
정답 | ③
해설 | 가. 정성적 데이터는 '정형 데이터'가 아닌 비정형 데이터를 의미하므로 옳지 못한 설명이다.
다. 주로 내부 시스템에 위치한다는 표현도 옳지 않다. 그 이유는 정성적인 데이터는 웹 페이지 등과 같이 외부에도 존재하며, FGI(포커스 그룹 인터뷰)와 같은 정성적 데이터 또한 외부 시스템에 존재하기 때문이다.

10
정답 | ③
해설 | 반정형 데이터는 스키마가 없으며 값과 형식에서 일관성이 없다는 특징이 있다.

11
정답 | ②
해설 | (가)는 정형적 데이터에 대한 설명이며, (나)는 비정형적 데이터에 대한 설명이다.
즉, 정형적 데이터는 정량적 데이터로 치환될 수 있으며, 비정형적 데이터는 정성적 데이터로 치환될 수 있다.

12
정답 | ④
해설 | "웹에 존재하는 모든 데이터는 비정형 데이터이다"라는 주장은 사실이 아니다. 웹에 존재하는 데이터는 정형 데이터(예 : 데이터베이스에 저장된 구조화된 데이터)와 반정형 데이터(예 : XML, JSON)도 포함되기도 하기 때문이다. 따라서 웹 데이터가 모두 비정형 데이터라고 말할 수 없다.

13
정답 | ②
해설 | Crawling은 반정형 혹은 비정형 데이터의 수집 기술이다.

14
정답 | ③
해설 | 수집 자체에 데이터 분석이 선행되었기 때문에 목적에 부합하게 데이터의 특징을 가장 잘 나타낸 데이터는 비정형 데이터라 할 수 있다.

15
정답 | ①
해설 | ETL은 추출, 변환, 적재의 과정이다. ETL은 다양한 소스에서 데이터를 추출하고, 이를 분석이나 비즈니스 요구에 맞게 변환하고 정제한 후, 최종적으로 저장소에 적재하는 과정이다. 이 과정에서 데이터는 통합되고 불필요한 정보는 제거되며, 필요한 값들이 재구성된다. 또한, 데이터를 표준화하고 검증하여 일관성을 유지하며, 대량의 데이터를 요약하거나 집계하여 중요한 정보만 남긴다. 변환 과정에서 데이터의 구조가 변경될 수 있으나, 데이터의 크기 자체가 증가하지는 않는다.

16
정답 | ②
해설 | ① 추출은 하나 또는 그 이상의 데이터 원천으로부터 데이터를 획득하는 것까지의 단계이다.
③ 적재는 변환된 데이터를 특정 목표 시스템에 적재하는 것이다.
④ 획득한 데이터를 목표 시스템에 적재하는 하나의 작업 또한 작업단위이다.

17
정답 | ③
해설 | 시스템 로그 또한 실시간 데이터의 종류 중 하나이다.

18
정답 | ③
해설 | 배치 데이터는 실시간 데이터와 비실시간 데이터로의 구분 중에서 비실시간 데이터이다. 실시간 데이터와 비실시간 데이터를 구분하는 기준은 데이터 유휴이다.

19
정답 | ④
해설 | ETL은 데이터의 이동 및 변환 절차와 관련된 업계 표준용어이다는 맞는 표현이다. ETL 구현을 위한 다양한 상용 소프트웨어들이 나와 있으며 일괄 ETL과 실시간 ETL로 나뉘는 특징을 지닌다. 또한 데이터 통합 및 데이터의 이동 및 변환이 주된 목적으로 데이터 통합, 정제 등 다양한 데이터 관련 중점 작업에서 활용된다. 다양한 시스템을 간 대용량의 데이터 교환이 필요하거나 복잡한 비즈니스 룰이 적용되는 데이터 교환이 필요한 경우에 활용된다.

20
정답 | ①
해설 | 텍스트, 이미지, 오디오, 비디오 등과 같이 개별적으로 데이터 객체로 구분될 수 있는 미디어 데이터는 '컨텐츠 데이터'를 의미한다.

21
정답 | ②
해설 | 데이터의 전처리 난이도는 정형화되어 있는 데이터일수록 쉽고, 비정형화되어 있는 데이터일수록 어려운 것이 일반적이다.

22
정답 | ①
해설 | 센서 데이터는 실시간 데이터이므로 컨텐츠 데이터의 속성이 더욱 강하다.

23
정답 | ①
해설 | 데이터 마스킹은 개인 식별 정보에 대해서 전체 또는 부분적으로 대체적으로 변환하는 방법이다.

24
정답 | ③

해설 | 비정형 데이터를 변환할 경우 데이터의 구조를 미리 파악한 후 html이라면 각 태그로 둘러싸인 태그를 제외하거나, 필요한 태그를 지칭하는 행위 혹은 정보 구조를 파싱하여 특정 부분을 제외하도록 하고 데이터를 추출할 수 있는 역량이 필요하다. 이를 통해 비정형 데이터를 그 자체로 활용 혹은 반정형 데이터나 정형 데이터로 변환할 수 있다.

25
정답 | ①

해설 | 총체적 생체정보로 그 자체로 개인을 식별할 수 있는 정보는 지문으로써, 즉 식별자에 해당한다.

26
정답 | ③

해설 | 데이터 범주화는 삭제는 개인 식별 정보가 가능한 특정 데이터를 물리적으로 삭제하는 방법이다.

27
정답 | ②

해설 | 개인 식별이 가능한 데이터에 대해 직접적으로 식별할 수 없는 값을 대체하는 것은 가명처리에 대한 설명이다.

28
정답 | ④

해설 | 총계처리기법의 세부기술은 총계처리, 부분총계, 라운딩, 재배열이 있다. 데이터를 삭제하는 것은 해당하지 않는다.

29
정답 | ③

해설 | 나. 개인정보의 익명 숫자 등 값을 추가하는 것은 임의잡음추가 세부기술에 대한 설명이다.
라. 다른 정보와 뚜렷하게 구분되는 레코드 전체를 삭제하는 방법은 레코드 삭제 세부기술에 대한 설명이다.

30
정답 | ④

해설 | 관계형 DB를 위한 프라이버시 모델의 대표적 기법으로는 k-익명성, l-다양성, e-근접성이 있다.

31
정답 | ②

해설 | 준식별자는 그 자체로는 정보를 식별할 수 있는 식별자가 아니지만, 다른 데이터와 결합을 통해 특정 개인을 직·간접적으로 추론하는데 사용할 수 있는 속성을 의미한다. 오히려 이러한 준식별자는 변형 및 조작의 대상이 된다.

32
정답 | ②

해설 | IBM에서 데이터 품질이란 특정 비즈니스 목적에 특정 사실의 부합 여부를 결정하기 위해 사용되는 주관적인 기준이라고 정의한다.

33
정답 | ④

해설 | 데이터 품질관리에 중요성으로는 데이터 분석결과의 신뢰성 확보, 개별화된 프로세스, 데이터 활용도의 향상, 양질의 데이터 확보 4가지로 정리할 수 있다. 분석의 용이성은 적용되지 않는다.

34
정답 | ③

해설 | 비정형 데이터의 품질 기준은 신뢰성(Reliability), 기능성(Functionality), 효율성(Efficiency), 사용성(Usability), 이식성(Portability)으로 있다. 유효성(Validity)은 포함되지 않는다.

35
정답 | ③

해설 | 정형 데이터가 비정형 데이터에 비해 객체의 표현값이 정확하게 반영되지 않을 수는 있으나, 객체의 표현성이 정확히 반영되지 않아도 되는 것은 아니다.

36
정답 | ④

해설 | 품질 진단 방법에는 전반적인 데이터 품질관리는 수준과 지표별 데이터 품질 수준을 체크리스트를 통해 진단하는 방법이 있으며, 규정에 정성된 품질기준에 근거하여 데이터 관리 되고 시스템을 진단하는 방법에 있다. 또한, 문서, 이미지, 동영상 등이 정확하지 않은 정보를 사람이 직접 확인하여 오류 여부를 진단하는 비정형성 품질확인 방법도 있다.

37
정답 | ②

해설 | 분산 파일 시스템은 대용량의 데이터를 수집, 저장, 분석하는 데 두 대 이상의 컴퓨터를 이용하여 작업을 적정하게 분배하고 필요시 다시 조합한다. 또한, 일부 작업에 문제가 발생할 경우 해당 부분만을 재처리할 수 있도록 하는 역할을 수행한다.

빅데이터 탐색
예상문제 정답 및 해설

PART 02 빅데이터 탐색 예상문제 정답 및 해설

CHAPTER 01 데이터 전처리

01	02	03	04	05	06	07	08	09	10
①	④	④	④	①	①	④	③	①	③
11	12								
①	②								

01
정답 | ①
해설 | 데이터 웨어하우스와 사용자의 중간층에 위치한 것으로, 하나의 주제 또는 하나의 부서 중심의 데이터 웨어하우스라고 할 수 있는 데이터베이스는 '데이터 마트'이다.

02
정답 | ④
해설 | 평균 거래 주기를 기준으로 3~4배 이상 초과하거나 다음 달에 거래가 없을 것으로 예상되는 고객은 '휴면고객'이다. 휴면고객은 거래를 멈추거나 중단할 가능성이 높은 고객이다. 따라서 사전에 이탈 가능성을 분석하여 관리하는 것이 중요하다.

03
정답 | ④
해설 | 이상치는 주로 데이터의 분포에서 평균이나 군집 중심으로부터 멀리 떨어진 데이터를 의미한다. 설명변수와 종속변수의 관계만으로 이상치를 판정하는 것은 일반적인 이상치 정의와 다르다. 이상치는 데이터 분석의 신뢰성을 높이기 위해 올바르게 정의해야 한다.

04
정답 | ④
해설 | 정상적이지 않게 찍히거나 기록된 데이터는 부정사용방지 시스템에서 활용될 수 있다.

05
정답 | ①
해설 | 평균에서 표준편차의 3배보다 떨어진 값을 이상값으로 판단하는 방법은 ESD(Extreme Studentized Deviation)이다.

06
정답 | ①
해설 | 단순대치법의 추정량 표준오차의 과소 추정 또는 계산의 난해성의 문제를 보완하는 방법은 다중대치법이다.

07
정답 | ④
해설 | 파생변수는 원본 데이터를 변환하거나 계산하여 새롭게 생성된 변수이다. 파생변수는 사용자의 목적에 따라 달라질 수 있으므로 논리적이고 일관성 있는 기준을 적용해야 한다. 이를 통해 데이터 분석의 신뢰도를 높일 수 있다.

08
정답 | ③
해설 | 데이터 정합성이 떨어지는 이유는 결측치 존재, 노이즈, 이상치 등의 원인이 존재한다. ESD는 이상치를 측정하기 위한 방법이다.

09
정답 | ①
해설 | 데이터 오류 원인 분석 → 데이터 정제 대상 선정 → 데이터 정제 방법 결정의 순서가 데이터의 전처리 절차의 올바른 순서이다.

10
정답 | ③
해설 | 데이터 일관성을 유지하기 위한 방법으로는 변환, 파싱, 보강이 존재한다. 일부분 결측치(Missing)를 생성하는 방법은 데이터 연산에서도 옳지 않은 방법이다.

11
정답 | ①

해설 | 데이터 결측치 처리 절차로는 결측치 식별 → 결측치 부호화 → 결측값 대체의 순서이다.

12
정답 | ②

해설 | IQR은 제3사분위수(Q3)에서 제1사분위수(Q1)을 뺀 값이다. 즉, 9-3=6이 된다.
- 하한값은 Q1-1.5*IQR=3-(6*1.5)=-6
- 상한값은 Q3+1.5*IQR=9+(6*1.5)=18

CHAPTER 02 데이터 탐색

01	02	03	04	05	06	07	08	09	10
④	①	②	③	③	①	③	③	②	①
11	12	13	14	15	16	17	18	19	20
④	③	④	①	②	④	③	①	①	②
21	22	23	24	25	26	27	28	29	30
③	④	③	①	④	②	④	②	②	①

01
정답 | ④
해설 | 변환 기법은 로그 변환, 제곱근 변환, 역수 변환이 대표적이다. 분산 변환은 데이터의 변동이 크게 변환하는 방법이 아니다.

02
정답 | ①
해설 | 저항성은 데이터의 부분적 변동에 민감하게 반응하지 않는다.

03
정답 | ②
해설 | 탐색적 자료분석(EDA)은 다양한 값과 변수들을 조합해 가면서 의미 있는 사실 도출 및 분석의 목적을 구체화하여 달성해나가는 과정이다.

04
정답 | ③
해설 | 탐색적 데이터 분석은 데이터를 시각화하여 이상치(outlier)를 쉽게 식별할 수 있도록 돕는 과정이다. 상자수염그림(BoxPlot)이나 히스토그램 같은 시각화 기법을 사용하면 이상치를 효과적으로 파악할 수 있다. 따라서 시각화하면 이상치를 식별할 수 없다는 설명은 부적절하다.

05
정답 | ③
해설 | 기댓값 E(X+b)의 특성과 표준편차(σ+b)의 특징에 대한 질문이다. 평균은 b만큼 증가하지만, 표준편차 혹은 분산에는 변화를 미치지 않는다. 따라서 평균은 19가 되고, 표준편차는 그대로인 2가 된다.

06
정답 | ①
해설 | 이상치에 민감한 것은 중위수가 아니라 평균이다.

07
정답 | ③
해설 | 등간척도는 측정 대상이 갖고 있는 속성의 양을 측정하는 것으로 구간이나 구간 사이의 간격에는 의미가 있으나 절대영점이 없고, 사칙연산 중에서 덧셈과 뺄셈만 가능한 척도이다.

08
정답 | ③
해설 | 피어슨의 비대칭도가 양수라는 의미는 왜도가 양수(+)임을 의미하고, 이는 우측으로 긴 꼬리를 가졌음을 의미한다. 따라서 최빈값<중위값<평균값의 순서로 되어 있는 보기를 골라야 한다.

09
정답 | ②
해설 | 자료들의 중간 50%에 흩어진 정도를 보기 위해서는 산포도의 측정이라는 것을 기억해야 한다. 따라서 자료들의 중간 50%의 흩어진 정도를 나타내는 통계량인 IQR(사분위수 범위)를 선택해야 한다.
중위수는 산포도가 아닌 단일값(스칼라)이다.

10
정답 | ①
해설 | cm로 측정한 것이 123이라면, m로 변환하면 1cm가 0.01cm이고 분산이면 제곱만큼의 수가 곱해져야 하므로, $123*(0.01)^2=0.0123$이 된다.

11
정답 | ④
해설 | 비닝(binning)은 기존 데이터를 범주화(categorize)하기 위해 사용되는 기법이다.

12
정답 | ③
해설 | 자료의 시각화와 그룹화는 데이터를 이해하기 쉽게 표현하거나 특정 패턴을 발견하는 과정이다. 그러나 십진 스케일링은 데이터의 크기를 줄이기 위해 사용하는 방법일 뿐, 시각화나 그룹화와는 직접적인 관련이 없다.
① 최소-최대 정규화와 표준화는 데이터의 스케일을 조정하는 기법으로 시각화에 간접적으로 기여할 수 있다.
④ 비닝은 데이터를 범주로 나누는 과정으로 그룹화와 직접 관련이 있다.

13
정답 | ④
해설 | 평행좌표 그래프는 여러 변수를 동시에 표현하는 다변량 시각화 기법이다. 단변량 시각화라는 표현은 부적절하며, 이 설명은 문제와 그래프의 특성을 오해한 것이다.

14
정답 | ①
해설 | 측정 대상을 단순 구분하거나 어느 집단에 속하는지 분류할 때 사용되는 척도로 성별, 출생지 등을 구분하기 위한 질적척도는 명목척도이다.

15
정답 | ②
해설 | 다중상관 분석(Multiple Correlation Analysis)은 2개 이상이 아닌 3개 이상의 변수 간 관계 강도를 측정하는 상관분석이다.

16
정답 | ④
해설 | sunflower의 박스플롯을 확인하면 이상치는 존재하는 것을 알 수 있다.

17
정답 | ③
해설 | 줄기잎그림을 그리는 방법에는 많은 양의 계산이 필요하지 않다.

Number of Birds at a Watering Hole Each Hour	
Stam	Leaf
1	3 4 6 7 8 2
2	7 8 3 5 8
3	2 5 9
4	4 6
5	9
6	7
Key : 1|7=17 birds	

18
정답 | ①
해설 | 공분산은 측정 단위에 영향을 받는다. 그러므로 이 문제를 해결하고자 스케일링(Scaling) 과정을 거친 지표가 상관계수 즉, 상관분석으로 탄생하게 되었다.

19
정답 | ①
해설 | 중앙값이 가장 낮은 그룹은 박스플롯을 살펴보면 horsebean임을 알 수 있다.

20
정답 | ②
해설 | 산점도는 데이터가 적을 때 보다 많을 때에 더욱 효과적으로 사용될 수 있다.

21
정답 | ③
해설 | 정확한 평균값이나 통계적 유의성은 상자수염 그림에서 확인하기는 어렵다.

22
정답 | ④
해설 | 1에 가까운 상관계수는 선형성이 강하다는 정도만 나타낼 뿐 더욱 좋은 지표라 보진 않는다. 상관분석은 탐색적 데이터 분석에 가까운 분석법이기 때문이다.

23
정답 | ③
해설 | 피어슨 상관계수는 연속형 데이터에 적용이 가능하며 정규성을 가정하고, 스피어만 상관계수는 서열형 데이터에 적용하며 비모수적 방법이다. 피어슨 상관계수를 굳이 서열척도로 변환 후 상관계수를 구하진 않는다.

24
정답 | ①
해설 | 스피어만 상관계수는 서열척도를 자료형으로 대상으로 한다.

25
정답 | ④
해설 | 상관분석을 통해 분산은 알 수 없고, 변수 자기 자신과의 상관계수가 1인 것만 확인 가능하다.

26
정답 | ②
해설 | 해당 상관행렬에서 나타난 1은 같은 변수(즉, 자기자신) 끼리의 상관계수이다.

27

정답 | ④

해설 | 공분산의 범위는 -inf(음의 무한대)~+inf(양의 무한대)까지이다.

28

정답 | ②

해설 | 모자이크 플롯은 범주형 다변량 데이터를 시각화하는데 적합한 도구이다. 이 플롯은 교차표의 내용을 2차원 또는 3차원으로 시각화하며, 범주형 데이터를 직사각형의 크기로 표현하여 각 범주의 상대적인 크기와 분포를 비교할 수 있게 한다. 직사각형의 면적은 각 범주의 빈도 또는 비율을 나타내며, 이를 통해 여러 범주 간의 관계와 상호작용을 한눈에 파악할 수 있다. 특히 복잡한 범주형 데이터의 경향이나 패턴을 시각적으로 이해하는 데 유용하다.

29

정답 | ②

해설 | 두 변수의 상관관계가 존재하지 않을 경우에는 NA가 아닌 0값이 나오게 된다.

30

정답 | ①

해설 | 선버스트 차트는 비계층 구조가 아닌 계층 구조로 되어 있으며, 데이터를 표현할 경우 트리맵과 함께 매우 유용하게 활용할 수 있다.

CHAPTER 03 통계기법의 이해

01	02	03	04	05	06	07	08	09	10
④	②	①	③	①	②	②	③	①	③
11	12	13	14	15	16	17	18	19	20
④	②	①	①	②	③	②	③	①	③
21	22	23	24	25	26	27	28	29	30
④	④	②	④	④	②	③	③	①	④
31	32	33	34	35	36	37	38	39	40
①	②	①	①	②	④	③	③	①	④
41	42								
③	④								

01
정답 | ④
해설 | 비율척도는 절대영점('0')이 존재한다. 절대영점이라는 개념은 비어있다는 즉, 無의 개념으로 값이 비어있다는 개념이다. 절대영점 때문에 덧셈법칙, 곱셈법칙 등이 성립할 수 있게 된다.

02
정답 | ②
해설 | 서비스 만족도의 경우 측정 대상의 대소 관계 및 우선순위를 나타내기 위한 목적이 있기에 서열척도(순서척도)에 해당하여, 해당 척도를 활용한 설문지를 만들면 된다.

03
정답 | ①
해설 | 비율척도의 대표적인 사례가 무게, 나이, 연봉, 주급 등이다.

04
정답 | ③
해설 | 피어슨의 비대칭도가 양수라는 의미는 왜도가 양수(+)임을 의미하고, 이는 우측으로 긴 꼬리를 가졌음을 의미한다. 따라서 최빈값<중위값<평균값의 순서로 되어 있는 보기를 골라야 한다.

05
정답 | ①
해설 | 평균 절대편차는 관측값에서 평균을 뺀 값의 절대값에 평균을 취해야 한다.

06
정답 | ②
해설 | 자료들의 중간 50%에 흩어진 정도를 보기 위해서는 산포도의 측정을 기억해야 한다. 따라서 자료들의 중간 50%의 흩어진 정도를 나타내는 통계량인 IQR(사분위수 범위)를 선택해야 한다.
중위수는 산포도가 아닌 단일 값(스칼라)이다.

07
정답 | ②
해설 | 연속확률분포는 정규분포, Z분포, t분포, F분포, 카이제곱분포 등의 곡선형태 그래프이다. 이산확률분포로는 베르누이, 이항분포, 다항분포, 기하분포, 초기하분포, 포아송 분포가 있다.

08
정답 | ③
해설 | 등간척도는 측정 대상이 갖고 있는 속성의 양을 측정하는 것으로 구간이나 구간 사이의 간격에는 의미가 있으나 절대영점이 없고, 사칙연산 중에서 덧셈과 뺄셈만 가능한 척도이다.

09
정답 | ①
해설 | 계통추출(체계적 추출방법)은 초기번호를 선정할 때 단순무작위의 방법으로 설정한 후 설정된 번호를 기준으로 k개씩 N개의 구간으로 나누고, 첫 구간 (1~k까지)에서 초기 번호를 설정한 후 k개씩 구간을 주어 N개의 표본을 선택하는 방법이다.

10
정답 | ③
해설 | 모집단에서 표본을 확률적으로(통계적으로 유의하게) 추출하는 방법으로는 단순무작위 표본추출, 층화표본추출, 군집표본추출, 계통적 표본추출 방법이 대표적이다.

11
정답 | ④
해설 | $P(A \cap B) = P(A) * P(B)$가 성립하여야 한다. $P(A \cap B) = 0$인 식은 배반사건이며, 배반사건과 독립사건의 차이를 나타내는 것과 같다.

12
정답 | ②
해설 | 확률변수 X가 구간 또는 구간들의 모임인 숫자 값을 갖는 확률분포함수는 연속확률밀도 함수이다.

13
정답 | ①
해설 | 층화추출방법은 이질적인 원소들로 구성된 모집단에서 과학적인 방법으로 계층을 나누고 각 계층들을 골고루 대표할 수 있도록 표본을 추출하는 방법이다.

14
정답 | ①
해설 | 조건부 확률은 어떤 사건 A가 일어난 조건하에서 다른 사건 B가 일어날 확률을 의미한다. 이를 수식으로 나타내면, $\dfrac{P(A \cap B)}{P(A)}$과 같이 나타낼 수 있다.

15
정답 | ②
해설 | 제1종 오류는 귀무가설(H_0)이 옳은데도 귀무가설(H_0)을 기각할 때 생기는 오류이다.

16
정답 | ③
해설 | 이산형 확률변수 x의 기댓값은 수식으로 $E(x) = \Sigma x f(x)$라고 나타낼 수 있다.

17
정답 | ②
해설 | 구간추정은 모수의 참값이 포함되어 있다고 추정되는 구간을 결정하는 것을 의미한다는 문장까지는 옳은 문장이다. 그러나, 실제 모집단의 모수가 반드시 포함되어야 하는 것은 아니다.

18
정답 | ③
해설 | F-분포의 활용은 두 가지 이상의 표본집단의 분산을 비교하거나 모집단의 분산을 추정할 때 활용된다.
① t-분포는 모집단의 표준편차를 모르는 상황에서 표본의 표준편차를 활용할 때 활용한다.
② Z-분포는 표본통계량이 표본평균일 때, 평균이 0이고 분산이 1인 형태의 분포로 표준화시킨 분포이다.
④ 카이제곱 분포는 표본통계량이 표본 분산일 때의 표본 분포를 뜻한다.

19
정답 | ①
해설 | p-value는 귀무가설(Null Hypothesis)이 참이라는 전제하에서 실제 표본에서 구한 표본 통계량의 값보다 더 극단적인 값이 나올 확률이다.

20
정답 | ③
해설 | 기댓값은 $E(x) = \Sigma x f(x)$의 식으로 구할 수 있다. 그러므로 공식은 $(1*0.2) + (2*0.3) + (3*0.075) + (4*0.2) = 1.825$ (소수점 둘째자리에서 반올림)

21
정답 | ④
해설 | 기댓값은 $E(x) = \Sigma x f(x)$으로 20번 문항과 비슷한 유형이다. 같은 방식으로 구하면 정답은 10/6임을 구할 수 있다.

22
정답 | ④
해설 | 정규모집단에서 단순임의 추출한 표본의 분산은 자유도가 n-1인 t분포가 아닌 카이제곱 분포를 따른다.

23
정답 | ②
해설 | 귀무가설이 참이 아닌 상황에서 귀무가설을 채택하는 오류를 제2종 오류라고 한다.

24
정답 | ④
해설 | 모수 통계학에는 이산확률분포, 연속확률분포가 존재하며 연속확률분포에는 카이제곱분포가 포함된다.

25
정답 | ④
해설 | 영향을 주는 변수의 존재 유무는 알 수 없다.

26
정답 | ②
해설 | 모집단의 성격에 따라 몇 개의 집단 또는 층으로 나누고, 나눈 각 집단 내에 원하는 크기의 표본을 무작위로 추출하는 표본추출방법은 층화추출방법이다.
※ 암기하자! 단층군계!

27
정답 | ③
해설 | $1 \times 0.4 + 0 \times 0.6 = 0.4$이다.

28
정답 | ③
해설 | 확률이 정해진 상황에서 어떤 사건의 발생 횟수를 나타내는 확률분포는 포아송분포이다.

29
정답 | ①
해설 | Grad.Rate 변수에서 3사분위수를 나타내고 있으므로 25%가 78보다 큰 값을 지닌다.

30
정답 | ④
해설 | 비모수통계학은 모집단의 분포에 대한 가정이 필요 없고, 질적자료, 수량적 자료, 빈도수 등 비연속적 자료가 사용될 수 있다.

31
정답 | ①
해설 | 귀무가설(H_0)이 옳은데도 귀무가설(H_0)을 받아들이지 않고 기각하게 되는 오류는 '제1종오류'이다.

32
정답 | ②
해설 | '중앙값'은 평균이 지니는 한계점을 보완해주는 대표값이다. 오름차순으로 자료를 나열한 뒤 중앙에 위치한 값을 구하면 중앙값을 구할 수 있다.

33
정답 | ①
해설 | 평균은 $3 \times E(x) + 10 = 40$이며, 분산은 $3^2 \times Var(x) = 27$이다.

34
정답 | ①
해설 | $P(64 < X < 82) = P([64-70]/6 < [X-70]/6 < [82-70]/6) = P(-1 < Z < 2) = P(0 < Z < 1) + P(0 < Z < 2) = 0.3413 + 0.4772 = 0.8185$

35
정답 | ②
해설 | 소수의 상위 몇 명으로 인해 이상치에 영향을 받지 않으며, 구단의 연봉을 대표할 수 있는 통계량은 중앙값이다.

36
정답 | ④
해설 | $\dfrac{X - \mu}{s/\sqrt{n}}$ 분포의 식은 t-분포이며, 표준정규분포인 z분포에서 표본을 추출하게 되므로, 자유도는 1이 감소하게 된 n-1을 갖게 된다.

37
정답 | ③
해설 | 초기하분포는 비복원추출로 성공 확률이 일정하지 않으므로, 각 시행이 독립적이지는 않다.

38
정답 | ③
해설 | 포아송분포는 주어진 시간 안에 어떤 사건이 일어날 횟수에 대한 기댓값을 λ(람다)라고 했을 때, 그 사건이 n회 일어날 확률을 나타내는 분포이다.

39
정답 | ①
해설 | 포아송분포 공식은 $P(X = k) = \dfrac{\lambda^k e^{-\lambda}}{k!}$이고, X는 단위 시간 내에 도착하는 승객 수, λ는 시간당 평균 도착 승객 수, k는 원하는 도착 승객 수이다.
문제에 따라 단위 시간 동안 평균 승객 도착 수는 1명이므로, 2분 동안의 평균 도착 승객 수는 $\lambda = 2$이다. 구하려는 것은 2분 동안 승객이 0명 도착할 확률이므로, $k = 0$이다.
따라서, 확률을 구하는 식은 $P(X = 0) = \dfrac{2^0 e^{-2}}{0!} = e^{-2}$이다.

40
정답 | ④
해설 | 점 추정조건은 불편성, 효율성, 일치성, 충분성이다.

41
정답 | ③
해설 | 정규분포를 따르며 모집단의 표준편차가 알려져 있으므로, Z분포를 활용할 수 있다. 90% 신뢰구간이고, 유의확률 $a = 0.1$이므로 신뢰구간을 구하기 위해서는 $Z_{a/2} = Z_{0.05}$이다.
$\overline{X} - Z_{a/2} \times \dfrac{\sigma}{\sqrt{n}} \leq \mu \leq \overline{X} + Z_{a/2} \times \dfrac{\sigma}{\sqrt{n}} \rightarrow$
$90 - 1.645 \times \dfrac{8}{\sqrt{25}} \leq \mu \leq 90 + 1.645 \times \dfrac{8}{\sqrt{25}}$
위의 식을 전개하면 $87.368 \leq \mu \leq 92.632$가 된다.

42
정답 | ④
해설 | 윌콕슨 순위 합 검정은 비모수검정이므로, 모수 분포를 가정하지 않는다.

빅데이터 모델링
예상문제 정답 및 해설

PART 03 빅데이터 모델링 예상문제 정답 및 해설

CHAPTER 01 통계 분석 기법

01	02	03	04	05	06	07	08	09	10
③	①	①	③	②	④	①	④	②	①
11	12	13	14	15	16	17	18	19	20
②	②	①	②	③	②	①	④	④	②
21	22	23	24	25	26	27	28	29	30
②	③	④	②	②	①	④	③	②	①
31	32	33	34	35	36	37	38	39	40
④	②	④	④	③	①	④	④	②	

01
정답 | ③
해설 | 결정계수는 총 변동(SST) 중에서 회귀모형에 의해 설명되는 변동(SSR)의 비율이다.

02
정답 | ①
해설 | 회귀모형에 대한 검정력을 확인하기 위해서는 산출되는 F-통계량의 p-value가 0.05보다 작을 때 유의하다고 할 수 있다.
※ 회귀계수에 대한 검정력은 t-검정을 수행한다.

03
정답 | ①
해설 | 선형회귀분석의 가정은 선형성, 정규성, 독립성, 등분산성, 비상관성이 있다.
※ 기억하자! 선정독등비!

04
정답 | ③
해설 | 회귀식 검정 시 독립변수의 기울기가 0이라는 가정을 귀무가설, 기울기가 0이 아니라는 가정을 대립가설로 놓아야 한다.

05
정답 | ②
해설 | 단계적 선택법은 전진선택법과 후진소거법을 함께 고려하는 방법이다. 다만, 이 방법을 통해서 늘 동일한 최적의 모형이 도출되는 것은 아니다.

06
정답 | ④
해설 | 잔차의 분산이 독립변수와 무관하게 일정한 것을 등분산성을 만족한다고 한다. 그런데 문제에서 제시된 그림은 독립변수에 따라 그림이 변화되는 것으로 보인다.

07
정답 | ①
해설 | education2. HS Grad의 회귀계수는 11.6790이다.

08
정답 | ④
해설 | 영향을 주는 변수의 존재유무는 알 수 없다.

09
정답 | ②
해설 | 변수를 선택하는 방법은 전진선택법, 후진소거법, 단계적 선택법이 있다. 모든 독립변수 후보를 포함한 모형에서 시작하여 가장 적은 영향을 주는 변수를 제거하면서 지표가 더 이상 개선되지 않을 때까지 독립변수를 제거하는 방법은 후진소거법이다.

10
정답 | ①
해설 | 1ST Qu의 경우에는 25%, 2nd Qu의 경우에는 50%, 3rd Qu의 경우에는 75%, 4th Qu의 경우에는 100%의 값을 의미한다. 따라서, 78인 3rd Qu는 75%이므로, 이보다 큰 범위는 25%가 된다.

11
정답 | ②
해설 | 회귀분석에서의 선정독등비에서 정상성은 잔차가 정규분포를 이루어야 함을 의미한다.

12
정답 | ②
해설 | SSR/SST=280/1000, 28%

13
정답 | ①
해설 | 로지스틱 회귀분석은 독립변수가 연속형이고 종속변수가 범주형인 경우 적용되는 이진분류모델에 해당하는 알고리즘이다.

14
정답 | ②
해설 | 주성분 분석은 상관관계가 있는 고차원 자료를 최대한 보존하면서 가장 분산이 큰 변수를 제1성분으로 하며 차원을 축소한다.

15
정답 | ③
해설 | 평균 고유값 방법은 고유값들의 평균을 도출한 후 평균값 이하를 택하는 것이 아닌 평균값 이상인 주성분들을 선택하는 방법이다.

16
정답 | ②
해설 | 정상성의 조건에 ②의 조건은 존재하지 않는다.

17
정답 | ①
해설 | 전체 변동의 80% 이상을 설명하기 위해서는 누적기여율(Cumulative Proportion)을 살펴보면 된다. 제1주성분의 누적 기여율이 92.46%이므로 1개의 주성분만으로도 80% 이상의 변동을 설명가능하다.

18
정답 | ④
해설 | 잡음은 무작위적인 변동임이 맞지만 일반적으로 그 원인은 알려져 있지 않다.

19
정답 | ④
해설 | 순환요인은 주기를 가지고 변화하는 요인인 것은 맞으나, 뚜렷한 원인을 규명하기엔 어렵다.

20
정답 | ②
해설 | 지수평활법은 모든 시계열 자료에 대한 평균을 구한 후 최근 시계열 데이터에 더 많은 가중치를 부여하며 미래를 예측하는 방법이다.

21
정답 | ②
해설 | 시계열 데이터 분석 절차(시추잔모미)
시간 그래프 작성 → 추세와 계절성 제거 → 잔차 예측 → 잔차에 대한 모델 적합 → 미래 예측

22
정답 | ③
해설 | 시간순서로 되어 있는 데이터들을 시계열 데이터(time series)라 하며, 이러한 시계열 데이터들을 분석하여 미래를 예측하는 분석기법을 '시계열 분석'이라 한다.

23
정답 | ④
해설 | 스크리 도표(Scree plot)는 총 분산비율이 아닌 고유값(eigenvalue)이 수평을 유지하기 전단계로 주성분의 수를 선택한다. 총 분산의 비율은 주성분 분석표(결과)에서 확인이 가능하다.

24
정답 | ②
해설 | ARIMA(p, d, q) 모형에서 p는 AR 모형과 관련이 있는 차수이며, d는 ARIMA를 ARMA로 정상화할 때의 차분 횟수, q는 MA 모형과 관련이 있는 차수를 뜻한다. 그러므로 해당 보기에서 d에 위치한 2에 따라 2번 차분하였다고 할 수 있다.

25
정답 | ②
해설 | ARIMA 모형은 기본적으로 비정상 시계열 모형이기에 차분이나 변환을 통해 데이터를 정상화해야 한다. 이때 나올 수 있는 모형은 AR 모형, MA 모형, ARMA 모형으로 정상화할 수 있다.

26
정답 | ①
해설 | 주성분 분석의 차원축소는 아이젠밸류 즉 고유값이 높은 순으로 정렬하여, 높은 고유값을 가진 고유벡터만으로 데이터를 복원한다.

27
정답 | ④
해설 | 차원축소 기법에는 주성분 분석, 요인분석, 다차원척도법, 특이값 분해법 등이 존재한다.

28
정답 | ③
해설 | lasso 회귀모형에서의 사용하는 규제(Penalty) 방식은 L1규제(Penalty)라 한다.

29
정답 | ②
해설 | F-통계량을 확인함으로 추정된 다중회귀모형이 통계적으로 유의미한지 확인 할 수 있다.

30
정답 | ①
해설 | 공통성이란 여러 요인이 설명할 수 있는 한 변수의 분산양을 백분율로 나타낸 것이다. 변수와 해당 요인간의 상관계수를 나타내는 것은 요인 적재값(Factor Loading)에 해당한다.

31
정답 | ④
해설 | 요인분석은 새로운 (잠재)변수들을 만들 때, 목표변수를 고려하지 않고 주어진 데이터로 비슷한 성격의 변수들을 묶어서 만들게 된다.

32
정답 | ②
해설 | 주어진 데이터의 Run의 개수는 8개(여/남남남/여여/남/여/남남/여여/남남)이다.

33
정답 | ④
해설 | Willcoxon 검증은 두 그룹이 짝을 이루고 있지만 정규성을 만족하지 못할 때 적용되는 분석법이다.

34
정답 | ④
해설 | 비모수검정은 순위(rank)나 부호(sign)를 기반으로 한 기법이라서 모수적 검정보다 이상치(outlier)의 영향을 덜 받을 수 있지만, 이상치 탐지에 효과적이라고 보기 어렵다.

35
정답 | ③
해설 | 비모수검정 중 하나로 표본들이 서로 관련되어 있는 경우 짝지어진 두 개의 관찰값들의 대소를 비교하여 그 개수를 통해 두 분포의 차이를 검정하는 방법은 부호검정(Sign test)이다.

36
정답 | ①
해설 | 이미지는 주성분 분석의 적재값(Loading)이다. 제1주성분(Comp.1)의 합성식을 올바르게 나타낸 것은 다음과 같다. 표에서 제1주성분의 적재량을 보면 Sepal.Length는 0.361, Petal.Length는 0.857, Petal.Width는 0.358이며, Sepal.Width는 0이다.
이를 조합한 식은 Comp.1=0.361Sepal.Length+0.857Petal.Length+0.358*Petal.Width이다.

37
정답 | ④
해설 | 주성분 분석(PCA)의 목적과 방법론을 부정확하게 설명하고 있으므로 옳지 않다.
④는 다음과 같은 이유로 PCA의 개념을 잘못 설명하고 있다.
- 데이터 구조 변환 개념의 오류 : PCA는 데이터의 구조를 변환하는 것이 아니라, 데이터의 분산이 최대가 되는 방향을 찾아 투영하는 기법이다.
- 차원의 저주와 PCA의 관계 오류 : PCA는 차원의 저주를 '방지'하는 것이 아니라, 이미 발생한 고차원 데이터의 문제를 '해결'하기 위한 방법이다.
- 인과관계의 오류 : 차원의 저주는 PCA를 하게 만드는 원인이지, PCA 자체가 차원의 저주인 것은 아니다.

38
정답 | ④
해설 | 원변수의 선형결합 중 가장 분산이 큰 것을 제1주성분(PC1)으로 설정한다.

39
정답 | ②
해설 | 가중치의 제곱합을 최소화하는 제약조건이 릿지(Ridge) L2규제, 가중치의 절댓값의 합을 최소화하는 제약조건을 주는 것이 라쏘(Lasso) L1규제이다.

CHAPTER 02 정형 데이터 분석 기법

01	02	03	04	05	06	07	08	09	10
②	③	②	①	④	③	①	②	②	①
11	12	13	14	15	16	17	18	19	20
②	①	②	③	④	④	②	④	④	③
21	22	23	24	25	26	27	28	29	30
②	①	③	④	②	③	④	①	②	②
31	32	33	34	35	36	37	38	39	40
④	④	①	③	④	③	②	①	④	④
41	42	43	44	45	46	47	48	49	50
③	③	③	①	①	③	①	③	①	③
51	52	53	54	55	56	57	58	59	60
①	④	②	①	④	④	③	④	④	③
61	62								
①	①								

01
정답 | ②
해설 | 의사결정나무에서 더 이상 트리가 분할하지 않도록 하는 규칙방법을 '정지규칙'이라 한다.

02
정답 | ③
해설 | 학습모형이 과대적합(Overfitting)하지 않도록 평가데이터(Test Data)를 적용시키기 전에 또 다른 데이터를 활용하여 미세 조정 절차를 거치게 되는데, 이를 검증데이터(Validation Data)라고 한다.

03
정답 | ②
해설 | 배깅은 Bootstrap Aggregation의 합성어이다. 원 데이터 집합으로부터 크기가 같은 표본을 여러 번 단순 임의 복원 추출하는 부트 스트랩과 각 표본에 대한 분류기를 생성한 후 그 결과를 결합하는(Aggregation)하는 기법은 배깅(Bagging)이다.

04
정답 | ①
해설 | 거리의 최소값으로 측정하여 가장 유사성이 큰 군집으로 병합해나가는 방법은 최단연결법이라 한다.

05
정답 | ④
해설 | 실루엣 계수는 군집 내의 거리와 군집 간의 거리를 기준으로 한 군집 안의 데이터들이 다른 군집과 비교하여 얼마나 비슷한가를 나타내어 군집 분할 정도를 평가하는 지표이다.

군집타당성 지표	설명
Dunn index	• (군집과 군집 사이의 최소값)/(군집 내 데이터들 거리 중 최대값)으로 하는 지표 • Dunn index는 분자가 클수록 군집 간 거리가 멀고, 분모 값이 작을수록 군집 내 데이터가 모여 있으므로 좋은 군집화라 할 수 있고, 이 경우에 Dunn index가 커지게 됨
실루엣 계수	$$s(i) = \frac{b(i) - a(i)}{\max(a(i), b(i))}$$ • 군집 내의 거리와 군집 간의 거리를 기준으로 한 군집 안의 데이터들이 다른 군집과 비교하여 얼마나 비슷한가를 나타내어 군집 분할 정도를 평가 • 실루엣 계수가 가질 수 있는 범위는 -1~1이며 1에 가까울수록 군집화가 잘되었음을 의미 • 데이터 하나에 대한 실루엣 계수만 좋다고 군집화가 잘 이루어졌다고 일반화를 할 수 없음. 각 군집별 데이터 수가 고르게 분포되어야 하며, 각 군집별 실루엣 계수 평균값이 전체 실루엣 계수 평균값에 크게 벗어나지 않는 것이 중요

06
정답 | ③
해설 | 향상도는 A가 구매되지 않을 때 B의 구매확률과 A가 구매되었을 때 B의 구매확률의 증가비이며, 두 품목의 상관관계를 기준으로 도출된 지표라고도 할 수 있다.

07
정답 | ①
해설 | 최소 지지도보다 큰 지지도의 값을 갖는 품목의 집합을 빈발항목(frequent item set)이라 한다. Apriori 알고리즘은 모든 품목집합에 대한 지지도를 전부 계산하는 것이 아닌 최소지지도 이상의 빈발항목집합을 찾은 후 그것들에 대해서만 연관규칙을 연산하는 것이다.

08
정답 | ②
해설 | 분류분석의 종류에는 의사결정나무, 랜덤포레스트, SVM, Lightgbm, XGboost 등이 존재한다.

09
정답 | ②
해설 | 연관분석은 소매점에서 상품 진열 계획, 카탈로그 배열 및 교차판매 등의 마케팅 계획 수립에 적용 가능한 데이터 마이닝 분석법이다.

10
정답 | ①
해설 | VIP 혹은 백화점에서 등급 구분, 소득에 따른 군집화 등의 분석에는 군집분석을 활용하는 것이 적절하다.

11
정답 | ②
해설 | 지니계수의 값이 작을수록 동질적이며 순수도(impurity)가 높다고 할 수 있다.

12
정답 | ①
해설 | 생성된 모델이 훈련 데이터에 너무 최적화된 학습을 과대적합(Overfitting)이라고 한다. 과대적합이 이루어지면 테스트 데이터의 작은 변화에 매우 민감하게 반응한다는 것이 대표적인 단점이다.

13
정답 | ②
해설 | 비지도학습기법에는 차원축소, 연관규칙분석, 군집분석이 있다. (가)와 (라)는 연관규칙분석의 대표 사례이다.

14
정답 | ③
해설 | 목적변수가 범주형인 경우에는 분류분석 알고리즘을 활용하는 것이 적합하다.

15
정답 | ④
해설 | 카이제곱 검정은 로지스틱 회귀분석에서의 유의성 검정으로 활용된다. T검정은 회귀계수의 유의성 검정에, F검정은 회귀모형의 적합성 검정에 활용된다.

16
정답 | ④
해설 | d가 충분히 크다고 가정하면 해당 식에서 1/d는 0에 수렴하게 되어 관측치 비율의 식은 $1/e=0.367879\cdots$이 된다. 따라서 답은 약 36.8%이다.

17
정답 | ②
해설 | 가설에 관한 내용은 통계적 가설검정에서 확인해야 하며, 데이터 마이닝에서 데이터 분할은 가설검정과 상관도가 낮다.

18
정답 | ④
해설 | 부스팅은 부트스트랩 표본을 구성하는 재표본 과정에서 약한 분류기가 분류를 잘못했을 경우 더 큰 가중치를 부여하면서 표본을 추출하고 그 결과를 선형 결합하는 앙상블 모형이다.

19
정답 | ④
해설 | 의사결정나무 모형의 적용 데이터 이상치가 존재하여, 끝까지 분할을 시도한다면 과대적합에 빠질 수 있다.

20
정답 | ③
해설 | 에어컨 회사에서의 고객 세분화(Segmentation)전략을 활용하려면 레이블(Label)에 따른 분류분석이 적합하다.

21
정답 | ②
해설 | 의사결정나무 중 가지치기 단계는 오차를 크게 할 위험이 높거나 불필요한 가지를 제거하는 단계이다.

22
정답 | ①

해설 | 검정용 데이터(Validation data)는 학습 모델의 과대추정 혹은 과소추정을 미세 조정하는 데 활용한다.

23
정답 | ③

해설 | (나)의 지니계수를 계산하는 방법은 $1 - \left(\frac{10}{50}\right)^2 - \left(\frac{40}{50}\right)^2 = 0.32$이다.

24
정답 | ④

해설 | ROC-Curve의 x축은 1-특이도 즉, FPR이 되어야 한다.

25
정답 | ④

해설 | 배깅은 Bootstrap aggregation의 줄임말로써 각 부트스트랩 자료에 예측모형을 생성한 후 결합하여 최종 예측 모형을 만드는 방법이다. 따라서, 몇몇의 샘플은 여러 번 추출되고, 몇몇의 표본은 추출되지 않을 수 있다.

26
정답 | ③

해설 | 독립변수의 회귀계수가 음수라는 의미이므로 원래 결과값이 S자 그래프였던 것이 역 방향의 S자 그래프를 출력하게 된다.

27
정답 | ④

해설 | LOOCV는 K-fold와 같은 방법이지만, k는 전체 데이터의 개수와 같다.

28
정답 | ①

해설 | 비지도학습(Unsupervised Learning)의 방법으로 데이터를 배타적인 집단으로 나누고자 할 때는 군집분석이 적합한 방법론이다.

29
정답 | ②

해설 | 군집분석은 각 객체의 유사성을 측정하고, 유사성이 높은 대상들을 집단화하여 분류하는 분석 방법론이다.

30
정답 | ④

해설 | 덴드로그램은 '무슨 군집과 무슨 군집이 서로 묶였는지', '군집 간 거리는 얼마나 되는지' 등을 알 수 있는 그래프이다.

31
정답 | ④

해설 | 종속변수 y대신 로짓(logit)이라는 상수를 활용하는 것이 아닌 y값의 범위를 이진화하기 위해 [0과 1]의 범위로 조정하기 위해 로짓변환을 활용하는 것이 정확한 절차이다.

32
정답 | ④

해설 | 마할라노비스 거리 방법은 변수의 표준화와 변수 간의 상관성을 동시에 고려한 통계적 거리 측정법이다.

33
정답 | ①

해설 | PCA(주성분 분석)는 비지도학습 중에서 차원축소에 속한다. 나머지 기법은 군집분석에 속하는 기법이다.

34
정답 | ③

해설 | 군집분석은 비지도학습 방법이므로 지도학습처럼 레이블(Label)이 존재하지 않는다면, 교차 검증을 통한 모형 평가지표가 존재하지 않는다.

35
정답 | ④

해설 | 와드연결법은 군집의 병합으로 인한 오차제곱합의 증가량이 최소가 되는 방향으로 군집을 형성한다.

36
정답 | ③

해설 | 군집분석은 목표변수(즉, Label)가 존재하지 않는 비지도학습이다. 따라서 교차 검증을 통한 모형의 평가지표가 존재하지 않아, ③의 설명은 옳지 않은 것이 된다.

37
정답 | ②

해설 | 맨하탄 거리이므로 |180-175|+|65-70|=10이다.

38
정답 | ①

해설 | 인공신경망, SVM, 랜덤포레스트는 지도학습이며, SOM은 비지도학습이다.

39
정답 | ④

해설 | 유클리디언 거리는 $\sqrt{(175-180)^2 + (45-50)^2} = \sqrt{50}$이다.

40
정답 | ④
해설 | 맨하탄 거리이므로 |160-180|+|85-50|=55이다.

41
정답 | ③
해설 | 자카드 거리를 제외하고 나머지 거리 계산법들은 연속형 변수 사이의 거리를 측정하는 방법이다. 자카드 거리는 범주형 자료에 사용된다.

42
정답 | ③
해설 | 자기조직화지도(SOM)는 고차원의 데이터를 이해하기 쉬운 저차원의 뉴런으로 정렬화하여 지도의 형태로 형상화한다.

43
정답 | ③
해설 | K-means 군집 방법은 평균을 활용할 때, 이상치 자료에 민감하다는 단점이 있으므로, 평균 외에 중앙값을 활용한 K-medoid 방법을 활용하면 단점이 극복 가능하다.

44
정답 | ①
해설 | 비계층적 군집 방법에서 대표적인 방법은 K-means 군집 방법이다. K-means 군집 방법에서 적절한 K값을 찾는 것이 매우 어려운 것처럼 초기 군집수를 설정하는 것이 매우 어려운 것이 비계층적 군집방법의 단점이다.

45
정답 | ①
해설 | SOM을 이용한 군집분석 방법은 역전파 알고리즘이 아닌 순전파(feed forward) 알고리즘을 활용한다.

46
정답 | ③
해설 | 2차원 격자(Grid)로 구성된 층으로 입력 벡터의 특성에 따라 벡터의 한 점으로 클러스터링 되는 층은 '경쟁층'이다.

47
정답 | ①
해설 | SOM을 이용한 군집분석 방법은 역전파 알고리즘이 아닌 순전파(feed forward) 알고리즘을 활용한다.

48
정답 | ③
해설 | "커피를 구매하는 사람이 탄산음료를 더 많이 구매하는가?"에 대한 패턴, 규칙을 발견하기 위해서는 연관분석을 활용한다.

49
정답 | ①
해설 | 지지도는 전체 거래 중 항목 A와 B를 동시에 포함하는 거래의 비율이다. 지지도는 전체 거래 중 품목 A와 품목 B를 동시에 포함하는 거래가 어느 정도인지를 나타낸다.

50
정답 | ③
해설 | 지지도는 전체 거래 중 항목 A와 B를 동시에 포함하는 거래의 비율이다. 지지도는 전체 거래 중 품목 A와 품목 B를 동시에 포함하는 거래가 어느 정도인지를 나타내주며, 전체 구매 경향을 파악할 수 있는 지표이다.

51
정답 | ①
해설 | 적절한 세분화로 인한 품목 결정은 연관분석의 장점이지만, 너무 세분화된 품목은 의미 없는 결과를 도출한다.

52
정답 | ④
해설 | 구매순서가 고려되는 연관규칙 분석은 순차패턴이다.

53
정답 | ②
해설 | 시차 연관분석은 순서와 관련된 연관분석이며, 순서가 정해졌을 뿐, 인과관계가 있다고 할 수는 없다.

54
정답 | ①
해설 | FP-Growth 알고리즘은 아프리오리 알고리즘을 개선한 알고리즘이다. FP-Tree라는 구조를 통해 최소 지지도를 만족하는 빈발 아이템 집합을 추출하는 알고리즘이다.

55
정답 | ④
해설 | 연관성 분석에 활용되는 측도는 지지도, 신뢰도, 향상도이다.

56
정답 | ④
해설 | Height의 기준을 1.5로 기준을 하게 된다면 {h,a,f}, {b,d,e,j}, {c}, {g,i}로 군집화가 가능하다.

57
정답 | ③
해설 | 혼합 분포 군집은 모형 기반(Model-based) 군집 방법으로, 데이터가 k개의 모수적 모형의 가중합으로 표현되는 모집단 모형에서 유래했다고 가정하고, 이 가정하에 모수와 가중치를 자료에서 추정하는 방법을 사용한다.

58
정답 | ④
해설 | 향상도는 $\dfrac{25/100}{50/100 * 50/100} = 1$이다.

59
정답 | ④
해설 | 아프리오리 알고리즘은 분석 대상이 되는 후보 항목군을 최소화하여 연관성 도출을 효율화한 연관분석 알고리즘이다. 최소 지지도보다 큰 지지도를 갖는 빈발항목 집합에 대해서만 연관규칙을 계산한다.

60
정답 | ③
해설 | 빵 → 우유의 향상도는 $\dfrac{30/100}{60/100 * 60/100} = \dfrac{10}{12} = 83\%$이다.

61
정답 | ①
해설 | $\dfrac{P(A \cap B)}{P(A)} = \dfrac{\text{A와 B가 동시에 포함된 거래수}}{\text{A를 포함하는 거래수}}$
$= \dfrac{2/5}{4/5} = \dfrac{1}{2} = 0.5$

62
정답 | ①
해설 | 연관규칙 분석은 상품배치 전략, 교차판매, 카탈로그 배열 등에 활용되는 알고리즘이다.

CHAPTER 03 딥러닝

01	02	03	04	05	06	07	08	09	10
②	③	④	①	②	②	③	④	④	①
11	12	13	14	15	16	17	18	19	20
②	④	②	②	①	④	②	①	③	②

01
정답 | ②
해설 | 심층신경망인 DNN은 입력층, 다수의 은닉층, 출력층으로 구성이 되어 있다. 은닉층이 1개인 경우에는 '얕은 신경망'이라고 한다.

02
정답 | ③
해설 | 인공신경망모형은 AI 기술의 발전과 함께 주목받고 있는 딥러닝 기법의 기반 기술로서, 인간의 뇌를 기반으로 발전한 모델이다.

03
정답 | ④
해설 | RNN(Recurrnet Neural Network)은 입력층, 은닉층, 출력층으로 구성되며, 은닉층에서 재귀적인 신경망을 갖는 알고리즘으로써 순환신경망이라고도 불린다.

04
정답 | ①
해설 | ② Sigmoid : 출력함수에서 이진분류(Binary)인 경우에는 활용이 가능하다.
③ Dropout : 연구자가 비율을 설정할 수 있다.
④ 딥러닝 : 단순한 형태가 아닌 은닉층이 증가함에 따라, 모델의 복잡도가 높아서 설명하기 어렵다.

05
정답 | ②
해설 | 합성곱 신경망인 CNN은 시각적 이미지를 분석하는 데 사용되는 심층신경망이다.

06
정답 | ②
해설 | 딥러닝에서는 활성화 함수의 조합도 연구자의 역량이며, 모델이 복잡하기에 해석하기 어렵다.

07
정답 | ③
해설 | 초매개변수는 하이퍼파라미터라고도 불리며, 머신러닝 및 딥러닝 모델에서 사용자가 직접 설정해줘야 하므로, 외적인 요소로 얻어지는 값이 아니다.

08
정답 | ④
해설 | 프랭크 로젠블렛의 퍼셉트론은 AND, OR 연산은 선형 분리가 가능했지만, XOR은 선형 알고리즘으로는 분리 문제를 해결할 수 없다는 문제점이 있었다. 퍼셉트론의 XOR 해결은 다층퍼셉트론으로 가능했다.

09
정답 | ④
해설 | 활성화 함수인 시그모이드 함수는 0~1의 값을 가진다.

10
정답 | ①
해설 | 기울기 소실 문제는 깊은 신경망 모형에서 은닉층의 수를 너무 많이 설정하여 역전파 과정 중 앞에 위치한 은닉층까지 편미분 값이 도달하지 못하는 문제로 인해, 가중치 조정이 이루어지지 않아 신경망의 학습이 제대로 이루어지지 않는 현상이다.

11
정답 | ②
해설 | 은닉층의 수와 뉴런의 개수는 하이퍼파라미터의 특성과 유사하므로, 신경망 모형에서 연구자가 직접 설정해 주어야 한다.

12
정답 | ④
해설 | 활성화 함수는 계단 함수, 시그모이드 함수, 렐루 함수, 소프트 맥스 함수 등이 있고, 그 중 소프트 맥스(softmax) 함수는 출력값이 여러 개로 주어지고 다범주의 사후확률을 제공한다.

13
정답 | ②
해설 | 은닉층의 노드 수가 너무 적으면 과소적합(Underfitting) 문제가 야기되어 네트워크의 복잡한 의사결정 결과를 만들 수 없다. 은닉층의 노드 수가 너무 많으면 과대적합(Overfitting) 문제가 야기되어 모델의 일반화 가능성이 떨어지게 된다.

14
정답 | ②
해설 | 심층신경망은 다중의 은닉층을 가지고 있기 때문에 '데이터의 잠재적인 구조' 및 '노드의 구조'를 파악할 수 있으며, 비선형적 관계를 학습할 수 있다.

15
정답 | ①
해설 | 필터는 합성곱 신경망에서 이미지의 특징을 추출하기 위한 작은 행렬이다. 커널(Kernel)이라고도 하며, 입력 데이터에 적용되어 특정 패턴을 감지한다.
② 채널 : 이미지 데이터의 색상 정보를 나타내는 축이다. 예를 들어, 컬러 이미지는 빨강, 초록, 파랑의 세 개 채널로 구성되어 있다.
③ 패딩 : 합성곱 연산 전에 입력 데이터의 가장자리에 값을 추가하는 과정이다. 이를 통해 출력 크기를 조절하고 가장자리 정보의 손실을 방지한다.
④ 피처 맵 : 필터를 입력 데이터에 적용한 후 얻어지는 출력 데이터이다. 이는 입력 데이터에서 추출된 특징들의 집합이다.

16
정답 | ④
해설 | 실제로는 '컨볼루션 레이어'가 특징을 추출하고, '풀링 레이어'가 특징 맵의 크기를 줄이고 노이즈를 상쇄시킨다. 설명이 반대로 되어 있다.

17
정답 | ②
해설 | 문제에 주어진 설명은 경사 하강법(Gradient Descent)에 대한 설명이다.

18
정답 | ①
해설 | LSTM은 단방향(unidirectional), 양방향(bidirectional), many-to-one/many-to-many, 단층구조/다층구조(multi-layered LSTM, stacked LSTM) 등의 다양한 구조로 구성할 수 있다.

19
정답 | ③
해설 | 출력 결과물인 특징지도(Feature Map)의 크기는 다음 공식을 사용하여 계산된다.
출력 크기
$= \left(\dfrac{입력\ 크기(Input\ Size) - 필터\ 크기(Filter)}{스트라이드(Stride)} \right) + 1$
따라서, 출력 크기 $= \left(\dfrac{5-2}{1} \right) + 1 = 4$
출력 결과물인 특징지도(Feature Map)의 크기는 (4, 4)이다.

20
정답 | ②
해설 | 영역 A(위 왼쪽)
$\left(\dfrac{12+20+10+6}{4} \right) = \left(\dfrac{48}{4} \right) = 12$
영역 B(위 오른쪽)
$\left(\dfrac{10+16+2+4}{4} \right) = \left(\dfrac{32}{4} \right) = 8$
영역 C(아래 왼쪽)
$\left(\dfrac{34+71+93+50}{4} \right) = \left(\dfrac{248}{4} \right) = 62$
영역 D(아래 오른쪽)
$\left(\dfrac{27+16+39+10}{4} \right) = \left(\dfrac{92}{4} \right) = 23$
따라서, Average Pooling의 결과는 다음과 같다.
$\begin{pmatrix} 12 & 8 \\ 62 & 23 \end{pmatrix}$

CHAPTER 04 비정형 데이터 분석 기법

01	02	03	04	05	06	07	08	09	10
①	④	②	④	②	①	④	②	④	④
11	12	13	14	15	16	17	18	19	20
④	①	③	③	①	③	③	①	②	①

01
정답 | ①
해설 | 형태가 구조화되어 있으며 연산이 불가능한 데이터는 반정형 데이터이다.

02
정답 | ④
해설 | 비정형 데이터 마이닝은 일정한 기준이 적용된 상식적 범위에서 한계를 뛰어넘을 수 있는 분석 기법이다.

03
정답 | ②
해설 | RDBMS라고도 지칭되는 관계형 데이터베이스는 정형 데이터에 속한다.

04
정답 | ④
해설 | 군집분석은 주어진 데이터들을 특성에 따라 유사한 것끼리 묶음으로써 각 유형별 특징을 구분 짓는 정형 데이터 분석기법이다.

05
정답 | ②
해설 | 텍스트 마이닝은 텍스트를 사용하여 패턴이나 관계를 추출하고 그 안에서 의미 있는 정보나 가치를 발굴하여 해석하는 일련의 과정이다.

06
정답 | ①
해설 | 사회 연결망 분석의 주요 속성으로는 응집력, 명성, 구조적 등위성, 범위, 중계가 있다.

07
정답 | ④
해설 | 사회 연결망 분석의 주요 속성으로는 응집력, 명성, 구조적 등위성, 범위, 중계가 있다.

08
정답 | ②
해설 | 어간(Stemming) 추출은 단어나 어절을 분리하는 작업이 아닌, 단어의 다양한 형태를 공통된 어간으로 단순화하는 과정이다. 예를 들어, "running", "runs"는 "run"으로 변환된다.
반면, 토큰화(Tokenization)는 텍스트를 일정 기준으로 나누는 작업으로, 어간 추출과는 다른 절차이다.

09
정답 | ④
해설 | TF-IDF는 특정 단어가 한 문서에서는 얼마나 자주 등장하고(TF), 전체 문서에서는 얼마나 드물게 나타나는지(IDF)를 계산하여 단어의 중요도를 평가하는 기법이다. 이를 통해 특정 문서에서 중요한 단어일수록 높은 가중치를 부여한다.
① 토픽 모델링 : 주요 주제를 추출하는 기법이다.
② 소셜 네트워크 분석 : 관계를 분석하는 방법이다.
③ 워드 클라우드 : 단어의 빈도를 시각화할 뿐 중요도는 평가하지 않는다.

10
정답 | ④
해설 | 연관규칙 분석(Association Analysis)은 정형 데이터 분석기법이다.
①, ②, ③은 비정형 데이터 분석기법이다.

11
정답 | ④
해설 | Corpus는 텍스트 마이닝의 작업절차(데이터의 정제, 통합, 선택, 변환) 과정을 거친 후 구조화된 말뭉치를 의미한다.

12
정답 | ①
해설 | 문장에서 사용된 단어의 긍정적 또는 부정적 성향을 바탕으로 대상에 대한 반응이 긍정인지 부정인지를 판별하는 분석 기법을 감성 분석(Sentiment Analysis)이라고 한다.

13
정답 | ③

해설 | "계층적 그래프를 이용한 방법"은 계층적 군집분석 방식을 통해 객체를 표현했다고 했으나, 이는 사회 연결망 분석의 계층적 그래프 접근과 일치하지 않는다. 사회 연결망 분석에서 계층적 그래프는 객체 간의 위계적 관계를 시각화하기 위한 방법으로, 군집분석의 목적과는 다르다.
※ 참고 : SNA는 집합론적인 방법, 그래프 이론을 이용한 방법, 행렬을 이용한 방법이 있다.

14
정답 | ③

해설 | 위세 중심성은 영향력 높은 사람과 연결될수록 자신의 위세도 함께 높아지는 기법이다.
① 매개 중심성 : 경로상의 중개 역할 정도를 측정한다.
② 연결정도 중심성 : 단순 연결 수를 본다.
④ 근접 중심성 : 다른 사람들과의 평균 거리를 측정한다.

15
정답 | ①

해설 | TDM(Term-Document Matrix)은 텍스트 데이터를 전처리하여 각 문서와 단어의 등장 여부를 나타내는 행렬이다.

16
정답 | ③

해설 | 텍스트 마이닝은 문서에서 의미 있는 정보를 추출하고 분석하는 작업을 포함하며, 주요 기능으로는 문서 요약(summarization), 문서 분류(classification), 특성 추출(feature extraction) 등이 있다. 그러나 문서 제작(production)은 텍스트 마이닝의 기능과 관련이 없다.

17
정답 | ③

해설 | 희소성(sparsity)은 단어문서행렬(tdm) 내에 0의 비율로 계산 가능하다. 즉, 총 25개 중 0이 16개 있으므로 64%이다.

18
정답 | ①

해설 | 텍스트 전처리는 데이터를 분석에 맞게 정제하고 일관성을 부여하는 과정으로, 아래의 순서로 진행된다.
(ㄹ) 토큰화 : 문장을 단어나 어절로 나누어 기본단위로 분리하는 작업이다.
(ㄱ) 불용어 처리 : 분석에 불필요한 단어들을 제거하여 유의미한 정보만 남기는 과정이다.
(ㄴ) 대소문자 통일 : 텍스트의 대소문자를 일관되게 처리하여 분석의 일관성을 높인다.
(ㅁ) 어근 추출 : 단어를 기본 형태로 변환해, 동일 의미의 단어를 하나로 통일한다.
(ㄷ) 텍스트 인코딩 : 분석에 적합한 형태로 텍스트를 인코딩하는 단계이다.

19
정답 | ②

해설 | 원-핫 인코딩은 각 단어를 벡터의 형태로 변환하되, 단어가 문서에 등장하면 해당 위치를 1로, 나머지를 0으로 표시하는 방식이다. 이 방식은 라벨 인코딩과 달리 각 단어의 위치에만 값을 부여하고, 단어 간 유사도는 고려하지 않는다. 단어마다 벡터에 독립된 위치를 차지하므로, 희소행렬로 표현된다.
① 말뭉치(BoW) : 단어의 등장 빈도만을 세어 문서의 벡터를 생성하는 방식으로, 희소행렬의 한 형태이지만 각 단어의 유사도나 순서를 반영하지 않는다.
③ TF-IDF : 단어의 빈도와 역문서 빈도를 고려하여 가중치를 부여하는 방식이다.
④ 워드 임베딩 : 단어의 의미를 벡터 공간에 압축하여 표현하는 방법으로, 단어 간 유사도를 반영하며 밀집 벡터(dense vector)로 나타낸다.

20
정답 | ①

해설 | 위세 중심성(Eigenvector Centrality)은 연결된 노드의 중요성을 고려하여 중심성을 측정하는 방법이다. 단순히 연결된 노드의 수가 아닌, 연결된 노드들이 얼마나 중요한지를 반영해 중심성을 평가한다. 영향력이 높은 노드와 연결된 경우 중심성이 높아지는 특징이 있다.
② 연결정도 중심성(Degree Centrality)에 대한 설명이다. 이는 단순히 한 노드에 직접 연결된 노드 수의 합으로 중심성을 측정한다.
③ 근접 중심성(Closeness Centrality)에 대한 설명으로, 직접적 연결뿐만 아니라 간접적 연결을 고려해 거리를 계산한다.
④ 매개 중심성(Betweenness Centrality)에 대한 설명이다. 이는 네트워크 내에서 노드가 중개자 역할을 하는 정도를 측정하는 지표이다.

빅데이터 결과 해석
예상문제 정답 및 해설

PART 04 빅데이터 결과 해석 예상문제 정답 및 해설

CHAPTER 01 분석모형 평가 및 개선

01	02	03	04	05	06	07	08	09	10
①	①	④	④	①	②	③	③	④	②
11	12	13	14	15	16	17	18	19	20
①	④	①	④	③	②	②	④	③	③
21	22	23	24	25	26	27	28	29	30
①	④	②	①	②	③	④	①	②	②
31	32	33	34	35	36	37	38	39	40
③	④	①	②	③	③	②	①	④	③

01
정답 | ①
해설 | 생성된 모델이 훈련 데이터에 너무 최적화된 학습은 과대적합(Overfitting)을 뜻한다. 과적합이 이루어지면 테스트 데이터의 작은 변화에 매우 민감하게 반응한다는 것이 대표적인 단점이다.

02
정답 | ①
해설 | 검정용 데이터(Validation data)는 학습 모델의 과대추정 혹은 과소 추정을, 미세조정을 하는 데 활용한다.

03
정답 | ④
해설 | ROC-Curve의 x축은 1-특이도 즉, FPR이 되어야 한다.

04
정답 | ④
해설 | 배깅은 Bootstrap aggregation의 준말로써 각 부트 스트랩 자료에 예측모형을 생성한 후 결합하여 최종 예측 모형을 만드는 방법이다.

05
정답 | ①
해설 | 재현율 혹은 민감도는 실제값이 True인 관측치들 중에서 예측치가 맞는 정도를 나타내는 지표이다.

06
정답 | ②
해설 | 오차비율은 전체에서의 오차율(Error Rate)을 의미하며 (FP+FN)/(FP+FN+TP+TN)이 된다. 따라서, (5+25)/(5+25+60+10)=0.30이다.

07
정답 | ③
해설 | 특이도는 True Negative를 나눈 것이므로 FF를 나누어야 한다.

08
정답 | ③
해설 | 정밀도는 Positive로 예측한 데이터들 중에서 실제로 Positive인 데이터의 비율을 뜻한다.

09
정답 | ④
해설 | LOOCV는 K-fold와 같은 방법이지만, K는 전체 데이터의 개수와 같다.

10
정답 | ②
해설 | f1_score는 $\dfrac{2}{1/\text{Recall} + 1/\text{Precision}}$ 이다. 해당 식에 Recall과 Precision을 대입하면 $\dfrac{2}{40/100 + 40/100}$ = $\dfrac{40}{100}$ 이 나오므로 0.4이다.

11
정답 | ①
해설 | 특이도는 실제로 '부정'인 범주(N2)중에서 '부정'으로 올바르게 예측(TN)한 비율을 의미한다.

12
정답 | ④
해설 | 민감도(Sensitivity)는 재현율이므로, TP/(TP+FN)이다. 여기서 (TP+FN)은 P이므로 정답은 TP/P가 된다.

13
정답 | ①
해설 | 민감도=(30)/(30+40)=3/7, 특이도=(10)/(10+20)=1/3이다.

14
정답 | ④
해설 |

예측치 실제값	거짓 (Negative)	참 (Positive)	합계
거짓(Negative)	TN : 80	FP : 20	N : 100
참(Positive)	FN : 20	TP : 80	P : 100
합계	N` : 100	P` : 100	

15
정답 | ③
해설 | 배깅은 Bootstrap Aggregation의 합성어이다. 원 데이터 집합으로부터 크기가 같은 표본을 여러 번 단순 임의 복원 추출하는 부트 스트랩과 각 표본에 대한 분류기를 생성한 후 그 결과를 결합하는(Aggregation)하는 기법은 배깅(Bagging)이다.

16
정답 | ②
해설 | 모형의 실무 사용 가능성을 평가할 때는 객관적 평가 지표가 필요하며, 주관적 지표만으로는 정확한 평가가 어렵다.

17
정답 | ②
해설 | K-S 검정은 두 데이터 집합이 비슷한 분포를 가지는지 확인하는 방법으로, 그래프에서 두 분포가 얼마나 비슷한지 시각적으로 보여준다.
① Q-Q Plot : 특정 분포와 데이터의 일치도를 확인하는 데 사용된다.
③ Shapiro-Wilk 검정 : 데이터가 정규분포인지 판단하지만, 그래프로 표현되지는 않는다.
④ 카이제곱 검정 : 범주형 데이터의 빈도를 비교하는 데 사용된다.

18
정답 | ④
해설 | 문제에서 설명하는 방법은 관측값이 모형에 미치는 영향을 평가하는 영향력진단이다. Cook's distance, DFBETAS, DFFITS, Leverage H 등은 모두 이러한 영향력진단에 사용되는 지표이다.

19
정답 | ③
해설 | Holdout Cross Validation은 학습 데이터와 평가 데이터를 한 번 나누어 평가하기 때문에 일부 데이터를 학습에 사용할 수 없어 데이터 손실이 발생한다. 반면, Random Sub-Sampling은 여러 번 무작위로 데이터를 나누어 반복 평가함으로써 데이터 손실 문제를 줄일 수 있다. K-Fold Cross Validation과 LOOCV도 전체 데이터를 학습에 활용하기 때문에 데이터 손실이 거의 없다.

20
정답 | ③
해설 | 부트스트랩(Bootstrap)은 주어진 데이터에서 단순 랜덤 복원추출 방법을 활용하여 전체 데이터에서 중복을 허용하여 샘플을 데이터 크기만큼 추출한다.

21
정답 | ①
해설 | 각 샘플들이 학습과 평가에 얼마나 많이 사용할 것인지 횟수를 제한하지 않아 특정 데이터만 학습되는 경우가 발생할 수 있다는 특징을 가진 기법은 랜덤 서브샘플링이다.

22
정답 | ④
해설 | 현실세계에서 모분산을 알기란 불가능에 가깝기에 t-검정을 활용하여 유의성 검정을 수행하게 된다. 즉, 모분산을 모르면 Z-검정을 활용하지 못한다.

23
정답 | ②
해설 | t-검정은 두 집단 간의 평균을 비교하는 모수적 통계 방법으로서 표본이 정규성, 등분산성, 독립성 등을 만족할 경우 적용하는 검정 방법이다.

24
정답 | ①
해설 | sharpiro-wilk 검정의 귀무가설은 "표본은 정규분포를 따른다"이다. 따라서, 정규성 검정을 위해서는 귀무가설을 기각하는 것이 아닌 지지해야 한다.

25
정답 | ②
해설 | 모형 개발 데이터를 통해서는 높은 적중률을 보이지만 테스트 데이터에서는 적중률이 떨어져 적중률을 유지하지 못하는 것은 과대적합에 관한 설명이다.

26
정답 | ③
해설 | 주어진 그림은 모델이 더욱 개선될 여지가 있음을 보여준다. 다항회귀를 통한 지표 개선이 이뤄질 수 있는 점을 보여주므로, 답은 과소적합임을 확인할 수 있다.

27
정답 | ④
해설 | 설명에서 "손실 함수의 기울기가 큰 부분에서는 학습을 빠르게 진행하고, 최적점에 가까워질수록 학습률을 점차 줄인다"는 특징은 AdaGrad의 핵심 개념이다. AdaGrad는 각 매개변수의 기울기 제곱을 누적하여 자주 업데이트되는 매개변수의 학습률을 낮추고, 드물게 업데이트되는 매개변수는 학습률을 높여 최적화 과정에서 학습률을 자동으로 조정한다.
① 모멘텀 : 공을 언덕에서 굴리는 것처럼 이동 방향을 유지하며 빠르게 최적점을 찾아가는 방법이다. 작은 요철에 걸려도 크게 흔들리지 않도록 도와준다.
② SGD : 무작위로 데이터를 골라 조금씩 학습하는 가장 기본적인 방법이다. 간단하지만 학습 경로가 들쑥날쑥할 수 있어 추가 기법이 필요하다.
③ Adam : 자동으로 학습 속도를 조절하며, 이전 정보와 현재 변화를 함께 활용해 효율적으로 학습하는 방법이다. 대부분의 AI 모델에서 기본으로 사용된다.

28
정답 | ①
해설 | 의사결정나무(혹은 트리)의 여러 개의 약한 학습기들을 생성한 후 선형 결합하여 만드는 기법은 "랜덤포레스트(Random Forest)"이다.

29
정답 | ②
해설 | 에이다 부스팅(AdaBoosting) 모형은 각 문제에 따라 다른 형태의 해석과 접근법을 활용하게 된다. 회귀모형만 활용하지 않는다.

30
정답 | ②
해설 | 최종모형 선정과정의 올바른 순서를 단계별로 살펴보면 다음과 같다.

단계	설명
(1) 최종모형 평가기준 선정	• 가장 먼저 모형을 평가할 기준을 정해야 함 • 정확도, 안정성, 설명력 등의 평가 지표를 설정함
(2) 분석알고리즘 결과 비교	• 여러 알고리즘을 적용하여 결과를 비교 • 각 알고리즘의 성능을 앞서 정한 평가기준에 따라 비교 분석
(3) 최종모형분석 결과 검토	• 비교 분석된 결과를 종합적으로 검토 • 실제 적용 가능성, 해석 용이성 등을 고려하여 최적의 모형을 선정
(4) 챔피언 모델 등록	• 최종 선택된 모형을 챔피언 모델로 등록 • 이는 프로세스의 마지막 단계임

따라서 ②가 가장 논리적이고 체계적인 순서이다.
① 분석알고리즘 결과 비교가 최종모형 분석결과 검토 후에 이루어지므로 비논리적이다.
③, ④ 챔피언 모델 등록이 첫 단계에 있어 명백히 잘못된 순서이다.

31
정답 | ③
해설 | 이상적인 분석모형은 낮은 Bias와 낮은 Variance를 가진다. 그 이유는 다음과 같다.
• 낮은 Bias : 모델이 데이터의 실제 패턴을 잘 포착한다는 것을 의미한다.
• 낮은 Variance : 모델이 새로운 데이터에 대해 일관된 예측을 한다는 뜻이다.
• 이 조합은 모델이 과적합 없이 데이터를 잘 학습했음을 나타낸다.
① 데이터 학습 부족과 불안정한 예측을 의미한다.
② 과적합(Overfitting)을 나타낸다.
④ 과소적합(Underfitting)을 나타낸다.

32
정답 | ④
해설 | 분석모형의 평가방법에서 임계치(Threshold)의 변화는 정분류율에 직접적인 영향을 미친다. 임계치가 변화하면 True Positive, True Negative, False Positive, False Negative의 비율이 모두 달라지며, 이에 따라 Precision, Recall 등의 지표와 함께 정분류율도 변화하게 된다. 따라서 임계치 변화가 정분류율에 영향을 미치지 않는다는 설명은 틀린 설명이다.

33
정답 | ①
해설 | 위의 모형에서의 AUC값이 0.43으로 나타나는 것만 보아도 올바른 모형이 아닌 경우에는 0.5 이하의 값이 나오는 경우도 있다는 것을 알 수 있다.

34
정답 | ②

해설 | ROC 그래프는 좌상향을 할수록 모형의 성능이 우수하다고 할 수 있다. 그러므로 오른쪽 꼭대기라는 표현보다는 왼쪽 꼭대기에 가깝게 그려진다는 표현이 더욱 바람직하다.

35
정답 | ③

해설 | 공분산 분석(ANCOVA)은 종속변수가 연속형이고, 독립변수가 범주형 또는 연속형일 때 사용하는 분석 방법이다. 따라서 종속변수가 범주형일 때 사용된다는 표현은 적절하지 않다. ANCOVA는 종속변수가 연속형이어야 적합하며, 종속변수가 범주형인 경우에는 로지스틱 회귀분석과 같은 다른 기법을 사용하는 것이 바람직하다.

36
정답 | ③

해설 | 민감도(Sensitivity)와 특이도(Specificity)는 각각 참 양성(TP)을 제대로 예측한 비율과 참 음성(TN)을 제대로 예측한 비율을 의미한다. 민감도와 특이도가 모두 1이라는 것은 모든 양성과 음성을 완벽하게 예측한 상황을 나타낸다. 정확도(Accuracy)는 전체 데이터에서 정확히 예측한 비율을 계산하며, 다음과 같이 정의된다.

$$Accuracy = \frac{TP + TN}{전체 데이터의 개수}$$

민감도와 특이도가 모두 1일 때, TP와 TN이 전체 데이터를 정확히 분류하므로, 정확도 또한 1이 된다.

37
정답 | ②

해설 | 평균제곱오차인 MSE(Mean Squared Error)의 공식은 $\frac{1}{n}\sum_{i=1}^{n}(y_i - \widehat{y_i})^2$ 이다.

38
정답 | ①

해설 | 하이퍼파라미터(Hyper-Parameter)는 학습 과정 외부에서 설정하는 변수로, 예를 들어 학습률(Learning Rate), 배치 크기(Batch Size), 트리 개수(Number of Trees) 등이 있다. 하이퍼파라미터 최적화는 이러한 변수의 최적 조합을 탐색하는 과정을 의미한다. 경사하강법은 모델의 내부 파라미터(Weight, Bias)를 조정하기 위한 알고리즘으로, 손실 함수의 기울기를 따라 값을 업데이트한다. 따라서 경사하강법은 하이퍼파라미터 최적화 방법이 아니다. 반면 랜덤 서치, 그리드 서치, 베이지안 최적화는 하이퍼파라미터 최적화 방법에 해당한다.

39
정답 | ④

해설 | 과대적합(Overfitting)은 모델이 학습 데이터에 지나치게 맞춰져 새로운 데이터에서 성능이 떨어지는 현상이다. Max Pooling은 CNN에서 계산량을 줄이고 특징을 추출하기 위한 기법으로, 과대적합 방지와는 직접적인 관련이 없다.
① 정규화(Regularization) : 모델의 복잡도를 제한하여 과대적합을 줄이는 데 효과적이다.
② Dropout : 학습 중 무작위로 뉴런을 제거하여 학습 데이터에 지나치게 의존하지 않도록 한다.
③ 배치 정규화(Batch Normalization) : 입력값을 정규화하여 과대적합을 방지하고 학습 속도를 높인다.

40
정답 | ③

해설 | Dropout은 인공신경망에서 과대적합 방지를 위해 특정 뉴런을 무작위로 비활성화하여 모델이 특정 뉴런이나 경로에 과도하게 의존하지 않도록 하는 기법이다. Dropout과 유사한 효과를 나타내는 방법은 모델 복잡도를 줄이는 방식이다. 은닉층 축소는 신경망의 은닉층을 줄이면 모델의 전반적인 파라미터 수가 감소하여, Dropout처럼 모델 복잡도를 낮추는 역할을 한다.
① 학습률 조정 : 학습률은 모델 학습 과정에서 파라미터 갱신 폭을 결정하는 하이퍼파라미터로, Dropout과는 다른 목적을 가진 기법이다.
② 활성화 함수 변경 : 활성화 함수는 신경망의 각 노드에서 입력값을 비선형으로 변환하는 역할을 하며, 기울기 소실 방지 등의 목적이다.
④ Boosting 방식 적용 : Boosting은 다수의 weak learner를 순차적으로 학습시켜 strong learner를 생성하는 앙상블 기법으로, Dropout 효과와 거리가 있다.

CHAPTER 02 분석결과 해석 및 활용

01	02	03	04	05	06	07	08	09	10
③	①	③	①	②	④	③	①	②	④
11	12	13	14	15	16	17	18	19	20
②	①	②	①	②	④	②	③	①	②
21	22	23	24	25	26	27	28	29	30
①	①	②	②	④	④	②	①	①	②
31	32	33	34	35	36	37	38	39	
③	②	③	①	①	③	④	②	③	

01
정답 | ③
해설 | 문제에서 제시된 특징은 데이터를 활용한 개인적인 표현이나 예술적 시각화를 통해 감정적인 반응을 이끌어내고, 데이터에 대한 풍부한 해석을 가능하게 하는 것을 강조한다. 이는 심미적 측면에 초점을 두어 정보를 표현하는 표현적 시각화의 주요 기능이다.

02
정답 | ①
해설 | 데이터 시각화의 설명기능은 데이터로부터 얻은 유의미하거나 흥미로운 분석 결과를 명확하고 효과적으로 전달하는 역할을 한다. 이를 통해 복잡한 데이터를 시각적으로 간결하게 표현하여 메시지를 명확히 전달할 수 있다.

03
정답 | ③
해설 | 산점도(Scatter Plot)는 데이터를 좌표 형태로 표시하여 변수 간의 관계를 시각적으로 표현하는 시각화 방법이다. 버블 차트(Bubble Chart)는 산점도와 유사하지만, 데이터 포인트의 크기를 추가적인 변수로 사용해 정보를 더 풍부하게 표현한다.
※ 관계 시각화 유형 : 산행보(버)히네
산점도/산점도 행렬/버블 차트/히스토그램/네트워크 그래프

04
정답 | ①
해설 | 인포그래픽은 복잡한 데이터를 간단하고 시각적으로 명확하게 표현하여 대중이 이해하기 쉽도록 돕는 도구이다. 특히 대량의 데이터를 요약하고 시각적으로 표현하는 데 강점을 가진다.
②, ③, ④ 인포그래픽의 특징을 정확히 나타내며, 정보를 시각적 기법으로 쉽게 전달하고 기억에 오래 남도록 돕는다.

05
정답 | ②
해설 | 스타차트(Star Chart)는 중심에서 뻗어나가는 여러 축을 사용하여 다변수 데이터를 시각적으로 표현하는 비교 시각화 유형이다. 설명변수(독립변수)가 늘어날 때마다 새로운 축이 추가되며, 이를 통해 여러 변수의 상대적 크기를 직관적으로 비교할 수 있다.

06
정답 | ④
해설 | 파이 차트와 도넛 차트는 비율을 나타내는 데 효과적인 시각화 기법이지만, 엄밀히 말해 비교 시각화의 주된 유형으로 분류되지는 않는다. 비교 시각화는 주로 막대차트나 라인 차트와 같은 기법을 사용하여 다양한 데이터 간의 차이를 강조하는 데 중점을 둔다.
①, ②, ③ 데이터 시각화의 일반적인 특징을 정확히 설명하고 있으므로 옳은 설명이다.

07
정답 | ③
해설 | 관계 시각화는 데이터 간의 관계, 즉 변수들 간의 상관관계나 연관성을 시각적으로 표현하는 방법이다. 버블 차트는 산점도를 확장한 형태로, 데이터 포인트의 위치와 크기를 통해 변수 간의 관계를 직관적으로 나타내는 대표적인 관계 시각화 기법이다.
① 지도 시각화에 대한 설명이다.
② 다차원 데이터 시각화에 대한 설명이다.
④ 인포그래픽에 대한 설명이다.

08
정답 | ①
해설 | 시각화 기법은 데이터를 시각적으로 표현하여 정보를 전달하거나 분석하는 데 사용되는 방법이다. 원-핫 인코딩은 범주형 데이터를 수치형 데이터로 변환하는 데이터 전처리 기법으로, 시각화와 직접적으로 관련이 없다. 박

스플롯, 히스토그램, 커널 밀도 추정은 모두 데이터를 시각화하는 기법이다.

09

정답 | ②

해설 | 이미지에서 보이는 그래프는 데이터 포인트가 X축과 Y축 상에 위치하며, 변수 간의 관계를 시각적으로 나타내는 시각화 기법이다. 이는 산점도(Scatter Plot)로, 데이터를 점으로 표현하며 변수 간의 상관관계를 분석할 때 사용된다.
① 히스토그램 : 히스토그램은 데이터를 구간으로 나누어 각 구간의 빈도를 막대 그래프로 나타내는 기법으로, 분포를 시각화할 때 사용된다. 하지만 이 그래프는 구간별 빈도를 나타내지 않으므로 해당되지 않는다.
③ 박스플롯 : 박스플롯은 데이터의 중위수, 사분위수, 이상치를 표시하여 분포를 요약하는 데 사용된다. 데이터 포인트의 산포를 직접적으로 보여주지 않으므로 해당되지 않는다.
④ 바이올린 플롯 : 바이올린 플롯은 데이터 분포의 밀도를 표현하는 시각화 기법으로, 분포와 변동성을 동시에 나타낸다. 하지만 주어진 그래프는 밀도 정보를 포함하지 않으므로 해당되지 않는다.

10

정답 | ④

해설 | 주어진 그래프는 색상의 강도를 사용하여 데이터를 시각적으로 표현하는 히트맵(Heatmap)이다. 코호트 분석 데이터를 바탕으로 특정 기간 후의 사용자 유지율을 색상으로 나타내며, 색상이 진할수록 유지율이 높음을 의미한다.
※ 참고 : 코호트 분석
- 코호트(Cohort) : 공통된 특징(가입일, 첫 구매일 등)을 가진 특정 집단을 의미
- 목적 : 시간의 흐름에 따라 특정 그룹의 행동 변화를 분석하여, 사용자 유지율, 이탈률 등을 파악

11

정답 | ②

해설 | 지도맵핑(Map Mapping)은 공간 데이터를 시각화하여 지리적 위치를 중심으로 정보를 전달하는 시각화 기법으로, 주로 공간적 분포나 위치 데이터를 분석하는 데 사용된다. 이는 비교 시각화보다는 공간 시각화에 해당한다.
※ 비교 시각화 유형 : 플히체평스타
플로팅 바 차트/히트맵/체르노프 페이스/평행 좌표계/스타차트

12

정답 | ①

해설 | 카토그램(Cartogram)은 특정 데이터값(예 선거인단 수, 인구 등)의 크기에 따라 지리적 영역의 크기를 왜곡하여 표현하는 공간 시각화 기법이다. 이러한 왜곡은 데이터를 더 직관적으로 이해할 수 있도록 돕는다.
※ 공간 시각화 유형 : 버카도등등(버스카드도 등등)
버블플롯맵/카토그램/도트맵/등치 지역도/등치선도

13

정답 | ②

해설 | 문제에서 설명하는 데이터 시각화 기법은 다변량 데이터 간의 연관성, 분포, 패턴을 탐색하는 데 중점을 둔 방법이다. 버블 차트(Bubble Chart)와 산점도(Scatter Plot)는 변수 간의 관계를 표현하는 대표적인 관계 시각화(Relational Visualization) 유형이다.
※ 관계 시각화 유형 : 산행보(버)히네
산점도/산점도 행렬/버블 차트/히스토그램/네트워크 그래프

14

정답 | ①

해설 | 히스토그램(Histogram)은 연속형 변수(양적 자료)를 구간(bin)으로 나누어 각 구간의 빈도를 막대로 표현하는 데이터 시각화 기법이다. 질적 자료(범주형 데이터)를 표현하는 데는 적합하지 않다. 질적 자료는 주로 막대 그래프(Bar Chart)를 사용해 표현한다.
※ 막대그래프와 히스토그램 차이

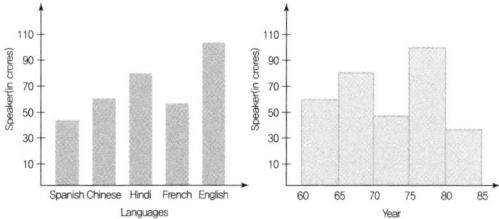

15

정답 | ②

해설 | 히트맵(Heatmap)은 데이터를 칸으로 나누고 색상을 이용해 값의 크기를 시각적으로 표현하는 기법이다. 칸별 색상 차이를 통해 여러 변수의 값을 비교할 수 있으며, 특히 행과 열 형태의 데이터를 시각적으로 명확하게 전달하는 데 유용하다.
① 파이차트 : 전체 및 부분 비율을 시각적으로 나타내며, 칸과 색상을 통한 데이터 비교에 사용되지 않는다.
③ 누적 막대그래프 : 데이터를 쌓아 올려 그룹별 또는 범주별로 누적된 값을 비교하는 그래프이다.
④ 히스토그램 : 데이터를 구간(bin)별로 나누어 빈도를 나타내는 분포 시각화 그래프이다.

16

정답 | ④

해설 | 학습 데이터, 검증 데이터, 평가 데이터는 모두 머신러닝 모델을 훈련, 검증, 테스트하는 데 사용되는 데이터 집합

을 의미한다. 반면 재현 데이터(Replication Data)는 데이터 분석이나 연구 결과를 재현하기 위해 사용되며, 데이터 시각화와 관련된 맥락에서 볼 때 결과의 재현성을 위한 데이터를 의미한다. 따라서 나머지 세 가지와 목적과 의미가 다르다.

17
정답 | ②
해설 | 인포그래픽은 정보를 시각적으로 쉽게 전달하기 위해 사용하는 방식이지만, 이는 데이터의 비교를 목적으로 한 비교 시각화의 범주에 속하지 않는다. 인포그래픽은 설명, 설득, 스토리텔링 등 더 포괄적인 목적으로 사용되며, 비교 시각화와는 성격이 다르다.
※ 비교 시각화 유형 : 플히체평스타
플로팅 바 차트/히트맵/체르노프 페이스/평행 좌표계/스타차트

18
정답 | ③
해설 | 데이터 분석모형 개발에서는 반복적인 피드백 적용과 개선 과정이 필수적이다. 이를 통해 모형의 성능을 점진적으로 향상시키고, 실무 환경에 적합한 결과를 도출할 수 있다. 따라서 모형 개발과 피드백 적용 과정을 반복하는 것을 지양한다는 설명은 부적절하다.

19
정답 | ①
해설 | 분석 업무 프로세스가 체계적으로 내재화되면, 수동 작업을 줄이고 자동화 및 체계적 관리를 통해 분석의 효율성을 높이는 것이 일반적이다. 따라서 내재화되면 수동으로 수행한다는 설명은 옳지 않다.
② 분석 시나리오를 체계적으로 적용하면, 이해관계자들이 분석의 목적과 결과를 명확히 이해할 수 있어 협업과 의사결정에 도움을 준다.
③ 분석 시나리오는 지속적으로 변화하는 업무 환경을 반영하여 유연하게 설계된다.
④ 분석 시나리오는 분석 결과를 활용해 의사결정 과정을 지원하는 데 중요한 역할을 한다.

20
정답 | ②
해설 | '분석 모델 개선'은 기존 모델의 성능을 높이기 위해 데이터 처리, 하이퍼파라미터 튜닝, 피처 엔지니어링 등 모델 개선을 위한 작업에 초점이 맞춰져야 한다. 단순히 분석 알고리즘 선정과 수행 결과 기록은 모델 개발 초기 단계의 작업에 가깝다.

21
정답 | ①
해설 | 데이터 시각화 절차는 데이터를 효과적으로 시각화하기 위해 구조화된 작업 흐름에 따라 진행된다. 단계별 내용은 다음과 같다.

단계	설명	주요 활동
구조화 단계	데이터를 정리하고 분석 목적에 따라 가공하여 준비하는 단계	• 데이터 수집 및 전처리 • 변수 선택 및 필터링 • 데이터 정합성 검토
시각화 단계	분석 목표에 따라 적합한 시각화 기법을 선택하고 구현하는 단계	• 시각화 도구 선택 • 그래프 유형 결정(히스토그램, 산점도 등) • 데이터 변환 및 그래프 생성
시각 표현 단계	생성된 시각화를 통해 메시지를 전달하고 시각적 완성도를 높이는 단계	• 그래프 색상, 레이블, 주석 추가 • 시각적 배치 조정

22
정답 | ①
해설 | 데이터 분석의 난이도가 높아질수록 비즈니스 기여도는 단순한 이상 탐지 및 보고에서 복잡한 예측, 최적화, 실시간 대응으로 확장된다. 각 단계는 다음과 같다.
• 이상탐지 : 기본적인 데이터의 이상치나 특이값을 탐지하는 가장 기초적인 단계이다.
• 관찰/보고: 데이터를 요약하거나 시각화하여 현재 상태를 보고하는 단계이다.
• 진단분석 : 데이터의 원인을 분석하고, 문제의 발생 원인과 관계를 파악하는 단계이다.
• 예측분석: 과거 데이터를 기반으로 미래의 결과를 예측하는 고급 분석 단계이다.
• 최적화 : 주어진 제약 조건 하에서 가장 효율적인 결과를 도출하는 고난이도의 분석 단계이다.
• 실시간 대응: 실시간 데이터를 활용하여 즉각적인 의사결정을 내리고 대응하는 최종 단계이다.

23
정답 | ②
해설 | 제시된 설명은 정상 · 비정상 패턴을 파악하고 이상 여부를 판단하여, 비정상적인 사고를 예견하거나 시스템 문제를 사전에 예방하는 과정에 관한 것이다. 이는 이상 탐지(Anomaly Detection)에 해당하며, 주로 데이터의 특이값, 비정상적 행동 패턴 등을 탐지하는 분석 기법이다.

24
정답 | ②
해설 | 비즈니스 기여도 분석에 영향을 미치는 주요 요인은 서비스 제공 현황, 데이터 품질, 그리고 비즈니스 상황과

같이 분석의 기초 자료와 환경에 관련된 요소들이다. 반면, 시각화 알고리즘의 성능은 분석 결과를 표현하는 도구의 일부로, 기여도 분석 자체에 직접적인 영향을 미치는 주요 요인으로 보기 어렵다.

25
정답 | ④
해설 | 픽토그램(Pictogram)은 데이터를 상징적이고 직관적인 아이콘이나 이미지로 표현하는 방식으로, 지리적 위치나 공간 데이터를 시각적으로 매핑하는데 사용되지 않는다. 이는 일반적으로 통계적 정보를 단순하고 직관적으로 전달하기 위해 사용된다.
① 버블 플롯맵 : 지리–공간 데이터를 매핑할 때, 데이터의 크기를 버블(원)의 크기로 표현하는 시각화 기법으로, 공간 데이터를 매핑하는 방법이다.
② 등치지역도 : 지리적 영역에 데이터 값을 색상으로 표현하여 매핑하는 방법으로, 공간 데이터의 분포를 시각화하는 대표적인 방식이다.
③ 등치선도 : 연속적인 값(예 고도, 기온 등)을 선으로 연결하여 공간 데이터를 표현하는 방법이다.

26
정답 | ④
해설 | 그래프는 레이더 차트(Radar Chart) 또는 거미 차트(Spider Chart)이다. 레이더 차트는 여러 변수를 중심점에서 방사형으로 뻗은 축에 값을 표시하고, 값을 선으로 연결하여 변수 간 관계를 비교하는 데 사용된다. 하지만, 객체 간 간격(distance matrix)을 포함한 데이터의 시각화는 MDS(Multidimensional Scaling) 또는 클러스터 분석 같은 기법이 더 적합하며, 레이더 차트와는 관련이 없다.

27
정답 | ②
해설 | 체르노프 페이스(Chernoff Faces)는 데이터를 얼굴의 특징(눈, 코, 입, 얼굴형 등)에 매핑하여 다차원 데이터를 시각적으로 비교할 수 있도록 하는 기법이다. 여러 변수 얼굴의 각 요소에 대응시켜 데이터 간의 유사점과 차이점을 직관적으로 비교하는 데 사용된다. 따라서 이는 비교 시각화의 한 방법이다.
※ 비교 시각화 유형 : 플히체평스타
플로팅 바 차트/히트맵/체르노프 페이스/평행 좌표계/스타차트

28
정답 | ①
해설 | 각 사각형의 크기는 수치적 값을 나타내며, 크기가 클수록 데이터의 중요도나 크기를 의미한다. 바깥의 영역은 데이터의 대분류를 나타내고, 내부의 작은 사각형들은 세부 분류를 의미한다. 트리맵은 많은 데이터를 한눈에 시각적으로 파악할 수 있게 해주는 기법으로, 계층적 데이터를 시각화할 때 유용하다.

29
정답 | ①
해설 | • 체르노프 페이스(Chernoff Faces) : 데이터의 여러 변수를 얼굴의 특징(눈, 코, 입 등)에 매핑하여 비교하는 시각화 기법이다. 이는 변수 간의 관계를 강조하기보다는 다변량 데이터를 비교하는 데 더 적합하다.
• 스타차트(Star Chart) : 여러 변수를 방사형 축에 표시하여 다변량 데이터를 비교하는 방법으로, 비교 시각화로 분류하는 것이 더 적절하다. 따라서 두 기법은 '비교 시각화'라 볼 수 있다.
※ 비교 시각화 유형 : 플히체평스타
플로팅 바 차트/히트맵/체르노프 페이스/평행 좌표계/스타차트
※ 관계 시각화 유형 : 산행보(버)히네
산점도/산점도 행렬/버블 차트/히스토그램/네트워크 그래프
※ 공간 시각화 유형 : 버카도등등(버스카드도 등등)
버블플롯맵/카토그램/도트맵/등치 지역도/등치선도

30
정답 | ②
해설 | 통계분석 모델이나 머신러닝 모델은 개발 과정 중에 데이터 흐름(독립변수 데이터의 입력 방식, 데이터 전달 구조 등)을 정의하고 설계하는 것이 일반적이다. 개발이 끝난 뒤 데이터를 어떻게 전달할지를 정의하는 것은 부적절하며, 이는 배포 및 운영 시 불필요한 문제를 야기할 수 있다.

31
정답 | ③
해설 | 모델 개발 과정에서 예상보다 낮은 성능이 나왔을 때는 모델을 개선하기 위한 다양한 방법을 시도하는 것이 일반적이다. 데이터를 검토하고, 새로운 변수를 추가하거나, 모델링 기법을 변경하는 등 여러 개선 방안을 탐구해야 한다.

32
정답 | ②
해설 | 성능 모니터링은 자동화된 시스템과 실시간 데이터 분석을 통해 수행하는 것이 효과적이다. 수동으로 모니터링하는 방식은 많은 시간이 소요되고 오류 발생 가능성이 높으며, 즉각적인 대응이 어렵다. 이는 현대적인 성능 모니터링 방법으로 부적합하다.
① 성능 모니터링에서 핵심 지표(KPI)를 정의하는 것은 중요한 초기 단계로 적절하다.
③ 성능 지표에 따라 임계치를 설정하여 이상을 감지하고 알림을 생성하는 것은 효율적인 모니터링 방법이다.

④ 이벤트의 중요도에 따라 알람을 설정하고 모니터링하는 방식은 적절한 관리 방법이다.

33
정답 | ③

해설 | 추적신호(Tracking Signal)는 예측값과 실제값의 차이를 누적하여 모형의 성능을 모니터링하는 데 사용하는 척도이다. 이는 연속형 데이터를 다루는 모델(예 회귀 분석, 시계열 예측 등)에 적합하다. 주로 수치 데이터를 기반으로 하는 연속형 모델에서 예측 오차의 누적적 추세를 파악하여 모델이 제대로 작동하는지 감지하는 데 사용된다.

34
정답 | ①

해설 | 모델 모니터링 전문 도구는 주로 실시간으로 데이터를 감시하고, 성능 이상이 발생했을 때 진단 및 조치를 통해 문제를 해결하거나 성능 튜닝을 지원하는 데 초점을 맞춘다. 사전분석은 모니터링 도구의 주요 기능이 아니라, 분석 모델 설계 단계에서 이루어지는 작업으로, 모니터링과는 직접적인 관련이 없다.

35
정답 | ①

해설 | 리모델링은 일반적으로 성과 모니터링 결과에 따라 계획적이고 신중하게 수행되며, 실시간으로 리모델링을 수행하는 것은 적절하지 않다. 실시간 리모델링은 시스템 안정성과 성능에 영향을 줄 수 있으며, 리모델링은 데이터 검토, 변수 추가, 새로운 학습 모델 적용 등의 과정을 거쳐야 하기 때문에 실시간으로 이루어질 수 없다.
② 데이터 마이닝과 시뮬레이션은 각각의 특성에 따라 주기적으로 또는 이벤트 기반으로 리모델링을 수행하는 것이 일반적이다.
③ 데이터 마이닝 리모델링에서 동일 데이터 또는 변수를 추가하여 재학습을 수행하는 것은 적절한 방식이다.
④ 시뮬레이션 리모델링에서는 이벤트나 자원 배분 규칙의 변화를 반영하는 것이 적절하다.

36
정답 | ③

해설 | 모델을 개선할 때에는 성능뿐만 아니라 비즈니스 목표, 데이터의 품질, 실용성, 실행 가능성 등 다양한 요소를 함께 고려해야 한다. 분석 모델의 성능만을 고려하는 접근은 전체적인 시스템 성능과 비즈니스 요구사항을 간과할 위험이 있다. 따라서 이는 적절하지 않은 설명이다.
① 기존 모델을 개선할 때 기본적인 개발 절차를 따르는 것은 적절한 접근이다.
② 모델 개선의 핵심은 기존 모델보다 높은 성능을 달성하는 것이므로 적절한 설명이다.
④ 신규 데이터를 포함하여 모델의 적합성을 높이는 것은 필수적인 작업이다.

37
정답 | ④

해설 | 데이터 오류율 점검은 데이터 품질 관리의 일부로 중요하지만, 개선 데이터 선정 과정에서 직접적으로 고려되는 요소는 아니다. 개선 데이터 선정에서는 데이터를 활용하여 모델 성능을 재조정하고, 변화된 조건이나 새로운 데이터를 반영하는 데 중점을 둔다. 데이터 오류율 점검은 데이터 정합성 및 품질 관리 단계에서 수행하는 작업이다.
① 데이터 활용도 : 최신 데이터를 적용하거나 변수를 추가하여 모델을 재조정하는 것은 개선 데이터 선정 시 핵심적인 고려 사항이다.
② 데이터 변경도 : 업무 프로세스나 시스템 원칙의 변경에 따라 성능을 평가하고 필요시 재조정하는 것은 적절한 고려 사항이다.
③ 신규 영향 데이터 : 조건 변화나 제약조건 추가로 데이터 모델을 재조정하는 것은 개선 데이터 선정 과정에서 필수적인 부분이다.

38
정답 | ②

해설 | 기존 분석 모델의 리모델링에서는 기존 모델을 개발할 때 사용한 데이터를 완전히 배제하지 않는다. 기존 데이터를 포함하여 추가적인 데이터를 수집하고, 변수 조정 및 정제를 통해 모델을 개선하는 것이 일반적이다. 기존 데이터를 배제하면 이전 모델의 학습 성과와 비교가 어려워지고, 데이터의 연속성을 잃을 수 있다.
① 개선된 모델을 검토하고 최적의 모델을 선정하는 과정은 리모델링의 기본 절차 중 하나이다.
③ 기존 모델의 성능 변화를 확인하여 리모델링의 필요성을 판단하는 것은 적절하다.
④ 개선된 모델은 기존 모델보다 높은 성능을 목표로 하며, 이를 위해 파라미터 조정을 수행하는 것은 적절하다.

39
정답 | ③

해설 | 모델 재조정은 반드시 성능 변화나 성과 편차가 발생했을 때 필요성을 검토하여 수행해야 한다. 평가 결과에 따라 조정이 필요하지 않을 경우, 불필요한 재조정을 수행하는 것은 리소스 낭비로 이어질 수 있으므로 부적절하다.
① 비즈니스 상황에 맞지 않는 모델은 독립적으로 전면 재구축을 검토할 수 있으므로 적절하다.
② 초기에는 모델이 안정화되지 않았으므로 빈번한 재조정이 필요하며, 점진적으로 주기를 길게 설정하는 것이 일반적이다.
④ 성과 하락 시 즉각적으로 리모델링 필요성을 검토하고 조치를 취하는 것은 적절하다. 즉, 정기적으로 모델을 평가하더라도 불필요한 재조정은 지양해야 한다.

PART 05

기출복원문제
정답 및 해설

CHAPTER 01 제8회 기출복원문제 정답 및 해설

01	02	03	04	05	06	07	08	09	10
①	②	②	①	③	①	②	④	③	②
11	12	13	14	15	16	17	18	19	20
①	③	④	①	①	①	①	③	③	④
21	22	23	24	25	26	27	28	29	30
②	②	④	④	④	④	③	②	②	②
31	32	33	34	35	36	37	38	39	40
③	②	①	①	③	②	②	③	①	③
41	42	43	44	45	46	47	48	49	50
①	①	②	②	②	④	④	①	②	②
51	52	53	54	55	56	57	58	59	60
③	③	①	②	②	②	②	④	③	③
61	62	63	64	65	66	67	68	69	70
①	②	③	②	①	④	①	②	①	③
71	72	73	74	75	76	77	78	79	80
②	③	②	②	①	③	②	③	①	④

1과목 빅데이터 분석 기획

01
정답 | ①
해설 | 빅데이터 4V에서 Veracity는 데이터의 신뢰성, 진실성을 의미한다. 데이터의 가치를 직접적으로 반영하는 'Value'는 보통 5V에서 별도로 다룬다. 따라서 Veracity를 가치(Value)로 설명하는 것은 틀린 표현이다. Volume은 방대한 양, Velocity는 빠른 속도, Variety는 데이터 형태의 다양성을 나타낸다. 4V는 빅데이터의 핵심 특성을 요약한 개념이다.
② Volume : 데이터 양이 크다는 의미이다.
③ Velocity : 실시간·실시간에 가까운 변화를 뜻한다.
④ Variety : 데이터 형태가 다양함을 나타낸다.

02
정답 | ②
해설 | 빅데이터 플랫폼은 데이터의 수집, 전처리, 분석 등 전체 과정을 통합적으로 지원한다.
보통 대규모 분산 환경(Hadoop 에코시스템 등)을 활용해 유연한 파이프라인 구축이 가능하다. 데이터베이스는 저장·관리 중심, 시각화 툴은 분석결과 표현 중심으로 전체 프로세스는 어렵다. 빅데이터 가치사슬은 데이터 활용의 개념적 흐름을 말할 뿐, 실제 툴이 아니다. 결과적으로 ②가 수집부터 분석까지 아우르는 환경이라는 점에서 정답이다.
① 데이터베이스는 주로 저장·조회 관리에 초점이 맞춰져 있다.
③ 시각화 툴은 결과를 시각적으로 표현하지만, 수집·분석 프로세스 전부는 지원하지 않는다.
④ 빅데이터 가치사슬은 개념적인 순서이며, 실제 통합 솔루션이 아니다.

03
정답 | ②
해설 | 개인정보를 익명처리할 때에는 정보 주체의 동의를 굳이 받지 않아도 된다. 가명처리는 통계·과학적 연구 등 공익 목적에 한해 주체 동의 없이 가능하다. 이는 법적으로 개인 식별 가능성을 제거·축소했기 때문이다. 익명정보는 식별 가능성이 전혀 없어 동의가 필요없다.
① 가명정보는 동의 없이 처리 가능(통계·공익적 목적)하다.
③ 개인정보보호위원회가 독립적으로 감독·규제한다.
④ 개인정보, 가명정보, 익명정보로 나눌 수 있다.

04
정답 | ①

해설 | 하향식 접근방법에서 '문제 탐색 단계'는 단순 나열이 아니라 체계적 조사·분석으로 이루어진다. 문제 정의 단계에서는 상위 목표를 세분화하여 분명한 범위와 목표를 설정한다. 해결방안 탐색은 도출된 문제 이해를 바탕으로 해결책을 발굴하는 과정이다. 타당성 검토 단계에서는 해당 해결책의 현실적 실행 가능성, 효과 등을 평가한다.

05
정답 | ③

해설 | 빅데이터 분석 방법론에서 '데이터 분석 단계'는 모델링(모델 구축)과 데이터 확인·추출, 데이터 준비를 포함한다. 하지만 '모델링 적용 및 운영방안'은 보통 분석 결과를 실제 현장에 적용하고 운영하는 다음 단계에서 논의된다. 분석 단계는 분석 기법, 알고리즘 선택, 모델 개발·평가 정도까지이다. 운영·적용 방안은 별도의 전개 단계에서 주로 다룬다.
① 데이터 확인 및 추출은 분석 준비 과정의 세부 작업이다.
② 데이터 모델링은 분석 단계의 핵심이다.
④ 데이터 준비도 모델링 전에 필요한 부분으로 분석 단계에 포함된다.

06
정답 | ①

해설 | 데이터 탐색 단계에서 가장 중요한 작업 중 하나가 변수들의 분포 및 상관관계 등을 보고, 의미 있는 변수를 선정하는 일이다. 이 과정에서 불필요하거나 정보가 없는 변수를 제거하고, 유의미한 변수를 발굴한다.
② 데이터 모델링 : 이미 선정된 변수를 이용해 알고리즘을 학습·적용하는 과정이다.
③ 데이터 전처리 : 데이터 품질 개선을 위해 결측치 제거, 이상치 처리, 스케일링 등을 하는 단계이다.
④ 데이터 시각화 : 분석 대상 변수들이 확정된 뒤 가시적으로 분석 결과나 분포를 표현한다.

07
정답 | ②

해설 | '발견(Discovery)' 유형은 분석 방법론 자체는 숙지했으나, 분석 대상(무엇을 분석해야 하는지)을 명확히 진단하지 못한 상황을 의미한다. '데이터 분석 방법은 알지만 조직 내 분석 대상이 분명치 않다'는 것은 발견 유형에 가깝다.
① 최적화(Optimization) : 방법과 대상이 모두 명확해진 상태로, 성능·효율을 최대화하려 할 때 쓰인다.
③ 통찰(Insight) : 분석 대상은 알고 있지만, 어떤 분석 방법을 써야 할지 잘 모르는 유형으로 해석되곤 한다.
④ 솔루션(Solution) : 대상과 방법 모두 모르는 상태를 가리키기도 한다.

08
정답 | ④

해설 | 외부 데이터는 공개된 데이터, 외부 업체·기관 등을 통해 수집된 데이터이기 때문에 사용 시점이 제한될 수 있다. 반면 모든 단계에서 무조건 쓰이는 건 아니므로 ④는 적절하지 않다. 내부 데이터는 기업·조직 내에서 생성·보유하며, 내부 협의를 통해 사용 가능하다. 또한 외부 데이터는 과금, 라이선스, 접근성 문제 등으로 활용 단계가 달라질 수 있다.
③ 외부 데이터는 공개된 소스나 업체 등을 통해 확보한다.

09
정답 | ③

해설 | 빅데이터 분석 절차는 일반적으로 '분석 기획 → 데이터 준비 → 데이터 분석 → 시스템 구현 → 평가 및 전개' 순으로 제시된다.
- 분석 기획 단계 : 문제 정의·목적 설정을 명확히 하고, 데이터 준비 단계에서 필요한 데이터를 수집·전처리한다.
- 데이터 분석 단계 : 통계기법, 머신러닝 등을 이용해 패턴이나 모델을 찾는다.
- 시스템 구현 단계 : 분석 환경·시스템으로 구체화한다.
- 평가 및 전개 단계 : 결과를 적용하고 성능을 모니터링한다.

10
정답 | ②

해설 | 정성 데이터는 보통 설문에서 느낀 감정·카테고리 등 수치화하기 어려운 질적 정보를 말한다. 정성적 정보를 정량화하거나 반대로 범주화하는 수치처리(코딩)는 가능하나, 본질 자체가 수치형은 아니다. 정량 데이터는 수치화되어 평균·분산 계산이 가능하다.

11
정답 | ①

해설 | 비정형 데이터는 고정된 스키마 없이, 자유로운 형태나 다양한 형태를 가진 데이터를 말한다. 음성·이미지·영상 자료는 대표적인 비정형 데이터에 해당한다. 반면 거래 내역(Transaction) 데이터는 DB 표 구조로 정형화된 경우가 대부분이다. 거래 일자, 품목, 금액 등 필드가 명확히 정해져 있기 때문이다. 따라서 거래 내역은 정형 데이터로 보는 것이 일반적이다.
②, ③, ④ 음성, 이미지, 영상은 정형화 구조가 없어 비정형으로 분류한다.

12
정답 | ③

해설 | 매출액은 절대적 '크기(거리)'를 비교할 수 있는 비율변수이다. 서열변수는 등수나 순위를 나타낼 뿐, 차이나 비율 계산은 어렵다.

① 연령은 0(출생 시점)이라는 절대적 기준이 있어 비율변수로 본다.
② 성별은 명목변수(남·여 또는 기타)로, 수치적 서열이 없다.
④ 온도(섭씨)는 등간변수로 영점이 임의적이어서 비율적 의미("2배 덥다")를 직접 해석하기 어렵다.

13
정답 | ④
해설 | 딥러닝에서 이미지 픽셀값을 0~1 범위로 정규화하는 것은 일반화의 한 형태로 볼 수 있다. Box-Cox, 로그변환 등도 특정 분포 형태(정규성)에 가깝게 만들기 위해 사용하는 변환이다.
① 정규화(일반화) : 보통 최소·최대값으로 스케일링하는 Min-Max 정규화 등이며 [0,1] 혹은 [-1,1] 범위로 스케일을 축소한다.
② 범주화 : 특정 기준(나이대별 그룹 예 10대, 20대)으로, 연속형을 범주형으로 나누는 작업이다.
③ 표준화 : 평균 0, 분산 및 표준편차를 1로 조정하는 작업이다.

14
정답 | ①
해설 | '가명처리'와 '휴리스틱 익명화' 기법은 데이터를 재식별 불가능하게 만드는 과정이다. 가명처리는 원본 데이터와 다른 임시 식별자를 부여해 개인정보 유출 위험을 줄인다. 휴리스틱 익명화도 정보 집합을 뭉뚱그려 식별성을 없앤다. 따라서 개인정보를 알아볼 수 없게 하는 기법이다. 이 밖에 총계처리·재배열·마스킹·잡음 추가 등은 각각 다른 목적의 비식별화 기법이다.
② 총계처리-재배열 : 집계를 통해 개인정보 노출을 줄이는 방식이다.
③ 일반화-마스킹 : 정보 단위를 흐리게 하거나 특정 글자를 가리는 형태이다.
④ 최소화-잡음 추가 : 데이터양 자체나 노이즈로 식별을 어렵게 한다.

15
정답 | ①
해설 | 데이터 마스킹은 민감한 정보를 가려내거나 변형하는 것이므로, 데이터를 전부 삭제하지 않는다. 마스킹 수준이 높아질수록 원 데이터 식별이 힘들어지고, 너무 높으면 활용도가 떨어진다.
② 마스킹 수준이 높으면 식별·예측이 어려워진다(보기에서는 '쉽다' 대신 '어려워진다'로 해석해야 하므로, 정답을 ②로 헷갈릴 수 있으나, 문제 문맥상 ①이 더 적절하지 않음).
③ 데이터 마스킹은 식별성 제거와 원본 구조를 보호한다는 장점이 있다.
④ 데이터 마스킹의 수준이 낮으면 특정 값의 추론 가능성이 남아 있어 위험하다.

※ 주의 : 실제 지문이 약간 혼동스러우나, 제공된 정답표에 따르면 ①이 답으로 처리됨

16
정답 | ①
해설 | 데이터 웨어하우스(DW)는 보통 '주제 지향적, 통합적, 비휘발성, 시계열적'이라는 특징을 가진다. 즉, 한 번 적재된 데이터는 잘 삭제·변경되지 않아 '비휘발성(Non-volatile)'이다. 주제별로 데이터를 구성하고, 여러 소스에서 통합하며, 시간에 따른 데이터를 추적한다.
휘발성(Volatile)은 오히려 일반 데이터베이스 트랜잭션 처리처럼 실시간 변경을 전제로 하는 특성이다. DW는 안정된 히스토리 데이터를 축적하므로 DW의 특성으로 적절하지 않다.

17
정답 | ①
해설 | HBase는 Hadoop 생태계의 컬럼 기반 NoSQL 데이터베이스이다. 분산 파일시스템은 대규모 파일을 여러 노드에 나누어 저장·관리하는 시스템(HDFS, GFS, Ceph 등)이다. HBase는 HDFS 위에서 동작하며, 단독으로 분산 파일시스템이라 보긴 어렵다.
② HDFS(Hadoop Distributed File System)는 Hadoop의 핵심 분산 저장소 역할을 한다.
③, ④ GFS(Google File System), Ceph 등도 대용량 파일을 분산 관리한다.

18
정답 | ③
해설 | Key-Value 데이터베이스는 복잡한 관계나 쿼리 처리보다는 단순 조회 및 쓰기에 최적화되어 있다.
①, ②, ④ Key-Value 데이터베이스의 특징에 대한 설명이다.

19
정답 | ③
해설 | NoSQL 데이터베이스(MongoDB, Cassandra 등)는 반정형·비정형 데이터를 효율적으로 저장·처리한다. MongoDB는 문서 지향, Cassandra는 컬럼 지향 NoSQL로 빅데이터 환경에서 다양하게 사용된다. 그러므로 MongoDB, Cassandra DB와 유사한 유형은 NoSQL이다.
① In-memory DB : 주 메모리에 저장하며, 반정형 처리와는 다른 개념이다. 휘발성 메모리에 데이터를 올려 빠른 처리에 특화된다.
② DFS : 분산 파일 시스템으로, DB가 아니다.
④ RDBMS : 테이블 구조의 정형 데이터용으로, 스키마가 명확한 정형 데이터에 적합하다.

20
정답 | ④
해설 | 자기회귀는 상관성을 유지하며, 분산을 크게 증가시키지 않는다.
① 분산/평균 등으로 결측값을 대체하면 실제 분산이 줄어드는 경향이 있다(예 모든 값을 평균으로 넣으면 변동이 감소).
② 연속형 변수 결측 대체로 평균·중앙값을 활용한다.

2과목 빅데이터 탐색

21
정답 | ②
해설 | 박스플롯에서 최대값과 최소값 차이가 1반에서 더 크다.
① 중위수는 2반이 더 높다.
③ 최대값은 2반이 더 높다.
④ 박스플롯은 평균이 아니라 중위수를 나타낸다.

22
정답 | ②
해설 | 파생변수는 상관 정도와 무관하게 생성할 수 있다.
①, ③, ④ 시점, 교호작용, 특정 조건에 의해 파생변수를 생성할 수 있다.

23
정답 | ④
해설 | Box-Cox 변환은 데이터를 양수로 변환하며, 정규분포에 근사하도록 조정한다.
① Min-Max 정규화는 데이터를 0~1 범위로 변환한다.
② Z-score 표준화는 평균 0, 분산 1로 변환한다.
③ 구간화는 데이터를 특정 범위로 그룹화한다.

24
정답 | ④
해설 | 표준화(Z-score)는 데이터 단위에 무관하게 평균을 0, 표준편차를 1로 맞춘다. 즉, 표준화된 값은 '(원 데이터-평균)/표준편차'이므로, 단위가 사라진다. 이 과정을 통해 서로 다른 스케일의 변수를 비교하기 쉬워진다. 표준화 자체가 노이즈 제거나 데이터 통합을 의미하지는 않는다. 즉, 표준화에는 단위가 없다.
① 두 데이터 이상을 하나로 합치는 것은 표준화와 무관하다.
② 노이즈 제거와는 직접적 관련이 없다.
③ 서로 다른 크기를 어느 정도 맞추는 것이지만, '단위가 없다'는 설명이 핵심이다.

25
정답 | ④
해설 | 이메일 목록을 작은 그룹으로 변환하는 것은 단순 클러스터링이나 분류일 수 있으며, 전처리의 '변환'이라고 보기 애매하다. 날짜를 YYYY/MM/DD 형태로 바꾸거나, 나이 데이터를 범주화(10대, 20대 등)하는 것은 일반적인 변환 사례이다. 따라서 ④는 단순히 목록을 분할·그룹핑하는 것으로 전처리 변환이라기보다 관리 목적에 가깝다.
①, ②, ③ 날짜 포맷 변경, 범주화, 표준화는 전처리 변환으로 적절하다.

26
정답 | ④
해설 | 박스플롯은 데이터의 분포와 이상치를 확인하는 도구로, 불균형 데이터를 해결하기 위한 기법이 아니다.

27
정답 | ③
해설 | 스피어만 상관계수(Spearman's rho)는 서열척도(순위로만 측정 가능한 변수)의 상관관계를 측정할 때 주로 사용한다. 그러므로 서열형 변수에는 스피어만 상관계수가 적절하다.
① 피어슨 상관계수 : 연속형 등간·비율척도에서 사용한다.
② 점 양분 상관계수 : 한 변수가 연속형, 다른 변수가 이분형일 때 사용된다.
④ 파이(phi)계수 : 두 변수가 모두 명목형 범주(이분형)일 때 사용한다.

28
정답 | ②
해설 | 편상관분석(Partial correlation)은 다른 변수를 통제한 상태에서 두 변수 간의 상관관계를 보는 기법이다. 예를 들어 '한 발생률과 재산의 상관관계를 다른 변수를 제외하고' 분석하려면 편상관분석이 적합하다.
① 군집분석은 데이터 집단들을 유사성에 따라 군집화할 때 쓰이는 기법이다.
③ T-분포는 평균 비교 등에서 표본이 작을 때 사용하는 분포이다.
④ 카이제곱은 범주형 자료의 적합도·독립성을 검정할 때 사용된다.

29
정답 | ②
해설 | 우측 꼬리가 긴(오른쪽으로 치우친) 분포는 평균이 가장 오른쪽, 최빈값이 가장 왼쪽에 위치한다. 즉, 최빈값<중앙값<평균 순서가 된다. 왜도가 양(+)이어서 분포가 오른쪽 꼬리에 더 길게 늘어난다. 최빈값은 가장 자주 등장하는 값이므로 분포의 가장 높은 봉우리 부분, 중앙값은 그보다 오른쪽, 평균은 극단값에 더 민감해 가장 오른쪽에 온다.

30
정답 | ②
해설 | 왜도(Skewness)는 분포가 좌우 방향으로 치우쳐 있는지(비대칭성)를 정량적으로 측정한다.
① 분산(Variance) 분석은 자료 간 산포 정도를 비교하는 개념이며 치우침을 직접 보여주진 않는다.
③ 첨도(Kurtosis)는 분포의 뾰족한 정도(극단값 분포)를 본다.
④ 히스토그램은 분포의 대략적 형태를 보여주는 시각화 도구이지, 왜도를 수치화(계산·확인) 하는 정밀 지표는 아니다.

31
정답 | ③
해설 | 표준분산('분산'이라고도 하며, 표준편차^2)은 '(각 값−평균)^2'의 평균이다.
- 데이터가 60, 70, 80일 때 평균은 (60+70+80)/3=70이다.
- 편차제곱합은 $(60-70)^2+(70-70)^2+(80-70)^2=100+0+100=200$이다. 이를 3으로 나눈 값 200/3= 66.666…으로, 이 값의 제곱근을 구한다.
- 제곱근은 $\sqrt{66.67}\sim 10$이므로 표준편차는 10이라 할 수 있다. 따라서 표준분산은 표준편차의 제곱이므로 $10^2=100$이다.

32
정답 | ①
해설 | A그룹 100명 중 71명 투표, B그룹 200명 중 134명 투표라면 비율은 각각 0.71과 0.67이다. 두 비율의 차이는 0.71−0.67=0.04이다. 이 값이 모평균 p(A)−p(B)의 추정치가 된다.

33
정답 | ①
해설 | 기초 통계량(평균, 분산 등)이나 그래프(박스플롯, 히스토그램 등)만으로는 단순 분포 형태·대략적 경향만 확인 가능하다. '통계적 유의성'은 표본크기, 표준오차, 가설검정 절차가 필요하기 때문에 기초 통계량·그래프로만은 확정할 수 없다.
② 결측값은 그래프나 통계 요약에서 누락된 부분을 확인할 수 있어 어느 정도 파악 가능하다. NA나 빈칸 등은 요약 통계나 그래프에서 확인 가능하다.
③ 이상값(outlier)도 박스플롯 등으로 시각적으로 식별 가능하다.
④ 데이터 분포 형태(치우침, 중앙값 등)는 기초 통계와 그래프로 대략 확인할 수 있다.

34
정답 | ①
해설 | 모자이크 플롯은 범주형 변수가 여러 개일 때, 각 범주의 비율(상대적 빈도)을 직사각형 면적으로 표현한다. 히스토그램 내부에 또 다른 히스토그램을 겹쳐 놓은 형태가 아니며, 서로 다른 범주의 구역 크기로 빈도를 시각화한다. 상대적 크기나 구조 비교가 용이하며, 범주형 변수 간 관계를 한눈에 확인 가능하다. 직사각형 하나가 빈도를 나타내고, 가로·세로가 각각 다른 범주에 대응할 수 있다.

35
정답 | ③
해설 | 기술 통계량은 데이터의 요약(최대·최소, 평균, 중앙값, 표준편차 등) 지표이다. 이상값(Outlier)은 데이터값이 극단적으로 치우쳐 있음을 의미하는 관측치이며, 통계 요약 지표가 아니다. 분산, 표준편차, 사분위수, 중앙값, 최빈값 등이 전형적 기술 통계량이다. 최대값과 최소값, 중앙값도 데이터 요약 지표에 포함된다. 따라서 이상값을 '기술 통계량'이라 부르긴 어렵다.

36
정답 | ③
해설 | 샘플링 기법은 모집단에서 표본을 뽑는 확률적·비확률적 방법을 아우른다. Rejection Sampling, Perfect Sampling, Metropolis-Hastings 등은 확률분포에서 표본을 추출하는 기법들이다. EM(Expectation-Maximization) 알고리즘은 누락된 데이터가 있거나 잠재변수가 있는 상황에서 모수 추정을 반복적으로 수행하는 최적화 알고리즘이다. 즉, EM 알고리즘은 '샘플링'보다는 '모수 추정' 방법이다.
① Metropolis-Hastings : 마르코프 체인 몬테카를로(MCMC) 계열 샘플링 기법이다.
② Perfect Sampling : 특정 분포로부터 표본을 정확히 얻는 샘플링 기법이다.
④ Rejection Sampling : 분포에서 난수를 생성할 때 '거절/수용' 과정을 통해 표본을 얻는 방법이다.

37
정답 | ②
해설 | 제2종 오류(베타 오류)는 사실상 대립가설이 참인데 귀무가설을 기각하지 못하는 오류이다. 이 문제는 이항분포와 가설검정에 관한 것이다. '10번 중 7번 이상 성공할 확률'에 대해 아래와 같이 정리가 가능하다.
- 귀무가설 H_0 : p=1/2

- 대립가설 H_1 : p=2/3
- 성공횟수: 7번 이상(즉, 7, 8, 9, 10번)

따라서 이항분포에 따른 식은 $\sum_{i=0}^{6}\left(\frac{2}{3}\right)^{i} \times \left(\frac{1}{3}\right)^{10-i}$ 이다.

38

정답 | ③

해설 | 중심극한정리 관점에서 표본 크기(N)가 커지면 표본평균 분포의 분산은 작아진다(표준오차가 감소). 따라서 표본평균은 모집단의 평균에 근접하며, 변동성(분산)도 줄어든다. N과 상관없이 표본평균이 무조건 모집단 평균에 수렴한다는 표현은 '대수의 법칙' 관점에서 어느 정도 맞지만, 분산은 N에 영향을 크게 받는다.
① N값과 무관하게 평균이 수렴한다는 건 다소 오해의 소지가 있지만, 대수의 법칙상 큰 N에 가까워질 때 수렴한다.
② 표본평균은 모집단 기대값의 추정치가 된다.
④ N이 커지면 표준오차(SE)가 감소하게 된다.

39

정답 | ①

해설 | 중심극한정리(Central Limit Theorem)는 독립이고 동일한 분포를 가진 표본 X1, X2, …, Xn의 평균이 n이 충분히 크면 정규분포에 근사하는 것을 말한다.
② 대수의 법칙 : 표본평균이 모집단 평균(실제 기대값)에 수렴한다는 개념이다.
③ 카이제곱 정리 : 잔차 제곱합 등의 분포와 연관된다.
④ T-분포 : 표본 크기가 작을 때 사용되는 분포로, 모분산을 모르는 상황에서 활용된다.

40

정답 | ③

해설 | 불편추정량은 추정량의 기댓값이 모수의 참값과 같아, 편향이 0이 되는 것을 말한다. 일치추정량은 표본 크기가 커질수록 참값에 거의 수렴하는 추정량이다. 제시된 식에서 'bias=0'을 만족하면 불편추정량이 되므로 ③이 불편추정량이다. 또한 일치성 여부도 보통 통계적 수렴성을 통해 판단한다.

3과목 빅데이터 모델링

41

정답 | ①

해설 | 배치 크기(Batch size)가 커지면 한 번의 파라미터 업데이트에 많은 표본을 사용해 계산하므로, 학습 속도는 느려질 수 있다. 하지만 예측 성능(정확도 등)은 배치 크기에 의해 직접 결정되지 않는 경우가 많다(충분히 같은 epochs 등을 거치면 수렴 성능은 유사함). 다만, 너무 큰 배치는 메모리 부담을 주고, 너무 작은 배치는 노이즈(표본편차)가 커져 학습이 불안정해질 수 있다.
② 정확성에도 어느 정도 영향이 있을 수 있으나, 문제에서는 배치 크기와 정확성은 직접 영향이 없다고 간주했다.
③ 너무 큰 배치는 GPU 메모리 초과 등 문제를 일으킬 수 있다(오답지 설명에 따라 다름).
④ 배치가 작으면 노이즈 영향이 커져 학습이 불안정해질 수 있다.

42

정답 | ①

해설 | 좋은 모델은 편향(Bias)이 작고 분산(Variance)도 작은 상태여야 한다. 편향이 크면 전체적인 예측이 치우쳐 있으며, 분산이 크면 데이터가 조금만 달라져도 예측이 달라지는 불안정 모델이 된다. 편향-분산 트레이드 오프에서는 두 값 간에 균형을 맞춰야 하나, 가능하면 두 값 모두 너무 크지 않게 하는 것이 이상적이다. 즉, 일반화가 잘된 모델은 낮은 편향과 낮은 분산을 동시에 갖는다.
② 편향이 크면 예측이 한쪽으로 치우쳐 있다.
③ 분산이 크면 과적합 경향이 생긴다.
④ 편향과 분산은 독립이 아니고 상호 연관된 트레이드 오프 관계이다.

43

정답 | ②

해설 | 릿지회귀(Ridge)는 가중치(회귀계수)의 L2 노름(제곱합)에 대한 패널티를 부여한다. 이를 통해 계수 크기를 줄이고 과적합을 완화할 수 있다.
① 라쏘(Lasso) : L1 노름(절대값 합)을 패널티로 사용한다.
③ 엘라스틱넷(Elastic net) : L1과 L2를 혼합해서 사용한다. 로지스틱 회귀는 분류 문제에 쓰이는 회귀 기법이다.
④ 로지스틱 회귀 : 분류 목적의 회귀모델이다.

44

정답 | ②

해설 | 다중공선성(multicollinearity)은 독립변수들 간 상관성이 높아 회귀분석 모델에 악영향을 준다. 독립변수들이 서로 강하게 연관되어 있으면, 계수 추정이 불안정해지고 해석이 어려워진다. 종속변수 간 상관성 문제가 아니라, 독립변수들 사이의 문제이다. VIF(Variance Inflation Factor)같은 지표로 측정해 상관이 심한 변수를 제거·조정할 수 있다.
① '분산상태' 표현은 모호하며, 다중공선성은 상관성을 보는 개념이다.
③, ④ 종속변수 간이 아니라 독립변수 간 상관성이 초점이며, 공선성이 작을수록 모델에는 좋다.

45
정답 | ②

해설 | 결정계수(R^2)는 종속변수 분산 중에서 독립변수로 설명되는 비율이다. 0~1 범위 안에서 값이 클수록 모델이 데이터를 잘 설명한다.
① 독립변수가 아니라 종속변수가 설명되는 비율을 나타낸다.
③ 독립변수 간 관계를 나타내는 것이 아니고 종속변수의 변동 설명력을 말한다.
④ 다중선형회귀식에도 결정계수가 여러 개가 아니라, 하나(모델 하나당 1개)이지만 조정된 결정계수(Adjusted R^2)를 추가로 보기는 한다. R^2와 Adjusted R^2 등은 따로 존재한다.

46
정답 | ④

해설 | 선형회귀분석은 일반적으로 최소제곱법(OLS)으로 회귀계수를 추정하며, 로지스틱 회귀분석만 최대우도법(MLE)을 사용한다.

47
정답 | ④

해설 | 의사결정나무(Decision Tree)는 분기 시 '동질성 극대화' 방향으로 데이터를 나눈다. 정규성 가정이 필요 없고, 범주·연속형 데이터를 모두 다룰 수 있다. 교호작용은 변수 간 상호작용으로, 트리 분기에서 변수가 어떻게 결합되어 예측력에 영향을 주는지 파악 가능하다.

48
정답 | ①

해설 | 은닉노드가 2개, 출력노드 1개, 편향이 0.2, 은닉노드 값 0.2와 0.1, 가중치 0.4와 0.5이므로, 출력 계산은 $(0.2 \times 0.4) + (0.1 \times 0.5) +$ 편향$(0.2) = 0.08 + 0.05 + 0.2 = 0.33$이 된다.
신경망에서 출력노드로 들어오는 입력들의 가중합에 편향값을 더해 활성화 함수를 적용한다면, 이 값이 z가 된다. 문제에서는 단순히 '민감성 값' 혹은 '출력값'을 계산하라고 했으므로 0.33이다.
• 은닉노드 1 : $0.2 \times 0.4 = 0.08$
• 은닉노드 2 : $0.1 \times 0.5 = 0.05$
• 출력값 $= 0.08 + 0.05 + 0.2 = 0.33$

49
정답 | ②

해설 | 서포트 벡터 머신(SVM)은 집단 사이 마진을 최대로 하는 결정경계를 찾기 위해 최적화가 필수적이다. 즉, 모델 학습 과정에서 라그랑주 승수법 등을 사용해 최적화한다. 분류, 회귀 둘 다 적용 가능하며, 커널 함수를 통해 비선형 경계도 학습할 수 있다.

50
정답 | ②

해설 | 유클리드 거리(Euclidean distance)는 좌표상 두 점 사이의 직선거리를 뜻한다. 문제에서 주어진 식이 $(x_1 - x_2)^2 + (y_1 - y_2)^2$의 제곱근 형태라면 유클리드 거리이다. 본 시험에서는 보통 이 네 가지 거리 공식을 구분해 묻는다.
① 마하라노비스 거리는 공분산 행렬을 사용한다.
③ 맨해튼 거리는 축에 평행하게 이동한 거리(절댓값)의 합이다.
④ 민코우스키 거리는 p차 일반화된 거리 공식이다.

51
정답 | ③

해설 | 위험도(상대위험도)는 한 집단의 발생률/다른 집단의 발생률로 구하며, 승산비(odds ratio)는 $[p/(1-p)]$를 비율로 나타낸다. 표에서 신공정 집단 불량률은 $10/500 = 0.02$, 구공정 집단 불량률은 $40/500 = 0.08$이다. 문제에서 정의한 위험도의 공식은 $0.02/0.08 = 0.25$가 된다. 따라서 승산비는 $(0.02 \times 0.92) \div (0.08 \times 0.98)$로 계산된다.

52
정답 | ③

해설 | 주성분 분석(PCA)은 분산(변동성)이 가장 큰 축부터 잡아 차원을 축소한다. 변수들 간 어느 정도 상관관계가 존재할 때, 차원축소 효과가 더욱 커진다(상관이 전혀 없으면 각 축이 이미 독립이므로). 정규분포 관계는 꼭 필요한 전제는 아니지만, 어느 정도 가정되곤 한다. 차원축소는 고분산 축으로 투영해 핵심 정보를 유지한다. 다의 '변동성이 가장 큰 특성을 축으로 잡는다'는 것이 PCA 핵심이다.
①, ② 부분적으로 맞을 수도 있으나, PCA는 '변수 간 상관관계가 없어야 한다'고 보기 어렵다(오히려 상관이 있어야 축소 효과가 큼).
④ 가, 나, 다 모두 맞다고 하면 종종 모순이 생긴다.

53
정답 | ①

해설 | 주성분 분석 표에서 PC3의 Proportion of Variance가 0.063(6.3%)으로 주어졌다면, 전체 분산에서 3번째 주성분이 차지하는 비율은 6.3%다. Cumulative variance가 PC3까지 93.8%라는 뜻이라면, PC3 자체의 설명력은 6.3%포인트 증가분이다. Standard Deviation가 0.459이고, 분산 기여도가 0.063으로 표시되어 있으므로 PC3 설명률은 6.3%가 적절하다.

54
정답 | ②

해설 | MANOVA(다변량분산분석)는 여러 종속변수와 여러 독립변수가 동시에 존재할 때, 독립변수 효과를 종속변수 집합 전체에 대해 검정한다. 예를 들어 X1, X2(독립변수)와 Y1, Y2, Y3(종속변수) 등이 있을 때, X가 Y 전체에 영향을 주는지를 본다. 1개의 독립변수와 1개의 종속변수라면 ANOVA나 t-검정을 사용할 수 있다. 다수의 독

립변수와 1개 종속변수라면 다원분산분석(이원, 삼원 등)이나 회귀분석을 쓴다.
① ③ 각각 독립변수나 종속변수가 하나라면 MANOVA가 아니다.
④ 독립변수는 범주형인 경우가 일반적(분산분석), 연속형이면 회귀모델로 보는 게 일반적이다.

55
정답 | ②
해설 | 차원축소는 주로 노이즈 제거, 계산 복잡도 감소, 시각화 용이성 향상 등을 위해 수행한다. 하지만 '설명력 증가'는 차원축소의 직접적인 목적이 아니다. 차원축소 시 정보가 어느 정도 손실될 수도 있으나, 핵심 요소만 남겨 해석이나 예측에서 오히려 성능이 좋아지는 경우도 있다. 주성분 분석(PCA) 등으로 상관관계 높은 변수를 압축하면 잡음 제거 효과도 본다. 따라서 '설명력 증가'를 명시적 목적으로 두는 것은 옳지 않다고 본다.

56
정답 | ②
해설 | 나이브 베이즈(Naive Bayes)는 베이즈정리[P(가설|데이터)=…]와 사전확률, 사후확률, 우도를 이용해 분류를 수행한다. 독립변수들 간 완전 독립 가정을 하므로 '나이브(순진한)'라는 말이 붙었다. 따라서 계산이 단순·빠르고, 텍스트 분류 등에서 많이 쓰인다. 복잡한 모델이라기보단 오히려 단순 모델이므로 계산속도가 빠르다. 결측치에 특별히 취약하지는 않지만, 노이즈가 많을 경우 성능이 떨어질 수 있다.
① 나이브 베이즈는 상대적으로 간단하고 계산속도가 빠른 편이다.
③ '독립변수들 간 독립성을 가정한다'가 적절하다(문제에는 가정하지 않는다고 썼다면 틀린 표현).
④ 어느 정도 노이즈에 취약할 수 있으나, 결측 데이터에 무조건 약하지는 않다.

57
정답 | ②
해설 | Seq2Seq 모델은 '입력 시퀀스(Encoder) → 맥락(Context) 벡터 → 출력 시퀀스(Decoder)' 구조로 이루어진다. 인코더가 입력을 요약한 후, 그 요약(컨텍스트 벡터)을 디코더로 넘겨 결과 시퀀스를 생성한다. Context vector는 인코더의 Hidden state나 Cell state 등을 압축한 형태이다. Eigen vector(고유벡터), Zero vector(영벡터), Basis vector(기저벡터)는 선형대수 용어로, 이 문제에서는 적절하지 않다. 따라서 정답은 Context vector가 된다.
①, ③, ④ 모두 선형대수의 다른 개념이지만 Seq2Seq 인코더-디코더 구조에서 통상 쓰는 용어가 아니다.

58
정답 | ④
해설 | 텍스트 마이닝에서 '문장마다 의미를 직접 해석'하기보다는 형태소 분석, 어간 추출, 불용어 제거 등 기계적 처리가 주가 된다. POS Tagging(품사 태깅)은 주어진 단어가 명사/동사/형용사 등 품사 정보를 부착하는 일이다. 문맥적 '의미 해석'까지 자동으로 완벽히 해내는 것은 별도의 심층 언어처리(NLU) 영역이다. 불용어 제거, 어간 추출(Stemming/Lemmatization), 코퍼스에서 토큰화 등의 작업이 텍스트 마이닝 기본 절차이다.
① 불필요한 단어나 조사 등을 제거하는 불용어 처리는 핵심 단계이다.
② 어간추출로 단어의 기본 형태를 얻는다.
③ 문장을 토큰 단위(단어·형태소)로 쪼개는 것은 일반적인 과정이다.

59
정답 | ③
해설 | XGBoost는 병렬 처리를 적극 활용하여 GBM보다 속도가 훨씬 빠른 것으로 알려져 있다.
① AdaBoost : '오류가 큰 샘플'에 가중치를 더 주어 학습기를 순차 학습한다. 약한 학습기의 오류 데이터에 가중을 준다는 점은 적절하다.
② GBM : 그래디언트 부스팅 방식으로, 탐욕적(Greedy)하게 오차를 줄여가는 방식이다.
③ LightGBM : 리프(leaf) 중심 분할로 속도가 더 빠르고 효율적으로 동작한다.

60
정답 | ③
해설 | 앙상블 기법은 여러 모델을 합쳐 정확도나 안정성을 높이려는 기법이지만, 무조건 항상 단순 모델보다 좋다는 보장은 없다. 과적합이 발생할 수도 있고, 데이터·모델 특성에 따라 성능이 나빠질 수도 있다. 다만 일반적으로 모델 다양성(예측 편차 보완)을 통해 성능 향상을 노리는 것이 보통이다. 오류가 분산되는 효과로 이상치나 노이즈 영향을 줄일 수 있다.
① 앙상블은 개별 모델 과적합을 줄이는 데 도움이 된다.
② 여러 모델 결합으로 이상치 영향이 감소한다.
④ 모델의 복잡도가 높아지므로 과적합 문제에 빠질 가능성이 높다.

4과목 빅데이터 결과해석

61
정답 | ①
해설 | 비모수검정은 모집단 분포에 대한 가정이 적어서 이상치 영향을 덜 받지만, 모수 검정보다 검정력이 높다고 단정할 수는 없다. 따라서 비모수검정이 모수 검정보다 검정력이 높기보다는 오히려 '검정력이 낮을 수' 있다.
②, ③, ④ 서열척도나 순위 · 부호에 기반하기 때문에 범주형 · 서열형 데이터에 유연하게 적용 가능하다는 설명은 적절하다.

62
정답 | ②
해설 | 혼동행렬에서 (가)는 True Positive(정확한 판단), (나)는 False Positive(1종 오류), (다)는 False Negative(2종 오류)에 해당한다.

63
정답 | ③
해설 | 혼동행렬 계산 시 정밀도(Precision)는 TP/(TP+FP)=48/50=0.96이다.
① 정확도(Accuracy) : (48+38)/100=0.86
② 재현율(Recall) : 48/60=0.8
④ 특이도(Specificity) : 38/40=0.95

64
정답 | ②
해설 | 재현율(Recall)은 실제 Positive 중 예측을 Positive로 맞힌 비율인 TP/(TP+FN)을 뜻한다. 따라서 '실제 Positive를 Positive로 예측한 비율'은 재현율이다.
① 정확도 : 전체 중 맞춘 비율이다.
③ 정밀도(Precision) : 예측을 Positive로 한 것 중 실제 Positive 비율이다.
④ 특이도 : 실제 Negative 중 Negative로 맞힌 비율이다.

65
정답 | ①
해설 | MPE(Mean Percentage Error)의 식이 문제에서 잘못 제시되었기 때문에 틀렸다고 본다. 다른 MSE, MAE, MAPE 공식은 일반적으로 알려진 형태가 적절하다.
② MSE : 오차제곱평균이다.
③ MAE : 절대오차평균이다.
④ MAPE : 실제값 대비 예측오차의 평균(%)이다.

66
정답 | ④
해설 | ROC 곡선(AUC)은 1에 가까울수록 모델의 성능이 좋은 것이고, 작을수록 나쁜 모델이다.
①, ②, ③ ROC는 FPR에 따른 TPR을 나타내며, 무작위 모델이라면 직선(대각) 근처에서 TPR=FPR이 된다.

67
정답 | ①
해설 | 학습 데이터 오류추정치가 검증 데이터 오류보다 훨씬 작다면 과적합 가능성이 높다. 교차검증은 과적합을 완화하는 대표 방법이며, 시계열 데이터에도 변형해서 적용할 수 있다.
② 시계열 데이터 전용 방식(시계열 분할)도 있으나 일반 데이터에도 사용 가능하다.
③ 교차검증은 과적합을 줄이는 데 도움이 된다.
④ 분할 · 반복으로 모델링하므로 시간이 늘어날 수 있다.

68
정답 | ②
해설 | K-fold 교차검증에서 데이터셋 분할은 꼭 행(가로) 단위로만 나누는 것이 아니라, 상황에 따라 무작위 · 층화 등을 적용한다. 따라서 '행으로만 나눈다'고 단정하는 것은 옳지 않다.
①, ③, ④ K-1개는 학습, 1개는 검증용으로 쓰고 이를 K번 반복하며, 각 파티션은 정확히 한 번씩 검증세트가 된다.

69
정답 | ①
해설 | 회귀분석 적합도 검정으로 자주 쓰이는 건 F검정, t검정, 카이제곱(범주형) 등이다. 자기상관성(Durbin-Watson 등)은 잔차가 독립인지 보는 테스트이며, 일반 '적합도 검정' 범주와는 구분된다.
② 카이제곱 검정은 범주형 적합도나 독립성 등에 사용 가능하다.
③ 샤피로-윌크는 잔차 정규성 검정에 사용된다.
④ 콜모고로프-스미르노프는 분포 적합도 검정이긴 하나 특정 목적에 사용된다.

70
정답 | ③
해설 | 분산분석표에서 F값=평균제곱(회귀)/평균제곱(오차) 등으로 구하고, 제곱합과 자유도에 따라 계산된다. 문제 제시 값에 따르면 (ㄷ)에 해당하는 F값 혹은 평균제곱 값이 7.5가 적절하지 않은 것으로 본다.

71
정답 | ②

해설 | 결측값 처리는 주로 제거(삭제), 대체(평균·중앙값 등), 예측모델 활용 등이 있고, 규제화(Regularization)나 매개변수 늘리기, 조기 종료, 드롭아웃 등은 과적합 방지나 딥러닝 안정화 기법에 가깝다. '매개변수를 늘린다'가 결측값 처리에는 적절하지 않다는 이유로 ②가 정답이다.
①, ③, ④ 규제화·조기 종료·드롭아웃은 과적합 제어와 네트워크 일반화에 활용되지만, 문제에서 결측값 처리와 간접 관련 있다고 봤을 수도 있다.

72
정답 | ③

해설 | 하이퍼파라미터의 특성을 정확히 이해해 보면 하이퍼파라미터는 컴퓨터가 자동으로 설정하는 것이 아니라, 사람이 직접 설정해야 하는 값이다.
학습률(learning rate), 배치 크기(batch size), 에포크 수(number of epochs), 은닉층의 수(number of hidden layers) 등의 하이퍼파라미터들은 모델 학습 전에 사용자가 직접 설정해야 하며, 학습 과정에서도 변하지 않고 고정된 값을 유지한다(문제 해석상). 따라서 '하이퍼파라미터는 컴퓨터가 자동으로 설정한다'는 설명은 잘못된 것이다. 반면, 파라미터는 모델이 학습 과정에서 자동으로 최적화하는 값들이다.

73
정답 | ②

해설 | 모멘텀(Momentum)은 관성 효과를 부여해 지역최소점에서 벗어나 글로벌 최적점을 찾도록 돕는다.
① 확률적 경사하강법(SGD) : 전미분이 아니라 미니배치·개별샘플 기반으로 확률적으로 업데이트한다.
③ 아다그라드(Adaptive gradient) : 이전 기울기 값 누적을 통해 축적한다.
④ 아담(Adam) : 학습률(알파)을 포함하여 모멘텀도 함께 고려한다. 적응형 학습율을 도입한다.

74
정답 | ②

해설 | 랜덤포레스트는 배깅(Bagging) 방식을 기반으로 하되, 추가적으로 무작위성을 더해 트리들을 생성한다. 반면 부스팅(Boosting)은 이전 트리의 오류를 개선해나가는 순차적 학습 방식을 말하며, 랜덤포레스트에는 부스팅이 결합되지 않는다.
① 보팅은 여러 모델이 낸 결과를 투표(다수결)로 결정한다.
③ 배깅은 부트스트랩 데이터를 활용해 다양성을 확보하고, 여러 약한 학습기를 독립적으로 학습한다.
④ 스태킹은 서로 다른 모델의 예측값을 2단계 모델(메타모델)에 입력하여 최종 예측을 수행한다.

75
정답 | ①

해설 | **데이터 시각화의 절차**
데이터 획득 → 구조화 → 모델 훈련 → 모델 성능 평가 → 시각화 모델 선택 → 시각화 표현 및 재정의

76
정답 | ③

해설 | 지역 면적이 아니라 당선 의원 수(비례값)에 따라 지도를 재구성하려면 격자카토그램(Grid Cartogram)을 주로 사용한다. 카토그램은 지리적 실제 면적 대신 특정 값(인구, 의원 수 등)에 따라 지도를 왜곡·재배열한다.
① 단계구분도는 지역별 수치값을 색 농도로 표현한다.
② 등치선도는 등고선처럼 같은 값 영역을 연결해 표시한다.
④ 픽토그램은 아이콘·그림 등을 단순 반복해 수량을 표현하는 시각화 방식이다.

77
정답 | ②

해설 | 매출을 픽토그램(소비재·상품 수 등 직관적 상징)으로, 수익을 버블 차트(비교적 크기 차이를 점의 면적으로 시각화)로 표현하는 것이 적절하다. 매출 지역 분포는 아이콘 등으로 간단히 표시하고, 수익은 버블 크기로 직관적 비교가 가능하다.
①, ③, ④ 카토그램, 산점도 등은 다른 목적·방식의 시각화이다.

78
정답 | ③

해설 | 산점도에서 2005년 출생 인구수가 2011년보다 더 높다는 데이터가 제시되었다. 그 외 연도별 비교나 추이 정보를 문제 설명상 ③이 적절하다고 판정한다.

79
정답 | ①

해설 | 지역별 코로나 발생률은 보통 지도형 인포그래픽이 직관적이고, 월별 추이는 시간축이 들어간 타임라인형 그래픽으로 표현하기 좋다.
②, ③, ④ 지도형 대신 도표형·스토리텔링형 등을 조합했을 때 문제에서 묻는 바와 일치하지 않는다.

80
정답 | ④

해설 | 분석 활용 계획은 이미 초반 기획 단계부터 세워야 하며, '분석 끝난 후 적용계획을 세운다'는 것은 적절하지 않다. 데이터 적용과 모델 성능 모니터링은 분석 과정에서 연계되어야 한다.
①, ②, ③ 이해관계자 협의, 결과물 성능평가·개선 방안, 목적별 적용 방안 변경 등은 분석 활용 계획에 포함될 수 있다.

CHAPTER 02 제7회 기출복원문제 정답 및 해설

01	02	03	04	05	06	07	08	09	10
④	②	②	①	④	①	④	③	③	④
11	12	13	14	15	16	17	18	19	20
④	④	①	④	②	②	④	③	③	③
21	22	23	24	25	26	27	28	29	30
①	②	②	①	②	④	④	①	④	①
31	32	33	34	35	36	37	38	39	40
④	③	④	④	③	③	②	①	③	④
41	42	43	44	45	46	47	48	49	50
④	④	④	④	④	④	④	①	④	④
51	52	53	54	55	56	57	58	59	60
③	③	①	②	②	④	②	②	③	③
61	62	63	64	65	66	67	68	69	70
②	④	③	①	③	①	①	①	④	②
71	72	73	74	75	76	77	78	79	80
③	①	③	③	③	④	④	③	②	①

1과목 빅데이터 분석 기획

01
정답 | ④
해설 | 빅데이터를 대표하는 주요 특징으로는 규모(Volume), 속도(Velocity), 다양성(Variety)이 흔히 언급된다(3V). '가치(Value)'도 때로는 추가되어 4V로 부르기도 하나, 핵심 특징 세 가지는 '규모, 속도, 다양성'이다. 규모는 데이터양이 방대함을, 속도는 데이터 생성·처리의 실시간성을, 다양성은 데이터 형태의 복잡성을 뜻한다. 이러한 특성들이 빅데이터 분석의 복잡성을 높이기도 한다.

02
정답 | ②
해설 | 데이터가 처리되는 동안 변경·손상 없이 유지되는 특성은 '데이터 무결성(integrity)'이다. 무결성은 전송·처리 과정에서 오류나 왜곡 없이 보전됨을 강조한다. 문제에서 묻는 '처리 중 변경·손상 없음'은 무결성에 대한 특성으로 가장 적절하다.
① 데이터 완전성 : 데이터 손실 없이 보존되는 개념, 정확성은 실제 값과 일치하는 정도를 말한다.
③ 데이터 정확성 : 참값과 얼마나 일치하는지를 의미한다.
④ 데이터 일관성 : 여러 시스템에서 동일함을 유지하는 것을 의미한다.

03
정답 | ②
해설 | 기업 분석 수준 진단의 한계는 보통 조직 규모, 분석에 사용 가능한 데이터, 그리고 IT인프라 상태 등의 제약과 직결된다. 분석기법 자체는 '수준 진단의 한계'라기보다는, 이미 확보된 기술 중 일부를 택해 적용 가능성을 평가하는 사항이다. 조직 규모가 작으면 분석 인력이 부족할 수 있고, IT인프라가 미흡하면 대규모 분석이 어렵다. 또한 데이터양이나 품질도 진단에 큰 영향을 준다. 분석기법은 여러 제한 요인 중 하나가 아니라, 오히려 다양한 기법 중 무엇을 활용할지 결정하는 단계에 속한다.
① 조직규모 : 크기·구조가 분석 한계를 만든다.
③ 분석 데이터 : 데이터 적합성·품질이 직접적 한계로 작용한다.
④ IT인프라 : 시스템·플랫폼 능력이 분석 범위를 결정한다.

04
정답 | ①

해설 | 데이터 사이언티스트의 소프트 스킬(Soft Skills)로는 커뮤니케이션, 스토리텔링, 창의적 문제해결, 협업능력 등이 있다. '통찰력 있는 분석'은 소프트 스킬 측면에서 중요한 역량이다. 전문지식이나 통계기법, 알고리즘 등은 하드 스킬 영역에 가깝다. 소프트 스킬은 사람과의 소통, 유연한 사고, 이해관계 조정 등 '비(非)기술적 역량'이다.
② 전문지식 : 보통 하드 스킬 범주이다.
③ 통계기법 : 수리ㆍ통계적 전문능력(하드 스킬)이다.
④ 알고리즘 : 기술 코딩ㆍ이론 관련 능력(하드 스킬)이다.

05
정답 | ④

해설 | 데이터 사이언스에서는 모델이 가진 한계점을 반드시 고려해야 한다. 현실적 제약이나 가정의 범위를 벗어나면 결과 해석에 무리가 생긴다. 분석 모델에 대한 한계점을 '배제하고' 진행한다면, 추후 예측 오류나 왜곡 위험이 커진다. 적합한 모델 선택(①), 가정의 한계 고려(②), 해석상의 한계 인정(③)은 모두 필수적이다.
① 적합한 모델 선정은 데이터 사이언스의 핵심 과정이다.
② 가정의 한계 고려는 분석에서 중요한 과정이다.
③ 해석의 한계 인정은 분석의 필수 단계이다.

06
정답 | ①

해설 | 데이터 분석에서는 배경지식이 많을수록 분석 대상에 대한 통찰력이 높아진다. 단순히 '객관성'을 위해 배경지식을 완전히 배제하면, 오히려 중요한 맥락을 놓칠 위험이 있다. 데이터 분석가는 전문 도구ㆍ기술을 다루고(②), 데이터로부터 통찰을 얻어내며(③), 결과를 명확히 전달(④)해야 한다. 현업 지식ㆍ도메인 배경이 없으면 분석 결과 해석이 어려워진다.

07
정답 | ④

해설 | HDFS(Hadoop Distributed File System)에서 Name Node(네임노드)는 메타데이터를 총괄 관리하는 중요한 노드다. 만약 네임노드가 장애로 인해 다운되면 전체 파일 시스템이 정상 작동하기 어렵다. HDFS는 보통 범용 하드웨어(Commodity Hardware) 위에서 동작하며, 블록 크기는 64MB~128MB 이상의 큰 단위가 일반적이다. '여러 데이터를 한 곳에 저장'은 가능하지만, 네임노드가 없으면 분산 구조가 무너진다.
① 여러 데이터를 한 곳에 저장 : 네임노드 존재하에 가능하지만, 해당 문항은 불충분한 설명이다.
② 블록당 10MB 이하 제한 : 실제로는 수십~수백 MB가 기본 설정이다.
③ 고성능 컴퓨터 사용 : 범용 하드웨어 지향이라 옳지 않다.

08
정답 | ③

해설 | 빅데이터 플랫폼 계층구조에서 플랫폼 계층은 데이터 처리(운영ㆍ분석 등)를 위한 환경을 제공한다. ③의 '데이터 계층 관리'는 오히려 인프라 계층이나 저장 계층의 영역으로 보는 것이 일반적이다. '플랫폼 계층은 데이터 계층 관리'보다는 데이터 처리를 위한 중간 레이어에 가깝다.
①, ②, ④ '소프트웨어 계층'은 앱ㆍ서비스 관점을, 인프라 계층은 물리적 자원(서버ㆍ네트워크 등) 기반을 의미한다.

09
정답 | ③

해설 | 데이터 관련 법률이지만, 빅데이터 분석과 직접 관련이 없다.
① 개인정보보호법은 데이터 보호 관련 법률이다.
② 정보통신망법은 정보보호 관련 법률이다.
④ 신용정보법은 신용정보 관리와 보호에 관한 법률이다.

10
정답 | ④

해설 | 데이터 마스킹(Data Masking)은 데이터 일부 또는 전부를 노이즈나 공백ㆍ특수문자로 대체하여 식별을 어렵게 만든다. 마스킹은 실제로 민감 정보를 바로 볼 수 없게 숨기는 효과가 있다.
① 가명처리 : 원본 식별자를 다른 값으로 치환하여(되돌릴 수도 있는 경우) 재식별 가능성을 낮추는 변환(가짜 식별자 사용)이다.
② 총계처리 : 데이터 전체 합계 등 집계 형태로 변환한다.
③ 데이터범주화 : 구간화ㆍ그룹핑하여 세분도를 낮춘다.

11
정답 | ④

해설 | 분석 기획 시, 우선순위 결정 요소에는 '중요도(Impact)', 'ROI(비용 대비 효과)', '분석 가능성(기술ㆍ데이터 보유 여부)' 등이 포함된다. '분석 데이터 적용 수준'은 실제 분석을 어떻게 운영에 적용할지의 문제이지만, 기획단계 우선순위 결정에 직접 포함되는 항목은 아니라는 게 출제 의도로 보인다. 즉 "어떤 프로젝트가 회사에 중요한지, 투자 대비 효과는 어떠한지, 당장 분석 가능한 리소스가 있는지" 등을 우선 본다. 분석 데이터를 어디까지 적용할지(적용 범위ㆍ단계)는 뒤이어 구체화되는 부분이다. 따라서 ④가 우선순위 고려 요소가 아닌 것으로 제시되었다.
① 중요도 : 프로젝트 가치 판단의 핵심이다.
② ROI : 투자 대비 산출이익, 우선순위 평가에 중요하다.
③ 분석 가능성 : 기술ㆍ데이터ㆍ인력 측면에서 반드시 확인한다.

12

정답 | ④

해설 | CRISP-DM 절차는 대표적인 데이터 마이닝 프로세스로, 일반적으로 '업무 이해 → 데이터 이해 → 데이터 준비 → 모델링 → 평가 → 전개' 순이다. ④는 '업무 이해-데이터 이해-전개-평가'라고 했지만, 실제 표기는 전개가 모델링 이후 단계이므로, 세부 순서상 (전개 ↔ 평가) 순서가 다르다. 출제 의도가 ④를 정답으로 한 것은, 나머지 보기가 더 어긋나기 때문이다. 실무에서는 평가 후 전개가 맞지만, 주어진 선택지 중 ④가 CRISP-DM의 큰 틀에 가장 근접하다고 처리한 것으로 보인다.

①, ②, ③ 데이터 이해와 업무 이해 순서가 바뀌거나, 평가·전개가 어긋나 있다. 실제론 '업무 이해 → 데이터 이해'가 먼저이며, '전개'는 맨 마지막 단계로 본다.

13

정답 | ①

해설 | 빅데이터 분석기획 단계는 보통 비즈니스 이해(목표 설정), 위험요인 계획, 실행계획 등을 포함하지만, 데이터 준비 자체는 본격 분석 단계에 가까워서 이후에 수행한다. 기획 단계에서는 '어떤 문제를 풀지, 어떤 데이터가 필요한지, 어떤 위험이 있는지' 정도를 구상한다. 데이터 준비는 EDA나 전처리, 품질점검 등 실제 작업 시작 시 진행된다. 위험요인 계획, 실행 및 계획, 비즈니스 이해는 기획 단계에서 논의될 수 있다.

② 위험요인 계획 : 기획 시 함께 고려된다.

③ 실행 및 계획 : 상세 실행 로드맵을 짜는 기획 업무 중 하나이다.

④ 비즈니스 이해 : 프로젝트 목표·의도를 설정하는 기획 단계 핵심이다.

14

정답 | ④

해설 | 동영상 파일, 오디오 파일, 문서 등은 구조가 복잡하고 포맷이 일정하지 않아 비정형 데이터로 분류된다. 판매가격 데이터와 같은 숫자형 정보는 보통 정형 데이터 형태로 관리된다. 정형 데이터는 행·열 구조로 쉽게 저장·검색된다. 비정형 데이터는 텍스트·영상·이미지·음성처럼 데이터베이스 테이블에 바로 들어가지 않는 경우가 많다.

① 동영상 파일 : 대표적 비정형 데이터이다.

② 오디오 파일 : 비정형 데이터이다.

③ 문서(텍스트) : 형식이 일정치 않으므로 비정형 데이터에 포함하기도 한다.

15

정답 | ②

해설 | 반정형 데이터는 대체로 스키마·메타정보를 어느 정도 담고 있지만, 완전히 테이블화되지 않은 형태이다(예 JSON, XML, HTML, RDF 등). RDB(Relational Database)는 엄격한 스키마가 있어 '정형 데이터'로 본다. 즉, RDB는 테이블 형태의 고정 스키마를 가진 정형 데이터이다. HTML, XML, RDF 등은 태그나 구조 정의가 있으나, 파일 내에서 유연하게 확장 가능하여 반정형 데이터로 분류한다.

① HTML : 반정형 데이터로 간주한다.

③ XML : 반정형 데이터의 대표 예시다.

④ RDF : 리소스 기술 프레임워크, 반정형 데이터에 해당한다.

16

정답 | ②

해설 | 랜덤 라운딩(Random Rounding)은 수치적 개인정보를 특정 기준에 따라 임의로 반올림·올림·내림 처리하여 정확값을 숨기는 기법이다. 원본값에서 일정 수준 오차를 더해 비식별화 효과를 낸다.

① 암호화 : 별도의 복호화 키로만 읽을 수 있는 형태로 바꾸는 암호 알고리즘을 사용하고 복호화 가능성이 존재한다.

③ 임의 잡음 추가(Noise) : 값 자체에 노이즈를 더해 변형하는 방식이다.

④ 식별자 삭제 : 이름·주민번호 등 직접 식별 정보를 제거하는 것이다.

17

정답 | ④

해설 | 업무규칙은 실제로 데이터 오류 검증에 자주 활용된다(예 '나이 > 150이면 오류' 등). 업무규칙을 통해 데이터 품질 진단 시, 해당 규칙에 어긋나는 항목을 '오류'로 간주하기도 한다. 따라서 ④가 옳지 않은 설명이다. 진단 대상 정의(①), 품질 진단 실시(②), 결과 분석(③)은 모두 정형 데이터 품질검증 순서에서 적절하다.

① 진단 대상 정의 : 품질 진단 범위·방향성을 설정한다.

② 품질 진단 실시 : 계획 후 영역별 진단을 수행한다.

③ 결과 분석 : 오류 원인·업무 영향도를 분석한 후 개선 과제를 도출한다.

18

정답 | ③

해설 | 데이터가 누적되면 최신성이 떨어져 '적시성(Timeliness)'이 훼손될 위험이 있다. 시간이 지난 데이터는 현재 상황을 반영하지 못할 수 있다. 일관성, 정확성, 완전성은 과거 자료도 잘 관리된다면 유지될 수 있지만, '시의성'은 계속 변하는 현상을 즉시 반영해야 충족된다. 따라서 오래된 데이터가 누적만 되고 갱신되지 않으면 적시성을 만족하기 어렵다.

① 일관성 : 데이터가 누적되어도 동일 상태가 유지되면 가능하다.

② 정확성 : 데이터가 누적되어도 실제 값과 잘 맞으면 가능하다.

④ 완전성 : 데이터가 누적되어도 누락되지 않고 보존되어 있으면 충족된다.

19
정답 | ③

해설 | MongoDB는 NoSQL 중 문서지향 DB로, 자동샤딩(Auto-Sharding)을 지원해 대규모 데이터 처리가 빠르다.
① Cassandra : 분산 DB로, 분산 환경에 강점이 있고 노드 확장성이 탁월하지만, 오토샤딩 방식과는 조금 다르다.
② Redis : 인메모리 구조로 초고속 처리를 하지만, 샤딩 구성은 수동 혹은 별도 방식으로 이루어진다.
④ CouchDB : 문서형 DB이지만, 오토샤딩 기능은 제한적이며 MongoDB만큼 보편화되지 않았다.

20
정답 | ③

해설 | 분석 마스터 플랜에서는 데이터 적용 범위, 실행 용이성, 업무 내재화 수준 등을 고려한다. '기술 적용 수준'은 물론 중요할 수 있지만, 보통은 '현재 이용 가능한 기술로 실현 가능한가?' 정도로 점검되며, '핵심 고려 항목'으로 크게 부각되지는 않는다. 문제에서 ③이 '옳지 않은 것'이라고 표기된 것은, 출제 의도상 '기술 적용 수준'을 별도의 큰 축으로 삼지 않는다는 뜻이다.
① 데이터 적용 수준 : 어떤 수준(파일, DB, 실시간 등)으로 사용할지 결정한다.
② 실행용이성 : 실행 가능성·난이도를 평가하며 실제로 어떤 자원과 역량이 필요한지를 고려하는 요건이다.
④ 업무 내재화 : 분석 결과를 사내 프로세스에 어떻게 융합할지와 관련된다.

2과목 빅데이터 탐색

21
정답 | ①

해설 | 전처리는 꼭 레거시 시스템에서만 해야 하는 것은 아니다. 다양한 툴(ETL, Python, Spark 등)을 활용하여 데이터 품질 개선 작업을 할 수 있다. 비정형 데이터도 텍스트 마이닝, 자연어처리 기법 등으로 정제하는 과정이 필요하다. 전처리 시에는 중복값 제거·결측치 처리·오류 수정 같은 작업을 수행한다.
② 비정형 데이터의 정제는 데이터 품질 향상에 중요하다.
③ 삭제·수정 진행은 전처리에서 흔히 일어난다.
④ 여러 데이터 소스를 합친 통합 정제 처리를 할 수 있다.

22
정답 | ②

해설 | 데이터 정제 시, 구분자가 포함되어 있다면 제대로 컬럼 파싱·분할이 안 될 수 있으므로 이를 처리해야 한다. 누락값을 임의로 채우거나, 모든 이상치를 무조건 제거하거나, 단일 포인트만으로 전체를 수정하는 건 적절하지 않다. 이상치는 원인·영향을 검토 제거·수정·대체 여부를 결정해야 한다. 단순 임의 대체는 데이터 왜곡을 일으킬 수 있다.
① 누락값 임의 대체 : 분석 결과의 왜곡 위험이 있다.
③ 모든 이상치 제거 : 불필요한 데이터 손실을 초래할 수 있다.
④ 단일 데이터로 전체 수정 : 극단적이고 부정확하다.

23
정답 | ②

해설 | 문제에서 제시된 요약(summary) 결과를 보면, age 변수와 health_ins 변수에 NA(결측)가 있다고 나온다. 'NA's : 10' 부분이 health_ins에 언급되어 있고, age에도 누락이 있다는 표시가 있는 것으로 보인다. wage 변수는 최소값 20.09, 최대값 318.34로 skew(왜도) 판단 여부는 별도 통계가 필요하다. ②의 'age 변수와 health_ins 변수가 결측'이 사실에 부합하며 결측 보유 사실이 표에 명시되어 있으므로 적절하다.
① health_ins는 Yes/No 범주형이다.
③ 단정하려면 왜도 계산이나 그래프 확인이 필요하다.
④ 이를 곧바로 이상값이라 단정할 수는 없다.

24
정답 | ①

해설 | 혈액형은 범주형(명목형) 데이터로, 결측값을 대체하려면 '가장 많이 나온 범주'를 활용하는 것이 일반적이다(최빈값). 중앙값·산술평균·기하평균은 모두 수치형 데이터에서 통계량으로 활용된다. 혈액형은 ABO식처럼 명목범주이므로 수치평균이 전혀 의미가 없다. 따라서 최빈값 대체가 자연스럽다. ①이 가장 적절한 결측 대체 방식이다.
② 기하평균 : 양의 실수 값 평균에 사용한다.
③ 중앙값 : 순서형(연속형) 변수에 적합하다.
④ 산술평균 : 연속형 수치 변수에 적합하다.

25
정답 | ②

해설 | 일변량(단일 변수) 이상치를 확인할 때, 대표적으로 사분위수·상자그림·표준편차 범위 등을 사용한다. 산포도(Scatter Plot)는 보통 2개 이상의 변수를 XY좌표에 찍어 분포·상관성을 확인할 때 사용한다. 따라서 1차원 데이터(일변량)에서 산포도는 적합한 도구가 아니다.
① 사분위 범위로 이상치를 판단할 수 있다.
③ 상자그림(Boxplot)은 유용한 시각적 도구이며, IQR 범위를 통해 이상치를 식별한다.
④ 3σ 기준 이상치는 통계적으로 흔히 쓰이는 규칙이며, 3표준편차 범위를 벗어나는 값도 이상치로 간주할 수 있다.

26
정답 | ④
해설 | 주어진 데이터(2, 3, 4, 5, 6, 7, 8, 9, 10, 50)에서 50은 상대적으로 다른 값과 크게 차이가 난다. 이는 이상치로 볼 가능성이 매우 높다.
① 왜도(쏠림 정도) 또한 50 때문에 오른쪽으로 치우친 형태일 것이다.
③ 좌측 방향 기울어짐 : 실제로는 오른쪽 꼬리가 길 수 있지만, 문제 의도대로 '좌측 방향이 틀렸다고 한 것인지 확정적으로 해석이 필요하다(문항표엔 '3번이 좌측'이라 했지만, 정답 키 포인트는 ④가 틀림).

27
정답 | ④
해설 | 계량적 수치(양적 자료)는 평균·표준편차 등을 구할 수 있는 수치형 변수를 말한다. 직장인 평균 업무시간, 기업 매출액, 학생의 몸무게 등은 전부 수치형 측정이 가능하다. 하지만 개인의 '견해/의견'은 수치로 측정하기 어려우므로 질적·명목형으로 분류된다.
① 평균 업무시간 : 숫자로 측정할 수 있다.
② 매출액 : 금액(수치)이다.
③ 학생의 몸무게 : 수치형 측정치이다.

28
정답 | ①
해설 | 변수 선택에서 '분산(Variance)이 기준치보다 높은 항목은 유지'가 일반적인 로직인데, 문제 지문은 "분산 변수 선택-분산이 기준치보다 높은 데이터 제거한다"라고 되어 있어 역설명을 하였다. 즉, ①은 원래 '분산이 낮으면 정보량이 적어 제거하는데, 문제에선 반대로 서술하였으므로 옳지 않다고 본 것이다. 변수 선택 시 분산이 거의 없는(즉 상수에 가까운) 변수는 제거 대상이 된다.
② 단일 변수 선택 : 단순 상관, 분류성능이 높은 특성만 선택한다.
③ 모델기반 변수 선택 : 랜덤포레스트 등에서 중요도가 높은 변수를 채택한다.
④ 반복적 변수 선택 : RFE 등 단계적으로 변수를 제거·선택하는 방식이다.

29
정답 | ④
해설 | 특이값 분해(SVD)는 임의의 M×N 행렬 A를 U, Σ(시그마), V^t로 분해하는 방법이다.
M×N 행렬이 정방행렬(M=M, N=M)일 수도 있지만 직사각형(M≠N)에도 적용 가능하다. ④의 'M×M 정방행렬이다'라는 표현은 SVD가 반드시 정방행렬이라는 잘못된 기술이다. SVD는 행렬 크기에 제한 없이 수행 가능하며, 스펙트럼 이론을 일반화한 기법이다.
① 행렬을 여러 특이값과 특이벡터로 분해하는 방법은 SVD의 개념이다.
③ A=U×Σ×V^t의 형태는 SVD 표준 형식이다.

30
정답 | ①
해설 | 파생변수를 만드는 것은 기존 컬럼(변수)들을 조합·연산·구간화해서 새로운 정보를 생성하는 작업이다. 컬럼 이름을 바꾸는 것은 단순한 '레이블 변경'이며, 새로운 변수를 '추가'하는 것은 아니다. 반면에 컬럼별 데이터 나누기(분할), 더하기(합산), 1대1 배치(매핑) 등은 실제로 새 변수를 만들거나 변환하는 기법이다.
② 컬럼별 데이터 나누기 : 두 컬럼 비율이나 차이를 새 변수로 만든다.
③ 컬럼별 데이터 더하기 : 합계를 새 변수로 생성 가능하다.
④ 컬럼 데이터 1대1 배치 : 조건별로 다른 컬럼으로 파생 가능하다.

31
정답 | ④
해설 | 상관계수는 -1~+1 범위인데, 공분산 행렬에서 X2, X3의 공분산(-2.001997)을 그대로 상관계수로 해석하면 절대값이 1을 넘어서는 것이 가능할 수 있다. 즉, 'X2, X3의 상관은 -2.001997이다'라고 단정하는 건 옳지 않다(상관계수로는 불가능한 범위).
① X1, X3가 상관계수 1이라고 한 것은 이 행렬에서 실제 값이 공분산(4.015487)임에도 문제에서 허용된 해석으로 처리했을 수 있다(출제 의도). X1의 분산(24.58)이나 X1, X2가 양의 공분산(14.458009)이므로 양의 상관이라 해석 가능하다.
② X1 분산=24.58은 표에 나오는 대각원소이다.
③ 공분산이 양수면, 양의 상관이다.

32
정답 | ③
해설 | • 두 변수 간 선형관계가 있지만 비교적 약한 양의 관계 : 상관계수가 0보다 크고 1보다 상당히 작은 값(예 0.20.3대)을 의미한다. 상관계수 1은 완벽한 양의 관계, 0은 무상관, -1은 완벽한 음의 관계를 뜻한다. 0.25 정도면 '약한 양의 상관'을 나타내기에 적절하다.
• 한 변수가 증가하면 다른 변수도 증가함 : 한 변수가 증가하면 다른 변수도 증가하지만, 꽤 약하며 대략 0.2~0.4 사이로 추정할 수 있다.
① 상관계수 1 : 완벽한 양의 상관이며 너무 강하다.
② 상관계수 0 : 상관관계가 없다.
④ 상관계수 -1 : 완벽한 음의 상관이다.

33
정답 | ④
해설 | 중심경향값은 데이터의 대표값으로 평균, 중앙값, 최빈값 등을 꼽는다. 표준편차는 데이터가 얼마나 퍼져 있는지(산포도)를 나타내는 값이다. 따라서 표준편차는 중심 위치를 나타내는 값이 아니다. 평균·중앙값·최빈값은 모두 중심값 성격을 가진다.
① 평균 : 대표값으로 쓰인다.

② 중앙값 : 순서상 가운데 값이다.
③ 최빈값 : 가장 자주 등장하는 값이다.

34
정답 | ④
해설 | 왜도(Skewness)는 분포가 왼쪽 또는 오른쪽으로 치우친 정도를 측정한다. 분포가 어느 방향으로 치우쳤는지 알려면 왜도가 0보다 큰지(오른쪽 꼬리)·작은지(왼쪽 꼬리)를 확인한다. 이 값이 0이면 좌우 대칭, 양수면 오른쪽으로 치우침, 음수면 왼쪽으로 치우침을 의미한다. 따라서 '왜곡된 쏠림' 판단은 왜도가 적합하다.
① 상관계수 : 두 변수 관계, 쏠림과 무관하다.
② 첨도(Kurtosis) : 분포의 뾰족·평평 정도이다.
③ 분산 : 데이터의 흩어진 정도로, 쏠림 측정과 다르다.

35
정답 | ③
해설 | 최빈값은 범주형이나 이산형에서 자주 나타나는 값의 파악에 유리하다. 연속형(예 실수) 자료에서 최빈값을 사용하려면 구간화하거나 히스토그램 빈(bin) 단위를 설정해야 해서 번거롭다. 평균·중앙값이 연속형 대표값으로 더 적절하다.
① 가장 자주 등장하는 값이며, 최빈값 정의이다.
② 범주형 자료일 때도 일종의 대표값이다.
④ 이상치가 있으면 평균은 크게 영향을 받지만 최빈값은 범주형이라면 거의 영향을 받지 않는 편이다. 하지만 드물게 편향이 생길 수 있긴 하다.

36
정답 | ③
해설 | 이산형 회귀분석이라면, 보통 종속변수가 0 또는 1, 혹은 이항(성공/실패)인 이항분포를 가정한다(로지스틱 회귀 등). F분포, z분포, 지수분포 등은 각각 분산분석, 연속형 확률분포, 신뢰구간/생존분석 등에 사용될 수 있다. 이항분포는 유한 횟수의 독립적 시도 중 성공 횟수에 대한 확률 모델이며, 이산형 종속변수(성공 횟수 등)에 자주 사용된다.
① F분포 : 분산분석(ANOVA)나 회귀 해석에서 사용된다.
② z분포 : 정규분포(평균 0, 표준편차1) 표준화에 사용된다.
④ 지수분포 : 연속형 확률분포(대기시간·생존분석 등)에 사용된다.

37
정답 | ②
해설 | Z-score(표준화 값)는 (관측값−평균)/표준편차로 구한다. 평균이 60, 표준편차가 10일 때, 70의 Z-score는 (70−60)/10=1이다. 즉 1 표준편차 위에 있다는 의미이다. Z-score가 0이면 평균과 같고, 양수면 평균 이상, 음수면 평균이하이다.
$$Z\text{-score} = \frac{70-60}{10} = 1$$

38
정답 | ①
해설 | 조건부확률 P(여성|180cm)
$$= \frac{P(180cm|여성)}{P(180cm)} = \frac{0.4 \times 0.025}{0.15 + 0.025} = 0.08$$

39
정답 | ③
해설 | 중심극한정리(CLT)는 표본 크기가 충분히 크면(일반적으로 n≥30) 모집단 분포가 정규가 아니어도 표본평균이 근사적 정규분포를 이룬다는 정리이다. 이 정리는 연속형뿐 아니라 이산형 분포에도 적용 가능하다. 표본 개수가 30개 이상이면 어느 정도 성립한다고 본다.
② n≥30은 통상적 기준이다.
④ 모집단이 정규분포일 필요도 없으며 모분포가 정규분포를 따를 필요는 없다.

40
정답 | ①
해설 | 귀무가설은 보통 '차이가 없다' 또는 '효과가 없다' 등의 주장을 담으며, 연구자는 이 귀무가설을 기각하려고 한다. 대립가설(연구가설)은 '증명하고 싶은 주장'이다. '증명하고 싶은 가설'은 실제로 대립가설 쪽에 가깝다.
① 유의성 검정은 통계적으로 의미가 있는지(유의미) 확인하는 절차를 말한다.
③ 양측검정 시 기각역이 양쪽 꼬리에 분산된다.

3과목 빅데이터 모델링

41
정답 | ④
해설 | 분류 모델은 종속변수가 범주형(등급·클래스)일 때 사용한다. 신용등급 예측은 '고위험/저위험' 혹은 1~10등급 등 범주를 분류하는 문제이므로 분류 모델 사례이다. 내신 점수로 수능점수를 예측(연속값), 날씨 등으로 빵 판매량 예측(수요 예측), 영화 정보로 이익 예측(금액)은 모두 '연속형' 예측(회귀) 문제이다. KNN, 의사결정나무, 로지스틱 회귀, 랜덤포레스트 등 분류 모델로 신용등급을 분류할 수 있다.
① 내신 점수로 수능점수 예측하는 것은 연속형 예측(회귀)이다.
② 빵 판매량을 예측하는 것은 연속형 수치 예측(회귀)이다.
③ 배우, 감독, 배급사, 투자비 정보로 이익을 예측하는 것은 금액(연속형) 회귀이다.

42
정답 | ③
해설 | 회귀와 분류는 예측 대상(종속변수)이 서로 다르므로 평가지표도 다르게 쓴다. 회귀는 MSE, MAE, RMSE, MAPE 등 연속형 예측 성능을 본다. 분류는 정확도(Accuracy), 정밀도(Precision), 재현율(Recall), F1-Score 등을 활용한다.

43
정답 | ③
해설 | 문항의 수식은 보통 Ridge(가중치 제곱합)와 Lasso(가중치 절대값 합)을 혼합한 형태다. 이것을 'Elastic Net(엘라스틱 넷)' 제약이라고 부른다. Ridge는 L2규제, Lasso는 L1규제, Elastic Net은 $\alpha*(L1)+(1-\alpha)*(L2)$ 식으로 되어 있다. 로지스틱 회귀는 이산형 종속변수를 위한 회귀이며, 여기서는 제약식 자체가 없다.
① 릿지 : L2규제만 들어간다.
② 라쏘 : L1규제만 들어간다.
④ 로지스틱 회귀 : 분류용 회귀모델로 제약 여부는 별개이다.

44
정답 | ③
해설 | 회귀분석에서 잔차의 자유도는 보통 n-p-1(표본수-추정 파라미터 개수-1)로 계산된다. ③은 '잔차 자유도는 (표본 크기-1)이다'라고 단언했는데, 다중회귀 등에서는 -p가 더 들어가므로 정확하지 않다. 잔차들의 평균이 0(①), 분산이 동일(등분산성 가정, ②), 잔차제곱합이 작을수록 모델 적합이 좋다(④) 등은 일반적인 가정 및 해석이다. 따라서 ③은 적절하지 않은 설명이며, 실제로는 모형에 포함된 파라미터 수만큼 자유도를 추가로 차감한다.

45
정답 | ③
해설 | 의사결정나무에서 정지규칙(Stop rule)은 더 이상 분류 개선이 크지 않거나, 리프 노드의 표본 수가 임계값 아래인 경우 등으로 설정한다. '가지에 남은 개수가 같으면 멈춘다'는 일반적인 정지규칙으로 쓰이지 않는다. 샘플 수가 같아도 분류 개선이 가능하면 더 분기할 수도 있다.
① 깊이가 너무 깊어지면 과적합 우려가 있어 일정 깊이에서 멈추기도 한다.
② '마지막 가지 끝에 남은 개수가 일정 이하'여도 분기 이득이 작아 멈춘다.
④ 더 이상 나눌 수 없는 경우 노드가 단일 클래스 등으로 종료된다.

46
정답 | ④
해설 | • 은닉층 첫 번째 노드(0.1)에 가중치 0.2(0.1×0.2=0.02), 두 번째 노드(-0.1)에 가중치 0.1(-0.1×0.1=-0.01)
• 합=0.02+(-0.01) + 바이어스(-0.1)=0.02-0.01-0.1=-0.09
출력함수 ReLU는 f(x)=x if x>=0, else 0이므로 -0.09는 0이 되어야 한다.

47
정답 | ①
해설 | 역전파 알고리즘은 출력층에서 시작해 은닉층 쪽으로 거꾸로 오차 기여도를 계산(편미분)하며 가중치·바이어스(편향)를 업데이트한다. 따라서 문제에서 (ㄱ)은 '편미분', (ㄴ)은 '학습률'이 적절하다.
• 학습률(learning rate) : 가중치 갱신 폭을 조절하여 학습이 너무 느리거나 폭주하지 않게 해준다.
• 적적분 : 역전파에서 사용하는 핵심 용어가 아니다(보통 편미분을 사용).
• 내적 : 순전파 계산 등에서 쓰이지만 역전파의 핵심은 편미분이다.

48
정답 | ③
해설 | 연관분석에서 '향상도(Lift)'는 'A 구매 시 B 구매 신뢰도/B의 단독 구매율'이다.
• 사과 → 우유 신뢰도 : (사과와 우유 함께 구매 횟수)/(사과 구매 횟수)
• 사과 구매 횟수 : 총 4번(데이터 1, 2, 3, 5), 그 중 우유 동반 구매는 3번(데이터 1, 2, 5) → 신뢰도=3/4=0.75
• 우유 전체 구매 : 데이터 1, 2, 4, 5로 4/5=0.8 → 지지도 0.8
• 향상도=0.75÷0.8=0.9375
• 신뢰도 P(우유|사과)= $\dfrac{\text{사과와 우유 함께 구매}}{\text{사과 구매}}$ = $\dfrac{3}{4}$ =0.75
• 지지도 P(우유)= $\dfrac{\text{우유 구매}}{\text{전체 거래}}$ = $\dfrac{4}{5}$ =0.8
• 향상도= $\dfrac{0.75}{0.8}$ =0.9375

49
정답 | ③
해설 | 계층적 군집분석(Hierarchical Clustering)은 '미리 군집 수(k)를 지정하지 않고' 데이터 특성에 따라 군집 간 계층구조를 만든다. 최종적으로 덴드로그램(나무구조) 등을 보고 적절한 군집 수를 결정하기도 한다. 즉 군집 수를 고정해둘 필요가 없다. 반면 K-평균, 가우시안혼합, 스펙트럼 군집 등은 보통 사전에 K나 군집 수를 명시해야 한다.
① 가우시안 혼합 : 군집 수(가우시안 개수) 지정이 필요하다.
② 스펙트럼 군집 : 보통 군집 수 k를 미리 알려준다.

④ k-평균 : 이름부터 k를 미리 정하는 알고리즘이라는 것을 알 수 있다.

50
정답 | ④
해설 | 비지도학습(unsupervised learning)은 종속변수가 없는 상황에서 패턴이나 군집을 찾는 모델이다. K-평균군집(k-means)은 대표적인 비지도학습 알고리즘이다. 나이브베이즈 분류기, 의사결정나무, k-최근접 이웃(K-NN) 등은 모두 지도학습(분류) 모델에 속한다. '종속변수가 없다'는 말은 분류/회귀로 풀 문제가 아니라는 의미이다.
① 나이브베이즈 : 지도학습(분류)이다.
② 의사결정나무 : 분류·회귀 모두 가능하나, 보통 지도학습에 쓰인다.
③ k-NN : 지도학습(분류/회귀)이다.

51
정답 | ③
해설 | 정준상관분석(Canonical Correlation Analysis)은 여러 독립변수(다변량)와 여러 종속변수(다변량) 간 선형관계를 동시에 살피는 방법이다. 집단 1개 또는 2개일 때만이라면 단순 상관·회귀 등이 있을 수 있다. '다변량 독립변수와 다변량 종속변수 상관'이 정준상관분석의 핵심 정의이다.
① 집단 1개 : 단변량 상관분석 수준이다.
② 집단 2개 : 단일 변수일 수도 있고, 그렇지 않을 수도 있다.
④ 암묵적 상관 : 보통 '탐색적'인 기법인 것은 부분적으로 맞지만, 정준상관분석은 조금 다른 관점이다.

52
정답 | ③
해설 | YOLO(You Only Look Once)는 객체 검출(Computer Vision) 분야 모델로, 언어 모델이 아니다. NLP 모델은 텍스트 생성·분석, YOLO는 이미지나 영상에서 물체를 실시간으로 탐지한다. 문항 의도는 YOLO가 CV 딥러닝 모델임을 짚는 것이다. GPT, BERT, BART 등은 자연어처리(NLP) 분야의 언어 모델(Transformer 계열)로 유명하다.
① GPT : 대표적 언어모델(Generative)이다.
② BERT : 양방향 Transformer 기반 언어모델이다.
④ BART : 인코더-디코더 기반 언어모델이다.

53
정답 | ①
해설 | Forget gate는 LSTM/RNN 구조의 한 부분으로, Transformer에는 없다. Transformer는 Self-Attention, Multi-head Attention, Positional Encoding 등을 핵심 구조로 삼는다. 또한 Transformer는 어텐션 기법으로 시퀀스상 의존관계를 파악한다. LSTM은 입력게이트, 출력게이트, 망각게이트(Forget gate)를 통해 장기 의존성을 유지한다.
② Self-Attention : Transformer의 핵심 메커니즘이다.
③ Multi-head attention : 병렬로 여러 헤드를 두어 다양한 패턴을 파악한다.
④ Positional Encoding : 순서 정보를 인코딩한다.

54
정답 | ②
해설 | 시퀀스-투-시퀀스 모델에서 디코더(Decoder)는 입력시퀀스를 받아(혹은 컨텍스트 벡터) 최종 출력 시퀀스로 변환한다. 인코더(Encoder)는 원본 입력을 단일 벡터(혹은 컨텍스트 벡터)로 요약·압축하는 역할이다. 실제로는 '인코더가 입력시퀀스를 벡터로 바꾸고, 디코더가 그 벡터를 출력시퀀스로 바꾼다'가 일반적이지만, 주어진 문제에서 ②를 정답이라고 한 것은 문제 속 지문 표기가 반대여서 그대로 수용한 것으로 출제의도를 분석했다. 즉, 출제 의도가 '디코더가 입력시퀀스 변환 → 인코더가 단일벡터 → 출력시퀀스'라고 했으므로 ②번이 맞다고 처리했다.
③, ④ 제너레이터/디제너레이터 : GAN 등에서 쓰는 용어로 여기선 적절하지 않다.

55
정답 | ②
해설 | 원-핫 인코딩(One-Hot Encoding)은 범주 각각에 대해 1과 0으로만 구성된 벡터를 부여하는 방식이다. 식은 "Red"=[1, 0, 0], "Green"=[0, 1, 0], "Blue"=[0, 0, 1]이다. 주어진 예시 중 "Red+Blue"=[1, 0, 1]은 두 범주를 모두 포함한다는 표현이다.
① 타겟 인코딩 : 목표변수(타겟)와의 관계를 고려한다.
③ 레이블 인코딩 : 카테고리를 1, 2, 3 등 숫자로 치환한다.
④ 빈도 인코딩 : 각 범주 빈도를 숫자로 매긴다.

56
정답 | ④
해설 | 소셜 미디어 데이터 분석에는 텍스트 마이닝(포스태깅, 감성분석 등), 네트워크 분석(관계구조), 워드클라우드(빈도 시각화) 등이 자주 쓰인다. 맵리듀스는 대규모 분산처리 프레임워크로, 직접적인 '소셜미디어 분석 기법'이라 하기엔 범용 분산기술에 가깝다. 물론 소셜 미디어 데이터를 크게 처리할 때 맵리듀스를 사용할 수도 있지만, 문제의 '직접적 분석방법'은 아니다.
① 텍스트 마이닝 : 자연어 처리로, 소셜미디어 게시글·댓글 분석에 쓰인다.
② 네트워크 분석 : 팔로우·친구 관계 구조 파악 등 소셜 그래프 구조 해석에 유용하다.
③ 워드클라우드 : 키워드 빈도 시각화 기법이다.

57
정답 | ②

해설 | 배깅(Bagging)은 여러 Bootstrap 샘플을 뽑아 각각 모델을 학습 후 결과를 평균·투표로 결합하는 앙상블 방법이다. 랜덤포레스트(Random Forest)는 결정트리를 배깅 방식으로 다수 결합하되, 무작위성(랜덤성)을 추가한 기법이다. 부스팅(Boosting)은 오차가 난 샘플에 더 가중을 두어 순차적으로 모델을 개선한다. AdaBoost, GradientBoost 등은 부스팅 계열이다. 따라서 '병렬화에 알맞은 배합'은 배깅-랜덤포레스트가 적절하다(부스팅은 순차적).
① 배깅-에이다부스트 : AdaBoost는 부스팅 계열이라 병렬이 아니라 순차적이다.
③ 부스트-랜덤포레스트 : 부스트와 RF는 서로 다른 앙상블 방식이다.
④ 부스트-그래디언트부스트 : 둘 다 부스팅 계열이며 중복이다(병렬보단 순차).

58
정답 | ②

해설 | 부스팅(Boosting)은 오분류된 샘플에 높은 가중치를 주어 다음 모델이 해당 샘플을 더 잘 맞추도록 학습하는 방법이다.
① 배깅 : 단순 복원추출로 여러 부분집합을 만든 뒤(샘플링) 병렬 학습한다(가중치 부여 없음).
③ 보팅 : 서로 다른 모델 결과를 다수결로 합치는 단순 결합법으로 모델 결과들을 투표로 종합한다.
④ 가지치기 : 결정트리 복잡도를 줄이는 과정이며 트리의 과적합 방지용 기법이다.

59
정답 | ③

해설 | 윌콕슨 부호검정(Wilcoxon Signed-Rank Test)은 두 집단(대응 표본 혹은 짝지은 표본)에 대해 비모수적 비교를 할 때 사용한다. 비모수이므로 정규분포 가정 없이 순위 등에 기반해 두 집단 차이를 본다. z검정, T검정은 정규성·등분산성 등 가정이 있는 모수검정이다. 카이제곱검정은 범주형 분포 적합성이나 독립성 검정에 쓰인다.
① z검정 : 정규분포, 분산 알려진 경우 등에 사용되는 모수검정이다.
② 카이제곱검정 : 범주형 자료 교차분석에 사용되는 적합도 검정이다.
④ T검정 : 평균 차이에 사용되는 모수검정(정규성 전제)이다.

60
정답 | ③

해설 | SOM(Self-Organizing Map, 자기조직화지도)은 고차원 데이터를 2차원 혹은 저차원 격자에 맵핑하여 시각적으로 이해하기 쉽게 만든다. 또한 SOM은 뉴런 기반 지도학습이다(비지도).
① 다차원척도법(MDS) : 차원 축소 기법이지만 SOM과 다르다.
② 로지스틱 회귀분석 : 분류용 지도학습 모델이다.
④ 인공신경망 : 지도학습(분류/회귀)에서 자주 쓴다.

4과목 빅데이터 결과해석

61
정답 | ②

해설 | • 주어진 혼동행렬 : TN=3, FP=2, FN=2, TP=3
• 민감도(Sensitivity) : $\dfrac{TP}{TP+FN}$
• 민감도(재현율, TPR)=TP/(TP+FN)=3/(3+2)=3/5=0.6
① 정분류율과 정확도는 다른 개념이다.
※ 특이도 : $\dfrac{TN}{TN+FP}$

62
정답 | ④

해설 | F1-Score는 분류 모델의 성능(Precision·Recall 조화평균) 지표이다. 전기 사용량처럼 연속형 값을 예측하는 회귀 문제에서는 주로 MSE, RMSE, MAE, MAPE 등을 사용한다. F1-Score는 예측값이 이산 범주일 때 적합하다. 따라서 전기 사용량 계산에서 F1-Score는 적절하지 않다.
① MSE : 회귀 모델의 대표 지표이다.
② RMSE : MSE의 제곱근, 회귀 지표이다.
③ MAPE : 실제 값 대비 예측 오차비율, 회귀에서 종종 사용한다.

63
정답 | ③

해설 | F1-Score=(2×Precision×Recall)/(Precision+Recall), Precision+Recall로 나누는 형태는 '조화평균' 개념을 반영한다. F1-Score는 Precision과 Recall 모두 높은지 판단하는 지표이다.

64
정답 | ①

해설 | 엘보우(Elbow) 메소드는 K-평균 군집에서 군집 수(K)를 정할 때 SSE(Within-Cluster Sum of Squares) 변화를 관찰하여 적절한 지점을 찾는다. K-평균에서 "최적 K"는 엘보우 포인트에서 결정하는 것이 보편적이다. 그래프상 SSE 감소폭이 급격히 줄어드는 지점이 Elbow point이다.
② ROC Curve : 분류 모델 성능 평가를 위한 TPR-FPR 그래프이다.

③ 오분류표(Confusion Matrix) : 분류 모델의 성능을 측정한다(Accuracy, Precision 등).
④ 특이도(Specificity) : 분류 성능 지표 중 하나이다.

65
정답 | ③
해설 | ROC 커브에서 X축은 1−특이도(FPR), Y축은 민감도(TPR)를 나타낸다.
① , ④ 머신러닝 모델 평가에 많이 쓰이며, AUC 면적이 클수록 성능이 좋다.
② 민감도와 특이도를 기준으로 임계값 변화에 따른 모델 성능을 평가한다.

66
정답 | ①
해설 | k-fold 교차검증은 데이터를 k등분하여, 그중 1개 분할은 검증용, 나머지는 학습용으로 사용한다. 즉, 학습 데이터는 k−1개 분할을 합친 것이며, 검증 데이터는 1개 분할이다.
③ 홀드아웃 방식보다 k-fold가 계산이 더 많아서 느릴 수 있다.
④ k를 2로 하는 것보다 5나 10으로 하면 보통 더 안정적 추정을 기대할 수 있다.

67
정답 | ①
해설 | 평가(Test) 데이터는 모델 성능을 검증하기 위해 '학습'에 사용하지 않는 것이 원칙이다. 만약 평가 데이터를 학습에 사용하면, 그 데이터에 과적합될 우려가 생긴다. 보통 전체 데이터를 학습/검증(혹은 학습/검증/테스트)으로 나누고, 학습에만 쓰인 데이터로 모델을 훈련한다. 그 후 평가 데이터(혹은 검증・테스트 세트)로 최종 성능을 확인한다.

68
정답 | ①
해설 | k-fold에서 k=10이면 전체 데이터를 10등분한다. 그중 1개(즉 10% 정도)가 검증(평가) 세트, 나머지 9개(90%)가 학습 세트로 쓰인다. 평가 데이터는 1개 분할(10%), 학습 데이터는 9개 분할(90%)이다.
② 평가 데이터 1개 : 각 fold별로 교차하므로 적절하다.
③ 1/10분할이므로 적절하다.

69
정답 | ④
해설 | 적합도 검정(Fitness Validation)은 카이제곱검정 등으로 범주형 자료가 특정 이론적 분포(이항・다항 등)를 따르는지 확인한다. 귀무가설이 기각되더라도 '기대도수 합'과 '전체도수의 합'은 당연히 동일하게 계산된다(분포 가정하에 도수총합은 같다). ④는 '귀무가설이 기각되면 기대도수 합≠전체도수 합'이라고 했는데, 기각여부와 기대도수 총합은 무관하므로 적절하지 않다.

70
정답 | ②
해설 | (가) 오른쪽 꼬리가 길거나 대칭이다.
(나) 실제로는 오른쪽 꼬리가 길면 좌측에 데이터가 몰린다(왜도 +).
(다) 로그 변환 등으로 치우친 분포를 완화할 수 있다.
문항 해설표에 따르면 (가・나・다)가 모두 맞다고 처리하여 ② "가, 나, 다"를 정답으로 하고 있다. 즉, 분포가 왜도 +라면 좌측으로 데이터가 몰려 있다고 볼 수 있고(오른쪽 꼬리가 긴), 로그 변환 시 정규화가 가능하다는 해석이다.

71
정답 | ③
해설 | 선형회귀가 과적합이면, 편향−분산 트레이드 오프(Bias-Variance Trade-off)를 확인하고 모델 복잡도나 정규화 기법 등을 조절해야 한다. 데이터 양을 줄이면 과적합이 더 심해질 수 있다. 모델 복잡성을 높이면 과적합이 악화될 확률이 크다.
① 데이터양을 줄이는 것은 과적합 위험을 증가시킬 가능성이 있다.
② 과적합 가능성이 커진다.
④ 훈련셋 SSE가 낮아도 과적합이면 검증셋 SSE는 커질 수 있다. SSE(잔차제곱합)만 구하는 것으로 과적합 여부 판단은 어렵다(학습 데이터에서는 SSE가 낮을수록 좋지만, 검증 데이터 SSE도 봐야 함).

72
정답 | ①
해설 | 과적합은 학습 데이터에 너무 지나치게 맞춰져, 실제(검증/테스트) 성능이 떨어지는 현상이다. 데이터 수를 늘리면 일반적으로 과적합이 완화되는 방향(모델이 더 일반화)으로 간다. 과소적합은 학습・검증 데이터 모두 성능이 낮아 모델이 충분히 학습하지 못한 상태이다.
④ 과적합이나 과소적합 모두 모델의 일반화 능력이 떨어진다.

73
정답 | ③
해설 | 과적합 상태는 학습 데이터 정확도가 매우 높지만, 평가 데이터(검증/테스트) 정확도는 많이 떨어지는 현상이 특징적이다. 학습 90%, 평가 70%는 과적합의 전형적인 패턴이다.
① 학습 70% vs 평가 70% : 과적합이라 보기 어렵다.
② 학습 70% vs 평가 90% : 오히려 이상적이지만 보통은 학습보다 평가 성능이 높기 어려워 역현상일 수 있다.
④ 둘 다 90%면 과적합이 아닐 수도 있다(좋은 일반화).

74
정답 | ③

해설 | 초매개변수(하이퍼파라미터)는 모델 구조나 학습률, 정규화 계수 등으로, 모델 학습 전에 설정해야 할 값이다. 모델을 정한 뒤(ᅟ예 랜덤포레스트, SVM 등)에 하이퍼파라미터들을 튜닝하는 것이 일반적이며, 모델 선택 '전' 데이터 차원 단계에서 고정하는 것은 이르다. 즉 먼저 어떤 모델을 쓸지(선택) → 그 모델의 하이퍼파라미터를 조절한다. 나머지 선지는 하이퍼파라미터와 관련해 흔히 알려진 사실들이다.
④ 적절한 튜닝 경험이 중요하다.

75
정답 | ④

해설 | 앙상블 기법은 서로 다른 또는 동일 알고리즘(하이퍼파라미터 다르게) 여러 개를 조합해 결과를 결합한다.
가. k=1, 5, 7인 KNN 여러 기법 결합 → 서로 다른 k값으로 모델 여러 개를 만들어 앙상블 가능하다.
나. 로지스틱 · 결정트리 · 나이브베이즈 혼합 → 서로 다른 모델 결합(보팅 등)이 가능하다.
다. 선형회귀 모델 여러 개 결합 → 이 또한 앙상블 형식(배깅, 보팅)으로 가능하다.

76
정답 | ④

해설 | 시공간 데이터는 시간축+공간축을 함께 다루는 자료로, 특정 지역(공간)에서 시간에 따른 기후 · 인구 변화 등을 동시에 기록한다. 공간 데이터는 위치적인 요소가 있으며, 시간적 측면(시계열)도 결합하면 시공간 분석이 가능하다. 하지만 공간좌표와 시간정보가 전혀 별개이므로, 순수 시간데이터에서 공간좌표가 나오진 않는다.
② 시간 변동(추세 · 계절성)+공간 변동(지역 간 차이)를 모두 분석하는 것은 시공간 데이터의 특징이다.

77
정답 | ④

해설 | 명목형 데이터는 범주 간 크기가 아닌, 카테고리 구분만 의미가 있다(ᅟ예 혈액형, 성별, 지역명 등). 이를 시각화할 때 막대그래프, 원형그래프, 파레토그래프 등을 쓸 수 있다. 히스토그램은 연속형 수치 데이터를 구간별(빈)로 나누어 빈도 분포를 보는 그래프다. 명목형에는 히스토그램이 적절하지 않다.
① 막대그래프 : 범주별 빈도를 표현한다.
② 원형그래프 : 범주 비율을 표현한다.
③ 파레토그래프 : 빈도를 내림차순 막대+누적선으로 표현한다.

78
정답 | ③

해설 | 시간시각화(time series visualization)는 선 그래프, 막대그래프, 영역그래프 등을 사용해 시간이 흐르면서 변하는 추세를 알기 쉽게 보여준다. 점 그래프(Scatter Plot)는 연속형 변수 간의 관계 · 분포를 볼 때 적합하지만, '시간 흐름'을 직관적으로 이해하는 데는 다소 불편할 수 있다.
① 시간 데이터는 보통 x축에 시간을 연속적으로 표시한다.
④ 시계열 예시로 주식가격 차트, 기상예보, 교통 데이터 등이 있다.

79
정답 | ②

해설 | 비교시각화는 서로 다른 항목이나 변수 간의 크기 · 빈도 · 비율 등을 한눈에 비교하기 위한 기법이다. 교통사고 사망자 수와 부상자 수 비교 등은 '범주 간 크기 비교'이므로 비교시각화에 해당한다.
① 시간에 따른 변화는 시계열 시각화에 해당한다.
③ 버블 차트 · 산점도는 주로 분산이나 상관관계를 파악하는 데 사용된다.
④ 여러 특징을 동시에 보는 시각화(ᅟ예 레이더차트 등)에 속한다.

80
정답 | ①

해설 | 레이더차트(Radar Chart)는 여러 측정항목(연비, 출력, 안전도, 가격 등)을 '방사형' 축에 표시하여 한눈에 종합적으로 비교하기 적합하다. 자동차별 스펙(다차원)을 시각적으로 겹쳐 볼 수 있어서 특징 차이를 파악하기 쉽다. 자동차 모델별 여러 항목을 동시에 시각화하려면 레이더 차트가 적절하다.
② 산점도 행렬 : 변수 2개씩 짝지어 상관성을 확인한다.
③ 버블 차트 : 세 번째 변수값을 버블 크기(2D 평면에 점 크기)로 표현한다(주로 분포 · 상관 시각화).
④ 히스토그램 : 단일 연속형 변수 분포를 파악하는 데 사용된다.

CHAPTER 03 제6회 기출복원문제 정답 및 해설

01	02	03	04	05	06	07	08	09	10
④	④	②	④	④	④	③	④	④	①
11	12	13	14	15	16	17	18	19	20
④	②	②	②	③	③	②	④	②	④
21	22	23	24	25	26	27	28	29	30
③	①	②	③	①	①	③	④	③	②
31	32	33	34	35	36	37	38	39	40
③	④	②	①	②	③	①	④	③	③
41	42	43	44	45	46	47	48	49	50
②	④	①	①	①	②	④	④	④	②
51	52	53	54	55	56	57	58	59	60
③	②	③	④	③	①	③	②	③	①
61	62	63	64	65	66	67	68	69	70
④	①	④	②	③	③	④	①	④	④
71	72	73	74	75	76	77	78	79	80
④	④	③	④	③	④	①	①	①	④

1과목 빅데이터 분석 기획

01
정답 | ④
해설 | 빅데이터의 대표적인 특징 중 '정형 · 반정형 · 비정형 데이터'의 다양한 형태를 아우르는 특성은 '다양성(Variety)'이다. '규모(Volume)'는 데이터양이 매우 많음을, '속도(Velocity)'는 실시간 또는 빠른 처리 속도를, '가치(Value)'는 데이터 활용에서 얻는 경제 · 비즈니스적 가치를 의미한다. 문제에서 '정형 · 반정형 · 비정형 구분'은 데이터의 형태가 다양하다는 점을 강조한다. 다양성은 단일 구조로 처리하기 어려울 만큼 여러 형태의 데이터가 존재한다는 뜻이다.
① 규모 : 데이터양(Volume)에 해당한다.
② 속도 : 생성 · 처리 속도(Velocity)에 해당한다.
③ 가치 : 데이터 활용을 통한 Value 측면이다.

02
정답 | ④
해설 | 빅데이터의 위기 요인으로 흔히 꼽히는 것은 사생활 침해, 데이터 오류, 책임원칙 훼손 등이다. 인간관계 가능성(인간과 인간의 관계 가능성)은 빅데이터 활용의 '위기'가 아니라 오히려 다양한 협업 · 소통 측면일 수 있다.
① 사생활 침해(프라이버시 문제)는 빅데이터 윤리에서 가장 대표적인 위험 요소이다.
② 데이터 오류는 부정확한 결과로 이어질 수 있고, 분석 결과의 신뢰도를 저하시킬 수 있다.
③ 책임원칙이 모호하면 데이터 활용 과정의 윤리 문제가 생긴다. 책임원칙을 훼손하는 경우 빅데이터 윤리와 규범이 붕괴될 수 있다.

03
정답 | ②
해설 | '집중구조'는 중앙에 별도 분석조직(센터)이 존재하고, 협업조직(현업 부서)과 함께 일한다. 이때 업무 간 중복 가능성이 종종 발생한다(분석조직 vs 현업조직 간 역할이 겹칠 수 있음). ②는 '협업조직과 업무 중복 가능성이 없다'고 했으나, 실제로는 중복 가능성이 있다. 기능형 조직은 전사적 핵심업무까지 포함하지 못할 수도 있고, 분산구조는 현업부서에 인력을 배치하여 신속 협업을 도모한다.
① 기능형 : 전사적 핵심 업무를 놓치거나 제한될 수 있다.
③ 분산구조 : 현업에 배치되어 빠른 협업이 가능하다.
④ 기능형 : 별도 분석조직 자체가 없는 형태이다.

04

정답 | ④

해설 | 분석 수준 진단에서 '확산형'은 모든 분석 요소를 충분히 갖추고, 전사적으로 확산 가능한 단계이다.
① 준비형 : 데이터 분석에 대한 준비도·성숙도가 모두 낮은 단계이다.
② 정착형 : 일정 수준 자원·분석체계를 갖추었지만 완전히 성숙하진 않은 상태이다. 상대적 효율성이 있지만 전부 낮지는 않다(문항의 설명이 어색함).
③ 도입형 : 기반은 어느정도 있으나 조직역량이 부족해 본격 적용이 더 필요한 단계로 본다.

05

정답 | ④

해설 | 데이터 거버넌스는 원칙(Policy), 조직(Organization), 프로세스(Process) 등을 정의해 데이터 관리 체계를 운영한다. IT 인프라는 보통 물리·기술적 인프라로, 거버넌스 구성요소(의사결정·정책·조직·프로세스) 그 자체에 포함되진 않는다. IT 인프라는 데이터 거버넌스 운영에 활용되는 기반이지만, 거버넌스 구성요소로 직접 열거되진 않는다.
① 원칙 : 데이터 운영의 기본 기준이며 거버넌스의 기본 방침이다.
② 조직 : 거버넌스 수행 주체·구조이다.
③ 프로세스 : 운영 절차·메커니즘이다.

06

정답 | ④

해설 | 분석준비도(Readiness)의 진단영역에는 분석업무, 인력 및 조직, 분석데이터, 분석문화, IT 인프라 등이 포함된다. '분석결과 활용'은 분석준비도의 진단영역에 직접 포함되지 않으며 이는 오히려 분석 성숙도 모델에서 다루어지는 요소에 가깝다.
① 분석인력 : 분석 전문가 직무 존재, 교육훈련 프로그램 등을 평가한다.
② 분석업무 : 현재 조직에서 수행되는 분석업무의 유형과 수준을 파악한다.
③ 분석기법 : 업무별 적합한 분석기법 사용, 분석기법 라이브러리 등을 평가한다.

07

정답 | ③

해설 | 데이터 사이언스는 의학, 공학 등 다양한 분야 연구분야에서 적용된다. 데이터 사이언스는 여러 학문 분야를 결합하여 대규모 데이터 세트에서 지식과 인사이트를 추출하는 융합 과학이다. 의료, 금융, 소매, 기술 등 광범위한 산업에서 데이터 사이언스 응용 프로그램을 찾아볼 수 있다.
① 데이터 사이언스는 오히려 빅데이터의 급격한 증가와 관련이 있다. 데이터의 양이 기하급수적으로 증가하고 있어 데이터 사이언스의 필요성이 빠르게 증가하고 있다.
② 데이터 사이언스에서는 상관관계와 인과관계를 모두 중요하게 다룬다. 상관관계만으로는 인과관계를 확립할 수 없으며, 인과관계를 확립하기 위해서는 더 철저한 실험적 또는 관찰적 방법이 필요하다.
④ 데이터 사이언스는 단순히 많은 데이터를 모으고 프로그래밍하는 것 이상이다. 데이터 사이언스는 통계학, 수학, 컴퓨터 과학, 도메인 지식 등을 결합하여 데이터를 분석하고 의미 있는 인사이트를 도출하는 복잡한 과정이다.

08

정답 | ④

해설 | 데이터 웨어하우스(DW)나 데이터 마트에서는 주로 DW용 DB ↔ 운영 DB 간에 데이터를 옮기는 DB-to-DB 방식으로 수집·적재한다. 물론 웨어하우스 초기 적재에 FTP 등을 활용할 수 있지만, 문제에서 '주로 쓰인다'고 했을 때는 DB to DB 연계가 핵심이다. 대용량, 배치성 전송으로 DW에 넣을 때 DB-to-DB 이관이 일반적이다.
① FTP(File Transfer Protocol) : 파일 전송에 사용되는 프로토콜이지만, 데이터 웨어하우스나 데이터 마트의 주요 데이터 수집 방법으로는 일반적으로 사용되지 않는다.
② HTTP(Hypertext Transfer Protocol) : 웹 기반 데이터 전송에 사용되는 프로토콜이다. 데이터 웨어하우스나 데이터 마트의 주요 데이터 수집 방법으로는 적합하지 않다.
③ Open API : 웹기반 JSON/XML 형태로 자료를 주고받는 방식이다. 외부 데이터 소스에서 데이터를 가져오는 데 사용될 수 있지만, 데이터 웨어하우스와 데이터 마트 간의 주요 데이터 수집 방법으로는 일반적으로 사용되지 않는다.

09

정답 | ②

해설 | 맵리듀스의 필터 중 데이터와 연결하여 분석하는 패턴은 조인패턴이다. 조인패턴은 서로 다른 데이터 세트를 결합하여 분석하는 데 사용된다. 이 패턴은 관계형 데이터베이스의 조인 연산과 유사한 기능을 수행하며, 빅데이터 환경에서 여러 소스의 데이터를 통합하고 분석하는 데 중요한 역할을 한다.
① 요약패턴 : 데이터를 집계하거나 통계를 계산하는 데 사용되는 패턴이다. 하지만 이는 데이터 연결과는 직접적인 관련이 없다.
③ 디자인패턴 : 맵리듀스의 특정 패턴을 지칭하는 것이 아니라, 소프트웨어 설계에서 자주 발생하는 문제에 대한 일반적인 해결책을 의미한다.
④ 필터패턴 : 특정 조건에 맞는 데이터만을 선택하는 데 사용되는 패턴이다. 검색 결과에 따르면, '특정 사용자가 생성한 레코드를 찾는 것처럼 데이터의 서브셋을 찾는다'고 설명되어 있지만 이는 데이터 연결과는 직접적인 관련이 없다.

10
정답 | ①

해설 | 분산 파일 시스템(DFS ; Distributed File System)의 주요 특징은 대용량 분산 처리가 가능하다는 것이다. DFS는 여러 네트워크 노드에 걸쳐 파일을 저장하고 관리하는 시스템으로, 대규모 데이터를 효과적으로 처리할 수 있다.
② 분산 파일 시스템이 반드시 다수의 마이크로프로세서로 구성되어야 하는 것은 아니다. DFS는 네트워크로 연결된 여러 서버나 노드를 사용하지만, 이는 마이크로프로세서의 구성과는 직접적인 관련이 없다.
③ 다중 프로세서를 통한 작업은 분산 컴퓨팅의 특징일 수 있지만, 분산 파일 시스템의 핵심 특징은 아니다. DFS는 주로 데이터의 분산 저장과 접근에 초점을 맞추고 있다.
④ 분산 파일 시스템은 분산 데이터베이스를 통해 수집되는 것이 아니다. DFS는 파일을 여러 노드에 분산 저장하고 관리하는 시스템이며, 데이터베이스와는 다른 개념이다.

11
정답 | ④

해설 | 딥러닝은 머신러닝의 일부이며, 머신러닝이 딥러닝의 일부가 아니다. 딥러닝은 머신러닝의 한 분야로, 인공 신경망을 사용하여 데이터로부터 학습하는 방법이다. 딥러닝은 머신러닝의 더 발전된 형태로 볼 수 있다.
① 머신러닝의 대표적인 학습 방법에는 지도학습, 비지도학습, 강화학습이 포함된다.
② 머신러닝은 주어진 데이터의 패턴을 학습하고 이를 바탕으로 새로운 데이터에 대해 예측이나 결정을 내리는 것이다.
③ 딥러닝은 머신러닝의 발전된 형태로, 더 복잡한 패턴을 학습할 수 있는 다층 신경망을 사용한다.

12
정답 | ②

해설 | 데이터 분석에서 개선사항 도출은 '분석 목표 수립' 이후, 본격적인 분석 과정 중·후반에 나타난다.
① 도메인 이슈 : 기획 초기의 문제 정의 단계이다.
③ 프로젝트 계획 : 프로젝트 전반 일정·자원·범위를 결정하는 전반적 관리 단계이다.
④ 모델 개발 : 실제 모델링하거나 구현하는 분석 후반부 작업이다.

13
정답 | ②

해설 | 공공데이터나 외부 데이터 사용 시, 다양한 출처에서 원하는 정보를 선택할 수 있어 데이터의 '선택 폭이 넓어진다.'
① 소유권은 보통 해당 공공기관·외부기관에 있고, 기업이 이를 단순 활용하는 것이다.
③ 보안이 내부 데이터보다 무조건 좋다고 단정하기 어렵다.
④ 비용도 상황에 따라 다르며 반드시 저렴하다고 할 수 없다.

14
정답 | ②

해설 | 데이터 전처리는 보통 '데이터 준비' 단계에서 이루어지며, 결측치·이상치·정규화 등의 처리를 수행한다.
① 분석 기획 : 문제 정의·요건을 정리한다.
③ 데이터 분석(모델링) : 전처리 후에 진행한다.
④ 시스템 구현 : 모델링 결과를 실제 시스템이나 서비스에 반영하는 단계로, 분석 결과를 운영에 반영한다.

15
정답 | ③

해설 | 분석마스터 플랜은 중장기적인 로드맵(분산로드맵)으로, 장기 관점에서 분석 과제를 순차적으로 추진하는 전략이다.
① 분석마스터 플랜은 단기 과제성 계획뿐만 아니라 중장기적 계획도 포함한다. '단기 과제성 계획은 오히려 작은 POC나 파일럿에 가깝다.
② '모든 과정을 반복 수행한다'는 표현도 주된 특징이 아니다. 모든 과정을 반복 수행하는 것은 아니며, 필요에 따라 특정 단계를 반복할 수 있다.
④ '좁은 범위 특정 주제에 대한 빠른 문제 해결'은 애자일(Agile) 방식의 작은 스프린트나 샌드박스 성격에 가까우며, 분석마스터 플랜과는 다른 개념이다.

16
정답 | ③

해설 | ETL은 Extract, Transform, Load의 약자로, 데이터를 추출 → 변환 → 적재하는 일련의 프로세스 기술이다. ETL을 통해 운영 DB 등에서 데이터를 추출 → 변환 후 DW나 Mart 등으로 로딩한다.
① DW(Data Warehouse) : 대규모 데이터 저장소이며, 추출과 저장 기술 자체는 아니다.
② Data Mart : 특정 부서나 기능을 위한 소규모 데이터 웨어하우스이다.
④ ODS(Operational Data Store) : 운영 데이터 저장소로, 추출과 저장 기술이 아니다.

17
정답 | ②

해설 | 탐색적 데이터 분석(EDA)은 데이터의 구조를 가정하지 않는다. EDA는 데이터의 특성을 파악하고 숨겨진 패턴을 발견하기 위해 데이터를 다양한 방식으로 탐색하는 과정이다. 따라서 미리 데이터 구조를 가정하는 것은 EDA의 본질에 맞지 않는다.
① EDA는 주로 시각화 툴을 사용하여 수행된다.
③ 주성분 분석(PCA)은 EDA의 한 기법으로 사용될 수 있다.

④ EDA는 분석 모델을 만들기 위한 중요한 사전 과정이다.

18
정답 | ④

해설 | 노이즈를 제거하는 방법으로 가장 적절한 것은 평활화(Smoothing)이다. 평활화는 데이터의 불규칙한 변동을 줄이고 전체적인 패턴을 파악하기 쉽게 만드는 기법으로, 이동평균이나 지수평활법 등의 방법을 사용한다.
① 일반화(Generalization) : 데이터를 더 높은 개념 수준으로 변환하는 기법이다.
② 정규화(Normalization) : 데이터의 스케일을 조정하는 기법이다.
③ 표준화(Standardization) : 데이터를 평균 0, 표준편차 1로 변환하는 기법이다.

19
정답 | ②

해설 | 데이터 축소는 노이즈 제거를 위해 정규화하는 것이 아니다. 데이터 축소는 데이터의 양을 줄이면서도 원래 데이터의 무결성을 유지하는 기법으로, 차원 축소나 데이터 압축 등의 방법을 사용한다.
① 데이터 변환 : 정규화 등을 통해 분석이 편리하도록 데이터를 변형하는 과정이다.
③ 데이터 통합 : 여러 소스의 데이터를 하나로 합치는 과정이다.
④ 데이터 정제 : 결측치, 노이즈, 이상값 등을 처리하여 데이터의 품질을 높이는 과정이다.

20
정답 | ④

해설 | 네트워크를 통해 호스트에 있는 데이터에 접근할 수 있는 파일 시스템은 분산 파일 시스템이다. 분산 파일 시스템은 네트워크로 연결된 여러 컴퓨터의 저장 공간을 하나의 파일 시스템으로 사용할 수 있게 해 주는 기술이다.
① 네트워크 데이터베이스는 네트워크 모델을 사용하는 데이터베이스 시스템이다.
② 파일 전송 프로토콜(FTP)은 파일 전송을 위한 프로토콜이지 파일 시스템은 아니다.
③ 공유 데이터베이스는 여러 사용자가 동시에 접근할 수 있는 데이터베이스를 의미한다.

2과목 빅데이터 탐색

21
정답 | ③

해설 | 비정형 데이터는 일반적으로 NoSQL 데이터베이스를 사용하여 저장하고 처리한다. NoSQL은 유연한 스키마를 가지고 있어 구조화되지 않은 대량의 데이터를 효과적으로 다룰 수 있다.
① 비정형 데이터는 주로 데이터 레이크에 저장된다. 데이터 웨어하우스는 주로 정형 데이터를 다룬다.
② 비정형 데이터는 주로 API, 웹 크롤링 등의 방법으로 수집되며, DB to DB는 주로 정형 데이터 수집에 사용된다.
④ 비정형 데이터는 미리 정의된 데이터 스키마를 따르지 않는다.

22
정답 | ①

해설 | 다중대치법(Multiple Imputation)은 결측값을 여러 개의 값으로 대체하여 불확실성을 반영하는 방법이다. 따라서 '통계적인 방법을 이용한다'는 설명은 모호하고 부적절하다. '결측값을 여러 번 복원하여 여러 개의 완성된 데이터셋을 만들어 분석한다.'로 바뀌어야 한다.
② 평균대치법 : 결측값을 해당 변수의 관측된 값들의 평균으로 대체하는 방법이다.
③ 회귀대치법 : 다른 변수들을 이용하여 회귀분석을 실시한 후, 그 회귀식으로부터 얻은 예측값으로 결측값을 대체하는 방법이다.
④ 완전삭제법(listwise deletion) : 결측값이 있는 관측치(행) 전체를 분석에서 제외하는 방법이다.

23
정답 | ②

해설 | 이상값을 삭제하면 데이터의 수가 줄어들어 분산이 커지고, 데이터의 대표성이 떨어져 편향이 발생할 확률이 낮아진다.
① 평균값 대치는 이상값의 영향을 받아 신뢰성이 저하될 수 있다.
③ 단순대치법과 다중대치법은 이상값 처리에도 사용될 수 있다.
④ 이상값은 분석 결과에 큰 영향을 미칠 수 있으므로 무시해서는 안 된다.

24
정답 | ③

해설 | 데이터를 사용하기 쉽게 변환하는 것은 데이터 정제가 아니라 데이터 전처리의 일부이다. 데이터 정제는 주로 데이터의 품질을 개선하는 과정을 말한다.
①, ②, ④ 이상치 제거, 노이즈 교정, 결측값 대체는 모두 데이터 정제의 일부이다.

25
정답 | ①

해설 | 측정오류는 이상값 발견 방법이 아니라 이상값의 발생 원인 중 하나이다. 이상값 발견 방법에는 통계적 방법, 시각화 방법, 기계학습 기반 방법 등이 있다.

②, ③, ④ 표본오류, 처리오류, 보고오류는 모두 이상값을 발견할 수 있는 방법이다.

26
정답 | ①
해설 | 제시된 그래프는 박스플롯(상자 그림)이다. 박스플롯은 데이터의 분포와 이상값을 시각적으로 표현하는 그래프로, 중앙값, 사분위수, 최소값, 최대값, 이상값 등을 한눈에 볼 수 있다.

27
정답 | ③
해설 | 사분위수 범위(IQR)는 이상값을 탐지하는 데 사용되는 통계적 방법이다. IQR을 이용하면 데이터의 분포를 고려하여 이상값을 식별할 수 있다.
① 릿지회귀는 다중공선성 문제를 해결하기 위한 정규화 기법이다.
② AIC는 모델 선택을 위한 지표이다.
④ 라쏘회귀도 정규화 기법의 일종으로, 변수 선택에 사용된다.

28
정답 | ④
해설 | 결측치를 주변 값으로 채우는 것은 결측치 처리 방법 중 하나이며, 파생변수 생성과는 관련이 없다.

29
정답 | ③
해설 | 최소-최대 정규화 공식은 (x−min)/(max−min)이다. 여기서 새 학습의 상한값은 60, 70, 80이므로, 이를 정규화하면 (60−60)/(80−60)=0, (70−60)/(80−60)=0.5, (80−60)/(80−60)=1이 된다. 이 값들의 합은 0+0.5+1=1.5이다.

30
정답 | ②
해설 | 성인의 혈액형은 A, B, O, AB 등으로 구분되는 범주형 변수이다. 연속형 변수는 키, 책 두께, 실내온도와 같이 연속적인 값을 가질 수 있는 변수를 말한다.

31
정답 | ③
해설 | 무게 균형(Weight Balancing)은 클래스 불균형 문제를 해결하는 방법 중 하나이다. 따라서 '무게 균형으로는 해결 불가하다'는 설명은 옳지 않다.

32
정답 | ④
해설 | 인과관계분석은 독립변수와 종속변수 간의 인과관계를 분석하는 것이다. 이는 단순한 상관관계를 넘어 변수 간의 원인과 결과 관계를 파악하는 것을 목적으로 한다.

① 상관성 확인은 상관관계 분석에 해당한다.
② 인과관계분석은 해석을 포함한다.
③ 이상값과 과대적합은 인과관계분석의 주요 목적이 아니다.

33
정답 | ②
해설 | 범주형 변수를 더미변수로 변환할 때, k개의 범주가 있다면 (k−1)개의 더미변수가 필요하다. 여기서는 각 변수당 3개의 범주이므로 2개의 더미변수가 필요하다.
• 독립변수 : 12개
• 각 변수당 더미변수 : (3−1)=2개
• 총 더미변수 : 12×2=24개
• 절편항 : 1개
• 최종 회귀모수 : 24+1=25개
따라서 총 회귀모수는 25개이다.

34
정답 | ①
해설 | 주어진 시계열 분포도에서 A−B, B−C로 나누어 분석하면 각 구간의 특성과 변화를 파악할 수 있어, 의미 있는 해석이 가능하다.
② B−C 구간은 양의 관계를 보인다.
③ A−B 구간의 기울기가 B−C 구간보다 크다.
④ 산포도에 대한 정보는 그래프만으로는 판단하기 어렵다.

35
정답 | ①
해설 | 사분위수 범위(IQR)는 Q3−Q1이다. 사분위수 자체는 Q1, Q2(중앙값), Q3를 의미한다.

36
정답 | ③
해설 | 첨도는 분포의 뾰족한 정도를 나타내는 통계량으로, 그래프 중앙의 뾰족한 정도를 의미한다. 양쪽의 뾰족한 정도를 나타내는 것이 아니다.

37
정답 | ①
해설 | 정규분포의 왜도는 0이고, 첨도는 3이다.

38
정답 | ④
해설 | 주어진 수식은 포아송 분포의 확률질량함수이다. 포아송 분포는 단위 시간 안에 발생하는 사건의 횟수를 나타내는 분포이다.

39
정답 | ③

해설 | • 데이터의 평균 : $\frac{2+4+6+8+10}{5}=8$
• 표본분산 :
$$\Sigma = \frac{(2-6)^2+(4-6)^2+(6-6)^2+(8-6)^2+(10-6)^2}{4}$$
$$= 10$$

40
정답 | ③

해설 | 추출된 표본의 n이 충분히 크면(일반적으로 30 이상) 모집단 분포와 상관없이 추출된 표본들의 평균 분포는 정규분포를 따른다. 그러나 이는 표준정규분포가 아니라 일반 정규분포이다. 표준정규분포는 평균이 0이고 표준편차가 1인 특수한 정규분포를 의미한다.
① 모집단에서 표본집단을 추출하는 것은 올바른 설명이다.
② 표본평균의 분포에 대한 설명은 정확하다.
④ 표본분산의 계산 방법에 대한 설명은 정확하다. 불편추정량을 얻기 위해 n-1로 나누는 것이 옳다.

3과목 빅데이터 모델링

41
정답 | ②

해설 | 선형회귀분석의 가정 중 오차항은 종속변수와 선형관계가 있다는 것은 옳지 않다. 오차항은 독립변수 및 종속변수와 독립적이어야 한다.
① 오차항의 정규성 검정 기법으로 샤피로-윌크 검정 등이 사용된다.
③ 오차항이 있는 선형회귀모형은 선형회귀분석의 기본 가정이다.
④ 독립변수와 종속변수의 선형성은 선형회귀분석의 중요한 가정이다.

42
정답 | ④

해설 | 머신러닝은 통계분석과 마찬가지로 결과물에 대한 공식을 도출할 수 있다. 특히 선형회귀, 로지스틱 회귀 등의 모델에서는 명확한 수학적 공식을 얻을 수 있다.
① 머신러닝은 지도학습과 비지도학습으로 크게 나눌 수 있다.
② 지도학습은 분류와 회귀(예측)로 나눌 수 있다.
③ 비지도학습의 대표적인 유형으로 군집화, 차원축소, 연관규칙 등이 있다.

43
정답 | ①

해설 | 교호작용이 일어나면 회귀식이 변화한다. 교호작용은 독립변수들 간의 상호작용을 의미하며, 이는 회귀식에 새로운 항을 추가하게 된다.
② 최소제곱법은 회귀계수를 추정하는 대표적인 방법이다.
③ 분산팽창계수(VIF)가 10 이상일 때 다중공선성이 존재한다고 판단하는 것은 일반적인 기준이다.
④ 회귀계수의 유의성 검정에 t검정을 사용하는 것은 맞다.

44
정답 | ①

해설 | 분산팽창지수(VIF)는 다중공선성을 진단하는 대표적인 지표이다. VIF 값이 10 이상일 때 일반적으로 다중공선성이 있다고 판단한다.
② 멜로우즈 cp는 회귀모델 선택을 위한 지표이다.
③ 쿡의 거리는 영향점을 탐지하는 데 사용되는 지표이다.
④ 스튜던트 잔차는 이상치 탐지에 사용되는 지표이다.

45
정답 | ①

해설 | • $P>|t|$ 값이 0.05보다 작으면 통계적으로 유의미하다.
• '접근성'의 변수들(역과의 거리, 주차가능 여부)은 $P>|t|<0.05$로 유의미하다.
• '응대'의 변수들(준비속도, 친절함, 맛)도 모두 $P>|t|$ 0.05로 유의미하다.
• '품질'의 변수(건강 관련)는 $P>|t|=0.16>0.05$로 유의미하지 않다.
따라서 가, 나가 적절하다.

46
정답 | ②

해설 | 독립변수가 적어지면 결정계수는 작아진다. 결정계수는 독립변수가 종속변수를 설명하는 정도를 나타내므로, 독립변수가 줄어들면 일반적으로 설명력도 감소한다.

47
정답 | ④

해설 | 오즈비(승산비)=(흡연자 중 폐암 비율/흡연자 중 비폐암 비율)/(비흡연자 중 폐암 비율/비흡연자 중 비폐암 비율)
$\frac{20/80}{4/96} = \frac{0.25}{0.0417} = 6$이다.

48
정답 | ④

해설 | 회귀분석 모델평가 절차
독립변수 선정 → 회귀계수 추정 → 모델 유의성 검정

49
정답 | ④

해설 | 로지스틱 회귀식 : $\log(odds) = b_0 + b_1 X$
따라서 X가 1단위 증가할 때, '오즈'가 e^{b_1}만큼 증가한다.
[즉 $\exp(b_1)$]. 이는 로지스틱 회귀의 핵심 해석이다.
① 실제론 $\exp(b_1)$만큼 증가한다.
② b_0는 절편으로, X의 증가와 직접적인 관련이 없다.
③ 이 식은 오즈비를 나타내므로, y의 직접적인 증가량을 나타내지 않는다.

50
정답 | ②

해설 | 주어진 의사결정나무에서 D에 들어갈 노드는 N=6, n=4 이다. 이는 전체 6개의 샘플 중 4개가 특정 클래스에 속함을 의미한다.

51
정답 | ③

해설 | 의사결정나무의 분리기준은 전이확률이 아니다. 일반적으로 정보이득, 지니계수, 엔트로피 등을 사용한다.
① 정보이득, 지니계수, 엔트로피는 실제로 의사결정나무의 분류기준으로 사용된다.
② 알파컷은 의사결정나무의 가지치기 방법 중 하나로 사용될 수 있다.
④ CART와 C4.5는 실제로 주요한 의사결정나무 알고리즘이다.

52
정답 | ②

해설 | 인공신경망 학습 시 과적합 방지를 위해 가중치의 절대값을 최소화하는 것이 일반적이다. 가중치의 절대값을 최대화하는 것은 오히려 과적합을 유발할 수 있다.
① 입력 노드 수를 줄이는 것은 모델의 복잡도를 낮춰 과적합을 방지할 수 있다.
③ 에폭 수를 줄이는 것은 early stopping의 한 방법으로 과적합을 방지할 수 있다.
④ 은닉층 수를 줄이는 것은 모델의 복잡도를 낮춰 과적합을 방지할 수 있다.

53
정답 | ③

해설 | 원핫 인코딩은 공간자원 효율이 좋지 않다. 각 단어를 벡터의 한 차원으로 표현하기 때문에 어휘 크기만큼의 차원이 필요하여 공간 효율성이 떨어진다.
① 서로 다른 단어의 내적이 0이 되는 것은 원핫 인코딩의 특성이다.
② 모든 단어는 원핫 인코딩으로 표현할 수 있다.
④ 원핫 인코딩은 텍스트를 수치화하는 방법 중 하나이다.

54
정답 | ④

해설 | 손실함수가 클 경우에는 가중치를 더 크게 수정해야 빠른 학습이 가능하다. 손실함수 값이 작을 때 가중치를 미세 조정하는 것이 바람직하다.
① 학습률이 너무 작으면 local minimum에 도달하는 시간이 오래 걸린다.
② 학습률이 너무 크면 최적점을 지나쳐 발산할 수 있다.
③ 학습률은 배치 크기와 반복 횟수와 함께 고려해야 하는 중요한 하이퍼파라미터이다.

55
정답 | ③

해설 | 학습률(learning rate)을 설정할 때는 배치 크기(batch size)와 반복 횟수(iteration)를 모두 고려해야 한다. 이는 학습의 효율성과 성능에 직접적인 영향을 미치는 중요한 하이퍼파라미터들의 관계이기 때문이다.
① 딥러닝에서 반복 작업은 필수적이며, 점진적인 최적화 과정을 통해 모델을 개선한다.
② 학습률이 매우 크면 학습이 불안정해지고 최적해를 찾지 못할 수 있으며, 오히려 학습 시간이 짧아질 수 있다.
④ 손실함수가 클 경우에는 가중치를 더 크게 수정해야 빠른 학습이 가능하다. 손실함수 값이 작을 때 가중치를 미세 조정하는 것이 바람직하다.

56
정답 | ①

해설 | 다중선형회귀는 연속형 종속변수를 예측하는 모델이다. 나머지 선택지들은 모두 범주형 종속변수를 예측하는 모델이다.
② 다중로지스틱 회귀분석은 범주형 종속변수를 예측하는 모델이다.
③ 서포트 벡터 머신은 분류와 회귀 모두 가능하지만, 주로 분류에 사용된다.
④ 다층 퍼셉트론은 분류와 회귀 모두 가능하지만, 범주형 종속변수 예측에도 사용된다.

57
정답 | ③

해설 | DBSCAN은 밀도 기반 군집화 알고리즘으로, 군집 수를 사전에 지정할 필요가 없다. 반면 K-MEANS, K-MEDIAN, MIXTURE MODEL은 모두 군집 수를 사전에 지정해야 한다.
①, ②, ④ 모두 군집 수를 사전에 지정해야 하는 알고리즘이다.

58
정답 | ②

해설 | 주성분 분석(PCA)은 비음수 행렬분해를 사용하지 않는다. PCA는 공분산 행렬의 고유벡터를 사용하여 차원을 축소한다.

① PCA는 대표적인 차원축소 기법이다.
③ 공분산 행렬의 고유벡터가 데이터의 분산 방향을 나타낸다.
④ PCA가 데이터의 응집력이 높은 방향을 분석한다.

59
정답 | ④
해설 | 자기상관성 함수(ACF 등)는 시계열에서 시점 간 상관이나 공간 데이터에서 위치 간 상관을 측정한다.
① 지니계수 : 소득분포 불평등도 측정한다.
② 엔트로피계수 : 정보이론적인 측면도 측정한다.
③ 실루엣 계수: 군집 품질을 측정한다.

60
정답 | ③
해설 | GRU(Gated Recurrent Unit)는 LSTM의 간소화된 버전으로, 은닉 게이트와 업데이트 게이트만을 사용하여 장기 의존성 문제를 해결한다.
① RNN 단측은 존재하지 않는 개념이다.
② RNN 양측 또한 존재하지 않는 개념이다.
④ LSTM은 GRU보다 복잡한 구조를 가지고 있다.

4과목 빅데이터 결과해석

61
정답 | ④
해설 | 나. 전쟁이나 홍수 등의 불규칙 요인은 시계열 분석으로 예측하기 어렵다.
다. 백색잡음은 시간적 상관관계가 없는 무작위 신호를 의미한다.
라. 정상성의 조건에는 일정한 평균뿐만 아니라 일정한 분산과 자기공분산도 포함된다.

62
정답 | ①
해설 | • c : 양성(Positive)으로 분류하는 확률 임계값
• c=1일 때 : 모든 케이스를 음성으로 분류한다.
• c=0일 때 : 모든 사례를 양성으로 분류한다.
  −민감도=1(모든 실제 양성을 양성으로 분류)
  −특이도=0(모든 실제 음성을 양성으로 분류)
• c=0.5일 때 : 일반적인 분류 기준점으로, 민감도와 특이도는 데이터에 따라 다른 값을 가진다. 따라서 민감도와 특이도의 차이는 1이다. 다만, 민감도와 특이도의 차이가 반드시 1이 되지는 않는다.
※ 용어정리
  • 민감도(Sensitivity) : 실제 양성 중 양성으로 예측한 비율(True Positive Rate)
  • 특이도(Specificity) : 실제 음성 중 음성으로 예측한 비율(True Negative Rate)
  • 정밀도(Precision) : 양성으로 예측한 것 중 실제 양성인 비율

63
정답 | ④
해설 | F1 스코어는 정밀도와 재현율의 조화평균이다. 기하평균이 아니라 조화평균을 사용한다.

64
정답 | ②
해설 | k-fold 교차검증에서는 k-1개의 학습 데이터와 1개의 검증 데이터를 사용한다. 검증 데이터는 1개이며, k-1개가 아니다.

65
정답 | ③
해설 | 변수 선택 전에 데이터를 분할하고 상관관계 분석을 수행해야 한다. 이는 데이터 누출(data leakage)을 방지하고 모델의 일반화 성능을 올바르게 평가하기 위함이다.

66
정답 | ③
해설 | LOOCV(Leave-One-Out Cross Validation)는 데이터의 분포에 민감하며 계산 비용이 높다. 각 데이터 포인트를 한 번씩 제외하고 모델을 학습하기 때문에, 데이터의 특성이 결과에 크게 영향을 미친다. 반면, Bootstrap은 무작위 샘플링을 통해 여러 개의 데이터셋을 생성하므로 결과의 변동성이 크다. 따라서 A와 B의 결과가 달라질 가능성이 높다.
② LOOCV는 모든 데이터를 훈련에 사용하지만, Bootstrap은 무작위 샘플링으로 인해 항상 동일한 데이터를 샘플링하지 않는다.
③ Bootstrap은 클래스 비율을 유지하는 방식이 아니라 무작위 복원추출을 사용한다.
④ LOOCV와 Bootstrap은 서로 다른 방법론으로, 동일한 결과를 산출하지 않는다.

67
정답 | ④
해설 | 가, 나, 다 모두 콜모고로프-스미르노프 통계량에 대한 올바른 설명이다.

68
정답 | ①
해설 | 모델 적합의 적합성은 반드시 검정해야 한다. 모델이 데이터에 얼마나 잘 맞는지 평가하는 것은 중요한 과정이다.

69
정답 | ④
해설 | 파라미터는 학습 과정에서 결정되지만, 하이퍼파라미터는 학습 전에 설정된다.

70
정답 | ④
해설 | 학습 데이터보다 검증 데이터에서 성능이 좋은 하이퍼파라미터를 선정하는 것은 옳지 않다. 이는 과적합의 위험이 있으므로, 검증 데이터에서의 성능을 기준으로 선정해야 한다.

71
정답 | ④
해설 | 원래 분석가의 경험에 따라 값을 조절하는 것이 최적이라는 설명은 옳지 않다. 자동화된 방법들(Grid Search, Random Search, Bayesian Optimization 등)이 더 효율적이고 객관적인 결과를 제공할 수 있다.

72
정답 | ④
해설 | Bayesian Optimization은 하이퍼파라미터 최적화 기법이며, 파라미터 최적화 기법이 아니다. Nadam, AdaDelta, RMSProp은 모두 파라미터 최적화를 위한 경사하강법의 변형들이다.

73
정답 | ③
해설 | 랜덤포레스트는 전체 데이터셋으로 학습하지 않는다. 각 트리는 부트스트랩 샘플링을 통해 선택된 데이터 서브셋으로 학습한다.

74
정답 | ④
해설 | 부스팅은 순차적으로 학습하며, 병렬로 학습하지 않는다. 각 모델은 이전 모델의 오차를 보완하는 방식으로 순차적으로 학습된다.

75
정답 | ③
해설 | 점 그래프는 시간에 따른 데이터의 변화를 표현하는 데 적합하며, 시계열 데이터 시각화에 자주 사용된다. 점의 집중도가 아닌 점의 위치로 데이터를 표현한다.

76
정답 | ④
해설 | 데이터의 가치(Value)는 어떤 사업성과·활용도에 따라 달라지며, 단순히 투자 효과 수준이나 규모가 곧 비즈니스 효과를 결정하진 않는다. ④의 '데이터의 가치(Value)는 투자 효과, 수준과 규모는 비즈니스 효과'라고 하였는데, 해설에서는 '그렇게 직접 연결되지 않는다'는 취지로 옳지 않다고 보았다. 비즈니스 기여도는 분석 결과로 얻게 되는 긍정적 영향력, 정량적 가치 측정 지표, 경영전략에 따라 달라질 수 있다.
① 비즈니스 기여도 : 분석결과 활용해 얻는 긍정적인 영향을 의미한다.
② 정량적 가치를 측정하기 위한 지표를 개발할 수 있다.
③ 경영전략에 따라 지표는 유동적으로 달라진다.

77
정답 | ①
해설 | 스타차트는 수치를 별의 개수로 표현하는 시각화 유형이 아닌, 여러 변수의 값을 방사형 그래프로 표현하는 시각화 방법이다.

78
정답 | ①
해설 | 산점도는 x축과 y축에 각각 두 변수의 값을 점으로 표현하여 두 변수 간의 관계를 나타내는 그래프이다.
② 버블 차트는 세 번째 변수를 점의 크기로 표현한다.
③ 히스토그램은 단일 변수의 분포를 나타낸다.
④ 플로팅바차트는 존재하지 않는 용어이다.

79
정답 | ①
해설 | 인포그래픽(Infographic)은 정보+그래픽의 결합으로, 전용 소프트웨어 설치 없이도 이미지·PDF 형태로 볼 수 있다. 어떤 인포그래픽은 특정 프로그램(예 Flash) 기반이기 때문에 뷰어가 필요한 경우도 있지만, 일반적으로 무조건은 아니다.
② 인포그래픽의 정의에 해당한다.
③ 특정 프로그램 의존형 인포그래픽도 있을 수 있다.
④ 전체 그림의 맥락이 중요하며 일부를 자르면 오해를 초래할 수 있다.

80
정답 | ④
해설 | 스토리텔링형 인포그래픽은 주제의 연결성과 안전성을 중심으로 정보를 전달한다. 이는 정보를 논리적 순서로 배열하여 스토리를 만들어 전달하는 방식이다.

CHAPTER 04 제5회 기출복원문제 정답 및 해설

01	02	03	04	05	06	07	08	09	10
②	④	①	③	④	④	④	②	④	①
11	12	13	14	15	16	17	18	19	20
②	①	①	②	②	③	②	④	③	④
21	22	23	24	25	26	27	28	29	30
②	①	①	②	④	④	②	②	④	③
31	32	33	34	35	36	37	38	39	40
②	②	④	①	②	②	①	③	④	③
41	42	43	44	45	46	47	48	49	50
①	①	①	①	①	④	③	③	④	①
51	52	53	54	55	56	57	58	59	60
④	②	④	①	①	②	②	①	②	①
61	62	63	64	65	66	67	68	69	70
④	①	②	④	②	③	③	③	④	③
71	72	73	74	75	76	77	78	79	80
③	④	③	②	③	②	①	①	②	②

1과목 빅데이터 분석 기획

01
정답 | ②
해설 | 빅데이터 분석이 항상 경제적 이익을 보장하는 것은 아니다. 분석 결과의 활용 방식, 시장 상황, 기업의 전략 등 다양한 요인에 따라 경제적 이익 여부가 달라질 수 있다.
① 데이터 중심의 의사결정을 통해 생산성 향상이 가능하다.
③ 빅데이터 분석은 데이터에 기반한 의사결정을 지원한다.
④ 고객 데이터 분석을 통해 개인화된 서비스 제공이 가능하다.

02
정답 | ④
해설 | 데이터 엔지니어는 데이터 파이프라인을 구축하고 관리하는 역할을 한다. RDBMS를 하둡 기반으로 전환하고 이를 모니터링하는 것은 데이터 엔지니어의 주요 업무에 해당한다.
① 데이터 개발자는 주로 데이터 분석 애플리케이션을 개발한다.
② 데이터 아키텍트는 전체적인 데이터 아키텍처를 설계한다.
③ 데이터 기획자는 데이터 활용 전략을 수립한다.

03
정답 | ①
해설 | 병렬 DBMS에서는 데이터를 여러 노드에 분산 저장하여 처리하므로, 데이터 중복값이 증가하는 것이 아니라 오히려 감소할 수 있다.
②, ③, ④ 모두 병렬 DBMS의 올바른 특성이다.

04
정답 | ③
해설 | 인공지능은 가장 큰 개념이며, 그 안에 머신러닝이 포함되고, 머신러닝의 한 분야로 딥러닝이 포함된다. 따라서 인공지능＞머신러닝＞딥러닝의 관계가 성립한다.

05
정답 | ④
해설 | 주어진 설명은 인프라스트럭처 계층에 대한 것이다. 인프라스트럭처 계층은 하드웨어 자원을 관리하고, 빅데이터 응용의 기반을 제공하며, 상위 소프트웨어 계층이 동작할 수 있는 환경을 제공한다.

06
정답 | ④

해설 | 가명처리를 통해 통계 정보 분석에 활용할 수 있다.
① 개인정보보호법 개정 이후 동의 없이 활용 가능하다.

07
정답 | ④

해설 | 강화학습은 학습한 모델의 결과를 재반영하여 재학습의 효율을 높이는 기법이다. 에이전트가 환경과 상호작용하면서 보상을 최대화하는 방향으로 학습을 진행한다.
① 지도학습 : 레이블이 있는 데이터를 사용하여 입력과 출력의 관계를 학습하는 방법이다.
② 비지도학습 : 레이블이 없는 데이터에서 패턴을 찾는 학습 방법이다.
③ 전이학습 : 한 도메인에서 학습한 지식을 다른 도메인에 적용하는 학습 방법이다.

08
정답 | ②

해설 | WBS(Work Breakdown Structure) 작성은 프로젝트 정의 및 계획 수립 단계에서 이루어진다. 이 단계에서 프로젝트의 세부 작업을 정의하고 구조화한다.
① 비즈니스의 이해는 WBS 작성 이전 단계이다.
③ 프로젝트 범위 설정은 WBS 작성의 기초가 되지만, 직접적인 WBS 작성 단계는 아니다.
④ 프로젝트 정의는 WBS 작성의 선행 단계이다.

09
정답 | ④

해설 | 미래 예측을 위한 분석은 예측 분석(Predictive Analytics)이다. 이는 과거와 현재의 데이터를 기반으로 미래의 결과나 동향을 예측하는 분석 방법이다.
① 서술적 분석은 과거에 무슨 일이 일어났는지를 설명하는 분석이다.
② 진단 분석은 왜 그런 일이 일어났는지를 분석하는 방법이다.
③ 규범 분석은 어떻게 해야 하는지에 대한 지침을 제공하는 분석이다.

10
정답 | ①

해설 | 범주화는 주요 식별 정보를 삭제하는 것이 아니라, 특정 데이터를 범주화하여 구체적인 데이터 값을 숨기는 기술이다.
② 가명처리 : 개인식별정보를 다른 값으로 대체하는 기술이다.
③ 총계처리 : 데이터를 총합으로 표현하여 개별 정보를 숨기는 기술이다.
④ 데이터 마스킹 : 중요 정보를 특정 문자로 대체하는 기술이다.

11
정답 | ②

해설 | 빅데이터 분석 절차에서 원시 데이터(Raw Data)를 이해하고 수집하는 단계는 데이터 준비 단계이다. 이 단계에서는 분석에 필요한 데이터를 식별하고, 수집하며, 데이터의 품질을 확인하는 작업이 이루어진다.
① 분석 기획 : 비즈니스 문제를 정의하고 분석 목표를 설정하는 단계이다.
③ 데이터 분석 : 수집된 데이터를 실제로 분석하는 단계이다.
④ 시스템 구현 : 분석 결과를 실제 비즈니스에 적용하는 단계이다.

12
정답 | ①

해설 | CRISP-DM(Cross-Industry Standard Process for Data Mining) 방법론의 올바른 단계별 프로세스는 비즈니스 이해-데이터 이해-데이터 준비-모델링-평가-전개 순서이다.

13
정답 | ①

해설 | 모델 발전 계획 수립은 분석 기획 단계의 비즈니스 계획 수립 절차에 해당하지 않는다. 모델 발전 계획은 일반적으로 모델링 단계 이후에 수립된다.
②, ③, ④ 모두 분석 기획 단계에서 비즈니스 계획 수립 절차에 해당한다.

14
정답 | ②

해설 | FGI(Focus Group Interview)는 전문가 그룹을 대상으로 설문조사를 실시한 후, 온라인 또는 오프라인으로 면담을 진행하는 요구사항 도출 기법이다.
① 스캠퍼 : 창의적 아이디어 도출 기법이다.
③ 브레인스토밍 : 자유로운 아이디어 제시를 통해 요구사항을 도출하는 기법이다.
④ 인터뷰 : 일반적으로 1:1 또는 소수의 인원을 대상으로 진행한다.

15
정답 | ②

해설 | 크롤링(Crawling)은 웹 페이지의 내용을 자동으로 수집하는 기술이며, 웹 로그와는 직접적인 관련이 없다. 웹 로그는 웹 서버에서 자동으로 생성되는 로그 파일이다.

16
정답 | ③

해설 | ETL(Extract, Transform, Load)은 데이터 웨어하우스 환경에서 원시 데이터를 추출하고, 변환하여, 적재하는 과정을 의미한다. 이 과정을 통해 원시 데이터를 분석 시스템에 맞게 변환할 수 있다.

① 비식별화 : 개인정보 보호를 위한 기술이다.
② 마스킹 : 중요 정보를 숨기는 기술이다.
④ ELT : ETL의 변형으로, 변환 과정을 적재 후에 수행한다.

17

정답 | ②

해설 | 반정형 데이터는 완전한 테이블 구조는 아니지만 어느 정도의 구조화된 형태를 가지고 있으며, 스키마와 메타데이터의 특성을 갖는다. 예를 들어, XML, JSON 등이 이에 해당한다.
① 정형 데이터 : 완전히 구조화된 데이터를 의미한다.
③ 비정형 데이터 : 구조화되지 않은 데이터를 의미한다.
④ 웹 데이터 : 데이터의 출처를 나타내는 것으로, 구조에 따른 분류가 아니다.

18

정답 | ④

해설 | 텍스트 마이닝은 빅데이터의 분석 기술에 해당하며, 저장 기술이 아니다. RDBMS, NoSQL, 분산 파일 시스템은 모두 데이터 저장 기술에 해당한다.
①, ②, ③ 모두 빅데이터 저장 기술이다.

19

정답 | ③

해설 | 총계처리는 개인정보 비식별화 기법 중 하나로, 개별 데이터를 그룹으로 묶어 총합으로 표현하는 방식이다. 따라서 '총계처리는 비식별화가 불가능하다'는 설명은 옳지 않다.

20

정답 | ④

해설 | 데이터 품질 개선 절차에서 데이터를 측정하고 분석하여 수치를 산출하는 단계는 데이터 품질 측정 단계이다. 이 단계에서는 데이터의 현재 품질 상태를 정량적으로 평가한다.
① 개선계획 수립은 품질 측정 이후에 이루어지는 단계이다.
② 개선 수행은 실제 개선 활동을 실행하는 단계이다.
③ 품질 통제는 지속적인 품질 관리를 위한 단계이다.

2과목 빅데이터 탐색

21

정답 | ②

해설 | 제1사분위수는 데이터의 하위 25%를 나타낸다. 75백분율을 나타내는 사분위수는 제3사분위수이다.

① 카이제곱검정은 데이터의 정규분포와 관계없이 이상값을 검정할 수 있어 적합하다.
③ DBSCAN은 밀도와 최소 포인트를 기준으로 이상값을 탐지하는 방식으로 적절하다.
④ 레버리지는 0과 1 사이의 값을 가지며 특정 기준 이상은 이상값으로 본다.

22

정답 | ①

해설 | 연속형 척도와 범주형 척도 모두에 대해 평균, 표준편차와 같은 기술 통계량을 구할 수 있다는 설명은 옳지 않다. 범주형 척도의 경우 평균이나 표준편차를 구하는 것이 의미가 없거나 불가능할 수 있다.

23

정답 | ①

해설 | 이상치는 일반적으로 상자수염그림에서 수염(whisker) 밖에 위치한 값을 의미한다. 최소값과 최대값은 수염의 끝에 해당하므로, 이상치는 이를 벗어난 값이다.

24

정답 | ②

해설 | 0~100까지의 양수이며, 최대값과 최소값의 차이가 큰 경우, 자연로그변환을 사용하면 데이터의 분포를 정규분포에 가깝게 만들 수 있다. 이는 데이터의 범위를 줄이고 극단값의 영향을 감소시키는 데 효과적이다.

25

정답 | ④

해설 | 평활화(Smoothing)는 특정 속성을 추가하는 것이 아니라, 데이터의 불규칙한 변동을 줄이고 전체적인 패턴을 파악하기 쉽게 만드는 기법이다.

26

정답 | ④

해설 | '표준편차 타겟 인코딩'은 존재하지 않는 인코딩 방식이다. 범주형 변수 변환 기법에는 타겟 인코딩(Target Encoding)은 있지만, 표준편차를 사용하는 타겟 인코딩은 없다.
① 더미코딩 : 범주형 변수를 0과 1로 이루어진 이진 변수들로 변환하는 기법이다.
② 레이블 인코딩 : 각 범주에 숫자를 할당하여 변환하는 기법이다. 예를 들어 ['red', 'blue', 'green']을 [0, 1, 2]로 변환한다.
③ 원핫 인코딩 : 각 범주를 별도의 이진 열로 표현하는 기법으로, n개의 범주는 n개의 새로운 열로 표현된다.

27
정답 | ②
해설 | 언더샘플링(Under Sampling)은 클래스 불균형 처리 기법 중 하나이다. 이 방법은 다수 클래스의 샘플 수를 줄여 소수 클래스와 균형을 맞추는 방법이다.
① 차원축소 : 데이터의 특성 수를 줄이는 기법이다.
③ 래퍼 기법 : 특성 선택 방법 중 하나이다.
④ 변수변환 처리 : 데이터의 분포를 변경하는 기법이다.

28
정답 | ②
해설 | 정규화(Normalization)는 클래스 불균형 데이터를 처리하기 위한 방안이 아니다. 정규화는 데이터의 스케일을 조정하는 기법으로, 클래스 불균형 문제와는 직접적인 관련이 없다.

29
정답 | ④
해설 | 피어슨 상관계수는 음의 강한 상관관계를 나타낸다.
① 매우 약한 양의 상관관계이다.
② 약한 음의 상관관계이다.
③ 강한 양의 상관관계이다.

30
정답 | ③
해설 | 확률변수의 공분산 Cov(x, y)가 0이라고 해서 두 확률변수 X, Y가 항상 상호 독립인 것은 아니다. 공분산이 0인 경우 선형적인 관계가 없다는 것을 의미하지만, 비선형적인 관계가 존재할 수 있다.

31
정답 | ②
해설 | 상관행렬표를 보면 C와 E의 상관계수가 0.028로 가장 낮다. 따라서 C 또는 E를 제거하는 것은 적절하지 않다. 중복되는 변수를 제거할 때는 상관관계가 높은 변수들 중에서 선택해야 한다.
① F와 B의 상관계수는 0.83으로 높아 중복 가능성이 있다.
③ A는 다른 변수들과 중간 정도의 상관관계를 보이므로 제거 대상이 아니다.
④ B와 E의 상관계수는 0.4로 중간 정도이므로 제거 대상으로 적절하지 않다.

32
정답 | ②
해설 | 산점도는 두 변수 간의 관계를 시각화한다.

33
정답 | ④
해설 | 주어진 소득분포 그래프는 오른쪽으로 치우친 비대칭 분포를 보인다. 이러한 경우 중앙값을 사용하는 것이 가장 적절하다. 중앙값은 극단값의 영향을 덜 받으므로 비대칭 분포에서 대표값으로 적합하다.
① 평균은 극단값에 민감하여 비대칭 분포에서 대표값으로 적절하지 않다.
② 최대값은 대표값으로 적절하지 않다.
③ 최빈값은 이 경우 낮은 소득 쪽에 치우쳐 있어 대표값으로 적절하지 않다.

34
정답 | ①
해설 | 정규분포를 따르는 모집단에서 추출된 표본들은 서로 독립이다. 따라서 X2와 X3가 서로 종속이라는 설명은 옳지 않다.

35
정답 | ②
해설 | 초기하분포는 이산확률분포이다. 연속확률분포에는 정규분포, 지수분포, 감마분포 등이 있다.

36
정답 | ②
해설 | 표본크기와 관계없이 표본평균의 기댓값은 항상 모평균과 같다는 것은 표본의 크기가 커짐에 따른 이점이 아니라, 표본평균의 일반적인 특성이다.

37
정답 | ①
해설 | 포아송분포는 단위시간 안에 발생한 특정 사건의 수를 표현하는 대표적인 이산확률분포이다.
②, ③, ④ z분포, t분포, f분포는 모두 연속확률분포이다.

38
정답 | ③
해설 | 모집단의 표준편차를 알지 못하는 경우, 평균의 차이에 대한 검정을 수행할 때는 자유도가 n-1인 t-분포를 사용한다.

39
정답 | ④
해설 | 동일한 연구참여자에게 약 투여 전후를 비교하는 것이므로 대응되는 표본 t검정을 사용해야 한다. 또한 약의 효과가 있는지 없는지를 양쪽 방향으로 검정해야 하므로 양측검정을 사용한다.

40
정답 | ③

해설 | 신뢰구간은 표본평균 $\pm Z \cdot \dfrac{\sigma}{\sqrt{n}}$ 로 계산한다.
- $Z = 1.96$, $\sigma = 11$, $n = 121$, 표본평균은 35이다.
- 계산 결과, 신뢰구간은 34.02에서 35.98 사이가 된다.
- 95% 신뢰수준의 구간추정을 위해서는 z값으로 1.96을 사용한다. 표준오차는 $11/\sqrt{121} = 1$이다.
- 따라서 신뢰구간은 $35 \pm 1.96*1 = (33.04, 36.96)$이 된다.

3과목 빅데이터 모델링

41
정답 | ①

해설 | 복잡한 모델일수록 단순한 모형보다 항상 성능이 높은 것은 아니다. 복잡한 모델은 과적합의 위험이 있어 오히려 성능이 떨어질 수 있다.
② 다양한 이해관계자의 검토는 모델의 신뢰성과 실용성을 높이는 데 중요하다.
③ 실무 적용 가능성 확인은 모델의 실효성을 판단하는 데 필수적이다.
④ 데이터셋 확보의 제한에 따른 모델 변경 검토는 현실적인 접근 방식이다.

42
정답 | ①

해설 | 분석 모델 선정 기준을 위해 데이터 종류를 파악하는 것은 올바른 접근 방식이다. 데이터의 특성에 따라 적합한 분석 모델이 달라지기 때문이다.
② 군집분석은 비지도학습의 대표적 사례이다.
③ 감성분석은 텍스트의 감정을 분석하는 기법이며, 평균 차이 검정과는 관련이 없다.
④ 차원축소는 고차원의 데이터를 저차원으로 변환하는 방법이다.

43
정답 | ③

해설 | 다항회귀는 독립변수가 2개 이상이고, 회귀계수가 2차 이상인 회귀모형을 의미한다.
① 단순회귀는 독립변수가 1개인 경우이다.
② 곡선회귀는 비선형 관계를 모델링하는 방법이지만, 반드시 다항은 아니다.
④ 규칙회귀는 존재하지 않는 용어이다.

44
정답 | ①

해설 | 로지스틱 회귀분석은 이진 분류 문제에 사용되며, 양성 클래스와 음성 클래스를 각각 1과 0으로 지정하여 분류한다.
② 로지스틱 회귀분석은 정규성을 가정하지 않는다.
③ 로지스틱 회귀분석은 독립변수의 형태에 제한이 없다.
④ 로지스틱 회귀분석의 확률값은 비선형(S자 곡선)이다.

45
정답 | ①

해설 | 의사결정나무에서 루트노드만 남는 경우는 변별력 있는 범주가 없어서이다. 즉, 모든 독립변수가 종속변수를 구분하는 데 유의미한 영향을 주지 못할 때 발생한다.

46
정답 | ④

해설 | 로지스틱 회귀분석은 비지도학습 알고리즘이 아닌 지도학습 알고리즘이다.
① 로지스틱 회귀분석은 범주형 종속변수를 다룬다.
② 로지스틱 회귀분석은 주로 분류 문제에 사용된다.
③ 로지스틱 회귀분석의 출력값은 0과 1 사이의 확률값이다.

47
정답 | ③

해설 | 차수선택법은 일반적인 변수 선택 방법이 아니다. 전진선택법, 후진소거법, 단계적 선택법은 모두 변수 선택을 위한 일반적인 방법이다.
① 전진선택법 : 변수를 하나씩 추가하며 모델을 개선하는 방법이다.
② 후진소거법 : 모든 변수로 시작하여 하나씩 제거하는 방법이다.
④ 단계적 선택법 : 전진선택법과 후진소거법을 결합한 방법이다.

48
정답 | ③

해설 | 알고리즘 보안계획서는 일반적인 머신러닝 분석과정의 주요 산출물이 아니다. 보안은 중요하지만, 이는 별도의 프로세스로 다루어진다.
①, ②, ④ 모두 머신러닝 분석과정에서 일반적으로 생성되는 주요 산출물이다.

49
정답 | ④

해설 | 데이터 증강은 드롭아웃과 유사한 효과를 가질 수 있다. 둘 다 모델의 과적합을 방지하고 일반화 성능을 향상시키는 데 도움을 준다.
①, ②, ③ 드롭아웃 효과와 직접적으로 유사한 효과를 가지지 않는다.

50
정답 | ①
해설 | 신뢰도는 A상품을 산 뒤 B상품을 살 조건부확률을 나타내는 척도이다. 이는 연관규칙에서 중요한 평가 지표 중 하나이다.

51
정답 | ④
해설 | 공분산분석(ANCOVA)은 종속변수가 연속형이고, 독립변수가 범주형과 연속형이 혼합되어 있을 때 사용하는 분석방법이다.

52
정답 | ②
해설 | 주어진 덴드로그램에서 h=4 기준선을 그으면 2개의 군집으로 나뉘는 것을 볼 수 있다.

53
정답 | ④
해설 | 기울기 소실(Gradient Vanishing) 문제는 오차 역전파 과정에서 기울기가 감소하여 가중치가 갱신되지 않는 현상을 말한다. 이는 깊은 신경망에서 자주 발생하는 문제이다.

54
정답 | ①
해설 | 요인이 측정된 변인들의 선형 결합으로 이루어져 있다는 설명은 올바르지 않다. 이는 요인분석의 기본 개념이다.

55
정답 | ①
해설 | 시간에 따른 일별 기온 변화를 표현하기 위해서는 시계열분석이 가장 적합하다. 시계열분석은 시간에 따른 데이터의 변화를 분석하는 기법이다.
②, ③, ④ 시간에 따른 변화를 직접적으로 분석하는 기법이 아니다.

56
정답 | ②
해설 | 주성분 분석을 하기 위해서 변수의 수가 표본의 수보다 항상 커야 한다는 설명은 옳지 않다. 일반적으로 표본의 수가 변수의 수보다 많은 것이 바람직하다.

57
정답 | ②
해설 | 말기암 생존율은 A약이 B약보다 높은 수치를 나타낸다.
① 초기암 생존율은 B약이 A약보다 높다.
③ 생존률 계산이 옳지 않다.
④ A약이 B약보다 효과적이라는 것은 데이터로 확인되지 않는다.

58
정답 | ①
해설 | 백색잡음은 서로 독립적인 특징을 가지며, 독립적이지 않다는 설명은 옳지 않다.
② ARIMA 모델은 ARMA 모델에 차분을 추가한 방식이다.
③ ARIMA(p, d, q)은 적합한 표현이다.
④ ARIMA(1, 2, 1)은 차분이 2단계로 이루어졌음을 의미한다.

59
정답 | ②
해설 | Pos-tagging은 텍스트의 품사를 태깅하는 작업으로, 텍스트를 벡터로 변환하지 않는다.
① TF-IDF는 텍스트를 벡터로 변환하는 방법이다.
③ Word2Vec은 단어를 벡터로 변환한다.
④ Word Embedding은 텍스트 벡터화를 수행한다.

60
정답 | ①
해설 | 맨-휘트니 검정(Mann-Whitney U test)은 비모수검정 기법으로, 두 독립 표본 간 차이를 비교하는 데 사용된다. 모수 검정이 아니라 비모수검정이다.
② 윌콕슨 부호순위 검정은 종속변수가 2개인 경우에 사용되는 비모수검정으로 적합하다.
③ 콜모고로프-스미르노프 검정은 표본이 1개일 때 정규성 검정을 수행하는 비모수검정으로 적합하다.
④ 중앙값 검정은 독립변수가 3개 이상일 때 사용하는 비모수검정으로 적합하다.

4과목 빅데이터 결과해석

61
정답 | ④
해설 | 표본의 충분성은 모델 평가지표가 아니다. 일반화, 분류 정확성, 예측 정확성은 모델 평가에 사용되는 지표들이다.

62
정답 | ①
해설 | ROC Curve의 축은 민감도(sensitivity)와 1-특이도(1-specificity)로 구성된다. 민감도는 y축, 1-특이도는 x축에 해당한다.

63
정답 | ②
해설 | 맨-휘트니 검정은 양측 모수 검정이 아닌 비모수검정이다.

① 콜모고로프-스미르노프 검정 : 표본이 1개일 때 사용할 수 있는 비모수검정이다.
③ 윌콕슨 부호순위 검정 : 대응표본에 대한 비모수검정이다.
④ 중앙값 검정 : 독립변수가 2개 이상일 때 사용하는 비모수검정이다.

64
정답 | ④
해설 | F1 Score는 $F = \frac{2 \times Precision \times Recall}{Precision + Recall}$ 로 계산된다.
- 정밀도(Precision)=0.4, 민감도(Recall)=0.6
- $F1 = \frac{2 \times 0.4 \times 0.6}{0.4 + 0.6} = 0.48$

65
정답 | ②
해설 | MPE(Median Percentage Error)는 주어진 식으로 계산되지 않는다. 올바른 수식은 $\frac{1}{n}\sum_{i=1}^{n}\frac{y_i - \hat{y_i}}{y_i} * 100$ 이다.
① MSE는 평균 제곱 오차이다.
③ MAE는 평균 절대 오차이다.
④ MAPE는 평균 절대 백분율 오차이다.

66
정답 | ③
해설 | 재현율(Recall)의 올바른 공식은 TP/(TP+FN)이다.
① 정확도 : 전체 데이터 중 올바르게 분류된 비율을 나타낸다.
② 정밀도 : 양성으로 예측한 것 중 실제 양성인 비율을 나타낸다.
④ 오분류율 : 1-정확도와 같으며, 전체 중 잘못 분류된 비율을 나타낸다.

67
정답 | ③
해설 | 가는 최소제곱법이 아닌 최대우도법을 사용하므로 옳지 않다.
나, 다. 일반화 선형 모형(GLM)에 대한 올바른 설명이다.

68
정답 | ③
해설 | 카이제곱검정은 정규성 검정 기법이 아니며 주로 범주형 변수의 독립성 검정에 사용된다.

69
정답 | ④
해설 | K-Fold CV는 데이터셋을 k개의 균일한 서브셋으로 나누어 사용하며, 비율 분할과 무관하다.

① 리샘플링은 신뢰도 평가에 유용하다.
③ k개의 서브셋은 K-Fold CV의 기본 개념이다.

70
정답 | ③
해설 | 은닉층 노드 삭제는 일반적인 과적합 방지 기법이 아니다. 오히려 모델의 복잡도를 줄이는 것은 과적합을 방지할 수 있지만, 단순히 노드를 삭제하는 것은 적절한 방법이 아니다.

71
정답 | ③
해설 | 과적합은 비선형 모델에서 더 쉽게 발생할 수 있다. 선형 모델보다 비선형 모델이 더 복잡하고 유연하기 때문에 과적합의 위험이 더 크다.

72
정답 | ④
해설 | 벌점화(규제) 학습을 사용하여 모델을 제어조절하는 것은 과적합을 해결하기 위한 적절한 기법이다. 이는 모델의 복잡도를 줄여 일반화 성능을 향상시킨다.
① 사후 학습을 늘리는 것은 과적합을 악화시킬 수 있다.
② 데이터 감소는 문제 해결에 도움이 되지 않는다.
③ 검증 정확도 상승이 없어도 계속 학습하는 것은 과적합 가능성을 높인다.

73
정답 | ③
해설 | 나와 다는 앙상블 모델에 대한 올바른 설명이다. 앙상블 모델은 여러 모델의 예측 결과를 종합하여 정확도를 높이는 기법이며, 과적합 극복 방안으로 사용될 수 있다.
가. 앙상블 모델은 해석하기 쉽지 않다.

74
정답 | ②
해설 | 평가 데이터셋의 다양화는 앙상블 모델을 독립적으로 최적화시키는 방법이 아니다. 평가 데이터셋은 모델의 성능을 평가하는 데 사용되며, 모델 최적화와는 직접적인 관련이 없다.

75
정답 | ③
해설 | 히스토그램은 관계시각화 기법이 아닌, 단일 변수의 분포를 보여주는 시각화 기법이다.

76
정답 | ②
해설 | 정제를 통한 통계적 가설 검정 수행은 빅데이터 시각화 절차에 해당하는 요소가 아니다. 이는 데이터 분석 과정에 해당한다.

① 데이터 수집 및 탐색은 시각화 절차의 초기 단계이다.
③ 디자인 활용은 시각화를 효과적으로 구현하기 위해 중요하다.
④ 데이터 분석 정보 시각화는 최종 단계로 적합하다.

77
정답 | ①
해설 | 주어진 설명은 히트맵에 대한 것이다. 히트맵은 2차원 데이터를 색상의 농도로 표현하는 시각화 기법이다.
② 산포도 : 두 변수 간의 관계를 표현한다.
③ 버블 차트 : 데이터의 관계와 크기를 시각화한다.
④ 막대그래프 : 범주형 데이터를 비교하는 데 사용된다.

78
정답 | ①
해설 | 다차원척도법은 비교시각화 기법이 아닌 고차원 데이터를 저차원으로 축소하여 시각화하는 기법이다.

79
정답 | ②
해설 | 데이터의 패턴을 탐색하는 것은 인포그래픽의 주요 목적이 아니다. 인포그래픽은 주로 정보를 시각적으로 요약하고 전달하는 데 사용된다.

80
정답 | ②
해설 | 스토리보드 도구 검증은 일반적인 분석결과 스토리텔링 과정에 포함되지 않는다. 이는 도구 자체의 검증 과정으로, 스토리텔링 과정과는 직접적인 관련이 없다.
① 스토리보드 기획은 스토리텔링 초기 단계이다.
③ 사용자별 사용 시나리오 작성은 사용자 경험을 고려한 작업이다.
④ 사용자별 데이터셋 정의는 분석결과 전달 과정의 일부이다.

CHAPTER 05 제4회 기출복원문제 정답 및 해설

01	02	03	04	05	06	07	08	09	10
④	④	④	①	②	①	④	③	③	④
11	12	13	14	15	16	17	18	19	20
①	④	①	②	③	③	③	④	④	③
21	22	23	24	25	26	27	28	29	30
①	②	①	②	②	①	①	①	③	③
31	32	33	34	35	36	37	38	39	40
④	②	①	①	①	①	①	④	②	②
41	42	43	44	45	46	47	48	49	50
④	①	①	①	②	④	①	①	②	④
51	52	53	54	55	56	57	58	59	60
②	③	③	③	①	④	③	②	③	④
61	62	63	64	65	66	67	68	69	70
④	①	②	②	②	①	②	④	④	②
71	72	73	74	75	76	77	78	79	80
③	③	①	④	①	④	③	②	④	②

1과목 빅데이터 분석 기획

01
정답 | ④
해설 | 가트너의 3V 정의로써의 빅데이터의 특징은 크기(Volume), 다양성(Variety), 속도(Velocity)이다. 가치(Value)는 3V에 포함되지 않는다.
 ① 크기(Volume) : 데이터의 규모를 나타낸다.
 ② 다양성(Variety) : 정형, 반정형, 비정형 데이터의 다양한 형태를 다룬다.
 ③ 속도(Velocity) : 데이터 생성과 처리의 속도를 의미한다.

02
정답 | ④
해설 | 1 제타바이트는 2의 70승 바이트이다.
 ① 2의 40승 : 1 테라바이트이다.
 ② 2의 50승 : 1 페타바이트이다.
 ③ 2의 60승 : 1 엑사바이트이다.

03
정답 | ④
해설 | 공공데이터에서 일반적으로 제공하는 파일 형식은 XML, CSV, JSON이다. SQL은 데이터베이스 쿼리 언어로, 일반적인 공공데이터 제공 형식이 아니다.
 ① XML : 확장성 있는 마크업 언어이다.
 ② CSV : 쉼표로 구분된 값이다.
 ③ JSON : JavaScript 객체 표기법이다.

04
정답 | ①
해설 | 스파크(Spark)는 인메모리 기반의 대규모 데이터 처리 엔진으로, 빠른 처리 속도를 제공한다.
 ② 피그 : 하둡의 데이터 처리 언어이다.
 ③ 맵리듀스 : 분산 처리 프레임워크이다.
 ④ 하이브 : 하둡 기반의 데이터 웨어하우스 시스템이다.

05
정답 | ②
해설 | API 게이트웨이는 클라이언트와 백엔드 서비스 사이에서 중개 역할을 하며, 요청을 적절히 라우팅하고 관리한다.

① 데이터베이스 : 데이터 저장 및 관리 시스템이다.
③ ESB : 기업 내부 시스템 간 통합을 위한 미들웨어이다.
④ PaaS : 클라우드 컴퓨팅 서비스 모델이다.

06
정답 | ①
해설 | 강한 인공지능은 지속적인 학습과 적응이 필요하며, 단순히 훈련된 알고리즘만으로는 충분하지 않다.

07
정답 | ④
해설 | 개인 편의 제공은 개인정보 비동의 시 사용 가능한 법적 근거에 해당하지 않는다.

08
정답 | ③
해설 | 데이터 3법은 개인정보보호법, 신용정보의 이용 및 보호에 관한 법률, 정보통신망 이용촉진 및 정보보호 등에 관한 법률이다.

09
정답 | ③
해설 | 분석 로드맵 설정 시 우선순위로 고려해야 할 사항은 시급성, 전략적 중요도, 비즈니스 성과 및 ROI이다.

10
정답 | ④
해설 | 분석 시나리오를 적용하는 주된 이유는 이해관계자와 분석 목표를 도출하고, 예상 업무 성과를 가늠하는 것이다. '최신 업무 형태 반영'은 시나리오 기법의 핵심 목적이라기보다, 이후 업무 재설계나 트렌드를 반영하는 단계에서 고려된다.
① 이해관계자 도출 : 시나리오 기반으로 참여자와 영향도를 식별한다.
② 업무 성과 판단 : 시나리오를 통해 예상 성과와 리스크를 가늠한다.
③ 분석 목표 도출 : 시나리오를 바탕으로 구체적 분석 주제와 목표를 정의한다.

11
정답 | ①
해설 | 빅데이터 분석 기획 절차는 범위 설정-프로젝트 정의-위험계획 수립-수행계획 수립 순서이다.

12
정답 | ④
해설 | 프로젝트 성과 분석 및 평가 보고는 데이터 분석 모델링 단계가 아닌, 프로젝트 종료 후 수행되는 업무이다.

13
정답 | ①
해설 | 정형 데이터는 행과 열로 구성된 구조화된 데이터를 의미한다.

14
정답 | ②
해설 | 데이터 마스킹은 중요 데이터를 다른 값으로 대체하는 기술이며, 완전히 삭제하는 것은 아니다.

15
정답 | ③
해설 | 개인정보차등보호(Differential Privacy)는 데이터에 노이즈를 추가하여 개인정보를 보호하면서도 유용한 분석을 가능하게 하는 기술이다.

16
정답 | ③
해설 | 고품질 데이터의 특성은 일관성, 정확성, 적시성 등이다. 불완전성은 고품질 데이터의 특성이 아니다.

17
정답 | ③
해설 | 데이터 마이닝은 데이터 분석 기법이며, 데이터 저장소가 아니라 데이터를 분석·탐색하는 기법이다. 나머지는 모두 데이터 저장소이다.
① 데이터 웨어하우스 : 대규모 정형 데이터를 저장·분석하기 위한 저장소이다.
② 데이터 레이크 : 정형·반정형·비정형 데이터까지 원시 상태 그대로 저장하는 저장소이다.
④ 데이터 댐 : 대규모 데이터를 모으고 활용하는 개념으로, 일종의 저장소 역할을 한다.

18
정답 | ④
해설 | NoSQL은 확장성이 뛰어난 비관계형 DB로 빅데이터의 저장기술 중 하나이다. 맵리듀스는 처리 기술, 직렬화는 전송 기술, 가시화는 분석 기술이다.
① 맵리듀스 : 하둡 기반의 분산 병렬 처리 모델이다.
② 직렬화 : 데이터를 전송·저장하기 쉽게 이진 형태 등으로 변환하는 과정이다.
③ 가시화(Visualization) : 데이터를 시각적으로 표현하는 기법이다.

19
정답 | ④
해설 | HDFS는 기본적으로 블록을 여러 번(기본 3회) 복제하여 저장해 데이터 안정성을 높인다. 이 복제 횟수(Replication factor)는 설정 파일 등에 의해 내부적으로 결정 가능하여,

HDFS 설정에 따라 조정된다.
① 네임노드는 파일 메타데이터를 주로 관리하며, 실제 데이터는 데이터노드에 저장된다.
② GFS(Google File System)와 완전히 동일한 소스코드를 사용하지는 않는다(오픈소스 구현).
③ ETL, NTFA는 상위 프로그램이라 보기 어렵고, HDFS는 자체 시스템 구조이다.

20
정답 | ③
해설 | 분산파일시스템(DFS)은 파일 단위로 여러 컴퓨터(노드)에 분산 저장·관리하는 개념이다. DB 자체를 분산 저장하는 것은 별도의 분산 DB 기술이나 NoSQL DB를 이용하는 것이지, 일반적인 '파일시스템' 개념과는 다르다. 데이터베이스를 직접 분산 저장하는 것은 DFS의 직접적인 목표가 아니다.
① 여러 컴퓨터를 하나의 논리적 스토리지로 묶어 파일을 분산 저장하는 개념이다.
② 네트워크를 통해 여러 노드에 있는 파일을 통합적으로 관리·저장한다.
④ x86 서버를 늘려 감으로써 성능 확장이 가능하다(Scale-Out 구조).

2과목 빅데이터 탐색

21
정답 | ①
해설 | 이상값을 찾는 일반적인 방법에는 통계적 방법(정규분포에서 표준편차가 3이상인 값), 시각화 방법(박스플롯, 스캐터플롯 등), 도메인 지식을 활용한 방법이 있다. 가설 검정의 노이즈값은 이상값을 찾는 일반적인 방법이 아니다.

22
정답 | ②
해설 | Fri(Friday)의 박스플롯의 모습은 오른쪽 꼬리가 긴 형태이다. 따라서 평균은 10보다 더 큰 위치에 존재한다.

23
정답 | ①
해설 | Min-Max 정규화는 데이터를 0과 1 사이의 값으로 변환하는 방법이다. ②~④는 정규화나 표준화에 대한 잘못된 설명이다.

24
정답 | ②
해설 | 빅데이터 협력은 데이터 분석 과정에서 결과를 도출하고, 패턴을 찾으며, 잠재적 문제를 발견하는 과정이다. 전체 분포를 검토하는 것은 데이터 탐색의 일부일 수 있지만, 빅데이터 협력의 주요 목적은 아니다.

25
정답 | ②
해설 | 결정계수(R^2)는 상관계수(r)의 제곱이며, 그 반대가 아니다. 상관계수의 범위는 -1에서 1 사이이며, 산점도로 관계를 확인할 수 있고, 0에 가까울수록 상관성이 낮다.

26
정답 | ①
해설 | 평균은 중앙값보다 이상치에 더 많은 영향을 받는다. 나머지 설명들은 대표값에 대한 올바른 설명이다.

27
정답 | ①
해설 | 박스플롯(Boxplot)에서 Q3(3사분위수, 75%)는 중앙값(Q2, 50%)보다 항상 크거나 같고, 80% 지점이나 최대값(Max)은 Q3보다 보통 더 크다. 중앙값은 Q2로서 Q3보다 작다(또는 최대같은 경우도 극히 드물다).
② 평균은 데이터 분포에 따라 Q3보다 클 수도, 작을 수도 있으므로 확정 불가하다.
③ 80퍼센트(80%) 지점은 Q3(75%)보다 클 가능성이 크다.
④ Max값은 데이터 중 최댓값으로 Q3보다 당연히 크거나 같다.

28
정답 | ①
해설 | 오른쪽으로 긴 꼬리를 가진 분포는 양의 왜도를 가지며, 최빈값〈중앙값〈평균의 순서를 갖는다.

29
정답 | ③
해설 | IQR(Interquartile Range)은 극단값(Outlier)에 민감도가 상대적으로 낮다. 범위(Range), 표준편차, 변동계수 등은 극단값에 취약하다. 사분위 범위(IQR)는 Q3-Q1은 중간 50% 구간이라 극단치 영향을 완화한다.
① 범위 : 최소~최대 차이로, 이상치에 매우 민감하다.
② 변동계수 : 표준편차와 평균을 이용하므로 이상치에 상당히 영향 받는다.
④ 표준편차 : 이상치에 민감하다.

30
정답 | ③

해설 | 지도 데이터, 패널 데이터, 격자 데이터는 시공간 데이터의 예시이다. 패턴 데이터는 시공간 데이터의 일반적인 유형이 아니다.

31
정답 | ④

해설 | 주성분 분석(PCA)에서는 고유값이 큰 순서대로 주성분을 선택한다. 나머지 설명들은 PCA에 대한 올바른 설명이다.

32
정답 | ②

해설 | 수요 예측(연속값 예측)은 전형적으로 회귀분석 또는 신경망 모델 등으로 수행한다.
① 여러 '규칙'을 찾으려면 보통 '연관분석(Association Rule)', '분류규칙(Decision Tree)' 등을 사용하고, 군집분석·회귀분석은 성격이 다르다.
③ 공간상 상표들의 상대적 위치는 주로 'MDS(다차원척도법)'나 '퍼셉션 맵' 기법을 사용하며, 요인분석과는 다소 다르다.
④ 일정 단위시간 변화에 따른 경제 변량의 관계 분석은 '시계열분석' 범주이다(차원축소 기법과는 무관).

33
정답 | ①

해설 | API는 비정형 텍스트 데이터 전처리 기법이 아니다. 토큰화, 어간추출, 품사태깅은 텍스트 전처리의 일반적인 기법이다.
② 토큰화 : 문장을 단어나 형태소 단위로 나누는 작업이다.
③ 어간추출 : 다양한 어형을 공통된 기본 형태(어간)로 정규화한다.
④ 품사태깅 : 각 단어(토큰)의 품사를 판별하고 태그를 부착한다.

34
정답 | ①

해설 | • 모평균(μ)=50, 모표준편차(σ)=2, 표본크기(n)=16, 표본평균 분포의 표준편차(표준오차) $\sigma_{\bar{X}} = \frac{2}{\sqrt{16}} = 0.5$
• $\bar{X}$가 51 이상일 때, $z = \frac{51-50}{0.5} = 2$
• 이 표본평균의 확률분포는 정규분포가 가정되므로 표준화 시 N(0, 1)을 따른다.

35
정답 | ①

해설 | E(Y)=E(3X−4)=3E(X)−4=3(4)−4=8
V(Y)=V(3X)=9V(X)=9[E(X^2)−[E(X)]^2]=9(25−4^2)=9(25−16)=81

36
정답 | ①

해설 | 보통 '표준 정규분포'는 왜도(Skewness)=0, 첨도(Kurtosis)=3(또는 초과 첨도=0)으로 알려져 있다. "왜도가 3, 첨도가 0"이라는 말은 서로 뒤바뀐 형태로 틀린 설명이다.
② 평균(μ)을 중심축으로 좌우 대칭인 종(鐘) 모양 곡선이다.
③ 확률 밀도곡선과 x축 사이 면적은 1(전체 확률 100%)이다.
④ 평균이 동일하면 분포의 중심 위치(대칭축)가 동일하다.

37
정답 | ①

해설 | 포아송 분포의 적합도 검정을 위해서는 평균을 구해야 하며, 카이제곱 값이 클수록 귀무가설을 기각할 가능성이 높아진다.
ㄷ. 자유도는 주어진 정보만으로는 알 수 없다.

38
정답 | ④

해설 | 정규분포를 표준화하면 평균이 0, 표준편차가 1인 표준정규분포가 된다.
① '분산'이 아니라 '표준편차(σ)'로 나누어야 한다.
② 표준화 값의 최대/최소에 대한 제한은 없다.
③ 표준화한 자료의 표준편차는 1이다(0이 아님).

39
정답 | ②

해설 | 초기하분포에서는 비복원추출을 하므로 각 시행마다 성공확률이 변한다. 이는 초기하분포의 주요 특징이다.
① 확률변수로서의 일정확률의 베르누이 시행에서 성공 횟수를 가지는 것은 이항분포이다.
③ 초기하분포는 비복원추출이므로 각 시행이 독립적이지 않다.
④ 초기하분포는 이산확률분포이다.

40
정답 | ②

해설 | z=(72.4−70)/(12/$\sqrt{100}$)=2
유의수준 0.05에서의 임계값은 1.645이므로, z>1.645이면 귀무가설을 기각한다. 따라서 z=2일 때 귀무가설을 기각하고, 평균수명이 70년보다 길다고 할 수 있다.

3과목 빅데이터 모델링

41
정답 | ④
해설 | 연속형 종속변수를 예측(회귀)할 때 인공신경망, 선형회귀분석, 서포트벡터머신(SVM)은 모두 사용 가능하나, 일반적으로 "의사결정나무"는 범주형(분류) 쪽으로 더 잘 알려져 있다. 물론 회귀나무(Regression Tree)가 있긴 하지만, 기본적으로 의사결정나무는 "연속형 자료의 대표적인 기법"이라고 하긴 어렵다.
① 인공신경망 : 연속형 예측 가능(회귀 문제)하다.
② 선형회귀분석 : 대표적인 연속형 예측 기법이다.
③ 서포트벡터머신(SVR 형태) : 연속형 예측 가능하다.

42
정답 | ④
해설 | 군집분석은 대표적인 비지도학습 알고리즘이다. 회귀분석, 로지스틱 회귀분석, 서포트벡터머신은 모두 지도학습 알고리즘이다.

43
정답 | ①
해설 | 하이퍼파라미터 최적화 기법에는 Grid Search, Random Search, Bayesian Optimization 등이 대표적이다. 경사하강법은 '모델 파라미터(가중치·편향)'를 학습할 때 쓰이는 최적화 알고리즘이며, 일반적으로 하이퍼파라미터(학습률, 정규화 계수 등)를 직접 최적화하는 기법이라 하긴 어렵다.

44
정답 | ①
해설 | 선형회귀분석의 오차항 가정에는 정규성, 독립성, 등분산성이 포함되지만, 선형성은 오차항의 특징이 아니라 독립변수와 종속변수 간의 관계에 대한 가정이다.

45
정답 | ②
해설 | 회귀식에 L2규제항($\alpha\Sigma\theta^2$)을 더하는 것이 릿지회귀이다. 문제에서의 "$MSE(\theta)+\alpha$"형태(α는 가중치 제곱항을 의미)일 때, 라쏘는(L1)는 절댓값 항을 더한다. 따라서 $MSE(\theta)+\alpha\frac{1}{2}\Sigma\theta^2$ 가 된다.
① 라쏘회귀(Lasso) : $MSE(\theta)+\alpha\Sigma|\theta|$
③ 엘라스틱넷(Elastic Net) : L1+L2 혼합
④ 단순회귀 : 정규화 항 없이 MSE만 최소화

46
정답 | ④
해설 | 로지스틱 회귀분석은 지도학습 알고리즘이다. 나머지 설명들은 모두 로지스틱 회귀분석에 대한 올바른 설명이다.

47
정답 | ①
해설 | log(odds)=b+ax에서 a와 b가 모두 0이면, log(odds)=0이 된다.
로지스틱 회귀에서 log(odds)=b+ax, a=0이고 b=0일 때, log(odds)=0이므로 odds=e0=1이다. 이는 y의 확률이 $\frac{1}{1+e^{-0}}$=0.5임을 의미한다.

48
정답 | ①
해설 | 의사결정나무에서 모든 데이터를 완벽하게 분류하려고 끝까지 분할하면(하나 남을 때까지), 과적합이 발생한다. 실제로는 조기 종료나 가지치기를 통해 멈춘다. 따라서 "하나가 남을 때까지 무조건 진행"은 옳지 않은 설명이다.
② 불순도(Impurity)는 범주별 혼합 정도를 의미한다.
③ 분류와 회귀 모두 사용 가능(분류나무, 회귀나무)하다.
④ 라벨이 있는 데이터를 기반으로 트리 학습한다.

49
정답 | ③
해설 | 일반적으로 딥러닝(Deep Learning)은 인공신경망(ANN)에서 은닉층을 깊게 쌓아 발전된 형태이다. '인공신경망(ANN) → (은닉층 다층) → 딥러닝(DNN)' 순이다. 따라서 "딥러닝이 인공신경망으로 발전했다"는 표현은 순서가 반대이다.
① 손실함수(Loss)를 이용해 오차를 최소화한다.
② 은닉층(Deep Neural Network)이 많은 신경망을 딥러닝이라 한다.
④ 기울기 소멸 문제로 한동안 연구가 정체된 적이 있었다(AI의 겨울).

50
정답 | ④
해설 | 단층퍼셉트론으로는 XOR 문제를 해결할 수 없다. 이는 다층퍼셉트론의 필요성을 제기한 중요한 문제였다.

51
정답 | ②
해설 | 선험적 규칙(Apriori)은 대표적인 연관분석 기법이다.

52
정답 | ③
해설 | 비지도학습은 정답 레이블 없이 데이터의 패턴을 찾는 학습 방법이며, 군집분석은 대표적인 비지도학습 알고리즘이다.

53
정답 | ③
해설 | 맨하탄 거리는 두 점 사이의 가로 거리와 세로 거리의 합이다. 주어진 좌표를 이용하여 A점으로부터 각 점까지의 맨하탄 거리를 계산하면 다음과 같다.
- A에서 B까지 : |1−1|+|2−1|=0+1=1
- A에서 C까지 : |2−1|+|2−1|=1+1=2
- A에서 D까지 : |4−1|+|1−1|=3+0=3

거리순으로 정렬하면 B(1), C(2), D(3)이 된다. 따라서 A에서 3번째로 가까운 점은 D이고, 그 거리는 3이다.

54
정답 | ③
해설 | 모집단이 3개 이상인 평균 비교에는 분산분석(ANOVA)을 사용한다.
① t검정 : 집단이 2개일 때 주로 사용한다.
② z검정 : 표본크기가 크거나 모분산을 아는 경우(2집단 비교) 사용한다.
④ 상관분석 : 두 변수 간 상관관계를 분석하는 경우 사용한다.

55
정답 | ①
해설 | 시계열에서 "중·장기적이고 반복적 발생빈도가 없는 패턴"은 추세(Trend)에 해당한다.
② 계절요인: 1년 주기 등 짧은 간격으로 반복
③ 주기요인(Cyclical): 여러 해(장기 주기)로 순환
④ 불규칙요인(Irregular): 예측할 수 없는 우발적 요인
※ 참고 : 단, 일부 문헌에서 주기(Cyclical)는 수년 단위로 반복된다고 해석하기도 한다. 그러나 문제 지문 "반복적 발생빈도가 없다"고 했으므로 주기로도 보긴 어렵고, 계절이나 주기가 아닌 "추세요인"이 가장 부합한다.

56
정답 | ③
해설 | 주어진 그래프는 나이브 베이지안 네트워크를 나타내며, A와 B는 C의 부모 노드이고 D와 E는 C의 자식 노드이다. 나이브 베이지안의 조건부 독립 가정에 따라 A와 B는 C가 주어졌을 때 서로 독립이므로 P(A,B|C)=P(A|C)×P(B|C)가 성립한다.

57
정답 | ③
해설 | 오토인코더(Autoencoder)는 인코더-디코더 구조로, 입력을 은닉층으로 압축(차원 축소)했다가 다시 복원하는 비지도학습이다. 반드시 입력 차원이 은닉층 차원보다 크다. 즉, 은닉층이 입력보다 작지 않다. '스파스 오토인코더' 등 다양한 변형이 존재하기 때문이다. 따라서 "항상 작다"는 표현은 적절하지 않다.
① 비지도학습 : 레이블 없이 입력 데이터 자체를 재구성한다.
② 사전학습(pre-training)에 사용 가능하다.
④ 인코더 입력 차원=디코더 출력 차원 → 원본 복원이므로 동일하다.

58
정답 | ②
해설 | 엔그램(N-gram)은 연속된 N개의 단어 시퀀스를 의미하며, 문맥 파악을 위해 단어 단위로 텍스트를 분석하는 기법이다.
① 토픽모델링 : 문서 주제(토픽)을 찾는 기법(LDA 등)이다.
③ TF-IDF : 단어 출현빈도와 역문서빈도를 활용한 가중치이다.
④ 워드클라우드 : 시각화 기법이다.

59
정답 | ③
해설 | 배깅(Bagging)은 'Bootstrap Aggregating'의 줄임말로, 여러 번 부트스트랩 샘플을 뽑아서 각각 모델을 학습한 뒤 앙상블(투표·평균)하는 방식이다.
① 편향이 낮은 과소적합 모델을 사용하는 것은 배깅의 설명과 무관하다.
② 편향이 높은 과적합 모델을 사용하는 것은 보팅/부스팅 등과도 직접적 관련이 없다(특히 부스팅은 약분류기이다).
④ 약분류기를 강분류기로 만드는 것은 주로 "부스팅(Boosting)" 기법이다.

60
정답 | ④
해설 | 윌콕슨 부호 순위(Wilcoxon Signed Rank) 검정은 짝지어진 두 집단 혹은 단일 집단의 중앙값이 특정 값과 다른지 등을 검정하는 비모수 기법으로, 자료가 반드시 "대칭 분포"를 가정하지 않아도 사용할 수 있다(다만 정규성 가정이 없는 대신, 대칭성 가정이 필요한 경우도 있다 라고 설명하는 교재도 있으나, '항상 대칭'이 필수 전제는 아님). 주어진 선택지 중 '대칭이어야만 가능하다'를 절대화한 표현이 틀린 것으로 보는 경우가 많다.
① 윌콕슨 부호 순위 : 짝지어진 자료에 대한 일변량 검정
② 윌콕슨 순위 합(Wilcoxon Rank Sum)=Mann-Whitney U 검정(이변량 : 두 독립집단 비교)

③ 일반적으로 표본 크기가 30 이하 작은 샘플에서 자주 쓰이는 비모수 방법이다.

4과목 빅데이터 결과해석

61
정답 | ④
해설 | ROC 곡선은 (0, 0)에서 시작하여 (1, 1)로 끝나는 곡선이다. 완벽한 분류기는 민감도 1, 거짓 양성률 0인 점(0, 1)을 지난다.

62
정답 | ①
해설 | 민감도와 특이도가 모두 1이면 모든 예측이 정확하므로 정확도는 1이 된다. y=1 값이 y=0 값의 2배라는 조건은 클래스 불균형을 나타낸다.

63
정답 | ②
해설 | 실루엣 계수가 가장 높은 값을 보이는 군집 수가 최적이다. 주어진 그래프에서 k=3일 때 실루엣 계수가 가장 높게 나타난다.

64
정답 | ②
해설 | FN(False Negative)은 실제로는 True인데 False로 예측한 경우를 의미한다. 혼동행렬(Confusion Matrix)에서 FN(False Negative)은 '실제 True이지만 False로 예측한 경우'이다.
- TP : 예측 True, 실제 True
- FP : 예측 True, 실제 False
- TN : 예측 False, 실제 False

65
정답 | ②
해설 | 데이터 불균형(한 클래스가 훨씬 많음)일 때 정확도(Accuracy)는 '편중 예측'에도 높게 나올 수 있다. 민감도, 특이도, ROC/AUC 등은 불균형 상황에서 모델 성능을 더 잘 나타낸다. 따라서 불균형 데이터에서 정확도는 지표로 적절하지 않다.

66
정답 | ①
해설 | 홀드아웃(Hold-Out) 방식은 보통 데이터를 학습(Training), 검증(Validation), 테스트(Test) 세 집합으로 분할한다. '중간 데이터'라는 용어는 일반적으로 사용하지 않는다. 따라서 ①은 홀드아웃과 관련된 데이터가 아니다.

67
정답 | ②
해설 | K-fold 교차검증은 k=2부터도 가능하다(2-Fold CV). 일반적으로 k=5나 10을 자주 쓰지만 2, 3 등 여러 값이 가능하다. 따라서 3 이상만 가능하다는 것은 잘못된 제한이다.

68
정답 | ④
해설 | 아이가 없는 남자 500명 중 A 제품을 알고 있는 사람은 440명이므로 확률은 440/500=0.88이다. 0.96이 아니라 0.88이 적절하다. 다른 문항(0.9, 0.04, 0.06)은 모두 표와 일치한다.

69
정답 | ④
해설 |
- 기대빈도 계산

$$\text{기대빈도} = \frac{\text{관측값의 합}}{\text{관측값의 개수}} = \frac{54+46+60+40}{4} = 50$$

- 모비율 계산

각 값의 비율은 동일하므로, 특정 값의 모비율 $P(x) = \frac{1}{\text{총 관측값 개수}} = \frac{1}{4}$, 따라서 $P(54) = \frac{1}{4}$ 이다.

- 카이제곱 계산

$$\chi^2 = \Sigma \frac{(O_i - E)^2}{E}, \ O_i\text{는 관측값}, \ E\text{는 기대빈도}(50)$$

$$\chi^2 = \frac{(54-50)^2}{50} + \frac{(46-50)^2}{50} + \frac{(60-50)^2}{50} + \frac{(40-50)^2}{50}$$

$$= \frac{16}{50} + \frac{16}{50} + \frac{100}{50} + \frac{100}{50}$$

$$= 0.32 + 0.32 + 2 + 2 = 4.64$$

자유도 $df=4-1=3$에서 임계값이 7.80이라면, 계산된 카이제곱값 4.64<7.80이므로 귀무가설을 기각하지 못한다.

70
정답 | ②
해설 | 두 모집단의 분산 동일성을 검정하기 위해 F-검정을 사용한다. 계산된 F-통계량은 5.00이며, 유의수준 0.05에서의 임계값(4.12)을 초과한다. 따라서 p-value가 유의수준보다 작아 귀무가설을 기각하며, 두 모집단의 분산은 같지 않다고 결론 내린다.
③, ④ 카이제곱 검정은 범주형 데이터에서 독립성 또는 적합성을 검정하는 방법이므로, 분산 검정에서는 적절하지 않다.

71
정답 | ③
해설 | 정준연결 함수는 일반화 선형 모형에서 분포와 선형 예측 변수 사이의 관계를 설정한다.
포아송분포는 비율(rate) 데이터를 모델링하며, 정준연결 함수로 로그 함수를 사용한다. 로그 함수는 비율의 양수 제약 조건을 만족시키며, 포아송분포의 자연 모수와 선형 예측 변수를 연결한다.

72
정답 | ③
해설 | 람다는 일정 시간과 공간의 구간 안에서 발생하는 사건의 평균 실제 발생 횟수를 의미한다.

73
정답 | ④
해설 | 과대적합 방지를 위해 정규화(Regularization), 배치 정규화(Batch Normalization), 드롭아웃 등을 사용한다. 맥스풀링은 주로 CNN에서 특징 추출 및 차원 축소에 사용되지만, 대표적 정규화 기법은 아니다.

74
정답 | ④
해설 | 시공간 데이터를 시각화하는데 가장 적합한 것은 지도맵핑이다.

75
정답 | ①
해설 | 보고서는 이해하기 쉽게 작성해야 하므로 전문용어를 많이 사용하는 것은 적절하지 않다.

76
정답 | ④
해설 | 산점도는 두 변수 간의 관계를 보여주는 그래프로, 비교 그래프가 아니다.

77
정답 | ③
해설 | 누적 히스토그램은 누적 확률밀도함수(CDF)와 비례적인 행태를 보이며, 같은 형태로 증가하는 패턴을 보인다.
① 누적 히스토그램은 범주형 데이터와 수치형 데이터 모두의 분포를 시각화하여 보여줄 수 있다.
② 누적 히스토그램의 y축은 빈도수, 상대빈도, 평균 등 다양한 척도로 표현할 수 있다.
④ 계급의 수가 너무 많거나 적으면 데이터의 분포를 정확하게 파악하기 어려우므로, 적절한 계급수 설정이 중요하다.

78
정답 | ②
해설 | 계층구조 데이터를 사각형 구역으로 분할해 면적이나 색으로 비중을 표현한 것은 트리맵이다. 히트맵은 행렬 형태 색상 표현, 영역차트는 선 그래프 아래 영역을 채운 형태이다.

79
정답 | ④
해설 | 효과적인 인포그래픽은 핵심 정보를 명확하게 전달해야 하며, 너무 많은 정보를 담으면 효과가 떨어진다.

80
정답 | ②
해설 | 일반화는 학습된 모델이 새로운 데이터에도 잘 적용되는 것을 의미한다. 이미 학습된 모델은 새 데이터를 예측할 수 있어야 하며, '다시 처음부터 학습'이 필수는 아니다.

CHAPTER 06 제3회 기출복원문제 정답 및 해설

01	02	03	04	05	06	07	08	09	10
①	③	②	④	④	④	①	③	③	②
11	12	13	14	15	16	17	18	19	20
①	③	①	①	④	①	④	②	①	②
21	22	23	24	25	26	27	28	29	30
①	④	④	②	④	③	②	④	④	③
31	32	33	34	35	36	37	38	39	40
③	①	④	④	②	②	③	③	④	②
41	42	43	44	45	46	47	48	49	50
③	②	④	①	①	①	③	①	③	①
51	52	53	54	55	56	57	58	59	60
②	②	①	②	①	④	④	③	①	③
61	62	63	64	65	66	67	68	69	70
③	④	③	③	④	④	①	④	②	③
71	72	73	74	75	76	77	78	79	80
①	④	①	②	①	③	③	④	③	③

1과목 빅데이터 분석 기획

01
정답 | ①
해설 | Pig는 Hadoop 생태계에서 HDFS에 저장된 데이터에 대해 ETL(Extract, Transform, Load) 작업을 지원하는 도구이다. Pig는 대용량 데이터 집합을 분석하기 위한 플랫폼으로, 고수준 스크립트 언어인 Pig Latin을 사용하여 MapReduce 작업을 추상화한다.

02
정답 | ③
해설 | 데이터 분석 기획 시 분석 분야 및 결론에 대한 사전 시나리오를 확정하는 것은 적절하지 않다. 데이터 분석은 객관적이고 탐색적으로 수행되어야 하며, 결론을 미리 확정 짓는 것은 편향된 분석 결과를 초래할 수 있다.

03
정답 | ②
해설 | ETL은 데이터 웨어하우스 구축 시 데이터를 추출하여 목적에 맞게 변환, 정제하여 적재하는 기능을 담당하는 기술이다. ETL은 데이터 웨어하우스 구축의 핵심 프로세스로, 다양한 소스에서 데이터를 추출(Extract)하고, 비즈니스 규칙에 따라 변환(Transform)한 후, 데이터 웨어하우스에 적재(Load)하는 과정을 의미한다.

04
정답 | ④
해설 | 가트너가 정의한 빅데이터의 3V는 Volume(규모), Velocity(속도), Variety(다양성)이다. 정확성(Veracity)은 IBM이 추가로 제안한 특징으로, 가트너의 원래 3V 정의에는 포함되지 않는다.

05
정답 | ④
해설 | 분석 마스터 플랜은 중장기 마스터 플랜 수립과제 도출, 우선순위 평가, 과제별 이행계획 수립 순으로 진행되는 것이 적절하다. 이는 체계적이고 효율적인 분석 계획 수립을 위한 올바른 순서이다.

06
정답 | ④

해설 | 데이터 수집 및 저장 적합성 점검은 데이터 준비 단계에서 수행하는 업무이다. 데이터 분석 단계에서는 주로 탐색적 데이터 분석, 데이터 시각화, 모델 평가 및 검증 등의 작업이 이루어진다.

07
정답 | ①

해설 | 데이터 가공 과정을 자동화하는 시스템을 개발하는 능력은 데이터 엔지니어의 역할에 더 가깝다. 데이터 사이언티스트는 주로 데이터 분석, 모델링, 비즈니스 문제 해결 등에 초점을 맞춘다.

08
정답 | ③

해설 | 개인정보보호법에 따르면, 개인정보 처리자는 정보 주체의 권리를 보장해야 하며, 열람청구권 등을 '필요에 따라' 제공하는 것이 아니라 법에 따라 보장해야 한다.

09
정답 | ③

해설 | 인간의 경험과 통찰력을 활용하는 것은 빅데이터 기반 인공지능 기술의 고유한 장점이 아니다. 빅데이터 기반 인공지능 기술은 주로 대량의 데이터를 처리하고 패턴을 찾아내는 데 강점이 있다.

10
정답 | ②

해설 | 주어진 설명은 도메인 이슈 도출 단계를 설명하고 있다. 이 단계에서는 분석하고자 하는 과제의 현황을 파악하고 분석하여 개선과제를 정의한다.

11
정답 | ①

해설 | 2018년 5월 25일에 시행된 EU의 개인정보보호법으로 정보 주체 권리와 기업의 책임의 강화, 그리고 개인정보 역외 이전 등을 주요 내용으로 하는 법령은 General Data Protection Regulation(GDPR)이다.

12
정답 | ③

해설 | 재현 데이터(Synthetic Data)를 생성할 때는 원본 데이터의 통계적 특성을 유지하는 것이 중요하다. 이를 통해 원본 데이터의 특성을 보존하면서도 개인정보 보호를 강화할 수 있다.

13
정답 | ①

해설 | NoSQL은 키값을 이용하여 데이터를 간편하게 저장하는 방법으로, Cassandra, HBase와 같은 비정형, 반정형 데이터 처리에 유용한 기술이다. NoSQL 데이터베이스는 대용량 데이터 처리에 적합하며 유연한 스키마를 제공한다.

14
정답 | ①

해설 | 빅데이터 분석 절차의 올바른 순서는 분석 기획, 데이터 준비, 데이터 분석, 시스템 구현, 평가 및 전개이다. 이 순서는 체계적이고 효율적인 빅데이터 분석 프로세스를 보장한다.

15
정답 | ④

해설 | 분석 주기는 분석 문제 정의 단계에서 고려해야 할 중요한 요소이다. 분석 주기를 미리 고려하지 않으면 프로젝트의 시간 관리와 자원 할당에 문제가 생길 수 있다.

16
정답 | ①

해설 | 글에서 설명하고 있는 용어는 마이 데이터(My Data)이다. 마이 데이터는 개인이 자신의 데이터에 대한 통제권을 가지고, 필요에 따라 다른 기업이나 서비스에 제공할 수 있도록 한다.

17
정답 | ④

해설 | 데이터 웨어하우스는 주로 분석을 위한 데이터 저장소로, 실시간 갱신보다는 주기적인 데이터 로드와 일관성 유지가 중요하다. 지속적 갱신과 무결성 유지는 운영 데이터베이스의 특성에 가깝다.

18
정답 | ②

해설 | 주민등록번호는 개인정보보호법상 고유식별정보에 해당하지만, 민감정보는 아니다. 민감정보는 사상·신념, 건강 정보, 정치적 견해 등과 같이 개인의 사생활을 현저히 침해할 우려가 있는 개인정보를 말한다.

19
정답 | ①

해설 | 내재적 품질(Intrinsic)은 데이터 자체의 우수성을 나타내는 품질 유형으로, 정확성, 객관성, 진정성 등을 포함한다. 이는 데이터의 고유한 특성과 관련된 품질을 의미한다.

20
정답 | ②

해설 | 데이터 삭제(Reduction)는 데이터 비식별화 기술이 아니라 데이터를 완전히 제거하는 방법이다. 가명처리, 데이터 마스킹, 데이터값 대치는 모두 데이터를 변형하여 식별을 방지하는 기술이다.

2과목 빅데이터 탐색

21
정답 | ①

해설 | 전수조사는 모집단 전체를 조사하는 방법이다. 비행기의 내부 부품 검사는 안전을 위해 모든 부품을 빠짐없이 검사해야 하므로 전수조사에 가장 적합하다.

22
정답 | ④

해설 | 중심경향척도는 데이터의 중심을 나타내는 척도로, 평균, 중앙값, 최빈값이 해당된다. 범위는 데이터의 퍼짐을 나타내는 척도이므로 중심경향척도가 아니다.

23
정답 | ④

해설 | 시각적 데이터 탐색 방법은 데이터를 그래프나 차트로 표현하는 것을 말한다. 요약 통계량은 수치로 데이터를 요약하는 것이므로 시각적 탐색 방법이 아니다.

24
정답 | ②

해설 | 주성분 분석은 원본 데이터의 분산을 최대한 보존하면서 차원을 축소하는 방법이다. 비흡수 행렬과는 관련이 없다.

25
정답 | ④

해설 | 중심극한정리는 표본의 크기가 충분히 크다면 모집단의 분포와 상관없이 표본평균의 분포가 정규분포에 근사한다는 정리이다. 여러 독립적인 모집단에서 추출한 표본들의 평균에 대해서도 성립한다.

26
정답 | ③

해설 | 이상치는 데이터의 일반적인 패턴에서 크게 벗어난 값을 말한다. 시각화나 통계적 방법(ESD 등)을 통해 이상치를 발견할 수 있다.

27
정답 | ②

해설 | 평균은 모든 관측치의 합을 관측치의 개수로 나눈 값으로, 개별 관측치와 같은 단위를 가진다.

28
정답 | ④

해설 | ① 범주형 변수는 상관계수를 계산하기 어렵다. 대신 카이제곱 검정이나 Cramer's V와 같은 지표를 사용한다.
② 상관계수는 두 변수 간의 선형적인 관계를 측정하는 값이다. 평균 차이를 확인하는 데는 t-검정이나 ANOVA를 사용한다.
③ 상관계수의 절대값이 0에 가까울수록 상관관계가 약하다는 의미이다. 강한 상관관계는 절대값이 1에 가까울 때를 말한다.

29
정답 | ④

해설 | 포아송분포를 따르는 확률변수 X와 Y는 평균과 분산이 동일하며 각각 $E(X) = V(X) = 4$, $E(Y) = V(Y) = 9$이다. $Z = \frac{1}{2}X + \frac{1}{2}Y$로 가중합이 정의된 경우, 기댓값과 분산은 다음과 같이 계산된다.

• 기댓값
$$E(Z) = \frac{1}{2}X + \frac{1}{2}Y = \frac{1}{2}(4) + \frac{1}{2}(9) = 2 + 4.5 = 5$$

• 분산
$$V(Z) = \left(\frac{1}{2}\right)^2 V(X) + \left(\frac{1}{2}\right)^2 V(Y) = \frac{1}{4}(4) + \frac{1}{4}(9)$$
$$= 1 + 2.25 = 4$$

따라서, $E(Z) = 5$, $V(Z) = 4$가 된다.

30
정답 | ③

해설 | 상관관계분석은 변수 간의 관계를 파악하는 데 사용되며, 이를 통해 중요한 변수를 선택하거나 유사한 변수를 제거하는 등의 차원축소가 가능하다.

31
정답 | ③

해설 | 불균형 데이터에서는 정확도가 높아도 소수 클래스의 재현율(Recall)이 낮아질 수 있다. 정밀도는 반드시 낮아지는 것은 아니다.

32
정답 | ①

해설 | 데이터 정제는 결측값 처리, 이상치 제거 등 데이터의 품질을 높이는 과정을 포함한다.

33
정답 | ④

해설 | 주성분 분석에서는 분산이 큰 순서대로 주성분을 선택한다. 분산이 큰 주성분일수록 더 많은 정보를 포함하고 있기 때문이다.

34
정답 | ④

해설 | 데이터의 분포가 치우쳐져 있을 경우에는 로그 변환 등을 사용하여 정규분포에 가깝게 만들 수 있다. 정규화는 데이터의 범위를 조정하는 것으로, 분포의 형태를 변경하지는 않는다.

35
정답 | ②

해설 | 층화추출법은 모집단을 동질적인 부분집단(층)으로 나누고, 각 층에서 독립적으로 표본을 추출하는 방법이다. 층 내에서는 이질적이고 층 간에는 동질적인 특성을 가진다.

36
정답 | ②

해설 | 충분성은 추정량이 모수에 대한 모든 정보를 포함하고 있는지를 나타내는 성질이다. '최소한의 정보'가 아니라 '모든 정보'를 제공해야 한다.

37
정답 | ③

해설 | 박스-콕스 변환은 데이터의 정규성을 개선하기 위한 방법으로, 새로운 파생변수를 만드는 것이 아니라 기존 변수를 변환하는 것이다.

38
정답 | ③

해설 | p-value는 귀무가설이 참일 때 관측된 결과나 그보다 더 극단적인 결과가 나올 확률을 의미한다.

39
정답 | ④

해설 | 중앙값은 데이터를 정렬했을 때 중앙에 위치한 값으로, 이상치의 영향을 거의 받지 않는다. 이는 중앙값의 장점 중 하나이다.

40
정답 | ②

해설 | 모집단이 정규분포를 따를 경우, 표본의 크기와 상관없이 표본평균의 분포는 정규분포를 따른다. 그러나 모집단이 정규분포가 아닐 경우, 중심극한정리에 의해 표본의 크기가 충분히 클 때 표본평균의 분포가 정규분포에 근사한다.

3과목 빅데이터 모델링

41
정답 | ③

해설 | Softmax 함수의 출력값은 확률 분포를 나타내므로 분산이 1이라고 단정할 수 없다. 총 확률분포의 합이 1이다.

42
정답 | ②

해설 | 중앙값으로 빼는 것은 다중공선성 해결에 도움이 되지 않는다. 평균으로 중심화하는 것이 더 일반적이다.

43
정답 | ④

해설 | 불균형 문제 해결을 위해서는 오히려 소수 클래스에 더 큰 가중치를 부여해야 한다.

44
정답 | ①

해설 | 분해 시계열의 요인에는 추세요인, 계절요인, 순환요인, 불규칙요인이 있다. 정상요인은 포함되지 않는다.

45
정답 | ①

해설 | 시그모이드 함수는 오히려 기울기 소실 문제를 야기할 수 있다. ReLU 등의 함수가 이 문제를 완화한다.

46
정답 | ①

해설 | 학습 데이터와 테스트 데이터는 반드시 독립적이어야 한다. 일치하는 부분이 있으면 모델 평가의 신뢰성이 떨어진다.

47
정답 | ③

해설 | F-통계량은 연속형 변수에 대한 분산분석에 사용되며, 이산형 변수의 노드 분리 기준으로 적합하지 않다.

48
정답 | ①

해설 | ARIMA 모형은 비정상 시계열을 다루기 위해 개발되었으며, 차분을 통해 정상성을 확보한다.

49
정답 | ③

해설 | 비모수 추론에서는 주로 중위수나 순위 등을 사용하며, 평균은 모수적 방법에서 더 흔히 사용된다.

50
정답 | ①
해설 | A는 강화학습, B는 순환신경망+컨볼루션 신경망, C는 컨볼루션 신경망, D는 순환신경망이 적합하다.

51
정답 | ②
해설 | 로지스틱 회귀분석에서는 오차항의 등분산성 가정이 필요하지 않다.

52
정답 | ②
해설 | 부스팅은 이전 분류기의 결과를 기반으로 샘플 가중치를 조정하는 앙상블 방법이다.

53
정답 | ①
해설 | 윌콕슨 부호순위 검정은 대응표본의 전후 비교에 적합한 비모수검정법이다.

54
정답 | ②
해설 | 지지도는 2/6=33%, 신뢰도는 2/3=67%이다.

55
정답 | ①
해설 | 일반적인 머신러닝 모델 구축 절차
분석 정의 → 데이터 수집 → 데이터 전처리 및 탐색 → 모델 선정 및 훈련 → 모델 성능 평가 및 적용

56
정답 | ④
해설 | gamma는 교차 검증을 포함한 하이퍼파라미터 튜닝 방법으로 최적화될 수 있지만, 이를 '항상' cross-validation으로 결정한다고 볼 수는 없다. 사용자가 사전에 설정하거나, 다른 최적화 방법을 사용할 수도 있다.
① RBF 커널은 초매개변수로 gamma와 C를 사용한다. gamma는 커널의 영향 반경을, C는 오분류를 허용하는 정도를 제어한다.
② RBF 커널은 비선형 SVM에서 가장 널리 사용되는 커널 함수 중 하나이다.
③ RBF 커널은 가우시안(정규분포) 함수 형태를 기반으로 하며, 두 데이터 포인트 간의 유사도를 계산한다.

57
정답 | ④
해설 | 중심성 지표에는 연결정도, 근접, 매개, 아이겐벡터 등이 있다. '관계 중심성'은 일반적 명칭이 아니다.

58
정답 | ③
해설 | 로지스틱 회귀분석은 오차항의 정규성을 가정하지 않는다.

59
정답 | ①
해설 | 자기상관은 시계열의 시차값 사이의 선형관계를 측정한다.

60
정답 | ③
해설 |
- 입력층에서 첫 번째 은닉층으로
  - 위쪽 노드 : $(1 \times 2)+[2 \times (-1)]=2-2=0$
  - 아래쪽 노드 : $(1 \times 3)+(2 \times 4)=3+8=11$
- 활성화 함수가 항등함수이므로 은닉층의 값은 그대로
  - 위쪽 노드 : 0
  - 아래쪽 노드 : 11
- 은닉층에서 출력층으로
  - $(0 \times 1)+(11 \times 2)=0+22=12$
- 출력층도 항등함수이므로 최종 출력값은 12가 된다.
따라서 정답은 12이다.

4과목 빅데이터 결과해석

61
정답 | ③
해설 | OPTICS는 군집분석 알고리즘이다. AdaGrad, Adam, Momentum은 모두 경사하강법의 종류이다.

62
정답 | ④
해설 | 다변량 데이터의 변수들 사이의 연관성과 패턴을 표현하는 것은 관계 시각화의 특징이다. 버블 차트는 세 변수 간의 관계를 표현하는 대표적인 관계 시각화 도구이다.

63
정답 | ③
해설 | 평균오차제곱합(MSE)은 회귀모형의 성능평가 지표이다. 정분류율, 민감도, 특이도는 분류 모형의 성능평가 지표이다.

64
정답 | ③
해설 | 매개변수의 수를 늘리면 오히려 과적합이 발생할 가능성이 높아진다. 나머지는 모두 과적합을 방지하는 방법이다.

65
정답 | ④
해설 | 완성된 회귀모형의 해석 시 절편(Intercept)의 추정은 일반적으로 중요하지 않다. 결정계수, t-통계량, 잔차분석은 모형의 적합도와 유의성을 평가하는 데 중요한 요소다.

66
정답 | ④
해설 | 카토그램은 데이터값에 따라 지리적 영역의 크기를 조정하여 지도의 면적을 왜곡하는 시각화 방법이다.

67
정답 | ①
해설 | Power Pivot은 Microsoft Excel의 데이터 모델링 및 분석 도구로, 시각화 플랫폼이 아니다.

68
정답 | ④
해설 | 분산분석표의 자유도를 통해 다음을 알 수 있다.
- 회귀의 자유도는 1이다.
- 잔차의 자유도는 8이다.
- 전체 자유도는 (라)로 표시되어 있다.
- 전체 자유도는 회귀와 잔차 자유도의 합이므로 9다.
- 총 관측치의 개수는 전체 자유도에 1을 더한 값인 10이다.

따라서 총 관측치의 개수는 (라)+1이므로, (라)가 총 관측치의 개수라는 설명은 적절하지 않다.

69
정답 | ②
해설 | 카이제곱 통계량의 올바른 계산 방법은 (관측빈도-기대빈도)^2/기대빈도의 합이다.
카이제곱 통계량 계산 과정은 다음과 같다.
- 기대빈도 계산
 여성/심장병 有 : $(550 \times 600)/1000 = 330$
 남성/심장병 有 : $(450 \times 600)/1000 = 270$
 여성/심장병 無 : $(550 \times 400)/1000 = 220$
 남성/심장병 無 : $(450 \times 400)/1000 = 180$
- 카이제곱 통계량

$$\frac{(200-330)^2}{100} + \frac{(400-270)^2}{100} + \frac{(350-220)^2}{100} + \frac{(50-180)^2}{100}$$

70
정답 | ③
해설 | 글에서 설명하고 있는 방법은 홀드아웃(Hold-out) 방법이다. 데이터를 훈련용과 테스트용으로 나누어 모델을 평가하는 가장 기본적인 교차 검증 방법이다.

71
정답 | ①
해설 | 매개변수는 모델이 학습하는 값으로, 데이터로부터 추정된다. 초매개변수가 임의로 조정 가능한 변수다.

72
정답 | ④
해설 | 특이도(Specificity)는 실제 Negative 중 Negative로 올바르게 예측한 비율을 의미한다.

73
정답 | ①
해설 |
- 정밀도=35/(35+15)=35/50=7/10
- 재현율=35/(35+5)=35/40=7/8

74
정답 | ②
해설 | 주어진 정보에 따르면, 제2주성분까지의 누적 설명력이 86.8%이다.

75
정답 | ①
해설 | ROC 커브에서 대각선(중간선)은 랜덤 분류기의 성능을 나타내며, 이는 가장 낮은 성능을 의미한다. 좋은 모델의 ROC 커브는 그래프의 왼쪽 상단에 가깝게 그려져야 한다.
② ROC 커브가 왼쪽 상단으로 휘어져 있을수록(즉, 곡선의 면적이 클수록) 더 좋은 성능을 가진 모델이다.
③ AUROC는 ROC 커브 아래의 면적을 의미하며, 이 값이 1에 가까울수록 좋은 모델이다.
④ ROC 커브는 이진 분류 모델의 성능을 평가하기 위한 시각화 도구이다.

76
정답 | ③
해설 | 평균 절대 백분율 오차(MAPE)는 다음 수식으로 정의된다.

$$MAPE = \frac{100}{n} \sum_{i=1}^{n} \left| \frac{y_i - \hat{y_i}}{y_i} \right|$$

① 절대오차(MAE)에 해당한다.
④ 평균제곱오차(MSE)의 변형으로, $MAPE$와는 다르다.

77

정답 | ③

해설 | 재택근무 직원의 감소는 빅데이터 분석 결과에 기반한 비즈니스 운영 목적과 직접적인 관련이 없다.

78

정답 | ④

해설 | RMSE는 연속형 변수의 예측 오차를 측정하는 지표이다. 범주형 예측값에 대한 평가에는 적합하지 않다.

79

정답 | ③

해설 | 관계 시각화는 변수 간의 상관관계나 패턴을 보여주는 데 사용된다.

80

정답 | ③

해설 | 그림은 오른쪽으로 치우친(positively skewed) 분포를 보여준다. 이 경우 왜도는 양수이며, 최빈값<중앙값<평균의 순서를 가진다.

MEMO

MEMO

MEMO

01 증권경제전문 토마토TV가 만든 교육브랜드

토마토패스는 24시간 증권경제 방송 토마토TV · 인터넷 종합언론사 뉴스토마토 등을 계열사로 보유한 토마토그룹에서 출발한 금융전문 교육브랜드 입니다.
경제 · 금융 · 증권 분야에서 쌓은 경험과 전략을 바탕으로 최고의 금융교육 서비스를 제공하고 있으며 현재 무역 · 회계 · 부동산 자격증 분야로 영역을 확장하여 괄목할만한 성과를 내고 있습니다.

뉴스토마토	TomatotV	토마토증권통	eTomato
www.newstomato.com	tv.etomato.com	stocktong.io	www.etomato.com
싱싱한 정보, 건강한 뉴스	24시간 증권경제 전문방송	가장 쉽고 빠른 증권투자!	맛있는 증권정보

02 차별화된 고품질 방송강의

토마토 TV의 방송제작 장비 및 인력을 활용하여 다른 업체와는 차별화된 고품질 방송강의를 선보입니다.
터치스크린을 이용한 전자칠판, 핵심내용을 알기 쉽게 정리한 강의 PPT,
선명한 강의 화질 등으로 수험생들의 학습능력 향상과 수강 편의를 제공해 드립니다.

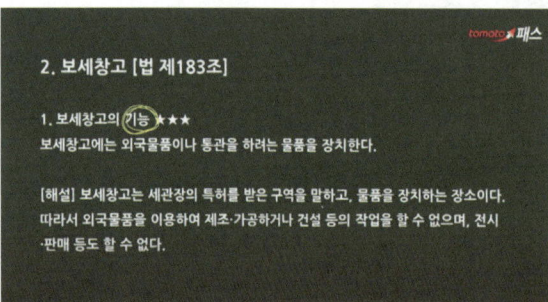

03 최신 출제경향을 반영한 효율적 학습구성

토마토패스에서는 해당 자격증의 특징에 맞는 커리큘럼을 구성합니다.
기본서의 자세한 해설을 통해 꼼꼼한 이해를 돕는 정규이론반(기본서 해설강의) · 핵심이론을 배우고
실전문제에 바로 적용해보는 이론 + 문제풀이 종합형 핵심종합반 · 실전감각을 익히는
출제 예상 문제풀이반 · 시험 직전 휘발성 강한 핵심 항목만 훑어주는 마무리특강까지!
여러분의 합격을 위해 최대한의 효율을 추구하겠습니다.

정규이론반   핵심종합반   문제풀이반   마무리특강

04 가장 빠른 1:1 수강생 학습 지원

토마토패스에서는 가장 빠른 학습지원 및 피드백을 위해 다음과 같이 1:1 게시판을 운영하고 있습니다.
· Q&A 상담문의 (1:1) ㅣ 학습 외 문의 및 상담 게시판, 24시간 이내 조치 후 답변을 원칙으로 함 (영업일 기준)
· 강사님께 질문하기(1:1) ㅣ 학습 질문이 생기면 즉시 활용 가능, 각 자격증 전담강사가 직접 답변하는 시스템
이 외 자격증 별 강사님과 함께하는 오픈카톡 스터디, 네이버 카페 운영 등 수강생 편리에 최적화된
수강 환경 제공을 위해 최선을 다하고 있습니다.

05 100% 리얼 후기로 인증하는 수강생 만족도

2020 하반기 수강후기 별점 기준 (100으로 환산)

토마토패스는 결제한 과목에 대해서만 수강후기를 작성할 수 있으며,
합격후기의 경우 합격증 첨부 방식을 통해 100% 실제 구매자 및 합격자의 후기를 받고 있습니다.
합격선배들의 생생한 수강후기와 만족도를 토마토패스 홈페이지 수강후기 게시판에서 만나보세요!
또한 푸짐한 상품이 준비된 합격후기 작성 이벤트가 상시로 진행되고 있으니,
지금 이 교재로 공부하고 계신 예비합격자분들의 합격 스토리도 들려주시기 바랍니다.

강의 수강 방법
PC

01 토마토패스 홈페이지 접속

www.tomatopass.com

02 회원가입 후 자격증 선택
· 회원가입시 본인명의 휴대폰 번호와 비밀번호 등록
· 자격증은 홈페이지 중앙 카테고리 별로 분류되어 있음

03 원하는 과정 선택 후 '자세히 보기' 클릭

04 상세안내 확인 후 '수강신청' 클릭하여 결제
· 결제방식 [무통장입금(가상계좌) / 실시간 계좌이체 / 카드 결제] 선택 가능

05 결제 후 '나의 강의실' 입장

06 '학습하기' 클릭

07 강좌 '재생' 클릭
· IMG Tech 사의 Zone player 설치 필수
· 재생 버튼 클릭시 설치 창 자동 팝업

강의 수강 방법
모바일

탭 · 아이패드 · 아이폰 · 안드로이드 가능

01 토마토패스 모바일 페이지 접속

WEB · 안드로이드 인터넷, ios safari에서 www.tomatopass.com 으로 접속하거나

 Samsung Internet (삼성 인터넷)

 Safari (사파리)

APP · 구글 플레이 스토어 혹은 App store에서 합격통 혹은 토마토패스 검색 후 설치

 Google Play Store

 앱스토어　　 합격통

02 존플레이어 설치 (버전 1.0)
· 구글 플레이 스토어 혹은 App store에서 '존플레이어' 검색 후 버전 1.0 으로 설치
 (***2.0 다운로드시 호환 불가)

03 토마토패스로 접속 후 로그인

04 좌측 👤 아이콘 클릭 후 '나의 강의실' 클릭

05 강좌 '재생' 버튼 클릭

· 기능소개
과정공지사항 : 해당 과정 공지사항 확인
강사님께 질문하기 : 1:1 학습질문 게시판
Q&A 상담문의 : 1:1 학습외 질문 게시판
재생 : 스트리밍, 데이터 소요량 높음, 수강 최적화
다운로드 : 기기 내 저장, 강좌 수강 시 데이터 소요량 적음
PDF : 강의 PPT 다운로드 가능

토마토패스
빅데이터분석기사 필기 한권완성

초 판 발 행	2025년 02월 28일	
저 자	박영식	
발 행 인	정용수	
발 행 처	(주)예문아카이브	
주 소	서울시 마포구 동교로 18길 10 2층	
T E L	02) 2038-7597	
F A X	031) 955-0660	
등 록 번 호	제2016-000240호	
정 가	32,000원	

- 이 책의 어느 부분도 저작권자나 발행인의 승인 없이 무단 복제하여 이용할 수 없습니다.
- 파본 및 낙장은 구입하신 서점에서 교환하여 드립니다.

홈페이지 http://www.yeamoonedu.com

ISBN 979-11-6386-415-8 [13000]

BIG DATA
빅데이터분석 기사 필기
단기완성
[정답 및 해설]